Curd Jürgens

... und kein bißchen weise

Curd Jürgens

... und kein bißchen weise

Autobiographischer Roman

mit 71 Fotos

Droemer Knaur

1. bis 100. Tausend

Umschlagfoto: Hanns Hubmann
Gesamtherstellung: Druck- und Buchbinderei-Werkstätten
May & Co Nachf., Darmstadt
Printed in Germany
ISBN 3-85886-054-9

»So macht Gewissen Feige aus uns allen…«

Shakespeare, Hamlet

1.

»Gilbert, wieviel Rosen werden Sie morgen zur Auktion nach Antibes bringen?«
Gilbert setzt bei solchen Fragen immer sein Fuchsgesicht auf. Die Kopfhaut zieht sich mitsamt den Ohren zurück, die Augen werden schmal und wäßrig zugleich, so, als löste das Zusammenkneifen eine Funktion der Tränendrüsen aus. Die Veränderung ist so deutlich, daß sie ihm selbst nicht entgangen sein kann. Wahrscheinlich will er damit seine Kampfbereitschaft ansagen. (»Frag ruhig, ich bin auf der Hut. Falls du etwa im Kühlhaus warst und nachgezählt haben solltest.«) Laut sagt er nur, während sein Blick nachdenklich hinauswandert zum Horizont, wo das Meer sich wie eine glitzernde Eidechse räkelt: »An die zwanzig Dutzend Baccarats und ebenso viele Sonjas.«
Sonjas hast du gern gehabt, Mathilda, denke ich. Die Baccarats waren dir zu protzig und geruchlos. Das hast du mir gestanden, bevor du wußtest, daß die Rosenfarm zu achtzig Prozent Baccarat-Rosen fabriziert, wie du es nanntest. Als wir zum erstenmal vom Haus hinuntergingen zu den Gewächshäusern, und du der riesigen Glasbaracken ansichtig wurdest, sagtest du: »Alors, c'est là que tu fabriques ces fameuses roses, que tu envoies aux jeunes filles pour les séduire?«
Ich hatte dir in der Tat nach dem ersten Diner (in Jean-Claude Brialys neuem Lokal ›Orangerie‹) hundert Rosen geschickt. Ich weiß, sie hatten Eindruck auf dich gemacht, denn als ich dich am nächsten Abend in deiner Bude abholte und die Rosen sah, wie sie geil und besitzergreifend aus drei Kübeln quollen, hatte ich

dich – wohlberechnet – gefragt: »Was hat dein Meck dazu gesagt?« Da bist du mit den Lippen an meinem Hals vorbeigewischt: »Ich hab' ihm abgesagt.« – »Damit er die Rosen nicht sieht?« – »Ja.«

Diese kleinen, klaren, trockenen Ja und Nein sind es gewesen, die von Anfang an ein Zelt der Geborgenheit um uns errichteten. Immer, wenn ich eine wichtige oder gar entscheidende Frage an dich stellte, kam dieses Ja oder dieses Nein. Eingebettet in eine Pause und diesen Blick, direkt in die Augen, so daß man meinte, die Augendeckel müßten dir weh tun. Du, Kind, deine Ja und Nein waren so unendlich erwachsen, und dein Lächeln war so verdammt jung und spitzbübisch.

»Bereiten Sie Vasen, Kästen und Körbe vor, und packen Sie alle Blumen morgen früh in den Jeep. Wir werden gegen zehn Uhr nach Nizza müssen und überführen Mathilda von der ›Morgue‹ auf den Friedhof St-Roch... Und mischen Sie Gartenblumen dazu, besonders Wicken. Ich möchte, daß es dort freundlich und heiter aussieht.«

Ich lebte den Augenblick historisch: Ich hörte mir zu und sah mich erhobenen Hauptes, die blauen Augen mit jener Nachdenklichkeit auf einen Punkt am Boden gerichtet, die wirkungsvoll ausprobiert war: Der Einsam-Abwesende spricht leutselig zu seinen Untergebenen. Die Scene hätte auch auf dem Landsitz irgendeines Aristokraten im alten Rußland spielen können, in einem Stück von Tschechow zum Beispiel. So ähnlich hatte ich den Trigorin in der »Möwe« angelegt. Mechanisch – für Gilbert mechanisch – zünde ich eine Zigarette an. Vor drei Tagen in Wien, als Marc mir die Nachricht durchtelefonierte, hatte ich Sybille die Zigarette aus der Hand gerissen. Ich erinnere mich ganz genau, wie die Gedanken durcheinanderwirbelten. Nur einer davon war präzise: ›Endlich ein gültiges Alibi, um wieder zu rauchen!‹

»Très bien, Monsieur.« Gilbert wendet sich mit einem Kopfnikken und geht. Der Fuchs ist fort, und sein Gesicht hat wieder den bäuerlich-bekümmerten Ausdruck, der ihn so liebenswert macht. Als er die Tür öffnet, trabt schweifwedelnd Rasputin herein. Ich streichle ihn und klopf ihm den Hals. Wie Gary Cooper seinen Rappen.

Die Sonne: Als wir bei der Trabrennbahn in die Promenade des Anglais einbiegen, brennt sie auf unsere schwarzen Anzüge. Gilbert, im Jeep hinter uns, hat auch was Dunkles angezogen, eine Strickweste und ein dunkles Hemd. Deine Pflegeeltern stehen am Eingang. Wir drücken uns die Hand. Die gemurmelten Worte, die rotgeränderten Augen, all die abgeschauten und schon bei früheren Gelegenheiten geübten Verhaltensweisen laufen ohne Zwischenfälle ab. Aber man nimmt sich in acht vor dem Nichtprogrammierten.

Der Sarg wird von vier Männern auf einem fahrbaren Krankenbettuntersatz in die Vorhalle geschoben. Drei verschwinden nach vorschriftsmäßig-traurigen Blicken. Der vierte kommt auf mich zu und drückt mir die Hand. »Bon courage, Monsieur Jürgens, ich bin einer Ihrer Bewunderer...« Vielleicht hat er erwartet, daß ich außer Trinkgeld noch Autogrammpostkarten verteile. Die Tante zieht mich beiseite: »Man wird jetzt den Sarg noch einmal öffnen. Ich würde Ihnen nicht raten, hinzusehen.« Ich weiß, daß deine rechte Schläfe getroffen wurde. Ich habe Angst, dich anzuschauen, Mathilda, vielleicht ist die rechte Gesichtshälfte weg. Du hast ja rechts gesessen und diese Kuh von Michèle am Steuer. Zwischen Ste-Maxime und St-Tropez. Du bist gestorben, weil ich dir aus Taktgefühl nicht Marc mitgeben wollte. Damit ihr beiden Mädchen in St-Tropez ungestört und unbeobachtet sein solltet. Beim Einkaufen und so.

Nun haben drei Herren vom Beerdigungsinstitut die Krankenhausmannschaft abgelöst und den Sarg vom fahrbaren Bettuntersatz gehoben, den Deckel geöffnet. Ich sehe undeutlich, wie sie Kissen richten, und glaube, eine Haarbürste in der Hand des Vorarbeiters zu sehen. Er beugt sich über den Sarg. Das Ganze erinnert in seinem präzisen Ablauf an eine Wachablösung vor dem Zapfenstreich. Jetzt kommt der mit der Bürste nach prüfenden Blicken zu uns dreien herüber. »Si vous voulez dire adieu...« Er scheint betroffen. Entweder ein erstklassiger Kollege oder... Plötzlich habe ich Vertrauen zu der Schminkkunst

mediterraner Beerdigungsfunktionäre. Ich gehe hinüber zum offenen Sarg. Wahrscheinlich wird die Tante, heimgekehrt nach Paris, dem lauschenden Kreis berichten: »Ich konnte ihn nicht zurückhalten, er *mußte* sie noch einmal sehen.«
Ich verstehe, warum der Mann ehrlich betroffen ist. Du warst so schön, Mathilda! Nur rechts oben an der runden Stirn ein dunkler Fleck. Die Augen liegen vielleicht ein wenig tiefer, aber das sanfte, fast höflich gehemmte Lächeln, das du immer hattest, wenn du Älteren oder Respektspersonen begegnetest, ist da. Ein Lächeln, frei nach Thomas Mann: Man ist bei Hof, man nimmt sich wohl zusammen. – Nun, jetzt bist du wohl durch die Kontrolle!
Als ich zurücktrete und vom Glashof auf den Vorplatz gehe, kommt das Paar näher. »Les tuteurs – meine Vormünder« nanntest du sie immer mit ein wenig Verachtung. Sie sehen mir wohl an, daß du nicht schrecklich verunstaltet bist, und trauen sich jetzt ebenfalls zu dir. Dabei habe ich Tränen in den Augen. Ich ertappe mich voller Überraschung dabei, stolz auf diese Tränen zu sein, als wollte ich mir zuprosten und sagen: ›Siehst du, mein Junge, du bist doch noch echter Rührung fähig! Das, was du da verspürst, ist mehr als Selbstmitleid, das dir sonst immer das Wasser in die Augen treibt.‹
Als wir hinausgehen, hat Marc den Rolls geschlossen. Offenes Auto fürs Begräbnis schickt sich nicht. Sehr gut, Marc! Monsieur und Madame Mizari zwängen sich auf die Hintersitze. Gilbert folgt im gelben Jeep. Ein rührender kleiner Konvoi. Ich sitze vorn neben Marc und spüre im Nacken, wie die weiche Federung, der Geruch des Leders und nicht zuletzt der Blick auf die ›Flying Lady‹ ihre Wirkung auf das Paar nicht verfehlen. Zum drittenmal wiederholt der Mann seinen einstudierten Text: »Sie müssen verstehen, wir sind noch immer sprachlos.« Ich wende mich halb um und murmele Verständnis. Da drückt die Frau meine über die Lehne hängende Hand. Unwillkürlich erinnern mich ihre harten Hände an die kleinen Richtungsanker aus Gußeisen, wie man sie beim Fishing auf den Bahamas verwendet.
»Tilda war so glücklich, sie hat es mir am Telefon gesagt. Sie

sagte: Ich werde heiraten, ich bin sehr glücklich. Auch wenn wir keine Kinder haben werden...« ›Blöde Gans‹, denke ich, ›vielleicht machst du mir noch Vorwürfe, daß sie nicht geschwängert zu Jehova kommt.‹ – Sie sagt es nur, um eine Vertrautheit mit dir herauszustreichen. – Ich weiß, daß du darauf gepfiffen hast. Nicht auf Kinder wahrscheinlich, aber auf diese Vertrautheit.
Der Mann neben dem Chauffeur des Leichenwagens hat sich verstohlen eine Zigarette angezündet. Ich sehe es, als der Wagen vor uns in die Avenue einbiegt. Am ausgetrockneten Flußbett des Loup entlang geht der Weg zum Ausgang der Stadt. Der schwarze Pompe funèbre, der braune Rolls, der gelbe Jeep mit den Blumen ganz dicht beieinander. ›Wie eine Raupe‹, denke ich. Ich erinnere mich an den großen Falter, der zwei Tage und zwei Nächte an der Haustür geklebt hatte. Ein wunderschönes Nachtpfauenauge. Es kam am Spätnachmittag, und als ich es am nächsten Morgen sah, unverändert, die Riesenaugen auf uns gerichtet, wurde mir angst.
Das war am 3. Juni. Am folgenden Abend flog ich nach Wien, und wir telefonierten. Zum letzten Mal, Mathilda.
Die Autokolonne hat jetzt die Stadt hinter sich gebracht, und wir fahren Serpentinen hinauf. Der Friedhof liegt an einem Hügel. Die Mannschaft springt aus dem Wagen. Mit Akkuratesse wird der Sarg zum Wagenausgang gerollt, geschultert, in die Vorhalle gebracht, abgestellt. Es kommt mir vor, als ob die Herren ihre südliche Vorstellung von Pietät mit militärischer Disziplin anreichern wollten. Als wollten sie mir zeigen, daß sie »Des Teufels General« und »Oberst Strogoff« wohl in Erinnerung hätten.
Während wir zögernd folgen, wird in der Wand der Aufbahrungshalle eine etwa sechzig Zentimeter hohe Tür geöffnet. ›Wie ein Safe‹, denke ich, ›oder ein Kühlschrank.‹ Die Männer blicken auf mich. Ich nicke ihnen zu. Ein Ruck, kurz gestemmt, und der Sarg verschwindet. Noch ein Moment an der offenen Tür für Abschiedsblicke. Dann tritt der Große vor und schließt die Tür, verschließt sie mit einem Kantschlüssel.
Später frage ich: »Wie lange kann sie hierbleiben?« – »Sechs Monate, Monsieur.« – »Merci.«

Gilbert verteilt Baccarats, Sonjas, Wicken und Margeriten im Halbkreis auf dem Boden; schön symmetrisch in der Mitte die Vasen, drumherum die Kästen und Körbe. Während ich Trinkgelder verteile: drei Scheine für die Herren vom Bestattungsinstitut, drei Scheine für die Wärter des Friedhofs.
Als wir endlich wieder in Vence ankommen, sitzt Simone vor dem Swimmingpool.

2.

Ich liebe dich, Mathilda. Es war unendlich schön mit dir, doch jetzt, wo du nicht mehr da bist, entdecke ich, wie wenig ich von dir weiß.

Es machte einen besonderen Reiz unserer Beziehung aus, daß sich erst allmählich, unter Umarmungen, durch Gesten, Blicke, Melodien und Erzählungen das Porträt deines Lebens enthüllte, während ich es gleichzeitig mit meinen Augen neu malte: deine Kindheit in Ägypten, dein Bruder Jacques, deine ungarische Mutter, das Geschäft deines Vaters irgendwo am Hafen von Alexandria, der Auszug der Kinder Israel nach dem Sechstagekrieg, Rom und dein strenger Onkel, Paris und die ersten Schritte ins selbständige Leben. Wenn ich dieses kurze Dasein an mir vorüberziehen lasse, kommt unmerklich Lawrence Durrell als Mitautor ins Spiel, und meine Erinnerung vermischt sich mit Figuren aus »Mountolive« oder »Justine«.

Jetzt, wo du tot bist, springe ich manchmal ganz unbekümmert mit dir um: Mathilda hätte dazu dies und jenes gesagt, den Menschen hätte sie abgelehnt, der und der wäre ihr sympathisch gewesen. Wenn jetzt ein Mädchen zu mir kommt und länger als ein Wochenende bleibt, muß sie ihren Schoß rasieren, so wie du es machtest, wie es bei euch Sitte ist. Und wenn ich dann ihre Schenkel auseinanderzerre und ihren Venushügel mit deinem vergleiche, der hoch und rund war wie deine Stirn, verspüre ich meist keine Lust mehr, ihren ›zweiten Mund‹ zu küssen, der in die Tiefe des Bauches führt, dorthin, wo bei dir der jauchzende Teil deiner Seele verborgen war.

Es hätte uns vergönnt sein sollen, noch eine weitere Etage mit diesem verdammten Fahrstuhl zu fahren, der zum Himmel oder in die Hölle führt. In den Bereich der Unabhängigkeit von zuviel Liebe, zuviel Begehren, zuviel Sich-aufeinander-abstimmen-Wollen, zu vielen eitlen Rücksichten, die letzten Endes doch immer nur darauf hinauslaufen, sich selbst ins beste Licht zu rücken und dem anderen zu zeigen, wie feinfühlig man ist, wie sensibel und wie gut man die Falten der Seele seines Partners kennt; jene Falten, von denen man sich versprochen hat, niemanden hineinschauen zu lassen. Jene Etage, auf der ich sieben gute Jahre mit Simone lebte, wo der Glaube an die Früchte der gemeinsamen Bemühungen das tägliche Leben bestimmte, als man vermeinte, den Weg gefunden zu haben, der zum »Nachsommer« führt, dorthin, wo man von der Bank vor dem Haus das Leben an sich vorüberziehen läßt – eines Tages, wenn man mit dem Bewußtsein schlafen geht, ein erfülltes Leben geführt zu haben.
Leben sei Vorbereitung auf den Tod, sagen viele. Wenn ich an unsere letzten Wochen in ›Domaine de la Trappe‹ denke, mag ich nicht daran glauben. Denn wie oft waren wir nach den Empfängen im Festspielhaus in Nightclubs gelandet und erst gegen Morgen heimgekommen, hatten die Kleider vom Leib gerissen – noch im Auto hattest du damit angefangen – und uns hineingestürzt in den Swimmingpool. Dann, in dicke weiße Bademäntel gehüllt, den Eisschrank inspiziert, Feuer gemacht, vor dem Kamin den Morgen erwartet und zwischen Umarmungen Geschichten erzählt. Wir hatten es vermieden, aus dem eigenen Leben zu erzählen, so, als wollten wir beide nicht zuviel preisgeben von uns selbst, damit ein Geheimnis um uns bleibe, das erst langsam, nach und nach, mit zunehmender Vertrautheit aus der erregenden Spannung des Unbekannten in ein Sichkennen und Sicherkennen münden sollte. So, als wollten wir den Tag, an dem wir innerlich genauso nackt voreinander stehen würden, wie es bisher nur unsere Körper getan hatten, hinauszögern, solange es ging. – Einer meiner ersten Regisseure am Wiener Burgtheater war immer wie berauscht auf die erste Probe gekommen. Doch mit jedem Probentag hatte seine Euphorie abgenommen, und am

Premierentag verkroch er sich in irgendeine unbenutzte Garderobe und schloß sich ein. Sprach man ihn darauf an, sagte er: »Solange ich noch nicht weiß, wie es werden wird, ist es wunderbar.«
Wir übten noch mit geschlossenen Visieren. Wir waren im Stadium der Arrangierproben, wo die Phantasie das Spiel bestimmt und die Vorstellung noch kein fertiges Gerüst erhalten hat, um das herum mit Technik und Routine, mit Beleuchtung und Intonation das Haus gezimmert wird, das wir schließlich mit Abziehbildern tapezieren und Theater nennen. Wir waren noch dabei, uns einander vorzustellen. So erzählte ich dir Geschichten, von denen ich einen schier unerschöpflichen Vorrat besaß; die meisten hatte ich schon oft ausprobiert, und sie hatten ihre Wirkung nie verfehlt. »Solange du bei mir bleibst, habe ich jeden Tag eine Geschichte für dich.«
Und doch, vielleicht ist etwas Wahres dran an dem mit der Vorbereitung auf den Tod. Wenn ich an jenen Freitag, den 22. Mai denke, an dem wir zu Graces und Rainiers Galaeinladung nach Monte Carlo fuhren, kommt es mir wieder in den Sinn. Grace hatte es sich nicht nehmen lassen, sozusagen aus Protest, weil Elizabeth Taylors Film »In the Driver's Seat« in Cannes zu den Festspielen nicht angenommen worden war, die Uraufführung in Monaco groß aufzuziehen. Als man dich nach der Vorstellung im Palais neben die Taylor, Onassis und die Begum placierte, flüstertest du mir vor Aufregung lispelnd ins Ohr: »Du kannst mich als deine Verlobte vorstellen...« Ich muß ein sehr dummes Gesicht gemacht haben. Du zupftest an meiner Smokingschleife und hattest das kleine, gehemmt-verlegene Lächeln, als du meine Augen suchtest: »...oder ist es dir nicht recht, wegen... Simone?« In diesem Augenblick begann das Orchester Gracia-Patricias Lieblingslied »Yellow Ribbon Round the Old Oak-Tree« zu spielen. Ich sagte: »Danke, meine Geliebte, ich glaube, Simone hat in diesem Augenblick für immer mein Haus verlassen. Es gibt keine Gespenster mehr.«
Wir tanzten *the old-fashioned way*. Ich war glücklich, stolz, ich fühlte mich jung. Die Leute um uns herum blickten auf uns. Die

Männer tasteten mit ihren Blicken deinen Körper ab. Die Frauen lächelten mir zu, als wollten sie sagen: »Wir gönnen sie dir.« Das Leben war hinreißend, und seit unendlich langer Zeit war ich wieder so glücklich, daß ich vergaß, mich selbst zu betrachten, »historisch zu leben«, wie ich es für mich nannte. Ich empfand tiefe Dankbarkeit für alle und alles. Für Liz Taylor in ihrem kaffeebraunen Spitzenkleid, die mich umarmte, als wir von der Tanzfläche zurückkamen, und mir zu dir und dir zu deinem schönen Kleid gratulierte. Sicher hatte sie es erkannt. Es stammte aus ›Mia et Vicky‹, der Boutique, die Liz finanzierte. Wie hätte ich ahnen können, daß ich Simone genau fünfzehn Tage später in London anrufen sollte, um sie flehentlich zu bitten, sofort zu kommen, damit ich in meiner Verzweiflung keine Dummheiten machte, und weil sie der einzige Mensch auf der Welt wäre, mit dem ich reden könnte: über dich und das, was geschehen war. Als wir in der Nacht nach dem Galaempfang heimkamen und am Kamin den Morgen erwarteten, erzählte ich von Menschen, die Talent zum Glück haben – und als Kontrapunkt die traurige Geschichte von einer Selbstmörderin, die man mit einer falschen Tausendfrancnote aus dem Mittelmeer gefischt hatte. Stunden später lagen wir erschöpft im Bett, und du umarmtest mich plötzlich noch einmal, als ich schon glaubte, du wärest eingeschlafen, und flüstertest ganz leise, ganz klar und sachlich: »Ich hab' Angst, daß ich zu denen gehöre, die kein Glück haben. Aber ich liebe dich.« Und im Einschlafen murmeltest du, nach Art der Pariser Teenager im Chelsea-Jargon: »Du bist super-extra.«
Das rührende Kompliment, mit dem du eingeschlafen warst, schreckte mich auf. Plötzlich lag mein Todfeind zwischen uns. Der zynische, kalte Beobachter, der Analytiker meiner Gefühle, der Bremsklotz meiner Spontaneität. Liebe ist nicht fürs Glück geschaffen, dachte ich. Sie hat dich bezaubert. Das ist gut. Je mehr dich bezaubern kann, um so mehr kannst du bezaubern. Du wirst deine Sicherheit zurückgewinnen. Du wirst im Herbst in Paris den Othello spielen. Du wirst dich auf der Bühne austoben können. Das wird dein Glück sein. Ihr werdet ein blendendes Paar sein. Aber du weißt, was du dir einhandelst. Ihr kennt

euch drei Monate. Sie ist fünfundzwanzig. Jetzt schaffst du es noch oft genug, aber wenn ihr wirklich heiraten wollt... ›Ach was‹, denke ich, und hau' mit der flachen Hand auf die leere Stelle zwischen uns, dorthin, wo der Feind sitzt.
Drama ist mein Beruf. Das Paar, das dem Drama ausweicht, endet im Stumpfsinn. Basta! Am Sonntag mieten wir uns einen Hubschrauber und fliegen nach Monte Carlo zum Grand Prix. Wir werden auf der Terrasse des ›Hôtel de Paris‹ zu Mittag essen und nach dem Start auf den Dachgarten des Casinos gehen, wo Régine ihre Getreuen empfängt.
Es wurde ein schöner Tag. Der Flug im Hubschrauber, dreißig Meter über der Grande Corniche, über meinen letzten Besitz am Cap-Ferrat, über Greta Garbos Villa, über das Palais und das Casino von Monte Carlo entlockten dir kleine jauchzende Schreie... Aber der Hubschrauber, der dich von Ste-Maxime zur Klinik St-Roch nach Nizza brachte, gehörte der »Surveillance Routière des Alpes Maritimes«. Als man dich in den Operationssaal brachte, warst du bereits tot. Dein Leben, das du mir Stück für Stück behutsam in kleinen Kapiteln erzählen wolltest, hat sich davongemacht, von den silbernen Rotoren in den Himmel gepreßt, auf Nimmerwiedersehen. Bevor ich es kennenlernen konnte.
Und schon bin ich dabei, dein Leben in meine Hand zu nehmen: es zu deformieren, es zu dramatisieren, mich in den Mittelpunkt zu setzen oder mich in pathetischer Bescheidenheit hinter dir zu verstecken, je nachdem, wie's gebraucht wird. Dein süßes, strahlendes Leben wird zum Requisit der Rolle, die ich mir insceniere. Zum Glück schreibe ich für mich manchmal auch Scenen aus Komödien, und wenn ich sie mir oder einem kleinen, auserlesenen Kreis vorspiele, kommt der befreiende Moment, wo ich mich daran erinnere, daß ich mir einmal, zu Beginn des Krieges, eine Spielregel ins Hirn massiert habe: Nichts ernst nehmen, außer der Arbeit! Am allerwenigsten dich selbst.
Und doch, als ich nach Wien zurückkam, nach zwei traurig-vertrauten Tagen mit Simone, geschah etwas Neues: Ich hatte dich Simone gegenüber noch schöner, noch begehrenswerter, noch

sensibler geschildert, als du vielleicht in Wirklichkeit warst, nur, um mich noch mehr bemitleiden zu können und mein Schicksal noch mehr bedauert zu wissen, nimmersatt in meiner Egozentrik, doch wachsam genug, jede unterschwellige Schwingung des Gesprächs zu registrieren. Vielleicht war ich etwas zu weit gegangen in der Schilderung des verlorenen Paradieses, denn ich unterbrach mich und rief aus: »Ach, zum Teufel mit meinem Selbstmitleid!« Da sah mich Simone ernst an und sagte nachdenklich: »Selbstmitleid kann auch kreativ sein. Was wären Verlaine, Rimbaud, Baudelaire, Rilke und Schnitzler ohne Selbstmitleid?«

In Wien nahmen wir die unterbrochenen Dreharbeiten für den »Fräulein Else«-Fernsehfilm wieder auf. Unmerklich zuerst, doch von Aufnahme zu Aufnahme immer deutlicher, veränderte ich den Charakter des miesen, schmierigen Voyeurs Dorsday, den ich spielte, und schmuggelte Züge eines geschlagenen, von geheimer Sehnsucht nach Schönheit getriebenen, durch Resignation weise gewordenen Verlierers hinein, so daß die Figur plötzlich sympathisch wurde, was ganz sicher nicht im Sinne Schnitzlers und offensichtlich nicht nach dem Konzept des Regisseurs Ernst Haeussermann war. Aber ich blieb unbeeinflußbar, und aus Respekt und Mitgefühl ließ man mich gewähren. In vierzig Jahren eines Schauspielerlebens hatte ich zum erstenmal mein Privatleben wichtiger genommen als meinen Beruf und eine Rolle bewußt vergewaltigt. Das Resultat war mir völlig gleichgültig. Ich hatte ein Ventil gebraucht, einen neuen Standort, von dem aus man ein Schicksal betrachten konnte. Darstellung als Therapie, Beichte als Erlebnisersatz. Und es hatte geholfen.

Nach Drehschluß ging ich nach Hause, nahm ein Bad, zog mich gut an und aß allein zu Abend. Nein, nicht allein, denn ich hatte beschlossen, mir dir weiterzuleben. Herrgott, wenn man vierzig Jahre mit Mercutio, mit Piccolomini, mit Petruccio und Pylades, mit Stanley Kowalski und Bruno Mechelke, mit Harras und Jakobowski und, *last not least,* mit Bismarck und Siegmund Freud gelebt hatte, mußte es mit dem Teufel zugehen, wenn ich nicht noch ein paar Jahre mit dir leben könnte! Ich spreche mit dir und

du antwortest kichernd: »Mon amour, si on se tappait un gros Gin-Tonic?«
Die Abende sind lang, und ich werde dir eine lange Geschichte erzählen. Vielleicht die meines Lebens?
In den letzten Tagen habe ich oft daran gedacht, daß mein Leben, das Erwachsenenleben mit Beruf und Bemühung, mit Gedanken und Sinn, mit einem ähnlichen Ereignis begann, mit dem deines endete. Du hast mich einmal gefragt – es war am Morgen nach unserer ersten Nacht, als die Sonne bereits durch die Vorhänge meiner kleinen Wohnung in Paris blinzelte –, woher die große Narbe zwischen Nabel und Schwanzansatz stamme. Ich hatte damals ausweichend geantwortet, weil ich zu müde war und weil ich die Narbe nicht mag. Sie ist besonders häßlich, wenn ich zu dick bin, wie jetzt. Dann quillt das Fett zu beiden Seiten der vernarbten Stelle hervor, und sie wirkt wie eine Schlucht. Ich will dir erzählen, wie es zu dieser Narbe kam, und wie mein von meinem Vater sorgfältig geplantes Leben im wahrsten Sinne des Wortes aus der Bahn geschleudert wurde.

3.

Die Bahn hieß Oldenburgallee in Berlin-Neu-Westend, und geschleudert wurde auch ein so verdammter Zweitakter wie der ›Citroën Méhari‹, den Gilbert dir nach meiner Abreise aus Vence überlassen hatte und der gewöhnlich dazu diente, an den schlechten Tagen zur Blumenauktion nach Antibes zu fahren, das heißt an den Tagen, an denen es sich nicht lohnte, den benzinfressenden ›Willy's Jeep‹ zu nehmen, weil nur ein paar Dutzend Rosen geschnitten werden konnten.
Dieser Zweitakter allerdings, mit dem mein Leben als Erwachsener begann, war ein Rennwagen, gebaut von der neugegründeten ›Auto Union‹, die aus der Fusion der DKW-Werke in Zschopau mit den Audi- und den Horch-Werken in Zwickau hervorgegangen war. Ein reicher junger Mann hatte sich, ermutigt durch Erfolge bei Rallye-Fahrten, solch ein einsitziges, zweitaktiges DKW-Monstrum bestellt und für das Avusrennen in Berlin angemeldet. Der junge Mann hieß Herbert Friedenthal und wurde später mein Schwager. Das Avusrennen sollte am 13. August 1933 stattfinden, doch mein Vater, der ›Alte Herr‹, hatte kategorisch untersagt, meine ›Studienferien‹ in England, die am 25. August endeten, früher abzubrechen, nur um einem Autorennen beizuwohnen. Ich war wütend und schmiedete die abenteuerlichsten Pläne, um doch noch rechtzeitig in Berlin zu sein.
In London lebte ich in Hampstead bei der Familie eines Geschäftsfreundes meines Vaters. Bevor ich im Mai gekommen war, war verabredet worden, daß die beiden Söhne Sion Poteliakhoffs, von denen der ältere wie ich siebzehn war, im nächsten

Jahr uns in Berlin besuchen sollten, um ihrerseits Deutsch zu lernen. Aber merkwürdigerweise war während der Zeit meines Aufenthaltes von diesem Besuch nicht mehr die Rede. Ich machte mir darüber keine Gedanken, schrieb es einfach dem Umstand zu, daß meine persönliche Beziehung zu den beiden Jungen nicht zu einer Freundschaft geführt hatte und ich eigentlich nie so recht etwas mit ihnen anzufangen wußte. Sie sprachen entweder Persisch miteinander oder wollten mir mit versnobtem »King's English« imponieren, das von Modewörtern durchsetzt war, deren Bedeutung ich nur erraten konnte. So glaubte ich, daß mein Benehmen und mein Desinteresse an allem, was nicht Sport oder bestenfalls noch Mädchen betraf, den ehrwürdigen Sion und seine schöne, orthodox jüdische Frau entsetzt hatten und sie den Augenblick herbeiwünschten, an dem dieser plumpe deutsche Bursche das Haus verlassen würde.
Doch meine Versuche, den Urlaub um den 11. August herum abzubrechen, scheiterten an der Freundestreue Poteliakhoffs zu meinem Vater: »Dein Vater hat mir ans Herz gelegt, deine Englischkenntnisse zu vervollkommnen, und ich meine, du solltest die Gelegenheit gut nutzen. Wer weiß, wann du sie brauchen wirst!«
Daraufhin dachte ich an Flucht.
Mein Zimmer lag im ersten Stock und ging auf einen kleinen gepflegten Garten hinaus. Direkt unter meinem Fenster begann das stark abschüssige, gläserne Dach eines Gewächshauses, wie man es – halb Wintergarten, halb Loggia – in England überall findet; denn je schlechter das Klima eines Landes, desto mehr erfreuen sich die Bewohner an bunter, farbenprächtiger Flora. In der Nacht zum 12. August packte ich also den kleineren meiner beiden Koffer, ließ die eleganten Anzüge, die von ›Peek und Cloppenburg‹ in Berlin oder von der ›Samaritaine‹ in Paris stammten, wohlverstaut im größeren, steckte Paß, Rückfahrkarte und Taschengeld ein, öffnete leise das Fenster, ließ die Beine baumeln, bis sie Halt fanden, und rutschte, das Köfferchen in der Hand, auf dem Hintern das Dach hinunter. Wann immer ich später in Lustspielen, Schwänken oder Filmkomödien den ertappten

Liebhaber oder den auf der Flucht gefaßten jugendlichen Helden spielen mußte, erinnerte ich mich an den Augenblick, der nun kam.

Ich hatte, als der Entschluß zur Flucht in mir reifte, vom Garten aus das Glasdach inspiziert und gefunden, daß es für den kurzen Rutsch stabil genug sein müßte, wenn man das Gewicht auf zwei stählerne Träger verteilte. Plötzlich ein Krachen, Splittern, und mein Arsch saß in einem Loch, aus dem er nicht mehr herauskam. Die Hose (auch von ›Peek und Cloppenburg‹) war so aufgeschlitzt, daß mein nacktes Gesäß wie eine Kugel an der Decke des Gewächshauses hing. Jeder Versuch, mich aufzurichten, trieb mir gläserne Splitter ins Fleisch. Da ich beide Hände brauchte, ließ ich den Koffer, den ich bis dahin krampfhaft festgehalten hatte, fallen und hörte ihn mit dumpfem Aufschlag irgendwo im Garten landen, als die wieder eingetretene Stille erneut unterbrochen wurde: Stimmen, Schritte, Türenschlagen, und dann vernahm ich direkt unter mir Sion Poteliakhoff: »Did you hurt yourself?« Seine Stimme klang ruhig, überlegen, so, als hätte mich beim Kricketspielen am Samstagnachmittag ein harmloser Ball getroffen. Unwillkürlich überlegte ich: ›Woher weiß er denn, daß ich es bin, der da hängt? Erkennt er mich an meinem bloßen Hintern?‹ – Ohne auf seine Frage einzugehen, doch mit dem Versuch, seinen sachlichen Ton zu übernehmen, antwortete ich: »Ich wollte im Garten etwas Luft schöpfen und euch nicht wecken, weil das Stiegenhaus knarrt.« Diese völlig unglaubhafte Erklärung konnte natürlich niemand ernst nehmen, aber das war mir im Augenblick egal. Hauptsache, ich hatte einen Grund für das Vorgefallene angegeben. Im Gegenteil, jetzt ging es mir erst recht nicht mehr darum, das Gesicht zu wahren oder den wohlerzogenen jungen Mann aus feinem Haus zu spielen. Mochten sie doch denken, was sie wollten!

Allerdings mußte mir jemand helfen, mich aus dieser schmerzenden Lage zu befreien. Ich hörte, wie der Alte das Gewächshaus verließ, und wandte den Kopf, um zu sehen, ob er seine Rettungsaktion wohl von oben, vom Zimmer aus, ins Werk setzen würde. Plötzlich erkannte ich am Fenster des Nebenzim-

mers Madame Rachel Poteliakhoff. Ein Stück Mond hatte die Wolken durchbrochen, und ihre olivfarbene Haut leuchtete fahl und nackt. Sie trug eine Chalat, einen turkestanischen Morgenmantel aus Samarkand oder Taschkent, wie auch meine Mutter sie benutzte; für die orientalischen Gäste hatten wir immer ein gutes Dutzend davon im Hause. Sie hatte die Arme verschränkt und blickte mich todernst und bewegungslos an. Vielleicht stand sie schon lange so da, schoß es mir durch den Kopf, ja, vielleicht hatte sie meine Flucht von Anfang an beobachtet.
Der Ausdruck ihres schönen Gesichtes war von unendlicher Traurigkeit und blieb mir unvergessen. Tiefe Scham ergriff mich, und ich versuchte, mich mit einer ungeschickten Kraftanstrengung allein aus der schmerzenden und peinlichen Lage zu befreien. Neuerliches Splittern, brechendes Glas, und blutüberströmt landete ich im Garten. Sekunden später trat der Alte mit einer Leiter durch die Pforte. Als er meine Bauchlandung sah – ich war im Fallen nach vorn gestürzt –, lehnte er die Leiter ans Haus und verschwand. Doch gleich darauf tauchte er, meinen kleinen Koffer in der Hand, wieder aus dem Dunkel auf. Wortlos überreichte er ihn mir; in diesem Moment haßte ich ihn. Statt dankbar zu sein, daß er mich nicht zur Rede stellte, riß ich den Koffer an mich und humpelte ins Haus. »Try not to drip the blood on the carpets«, rief er mir mit rollendem *r* hinterher. Das war alles. Bevor ich im Haus verschwand, warf ich einen Blick hinauf zum Fenster. Es war leer, so, als wollte Madame Poteliakhoff mir ersparen, Zeugin meiner Schande zu sein. Nun haßte ich auch sie mit ihrer verdammten Güte und Traurigkeit.
Am folgenden Tag wurde der Vorfall mit keinem Wort erwähnt, und ich habe nie erfahren, ob die beiden Söhne davon wußten. Sie schliefen vorn im Haus, und ihre Zimmerfenster gingen auf die Straße hinaus. Bei den Mahlzeiten blieb ich verstockt und einsilbig. Erst am Tag darauf kam es zu einem kurzen Gespräch. Lady Rachel saß rauchend auf der Chaiselongue, der alte Poteliakhoff trank im Stehen seinen Nachmittagskaffee.
»Ich nehme an, du möchtest gern heimfahren«, begann er. Nun wäre es ein leichtes gewesen, ihm zu erklären, daß ich ein begei-

sterter Autofex sei, mein zukünftiger Schwager sein erstes großes Rennen fahre und ich unbedingt dabei sein wolle. Aber etwas hielt mich zurück. Trotz des verletzten Stolzes und der Schande, daß man mich so schmählich ertappt hatte – es war eine Aggression in mir mobilisiert worden, der ich später noch oft begegnen sollte. Mir ergeht es genauso wie meinen Landsleuten: Je schlechter das Gewissen, desto stärker die Aggression. Ich sagte nur: »Ja.« Sion setzte umständlich die Tasse auf dem Flügel ab, kam langsam auf mich zu und sah mich nachdenklich an. »Gefällt es dir nicht mehr in London?« – »Doch, doch«, sagte ich ohne Überzeugung. – »Viele deiner Landsleute mögen die Juden nicht. Fühlst du dich nicht wohl bei uns, weil wir Juden sind?« Meine Überraschung hätte nicht größer sein können. Im Hause meiner Eltern verkehrten viele Juden. Der Bankier Fonfé in Berlin hatte meinem Alten Herrn die Eröffnung des Sportpalastes finanziert, die jüdische Familie Friedenthal sollte sich mit der unseren verschwägern, meine Schul- und Klassenkameraden hießen Hirschberger, Sklarek, Goldschmidt; der Schulfreund, dem ich hier in Hampstead in die Arme gelaufen war und mit dem ich (deutsch sprechend) den größten Teil meiner Freizeit verbrachte, hieß Alexander Heymann-Sokoloff, sein Großvater, Nachum Sokoloff, war Präsident der Zionistischen Weltorganisation; mein bester Freund, der einzige, mit dem ich manchmal ein ernsthaftes Gespräch führte, da ich mit ihm Schach spielte – was mich allerdings nur faszinierte, weil ich es als Kampfsport betrieb, in dem es darauf ankam, zu siegen –, hieß Monia Kopelmann. Ich war mit Juden aufgewachsen, und nie war mir ein Unterschied zu anderen Bekannten aufgefallen. Wenn wir zu Hause »Juden« sagten, was oft geschah, so diente das als Typenbezeichnung wie Mercedes, Alfa Romeo, Ferrari und Rolls-Royce. Wohl hatte ich in Erinnerung, daß mein Vater zu sagen pflegte, die Nazis würden, wenn sie an die Macht kämen, die Juden zum Sündenbock für die verfahrene Wirtschaft machen, doch mir war nie der Gedanke gekommen, daß jemand sich anders verhalten sollte, nur weil er Jude war.

Kaum hatte Sion Poteliakhoff das gesagt, kam mir ein verwege-

ner Gedanke: Wenn ich mich als Nazi aufspielte, könnte ich bestimmt das Haus verlassen, abreisen und pünktlich zum Rennen in Berlin sein. Ich hatte in den letzten drei Monaten englische Zeitungen lesen müssen, das gehörte zum Pensum, und natürlich war mir nicht entgangen, daß die Drohung »Juden raus!« von der neuen deutschen Regierung wahrgemacht werden sollte. Inmitten dieser Überlegung wurde mir bewußt, daß ich die Frage des Alten noch nicht beantwortet hatte. Um so besser, fuhr es mir durch den Kopf, je länger ich zögere, um so stärker wird der Eindruck, daß er mit seiner Vermutung den Nagel auf den Kopf getroffen hat. Ich »hielt die Pause«, um Spannung zu erzeugen, so, wie ich es Jahre später in der Schauspielschule lernte.
Lady Poteliakhoff drückte ihre Zigarette aus, eine jener russischen Papirossi mit langem Pappmundstück, wie sie auch bei uns zu Hause immer herumlagen. Dann sagte sie, und ihre Stimme schien von weit herzukommen: »Wir werden deinen Eltern schreiben, daß du es vor Heimweh nicht mehr ausgehalten hast. Das ist sicher die Wahrheit und wird deine Mutter freuen.« Sion blickte seine Frau an. Dann wandte er sich mir zu und sagte: »Wann willst du fahren?« Heute war Samstag, das Rennen sollte morgen, Sonntag, stattfinden. Sollte ich sagen: heute, sofort, mein Koffer ist gepackt? Dann käme ich noch zurecht, dann hätte sich der zerschundene Hintern gelohnt. Ich setzte mein liebenswürdigstes Lächeln auf: »Ich... könnte... heute fahren... wenn ich euch zur Last falle...«
Jetzt war es heraus, noch dazu mit einer unverschämten Unterstellung gespickt. Der Freund meines Vaters antwortete nicht sofort. Er überlegte. Die Spannung wurde unerträglich. Dann ging er zur Tür und sagte, die Klinke in der Hand: »Das geht leider nicht. Du mußt morgen bei den Eltern der Freunde, die du hier kennengelernt hast, Abschiedsbesuche machen. Ich werde deinem Vater telegraphieren, daß du Montag abend den Schlafwagen nimmst.« Damit verließ er, ohne eine Antwort abzuwarten, das Zimmer.
›Aus! Das Rennen ist gelaufen‹, dachte ich, ›aber nicht gewonnen. Hoffentlich gewinnt Herbert Friedenthal, der Jude.‹

Am Montagabend bringen Sion und seine beiden Söhne mich im Taxi zum Bahnhof. Die Söhne sitzen auf den Klappsitzen und schauen aus den Fenstern. Ihr Vater spricht von Deutschland. Von Hindenburg. Fragt mich, ob er beliebt sei, ob schon sehr verkalkt. Ich weiß nichts zu antworten. Ich möchte wissen, wer das Avusrennen gewonnen hat. Ja, wenn er mich nach den Chancen der deutschen Davis-Pokal-Mannschaft gefragt hätte, nach Danny Prenn, Moldenhauer oder Dr. Landmann, wenn er gefragt hätte, wer in die engere Wahl kommen würde, um diesen Winter für Deutschland im Eishockey gegen Kanada zu spielen, dann hätte ich ausgepackt. Aber Hindenburg, der alte Knakker...

Die Wendigkeit des Taxis fasziniert mich, die vielen Bentleys und Rolls-Royces, die vorüberflitzen, und die geradezu idiotische Höflichkeit des Cabby, des Taxichauffeurs. ›Warum winkt der Trottel dem Fußgänger am Bürgersteig‹, denke ich, ›er könnte doch Gas geben! Der Kerl soll aufpassen, wenn er über die Straße will.‹ Es hat Jahre gedauert, bis ich verstehen lernte, daß Höflichkeit wohltuend ist und einem gutfunktionierenden Werkzeug gleicht, dessen Gebrauch zur Verbesserung der Lebensbedingungen dient und das einem hilft, Achtung vor sich selbst zu haben. Meine Generation betrachtet Höflichkeit als Schwäche, die man nicht zeigen darf, oder als Zeichen hypokritischer Berechnung: Man war höflich, wenn man etwas wollte, und je mehr es galt, seine Unabhängigkeit herauszukehren, desto unhöflicher mußte man sein.

Poteliakhoff verabschiedet mich am Kurswagen nach Berlin mit orientalischem Zeremoniell: Umarmung und Kuß auf beide Backen. Den Söhnen drücke ich steif die Hand. Mit britischer Höflichkeit.

Ich habe sie alle nie mehr gesehen...

In den Zeitungen wird Herbert Friedenthals Name genannt. Unter: ferner liefen... ›Na, wenigstens ist er nicht ausgeschieden‹, denke ich. In Dover schau' ich noch aus dem Fenster, wie der Zug auf die Fähre verfrachtet wird, dann werfe ich einen Blick in die englischen Zeitungen. »Times«, Montag, 14. August

1933: »German Jews' Property. Cases of Confiscation – Fälle von Beschlagnahme jüdischer Vermögen in Deutschland.«

Dabei schlafe ich ein. Mir wird ganz wohl ums Herz, wenn ich an Berlin denke, und schon im Halbschlaf spreche ich wieder Berlinerisch. Ob der Kübel von DKW wohl so aussieht wie auf dem Foto, das Herbert mir geschickt hat? »Grün wie die Hoffnung« hat er dazugeschrieben.
Die deutsche Paßkontrolle weckt einen zackig. Schluß jetzt mit orientalischem Zeremoniell und britischer Höflichkeit. Seit wir durch Deutschland fahren, hat der Zug mächtig an Fahrt zugelegt. Sicher über hundertzwanzig. In den kleineren Städten, wie zum Beispiel Bielefeld, hält er gar nicht. Nicht der Mühe wert. Es geht nach Berlin! Anhalter Bahnhof. Da steht auch schon Herr Guhl. Nimmt meinen großen Koffer, den kleinen trage ich selber. Ich hinke immer noch ein bißchen. Am Ausgang steht der graue Talbot. Hatte ganz vergessen, wie schick er ist: Kabriolett. In England war ich nur in großen Limousinen gefahren, wenn wir übers Wochenende oder nach Windsor mit Heymann-Sokoloffs eingeladen waren.
Herr Guhl hat die Koffer verstaut. Beim Einsteigen hätte ich mich fast auf seine Mütze gesetzt. Ich reiche sie ihm rüber. Er nimmt sie und wirft sie achtlos auf die Hintersitze. Der traut sich was! Wenn er allein fährt, zieht er wahrscheinlich auch die Uniformjacke aus. Als er den Deckel zum Kofferraum aufmachte, sah ich seine Privatjacke. Der ist ein ganz gewaltiger Hurentreiber. Auch wenn die alten Herrschaften im Wagen sitzen, kann er's nicht lassen und sieht den Mädchen nach.
»Wie war das Rennen, Herr Guhl?« – »Prima, Herr Friedenthal hat sich gut gehalten. Die Leute aus Chemnitz haben davon gesprochen, ihn im nächsten Jahr unter Werksvertrag zu nehmen.« Er brummelt noch was Unverständliches und schaltet einen Gang zurück. Kulissenschaltung, da knurrt das Getriebe, wenn man kein Zwischengas gibt. »Was sagen Sie?« Wir biegen vom Wittenbergplatz in die Tauentzien ein. Herr Guhl wirft mir einen Blick zu, als wollte er sich für das Knurren im Getriebe bei

der Firma Talbot beschweren. »Ich meine nur, dazu wird's ja vielleicht nich' kommen...« – »Wozu?« – »Na, wegen der Politik.« – »Was hat denn Politik damit zu tun, wenn die Rennleitung in Chemnitz 'n Rennfahrer anheuern will?« Der Guhl hat immer so feuchte Augen. Ob das vom Fahren im offenen Wagen kommt, oder hat er sich bei seinen Mädchen mal was geholt? Augentripper? Soll ganz besonders ansteckend sein. »Die Firmen sollen ja jetzt alle verstaatlicht werden, damit sie nicht immer Pleite machen. Ihre Schwester, das Fräulein Jeanette« – er sagt Schannette – »spricht mit dem Herrn Herbert oft von Spanien. Vielleicht woll'n se dahin.«
Mir schwant etwas, obwohl ich den Zusammenhang nicht verstehe. Aber das ist eigentlich kein Wunder.
Es hat vierzig Jahre später auch einen ganzen Abend gedauert, bis ich begriff, warum du, meine geliebte Mathilda, 1970 mit deiner Mutter, deinem Bruder und deinem Onkel euer schönes Hafenspeditionsgeschäft in Alexandrien aufgeben mußtest...
Über dem UFA-Palast am Zoo werden gerade die großen Lichtreklamen ausgewechselt. Zwei Leute auf riesigen Leitern drehen die Glühbirnen raus, die den Titel des abgesetzten Films buchstabiert hatten, und schrauben neue rein: »Der Choral von Leuthen.« Ich frage: »Wo steht denn der Wagen?« – »Na, bei uns in der Garage.« – Ich kann es nicht glauben. »In der Oldenburgallee? Fahrbereit?« – »Nee, er hat 'ne rote Nummer und muß nach Chemnitz überführt werden.«
Wir biegen in die Kantstraße ein, da wird schneller gefahren. Bei der Lietzensee-Brücke geht's zur Avus. Reichskanzlerplatz, Reichsstraße, Preußenallee: Hier sind die Straßen leer um diese frühe Mittagsstunde. Wer hier wohnt, ist noch in Swinemünde oder Heringsdorf und genießt die letzten Urlaubstage. Ecke Kastanienallee, wo es zur Herder-Schule geht, schau ich hinauf zu Lessmanns Wohnung. Alles zu. Natürlich. Die fahren ja immer nach Italien und kommen erst im September zurück. »Meine Mädchen lernen genug in der Schule«, hat der alte Lessmann mal gesagt. »Jetzt müssen sie das Leben lernen.« Als wir uns unserem Ziel nähern, greift Herr Guhl nach hinten, schnappt sich die

Mütze und setzt sie auf. Wir sind da. In der Oldenburgallee. ›Türkenvilla‹ nennen die Schulkameraden das Haus und frozzeln: »Da könnt ihr das Fensterputzen sparen.« Der Alte Herr hat seine Nostalgie für Turkestan hier Stein werden lassen. Die Villa könnte in Khokand, Samarkand oder Taschkent stehen. Doch im Garten wachsen Pappeln und Stachelbeeren, statt Hibiskus und Feigenbäumen. Kein Fenster geht auf die Straße hinaus, wohl aber ist das flache Dach aus Glas. Hinten im Garten Flieder, Rosen und Jasmin und über dem Eingang, in der blauen Farbe der Kalifen, der arabische Haussegen: *»Bismillah rahman rahim* – Im Namen Allahs, des Barmherzigen!«
Vor dem Haus steht die Ford-Limousine von Herbert. Also ist er da. Die Treppen rauf, da öffnet sich die Tür. Marguerite: »Tach.« – »Tach.« – »Du humpelst ja.« – »Kleener Fenstersturz. Is' Herbert da?« – »Na klar, is' prima gefahr'n am Sonntag.«
»J'entends mon fils«, ruft Maman, kommt in die Diele und umarmt mich. Sie riecht ein ganz klein wenig nach Cognac und ›Quelques fleurs‹ von Houbigan. Das tut sie immer um diese Tageszeit. Um halb eins, wenn ich aus der Schule komme, sitzt sie für gewöhnlich in ihrer eifarbenen Tunika mit dem korallengesäumten Ausschnitt an ihrem Spiegeltisch im Schlafzimmer und schminkt sich bei einem schmalen Gläschen ›Bisquit Dubouche‹. Sie trinkt auch abends gern ein Schlückchen, aber nur Wein aus Frankreich. Wenn man ihr Champagner offeriert, lehnt sie meist mit einem maliziösen Lächeln ab. (»Champagner ist aus schlechtem Wein gemacht«, sagt sie gern.) Doch die Zeremonie am Schminktisch dehnt sie oft auf zwei, drei Gläschen aus. »Ich habe Hangst, daß auf die Hende meiner Tage ich werde eine Seufzerin«, hat sie einmal in ihrem kuriosen Deutsch gesagt, wobei sie mit großer Anstrengung immer dort ein *h* placiert, wo keins hingehört. »Ow hare you, mon grand garçon? Tu as encore grandi.« Sie ist sehr stolz auf mich. Sie war immer sehr stolz auf mich, seit ich laufen konnte. Sie betrachtet mich als ihr Meisterwerk. Marguerite und Jeanette haben falsch eingeschraubte Beine, und ihre tolpatschigen Bewegungen nennt sie »ces mouvements esthétiques de danseuses germaniques!« Überhaupt, wenn etwas zu

kritisieren ist an uns Kindern, dann stammt es immer aus der teutonischen Ecke, nie aus dem französischen Erbe Mamans! Und obwohl sie ihren Mann vergöttert, läßt sie ihrem Chauvinismus bei jeder Gelegenheit freien Lauf. Die Deutschen machen sie in erster Linie lachen, für Engländer hat sie ihre eigene Theorie: »Sie wurden seit Jahrhunderten dazu erzogen, ihre Gefühle zu verbergen, so daß sie eines Morgens aufwachten und keine mehr hatten.«

»Wasch dir die Hände und komm essen! Es gibt Pilaf, wir warten auf dich.« Pilaf ist mein Leibgericht, und ich beeile mich. Niemand macht ihn wie Maman. Der Reis mit Curry, triefend von Olivenöl und doch so locker, daß die Körner auf der Gabel auseinanderfallen. Mit Karotten, Hammelfleisch und Rosinen, Nelken, Thymian und schwarzem Cayenne-Pfeffer zusammengekocht, ist *»Le Pilaf turkestan«* die Spezialität der Oldenburgallee geworden, und viele Damen ihres Kreises versuchen *»Pilaf à la Moussia«* zu kopieren. Maman heißt Marie-Albertine, aber seit ich denken kann, nennen alle Leute sie Moussia. Wir sagen Mamoutschka, wenn wir zärtlich sind oder etwas von ihr wollen. Im Salon sitzt Onkel Costia, raucht, auf einen Zahnstocher aufgespießt, eine deutsche Zigarette, und plaudert mit Nadejda Siegel. Constantin Wladimirowitsch Hensel, genannt Onkel Costia (und Hensel in Ermangelung des *h* im Russischen ausgesprochen »Gensel«, wie »Geil Gitler«), war in Turkestan jahrelang die rechte Hand meines Vaters und folgte ihm nach der Revolution nach Berlin. Er bewohnt im Souterrain ein gemütliches Zimmer, das angehäuft ist mit orientalischem Krimskrams und vergilbten Fotos: die Eltern und er auf Kamelen durch die Wüste reitend, Maman verschleiert, der Alte Herr mit Vatermörder und breitkrempigem Panama.

Nadejda Siegel, die Witwe eines Deutsch-Russen, stammt aus Georgien, ist ungeheuer groß und sanft wie ein Dromedar nach der Tränke. Die trägen Augen schauen verlegen aus halbgeschlossenen Lidern, und wenn sie lächelt, kräuselt sich ein kleiner Schnurrbart auf ihrer Oberlippe. Doch der tut ihrer Schönheit keinen Abbruch, und manchmal werde ich das Gefühl nicht

los, daß ganz verstohlen alle mit ihr flirten, auch der Alte Herr. Endlich kommen Herbert und Jeanette. Alle staunen, daß man in England auch braun werden kann, und finden mich erwachsener. Marguerite muß in der Küche helfen, denn Trude, die Perle, hat gekündigt. »Alles Intrigen von Herrn Guhl«, raunt Jeanette, »der konnte sie nicht ausstehn. Wahrscheinlich, weil sie nicht wollte...« Sie bricht ab, der Alte Herr erscheint.
Der Alte Herr ist jovial und sehr überzeugt von seiner Autorität. Er hört gut zu, weil er weiß, wie schön es ist, Geschichten zu erzählen oder Reden zu halten, ohne unterbrochen zu werden. Viele Jahre später, als ich anfing, als Schauspieler auf meine Art Theater zu spielen, erinnerte ich mich an die Liebe meines Vaters zu großen Scenen, zur Übertreibung, seinen Hang, aus jeder Situation ein pathetisches Zeremoniell, eine Geschichte zum Erzählen zu machen. Aber erst mit dem Verdrängen der Erinnerung an meinen komödiantischen Vater, der unbewußt meine Vorstellung von der Gestaltung einer Rolle geformt hatte,wurde aus mir ein brauchbarer Darsteller.
Ich hatte ein großes Interview erwartet, ein peinliches »Nun erzähl mal, Junge« – aber nichts von alledem. Blitzschnell überlege ich. Madame Poteliakhoffs Brief kann auch per Eilboten noch nicht eingetroffen sein. Telefongespräche ins Ausland waren nicht üblich. Vielleicht das Telegramm? Mein Vater goß, wie üblich, die winzigkleinen Wodkagläser persönlich aus der Kristallkaraffe voll. Auch ich bekam eins. In den kleinen silbernen Bechern vor jedem Gedeck drei russische Zigaretten. Das bedeutet bei uns drei Gänge: Sakuska, bestehend aus Heringen, Gurken und rotem Preßkaviar, dann der Pilaf, von Marguerite serviert. (Zum Donnerwetter, ich hab' keinen Hunger, ich will den Wagen sehn, der da in der Garage steht!) Als Nachspeise wie gewöhnlich Flan. Der Alte Herr liebt Pudding in jeder Form. »Darf ich aufstehen?« – »Wo willst du denn hin so eilig?« Der Alte Herr sagt's eigentlich beiläufig, so, wie er einem lästigen Gast den Abgang erleichtern würde. (»Ach, Sie wollen schon gehen?!«) – »Ich möchte mir den Wagen anschauen. Herbert, kommste mit?« Ich nehme aus Versehen die Serviette mit.

Die Garage ist verschlossen. Herbert holt umständlich den Schlüssel aus der Tasche. »Nu mach schon!« Ick denk', der kann so schnell Auto fahren, weil er in allem so ruhig und langsam ist.

Da steht die Mühle. Grün und dünn und ungeheuer zart. Die Räder abstehend wie Spinnenbeine.

»Kannste starten?« – »Nee, der Anlasser is' ausgebaut.« – »Könn' wa 'n bißken rausschieben, vor die Einfahrt?« – Einsitzer. Gar kein Platz für zwei Personen. – »Det is' das neue Reglemang für Grand Prix.« Herr Guhl kommt kauend in Hemdsärmeln den Weg herunter, hilft schieben. Das letzte Stück zur Straße rollt das kleine Monstrum allein, so leicht ist es. Ich steuere aus der Einfahrt. Auf der Straße, neben dem Talbot und dem Ford, wirkt der kleine Rennwagen noch fremdartiger, unheimlicher. 240 Sachen soll er fahren.

»Setz dich mal rein, Herbert. Wir schieben ihn an, damit ick den Klang höre.« Mit der Serviette wische ich die winzige Windschutzscheibe und den großen Rückspiegel ab. Gemächlich stakst Herbert heran, stützt sich mit beiden Händen ab und macht ne Flanke. Als er drinsitzt, lächelt er mir zu. Herr Guhl schiebt. Ich laufe nebenher. Ta, ta, ta, prum, prum, drumrr. So ein heller Klang, wie ne Libelle, wenn man im Wasser ist und die Dinger einem um den Kopf schwirren.

Langsam, die Kupplung im dritten Gang schleifend, gibt Herbert Gas. Ich schwing' mich auf die rechte Wagenkante und lass' die Beine baumeln. »Halt dich gut fest, und zieh die Beine hoch!« ruft Herbert und schaltet, da der Motor läuft, zurück in den zweiten Gang. Herr Guhl ist stehengeblieben und winkt uns nach. Dabei rutscht ihm der Hemdsärmel hoch, und man sieht ein tätowiertes Hakenkreuz auf seinem Oberarm. Ich zieh' die Beine hoch, schaue gar nicht auf die Straße, habe nur den Tourenzähler im Auge. 2400... 2700..., die Oldenburgallee flitzt an uns vorüber. Das Haus von Staudingers, von Michaelis, das vom Juwelier Willm.

Kurz vor Hirschbergs Haus endet die Oldenburgallee und mündet in die Badenallee, wo dienstags und freitags von neun bis eins

1 Mit Mathilda zur Eröffnung des Filmfestivals in Cannes, 1973.

2 Die erste Leidenschaft hieß Hockey!

3, 4 Maman feiert Geburtstag in turkestanischer Atmosphäre ... in der »Türkenvilla« in Berlin-Neu-Westend.

Markt ist. Ich blicke hoch und sehe, wie zwei Männer mit Feuerwehrschläuchen die Straße vom Schmutz des abgeräumten Marktes säubern. Das tun sie immer, und oft habe ich auf dem Heimweg von der Schule beobachtet, wie sie mit dem scharfen Wasserstrahl Bananenschalen und Packpapierreste auf das gegenüberliegende freie Feld direkt vor Heymann-Sokoloffs Haus spritzten.
Der Wagen rutscht auf dem nassen, öligen Asphalt, 3000 Touren. Der Baum rechts am Bürgersteig springt auf mich zu, genau dorthin, wo ich auf der Kante hocke. Ich höre, daß Herbert noch einmal Gas gibt, um durch Beschleunigen das Rutschen auszugleichen. Jetzt sitzt der Baum da, wo ich hockte, und ich liege auf Herbert.
Die Karosserie ist aus Sperrholz und um einen zentralen Tunnel gebaut, in dem sich Getriebe, Differential und Bremsgestänge befinden. Um Gewicht zu sparen, kein Stück Metall als Stütze an den Außenwänden. Der Motor seufzt und steht.
Unheimliche Ruhe nach dem Krachen und Splittern. Es ist so still, daß ich das Wasser aus den Feuerwehrschläuchen ganz dicht neben mir spritzen höre. Die beiden Männer von der Marktreinigung stehen neben uns, und ihre Schläuche pissen auf den Wagen. »Noch mal Schwein gehabt«, sagt Herbert, guckt mich an und lächelt verlegen. Ich rutsche ein wenig auf die Seite, da läßt einer der Männer seinen Schlauch zu Boden fallen und hilft mir, bettet mich behutsam auf den Asphalt. Es schmerzt etwas in der Hüfte. Herbert blutet am Kinn. Ich halte ihm die Serviette rauf ans Steuer. Die hatte ich – völlig idiotisch – noch immer in der Hand. Im Auto ist ein Loch; genau dort, wo ich gesessen hatte, steht nun der Baum...
Ich frage mich, was du wohl für ein Gesicht gemacht hast, Mathilda als die bewußte Stille eintrat nach dem Zusammenprall. Hattest du noch Zeit, noch Lust, noch Glauben an das Leben in diesem Augenblick, bevor die Wahrheit, der Kurzschluß, die Ahnung dich überfiel? Der Augenblick, bevor die Ohnmacht dich erlöste? Hattest du da Zeit, dein gehemmt-verlegenes Lächeln aufzusetzen, das ich wiederfand?

Die beiden Männer ziehen Herbert aus dem Wagen und legen ihn auf den Bürgersteig. Als sie mich neben ihn ins Gras tragen wollen, schreie ich auf: Unten an der Hüfte und am Bauch schmerzt es. So lassen sie mich liegen auf dem frischgesprengten schwarzen Asphalt. Einer läuft weg. ›In Alex Heymanns Haus?‹ denke ich. ›Dort wohnt doch niemand mehr. Da müssen sie in London-Hampstead klingeln.‹ Der andere schiebt mir seine Jacke unter den Nacken. Riecht schauderhaft nach Tabak. Keiner sagt etwas. Als ich den Kopf Herbert zuwende, sehe ich seine roten Haare durch das Blut, das ihm die Schläfe entlangrinnt, ganz dunkel werden. Weil er am Kinn stark blutet, haben sie seinen Kopf tiefer gebettet. Er guckt zu mir herüber und lächelt verlegen. Ein Lastwagen rollt heran, nimmt mir die Sicht, hält neben mir. Er ist mit Planen und Stangen beladen. Marktgestänge. Ein Mann steigt aus, blickt über mich hinweg zum Baum und zum DKW. »Wie is' denn det passiert?« fragt er nachdenklich. – »Probefahrt«, höre ich Herbert antworten. Als wollte er sagen, Probefahrten sind dazu da, Unfälle zu bauen. Er hätte ja auch sagen können, daß er mir die Mühle vorführen wollte, mir, seinem zukünftigen Schwager aus der Türkenvilla, keine achthundert Meter von hier. »Hat ja och 'ne Probefahrtnummer, 'ne rote«, stellt er scharfsinnig fest, als könnte er damit den Unfall erklären und den Verantwortlichen freisprechen, falls es zur Erörterung der Schuldfrage käme.
›Es dauert lange, bis die Polizei kommt‹, denke ich und fühle einen Drang zum Pinkeln. Dann döse ich vor mich hin, der Lastwagen ruckt an, verschwindet.
Im Krankenwagen liegen wir nebeneinander. »Haste was gebrochen?« fragt Herbert. – »Sicher nur 'ne Prellung«, sage ich, »tut aber verdammt weh in der Hüfte. Der Alte Herr wird toben.« – »Und erst Jeanette«, sagt Herbert. Er steht schon unterm Pantoffel, seit sie das erste Rendezvous hatten.
Hans und Herbert Friedenthal waren oft ins Haus gekommen, und eine Zeitlang hatte es so ausgesehen, als ob Hans mit Marguerite und Herbert mit Jeanette losziehen würden. Doch Marguerite hatte sehr bald kein Interesse mehr an Hans gezeigt, und

dann war nur noch Herbert gekommen. Wenn wir im Salon saßen, Schallplatten hörten und ich das Schlagzeug bearbeitete, das ich mal zu Weihnachten bekommen hatte, tanzte Herbert nur mit Jeanette. Marguerite kicherte dazu; denn sie sind eineiige Zwillinge, und die beiden erzählen sich brühwarm alles. Am 20. August ist beider einundzwanzigster Geburtstag. Da soll ein Fest steigen. Maman hatte bei Tisch so etwas gesagt. Ich soll die Burschen zusammentrommeln, mit denen wir Tanz- und Jazzmusik machen. Wenn sie mich heute abend rauslassen, gehe ich zu Tenge ins ›Picknick auf Hawaii‹. Dort werde ich sie schon treffen. Tenge hat Ostern Abitur gemacht, vom alten Friedenthal einen leerstehenden Laden gemietet und dort eine Eisdiele eröffnet: ganz schick mit künstlichem Rasen ausgelegt, Hawaiimädchen an den Wänden und Liegestühle statt unbequemer Hocker. Blackbottom-, Shimmy- und Al-Jolson-Platten. Die werden die Ohren aufsperren, wenn ich ihnen meine neuesten, frisch aus London importierten Duke Ellingtons vorspiele. Die gibt's bestimmt noch nicht mal bei Alberti in der Rankestraße. Tenge schmeißt den Laden sehr gemütlich. Obwohl er eine »Tochter des Erfinders« ist (so nennen wir die Schwulen, die man für Abende mit Mädchen abschreiben kann), kommen oft sehr kesse Bienen und dufte Zuschen in den Laden. Sogar die Baronin, die mir in ihrem weißen Opel meine Unschuld nahm, kam manchmal dort vorbei. Ob Herbert Jeanette bumst? Mir erzählen sie ja nichts. Vielleicht macht er's mit beiden, wo die sich doch so ähnlich sehen, daß selbst der Alte Herr sie oft verwechselt...
›Paulinenhaus vom Roten Kreuz‹ heißt das Krankenhaus, wo sie uns abladen. Es ist das nächstgelegene, kaum drei Kilometer entfernt vom Ort des Unfalls. Gleich bei der Reichsstraße, noch vor dem Reichskanzlerplatz, in dessen Nähe das große Westendkrankenhaus liegt. Herbert darf zu Fuß gehen, mich karren sie unendlich lange zur Aufnahme. Dort muß ich warten und fange bald an zu brüllen, vor Schmerzen im Bauch, aber auch, um die Aufmerksamkeit auf mich zu lenken. Zum Donnerwetter, ich bin immerhin der Jürgens, der Sohn vom reichen Jürgens aus der Türkenvilla in der Oldenburgallee! Plötzlich steht Herr Guhl

vor mir: »Ihr Vater ist schon drin. Sie werden gleich untersucht.« Im Auto hat er mich noch geduzt. Jetzt sagt er plötzlich »Sie«. Das kommt mir komisch vor, und ich muß trotz der Schmerzen lachen. Au, das schmerzt noch mehr...
Im Fahrstuhl stehen lauter fremde Leute und stieren mich an. Der Untersuchungsraum ist blendend weiß, und mir tun die Augen weh. »Oberarzt Dr. Nipperdey kommt sofort«, sagt eine freundliche Schwester mit einem Pferdegebiß. Es riecht nach Jodoform und Äther, und ich wimmere ein bißchen vor mich hin. Die Schwester zieht mich aus, auch die Unterhose. Dabei dreht sich der Wagen, auf dem ich liege, und ich kann zur Tür sehen, die sich gerade öffnet. Hinter dem Mann im weißen Kittel steht der Alte Herr und winkt und lächelt freundlich. Als der Arzt die Tür zumacht, sehe ich Maman. Sie schaut kurzsichtig in die Richtung, wo ich liege.
Dr. Nipperdey befühlt mich, Brust, Puls, klopft die Lungen ab. Dann betastet er die Hüfte. »Da tut's weh?« – »Ja, da bin ich gegen den Baum geprallt.« Dann wird geröntgt. Später kommt ein anderer Arzt mit Röntgenbildern in der Hand; er hat einen wirren grauen Schopf und riesige Brillengläser. Als er mir in die Augen schaut, spiegelt sich das helle Fenster in ihnen. Wie er die Aufnahmen gegen das Licht hält, sehe ich, daß ihm zwei Finger an der rechten Hand fehlen. Er schüttelt mißmutig den Kopf und fängt seinerseits an, mich abzutasten. Die Hüften hinunter, die Hoden, den Schwanz. »Das Blut am Penis gefällt mir nicht«, sagt er zu Dr. Nipperdey. Die Schwester mit dem Pferdegebiß reicht einen Tupfer. Der Chefarzt zieht die Vorhaut zurück. Als er den Tupfer in die Nierenschale wirft, ist er voll Blut.
Dann gehen alle hinaus, und ich bin allein. ›Ein bißchen hab' ich schon mal aus dem Schwanz geblutet‹, denke ich, ›vor zwei Jahren, als mich die Baronin so oft hergenommen hatte.‹ Es war wie ein Krampf gewesen, und als ich pinkeln wollte, ging's nicht, weil die Erektion blieb. Noch im Auto, als wir von der Absteige in der Friedrichstraße in den Grunewald fuhren, stand der Pinsel, und während sie mit der linken Hand den Opel durch den Verkehr steuerte, tätschelte sie ihn mit der rechten. »Was wirst

du denn damit machen, wenn du jetzt nach Hause kommst?« hatte sie mit schwärmerisch feuchten Augen gefragt. – »Pinkeln«, hatte ich geantwortet.
Die Arztriege kommt zurück. Man spritzt aus einer ekelhaften, dicken Glasspritze grüne Flüssigkeit in meine Blase. Dann zurück zum Röntgen. Im dunklen Raum schlafe ich ein, ganz ohne Schmerzen. Offenbar haben die Tabletten gewirkt, die sie mir gegeben hatten. Als ich in einem unbekannten Zimmer aufwache, ist es Abend. Am Bett stehen der »Chef«, den man »Herr Professor« genannt hatte, Dr. Nipperdey und meine Eltern.
»Das Schambein ist zertrümmert und hat die Blase verletzt. Wir werden dich jetzt operieren, junger Mann.« – »Aber am Freitag, zum Fest, kann ich doch nach Hause, nicht wahr?« – »Nun werd' mal schnell gesund«, sagt der Alte Herr unendlich milde und Maman: »On va t'apporter tes choses de toilette. Courage, mein Kleiner, le Professeur ist ein großer spécialiste. Halles wird wieder gut.«

4.

Die Operation dauerte vier Stunden. Als ich erwachte, litt ich unter Brechreiz, Kopfschmerzen und Husten. Eine kleine, zierliche Person saß an meinem Bett und sagte: »Ich bin Schwester Irma. Versuchen Sie, nicht zu husten, die Wunde ist noch zu frisch. Spülen Sie den Mund, aber schlucken Sie das Wasser auf keinen Fall runter, sondern spucken Sie es wieder aus, hier ist die Schale.« Ich schlief bald wieder ein und hatte einen Traum, der sich merkwürdig mit der kleinen Krankenschwester, dem stillen Zimmer, dem Wind vor meinem Fenster und dem kleinen, abgeschirmten Nachtlicht verband. Schwester Irma auf ihrem weißen Stühlchen häkelte geräuschlos, doch manchmal blitzten mir die stählernen Häkelnadeln direkt in die halbgeschlossenen Augen. Mir träumt, ich stehe vor Alex Heymanns Haus und sehe dem Strahl der Feuerwehrschläuche zu. Plötzlich kommt ein Auto um die Ecke der Oldenburgallee, doch es ist nicht Herberts Rennwagen, sondern der französische Talbot meines Vaters. Er fährt gerade auf mich zu, und als ich beiseite springe, hinter den Baum, der mich beschützen soll, höre ich, wie der helle Klang des Motors erstirbt, und zu meiner grenzenlosen Überraschung ringelt sich der Wagen wie ein warmes, feuchtes Reptil um mich und um den Baum. Es tut nicht weh. Es ist nur feucht und warm um meine Lenden. Am Steuer sitzt Herr Guhl, und als ich aufschaue und überlege, wie ich wohl am besten aus der Umklammerung herauskomme, sehe ich statt des freien Feldes auf der anderen Straßenseite einen See. Darauf schaukelt ein kleines Boot, nicht viel größer als ein Schaukelstuhl, und darin sitzt Schwester

Irma. Doch statt der Häkelarbeit hält sie ein Brennglas in der Hand und versucht, mich mit dem Strahl zu treffen. »Ich muß Sie jetzt verbrennen, aber Sie dürfen nicht trinken.« Der Strahl des Brennglases trifft den Baum, und er fängt langsam, knisternd an zu brennen. Ich kann mich nicht von ihm lösen, denn der Talbot, wie eine Eidechse um den Baum und mich geringelt, läßt mich nicht los. Herr Guhl ist ausgestiegen und ergreift den Feuerwehrschlauch. Doch das Wasser aus dem Schlauch bespritzt nur den Talbot, und statt zu löschen, werden Stahl und Eisen immer heißer und brennen mir in den Hüften...

Als ich erwachte, war Schwester Irma gerade dabei, ein kühles Tuch auf meine Stirn zu legen. Dann nahm sie ein Thermometer aus meiner Achselhöhle, betrachtete es, schlug es herunter und legte es in die Nachttischschublade. »Sie haben Fieber, und Sie haben sich im Schlaf zuviel bewegt. Sie müssen versuchen, den Körper ganz ruhig zu halten.« Vorsichtig tastete ich mit der linken Hand unter der Bettdecke nach dem Verband. Der war hart wie Gips und begann weit über dem Bauchnabel. Aus meinem Schwanz ragte eine dicke Kanüle.

In den folgenden Tagen wechselten Fieber mit Erschöpfung, Wachträume, beeinflußt durch Hell und Dunkel, mit ohnmachtsähnlichem Schlaf. Die Schmerzen waren unerträglich, und es dauerte Tage, bis die Ärzte herausfanden, daß Morphium keine Wirkung auf mich hat, dafür aber ein Präparat aus der Tollkirsche.

Als meine Schwestern mich besuchten, bewunderten sie meine großen Augen, und Dr. Nipperdey, der dabeistand, erklärte die Erweiterung der Pupillen mit der Wirkung des Präparates. Sonst hatten sie nicht viel zu sagen: »Herbert geht es gut, aber er muß liegen, er hat Muskelrisse, sonst nichts.«

Mamans Besuche sind mir die liebsten, denn sie sitzt still an meinem Bett und hält mir nur manchmal die Hand, wenn die Nieren- und Blasenkrämpfe losgehen. Die Ärzte, die kommen, während sie da ist, versuchen sich in Französisch, wenn sie etwas fragt, und weil sie brillieren wollen, erfahre ich manchmal mehr, als zum Beispiel dem Internisten, Professor von den Velden, lieb

ist. »Ils ont peur d'un Schock«, entfährt es einmal dem jungen Medizinalassistenten in seinem Abiturientenfranzösisch, als Maman ihn fragt, ob »les Professeurs« mit meiner Gesundheit zufrieden seien. »Was denn für einen Schock?« rufe ich so laut, daß ihm die Kanüle für die Kochsalzinfusion, die verstopft war und die zu reinigen ihn die Oberschwester gerufen hatte, aus der Hand fällt. – »Eine Reaktion auf die Operation, die Narkose, nichts weiter.« Er fühlt sich ertappt und braucht Minuten, um die Kanüle mit Leukoplast in der richtigen Stellung zu fixieren, so daß die Flüssigkeit mit vorgeschriebenem Tempo in die Vene tropft.
Maman geht mit ihm hinaus und kommt nach ein paar Minuten mit Professor von den Velden zurück. »Von Schock kann keine Rede sein, lieber Freund. Mein junger Kollege hat versucht, Französisch zu sprechen, und sich falsch ausgedrückt. Aber Sie haben eine schwere Operation hinter sich und müssen ein vernünftiger Patient sein. In ein paar Wochen wird alles ganz anders aussehen.«
Ich beklage mich über den schlimmen Durst. Da guckt er mich prüfend an und fragt: »Auf was hätten Sie denn Lust?« – »Auf ein Bier«, antwortete ich. – »Schwester, der junge Mann darf Bier trinken.« Oberschwester Gertrud sieht von ihrer Fieberkurve auf, und ihr Blick, der erst zu von den Velden, dann zu meiner Mutter und schließlich zu mir wandert, gefällt mir nicht.
Abends bekomme ich schweres dunkles Bier. Aber es will mir nicht so recht schmecken. Warum, überlege ich, erlaubt er mir schweres Bier, wenn gestern noch – oder war es vorgestern? – Flüssigkeit so streng verboten war? Ich werde mißtrauisch. Die Herrschaften halten mit etwas hinterm Berg. Etwas im Blick der Oberschwester Gertrud will mir nicht aus dem Kopf.
Ich habe davon gehört, daß man zu Tode Verurteilten und Sterbenden alle Wünsche erfüllt. Plötzlich gesellt sich Angst zu meinen Schmerzen. Nach dem Fieberanfall, nach den nächtlichen Nierenkrämpfen hört der Angstschweiß nicht auf, und wenn die Wirkung der Spritzen einsetzt, kommen Angstträume. Nicht an den Tod denke ich, den kann ich mir nicht vorstellen, und etwas in mir sträubt sich gegen die Vorstellung, daß es mit meinem Le-

ben zu Ende sein könnte. Angst mobilisiert den Lebenswillen, heißt es. Es ist die Angst, aufgegeben zu werden. Abgeschrieben von den Ärzten, von ihnen wahrscheinlich zuerst, dann von den Krankenschwestern und schließlich von der Familie.
Ich beginne die Gesichter zu studieren, sobald die Tür aufgeht. Ich suche hinter dem Routinetext der Schwestern und der Assistenzärzte nach der Bestätigung, daß sie mich aufgegeben haben. Ich registriere die Häufigkeit der Besuche und entdecke, daß Visiten und Untersuchungen zunehmen: Alle halbe Stunde tritt jemand ans Bett, zählt den Puls, schaut dabei mechanisch auf die Uhr, macht sich an den Kanülen zu schaffen, mißt den Blutdruck, studiert nachdenklich die Fieberkurve und die Krankengeschichte am Kopfende des Bettes, die für mich unlesbar sind, und verläßt mit einer jener einstudierten Phrasen, die zum Vokabular der Patientenberuhigung gehören, den Raum.
Der Alte Herr kommt mit Kaviar. Seit er mit einem Monopolvertrag für den Import von Kaviar und Gefrierfischen aus der Sowjetunion zurückgekehrt ist, hält er Kaviar für ein Allheilmittel. Wir Kinder bekommen bei jeder Gelegenheit Kaviar und haben keine Ahnung, daß es eine Luxusdelikatesse ist. Wir kombinieren es nur, weil er manchmal, wenn als ›Sakuska‹ Heringe serviert werden, zu sagen pflegt: »Wenn es so wenige Heringe gäbe wie Kaviar, wären Heringe die teuerste Delikatesse.« Doch die Oberschwester, der er die blaue Büchse ›Beluga‹ zum Öffnen gibt, muß erst den Diätarzt fragen, bevor ich anfangen darf zu löffeln – ohne Appetit übrigens.
Eine freundliche Dame kommt mit Blumen. Ich bedanke mich höflich und halte sie für die Mutter eines Schulkameraden, von dem ich nachts geträumt hatte. Da setzt sie den Hut, den sie gerade umständlich abgenommen hatte, wieder auf und sagt vorwurfsvoll: »Aber Curd, ich bin doch deine Tante, Tante Hélène ...«
›Soweit ist es also schon‹, denke ich. Tante Hélène kommt oft aus Braunschweig angereist, bleibt Wochen im Haus und ist sehr beliebt bei uns.
»Das hat nichts zu sagen. Die Narkose, die vielen schmerzstil-

lenden Medikamente wirken vorübergehend auf das Gedächtnis. Das kommt alles wieder«, meint die Oberschwester.
»Aber wieso erinnere ich mich sonst an alles?« frage ich, und mein Mißtrauen wächst. – »Lücken«, sagt sie mitleidig. »Gedächtnislücken. Die füllen sich wieder auf.«
Mir wird unheimlich zumute, und zum erstenmal in meinem Leben fange ich an, mich zu beobachten, an meiner Unverletzbarkeit zu zweifeln, Zwiegespräche mit mir zu führen, Dialoge mit einem höhnischen Gespenst, das auf meinem Bett hockt und mich maliziös verhört: »Was ist heute für ein Tag?« – »Ich weiß nicht, der Unfall war Dienstag.« – »Was für ein Dienstag?« – »Dienstag, der 15. August 1933.« – »Bravo, sehr gut. Das hast du also noch nicht vergessen. Und wann haben deine Schwestern Geburtstag?« – »Am 20. August.« – »Sehr gut. Und wann war das?« – »Richtig, den Geburtstag habe ich vergessen. Ich hatte ein Geschenk für die beiden.« – »Willst du es Jeanette noch geben, als Zeichen deiner Dankbarkeit dafür, daß ihr Beschäler, der Herbert, der Judenjunge, der schlechte Rennfahrer, dem nichts passiert ist, dich zum Krüppel gefahren hat?« – »Er konnte nichts dafür. Es war nett von ihm, daß er mir den Wagen vorführen wollte.« – »Wagen nennst du diesen Mistkübel aus Sperrholz mit dem Nähmaschinenmotor? Glaubst du an Gott?« – »Natürlich. Der ist mein Freund, der beschützt mich.«
Ich fange an zu beten. Das geschieht selten. Wohl führt uns der Alte Herr manchmal sonntags in die Kirche, denn er ist Protestant, doch meine Mutter geht als Katholikin nur ihm zuliebe mit. Sie ginge viel lieber zur Messe in die Waldkirche (oder in die Kapelle des St.-Hildegard-Krankenhauses am Reichskanzlerplatz). Auf dem Nachhauseweg gab es oft Diskussionen. »Warum sagen die Protestanten, dieser Wein, dieses Brot *bedeutet* den Leib, das Blut Christi? Es *ist* sein Blut und sein Leib. Wenn ihr das nicht wißt, braucht ihr nicht zu glauben. Wozu die ganze Religion, wenn sie Symbol statt Realität ist?«

Man legt mich in ein anderes Zimmer. Man erklärt mir, es gehe mir jetzt so viel besser, ich könne nun getrost in ein Zimmer, wo

es gemütlicher sei. Sogar einen Detektorempfänger hat man mir gebracht. Die Kopfhörer haben zu kurze Leitungen, so daß der winzig kleine Apparat oft, wenn die Schmerzen mich plötzlich überwältigen und ich eine ungeschickte Kopfbewegung mache, zu Boden fällt. Dabei verrutscht die Nadel, die den Kontakt zum Kristall herstellt, und manchmal dauert es Stunden, bis ich den Sender wieder reinkriege.
Die Nachrichten interessieren mich nicht sonderlich. Aber gegen Abend höre ich Juan Llossas und Bernhard Eté. Otto Kermbach wird immer häufiger gebracht. Den mag ich gar nicht, der ist mir zu zickig. »Er spielt Zickendraht«, hieß es in unserer Band, wenn einer nicht »gerade« und »fließend« spielte.
In diesen Wochen der Unbeweglichkeit fange ich an, mit bisher ungekannter Aufmerksamkeit auf Stimmen zu lauschen, und manchmal, wenn der Chef mit Assistenten und Studenten an meinem Bett etwas erklärt oder diskutiert, schließe ich die Augen, um mich nicht durch die aufgesetzte oder echte Gleichgültigkeit ihrer Gesichtszüge von dem Unterton ablenken zu lassen, der ihre trockenen Worte begleitet. Im Dunkeln kann man nicht lügen, entdecke ich. Wenn man im Zweifel ist, ob jemand lügt oder die Wahrheit sagt, braucht man nur die Augen zu schließen und ihm zuzuhören – dann weiß man Bescheid. (Viele Jahre später habe ich mir angewöhnt, bei Proben die Augen zu schließen und so ganze Scenen zu spielen. Das erleichtert die Arbeit des »Unkrautjätens«, das mühsame Eliminieren der kleinen Lügen, mit denen man sich über unechte Gefühlsausbrüche oder deklamatorische Monologe hinwegschwindelt, weil die Gesten, der Gang und die Bewegungen einen dazu verführen, der Stimme weniger Aufmerksamkeit zu schenken.) Ich konnte aus dem Ton, mit dem der Chef, noch bevor er eintrat, seinem Stab meine Krankengeschichte erklärte, mehr erfahren als aus den zuversichtlichen Antworten, die er auf meine Fragen gab. Puls fühlen, Blutdruck messen, Herz und Lungen abhorchen, all das konnte auch ein Ablenkungsmanöver sein, um von der nimmersatten Neugier des Patienten abzulenken. Oft war seine Stimme gedämpft, ja gefühlvoll, wenn er, wahrscheinlich die Klinke schon

in der Hand, vor der Tür seiner Suite referierte. Dann kommt er herein, laut und barsch, zuversichtlich, strotzend vor Optimismus und guter Laune. Den grauen Schopf militärisch kurz geschnitten, schaut er unendlich freundlich durch seine große, runde Stahlbrille, die ihm etwas Eulenhaftes verleiht. Bei einem dieser Vor-der-Tür-Gespräche mit japanischen Medizinern, die das Krankenhaus besichtigen, spricht er Englisch. So erfahre ich, daß es sich bei mir um einen Harnröhrenriß am Blasenhals handelt und die Blase, wenn der Riß verheilt ist, in einer späteren Operation vernäht werden muß.

Von nun an höre ich nicht auf zu fragen, wann die nächste Operation stattfindet, ob die frischgenähte Wunde verheilt ist, und ich bin ein quengeliger Patient. Ich beklage mich bei den Eltern und frage, ob nicht die Ärzte schuld sind, daß alles so viel Zeit braucht. »Das ist ein gutes Zeichen«, sagt der Alte Herr. »Das bedeutet, deine Lebensgeister sind wieder erwacht.«

Er muß wohl ähnliche Gedanken gehabt haben, denn ein paar Tage später ist großer Bahnhof für Professor Ringleb, nach Aussagen von Oberschwester Gertrud *die* deutsche Kapazität auf dem Gebiet der Urologie. Mit großem Gefolge rauscht er herein, ein kleiner, schmaler Mann mit nervösen Händen. Er untersucht mich vorsichtig und fragt mit einem langen Blick auf die Fieberkurve über meinem Bett: »Seit wann ist die Embolie abgeklungen?« – Professor von den Velden antwortet: »Seit einer Woche ungefähr.« – »Na, dann sehen wir uns in ein paar Tagen«, sagt Ringleb und verschwindet mit einem Kopfnicken. Hinterher erfahre ich, daß der Alte Herr auf einem Konsilium der Ärzte bestanden hatte und dort beschlossen wurde, den nächsten Eingriff von Ringleb durchführen zu lassen. Die Aussicht auf die bevorstehende Operation erfüllt mich mit einer Art Lampenfieber, einer gewissen Vorfreude, in die sich so etwas wie Bauchgrimmen mischt, weil ich auf schnelle Genesung hoffe. Gleichzeitig erfüllt mich jedoch Angst. Angst vor dem rasenden Fall bis zum Sprung in die Ohnmacht während der Narkose.

In den folgenden gelb-süßlichen Nächten und den dämmerigen Tagen vor der Operation dachte ich oft an meine Kindheit. Ein Sommernachmittag in der ›Bessonière‹, meinem Geburtshaus in München-Solln, bildet eine meiner frühesten Erinnerungen. Ich erwache, dreijährig, nach dem Nickerchen und bin allein in meinem hohen Stühlchen, aus dem ich nicht entwischen kann. Eine hölzerne Barriere an den Armlehnen verhindert das Aufstehen. Das Zimmer hat drei Türen. Gegenüber die Tür zum Korridor, links die zum Kinderzimmer; die Tür rechts, die zum elterlichen Schlafzimmer führt, ist nur angelehnt, ein Streifen weißes Licht fällt durch sie herein. Das Fenster zum Garten hinter mir steht offen. Noch heute, wenn ich an die erste Begegnung mit dem Alleinsein denke, erinnere ich mich an das freundliche Streicheln des dünnen Windes in meinem Rücken. Die in Watte gepackten, entfernten kleinen Geräusche aus dem Garten, die Spatzen im Lindenbaum unten an der Terrasse, die Fliegen, die ans Fenster klatschen. Die Schatten in den Ecken des Zimmers, die sich bewegen und wachsen. Mein erster Gedanke, wahrscheinlich der erste, den der Computer Hirn gespeichert hat: Sie haben mich vergessen! Sie sind alle auf und davon und haben mich hier sitzen lassen! Maman, Liesl, die Gouvernante, meine Schwestern Jeanette und Marguerite.
Für gewöhnlich erwachte ich vom Nachmittagsschlaf an einem solchen Sommertag im Garten. Dann saß Liesl irgendwo unter einem Baum und las oder nähte, die Schwestern waren in der Nähe oder am Teich, und bald würde man Maman singen hören, wenn sie *le gouté*, den Tee, richtete.
Doch heute und hier – nichts von alledem. Nach wohligem Erwachen – Verwunderung. Nach dem Ansprung der Stille, die dich zu ersticken droht wie eine große Mütze, die Unbeweglichkeit, das An-den-Stuhl-gefesselt-Sein. Danach das Gefühl der Einsamkeit, und plötzlich die Angst, vergessen zu sein. Das Warten. Du rufst, du schreist, deine Stimme knallt dir von den Wänden zurück ins Gesicht. Du ziehst das Hemd hoch, über den Kopf und schaust auf die Stelle, wo sich der Bauch bewegt, wenn du brüllst. Und wieder setzt die Stille zum Angriff an. Entsetzt

bemerkst du, daß das ganze Zimmer dir zuschaut. Die Spielsachen, die Möbel, der Tisch, die Kommode. Die vertraute Umgebung ist dir fremd, alle Dinge haben Gesichter, die du nicht kennst. Drohende Visagen. Legen sich auch Stühle nieder, wenn sie schlafen gehen? So wie Rachmat, der schwarze Schäferhund, den ich irgendwo jaulen höre? Schließlich gewöhne ich mich an die Stille. Sie wird mit zunehmendem Vertrautwerden freundlicher. Vielleicht wartet alles, bis auch du so ein stummes Ding wirst. Dann nimmt man dich vom Stuhl, legt dich aufs Sofa, und die Kissen neben dir werden deine Brüderchen und Schwesterchen...

Vielleicht würde heute mein Freund Friedrich Hacker diese meine früheste Erinnerung schmunzelnd als mein erstes Trauma bewerten und die stillen Stunden der Nachmittage im Krankenhaus vor den abendlichen Visiten und dem Essen, die ich mit Grübeln, Einsamkeit und Angst verbrachte, als den Beginn einer Psychose diagnostizieren: Nach der Siesta hat der Tag ein Loch. Man spaziert aus dem Schlaf und fällt hinein. Je stiller die Nachmittage, desto größer das Loch. Erst das Klappern des Geschirrs auf dem Korridor, die Stimmen der Ärzte ziehen dich wieder heraus.

Man hat mich gefragt, warum ich den »Jedermann« bei den Salzburger Festspielen so gerne spiele. Wahrheitsgemäß habe ich geantwortet, daß der »Jedermann« die dumpfe, nostalgische Stimmung meiner Sonntagnachmittage getötet hat. Besonders im Sommer, wenn man vermeint, inmitten der Behaglichkeit des Urlaubs, in der flirrenden Stille des Sonntagnachmittags das Gelächter der Götter zu hören, die über uns zu Gericht sitzen. Da half kein Buch, kein Gespräch, kein Schach.

Anders die Stille der Nacht. Die einsamen, schlaflosen Nächte nach schweren Drehtagen, aufwühlenden Premieren, endlosen Diskussionen, betäubenden Nachtclubs, herrisch-streitsüchtigen oder zärtlich-besitzergreifenden Umarmungen, Nächte, trunken von Schönheit oder voll ausgekotzter Begierde. Nächte nach schweigsamen Tagen am Meer, nach Selbstgesprächen zwischen Central Park und Bowery haben, wenn du nachts allein im

Dunkeln liegst, eine andere Stille. Sie bringt Sorgen, weckt Aggressionen, Sehnsüchte, Wutausbrüche, Lächeln und Vertrauen, aber nicht die müde Resignation, das Selbstmitleid des Scheiternden, wie die Stille des Nachmittags.

Am Abend nach dem Begräbnis in Nizza gingen Simone und ich durch das Haus in Vence, ratlos, jeder mit seinen eigenen Gedanken beschäftigt. Takt vor unserer gemeinsamen Vergangenheit, Takt vor deiner Anwesenheit, Mathilda, ließen uns wie müde Pferde, die vor verschlossenen Ställen scharren, ziellos auf und ab gehen und niedersetzen, aufstehen, im Stehen an meinen großen Whiskyschalen nippen.
»Schlafen wir oben im Sauna-Häuschen?« fragte ich, als es im Haus dunkel wurde. Simone nickte und fragte zurück: »Jetzt willst du Vence sicher endgültig verkaufen?« – »Ja.«
Wir stiegen den steilen Weg hinauf zum Wäldchen, an dessen Rand die Sauna, der kleine Swimmingpool und das finnische Chalet liegen, halbverdeckt von einer Reihe junger Pappeln, schnellwachsendem Oleander, Ginster und Vogelbeerbüschen. Der Blick von dort oben ist überwältigend. Hundert Meter tiefer das Haus, das im Mondlicht glitzernde Schwimmbecken, der Gästetrakt; weitere hundert Meter tiefer die silbern glänzende, von einer Zypressenallee halbverdeckte »Rosenfabrik«. Dann die sanften Hügel, mit Olivenbäumen bestückt, die mich damals, vor elf Jahren, zum Kauf des unbesiedelten Areals veranlaßt hatten, weil sie mich an die geliebte Toskana erinnerten. Der Wunsch, den Plunder der Café-Society von Cap-Ferrat, St-Tropez, der ›Les Jeux Privés‹ von Monte Carlo, des ›Annabelle's‹ in London, des sterbenden Hollywood der Louella Parsons, des ›Ottantaquattro‹ Roms über Bord zu werfen, so, wie man eines Tages alte Anzüge, Hüte und Schuhe loswerden will, um das Boot von Ballast zu befreien, damit es flachere, stillere Küsten ansteuern kann – dieser Wunsch hatte Simone und mich bewogen, nach einem neuen Zentrum Ausschau zu halten.
Die Zeiten hatten uns verändert. Die Mode, die Kunst hatten sich in den Dienst der Provokation gestellt, um der »Gesellschaft« ein

aggressives Ade zuzurufen. Die reaktionäre Clique um de Gaulle hatte jede Hoffnung auf ein »Pan-Europa der Freunde« zerstört. Wir wollten uns zurückziehen. Zurückziehen in ein wesentlicheres Leben, das unserem hinreißenden Jahrhundert entsprach, in dem Respekt nicht nach Erbe gemessen wird, Liebe nicht aus Frustration oder Beherrschung in Masochismus und Angst mündet. Zurückziehen in einen stillen Hafen ohne Respektzölle, ohne die Verpflichtung, den Konkurrenzkampf mit einem Nachbarn aufzunehmen, wo ausbeutende Kapitalisten noch Diebe genannt werden durften und Geld oder Namen heiratende Mädchen Huren.

Wir hatten zu jung für unser Alter gedacht. Es war, als wollten wir etwas nachholen, eine Freiheit erringen, die wir vor Jahren geschenkt bekommen, aber noch nicht verdient hatten.

Hier oben angekommen, am Waldesrand, brauchte man sich nur umzudrehen, und es lag vor einem: das Leben, das wir geglaubt hatten, mit Mut und Konsequenz und Kameradschaft, Vertrauen auf unsere Kraft und Zuversicht in die Unfehlbarkeit unseres Glaubens eingehandelt zu haben.

Trotz aller Abneigung gegen die herrschende Ordnung erfüllte mich der Stolz des Besitzenden. Das Selbsterworbene, das man sehen, greifen und abschreiten konnte, so wie es hier vor uns lag. Den Blick auf die hundert Kilometer Küste von Monte Carlo bis Antibes, von Nizza bis Cannes hatte ich mir verdient durch Arbeit. Noch glaubte ich, Besitz mache frei. Besitz von Erde, Land, Aussicht. Daß Simone in Gedanken den gleichen Weg mit mir gegangen war, bewies sie, als sie angesichts des Ausblicks ausrief: »Du mußt, was du auch tust, in der Gegend bleiben. Vergiß nicht, du hast zehn Jahre Trinkgelder investiert!«

Nun, Mathilda, du wirst mir raten, was ich tun soll: Ob ich hierbleibe, oder ob ich wie Peer Gynt zurückkehre in die Gefilde meiner Jugend – nach Berlin, München oder Wien. Wir werden es gemeinsam entscheiden, wenn ich nachts neben dir liege und du mir antwortest mit deinen Händen, deinem Leib und deinem Mund.

Simone und ich ließen die Türen zu den beiden Kammern, in de-

nen wir auf schmalen Betten lagen, offen, löschten das Licht und riefen im Dunkeln: »Gute Nacht.« Ganz nah, kaum fünfzig Meter entfernt, war eine Quelle, die wir kanalisiert und in ein Wasserreservoir geleitet hatten. Um diese Jahreszeit war das Konzert der Frösche fast unerträglich. In den abrupten Pausen setzten die Nachtigallen ein, als wenn sie darauf gewartet hätten, auch von den Fröschen gehört zu werden. Unten in Vence wollte ein Junge mit dem Lärm seiner zweihundertfünfziger ›Yamaha‹ seiner Angebeteten imponieren. Vollgas im Stand. Und der Schirokko trug sein Imponiergehabe bis hinein in die Hütte.
Ich weiß, Simone schläft nicht. Wahrscheinlich kreisen ihre Gedanken um unser verlorenes Paradies. Und ob sie, die immer nur ihr kleines Glück gesucht hat, »le petit bonheuer«, es an der Seite des Mannes, mit dem sie jetzt lebt, jemals finden wird. Noch vor sechs Monaten hatte sie aus Zypern geschrieben. Der Brief war rührend gewesen in seinem Bemühen, mit dem Begriff Pflicht fertig zu werden. Sie hatte von dem Feigenbaum hinter dem Gästehaus geschrieben, in den sie zur Zeit der reifen Früchte zu steigen pflegte. Die langen Beine weit gespreizt, pflegte sie dort stundenlang zu hocken, aß pfundweise dicke, saftige Feigen mit Brot, das sie vorher in unser selbstgepreßtes Olivenöl getaucht hatte, und kam dann schwitzend und glucksend vor Glückseligkeit ins Haus. »J'ai pris un bain de jeunesse und habe eine Kilo zugenommen!«
In dem Brief stand, die deutsche Eiche habe den algerischen Feigenbaum überschattet, so daß er keine Früchte mehr trage und ein kümmerliches Dasein führe. Sie wolle versuchen zu verstehen, daß man das kleine Glück nicht unbedingt brauche und daß es wahrscheinlich schon das große Glück sei, wenn man entdeckt habe, daß man das kleine nicht braucht. Pflicht, Treue und Zusammengehören seien dauerhafte Weggenossen. Sie komme zurück, und wir sollten es noch einmal versuchen.
Der Brief hatte Hoffnungen, Zweifel und Unsicherheit in mir geweckt. Würde es möglich sein, die jüngste Vergangenheit auszuradieren, ohne Vorwürfe aufkommen zu lassen und Sehnsucht nach den verlassenen Lieben?

Eines Tages war sie plötzlich wieder da. Wir hielten unsere Zunge, unsere Blicke im Zaum, erzählten Belanglosigkeiten und gingen uns aus dem Weg. Ich verbrachte die Vormittage beim Golf und blieb länger in Mougins oder Biot als in früheren Zeiten, spielte immer allein: Nur Rasputin, mein treuer irischer Wolfshund, ging mit. Obwohl Hunde auf Golfplätzen verpönt sind, hatte man mir – ausnahmsweise – erlaubt, ihn mitzunehmen.
Doch nach einer Woche ertappten wir – Simone und ich – uns dabei, wie wir von den »anderen« sprachen: Sie erzählte, wie schön es sei, mit einem jungen Mann zu leben, ohne Geld, wie Studenten, die sich ihre Zukunft aufbauen, junge Träumer, die revolutionär sind, weil es ein Alibi schafft, wenn Schwierigkeiten unüberwindlich erscheinen. Sie geriet ins Schwärmen, als sie berichtete, wie herrlich es sei, jeden Pfennig umzudrehen, eine Gemeinschaft zu gründen – und nicht wie bei mir, als sie mich kennenlernte, in ein gemachtes Bett zu fallen und in die Wahllosigkeit der Überflußgesellschaft.
Ich hingegen sprach von Elisabeth.

5.

Von Elisabeth habe ich dir noch nie richtig erzählt, Mathilda. Ich habe oft daran gedacht, aber ich wollte es hinausschieben, bis das neue kleine Haus unseres gemeinsamen Lebens zu einer Festung geworden wäre, in die sich keine Gespenster hineintrauen. Die Zeitungsausschnitte, die du unten in meiner Bibliothek in Vence aufgestöbert hast, geben ein falsches Bild von Elisabeth. Wenn ich zu den letzten Jahren komme, will ich dir von ihr beichten. Ja, du hast richtig verstanden, beichten. Denn jetzt, seit ich dich gefunden habe, kommen mir die Gedanken an sie fast wie Sünde vor. Hätte ich dich nie kennengelernt, wäre sie die große Liebe in meinem Leben geblieben. Manchmal, besonders hier in Wien, überfällt mich die Erinnerung an sie wie ein böses Tier.
Aber ich will versuchen, die Spuren zu sichern, die von dem einsamen älteren Herrn, der dir hier in dem bescheidenen Wiener Vorstadthäuschen gegenübersitzt, zu jenem jungen Burschen führen, der damals, 1933, seine erste Krisenzeit durchmachte.
Die Leiden des Herzens und der Seele waren dem jungen Mann im Berliner Krankenhaus bis dahin unbekannt geblieben. Sie sollten erst später kommen, in der Mitte seines Lebens – wie ich glaube als reinigende Vorbereitung auf die Begegnung mit dir. In den Tagen des dritten und wohl letzten Versuchs, meine Ehe mit Simone noch einmal zu retten – knapp ein halbes Jahr, bevor ich dich traf –, litt ich unsäglich. Ich haderte mit meinem Schicksal. Das naive Vertrauen in das Leitbild von dem schönen gemeinsamen Lebensabend, das mich bestimmt hatte, Elisabeth aufzugeben, um bei Simone zu bleiben, war Wut, Verzweiflung

und Leere gewichen. So war jedes Gespräch über Elisabeth ein wehmütig-süßer Schmerz, den man herbeisehnt, weil er zur Heilung gehört... Gleichzeitig spürte ich, wenn ich von ihr sprach, eine wohltuende Rache an Simone; denn sie war es gewesen, die mich bestimmt hatte, Elisabeth zu verlassen, sie wie ein verschnürtes Paket vor der ehrwürdigen Botschaft in der Prinz-Eugen-Straße in Wien bei ihren Eltern abzuliefern – nur damit sie, Simone, mich ein paar Monate später verließ.
Eitelkeit, gekränkter Stolz und Selbstmitleid waren die Ingredienzien, mit denen ich das Gespräch würzte, um uns wehzutun. Wahrscheinlich war auch eine Portion Selbsterhaltungstrieb dabei, der Wunsch, Zeugen zu beschwören, Zeugen, die meine Einmaligkeit, meine Wichtigkeit, mein Genie anerkannt hatten und dabei in der Welt selbst einen hervorragenden Platz einnahmen.
So verpflanzte ich zum Beispiel eine Lieblingsanekdote, als wäre sie auf Elisabeths Mist gewachsen. Simone hatte gerade wieder vom Zauber der jungen griechischen Widerstandskämpfer berichtet, wie beflügelnd ihr Kampf gegen das verhaßte Regime der Militärjunta sei, wie befruchtend und neu auch für die zukünftige Kunst ihre Ideen, als ich – nach einer wohlberechneten Pause – plötzlich wie von ungefähr sagte, gewissermaßen als hätte ich die letzten Minuten schon gar nicht mehr recht zugehört: »Weißt du, wie lustig es war, als ich Elisabeth fragte, zwanzig Minuten, nachdem ich sie durch Hubert und Terry (Baronin und Baron Pantz) auf Schloß Enzesfeld kennengelernt hatte, wo sie eigentlich lebe?« – »Nun«, tat Simone interessiert und fragte mit der gewissen gelangweilten Höflichkeit, die man sonst nur bei Diners mit schlecht ausgedachter Sitzordnung durchscheinen läßt, »was hat sie geantwortet?« – »Du wirst es nicht für möglich halten. Als ich fragte: ›Wo leben Sie denn eigentlich?‹, sah sie mich mit großen Augen verwundert und interessiert an und fragte zurück: ›Zu welcher Saison meinen Sie, Curd?‹ Ist das nicht köstlich? Und kannst du dir vorstellen, daß ein Mädchen inmitten dieser snobistischen Welt der Christina Onassis, der Heidi Goulandris, der Niarchos und Livanos sich diese unbeschreiblich

naiv unberührte Traumwelt erhalten hat, die sie so einmalig und liebenswert macht?« Ich hatte die Namen der griechischen Milliardäre absichtlich gewählt, obwohl ich nicht ganz sicher war, ob Elisabeth alle auch wirklich so gut kannte, wie sie manchmal vorgab, aber sie paßten als Geschosse gegen diese stumpfen jungen Griechen, und es tat mir in masochistischer Selbstgefälligkeit gut, »die heile Welt« von Simones Revolutionären lächerlich zu machen. Das leider zu oft berechtigte Argument: ›Laß die mal erst richtig Karriere machen und Geld verdienen, dann wirst du sehen, wie korrupt sie werden‹, gab der dummen Snob-Anekdote unausgesprochen erst ihre Bedeutung.
Simone verstand das alles mit jener kartesianischen Klarheit, die mir mehr und mehr auf die Nerven ging. Oft retteten wir uns nach solchen scheinbar harmlosen Plaudereien in flammende Anklagen und Verteidigungen der Gesellschaft, des Kapitalismus, des Sozialismus, nur um vor dem anderen die unterschwelligen, allzu persönlichen Beweggründe zu rechtfertigen, die uns dazu trieben, die Kluft zwischen uns aufzureißen.
Und doch: Wie schwer fiel uns der Entschluß, der Wahrheit ins Gesicht zu sehen und zu bekennen, daß wir uns nur bemühten, kraft- und farblose Abziehbilder des Originalbildes zu fabrizieren, das wir uns vom Leben gemacht hatten. In den vergangenen dreizehn Jahren, wenn manchmal Träume, Begegnungen oder primitiver Sex drohten, uns zu Untreue oder Trennung zu führen, hatten wir uns immer wieder des Leitbildes erinnert, das ich ganz zu Anfang gemalt hatte, damals in Hollywood, während ich den »Blauen Engel« drehte und glaubte, in Simone den Partner gefunden zu haben, mit dem es sich lohnte, Zukunftspläne bis ins Alter zu schmieden. Sogar jetzt wollten wir es noch immer nicht wahrhaben, daß aus dem Leitbild eine Lebenslüge geworden war.
Wie Hjalmar Ekdal in der »Wildente« baute ich unsere Träume zur Realität um. Verwöhnt und erfolgreich, wie ich seit meiner Jugend war, glaubte ich, das Glück sei der Dritte im Bunde und marschiere im gleichen Schritt und Tritt mit mir, in gehöriger Entfernung gefolgt von dem unheimlichen Genossen, der mich

am Höhenflug in die Gefilde des blinden Gottvertrauens hinderte und mich immer dann in die brutale Wirklichkeit zurückriß, wenn ich es am wenigsten erwartete. Wie einen beschützenden Götzen beschworen wir dieses Leitbild, wenn wir Gefahr witterten.

Dieses Leitbild stammt aus dem Krankenzimmer des Siebzehnjährigen. Mein Schulfreund Monia Kopelmann war es, der mir eines Tages Bücher brachte. Zuerst las ich Thomas Mann. »Der Zauberberg« hatte seine Wirkung getan, und ich bat Monia um weitere Literatur. So begegnete ich Stifter und seinem »Nachsommer«. Die Vision von dem alten Paar, das nach einem erfüllten Leben in Demut und Beschaulichkeit auf der Bank vor dem Rosenhaus sitzt und geruhsam, frei von Neid und Ehrgeiz, die Welt wie einen linden Wind an sich vorüberwehen läßt, wurde zu dem Ziel, in unendlich weiter Ferne einmal, nach der Eroberung der Welt, zur Ruhe zu kommen.

Als ich Simone in Hollywoods Tortuosoway fast dreißig Jahre nach der Lektüre davon erzählte, eines Morgens, als die Gitter der spanischen Fenster in unserem Schlafzimmer Muster bildeten, sagte sie unendlich zart und überzeugt: »On va faire ça, hein?«

Ich weiß von der Schauspielerei ein wenig um die Kraft der Bilder, die man beschwören und zu Motoren eines ganzen Lebens machen kann. War dieses Leitbild zu einer hilfreichen homöopathischen Droge gegen »Ausbrechen« geworden, gehörte aber auch ein Leitmotiv dazu, so, wie das Zusammenwirken von Bild und Ton erst einen Film machen.

Unser Motiv lautete: Nie unsere Neugierde und unsere Phantasie einschlafen lassen, damit jeder Tag uns die Schönheit und Vielfalt der Welt vor Augen führe. Immer, wenn es in den Fugen unseres ›Clubhauses‹ krachte, kitteten wir mit erhöhter Intensität, Abwechslung und neuen Abenteuern die Risse im Gebälk! Peter Altenbergs Satz aus dem ›Café Herrenhof‹ in Wien (aus dem er wahrscheinlich nicht viel herausgekommen ist): »Das Leben ist die beste Gelegenheit, sich die Welt anzuschauen« und Robert Adolf Stemmles groteske Maxime aus der Nazizeit, an die er uns oft erinnerte, wenn wir kleinmütig wurden: »Das Leben ist gefährlich, aber es übt kolossal« wurden auf imaginäre Etiketten gestempelt, die wir in Reichweite in Schubladen oder Koffern liegen hatten, um uns ihrer bei passender Gelegenheit zu bedienen.

Und doch, der Tag kam, an dem das Bild riß, wie in einem schlechten Kino... Soll ich davon noch erzählen? Gut. Aber ich muß später, wenn ich den Weg des jungen Mannes wie bei einer Generalprobe noch einmal durchspiele, das Ganze wiederholen, um sicher zu sein, daß keine Spuren unentdeckt bleiben, die mir ein Alibi verschaffen oder mich verurteilen.

Ich filmte damals in Rom irgendeinen Schinken; Rolle und Titel habe ich vergessen oder verdrängt. Wie immer, wohnten wir im ›Hotel Excelsior‹ an der Via Veneto und gingen fast jeden Abend nach Drehschluß aus. Kamen wir in Abendkleidung aus der Halle und stiegen in meinen braunen Rolls, stürzten sich die ›Paparazzi‹, die Meute der lauernden Journalisten, auf uns, um das »glücklichste Paar der Filmwelt« zu fotografieren oder ihm ein Statement abzuluchsen, daß die Welt heil und der Himmel voller Geigen sei.

An der vornehmen Via Appia antiqua liegen die Villen der Kollegen und des Jet-Set, bei denen man sich traf. Zu diesem Kreis gehörte auch Leila Aischa, die Schwester des Königs von Marokko. Nachdem sie ein paar Jahre Botschafter in London und umschwärmte Gastgeberin gespielt hatte, hielten es König Hassan und seine Ratgeber wohl für angezeigt, einen Fachmann nach England zu schicken und die Schwester in das gemütliche, aber für Marokko politisch uninteressante Rom abzuschieben. In Rom gibt es zauberhafte Leute, besonders wenn man nichts von ihnen will und sich damit begnügt, amüsante Einladungen zum Kuskus zu geben oder Golfturniere in Marrakesch zu organisieren. Was Wunder, daß die schöne, begehrenswerte Prinzessin schnell Mittelpunkt der ewig gelangweilten, neurotischen Hautevolee und Jeunesse dorée Roms wurde. Zu ihren treuen Verehrern gehörte auch ein naseschwitzender, strammschenkliger, zum Embonpoint neigender Advokat und Steuerberater mit

geilen Augen und müdem Text, dessen Vokabular sich wie Unkraut um immer wiederkehrende Superlative rankte, die der Konversation Enthusiasmus und Spontaneität verleihen sollten. Worte wie *stupendo* und *gigantissimo* schwirrten immer wieder aus seiner Ecke in die Luft und zerplatzten auf dem Boden aus altrömischem Marmor.
Kurz, der Bursche war mir gleich unsympathisch, obwohl ich ihm mit professioneller Sachkenntnis eine gewisse Wirkung, besonders auf Frauen, nicht absprechen konnte – jene Wirkung, die wir für Rollen bereithalten, in denen es darum geht, Diskrepanzen aufzuzeigen, Mißverhältnisse zwischen Sein und Schein (»Wenn ihr genau zuhört, mich gut anschaut und ein bißchen besser kennt, entdeckt ihr, was ich für ein zauberhafter, unverstandener Romantiker bin, der nur mit den Wölfen heult, weil er sonst verhungern würde vor Liebesdurst und Sehnsucht.«) Diese Attitüde hatte ich schon in so vielen Rollen gespielt, daß mir alle Nuancen vertraut waren.
Nach der dritten Begegnung mit ihm saßen Simone und ich wie immer allein für eine Whiskylänge am offenen Fenster unseres Appartements und schauten auf das nächtliche Treiben auf der Via Veneto. Plötzlich sagte Simone: »J'ai envie de coucher avec lui – Ich hätte Lust, mit ihm zu schlafen.« – »Mit wem?« fragte ich scheinheilig. – »Tu doch nicht so. Du weißt ganz genau, daß ich Roberto meine.« Ich stand auf, blickte interessiert hinunter zum ›Café de Paris‹, wo gerade ein Schwarm grölender Burschen aus einem Auto gekrochen war, sich breitmachte und nach dem Kellner, nach Bier und nach Sandwiches brüllte. ›Es ist soweit, es ist soweit, es ist soweit, jetzt, nach dreizehn Jahren ist es soweit‹, dachte ich nur. Zu irgendeiner Antwort war ich nicht fähig. Ich schluckte an meinem Whisky und hustete. Ich drehte mich um und hatte ganz deutlich das Gefühl, die Kamera, welche diese Scene aufnahm, müsse jetzt von der Großaufnahme zurück in die Totale fahren. Also langsam gehen, gleichmäßig, wie du es immer tust. Deshalb arbeiten die Techniker so gern mit dir, weil du so präzise bist in deinen Bewegungen, den Stellungen, dem Text. Tritt zum Stuhl, wo Simone sitzt. Sicher ist eine Marke

mit Kreide auf den Boden gezeichnet, damit es ein gutes Profil von euch beiden gibt.
Ich verwechselte meine Aufregung mit dem Lampenfieber während einer großen Scene. Gleichzeitig wußte ich genau, was geschehen war, was Simone gesagt hatte, was die Komparsen dort unten auf der Straße bestellten. Es war klar, daß nicht eine Kamera uns mitleidlos beobachtete, sondern er, der ewig grinsende, höhnische Wegbegleiter, der mich kritisiert, wenn ich spiele, und auslacht, wenn mir das Leben die Rolle schreibt. Und doch wünschte ich so sehnsüchtig, daß jemand riefe: »Danke, das genügt. Mittagspause.«
»Dann tu es doch«, sage ich und spüre, wie Schleim sich von den Stimmbändern löst. – »Nein, noch nicht.« Simone schaut mir in die Augen. Dann stößt sie mit mir an, daß das Eis in den Whiskygläsern klirrt – »Wie Kuhglocken beim Almabtrieb«, hat sie einmal dazu gesagt –, trinkt aus, steht auf und beginnt sich auszuziehen. Als sie aus dem Badezimmer zurückkommt, wir im Bett liegen und uns vor Verlöschen des Lichtes – dreizehnjährige Routine – in die Augen schauen, sagt sie: »Da wir uns geschworen haben, damals in Beverly Hills, nie zu lügen, mußte ich es dir doch sagen, nicht wahr? Sonst hätte ich gelogen. Mach dir keine Sorgen, schlaf schnell, du hast morgen sieben Seiten Text.«
Ich schlief nicht, aber der Text am nächsten Tag ging auch ohne Schlaf. »Er fiel mir aus dem Mund«, wie wir Schauspieler sagen, so, als wären mein Organismus, mein Hals, meine Backenmuskeln, die Stimmbänder erstarrt von einem Krampf.
Der Film war bald abgedreht, und wir gingen nach Paris zum Synchronisieren. Die Angst, allein zu sein, war da und beherrschte mich. Nicht so sehr die Angst, die Geliebte, die Kameradin, den Kumpel zu verlieren, als vielmehr die Angst, allein gelassen zu werden wie damals als dreijähriges Kind.
Heute bin ich nicht mehr so sicher, ob unsere Beziehung die große Liebe war. Simones Ratio, ihr kartesianischer Geist, ihr Mangel an Romantik, ihre Sachlichkeit hatten den schwärmerischen Deutschen in mir am Anfang schockiert, genauso, wie sie wahrscheinlich nie mit der Enttäuschung fertig wurde, keine

Kinder zu haben. Statt eine bürgerliche Ehe mit Kindern und Familie hatten wir beschlossen, einen Club zu gründen, einen Club mit zwei Mitgliedern und vielen Gästen, in dem es Spaß, Reisen, Sex, Zärtlichkeit, Großzügigkeit und Vertrauen geben sollte. Zwölf Jahre hatte niemand gegen die Statuten verstoßen, von denen es eigentlich nur zwei gab: Nie lügen und sich gegenseitig zur Ordnung rufen, wenn einer von uns anfing, sich zu ernst zu nehmen.

Simone hat vielleicht nie die aufwühlende Emotion einer spontanen großen Liebe empfunden, aber sie lebte für mich mit jener Aufrichtigkeit und zärtlichen Hingabe, die alle exaltierten Höhenflüge der Seele, des Geistes und der Sinne übertrafen. Mein Ersatz für Kinder waren Häuser, die ich entwarf, baute und einrichtete: in Südfrankreich am Cap-Ferrat zuerst, dann in Vence, in Wien, in Lausanne, in Gstaad, auf den Bahamas. Ich sammele Häuser und Grundstücke wie ein anderer Mann Aktien und Wertpapiere oder eine Frau Kinder von verschiedenen Männern. Damals freilich war auch eine Beschäftigungstherapie für Simone mit im Spiel, was mich veranlaßte, zu kaufen und zu bauen: Ersatz für Kinder. Aber nach der Begegnung mit Roberto in Rom wußte ich, daß ich Simone früher oder später verlieren würde, wenn ich nicht imstande wäre, ihr etwas zu bieten, was sie voll ausfüllte. Ausfüllte und verpflichtete. Dem ›Club‹ verpflichtete. So berechnend dachte ich schon.

In Paris gab es neben Berufskollegen, die wir selten anriefen und meist nur zufällig trafen bei Premieren, Galas oder im ›Maxim's‹, dem Restaurant an der Rue Royale, das allen hektischen Eröffnungen kurzlebiger Clubs, Boîtes und Pubs mit gelassener Souveränität seine gediegene und diskrete Art-Déco-Eleganz entgegensetzte und zur Verwunderung aller Pariser und Touristen noch immer *the-in-place* geblieben ist – in Paris also gab es ein paar Freunde, die Simone regelmäßig bei unseren spontanen Besuchen in der kleinen Wohnung an den Champs-Elysées anrief und einlud.

Diese Wohnung hatte ich auf lustige Weise erworben. Laß mich schnell erzählen, Mathilda, während du noch ein wenig Gin in

meinen Tonic tust, wie ich zu dieser netten Wohnung kam, die dir so gefallen hat.
Seit ich, nach 1955, von den Franzosen als ›ihr‹ Star adoptiert worden war, wohnte ich, sooft ich nach Paris kam, im fashionablen Hotel ›Lancaster‹ in der Rue de Berry. Dorthin hatte ich auch Simone eingeladen, als wir uns kurz nach unserem Kennenlernen und ohne an irgendeine ernste Bindung oder gar an Konsequenzen zu denken wiedertrafen. Dieses Hotel zeichnete sich außer durch seine Diskretion, seine phänomenalen Preise und seine exklusiven Gäste auch noch durch die schönsten Blumenarrangements aus, die ich je zu Gesicht bekommen habe: Jeden Morgen gegen zehn Uhr, wenn die Mehrzahl der Gäste gefrühstückt hatte, ging eine Prozession von vier livrierten Dienstboten unter der Führung einer älteren Hausdame gravitätischen Schrittes von Zimmer zu Zimmer und wechselte die Blumenarrangements. (Ich habe sie einmal bei ihrer Tätigkeit vom Korridor aus beobachtet. 1. Szene: Die Hausdame nimmt Augenschein. Die vier Livrierten stehen teils draußen auf dem Korridor, teils im Zimmer. Eine Handbewegung, und das wartende Zimmermädchen rafft die Blumen vom Vortag aus den Vasen. Ein zweites Zimmermädchen erscheint und bringt sie zu dem draußen stehenden Servierwagen. 2. Szene: Wie ein Golfchampion vorm entscheidenden Put visiert die Hausdame das neue Arrangement aus verschiedenen Blickwinkeln. Sie geht zur Tür, zum Bett, zum Fenster, zur Fauteuilgarnitur, setzt sich, legt sich. Sie konsultiert eine Liste. Darin steht, welche Blumen seit Eintreffen des Gastes aufgestellt wurden, welche er nicht mag, und welche er bevorzugt. Dann tritt sie zum zweiten Wägelchen im Korridor und wählt aus. Das geht blitzschnell. Der Hausdiener stellt die Blumen zusammen. 3. Szene: Die Blumen werden auf die Vasen verteilt. Die Hausdame korrigiert, geht – ich habe es gesehen – hinaus auf den Korridor, um eine Sonja-Rose gegen eine lachsfarbene holländische ›Rendez-vous‹ auszutauschen, wirft einen letzten prüfenden Blick auf das geschaffene Meisterwerk und schließt sehr behutsam die Tür, als könnte ein Luftzug die Anordnung durcheinanderbringen.)

Im ›Lancaster‹ gibt es zwei Appartements, die besonders begehrt sind: Nr. 45 und Nr. 72. Letzteres hat eine herrliche Terrasse, auf der man Parties geben kann; Nr. 45 wird im Winter bevorzugt, weil der große, den Raum beherrschende Kamin im Salon sogar vom Bett des angrenzenden Schlafzimmers aus zu sehen ist.
Im April 1962 hatte ich Nr. 72 bestellt, weil ich aus Hollywood kam und glaubte, in Paris müsse es schon warm genug sein, um nach Drehschluß auf der Terrasse gemütlich den ersten Gin-Tonic des Tages zu trinken. Ich hatte »Jakobowski und der Oberst« auf französisch zu synchronisieren. Damals war ich wohl der einzige Schauspieler, der seine Filme in drei Sprachen selbst synchronisierte. Mein heiseres, von der Presse und der Kritik als Whiskystimme etikettiertes Organ hatte dazu beigetragen, daß Produzenten und Verleiher, Kinobesitzer und Regisseure darauf bestanden. Bis eines Tages meine Agentin Steffi Jovanovic in die Verträge schrieb, daß mein Part bei der Synchronisation von niemand anderem als mir selber gesprochen werden dürfe. So geschieht es, daß ich oft viermal im Jahr zwischen Rom, Paris und Berlin hin- und herpendeln muß, um die Verträge einzuhalten. Die Synchronisationsarbeit wird extra honoriert und ergibt einen beachtlichen Nebenverdienst.

Synchronisieren ist Spezialistenarbeit und heute eine eigene Industrie. In Berlin, Paris und Rom existieren kleine Studios, und viele Schauspieler leben davon, der Steve McQueen oder die Faye Dunnaway der Deutschen zu sein oder der Anthony Quinn der Franzosen. Das Publikum kennt deren wirkliche Stimmen gar nicht, und kein Italiener hat zum Beispiel je den Zauber erlebt, der von der Stimme Marlon Brandos ausgeht. In Rom ist die Technik der Nach-Synchronisation von jeher entwickelt und perfektioniert worden, da außer wenigen Stars, die auch Bühnenschauspieler sind, alle Darsteller synchronisiert und die Filme nur mit Primärton aufgenommen werden. Das hat dazu geführt, daß die Stars keine Texte lernen und sich einen Dreck um die Dialoge kümmern.

Ich erinnere mich, während der Dreharbeiten zu Rossellinis »Orientexpreß« große Dialogscenen mit Silvana Pampanini gespielt zu haben, bei denen eine Assistentin, die unter der Kamera saß, während meiner Tiraden unbekümmert laut Silvanas Text heraufrief, so daß ich Mühe hatte, mich zu konzentrieren, und manchmal mein eigenes Wort nicht verstand. Wenn man erlebt hat, wie Regisseure der großen Tonfilmzeit wegen einer Betonung, eines ausgetauschten Wortes Scenen bis zu zwanzigmal und mehr wiederholten, kann man sich nicht vorstellen, daß dennoch Meisterwerke wie die Filme Fellinis, Antonionis oder Bertoluccis entstehen können – stumm gedreht. Die Armut der Produzenten der Nachkriegsjahre hatte sich zu einer Tugend entwickelt und einen eigenen optischen Stil hervorgebracht, der heute auf der ganzen Welt kopiert wird. Selbst Produzenten und Regisseure, die das Geld für teure Produktionen zur Verfügung haben, verzichten heute oft auf Originalton – weil sie mit Dilettanten, die sich optisch mit den Charakteren decken, besser arbeiten können als mit gelernten Schauspielern, die naturgemäß gewissenhaft und deshalb umständlich und oft schwierig sind. Jedoch ist Aussehen und Mimik nur ein Teil des Ausdrucks, den ein Darsteller vermittelt, und eine Persönlichkeit mit suggestiver Wirkung entsteht immer nur aus der Einheit von Optik und Stimme.

Auf einer Reise in den Fernen Osten wurde ich einmal in Bangkok eingeladen, in einem feudalen Erstaufführungskino an der thailändischen Premiere meines Films »Duell im Atlantik« teilzunehmen. Ich kam zu spät und wurde im Dunkeln in eine Rangloge gesetzt. Neben mir saßen drei Herren in Hemdsärmeln vor Mikrofonen. Der Film lief nur mit dem sogenannten internationalen Tonband. Dieses Band hat keine Sprache, sondern nur Musik und Geräusche. Wird ein Film in eine fremde Sprache synchronisiert, muß das jeweils neu aufgenommene Sprachband und das mitgelieferte internationale Tonband in einem gesonderten Arbeitsgang am Mischpult der Synchronisationsstudios zusammengemixt und das so entstandene gemischte Band auf den Bildstreifen kopiert werden. Diese Prozedur ist so teuer, daß

sie sich in manchen Ländern nicht lohnt und man sich mit ermüdenden Untertiteln begnügt. In Thailand mit seiner ehrwürdigen Theatertradition macht man jedoch aus der Not eine Tugend. Thailand ist meines Wissens das einzige Land der Welt, in dem während der Kinovorstellung bei vollem Haus von einheimischen Schauspielern der Dialog mitgesprochen wird.
Drei Schauspieler sitzen in einer vom Publikum gut sichtbaren Loge mit dem Manuskript des Films vor ihren Mikrofonen und sprechen mit verstellten Stimmen Hauptrollen, Nebenrollen und kleinste Auftritte. Ich saß in der Loge und verfolgte fasziniert die Darbietung. Nach dem Wort »Ende« trat ich zu den Schauspielern und gratulierte ihnen zu ihrer Leistung. Das Publikum applaudierte herauf in die Loge. Ich verbeugte mich, erfreut über die Ovationen. Als ich die Loge verließ, rauschte der Beifall in doppelter Stärke auf. Da erst begriff ich, daß das Publikum nicht mir applaudierte, sondern ihren wohlbekannten Lieblingen, die heute Curd Jürgens und morgen John Wayne oder Richard Burton nachspielen. Dieses Erlebnis dämpfte ein wenig den Stolz, der mich erfüllt, wenn Fremde am Telefon meine Stimme erkennen, bevor ich meinen Namen nenne.

Als Simone und ich damals im ›Lancaster‹ eintrafen (es war 1961 und der Himmel hing voller Geigen), freuten wir uns auf den kurzen Aufenthalt. Wir dachten an »April in Paris«, an die guten Bistros, ans ›Maxim's‹, an die Theater, in die wir abends gehen wollten, und an unsere *Copains*, ein Wort, das sich nur unzulänglich mit Kameraden, Kollegen oder Kumpels übersetzen läßt – und natürlich freute ich mich auf meine Arbeit.
Der polnische Oberst im Jakobowski-Film an der Seite Danny Kayes hatte mir viel Freude gemacht, nicht zuletzt, weil Simone mich zum erstenmal zu den Außenaufnahmen und ins Studio der Columbia nach Hollywood begleitet hatte. Ich war begierig zu entdecken, wie sich mein leicht polnischer Akzent, den ich auf Wunsch des Regisseurs Peter Glenville für die Rolle in der englischen Originalfassung einstudiert hatte, auf französisch anhören würde. Aber wie so oft, wenn die Autoren bei Drehbuchüber-

setzungen die Lippensynchronität wichtiger nehmen als Inhalt und Geist der Dialoge, fand ich am ersten Drehtag im Studio ein unzulängliches, schlechtes Script vor, das dem Reiz dieser zauberhaften Komödie alles schuldig blieb. Jeder *Take* mußte neu übersetzt werden, und die Arbeit, die für eine knappe Woche angesetzt war, schien sich nun beträchtlich in die Länge zu ziehen.

Nach sechs Tagen teilte ich dem Direktor des Hotels, Monsieur Wolfe, mit, daß ich das Appartement noch länger benötigte. Er zeigte Verständnis für die Schwierigkeit meiner Arbeit und wünschte weiter schönen Aufenthalt. Doch am nächsten Abend meldete er sich telefonisch zu einem kurzen Besuch an. Als er nach den üblichen langatmigen Begrüßungsfloskeln, den Komplimenten für Simone und ausgiebiger Beteuerung der Ehre, die wir seinem Haus erwiesen, endlich Platz nahm, ließ er die Katze aus dem Sack: Vincente Minelli, der große Hollywood-Regisseur und Vater der damals noch unbekannten Liza, habe schon vor Monaten das Appartement 72 bestellt. Er, Monsieur Wolfe, habe heute mit Hollywood telefoniert, um Madame Minelli mitzuteilen, daß das bestellte Appartement erst in ein paar Tagen frei werde, doch habe sie sich unnachgiebig gezeigt und gedroht, nie wieder im ›Lancaster‹ abzusteigen, wenn ihr nicht Nummer 72, die vertraute schöne Suite, zur Verfügung stehe. Monsieur Minelli lasse mich grüßen und hoffe auf mein Verständnis. (Heute bin ich sicher, Minelli wäre auch mit einem anderen Appartement zufrieden gewesen. Aber Mrs. Minelli war nach Vincentes Scheidung von Judy Garland neu im Fach der Regisseursgattin und darum *fussy*.)

»Sie wollen mich also rausschmeißen, mich, Ihren besten Gast, der seit Jahren hier ein Vermögen ausgibt.« – »Um Gottes willen, Monsieur Jürgens, wir sind in einer – wie soll ich sagen – desperaten Lage. Unser Haus ist berühmt, wenn ich so sagen darf, für Korrektheit und perfekten Service. Wenn ich Monsieur Minellis Bestellung nicht respektiere, begehe ich eine unverzeihliche Unkorrektheit. Bitte, haben Sie Verständnis, und nehmen Sie mit dem einfachen Zimmer vorlieb, das wir für Sie vorbereitet haben.

Die Hausdame wird den Umzug organisieren, und Sie, Madame, brauchen sich um nichts zu kümmern.«
Die wohlgesetzte Rede des Direktors, die einleuchtenden Gründe, die wenigen Tage, die noch bis zur Abreise blieben, alles sprach dafür, den Dingen ihren Lauf zu lassen. Aber irgend etwas wurmte mich. ›Wer ist schon Herr Minelli‹, dachte ich, ›sein Name ist noch nie in gleicher Größe wie der Titel eines Films angekündigt worden. Aber meiner. Alle Hotels in Paris würden sich darum reißen, mir die beste Suite zum halben Preis anzubieten.‹ Wohl dachte ich mit Ehrfurcht auch an meine gut gespielte Bescheidenheit, mein loyales Verhalten im Vergleich zu den Kapricen und Allüren anderer Filmstars, und daß ich vielleicht auch mal etwas auf die Pauke hauen sollte, um mir den Respekt zu verschaffen, den ich sonst überall genoß.
»Ich werde mir überlegen, ob ich unter diesen Umständen nicht das tun werde, was Madame Minelli angedroht hat. Dann haben Sie die Wahl«, antwortete ich daher. Es war völlig klar, daß ich mich im Unrecht befand, aber der Teufel ritt mich. Wahrscheinlich war ich auch verärgert über die unkünstlerische Art, mit der die französischen Techniker ihre Arbeit hatten runterkurbeln wollen, hätte ich mich nicht geweigert mitzumachen.
Am selben Abend gingen wir mit unseren Freunden Martine und Charlie Cohen zum Diner und landeten nach einem ausgiebigen Zug durch die Nachtlokale gegen Morgen in der Nähe der Place Pigalle, um in einer der zahllosen obskuren Kneipen ein Bier zu trinken und eine Portion Choucroute zu verdrücken. Hier nun kam das Gespräch auf den – in meinen vom Whisky leicht getrübten Augen einem Rausschmiß gleichkommenden – Auszug aus dem ›Lancaster‹.
Martine ist ein patentes Mädchen und seit ihrer gemeinsamen Schulzeit in Paris Simones beste Freundin. Bevor sie Charlie Cohen (einen lustigen Gesellen, immer zu Späßen aufgelegt, immer in Geldnöten, der es aber als wahrer Lebenskünstler stets verstand, sehr gut zu leben) geheiratet hatte, war sie, wo immer uns ein Film hinführte, unsere Begleiterin, und die Nächte, die wir mit ihr in Wien, Berlin, London und an der Côte d'Azur gefeiert

5 Der Unterprimaner wird für die Schüleraufführung geschminkt. Susu schaut zu.

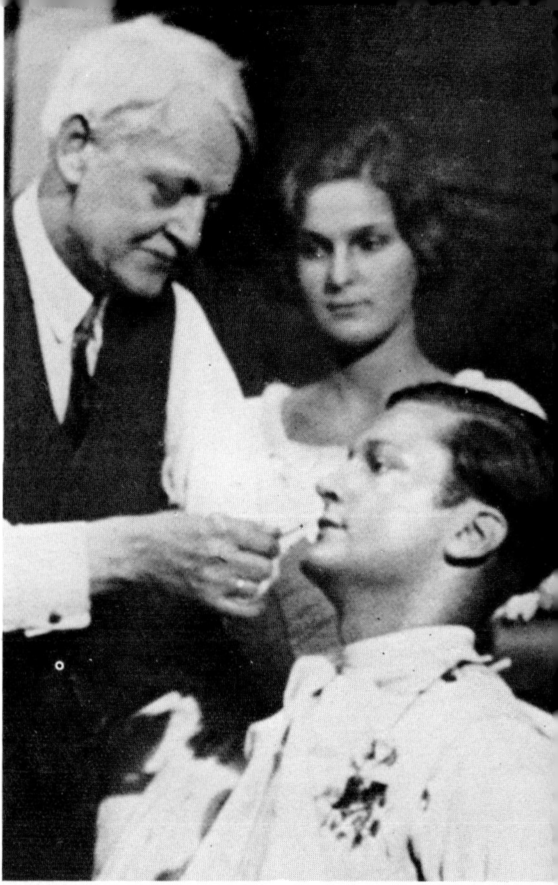

6 Die Familie feiert Weihnachten in Frack und großem Abendkleid. Links Onkel Costia.

7 Lulu, frisch vom Max-Reinhardt-Seminar, 1927.

8 Als Kaiser Franz Joseph im ersten Film: »Königswalzer«.

hatten, bleiben mir unvergeßlich. Sie war bildhübsch, intelligent, sexy und neugierig, kurz, ein idealer Gast unseres ›Clubs‹.
»Wißt ihr eigentlich schon, daß ich schwanger bin?« sagte sie plötzlich mit verträumt-spitzbübischem Lächeln, als sie ihre Soupe à l'Oignon ausgelöffelt hatte. Und Charlie strahlte: »Versteht ihr, bei meinem Vermögen muß ein Erbe her!«
»Das muß gebührend gefeiert werden«, rief ich und verlangte beim Ober Charlies Lieblingsmarke ›Dom Pérignon‹. Wie gesagt, ich hatte meinen aggressiven Tag, und als der Kellner uns statt ›Dom Pérignon‹ irgendein Demisec-Produkt andrehen wollte, schlug ich Tapetenwechsel vor.
»Um diese Zeit sind nur noch Puffs offen, wenn du auf ›Dom Pérignon‹ bestehst«, sagte Charlie.
Wir landeten bei Madame Fanny. Ihr Etablissement besteht aus zwei schmalen Etagen. Unten Bar und ›Besichtigungsraum‹ mit bequemer, chintzbezogener Klubgarnitur, Gummibäumen und Zimmerpalmen, oben die Appartements mit Spiegeln an allen Wänden und, wie ich annehme, Gucklöchern und eingebauten Kameras für Filmaufnahmen. Ich bin oft dort gewesen, allein und in Gesellschaft. Manchmal, um verlogen-pseudopuritanische Freundinnen zu schockieren, manchmal, um die Neugierde gutbürgerlicher Mädchen vornehmlich aus Deutschland zu stillen, damit sie in der Nobelgaststätte am Tegernsee ihren Freundinnen zuraunen konnten: »Übrigens, bei Fanny in der Rue Pigalle ist jetzt ein Marokkaner, der leistet Wunderdinge...« Manchmal aber nur in kleinstem Kreis, um mit der Patronne und den Mädchen gemütlich ein letztes Glas oder den ersten Kaffee zu trinken. Wir fanden die Idee, Martines Ankündigung gerade hier zu feiern, besonders passend.
Ich brauche dir nichts vom guten Hurenherz und der kameradschaftlichen Freundlichkeit der Belegschaft solcher Etablissements zu erzählen, meine Geliebte. Du kennst das alles, und wenn ich an dein kurzes Leben denke, bin ich stolz, daß deine gesunde Neugierde vor nichts haltgemacht hat und ich dich nie über jemanden die Nase rümpfen sah, sei es ein vertrottelter, lüsterner alter Aristokrat, ein erfolgreicher, eingebildeter Komö-

diant oder eine arme, gestrandete Provinzschönheit, die vor meiner Wohnung auf den Champs-Elysées zwischen ›Lido‹ und ›Claridge‹ auf den Strich ging. Allen hast du nach ein paar Fragen, nach ein paar Worten durch dein Interesse und deine Achtung vor dem Leben die verlorene Sicherheit wiedergegeben, so daß sie – zumindest für kurze Augenblicke – glaubten, ihr Leben wäre nicht verpfuscht, sondern lebenswert.

Nachdem Simone den ersten Toast auf den Nachwuchs ausgebracht hatte, alle Anwesenden einschließlich einiger Touristen, die geniert, aber glücklich die Treppe heruntergekommen waren, aus Sektkelchen, die sich mit mirakulöser Geschwindigkeit füllten, auf Martines Wohl anstießen, schmunzelte Martine: »Ich habe eigentlich nur davon erzählen wollen, weil unsere Wohnung bald zu klein sein wird...« Die geschäftstüchtige werdende Mutter hatte den Satz kaum beendet, da begann ich schon mit Charlie über den Preis zu verhandeln, und während Martine und Simone, unterstützt von den Ratschlägen der Patronne und der Damen des friedlichsten Gewerbes, nach einem Namen für den jungen Cohen suchten (denn es war klar, daß es ein Sohn werden würde), einigten wir uns auf einen stolzen Preis.

Die Wohnung war, wie du mir oft bestätigt hast, entzückend und zentral gelegen, wenn auch die Champs-Elysées nicht die allerbeste Adresse für das versnobte Paris sind. Aber ich hatte nicht die geringste Lust, ins vornehme Neuilly oder zu den reichen Bürgern ins sechzehnte Arrondissement zu ziehen. Die Wohnung lag im fünften Stock eines Bürohauses, in dem es von Agenten und kleinen Filmproduzenten wimmelte, und das einen diskreten zweiten Eingang in der stillen Rue Ponthieu besitzt, was noch den Vorteil hat, daß man mittels Investition guter Trinkgelder auch vom perfekten Service des altehrwürdigen Hotels ›Claridge‹ profitieren kann. Du kannst vor der Haustür mit dem Auto halten, der Wagenmeister parkt für dich, der Concierge verwahrt die Post, das Theaterbüro bucht Karten, und anreisende Freunde bekommen immer noch ein Zimmer.

Fanny, die Chefin, brachte eines jener Papierhandtücher, auf denen »Chez Fanny à Pigalle« stand und die für gewöhnlich ande-

ren Zwecken dienten, und wir setzten einen Vertrag auf. Die Damengilde hatte sich inzwischen auf den Namen Paul geeinigt, und als wir beide unsere Unterschriften auf das saugfähige Papier gesetzt hatten, gab es noch mehr Grund zum Feiern.
Der Morgen graute schon, als Martine und Charlie beschlossen, das Gesetz »Weg vom Steuer mit Alkohol im Blut« zu beachten, und sich in die erste Etage zurückzogen, wohleskortiert von einer birnenbrüstigen Brasilianerin und einer kleinen Blonden aus Avignon, die sinnigerweise auch auf den Namen Martine hörte. Im Taxi zeigte ich Simone triumphierend meinen Wisch. Darin stand unter § 1: »Der Verkäufer verpflichtet sich, die Wohnung, wie sie ist, am 15. dieses Monats zu übergeben.« Das war heute. Charlie hatte versprochen, mit Martine in seine alte Junggesellenbude zurückzukehren.
Monsieur Wolfe vom ›Lancaster‹ verzog keine Miene, als ich am nächsten Morgen meine Rechnung verlangte und beiläufig bemerkte, ich hätte dem liebenswürdigen Angebot der Pariser, mich zu adoptieren, nicht widerstehen können, eine Wohnung gleich um die Ecke (»Der Hausdiener kann die Koffer zu Fuß hintragen.«) gefunden und zöge es vor, Vincent Minelli siegreich in Paris einziehen zu lassen. Als gutgemeinten Rat und quasi als Abschiedsaufmerksamkeit wolle ich jedoch empfehlen, einen neuen Satz großer Whiskygläser zu bestellen. Die seien ausgegangen.
Mit den großen Whiskygläsern des Hauses, auf denen ein verschnörkeltes goldenes ›L‹ eingraviert war, hatte es nämlich eine besondere Bewandtnis. Ich hatte für Françoise Sagan eine kleine Party in Nr. 72 gegeben. Als der Etagenkellner die Bar installierte, fehlten die schönen großen Highballgläser, aus denen ich am liebsten trank. Darauf aufmerksam gemacht, erklärte er, es sei zum Verzweifeln, aber Mister Zanuck, der allgewaltige Boß der ›Twentieth Century Fox‹, nähme jeden Abend, wenn er ausgehe, ein gefülltes Glas mit, um im Fond seines Cadillac bei jedem roten Licht einen Schluck zu tun. Und bringe nie eins zurück, obwohl es deswegen schon Streit mit Henri, seinem Chauffeur, gegeben habe.

Zufällig war ich am gleichen Abend nach der kleinen Cocktailparty für Françoise, die auch ohne große Gläser sehr gut verlief, bei Janine und Paul Graetz eingeladen. Paul Graetz, ein erfolgreicher Produzent, bereitete gerade den Film »Bitter war der Sieg« vor und wollte während eines gemütlichen Diners, bei dem ich seine Frau kennenlernen sollte, mit mir über die Besetzung der Hauptrollen und des Regisseurs sprechen. Als ich eintraf, führte mich Janine, seine blonde, hochgewachsene junge Frau, an die Bar. »Ich will Sie gleich überzeugen, daß ich Hellseher bin«, sagte ich schmunzelnd nach einem Blick auf die Glastischchen neben der Hausbar. Janine erwartete wahrscheinlich eines jener plumpen Komplimente, die ein Schauspieler macht, der die Frau eines wichtigen Produzenten besucht. »Darryl Zanuck war in letzter Zeit achtmal bei Ihnen eingeladen.« – »Bravo, stimmt, Herr Hellseher«, antwortete sie überrascht und vielleicht ein wenig enttäuscht darüber, nicht etwas Persönlicheres, auf sie Gemünztes zu hören. »Sie sind wohl sehr befreundet mit ihm?« – »Ich habe ihn noch nie gesehen«, sagte ich wahrheitsgemäß, »aber hier stehen acht große Whiskygläser, die ich sehr im Hotel ›Lancaster‹ vermisse.« Der kleine Scherz brach das Eis und war der Beginn einer Freundschaft, die später bedeutsam für mich werden sollte.

Wir beschlossen an diesem Abend, als Regisseur Nicholas Ray zu gewinnen, der durch die unvergeßlichen James-Dean-Filme »Jenseits von Eden« und »... denn sie wissen nicht, was sie tun« weltberühmt geworden war, und als meinen Gegenspieler einen hervorragenden englischen Bühnenschauspieler, der bisher wenig gefilmt hatte. Er hieß Richard Burton, und als wir uns drei Monate später in Libyen kennenlernten, hatten wir beide noch nie voneinander gehört. Doch wir wurden schnell Freunde: Er brachte mir Waliser Balladen bei und ich ihm Wiener Heurigenlieder.

Über zehn Jahre hat uns die kleine Wohnung als Pariser Refugium gedient. Als wir sie eingerichtet und bezogen hatten, rief ich meine Agentin Olga Horstig an, die meine Geschäfte betreut, und erklärte ihr: »Ich fühle mich wieder wie der junge Schauspieler damals in Wien in seiner kleinen Wohnung im Hochhaus. Ich könnte mir vorstellen, daß es mir verdammt gut täte, wieder Theater zu spielen nach all den Jahren der Nur-Filmerei, wieder ein geistiges Bad zu nehmen und mit einem anspruchsvollen Regisseur an einer großen, schweren Theaterrolle zu arbeiten.« Kaum einen Monat später begannen die Proben zu dem Sigmund-Freud-Stück »Der rote Faden«. Das Stück in der Aufführung von Raimond Rouleau wurde ein Sensationserfolg, und ich vergaß in dieser glücklichen Zeit nie, daß ich ohne Vincent Minellis Unnachgiebigkeit niemals in Paris eine Wohnung gehabt und Theater gespielt hätte... Doch das alles lag lange zurück.

6.

Als wir, Simone und ich, nach jener Episode in Rom nach Paris zurückkehrten, wußte ich, daß etwas geschehen mußte, wollte ich unseren ›Club‹ retten. Im Grunde graute uns beiden vor den bürgerlichen Arrangements, mit denen viele Eheleute die Fassade einer Ehe wahren und stillschweigend beide Augen zudrükken, wenn ein Partner oder beide amouröse Abenteuer haben. Da wir keine Kinder hatten, waren wir nur uns selbst verantwortlich und nahmen deshalb den Sinn dieses Paktes ernster als Eheleute, die »um der Kinder willen« Betrug und Lügen akzeptieren. Bisher hatte es keine Lügen und keinen Betrug gegeben. Wir waren stolz darauf, aber auch demütig, dankbar und zuversichtlich. Freilich, der Schock, den das ehrliche, fast bin ich geneigt zu sagen liebevolle Bekenntnis Simones in jener Nacht im ›Excelsior‹ in Rom ausgelöst hatte, kam nicht von ungefähr. Es hatte sich, wie ein weit entferntes Wetterleuchten, lange vor Donner und Wind angekündigt.

Eines Tages, es mag im Sommer 1964 gewesen sein, hatte Simones Mutter Xavière uns einen jungen Amerikaner vorgestellt, der in Paris lebte und dessen Eltern mit ihr befreundet waren. Steve war das, was von der mitleidig-abfällig etikettierenden Bourgeoisie ein Hippie genannt wurde. Langes Haar und Bluejeans verdeckten den Zugang zu einem unsicheren, freundlichen Burschen, den Enttäuschung über die verlogene Welt, in der seine amerikanisch philisterhaft-naiven Eltern ihn erzogen, entwurzelt hatte. Die Vorstellung, einmal in der langweilig-phantasielosen Welt seines Vaters, eines Militär-Versicherungsagenten, erwachsen zu werden, hatte ihn zum Nachdenken gebracht, und das Resultat war recht ungünstig für die ältere Generation ausgefallen. Als seinem Vater, dem pensionssüchtigen ›Falken‹, angeboten wurde, quasi als Pensionär in Frankreich zu leben, hatte er freudig zugestimmt, um so mehr, als seine Frau, Steves Mutter, Südfranzösin war und eine Rückkehr in die Heimat bejubelte. Der verzweifelte Sohn hatte sich, kaum in Paris angekommen, Hals über Kopf in ein junges Mädchen verliebt, das ihn die Welt in anderem Licht sehen lehrte. Sie hieß Sandrine, kam, wie Simone, aus Algier und stammte aus einer jüdisch-arabischen Familie.

Sandrine war enorm kurzsichtig. Riesige Mandelaugen beherrschten ihr schmales, asketisches Gesicht. Mit einundzwanzig hatten Wut und Enttäuschung über ihre Eltern und die Welt, in der sie nicht leben wollte, sie nach Paris katapultiert. Dort suchte und fand sie eine Freiheit, die ihr ein Selbstbewußtsein um den zerbrechlichen schmalen Körper hängte wie ein Kleid, das ein paar Nummern zu groß für sie war. Sie nahm jede Arbeit an, um sich über Wasser zu halten, schlief mit vielen und in Kommunen, diskutierte in Saint-Germain bei Hasch und Coca-Cola mit Hippies und Vertreterinnen der Women's Lib, hörte den Studenten, die etwas zu sagen hatten, aufmerksam zu und hatte bald eine eigene Meinung über die Dinge unserer verrotteten Welt – eine Meinung, die sie, um bei dem Bild der Kleidung zu bleiben, wie eine Schiebermütze in ihre hohe Stirn schob, sooft ihr Spießer Komplimente oder Zuhälter Anträge machten.

Als Steve sie eines Tages mit in unsere kleine Wohnung brachte, dauerte es nur wenige Minuten, und Simone und Sandrine hatten sich gefunden wie zwei Schwestern, die sich nach jahrelanger Trennung endlich wiedersehen. Im Nu wich das preziöse, unter der Jugend und der intellektuellen Elite verpönte »vous« dem vertraulichen »tu«, das wie eine Mitgliedskarte zum Eintritt in die Welt der Eingeweihten berechtigt. Gemeinsame Bekannte aus Algier und ein paar Brocken arabischer Standardredensarten hatten genügt, um Paris, die Champs-Elysées und die zwei nordisch-blauäugigen Männer zu vergessen.

Steve und ich saßen nach ein paar jämmerlichen Versuchen, uns an der Unterhaltung zu beteiligen, mit aufgerissenen Augen da und beobachteten mit ungläubigem Entzücken, wie sich die beiden jungen Pariserinnen vor unseren Augen in kichernde algerische Halbwüchsige verwandelten, die sich nach Schulschluß auf der Place de la République in Blida oder Oran den Tagesklatsch berichten. Von da hüpfte das Gespräch leichtfüßig wie eine Wüstengazelle in die Welt der Gaukler und Schausteller, zu der ich gehöre.

»Ich bin ganz überrascht, daß man mit Ihnen reden kann«, sagte Sandrine plötzlich, als hätte ich an dem Gespräch teilgenommen. »Im Film sind Sie immer so hart und spielen Rollen, in denen Sie sich verdammt ernst nehmen.« – »Wenn ich es nicht täte, würde man mich wahrscheinlich nicht so gut bezahlen«, antwortete ich mühsam lächelnd. – »Wozu brauchen Sie eigentlich das viele Geld, mit dem Sie in den Zeitungen immer protzen?«

Nun war eigentlich der Moment gekommen, die freche Göre aus Algier in die Schranken zu weisen und ihr anzudeuten, daß der Neid der Besitzlosen kurzsichtige Emanzipationsaspirantinnen ganz besonders verblende und sie sich nur nicht einbilden solle, mich mit dieser Art von Aggression aus meiner gütig-verzeihenden Reserve zu locken. Ich wollte gerade dazu ansetzen, ihr den Unterschied zwischen Presse und Image einerseits und Persönlichkeit andererseits in möglichst schlichten Worten zu erklären, als Simone zu meiner Überraschung sagte: »Curd braucht Geld, weil es ihm Vertrauen in eine heile Welt einflößt, an die er im Grunde selbst nicht glaubt.«

Das war das Wetterleuchten, von dem ich sprach. Da war plötzlich etwas gesagt worden, was die Welt, in der wir lebten, in einem neuen, einem unerbittlich kalten Licht zeigte. Der Elfenbeinturm hatte sich in ein Kartenhaus verwandelt, das beim ersten Windstoß des heraufziehenden Gewitters zusammenfallen konnte. Zum erstenmal hatte Simone mir zu erkennen gegeben, daß sie Kritik an unserem Leben übte, eine Kritik, die sie im persönlichen Tête-à-tête nie gewagt hätte. ›Das Wort *Geld*‹, schoß es mir durch den Kopf, ›ist austauschbar. Es kann durch

Erfolg, ja, viel schlimmer, es kann auch durch *Liebe* ersetzt werden: Curd braucht Erfolg, Curd braucht meine Liebe, weil es ihm Vertrauen in eine Welt einflößt, an die er im Grunde nicht glaubt. Und *eine Welt*‹, so jagten meine Gedanken weiter, ›kann auch gegen *den Jürgens* ausgetauscht werden, so daß der Satz, den Simone soeben ganz ruhig, ganz freundlich ausgesprochen hat, auch lauten könnte: Curd braucht Geld, Erfolg und Liebe, weil diese Dinge ihm Vertrauen in einen Jürgens einflößen, an dem er im Grunde selbst nicht glaubt.‹ Simone hatte mit diesem Satz nicht mich getroffen, sondern den anderen, den Jürgens, der mich an der Kandare hält, wenn ich ausbrechen will, um ICH zu sein.

Wie hast du unwillig den Kopf geschüttelt, meine geliebte kleine Mathilda, als du in meinem Archiv, das ich bewahre und mit mir herumschleppe durch mein Leben, als gälte es, eines Tages die Notwendigkeit meiner Existenz damit zu beweisen – wie hast du den Kopf geschüttelt, als du auf Interviews stießest, in denen ich nicht ohne Koketterie, aber auch wahrheitsgemäß bekannte, daß ich nie aufgehört habe, mich über meine Erfolge und Gagen zu wundern. »Tu ne te rends pas compte, ce que tu representes.« – ›Ja, ich weiß schon, wer ich bin‹, hätte ich dir gern geantwortet, aber »Er«, der andere Jürgens, der Mißgünstige, der feige Konformist, »der revoltierende Dandy«, wie Camus ihn nennen würde, der wundert sich und glaubt mir mein Talent, meine Intelligenz, meine Kraft nicht. »Er« ist es, der nicht an eine heile Welt glaubt, die ich mir durch Mut, Disziplin und Phantasie schaffen zu können glaube.

So hat Simones Satz mich gleichzeitig erfreut, als hätte ich einen Sieg über »Ihn« errungen und mir bewiesen, daß ich mich endlich freimachen müsse von dem ungebetenen Weggenossen, der mir mein Vordringen in ein befreites, himmelstürmendes Leben vergällt. Von diesem Tag an habe ich unter der Vorstellung gelitten, daß Sandrine für Simone das bisher verdrängte zweite Ich werden sollte, das sie begleiten und beeinflussen würde wie mein hämischer Weggenosse mich. Nur daß Sandrine ein Wesen aus Fleisch und Blut war, mit Mandelaugen und köstlichen Brüsten.

Simone hat im Laufe der folgenden Jahre zugegeben, daß sie unter dem Einfluß Sandrines litt, sich ihm aber nicht entziehen konnte. War aus der zufälligen Bekanntschaft am Anfang eine zärtliche schwesterliche Freundschaft entstanden, so mußte ich bald erkennen, daß sich Simone mehr und mehr den unreifen Ideen und pseudofreiheitlichen Gedanken Sandrines anschloß, ja, sie sich zu eigen machte. Gemeinsam besuchten sie Jazzkonzerte und Studentenkneipen, und allmählich schloß sich Simone einem Kreis an, zu dem ich keinen Zutritt hatte, der mich aber mit Neid erfüllte. Nicht die ungebundene, bohemienhafte Lebensweise neidete ich ihnen, sondern ihre Träume und Sehnsüchte, die so anders waren als die, mit denen meine Generation beladen ist.

Ihre ehrliche Respektlosigkeit vor dem Geld und den Zielen, die der Motor meines Lebens waren, imponierte mir. Ich versuchte oft, die jungen Leute auf die Probe zu stellen, legte Fallen aus, um herauszufinden, ob nicht Respekt vor Geld, Position und Macht sich einstellen würde, sobald die Gelegenheit, diese Dinge zu erringen, in greifbare Nähe gerückt wurde. Aber der Speck blieb unberührt und die Fallen verrosteten.

Als Sandrine Martine als unsere ständige Begleiterin abgelöst hatte, kam mir eines Tages die Idee, sie auf meine Weise zu korrumpieren: »Hast du nicht Lust, mal in einem Film mitzumachen? Sam Spiegel hast du gestern beim Abendessen bei Horcher sehr gefallen. Er würde gern Bilder von dir sehen.« (Wir drehten damals ausgerechnet in Madrid den Film über die letzten Tage der Romanows: »Nikolaus und Alexandra«.) – »Ja«, antwortete sie gedehnt mit übertrieben mediterranem Akzent, der sich immer dann besonders bemerkbar machte, wenn Gefahr in der Luft lag, daß ein Gespräch für ihren Geschmack langweilig zu werden versprach. »Steve hat gute Bilder. Ich werde ihn heute abend anrufen. Er kann sie morgen schicken.«

Ich triumphierte, ließ mir jedoch nichts anmerken, sondern versuchte, ihren Ehrgeiz zu wecken, indem ich die Chancen, beim Film etwas zu werden, herunterspielte. »Auch die besten Fotos sind natürlich keine Garantie, daß du vor der Kamera nicht jäm-

merlich versagst.« – »Lust hätte ich schon, aber ich weiß nicht, ob ich dafür tauge.« Das sitzt, dachte ich, jetzt biegt sie in meine Gasse. Wenn alles programmgemäß geht, wird sie in einem Jahr ihren kurzsichtigen Mandelaugenaufschlag nur noch für die Sam Spiegels und Steve McQueens bereithalten, und Simone wird sich voll Abscheu über die Käuflichkeit der Menschen in meine Arme werfen und mich bitten, ihr zu verzeihen, daß sie an meiner Klugheit und Menschenkenntnis je gezweifelt habe. Und Steve, der gern fotografiert, werde ich zu einem ehrgeizigen Paparazzo machen (der all die Fotos, die er von uns macht, hinterrücks an obskure Yellow-Press-Magazine verkauft). Alle wollen sie Geld, Stellung, Karriere, Macht, und solange keine Aussicht auf all das besteht, sind die Trauben eben zu sauer.
Die Fotos kamen prompt und waren bezaubernd. Keusche Aktstudien, sehr ausdrucksvolle Großaufnahmen und anmutige Schnappschüsse. »Gefallen sie dir?« – »Wenn du so unbekümmert und natürlich vor der Kamera bist, kannst du Karriere machen. Du hast viel Phantasie, hast Mut und damit schon zwei der drei entscheidenden Voraussetzungen für diesen Beruf. Disziplin läßt sich erlernen in deinem Alter.« – »Wirst du sie herzeigen?« – Ich hörte den lauernden Ton heraus, der mir bewies, daß sie schon an Audrey-Hepburn-Rollen dachte. »Natürlich, und nächste Woche werden wir Probeaufnahmen für dich arrangieren.« Sandrine stand auf und schaute aus dem Fenster. Ich wußte, daß sie nichts von dem sehen konnte, was sich unten auf der Avenida Castellana vor dem ›Hilton‹ abspielte, denn sie hatte die Brille im Gürtel ihrer Bluejeans stecken. Dann, nach einer Pause, sagte sie, ohne sich zu mir umzuwenden: »Es hat keinen Sinn. Ich habe keine Lust. Ich brauche kein Geld, ich lebe von Joghurt und Coca-Cola, ich hätte keine Achtung mehr vor mir, wenn ich mich« – sie zögerte, als würde ihr plötzlich klar, wie ungeheuerlich dieses Bekenntnis in meinen Ohren klingen müsse – »dieser... dieser Sache verschreiben würde. Obwohl mich etwas dabei reizt, denn letzten Endes bin ich sicher auch eine Hure, wie all die anderen, verzeih...«
›Schluß‹, dachte ich! ›Eins zu Null für dich, und das Match ist

beendet!‹ Wir haben nie mehr darüber gesprochen, selbst zwei Jahre später nicht, als ich sie für mein Theater in Paris als Sekretärin engagierte...

Dazu kam es, als ich nach Simones Bekenntnis in Rom beschloß, in Paris etwas zu unternehmen, um meine Ehe zu retten, und Theaterdirektor wurde, um Simone mit ihrer Freude an kreativen Unternehmungen erneut an mich zu fesseln.

Aber jetzt bin ich zu weit vorausgeeilt und habe dir vom erfolgreichen und enttäuschten, vom verwöhnten und eitlen Star erzählt, Mathilda. Morgen, wenn ich vom Studio nach Hause komme, will ich versuchen, wieder vierzig Jahre jünger zu werden, ohne Schminke, ohne Perücke, und dir den Burschen vorführen, der im Paulinenhaus vom Roten Kreuz in Berlin-Neu-Westend in Zimmer Nummer 27 liegt und auf seine zweite Operation wartet, bei der sich entscheiden wird, ob er dich eines Tages, vierzig Jahre später, kennenlernen kann oder nicht. Aber jetzt muß ich schlafen. Ich habe morgen sieben Seiten Text zu sprechen.

7.

Der Junge in Zimmer 27 hatte einen merkwürdigen Traum. Merkwürdig erschien ihm dieser Traum, weil er, als er sich am nächsten Morgen an ihn erinnerte, mit einer seiner frühesten Erinnerungen übereinstimmte.
Wahrscheinlich habe ich nicht geschlafen, dachte er, sondern nur an damals gedacht und vor mich hingedöst – bei den Mitteln, die sie mir gegen die Schmerzen geben, kein Wunder. Aber begonnen hat es wohl damit, daß mir in der Schwanzgegend so wohlig warm wurde. Genau wie damals, wie alt war ich? Vier, fünf? Tante Alice hatte mich gebadet. Bisher hatte das nur die Liesl oder Maman getan. Aber beide waren an dem Abend fertig mit den Nerven gewesen und zu nichts zu gebrauchen. Gegen halb sechs, es muß auch Sommer gewesen sein, sollte ich damals in die Badewanne. Ich weiß genau, ich saß auf einem der steinernen Pfosten, die etwa alle zehn Meter den hölzernen Gartenzaun unterbrachen, und spielte Lokomotivführer. Der Zaun schlängelte sich in einer sanften Kurve in die Unendlichkeit, und wenn ich auf dem Bock, also auf dem ersten der steinernen Pfosten saß, fühlte ich mich als Lokomotivführer der Transsibirischen Eisenbahn. (Die von Tscheljabinsk nach Wladiwostok fährt und von der dieser Alte Herr, der zuweilen zu Besuch kommt, immer erzählt.)
Plötzlich mußte ich den Zug scharf bremsen, denn ein unheimliches Geräusch riß mich vom Führerstand: Auf der einsamen Straße fuhr ein furchterregendes Ungetüm vor. Heute sieht man diese Art Wagen in der Wochenschau bei Truppenparaden, die

Herr Hindenburg mit den Herren Hitler und Papen abhält, oder sogar in Natur, wenn sie, von der Heerstraße kommend, in den Reichskanzlerplatz einbiegen. Sie heißen Panzerspähwagen und haben sich mit ihren dicken Gummireifen, die nur wenig aus der grauen, gepanzerten Karosserie herausschauen, kaum verändert. Drei uniformierte Männer mit Pistole im Gürtel sprangen heraus und läuteten Sturm. Ich rannte über die Terrasse ins Haus und kam gerade zurecht, wie Liesl die Tür öffnete. »Hier bei Jürgens?« fragte der zuerst Eintretende, dessen Schweiß die Achseln seiner Uniform dunkel färbte. (Also war es ganz bestimmt Sommer, denkt der Junge in Zimmer 27.) Liesl antwortete mit zitternder Stimme das Intelligenteste, was sie wohl in so einem Augenblick zusammenbringen konnte: »Ja, warum?« – »Haussuchung«, sagte der zweite, während der dritte so nah an mir vorbei ins Vorzimmer ging, daß mir fast übel wurde vom Biergeruch. (›Wie unlängst, als ich das erste von Professor von den Velden verordnete Bier roch‹, denkt der Junge.)
Maman und Tante Alice erschienen in der Halle. Tante Alice war aus Spanien gekommen, ein paar Wochen, nachdem sie auf den Straßen Tag und Nacht »Frieden, der Krieg ist aus« gegrölt hatten. »Je vous en prie, Messieurs, entrez«, sagte Maman, als ob sie niemals Deutsch gehört hätte. Der dritte, der schon am Treppenabsatz stand, kam zurück und sah meine Mutter und meine Tante an wie einen Tandlerstand auf der Auer Dult.
Nach einer Pause, in der wir uns alle erwartungsvoll anstarrten, hatte er sich wohl seinen Reim auf die beiden gemacht, denn ohne den Blick von Maman zu wenden, sagte er zu Liesl: »Ausländer, was?« – Liesl: »Madame ist Französin und die Dame Spanierin.« Die beiden Uniformierten traten näher. Ich wußte damals nicht, was Angst ist, aber später, als ich sie kennenlernte, habe ich mich oft an diesen Augenblick erinnert. Eigentümliches Magendrücken und Klopfen in den Schläfen. So, als riefe jemand von weit her: »Endlich! Das Längsterwartete, Unbekannte, das deinem Dasein bisher gefehlt hat wie Salz in der Suppe, jetzt wird es nachgeliefert.«
Maman hat später erzählt, daß ich mich an den Schößen ihres Ki-

monos festhielt, als der Chef sagte: »Wir sind vom Ortskommando des Spartakus und haben Auftrag, gehortete Lebensmittel zu beschlagnahmen, die sich in größeren Mengen im Haus befinden sollen. Sprechen Sie deutsch?«
Maman, die natürlich jedes Wort verstand, tat so, als kämen liebe Freunde zum Tee: »Spartacus? Oh, enchantée, Messieurs. Darf ich Ihnen etwas anbieten? Wir trinken gerade köstlichen Lindenblütentee, mit etwas Sauerampfer und Löwenzahn aufgebrüht, ein Spezialrezept aus meiner Heimat Savoyen. Kennen Sie Savoyen? Nein? Das macht nichts, treten Sie nur ein.«
Als Papa am nächsten Tag von irgendwoher wieder mit gefüllten Koffern eintraf und alle voll Bewunderung Mamans *sangfroid*, ihre Kaltblütigkeit priesen, umarmte er sie strahlend und sagte ein Wort, das ich später noch oft hören sollte: »Chuzpe.«
Die Hausdurchsuchung begann, nachdem der Tee von den drei Helden der Revolution mitleidig abgelehnt worden war, im Salon. Meine Mutter lenkte die Aufmerksamkeit auf die Kostbarkeiten des Mobiliars und der Gemälde, als wenn es sich darum handelte, deutschen Touristen den Louvre zu zeigen. Vor dem großen Ölbild Professor Marrs, das sie mit tiefem Ausschnitt in Ballrobe zeigte, blieb sie nachdenklich stehen, als hätte sie die Anwesenheit der kleinen Gruppe völlig vergessen. Erwartete sie Kommentare der Bewunderung, oder warum faltete sie so andächtig die Hände? Plötzlich sah ich dicht vor meiner Nase etwas Funkelndes in den Falten ihres Kimonos verschwinden, und als sie meine Hand ergriff, um weiterzugehen, wußte ich: Sie hatte blitzschnell den großen Brillantring vom Finger gezogen und eingesteckt. Jetzt strahlte er nur noch auf dem Gemälde.
Sie führte die Gruppe von Zimmer zu Zimmer, öffnete die Kammern der Angestellten, nicht ohne sich in preziösestem Französisch über die herrschende Unordnung zu beklagen, doch nachdem alle einen Blick ins Gästeklo geworfen hatten, radebrechte sie übergangslos deutsche Brocken.
Ich mußte lachen, denn ihr Akzent war viel schlechter als gewöhnlich: »Es war große Haere für uuns, les Messieurs der Revolution schier zu grüßen, isch werde mein Mari, Monsieur Jür-

gens, racontieren, was für hohe Persönlichkeiten uns visitiert haben...« Damit führte sie die Herren an der letzten Tür vorbei in den Korridor und zum Ausgang.
Erwartungsgemäß bemerkte der Anführer in einem Idiotendeutsch, von dem er sich wohl besseres Verständnis erhoffte: »Madame deutsch sehr gut sprechen, bravo, haha...« – »Sie aben gesehn, böse Nachbarn uns müssen aben denoncé, bei uns nix zu olen.« Und schon komplimentierte sie den verlegenen Stoßtrupp zur Haustür hinaus.
Noch ein Augenblick atemloser Spannung, endlich hören wir das Starten des Panzerautos. Maman schaut zu Liesl, dann zu Tante Alice und geht (ich immer noch meine Hand in die Falten ihres Kimonos verkrallt) zurück zum Korridor. Bleibt vor der Tür stehen, die nicht geöffnet werden mußte, da Maman – wohlberechnet! – genau vor ihr durch ihr deutsches Kauderwelsch die Aufmerksamkeit der Besucher abgelenkt hatte. »Eh bien, s'ils avaient ouvert cette porte-là, on aurait été bien embarrassé. (O Gott, wenn sie diese Tür geöffnet hätten, säßen wir jetzt ganz schön in der Patsche.) Dabei zieht sie ihr Schlüsselbund und öffnet die Tür. Ein unvergeßlicher Duft von geräuchertem Schinken, Kernseife und Kaffee steigt mir in die Nase. »Merde«, ruft Tante Alice, und wieder hatte ich ein neues Wort gelernt. Erst viel später begriff ich, daß »Merde« nicht nach Schinken, Seife und Kaffee duftet.
Ganz genau hatte ich es nicht verstanden, aber ich weiß, daß ich Bewunderung und Respekt für meine Mutter verspürte, als sie uns voller Stolz die verborgen gebliebene Vorratskammer zeigte. Viel Neues war an diesem Tag geschehen: Aufregung, Angst, Bewunderung, Stolz und das Bewußtsein, Besitz erfolgreich verteidigt zu haben. Hier, Friedrich Hacker, sind Anhaltspunkte... doch der Clou kommt noch. »Ich glaube, ich brauche einen Cognac«, sagte Maman zu Liesl und: »Alice, sois gentille, bereite das Bad für Curd. Ich bin zu erschöpft.«
Eine halbe Stunde später liege ich in der Badewanne, und Tante Alice wäscht mich. Der Geruch der Kernseife, die sie in den großen Naturschwamm reibt, erinnert mich, wohlig erschöpft, an

die Aufregung des Tages. Nach dem Einseifen massiert sie meine Füße, Beine, Schenkel. Schrubbt die Eier und den Schwanz. Etwas schneller, ungenauer als Zehen und Waden. »Encore«, rufe ich. Zu meiner ungeheuren Überraschung hebt sich der Schwanz in Richtung der Hände. Tante Alice nimmt wohlwollend-belustigt den großen Schwamm und fährt damit ein paarmal kräftig zwischen den Beinen hin und her. Es tut angenehm weh, so steif ist das kleine Ding, das mir vorkommt, als glotze es fröhlich aus der Badewanne in die Welt. Aber auch das prickelnde Gefühl vom Nachmittag kommt wieder. Angst? Angst, daß etwas Unbekanntes passiert?
»Encore«, rufe ich wieder. Da läßt Tante Alice kaltes Wasser ein, haut noch einmal mit dem Schwamm hinein ins Wasser, dorthin, wo das Ding wie ein Ertrinkender langsam versinkt. »Sors maintenant, tu vas avoir froid«, schmunzelt sie und hilft mir aufstehen. Beim Frottieren läßt sie diese Gegend naß...

›Das war meine erste Erektion‹, denkt der Junge. ›Wer weiß, vielleicht hab' ich von ihr geträumt, weil ich heute morgen beim Aufwachen auch so'n Ständer hatte, daß es weh tat, und das Bett kam mir vor wie 'ne volle Badewanne.‹
Nach dem Verbinden karren sie mich in den Korridor, lassen mich irgendwo liegen, wo's zieht, zwischen Fahrstühlen und Pendeltüren, als wüßten sie nicht, wohin mit mir. Dann kommt Dr. Nipperdey und untersucht mich, sagt aber nichts.
Es wird Mittag, bis sie mich in den Operationssaal fahren.
Die tun, als wäre alles in Ordnung und normal, aber ich bin hellwach und argwöhnisch. Heute ist nirgends ein freundliches Lächeln zu sehen, und sie kommen mir alle ein bißchen ernster vor als damals vor der ersten Operation. Denn daß sie mich heute operieren wollen, ist mir schon lange gedämmert, nur kommt's ein bißchen plötzlich, verdammt nochmal.
Ein Assistent gibt mir eine Spritze. Draußen hört man Stimmen. Ich erkenne die Stimme meines Vaters, die plötzlich laut und schrill klingt. Dann wird es ganz ruhig im Korridor, die Tür geht auf, genau wie vor dem ersten Mal. Ruhig und freundlich ruft

er herein: »Mach's gut, Junge!« ›Sonst nischt?‹ denke ich. ›Warum hat er denn so rote Augen? Wodka?‹
Erst einen Monat später erfahre ich die ganze Wahrheit. Die nächtliche Erektion hatte die Harnröhre so gespannt, daß die frische Naht gerissen war. Die Ärzte hatten meinen Vater gerufen und ihm mitgeteilt, daß keine Zeit zu verlieren sei, und ob er seine Einwilligung gäbe – das erfuhr ich durch eine Indiskretion der Nachtschwester –, mich, falls es sich als notwendig erweisen solle, zu sterilisieren oder gar... (die Nachtschwester hatte hier gestockt, verlegen weggeschaut und den Satz unvollendet gelassen, bis ich begriff).
Obwohl ich den Gedanken in seiner Ungeheuerlichkeit damals selbstverständlich nicht erfaßte, erinnere ich mich, daß ich vor Schreck flüsterte, als ich ihren Satz beendete: »Sie meinen... kastrieren...?« Die Schwester hatte erleichtert mit dem Kopf genickt und erzählt, daß mein Vater die Ärzte zusammengestaucht habe, als er sofort darauf im Krankenhaus erschienen war. »Stellen Sie sich vor, er hat gebrüllt, daß man es bis ins Schwesternzimmer gehört haben soll. ›Dann können Sie meinen Sohn gleich umbringen. Dazu gebe ich meine Einwilligung nie.‹ Deshalb haben die so lange an Ihnen herumgedoktert, aber nun ist ja alles in Ordnung«, beendete sie zuversichtlich ihren Bericht.
Professor Ullrichs bleibt nach der Visite oft länger da, und manchmal spielen wir Schach. Wenn ich darauf zu sprechen komme, wird er ernst und schimpft auf die Schlamperei und die Indiskretion im Krankenhaus, und daß von alledem nie die Rede gewesen sei. Natürlich müsse man vor einem so gefährlichen Eingriff an alles denken und die Eltern auf mögliche Konsequenzen aufmerksam machen, aber selbst, wenn Vater nichts gesagt hätte, wäre das Menschenmögliche geschehen, um mir die »Manneskraft« zu erhalten. »Werde mal schnell gesund, den Willen dazu hast du, dann kannst du dich bald persönlich überzeugen, nur eins wird vielleicht später einmal repariert werden müssen.« Er zögerte, sah auf das Schachbrett und machte einen Zug, bevor er weitersprach. »Wir mußten die Samenstränge durchtrennen, und bis auf weiteres wirst du den Mädchen keine

Kinder machen können.« – »Wenn's weiter nichts ist«, sagte ich erleichtert.
Der Gedanke an Kinder war mir bisher nie gekommen. Jetzt wollte ich erst mal raus hier, das in all den Monaten der Krankheit Versäumte nachholen. Meine Sehnsucht nach Freiheit, mein Fernweh erfüllten mich mit Tatendrang, Abenteuerlust, Wißbegierde.
»Gut so, mein Junge«, sagte er, »du wirst noch mal staunen, wie die Mädchen sich um dich reißen werden. Sie brauchen sich bei dir nicht in acht zu nehmen, und das wird dir viele Eroberungen leichter machen.« – »Da brauch' ich die ekelhaften Präservative nicht?« Ullrichs nickte: »So hat alles seine Vorteile. Aber bis dahin würde ich dir vorschlagen, an was anderes zu denken. Nütze die Zeit hier und lerne fleißig. Die Welt der Bücher, der Kunst, der Musik steht dir offen. Lies viel, und in ein paar Wochen kann dir dein Vater eine Gitarre schenken. Das ist ein Instrument, das man auch im Liegen spielen kann.« – »Spielen Sie ein Instrument, Herr Professor?« – »Mein Ausgleichssport für die Chirurgie war Orgelspielen. Eigentlich wollte ich Organist werden, aber mein Vater hat mich zur Medizin gezwungen. Familientradition.«
Er nahm die Königin in die rechte Hand und hielt sie gegen das Licht. Die Hand hatte nur drei Finger. »Daß Sie so ein großer Chirurg geworden sind mit dieser ...« fast hätte ich gesagt: »verkrüppelten Hand«, doch besann ich mich eines Besseren und ließ den Satz unvollendet. Ullrichs setzte die Dame aufs Brett und bot mir Schach.
»Betriebsunfall. Als junger Assistent im Krieg mußte man oft unter denkbar unhygienischen Umständen operieren. Ein Ritzer mit dem Skalpell durch den Gummihandschuh und du hast die schönste Blutvergiftung weg.« Seine Stimme klingt jetzt ernst und nachdenklich, er verfolgt meinen Gegenzug, ist aber nicht mehr bei der Sache. »Die zwei Finger hab' ich mir selber abgesägt, in einem verlausten Feldlazarett in Bosnien. Damit war mein Traum vom großen Organisten ausgeträumt. Siehst du, es ist, wie ich sage: Alles im Leben hat seine Vorteile. Ohne die Orgelspielerei hatte ich mehr Zeit für die Medizin. Ich hab' mich

auf den Hosenboden gesetzt und bin ein ganz brauchbarer Chirurg geworden. Oft kommen die besten Resultate durch ein Handikap.«

Im Zimmer ist es dunkel und still geworden. Ich finde, er hat jetzt genug geredet. Bald ist Zeit für die Abendvisite. Ich lasse ihn die Partie gewinnen. ›Als Pflaster auf die fehlenden Finger‹, denke ich. Denn ich spiele gut. Mit zehn Jahren lernte ich Schlittschuhlaufen, Tennis und Schach. In diesen Sportarten habe ich es zu was gebracht für mein Alter. Ich denke lange nach über das Gespräch mit Professor Ullrichs.

Mein Klassenkamerad Monia Kopelmann kommt, und wir spielen stundenlang Schach. Zwischendurch erzählt er, was man im Radio hört. Alle jüdischen Familien, die es sich leisten können oder wohlhabende Verwandte im Ausland haben, verlassen Deutschland oder bereiten, wie Vater Kopelmann, die Ausreise vor.

Komisch, denke ich, Herbert Friedenthal hat nie davon gesprochen. Vielleicht hat er Angst, daß meine Schwester ihn sitzenläßt, wenn er abhauen will! Und dann: Der alte Friedenthal war Major und hat das EK I. Vielleicht brauchen die nicht fort, und die neuen Herren, die so viel von Deutschlands Ehre reden, lassen alle, die sich »um die Nation verdient gemacht« haben, gemütlich hierbleiben. Oder vielleicht brauchen sie Rennfahrer, die sich für Deutschlands Ruhm die Knochen brechen mit diesen Sperrholzkisten.

Unmerklich, vielleicht durch das Gespräch mit Ullrichs beeinflußt, hat sich so etwas wie Wut in meine Gedanken geschlichen. Wut auf Herbert, der mich gegen den Baum gefahren hat? Was wird denn nun aus mir? Papa wollte immer, daß ich Diplomat werde. Vielleicht, weil der Urgroßvater, der aus dem damals dänischen Schleswig-Holstein einwanderte und das Geld in die Familie brachte, Fleischhauer war. Der Großvater war schon Bankier und dessen Söhne Notare und Fabrikanten in Braunschweig und Hamburg. Der Alte Herr hat sich insgeheim gewünscht, daß ich dereinst als Botschafter der Weimarer Republik das Ansehen

der Familie in einsame Höhen führe. A la Bismarck und so. (Also auch ein Snob?).
Vor zwei Jahren hat er mich einmal ins Herrenzimmer gerufen, als ich schlechte Zeugnisse nach Hause brachte. »Ich verlange nicht, daß du ein Musterschüler wirst, die sind mir verhaßt. Aber überlege, wieviel kostbare Zeit du verlierst, wenn du sitzenbleibst.« Ich habe ihm damals versprochen, genau so viel zu arbeiten, daß ich nie sitzenbleiben werde. Dies Jahr allerdings sieht es böse aus. Jetzt liege ich schon über vier Monate hier, und das Pensum ist wohl auch mit Nachhilfestunden bis Ostern nicht zu schaffen. Ich will Monia bitten, mit mir Schularbeiten zu machen, um den Alten Herrn nicht zu enttäuschen. Gleich nach dem Abitur, hat er damals gesagt, wolle er mit mir eine Weltreise machen. Über Rußland, Turkestan, Afghanistan und Persien um die Welt. »Deine Kinder, mein Junge, brauchen kein Geld zu verdienen. Dein Vater hat genug. Deshalb mußt du viel lernen, denn es gibt nichts Ekelhafteres als dumme reiche Leute.« Na, denke ich, dann werde ich wohl das Geld allein ausgeben müssen, denn die Sache mit den Kindern »muß erst repariert werden«, wie Professor Ullrichs sagt. Aber dazu habe ich keine Lust. In die Reparaturwerkstatt da oben will ich nicht noch einmal. Und außerdem: Ohne Präservativ fickt es sich viel schöner. So, wie bei der Baronin, der geilen Sau... Halt! Hör auf, an solche Sachen zu denken, sonst kommst du gleich wieder hinauf in die Folterkammer.
»An die Welt der Literatur, der Kunst, der Musik solltest du denken«, hat der Professor gesagt. Und ich zu Monia: »Bring was zu lesen mit, wenn du das nächste Mal kommst. Wenn du mir 'n bißchen Nachhilfe gibst, brauch' ick vielleicht Ostern doch nich' sitzenbleiben, und wir werden zusammen versetzt.«
»Ostern sind wir wohl längst in England«, sagt Monia lächelnd, und seine melancholischen Augen kriegen einen verschmitzten Ausdruck. »Aber umsonst ist der Tod, und der kostet's Leben. Ich büffele mit dir Mathematik und all die Fächer, wo du schwach auf der Brust bist, und du sprichst King's English mit mir. Abgemacht?« – »Haste wieder fein hingekriegt mit deinem

jüdischen Köppchen«, sage ich und merke verblüfft, daß die Nachrichten aus dem Radio und in den Zeitungen bereits auf mich abfärben.
»Warum vermischt ihr euch eigentlich nicht?« frage ich. »Mein Urgroßvater, der Fleischer, hätte ebensogut koscher schächten können. Heute würde uns kein Haar gekrümmt. Die gesamte Familie könnte den Arier-Nachweis erbringen. Und das Beschneiden ist im Zeitalter der Hygiene nicht mehr nötig. Taucht ihr eben die Vorhaut einmal in Lysol, und die Sache hat sich.«
Monias Augen kriegen wieder ihren melancholischen Ausdruck. »Schon mal was von Religion gehört, Sir?« – »Quatsch. Religion ist Lebenshilfe, nicht Sterbehilfe.« – »Würdest du deine Religion wechseln?« fragt Monia. – »Warum nicht. Ich hab' 'ne französische Katholikin zur Mutter und einen deutschen Protestanten zum Vater. Wir leben im Zeitalter der Technik, auch wenn dir Schöngeist das nicht paßt. Wenn ein Flugzeug in zwei Stunden von Berlin nach Paris fliegt und die Herren Köhl, Hünefeld und Fitzmaurice über den großen Teich segeln können, ist Nationalismus töricht geworden, weil die Menschen sich kennenlernen und befreunden können. Wenn jede Französin so wie meine Mutter einen Deutschen geheiratet hätte, wäre der Weltkrieg bestenfalls auf dem Fußballplatz ausgetragen worden, und euer Herr Einstein und euer Herr Marx haben doch bewiesen, daß die Religionen outdated sind, to say it in English, my dear chap.« – »Vielleicht können wir nicht ohne unsere Religion leben, gerade weil sie so altmodisch ist.« – »Scheiß auf Tradition, Mensch. Wenn ihr in Deutschland leben wollt, müßt ihr auch Deutsche werden, mit Haut und Haar. Vermischt euch, heiratet 'ne blonde, dickbusige Goyim oder, noch besser, 'ne niedliche Französin, dann gibt's bald keinen dummen Chauvinismus mehr.« »Sorry, dear«, sagt Monia und versucht, mein King's English zu kopieren, »two generations too late. Jetzt kann ich mir keinen anderen Urgroßvater mehr aussuchen, selbst wenn ich wollte.« Damit steht er auf und verabschiedet sich. An der Tür dreht er sich noch einmal um und sagt: »Wie heißt gute Besserung auf Englisch? Take it easy?«

Siehst du, Mathilda, so dachte ich damals, und heute, vierzig Jahre später, will mir manches davon immer noch nicht aus dem Kopf. Du und dein Bruder, ihr habt eure Namen geändert, als die Ägypter deine Familie rausschmissen und ihr Franzosen wurdet. Aber doch nur so weit, daß man am Namen noch die Gegend heraushören kann, aus der ihr stammt. Und du wolltest mich heiraten, mich, dessen Vater zu den verdammten Deutschen gehört hat, die so viel Leid über euch gebracht haben. Und es wäre herrlich geworden. Wir hätten lachend unsere Ahnen verteidigt, du deine jüdischen, ich meine deutschen. So, wie man augenzwinkernd Bayern-München verteidigt, wenn sie gegen Real-Madrid verlieren.
Aber nimm meine Schwester Jeanette. Sie hat ihrem Herbert die Treue gehalten, ist mit ihm zu Fuß über die Pyrenäen, hat ihn ein Jahr lang in Haiti von Häkelarbeiten ernährt, bis das Affidavit kam, das sie nach Amerika ließ. Sie haben ihren Namen geändert, sind Amerikaner geworden und heißen heute Flynn. Sie haben Kinder bekommen, zwei schöne, rotblonde Mädchen. Herbert, der außer Autofahren nie etwas gelernt hat, brachte die Familie mit einer Garage über die Runden, in der er Vergaser reparierte. Jeder Pfennig ging in die Erziehung der beiden Mädchen. Die schickste Schule in Beverly Hills war gerade gut genug, obwohl sie im Valley wohnen blieben, fünfzig Autominuten entfernt, wo es oft 45 Grad im Schatten sind. Die beiden Mädchen wurden die Lieblinge ihrer Klassen und oft von den reichen Eltern anderer Kinder eingeladen. Aber eines Tages wurde Jeanette empfohlen, die Kinder möglichst bald in eine andere Schule zu bringen. Mehrere Eltern hätten sich beschwert: Die Mädchen hätten sich unter Vorspiegelung falscher Tatsachen lieb Kind gemacht! Flynn sei ein irischer Aristokratenname, und man könne den Klassenkameraden nicht zumuten, mit deutschen Judenkindern aufzuwachsen, nachdem durch Zufall herausgekommen war, daß sie eigentlich Friedenthal hießen... Nun, meine Schwester hat die beiden in die progressivste Schule von Los Angeles gebracht, wo es von den Kindern kommunistischer Intellektueller wimmelt. Heute lehnen die Mädchen (sie sind

beide verheiratet und ich bin Großonkel) es ab, deutsch mit mir zu sprechen – »We don't want to be different« –, und sind chauvinistische Amerikanerinnen, die sogar Nixon, Vietnam und die CIA verteidigen. Trotz der Rassisten-Snobs in Beverly Hills und der Kommunistenkinder.
Etwas anderes scheint nicht zu stimmen auf der Welt. Lange dachte ich, es ist die verrottete kapitalistische Gesellschaft, die unseren Glauben, unsere Liebe und unsere Hoffnung aufgefressen hat, aber jetzt bin ich nicht mehr so sicher.
Überall gibt es Lügen; also, Schuster, bleib bei deinen Leisten; die Kunst ist eine Lüge, welche die Wahrheit spricht. Und ich, Schauspieler, Gaukler, Filmstar, normannischer Schrank, Koloß auf tönernen Füßen, suche die Wahrheit in den Lügen, welche die Dichter zusammengeträumt haben...

Als Monia mich das nächste Mal besuchte, lag ich in einem anderen Zimmer. Im ersten Stock, Nummer 2. Am Abend vor der Umquartierung war der Alte Herr gekommen. »Du brauchst Gesellschaft. Sie werden dich mit jemandem zusammenlegen.« Gerade jetzt, denke ich, wo ich doch büffeln will, um dir Freude zu machen und um doch noch versetzt zu werden?
Als er den Mann im Bett neben mir sieht, fragte mich Monia: »Wieso liegst du Zweiter Klasse?« Das frage ich mich auch. Der Bettnachbar blickt von seinem Buch auf (in dem er sowieso nicht liest) und antwortet für mich: »Ist auch schon teuer genug.« Monia bleibt nur kurz, denn vor dem fremden Mann (einem älteren Herrn, sicher schon dreißig) gibt es nicht viel zu reden. Doch läßt Monia Bücher da. Differentialrechnung, Geschichte, ein Schachbuch, in dem er die großen Partien von Lasker und Bogoljubow rot angestrichen hat. Und ein verschnürtes Paket. Kaum ist er draußen, mache ich es auf. Adalbert Stifter: »Der Nachsommer« in graues Leinen gebunden. Thomas Mann: »Der Zauberberg« aus einer dunkelbraunen Gesamtausgabe. Egon Friedell: »Kleine Geschichte der Religion«, schwarz kartoniert. Nach dem Abendessen richte ich den Schein der Nachttischlampe auf die Bettdecke, so daß nur das Buch beleuchtet ist. Da

fängt der Nachbar an zu reden, als hätte er Angst, allein zu sein, sobald ich das Buch aufschlage. »Morgen werden sie mich operieren. Endlich.« – »Was fehlt Ihnen denn?« frage ich ohne Interesse. – »Blinddarm«, sagt er, »harmlos, aber nötig.« Und quatscht und quatscht: Die Ärzte machten alles falsch, die Schwestern seien frivole, verhinderte Huren, das Krankenhaus zu teuer, der Fraß saumäßig, die Medikamente wirkungslos und so weiter und so weiter. Ein Miesmacher, ein Querulant.
Endlich geht die Tür auf, die Nachtschwester wechselt die Urinflasche, mißt den Blutdruck, den Puls, verabreicht Medikamente. »Gute Nacht, die Herren«, sagt sie, löscht das Licht und geht hinaus. Sie hat die Blumen mit hinausgenommen, die Maman fast täglich bringt, und das Fenster einen Spalt geöffnet. Draußen schneit es, ich sehe Schneeflocken auf das Sims fallen. Sie verweilen einen Augenblick, blitzen auf im Licht der Straße, dann verschwinden sie. ›Es taut‹, denke ich, ›da wird morgen die Eisbahn im Berliner Schlittschuhklub ganz weich sein, vielleicht sogar gesperrt. Um so besser‹, denke ich weiter, ›da verpaß' ich nichts.‹ Ich schaue hinüber: Mein Nachbar hat die Augen geschlossen. Er atmet tief und regelmäßig. Sein Profil ist hager, eingefallen unter den Backenknochen. Er hat was Fanatisches, als konzentriere er sich wütend auf den Schlaf. Ich knipse meine Nachttischlampe an, öffne den dunklen Einband. Ich lese: »Der Zauberberg«. Erstes Kapitel: »Ein einfacher junger Mensch reiste im Hochsommer von Hamburg, seiner Vaterstadt, nach Davos-Platz im Graubündischen. Er fuhr auf Besuch für drei Wochen.«
Hier bin ich (nach Umwegen, Sackgassen und Ausflügen) an dem Punkt angekommen, von dem ich sprach, als ich dir vom Beginn meines Erwachsenenlebens erzählen wollte, kurz nach dem Start mit dieser Kiste von Zweitakter, die so ähnlich surrte wie jene, in der dein Rennen endete. Fast vierzig Jahre nach jener Nacht, in der ich entdeckte, was das eigentlich ist, ein Buch, und las, widerwillig erst und gelangweilt, dann wach und frisch und frischer werdend, zum Schluß beglückt, erschöpft und wie neugeboren.

Im Jahre 1956/57 drehte ich in den Berliner Studios in Tempelhof den Film »Schachnovelle«. Er behandelt das Schicksal eines Wiener Anwalts um 1938, als die Nazis Österreich besetzen. Um ihm Geheimnisse zu entlocken, sperren sie ihn in das berüchtigte ›Hotel Metropol‹. Das Hotel dient als Gefängnis für Leute von besonderer Bedeutung, und die Methode, welche dort angewendet wird, um diese Menschen zum Sprechen zu bringen, ohne ihnen ein Haar zu krümmen, ist die Konfrontation mit dem Nichts. Die Zellen haben keine Fenster, die Isolierung von jeglichem Geräusch ist total, die Wärter sind stumm; keine Lektüre, nichts, was die Phantasie beschäftigen oder die Inhaftierten vom geforderten Geständnis ablenken könnte. Der erste Höhepunkt des Films beginnt, als der Anwalt im Vorzimmer des verhörenden Gestapo-Offiziers ein vergessenes Buch entdeckt, es unterm Hemd versteckt und in seine Zelle schmuggelt. Das Bewußtsein, ein Buch zu haben, Nahrung für seine Phantasie, gibt ihm die Kraft, das Verhör zu überstehen, ohne gestanden zu haben. Er wird in die Zelle zurückgeführt: Er hat ein Buch. Bevor er es unter dem Hemd hervorholt, bereitet er genüßlich sein Lager für die Lektüre vor. Er bindet die trostlose Birne, die von der Decke baumelt, an den Bettpfosten, zupft das Kissen zurecht, putzt sich die Zähne; dann streckt er sich aus und zieht klopfenden Herzens und mit fiebernden Händen Zentimeter um Zentimeter das Buch hervor. Als er den Titel gelesen, die Seiten durchgeblättert hat, bricht er in ohnmächtiger Wut und Verzweiflung zusammen: Die ersehnte Lektüre entpuppt sich als Schachbuch, in dem auf hundert Seiten mit unverständlichen, hieroglyphenähnlichen Zeichen und Nummern Weltmeisterpartien nachgespielt werden. Und er versteht nichts von Schach, hat nie eine Figur angerührt.

Am nächsten Morgen klaubt er das zerfetzte Buch aus dem Winkel, in den er es geschleudert hatte, und beginnt, wie ein Analphabet das Abc des Schachspiels zu entwirren und zu lernen. Nach Tagen und Nächten fängt er an zu begreifen, nach Wochen spielt er die erste Partie, nach Monaten, schwarz und weiß, gegen sich selbst. Er rettet sich, indem er sich bis zur Persönlichkeits-

spaltung in die Welt der Schachfiguren flüchtet. So bewahrt er sich vor dem verhängnisvollen Geständnis und zwingt die enttäuschten Folterer, aufzugeben, ihn wie ein untaugliches Requisit abzuschieben.
Ein faszinierendes Buch, eine einmalige Rolle, ein wirklich künstlerisches Vorhaben. Es war damals ein mutiges Unterfangen, einen solchen Film zu drehen, besonders in Deutschland, wo das Publikum als Folge der hermetischen Abriegelung von jedem geistigen Austausch während der Nazizeit nur bodenständige Hausmannskost oder frivole Sittenschinken vorgesetzt bekam, wenn man von einigen künstlerischen Außenseitern absieht, die mit Weitblick und Kompromißlosigkeit auf den Anschluß an die Weltproduktion spekulierten.
Der Produzent, ein ehemaliger bayerischer Skilehrer, hat sich denn auch von diesem Höhenflug in die Gefilde der Kunst nie mehr erholt und fristet heute sein Dasein mit dem Herunterkurbeln gängiger deutscher Bestseller-Romane, die er zu ungenießbaren Eintöpfen zusammenkocht. Ich war begeistert von dem Plan und stürzte mich sofort mit einem befreundeten Autor, den ich in mein Haus in Hollywood einlud, in die Drehbucharbeit. Schon bei der Skizzierung der ersten Scenen (die der Skilehrer später aus Angst vorm eigenen Mut von einem zweiten Team mehr auf den Publikumsgeschmack trimmen ließ, ohne jedoch, das sei zu seiner Ehre gesagt, die Integrität und Kraft des Stefan Zweig'schen Meisterwerks zu zerstören) kamen die Bilder aus jener Zeit im Westender Krankenhaus an die Oberfläche meines Bewußtseins wie Treibgut, von Wellen an den Strand gespült. Ich sah mich wieder in den »Zauberberg« vertieft in meinem Bett liegen, das kleine Tischchen neben mir, beladen mit den anderen wartenden Büchern. Wie der Anwalt bei Zweig in der Lektüre Rettung sucht und findet, eröffneten sich mir, undeutlich zuerst, dann immer klarer und beglückender, Ausblicke auf eine neue, unbekannte Welt: die Welt der Bücher, der Literatur, der Kunst, und die Fähigkeit, durch Wörter Atmosphäre, Landschaften, Schicksale zu erfinden, zum Leben zu erwecken. Heute bin ich ganz sicher, daß mein Unterbewußtsein sich damit beschäftigte,

Ersatz zu suchen für Kinder, die mir eines Tages fehlen würden. Die Feststellung Professor Ullrichs: »Oft kommen die besten Resultate durch ein Handikap«, bezog sich plötzlich eindeutig auf mein Unvermögen, Kinder zu haben. ›Und wenn ich mir diese Kinder erschaffe durch meine Phantasie, durch die Fähigkeit, Schicksale und Menschen zu erfinden, lebendig werden zu lassen, dann brauche ich auch keine Kinder, die mir eine Frau gebiert‹, muß ich wohl gedacht haben.

Ich lebte und litt mit den Figuren Thomas Manns und Adalbert Stifters, und Umgebung und Krankheit waren nur lästiger Ballast, der mich hinderte, frei in das Meer der Phantasie hinauszusegeln. Mein Zimmergenosse kam nicht mehr zurück, und sein Bett blieb lange leer. Man hatte ihn nach stundenlanger Operation in die Intensivstation gebracht, und er war nach zwei Tagen gestorben. Vor dem Zweiten Weltkrieg war es noch nicht allgemein üblich, den Patienten die Wahrheit zu sagen, und er war im Glauben, am Blinddarm operiert worden zu sein, an unheilbarem Krebs gestorben. Sofort, als die Nachricht bis zu mir durchsickerte, verlieh ich der Figur des sterbenden Joachim Ziemßen im »Zauberberg« die grüblerischen, fanatischen Züge meines Zimmergenossen. Freilich, sein bedauernswertes Schicksal, sein erbärmlicher Tod berührten mich nicht – die Figur des Dahinsiechenden bei Thomas Mann war viel aufregender.

Ich verlangte nach mehr »Nahrung«, und der Alte Herr schleppte Tolstoi, Dostojewski, Tschechow, Turgenjew in Paketen herbei, in denen – gewissermaßen passend zur Landschaft – kleine Dosen Kaviar versteckt waren.

Maman hingegen brachte Proust und Gide, aber auch Henri Barbusse und Zola, ihre geliebten Sozialisten, aus denen ich ihr schon als Zwölfjähriger täglich eine halbe Stunde laut hatte vorlesen müssen, um mich in französischer Literatur zu üben und in sozialistischer Weltanschauung zu schulen – »pour l'avenir«, wie sie sagte, »für die Zukunft«. Möglich, daß mein Französisch und auch meine Weltanschauung davon geformt wurden – genossen habe ich damals beides nicht.

Jetzt aber verschlang ich alles mit Heißhunger, und je länger, detaillierter, dramatischer und psychologischer die Romane waren, um so mehr liebte ich sie. Das ist bis heute so geblieben. *Action,* Handlung, ist mir im Grunde verhaßt. Oft stelle ich bei der Lektüre oder Interpretation von Filmen oder Stücken fest, wie schade es eigentlich ist, die Aufmerksamkeit der Zuschauer zu mißbrauchen, nur um ihnen, statt einen Einblick in das Weben und Wachsen der menschlichen Seele zu geben, am Ende der zehnten Filmrolle oder des dritten Aktes mitzuteilen, daß Onkel Adolf oder Tante Emma den Mord vom ersten Akt begangen haben. Wie faszinierend dagegen das Mosaik aus Röntgenbildern, auf denen sich das Porträt des Menschen abzeichnet mit seinen Abgründen, Träumen und geheimen Sehnsüchten, seinen Kämpfen und Siegen, seiner Beherrschung und seinen Niederlagen – so wie bei Thomas Mann und Proust, bei Dostojewski und Melville. Und wie Stefan Zweig in seiner »Schachnovelle« das Leiden des Anwaltes aus Wien und dessen Sieg über sich selbst beschrieben hat.

Als es zu den Scenen in der Zelle des Hotels ›Metropol‹ kam, erschuf ich aus meinem Gedächtnis und aus der Phantasie Stefan Zweigs einen Neuen, Dritten, eine Mischung aus dem Achtzehnjährigen im Berliner Krankenzimmer und dem Anwalt in der Zelle des Hotels ›Metropol‹ – so, wie die Dichter ihre Menschen aus Selbsterlebtem und Geträumtem schaffen, aus Phantasie und Erinnerung.

Doch der Achtzehnjährige (ich hatte am 13. Dezember Geburtstag gefeiert) ahnt nichts von der geheimnisvollen Programmierung, die sich langsam in den Windungen seines Hirns vollzieht, ahnt nichts von den Vorstellungen, die eines Tages, mehr als zwanzig Jahre später, im Fadenkreuz der Erinnerung auftauchen und sich mit dem Bild des Rechtsanwalts Dr. Basil überschneiden. Eines allerdings weiß er plötzlich: was er werden will – Schriftsteller, Dichter, Erzähler.

Weihnachten in einem Krankenhaus ist eine traurige Sache. Den Jungen kümmerte es nicht. Er hatte sich Bücher gewünscht und bekommen. Nach Neujahr fuhren Herbert und Jeanette nach Spanien – »um das Terrain zu sondieren«, sagten sie. Ich gewöhnte mich an mein Krankenzimmer, ließ ein Bücherbord in der Nähe des Bettes aufstellen und durfte manchmal eine halbe Stunde im Stuhl sitzen. Das Bett neben mir war meistens besetzt, doch bemühten sich die netten Schwestern in der Aufnahme, es nur dann zu belegen, wenn das Haus »ausverkauft« war. Während der Adventszeit waren die Schwestern von unten öfter gekommen, um in Gruppen Weihnachtslieder zu singen, und so hatte ich sie kennengelernt. Sie mochten mich, weil ich ein disziplinierter Patient geworden war (und wohl auch, weil die Rechnungen, welche mein Alter Herr wöchentlich bezahlte, mich zum guten Klienten machten).

Um Ostern herum war eine dritte Operation nötig geworden. Ich überstand sie gelassen und routiniert. Einige Zeit danach wurde ich wieder umquartiert. Ich lag nun Dritter Klasse in einem Zimmer mit acht Betten und machte mir einen Spaß daraus, den Zimmergenossen Leben und Schicksal nach meiner Façon anzudichten. Manchmal war ich fast enttäuscht, daß meine Phantasien mit der Wahrheit übereinstimmten, als ich den einen oder anderen kennenlernte, nachdem ich ihn bisher nur schnarchen, pissen und mit den Schwestern oder Ärzten hatte sprechen hören.

Es fiel mir auf, daß viele ihr Benehmen, ihre Gebärden, ihre Art zu sprechen, ja, ihre Artikulation wechselten, je nachdem, ob sie mit finanziell Schlechtergestellten, Gleichgestellten oder Überlegenen zu tun hatten. Der Satz, den ich in England gelernt hatte: »Ein Gentleman ist, wer sich zum höchsten Vorgesetzten genauso benimmt wie zum niedrigsten Angestellten«, wollte mir nicht aus dem Kopf, und ich fand wenige Gentlemen in unserem Raum, dafür aber viel Berliner Mutterwitz und schnelle Auffassungsgabe.

Die politische Einstellung meiner Mitpatienten konnte man unschwer an der Art erkennen, wie sie die Tagesereignisse kommentierten, und ihr Einkommen ließ sich meist nach der Kleidung ihrer Besucher abschätzen. Sagte einer: »Die Partei verlangt es«, wußte man, er ist das, was man später einen alten Kämpfer nannte; »die Regierung hat beschlossen« verriet den

Mann vom Zentrum; »die Braunen« sagte nur ein Sozialdemokrat oder Kommunist. Manchmal waren die Kommunisten unerträglich arrogant zu den Reinemachefrauen und devot den Ärzten gegenüber, die Zentrumsleute hingegen liebenswürdig zu den Reinemachefrauen und subaltern den Ärzten gegenüber, so daß sich aus der politischen Richtung nicht immer der Gentleman erkennen ließ. Alle (zumindest außer den schweren Fällen) ähnelten sich jedoch in dem Versuch, den Kapo zu spielen und das Zimmer zu tyrannisieren, ob ich sie nun als Nazis, Christlich-Soziale oder Kommunisten eingestuft hatte.

Krankheit macht unglücklich, heißt es, aber vielen merkte man an, daß ihre Krankheit sie ausfüllte und voll beschäftigte. Sie liebkosten ihre Geschwüre, pflegten ihre Bronchitis und hegten ihr Magenleiden wie liebgewordene Gewohnheiten. Ich lernte da etwas für meinen späteren Beruf.

In allen Schauspielschulen wird noch immer im Sinne Stanislawskijs gelehrt, wie man zuhören muß. Ja, an der Intensität des zuhörenden Schülers mißt der prüfende Lehrer die Begabung des zukünftigen Schauspielers. Doch schon damals merkte ich, daß Konversation im wesentlichen darin besteht, den anderen gerade noch zu Wort kommen zu lassen und niemals zuzuhören. Das fiel mir besonders deshalb auf, weil meist nur dann, wenn ein Arzt Ratschläge oder Anweisungen gab, Diagnosen stellte oder Medikamente verordnete, alle atemlos zuhörten und es im Saal mucksmäuschenstill war. Spannung lag in der Luft und erzeugte, was ich in der Schule aus Lessings Dramaturgie gelernt hatte: Furcht und Mitleid. Nur entdeckte ich, daß Mitleid auch durch Grausamkeit, bestenfalls durch Schadenfreude zu ersetzen ist. Wenn man es so nimmt, wurde das Krankenhaus eine Vorbereitungsschule fürs Leben.

Obwohl ich nichts gegen die achtköpfige Belegschaft im Saal hatte und sogar – wie du siehst, Mathilda – ein paar Lektionen fürs Leben und den Beruf lernte, fand ich es doch erstaunlich, daß der Sohn des reichen Jürgens mit Krethi und Plethi Dritter Klasse liegen mußte. Die Ärzte, die ich fragte, lächelten und meinten, daß ich mich wundere, sei ein Zeichen meiner fortschreitenden Rekonvaleszenz. Meine Eltern konnte ich nicht fragen, die waren Jeanette und Herbert nach Spanien gefolgt. Marguerite kam nicht oft und sagte, als sie mich besuchte: »Ich finde es sehr gemütlich hier.« ›Vielleicht hat der Alte Herr seine Meinung über das Regime geändert, hat sich überzeugen lassen und will mich spartanisch in nationalsozialistischer Volksverbundenheit erziehen‹, dachte ich, verwarf den Gedanken aber bald wieder – das schien mir undenkbar.

Onkel Costia war ausgezogen und hatte eine Stelle als Kassierer in einem russischen Café am Bayerischen Platz angenommen. »Die Besitzer sind nette Leute«, sagte meine Schwester, »Deutsch-Russen, und ihr Sohn ist mein ...« – sie stockte und sah interessiert zu einem Patienten, der sie unentwegt anstarrte – »... mein Zahnarzt«, vollendete sie den Satz mit einem geheimnisvollen Lächeln.

Sie war schlanker geworden und sah hübsch aus. Eine Mischung aus Greta Garbo und Marlene Dietrich, sagten ihre Verehrer. Jetzt, wo sie abgenommen hatte, standen ihre Backenknochen heraus, und ich mußte den Burschen recht geben. Die kleine Pause, bevor sie »Zahnarzt« sagte, hatte genügt. »Na, hoffentlich bohrt er nicht zu tief«, sagte ich. Noch während ich die frivole Anspielung machte, merkte ich, wie blöd und häßlich der Satz war.

»Ganz im Vertrauen, Marguerite« – ich senkte die Stimme, um mein Geheimnis nicht dem hämischen Grinsen der anderen, meist älteren Zimmergenossen, preiszugeben – »ich habe mir Gedanken gemacht, was ich werden will.« Aufmerksam sah Marguerite mich an: »Etwa Zahnarzt?« Ich konnte nicht einmal mitleidig lächeln. Dazu war ich viel zu aufgeregt. Zum erstenmal sollte ich das Zauberwort aussprechen, das, wie ich glaubte, mein Leben bestimmen würde. Was würden die Leute, die Familie, die Klassenkameraden dazu sagen? Die Befürchtung, daß der Alte Herr meine Berufswahl mit den Worten »Brotlose Kunst! Schlag dir solche Flausen aus dem Kopf« abtun würde, hatte ich nicht. Er liebte die Kunst und ich baute auf seine Standpauke vor zwei Jahren, bei der er gesagt hatte, daß ich nicht zum Geldverdienen

9 Die erste Hauptrolle im Film: »Familienparade«, nach Georg Kaisers »Kolportage«, 1936.

10 Hochzeit mit Lulu (Trauzeugen: Karin Evans, Theo Reimers).

11 Als Don Juan d'Austria mit Käthe Dorsch in »Madame Kegels Geheimnis«, Burgtheater, 1940.

12 »Der Sturz des Ministers« (Struensee), Burgtheater.

13 Mit Gusti Huber in »Florentiner Brokat«.

14 Kaiser Joseph im Mozartfilm »Wen die Götter lieben« (mit Paul Hörbiger).

viel lernen solle, sondern, um kein »dummer reicher Mann« zu werden.

Mit ausladender, heute würde ich sagen theatralischer Geste wies ich auf die Bücher, die das kleine Bord neben dem Bett füllten: »Schriftsteller.«

›Nun ist es heraus‹, dachte ich. ›Jetzt, Familie, sprich dein Verdikt!‹ Marguerite sah mich prüfend an, als hätte ich plötzlich einen Fieberanfall, und sie müsse den Arzt rufen. Dann blickte sie in den Saal (ich lag immerhin im besten Bett, direkt am Fenster), als wollte sie die anderen zu Hilfe rufen: ›Hört, hört, ihr armseligen Klempner, Bankbeamten und Versicherungsagenten, mein kleiner Bruder, die arrogante Rotznase, will Schriftsteller werden und mit seinen unsterblichen Werken die Welt beglücken.‹ Aber als sie sich mir zuwandte, machte sie ein ernstes Gesicht: »Dann wirst du Cervantes und Calderon studieren müssen. Der Alte Herr will nach Spanien auswandern.« Auch sie hatte bei den letzten Worten die Stimme gesenkt. Ich hatte ihren Blick in den Saal offensichtlich falsch gedeutet. Es war bereits damals, 1934, üblich, sich vor einem Satz, der vielleicht die geheime Staatspolizei interessieren könnte, mit dem ›deutschen Blick‹ zu überzeugen, daß man nicht belauscht wurde. »Die Herren haben was gegen Freimaurer, und Papa als großes Tier bei der Loge, Auslandsdeutscher, Geschäftspartner der Russen, Gatte einer Französin und Schwiegervater eines Juden hat plötzlich Schwierigkeiten. Maman sucht schon eine Wohnung in Barcelona.«

Das schlug ein wie eine Bombe! Ich hatte nichts gegen Spanien, aber im Grunde auch nichts gegen die Nazis. Die Sache mit den Freimaurern war sowieso Mumpitz: Ku-Klux-Klan, geheime Fingerzeichen und Augenzwinkern von alten Herren, die es nicht lassen konnten, Räuber und Gendarm zu spielen. Und was die Judenfrage betrifft: Der alte Friedenthal sitzt noch immer in seiner Villa in Sakrow am Schreibtisch Friedrichs des Großen, den er vor zwei Jahren ersteigert hat, reitet jeden Morgen aus und empfängt abends deutschnationale Regimentskameraden. Wird alles nicht so heiß gegessen, und Hindenburg und Herr von Papen sind schließlich auch noch da.

Ich will im ›Romanischen Café‹ sitzen, wenn ich endlich aus dieser Bude rauskomme, von dem hat Monia mir erzählt, und dort Schach spielen und mit Kästner, Toller, Unruh und Max Reinhardt diskutieren! Zum Donnerwetter, wer sitzt schon in Barcelona! Ich will die Kunst Thomas Manns erlernen. Das Tagebuch über meine Krankenhauszeit werde ich abtippen und veröffentlichen. In deutscher Sprache, jawohl, und nicht in Spanisch oder Französisch oder Englisch.
Nun wirst du, meine Geliebte, vielleicht mit Recht, sagen, daß dein Freund damals noch recht naiv war und durch den Mangel an Kontakt mit der Welt außerhalb der vier Krankenhauswände etwas weltfremd. Aber Onkel Costia hatte mich früher nach meinen Träumen ausgefragt; »denn«, so sagte er oft, »die Schlösser dieser Welt werden mit der Phantasie des kleinen Moritz gebaut.«
Der bloße Gedanke, wenn ich endlich hier rauskäme, nicht alles nachholen zu können, was Berlin zu bieten hatte, machte mich wütend. »Wenn ihr wirklich abhauen wollt«, raunte ich Marguerite zu, »dann gute Reise. Ich will hierbleiben, in Berlin.« – »Ich vielleicht auch«, sagte Marguerite und machte wieder ein so verträumt-geheimnisvolles Gesicht. Aha, dachte ich, der Zahnarzt, scheint mehr als Deutsch-Russe zu sein!

8.

Im September, Monate nach diesem Gespräch, kam ich aus dem Krankenhaus. Die gesamte Belegschaft stand in den Korridoren und wollte wissen, ob die Schambeinzertrümmerung mich zum humpelnden Krüppel gemacht hatte oder nicht. Ich ging kerzengerade. Ich war während dieses Jahres so groß geworden, daß kein Anzug mehr paßte. Herrn Guhl war gekündigt worden, der ›Talbot‹ verkauft. Die kleine Schwester Irmgard, die in den ersten Nächten nach dem Unfall meine Nachtschwester gewesen war, fährt in der Taxe mit in die Oldenburgallee. Schon die Straße kommt mir kleiner vor, die Häuser stehen näher beieinander und die Türkenvilla ist geschrumpft, grau und unansehnlich.

Die Burschen in der Schule nennen unser Haus auch manchmal ›Zigarrenkiste‹, wenn sie andeuten wollen, ›Türkenvilla‹ klinge zu hochtrabend. Das Haus besteht in der Tat aus zwei versetzt nebeneinanderstehenden Kisten ohne Fenster. Zwischen ihnen führt eine schmale Treppe zur Haustür hinauf. Kein Zaun vorm Haus damals, nur eine niedrige weiße Steinbalustrade. Das Weiß des Hauses und der Balustrade knallte hart in die Landschaft der vornehm-zurückhaltend rostroten und graubraunen Villen mit ihren grünen Holzzäunen. Blickfang von weit her, arrogant und eigenbrötlerisch.

Doch jetzt, als das Taxi hält, sehe ich schmutzig-graublaue Fäden die Mauern herunterziehen. Die Steinumfriedung ist beklebt mit welken Herbstblättern, Kehrichtresten und Sand, von den Straßenfegern hingekehrt und von niemandem abgekratzt oder weg-

gewaschen. Am Eingang die Pappel, die der Alte Herr mit seinem Hang zu muselmanischen Symbolen vor ein paar Jahren gepflanzt hatte (»Ein Mann muß ein Haus bauen und einen Baum pflanzen«), enorm gewachsen. Ich steige, klettere mehr aus dem Taxi und schaue hinauf zur Pappelspitze. Dabei wird mir schwindlig und ich muß mich auf die Mauer setzen, das Gesicht in den Blättern verbergend. Beim Aufrichten umarme ich den Baum. Das tut gut.
Schwester Irmgard hat das Taxi bezahlt. Während sie mir beim Aufstehen hilft, schaut sie mißtrauisch zum Haus. Wahrscheinlich verkneift sie sich zu sagen: ›In so einem verrückten Haus können ja nur verrückte Leute wohnen.‹ Am Garteneingang gibt es keine Klingel. Man muß die Treppe hinauf, und erst wenn man unter der himmelblauen Kalifenschrift steht, kann man läuten. Das Treppensteigen macht müde, und nach zehn, zwölf Stufen sehne ich mich nach meinem Bett. Die Tür ist angelehnt, wir gehen hinein, ohne zu klingeln. ›Sonderbar‹, denke ich, ›wie dramatisch ein verlassenes Haus wirkt.‹ Und einen Sekundenbruchteil blitzt das Bild eines Dreijährigen auf, der, an sein Stühlchen gefesselt, sich von allen verlassen wähnte. ›Die wissen doch, daß ich komme, warum sind denn alle auf und davon?‹ Der Geruch aus dem halboffenen Küchenfenster (es gibt eins, seitlich, ohne Aussicht) ist mir nicht vertraut. Sonst duftete es nach Curry, dem Lieblingsgewürz meines Vaters, nach gebranntem Zucker für den Nachtisch-Flan.
Als erstes fällt mir, als wir leise wie erwartungsvolle Eindringlinge in die dunkle Halle treten, ein riesiger, halb mit Regenwasser gefüllter Bottich auf. Obwohl der Regen schon am Morgen aufgehört hat, tropft es noch in unregelmäßigen Abständen vom Glasdach, dort, wo das Metallgestänge die Oberlichte verbindet. Die Glasquadrate müssen monatelang nicht geputzt worden sein. Herbstblätter und feuchter, klebriger Schmutz erzeugen ein fleckiges Licht. »Der Alte Herr muß da sein, Schwester. Sehen Sie doch mal nach. Da drüben ist sein Arbeitszimmer, da sitzt er meistens. Ich muß einen Augenblick verschnaufen.« Damit setze ich mich auf den einzigen Stuhl, der noch in der Halle zu

finden ist: ein hölzerner Kamelsattel, auf krumme, mit orientalischen Intarsien geschmückte Beine montiert.
Schwester Irmgard geht in die gewiesene Richtung und stößt im Halbdunkel mit einem Aufschrei gegen einen Wassereimer, ganz offensichtlich zum selben Zweck aufgestellt wie der Bottich. Sich das Schienbein reibend verschwindet sie. Ich fühle mich allein und traurig. Die sardischen Wandteppiche, welche die Halle immer so bunt und fröhlich gemacht haben, sind fort. Die ockerfarbene Wand ist an den Stellen, wo sie fehlen, grünlich-weiß. Der große dunkelbraune Schrank gegenüber der Eingangstür, den der Alte Herr aus mitgebrachten Haremstüren hatte anfertigen lassen und den jeder Besucher gebührend bewundern mußte, bevor er in den Salon geführt wurde, ist ebenfalls fort. Dafür Spinnweben. Schwester Irmgard ist verschwunden, und die Wartezeit kommt mir endlos vor.
Plötzlich bin ich hellwach, und fast reißt es mich vom Kamelsattel. Blitzartig habe ich alles verstanden. Marguerites Andeutungen, als sie von Papas Schwierigkeiten sprach. Keine kreischenden Dienstboten, kein polternder Onkel Costia, kein quäkendes Grammophon der Schwestern. Am meisten fehlt mir Mamans ›Quelques Fleurs‹-Parfum, vermischt mit dem Duft türkischer Ariston-Zigaretten. Fast sehne ich mich nach dem Geruch von Lysol und Äther, nach der gläsernen Helligkeit des Krankenhauses: Papa ist arm geworden! Fast über Nacht, so kommt es mir vor, seit ich zuletzt hier war. Deshalb haben sie mich zuerst in die Zweite und später sogar in die Dritte Klasse gelegt. Und jetzt schämt er sich, mir unter die Augen zu treten, dem verwöhnten Filius seine Niederlage einzugestehen, deshalb kommt er nicht, mich zu begrüßen. Wie sag ich's meinem Sohne, den ich in dem Glauben erzogen habe, er solle nur für die Bildung arbeiten in seinem Leben, nicht zum Geldverdienen? Mitleid für den Alten Herrn erfaßt mich, wie ich in der dunklen Halle hocke. Zuneigung. Ein bis dahin unbekanntes Gefühl: helfen wollen.

Zwanzig Jahre später drehte ich unter der Regie von André Cayatte »Auge um Auge«, den schönen französischen Film. Es ist die schmale, eingleisig-suggestiv erzählte Geschichte eines französischen Arztes, der irgendwo an der libanesisch-syrischen Grenze das einzig existierende Krankenhaus leitet. Alle vierzehn Tage kommt Post aus Frankreich. Das sind die geheiligten Stunden, auf die man sich den halben Monat freut. Eine Flasche Bordeaux trinken, Briefe öffnen, genüßlich lesen, sich in die Heimat zurückversetzen. Nichts darf stören. – Da rattert ein grüner alter Ford vors Haus. Der Arzt blickt durchs Fenster: Ein dicker Araber steigt aus und läutet. Erst geduldig, in Abständen, als niemand öffnet, pausenlos. Verärgert öffnet der Arzt endlich. Man habe ihm gesagt, der Herr Doktor dürfe nicht gestört werden, stottert unter vielen Verbeugungen der Araber (einmalig gespielt von dem so früh verstorbenen Folco Lulli, mit dem mich durch diese gemeinsame, unendlich mühsame Arbeit im südspanischen Almeria eine enge Freundschaft verband), aber seine Frau liege unten im Auto und niemand weit und breit könne ihr helfen. Die Unterleibsblutungen hörten nicht auf. »Der Vertreter vom Dienst ist ein erstklassiger Gynäkologe, wenden Sie sich gefälligst an den«, sagt der Arzt und schlägt die Tür zu. Doch der alte Ford fährt nicht ab, und als der Arzt einige Zeit später durchs Fenster lugt, sieht er den dicken Araber betend zwischen Haus und Auto knien. Endlich rattert die Kiste ab, und der Arzt gönnt sich ein Glas, vertieft sich in seine Post. – Als er am nächsten Morgen ins Krankenhaus kommt, steht der alte grüne Ford vorm Eingang. Der Assistent hat sein möglichstes getan. Die Frau liegt schon in der Leichenhalle. Nur ein sofortiger Eingriff hätte die Frau mit der Bauchhöhlenschwangerschaft vorm Verbluten retten können. – In den nächsten Tagen regt sich das Gewissen des Arztes. Er kann nicht schlafen. In den Kneipen, den Bars, überall, wo er hingeht, um auf andere Gedanken zu kommen, sitzt Bortak, der Araber, und beobachtet ihn. Er trifft ihn nachts auf der Heimfahrt, wie er am alten Ford herumbastelt. Er nimmt ihn mit in seinem eleganten amerikanischen Wagen. »Wohin?« – »Immer geradeaus«, sagt Bortak. Der Weg führt in die Einöde. In der Nacht wird in einem verlassenen Dorf haltgemacht. Kein Mensch weit und breit. Ein scheinbar wahllos aus dem dunklen

Haufen ausgewähltes Gehöft wird zum Übernachten bestimmt. Der Arzt, von Bortak zum Parken auf den ausgestorbenen Dorfplatz verwiesen, verschließt sorgfältig das Auto. Betritt ein dunkles, leeres Haus, in dem noch ein glimmendes Feuer, der Duft von Knoblauch und Oliven an unsichtbare Bewohner erinnern. Eine Hängematte in einem leeren Raum dient als Lager. Bortak wünscht ihm eine gute Nacht. Der Arzt sieht im Schein seiner Taschenlampe Herden von riesigen Kakerlaken. In der Nacht hört er Weinen, Stimmen, Seufzen, Schreie. Er durchwandert das Haus. Er findet keinen Schlaf, sein Gewissen quält ihn.

Beim Drehen dieser Scene dachte ich, 1956, an meine Heimkehr zwanzig Jahre vorher in die elterliche Türkenvilla in Berlin-Neu-Westend. War es die verwahrloste, exotische Türkenvilla, war es die Verlassenheit des Hauses oder die unbewußte Suche nach einem vergessenen Parallelfall aus meinem Leben, in dem Leere und verlassenes Haus sich mit schlechtem Gewissen verband? Jedenfalls erinnerte ich mich an jenem Morgen in Südspanien zwischen Almeria und Rioja, als ich zur ersten Probe für diese Scene das verlassene Haus betreten mußte, blitzartig an meine Rückkehr 1934 in das elterliche Haus. Ohne es vorher mit Cayatte verabredet zu haben, setzte ich mich gleich nach Betreten des öden Flurs auf eine Kiste und schnappte so glaubwürdig nach Luft und besann mich, daß die Arrangierprobe schon hier von Regisseur und Kameramann unterbrochen wurde. »Dein Ausdruck beim Niedersetzen war so gequält und erschöpft, genau das will ich«, sagte Cayatte. »Hier unterbrechen wir die lange Fahrt durchs Haus für eine Großaufnahme!«

Im Film wird weiter erzählt, wie der Arzt in einem entfernten Raum die Tochter des unglücklichen Bortak trifft, der ihr den Tod der Mutter mitteilt und dem Arzt am nächsten Morgen den Weg zurück weist, zu Fuß, nachdem in der Nacht die vier Reifen seines Wagens abmontiert worden sind. Der Arzt kommt halb irrsinnig vor Durst, schlechtem Gewissen und Fata Morganas in der endlosen Wüste um.

Auge um Auge, Zahn um Zahn. Ich weiß, daß die schmerzlichen

Gedanken beim Betreten des Hauses in der Oldenburgallee 1934 die Gestaltung der schweren Rolle in diesem Film 1956 entscheidend beeinflußt haben. Diese Scene, so unähnlich sie erscheinen mag, bestimmte den dramaturgischen, emotionalen und atmosphärischen Stil der Rolle und letztlich des gesamten Films, der mir viele Preise eintrug und vielleicht zu den besten gehört, die ich in den vierzig Jahren meiner Filmarbeit gemacht habe.

»Da bist du ja, mein Junge«, höre ich plötzlich die Stimme meines Vaters neben mir. »Ich war im Garten und habe einen Liegestuhl für dich auf die Wiese gebracht. Wir sollen schönes Wetter bekommen nach dem Altweibersommer, und ich denke, frische Luft wird dir gut tun.« Zu meiner Überraschung führt er uns ins Herrenzimmer, den Raum, den wir nie ohne anzuklopfen betreten durften; denn dort hatte der Alte Herr in seiner gutbestückten Bibliothek auch einige Regale mit Zigarrenkisten vollgestopft. Neben den Brasils und Havannas verwahrte er einige numerierte Kisten und Kartons mit Zinnsoldaten. Manchmal lud er uns Kinder ein, am achteckigen Tisch vorm Kamin Platz zu nehmen. Er hatte ›Sedan‹ oder gar ›Königgrätz‹ aufgebaut und spielte uns die Schlachten der deutschen Geschichte vor. In genauester Ordnung anhand authentischer Berichte aufgestellt, erklärte er den Verlauf der Schlachten, peinlich darauf bedacht, die Unterlassungssünden und die von Historikern später aufgedeckten strategischen Fehler zu analysieren und ihre historischen Konsequenzen in seinen Vortrag miteinzubeziehen. Außer Zieten imponierten mir die Helden nicht, und daß mir Napoleon auch bei Waterloo nicht leid tat, kam wohl von Mamans historischer Vision, die Symbolhelden entgötterte, selbst wenn es sich um französische handelte. »Napoléon était un grand Français«, pflegte sie zu sagen, »mais il a laissé la France plus petite après son départ, qu'elle ne l'était avant son arrivée – Napoleon war ein großer Franzose, aber er hat Frankreich kleiner zurückgelassen, als er es vorgefunden hatte.« (Friedrich den Großen schätzte sie nur, weil Voltaire an seinem Hofe gewirkt und geschrieben hatte. Sonst hatte sie kein Pardon für den

»schwulen, degenerierten Preußen«, der den »bösen Geist der Subordination« in die für Besseres reife Welt gesetzt hatte, »welcher, Gott sei Dank, durch den Geist der glorreichen Revolution – natürlich der französischen –, durch Liberté, Egalité und Fraternité ersetzt wurde.«)

Dort, wo sonst ein teppichbeladenes Kanapee mit Rauchtischchen samt Wasserpfeife dem Herrenzimmer einen schwülstig-gemütlichen Charakter gegeben hatte, stand ein rustikales Bett.

»Du schläfst jetzt hier«, sagt der Alte Herr und weist in die Ecke, in der zu allem Überfluß eine Nachttischlampe im Bauhausstil die orientalische Fin-de-siècle-Atmosphäre zerstört. »Schwester Irmgard nimmt dein Zimmer.«

Ich stelle fest, daß sein sonst so makelloser Stresemann (grau-gestreifte Hose, perlgraue Weste, anthrazitfarbenes Schwalbenschwanzsakko) Flecken aufweist, und zum erstenmal, seit ich ihn kenne, trägt er Hemd und Kragen aus einem Stück. Die schwarze Krawatte hängt unordentlich zwischen Kragenknopf und Weste, die »Jürgenssche Gurke«, seine große, fleischige Nase, steht weit vor über abgemagerten Backenknochen. ›Der arme Kerl hat durch seinen Kummer mindestens zehn Kilo abgenommen‹, denke ich.

Am Abend, nachdem ich es mir in meiner Herrenzimmerecke gemütlich gemacht, die Bücher, meine guten Geister, in der Bibliothek frech vor den väterlichen aufgereiht hatte (damals war es noch üblich, vielleicht, wie ich mir heute sage, aus einer bürgerlichen Exhibitionsscheu heraus, Bücher tief in die Regale zu stellen, so daß vorn viel Platz für Nippes und dergleichen blieb) und Schwester Irmgard statt der turkestanischen Wasserpfeife meine Urinschale auf das Rauchtischchen gestellt hatte, kommt der Alte Herr und setzt sich zu mir.

»Das Haus ist verkauft«, sagt er, als wollte er sich für die herrschende Unordnung und Verwahrlosung entschuldigen. »Aber wir haben Wohnrecht, bis du gesund genug bist, um zu reisen. Maman hat eine passende Wohnung in Barcelona, in der Calle Padua, gefunden, da wirst du eine schöne neue Welt kennenlernen.«

Ich weiß, er leidet, und die Vorstellung, Berlin, Deutschland verlassen zu sollen, bricht ihm das Herz. Ich möchte ihm helfen, ihm Mut machen. Aber wieder sitzt irgendwo der grinsende Schatten und raunt: Wenn du jetzt die Gelegenheit verpaßt, ade, mein Freund. Schreiben muß man lernen, von der Pike auf, und in Barcelona wirst du bald in irgendeinem lausigen Kontor sitzen und bestenfalls kalligraphisch sauber nach Hamburger Art Bestellscheine für die C. G. Jürgens Kommanditgesellschaft, Im- und Export, kopieren. Nee...

»Alter Herr«, sage ich, »ich habe verstanden, daß du dein Vermögen verloren hast und hier raus mußt, wie die Juden und... Kommunisten, aber...« – »Ich muß gar nichts«, herrscht er mich plötzlich an und seine Stimme hat wieder den gewohnten Klang. »Wir sind weder Juden noch Kommunisten. Ich kann morgen in die Nationalsozialistische Partei eintreten. Leute wie mich brauchen die. Sie haben mir sogar angeboten, eine Handelsdelegation in die UdSSR zu leiten, aber ich will nicht. Das wirst du eines Tages verstehen.« (Erst Jahre später erfuhr ich, daß er damit in echt Jürgensscher Weise übertrieben und es ein solches Angebot nie gegeben hatte.) »Marguerite hat mir von eurem Gespräch berichtet«, fährt er plötzlich leiser fort, und in seiner Stimme ist wieder die Müdigkeit, die ich in letzter Zeit oft beobachtet, aber immer auf seine Besorgnis um meinen Gesundheitszustand zurückgeführt hatte. »Du willst Schriftsteller werden und hierbleiben. Das eine ist lobenswert, das andere gefährlich. Denn ich will nicht, daß du einer von denen wirst. Und wenn du gegen den Strom schwimmst, wirst du hier nicht weit kommen. Sie haben eine Polizei gegründet nach Art der GPU.« – »Ich habe keine Angst, ich muß, wie du immer gesagt hast, viel lernen, und dazu möchte ich vor allem erst mal das Abitur machen.« Nachdenklich guckt er mich an, die Asche seiner Zigarre fällt auf seine Weste. Er streift sie in die hohle Hand und schüttelt sie in die von Schwester Irmgard vorsorglich neben Urinflasche, Tupfern und Injektionsspritze bereitgestellte Nierenschale. »So ähnlich habe ich mir das gedacht. Aber meine Unterstützung wird kläglich sein. Die Familie in Hamburg ist bereit, einen kleinen

Obolus beizusteuern, und der alte Friedenthal will auch was lokkermachen, als Pflaster auf deine Narben, aber ich fürchte, du wirst dir noch während der Schulzeit selber helfen müssen.«
Ich bin baff. Kein Befehl, kein Appell an den Familiensinn? – »Ich... darf also... bleiben?« stottere ich ungläubig und gerührt. – »Dr. Theodor Wolff vom ›Acht-Uhr-Abendblatt‹ hat mir versprochen, ein Auge auf dich zu haben. Du kannst als Stift anfangen, sobald du kuriert bist.«
Ich kann es noch immer nicht glauben. Er hat das alles schon vorausgesehen, eingeplant, abgemacht, ohne mit mir darüber gesprochen zu haben, ohne sicher zu sein, daß mein Entschluß nicht die Marotte eines kranken Halbwüchsigen sein könnte? Fast vergeht mir die Lust, mich in das Abenteuer einer so leicht errungenen Freiheit zu stürzen. Ich denke einen Augenblick: ›Vielleicht ist es ihm sogar recht. Vielleicht ist er sich selber nicht sicher, das Richtige zu tun, und fragt sich, ob es gut ist, alle Brükken abzubrechen. Ich weiß, er liebt Deutschland. Immer sprach er vom Land der Dichter und Denker. Den ganzen ›Faust‹ kann er auswendig. Vielleicht hofft er, ich würde einer von denen werden können. Es bleibt jetzt keine Wahl mehr.‹
Müdigkeit übermannt mich, die Aufregungen des Tages, die Entlassung aus dem Krankenhaus, das ungewohnte Gehen und Treppensteigen, die Nachrichten und jetzt dieser Sieg, der mir in den Schoß fällt. Wahrscheinlich war ich erschöpft und ausgeleert wie nach einer erfolgreich überstandenen Premiere heute. »Das ist wirklich prima von dir, Alter Herr«, sage ich nur. – »Vorläufig bin ich noch nicht weg, mein Junge, ich reise erst, wenn ich weiß, daß du ganz gesund bist. Beeil dich damit, Dr. Wolff wird auch nicht ewig bei der Zeitung bleiben können.« – »Muß ich dem was... Geschriebenes vorlegen, damit ich genommen werde?« – Der Alte Herr steht auf, säubert mit einem Tupfer die Nierenschale und wirft ihn in den Kamin. »Nein, aber *ich* hätte gern was gelesen, wenn du was zum Herzeigen hast.« ›Wenn er meine Tagebücher liest, muß ich nach Spanien‹, denke ich und sage: »Ich habe nur ein paar Stilübungen und mein Tagebuch, alles im Liegen unleserlich gekritzelt...« – »In Ordnung.

Ich werde schon mal was von dir lesen. Gedrucktes, wie ich hoffe. Schlaf gut!« – »Gute Nacht, Alter Herr, und... danke.«
Beim Hinausgehen knipst er das Licht aus. Ich liege im Dunkeln, meine Müdigkeit ist verflogen und mit ihr auch die Angst vor der Zukunft. ›Das Leben ist herrlich‹, denke ich. ›Ich bin erwachsen, ich werde Schriftsteller, ich werde mit den schönsten Mädchen schlafen und ihnen als Anerkennung für ihre Verdienste im Bett ein signiertes Exemplar meines neuesten Romans schenken. Ich bin frei. Berlin, die Welt wartet auf mich.‹
Ich knipse die superweiße Nachttischlampe an, krieche aus dem Bett, hole Bleistift und Papier und schreibe. Ich lasse mich von den Wörtern treiben, habe keine Ahnung, was die nächste Zeile für Überraschungen bringt. Ich erzähle von der Linde vor meinem Krankenhausfenster, und daraus wird gegen Morgen eine Kurzgeschichte im Stil Gogols: Die Linde im Stadtpark blüht zur falschen Jahreszeit und erregt damit öffentliches Ärgernis. Menschenauflauf. Der Stadtrat tritt zusammen und der Polizeipräfekt befiehlt, die voreilige Linde zu bestrafen, weil sie ein schlechtes Beispiel gäbe. Die Linde wird abgeholzt. Ende.
Du kannst die Geschichte lesen, wenn du willst, Mathilda. Du wirst mich auslachen, wie holprig und unbeholfen sie geschrieben ist. Ich besitze sie noch. Sie liegt, zusammen mit anderen Ergüssen aus dieser Zeit, säuberlich getippt in Vence, in der Bibliothek...

Schöner Herbst. Schwester Irmgard schiebt den Liegestuhl vormittags tief in den Garten, nachmittags auf das flache Dach über der Garage, auf dem der dünne Rasen mangels Pflege verdorrt ist und nach dem Teer darunter riecht. Von dort hat man einen Ausblick auf die Oldenburgallee und auf das neugebaute Dreifamilienhaus nebenan. Die Dachwohnung des mittleren Teils bewohnt ein junges Paar. Die Frau erscheint oft rauchend am Fenster: schmales Gesicht, Indianernase, braungebrannt, große rehbraune Augen. Gegen fünf kommt er heim. Ich beobachte die Simultanaktion. Er knallt die Tür des 13/40-Ford-Roadster zu, sie schließt oben das Fenster. Ich male mir die Begrüßung aus, was sie wohl treiben nach der Begrüßung. Manchmal sehe ich noch seinen nackten Oberkörper am Nebenfenster, aber dann ist es halb sechs und Schwester Irmgard holt mich rein. Abends im Bett schreibe ich im Stil Maupassants eine Geschichte über die beiden: Ein junges Paar in einer Mansardenwohnung hat ein Geheimnis.

Nach vierzehn Tagen bin ich so viel im Garten spazierengegangen, über die von Unkraut überwucherten Wege, die Treppen und ums Haus, daß Schwester Irmgard entscheidet, ich könne jetzt zu Fuß ins Krankenhaus zur täglichen Nachbehandlung und in ein paar Tagen zurück in die Schule. Sie packt ihre Sachen und verläßt uns.

Nun sind wir beide allein im Haus, der Alte Herr und ich. Jeden Morgen erwache ich ein bißchen mehr als Dichter, der seinen Roman lebt. Der Alte Herr, hinten in seinen unaufgeräumten Zimmern (die nur flüchtig von einer Dreistunden-Zugehfrau gesäubert werden), geht früh aus dem Haus. Als letzten Strohhalm, da ja die Ware, mit der er handelt, den Vergleich mit dem Strohhalm ein wenig symbolträchtig macht, hat er einen Zigaretten-Zigarren-Import übernommen, um auf diese Weise, wie er sagt, die Transferierung seiner Aktiva nach Spanien besser durchführen zu können.

Ich schlurfe in die Küche, setze Wasser auf, halte stumme Zwiesprache mit den Brötchen, die nicht so knusprig sind wie im Krankenhaus; mit Maman, deren Parfum ich nur noch im elterlichen Schlafzimmer aufspüre; mit meiner schönen Nachbarin, deren Fenster immer noch verschlossen sind, wenn ich mich auf den Weg in die Schule mache.

Meine Mitschüler und Lehrer kommen mir mit einer gewissen Ehrerbietung, fast möchte ich sagen lästigen Hilfestellung entgegen. Zu meiner Überraschung sind in dem Jahr meiner Abwesenheit die dummen, langweiligen Klassenkameraden frecher und lauter geworden und die witzigen, vorlauten ruhiger, nachdenklicher. Man hat mich »probeversetzt«, und ich muß höllisch büffeln, damit ich Ostern nicht sitzenbleibe. Nach der anfänglichen Herzlichkeit merke ich jedoch, daß eine Kluft entstanden

ist. – Du wirst glauben, es war die sich anbahnende Trennung zwischen Nazis, Mitläufern und Nazigegnern. Nein, meine Abwesenheit, meine einjährige Abgeschlossenheit hatte den Graben ausgehoben, der uns trennte. – Ich fühle mich überlegen und entdecke zu meiner Überraschung, daß ich bis auf das rein wissensmäßige Klassenpensum im Krankenhaus den Reifeprozeß meiner Kameraden nicht nur mitgemacht, sondern sie überflügelt habe. Ich suche keinen Anschluß, und bald wird mir auch keiner mehr angeboten.
Auf dem Nachhauseweg mache ich lange Umwege, über die Reichsstraße, wo neue Läden sind, schicke Geschäfte. Verkäuferinnen lächeln mir zu, Mädchen drehen sich auf der Straße nach mir um. Der Alte Herr hat mir neue Anzüge erlaubt, mit langen Hosen. Ich entdecke verblüfft, daß ich ein hübscher, hochaufgeschossener Jüngling geworden bin. Ich leiste mir Dreierpackungen von der billigsten Sorte: Josetti Juno, dick und rund, paffe vor den Schaufenstern und werde rot, wenn man mich anspricht. Jetzt, mit achtzehn, werde ich rot. Das Jahr der Einsamkeit hat mich scheu gemacht. Scheu und überheblich zugleich.
Die Jungen kommen manchmal in merkwürdigen Pfadfinderuniformen in die Schule. Ich weiß, sie sollen für die Hitlerjugend werben, aber mich fordern sie nie auf. Manchmal denke ich, sie halten mich für jüdisch-versippt, wegen Friedenthal, oder »undeutsch«, wegen Maman. Aber dann kommt es mir wieder vor, als meideten sie mich aus schlechtem Gewissen, weil ich in diesem Jahr des Umbruchs nicht einer von ihnen geworden und ein Außenseiter geblieben war. Ich kann ihnen nicht sagen, daß sie mir nichts mehr zu bieten haben, weil die Phantasie meiner Einsamkeit mich aus ihrem Trott geführt hat.
Ich suche mir ältere Spezis, die schon zwanzig, zweiundzwanzig sind. Die sitzen in einem Café Heerstraße/Ecke Badenallee. Ich kenne sie vom Berliner Schlittschuh-Club und vom Rot-Weiß, dem Tennis-Club im Grunewald. Da wird schnodderig-kerniges Berlinerisch noch oft mit sentimental-ironischem Jiddisch vermischt, und wenn der Clown des Kreises, Hubert Heller, erscheint, kann es vorkommen, daß Hans Jürgensen, der reiche

Bauunternehmersohn, durch den Hinterausgang verschwindet, um seine Reiter-SS-Uniform zu Hause schnell mit einem Blazer zu vertauschen, der die Initialen eines englischen Clubs trägt. Sie trinken Bier und kleine Steinhäger dazu. Ihre Gespräche interessieren mich nicht sonderlich, sie reden von Mädchen und brüsten sich mit Geschichten, die weniger ihren Mut und ihre Intelligenz als ihre Frechheit und den Terror herauskehren sollen, den sie auf unser vornehmes Villenviertel ausüben. Im Grunde langweile ich mich, halte aber kräftig mit, um mir eine Stellung in ihrem Kreis zu erwerben. Oft torkele ich heim, benebelt von Steinhäger und Bier, dampfend von Gedanken und Wachträumen, vom Alkohol aufgescheucht wie durch einen Schwarm Stechmücken, die mir um den Kopf sausen. Alles geht zu langsam, und man wünscht sich sein Leben in einen Zeitraffer gequetscht.

Doch daheim das stille, verwahrloste Haus, die halbleeren Räume, deren kahle Wände das Echo meiner Schritte zurückwerfen, das »plumps« der Tropfen, die vom Dach in die Eimer fallen, rufen mich zurück in die erwartungsvolle Behaglichkeit einer Zukunft, die mir gehört, die mich besuchen und liebkosen wird wie ein treues Mädchen.

Oft schleiche ich nach Hause, lege ich mich im Dunkeln ins Bett, ohne zu wissen, ob der Alte Herr schon da ist; denn das fensterlose Haus gibt keinen Lichtschimmer preis. Dann verrät mir der Klang der Tropfen seine Anwesenheit. Wenn das »plumps! plumps!« hell und metallen klingt, sind Bottich und Eimer leer. Das bedeutet, mein Vater ist zu Hause und hat die Behälter vorm Schlafengehen geleert. Ich bin durch das Jahr der Gefangenschaft im Krankenhaus von meiner Umwelt abgeschnitten worden, und die Funken des Kontaktes springen noch nicht über die vernarbten Wunden, die der Ausschluß von der vertrauten Welt mir geschlagen hat. Aber ich bin nicht unglücklich darüber, sondern im Gegenteil, die Kontaktlosigkeit, der ich begegne, und der Verfall der Welt meiner Kindheit um mich herum machen mich stolz, erwartungsvoll, unbekümmert und überlegen. Zum Teufel, mögen sie es überheblich und arrogant nennen, vielleicht

habe ich ihnen wirklich etwas voraus, weil ich einen Blick hinter die Kulissen geworfen habe, dort, wo hoch oben im Schnürboden hinter den Soffitten die Götter versteckt sind, bevor der Inspizient sie herunterschweben läßt auf die Bühne, wenn die Scene es verlangt und der Zuschauer, der sein Billett bezahlt hat, wohlig erschauert. Ich habe die versteckten Schlangen, Ungeheuer, Götter, Zwerge und Trolle eben früher gesehen, na und? Deshalb freue ich mich nur um so mehr auf den Ablauf des Stücks. Aber es kommt mir vor, als gönnten mir die Nachbarn im Parkett meinen Blick hinter die Kulissen nicht, als nähmen sie mir übel, daß ich schon weiß, wie die Götter und Gespenster aussehen, bevor sie aufgetreten sind. Dazu kommt, daß der Rekonvaleszent viel mit sich beschäftigt ist, in sich hineinhorcht, sich beobachtet, und dadurch die Umwelt vernachlässigt. Aber das schmälert nicht meine Begierde nachzuholen, was die anderen, die Gesunden, ein Jahr lang erlebt haben, sie einzuholen und zu überflügeln.
Im Kreis der Westender treffe ich Erimar Freyer wieder, einen Jungen, der sich bei uns zu Haus eingeführt hatte, als er von Tür zu Tür, von Villa zu Villa ging, um Butter zu verkaufen. – Jawohl, du hast richtig verstanden, Butter, *du beurre*. – Mit naiver Selbstverständlichkeit hatte er eines Tages geläutet und meiner Mutter erklärt, er, Junge aus gutem Hause, wohne hier in der Nähe und sei aufgrund widriger Ereignisse (Scheidung der Eltern etc...) gezwungen, seinen Lebensunterhalt zu verdienen. Seine Beziehungen zum Land ermöglichten ihm den Verkauf allerfrischester Butter – frischer und fetter als von ›Bolle‹ –, die er gern, sooft gewünscht, frei Haus liefern wolle. Die guten Manieren Erimars, seine jungenhafte, strahlend-freundliche Unbekümmertheit, angereichert durch amüsante Schwatzhaftigkeit, mit der er neben der Butter auch noch den Klatsch aus der Nachbarschaft lieferte, machten ihn bald zum gerngesehenen Edelhausierer, der stets auf einen Plausch ins Haus gebeten wurde. Er hatte mich oft im Krankenhaus besucht und mit seinen Geschichten derart zum Lachen gebracht, daß meine Wunden zu platzen drohten. Er wohnte in meiner Richtung, das heißt auf

meinem abendlichen Nachhauseweg. – Schon aufgrund seiner Schwatzhaftigkeit und Klatschsucht kannst du kombinieren, daß er schwul war. Wenn er in Superlativen von himmlischen Burschen schwärmte, mich dabei verliebt anstieß und seine Stimme hinaufstieg in kreischendes Falsett, berichtete er oft vom Leben »in der Stadt«, also vom Kurfürstendamm mit seinen Nachtklubs und Fünfuhrtees und von den Spelunken der Friedrichstraße und des Weddings, wo Berlin, wie er sagte, »auf einem Vulkan tanzt«.

Das erste Nachtlokal, in das er mich führt, heißt ›Freddy's‹ und ist vom U-Bahnhof Wittenbergplatz nur ein paar Minuten entfernt. Die letzte U-Bahn vom Bahnhof Neu-Westend fährt um halb eins, aber dann geht es »in der Stadt« überhaupt erst los. Man muß also bis morgens um halb sechs bleiben, da der erste Zug nicht früher zurückfährt. Erimar führt mich zu ›Freddy's‹, weil ich ihm gesagt habe, ich will Schriftsteller und Journalisten, aber auch »dufte Zuschen« kennenlernen. »Schriftsteller und Journalisten lernst du bei ›Freddy's‹ kennen. Freddy Kaufmann, der Besitzer, kennt alle Welt, und was Mädchen betrifft, so können wir ja nachher noch zu ›Johnny's Nightclub‹ rüberschauen, da gibt es genug zum Flirten und zum Vögeln.« Er sagt das ohne Eifersucht. Unausgesprochen haben wir einen Pakt geschlossen; meine Person ist für seine erotischen Wunschträume tabu.

›Da sitzen sie, meine zukünftigen Chefs und Leser‹, denke ich, als wir uns an einem bescheidenen Platz an der Bar niederlassen. Ein Nachtklub wie ›Freddy's‹ – das weißt du nicht, meine Geliebte, dazu bist du zu jung – war damals noch nicht der Ort, wo übersättigte Halbwüchsige stumm, ohne Gespräch, bei Tanz und Coca-Cola ihren Exhibitionsorgasmus vorbereiteten. Ein Brandy-Soda kostete eine Mark fünfzig, und wer die hatte, kam, um zu beweisen, daß er dazugehörte, um soignierte Freunde zu treffen, um diskret die Nacht zu organisieren – »Partouses« genannt – oder einfach nur, um Maria Collm zu hören, die große, flachbrüstige Sängerin, die eigentlich Maria Cohn hieß. Später wurde es zum Gesellschaftsspiel, vor Betreten des Lokals zu raten, ob sie noch auftrat, oder ob sie schon verschwunden, deportiert oder (»wie gut, ich habe sie sehr gemocht«) emigriert war. Sie singt französisch à la Lucienne Boyer, imitiert (als Konzession an die Schwulen) auf englisch und mit heiserer Stimme Al Jolsons »Climb upon my knees, sonnyboy« oder hingebungsvoll Margo Lions und Marlene Dietrichs Lesbierinnencouplet »Wenn die beste Freundin mit der besten Freundin...« aus Marcellus Schiffers und Friedrich Holländers Revue. Wenn sie den letzten Import, »My yiddische Momme«, intoniert, macht Dr. Friedmann, der berühmte Laryngologe Richard Taubers und Gitta Alpars, ihr ein Zeichen, abzubrechen, weil die Luft nicht rein ist, das heißt Gäste, die nach Gestapo aussehen, sich an der Bar herumtreiben. Gustaf Gründgens sitzt da, hellwach und scheu, mit Charly Furcht, seinem Freund und Sekretär, und als er geht, richtet mir Freddy einen Gruß von ihm aus; ich hätte einen tiefen Eindruck auf ihn gemacht. Erimar weist mich ein. Er erklärt, wer wer ist, was sie tun, warum sie kommen, wie sie leben.

Doch die ›Zusche‹, die ich suche, die ich brauche, treffe ich erst beim dritten Besuch. Sie sitzt an der Bar, breite Backenknochen, breite Hüften, breite, geile Brüste, slawische Augen, Stupsnase, die sich beim Lachen buchstäblich verkrümmelt. Erimar bugsiert mich auf einen Platz neben sie.

»Was machen Sie denn hier?« beginne ich die Konversation. – »Verschnaufpause«, lispelt sie, ohne den Strohhalm aus dem Mund zu nehmen, mit dem sie an ihrem Manhattan saugt. (Damals tranken Mädchen auch noch nach dem Dinner Cocktails, weißt du, das galt als schick.) »Ich war auf einer Nachtprobe von ›Lumpazivagabundus‹ im Deutschen Theater und bin eigentlich auf dem Weg nach Hause.« – »Weit?« frage ich und überlege, was ich wohl länger angucken darf, ihren schwellenden Mund, ihre Brüste oder die Schenkel, die den Rock spannen bis zum leeren Nebenhocker hinüber. – »Steglitz«, sagt sie lakonisch, aber, wie ich später denke, ›klassenbewußt‹. – »Darf ich Sie nach Hause bringen?« – »Wie?« fragt sie nachdenklich und beobachtet meine Hände, die mechanisch das Glas Brandy-Soda streicheln. – Ich sage: »Taxe natürlich.«

Von diesem Augenblick an hat Erimar die Klausel in den Pakt aufnehmen müssen, mir Geld zu leihen, wenn ich es für dringend notwendig erachte. Ich habe ihm alles auf Heller und Pfennig zurückgezahlt, ohne Gegenleistung, bitte, aber oft kam es mir vor, als ob die Butterrechnung hinauf- und meine Schulden herabgesetzt worden wären nach solchen nächtlichen Leihgaben.
In der Taxe, während Erimar vorn beim Chauffeur über die Wetterlage diskutiert, sagt sie: »Entschuldige, ich bin da ganz naß. Ich habe mir so lange deine Hände angesehen.« Ich bin fasziniert von ihrer Offenheit, und eine scharfe Kurve erleichtert mir den Weg in ihren sanften, feuchten Bauch.
Sie ist Schauspielschülerin und steht vor der Abschlußprüfung. Eine Zeitlang sehe ich sie jeden Tag, lade sie schließlich ins Haus ein. Ihr Vater ist Straßenbahnschaffner, und sie findet die Türkenvilla ungeheuer aufregend und schick. Als sie Monate später ihr erstes Engagement in Guben antritt, lädt sie mich zur Premiere ein. Das bedeutet ein Übernachten außer Haus, und ich sage es dem Alten Herrn. Er überlegt einen Augenblick, verläßt das Zimmer, kommt ein paar Minuten später zurück, drückt mir was in die Hand und sagt: »Viel Vergnügen, mein Junge.« In der Hand halte ich einen Zwanzigmarkschein und ein kleines Päckchen: drei Präservative! Lange habe ich mir überlegt, wie es wohl zuging, daß er die Dinger so schnell parat hatte, und die Lösung dieser Frage schuf eine neue Beziehung zu meinem Vater. Sie half mir, Respekt vor ihm zu bewahren und doch einen Mentor, Freund und Kumpel in ihm zu finden.
Guben ist ein Erfolg. Die junge Debütantin, die ihren unaussprechlichen tschechischen Namen so verändert hat, daß er sich in wenigen Jahren dem deutschen Kino- und Theaterpublikum einprägen sollte, bekommt von mir forcierten Scenenapplaus. Das öde Provinznest erinnert mich an Kafka, den ich gerade lese. Die beiden Nächte jedoch sind berauschend. Den Sonntag verbringen wir zwischen Bett und Häkeldeckchen in ihrem möblierten Zimmer. Der Lärm, den wir bei der zweckentfremdeten Benutzung wackliger Biedermeier-Tischchen und quietschender, plüschbezogener Fauteuils machen, ruft schließlich die

Zimmerwirtin auf den Plan. Sie spielt das Fach der Salondame im Gubener Stadttheater und hat wohl ihre Träume von Karriere frühzeitig begraben, nicht aber ihre Vorstellungen vom Künstlerleben. Meine hemmungslose Freundin, unerschöpflich in ihrer Erfindungsgabe, stets auf der Suche nach neuen, erregenden Aspekten, besteht darauf, daß ich meine frische, noch nicht ganz verheilte Narbe vom Nabel abwärts herzeigen muß, und so komme ich zu meiner ersten Orgie – falls du ein Spiel zu dritt schon so nennen willst. Jedoch das Ganze mit soviel Charme und Komik, daß ich zum erstenmal begreife: Sex kann auch Spaß sein. Nichts da von tierischer Leidenschaft oder dumpfer Wollust, wie ich sie bisher bei der geilen Baronin, der exzentrischen Jüdin in London oder den romantisch-verschämten Mädchen aus Neu-Westend kennengelernt habe. Wir waren Kinder, die sich tummelten, entdeckten gemeinsam die elektrischen Schwingungen unserer Haut und unserer Glieder, um uns in den Pausen der Erschöpfung kichernd und glückselig grunzend auf Berge von Schokoladentorte und Kaffee, Wurststullen und Bier zu stürzen, uns gegenseitig zu füttern und vor Lachen zu husten – bedenkenlos, ausgelassen und glücklich. Ja, Guben war ein Erfolg!

Auf der Heimfahrt im Zug bin ich so erschöpft, daß ich sofort einschlafe. Mir träumt, man hat uns aus dem Haus in der Oldenburgallee hinausgeworfen, und wir, der Alte Herr und ich, haben in einem verlassenen Gewächshaus Unterschlupf gefunden. Dort leben wir wie zwei Clochards, und die Besitzerin – es ist die Gubener Salondame und Hildes Zimmervermieterin – läßt uns gewähren, nur müssen wir Tag und Nacht mit langen Gießkannen die verdorrten Orchideen, Gummibäume und Pflaumen gießen. Wenn wir die Gewächse nicht zum Grünen bringen, müssen wir das Treibhaus verlassen. Dabei regnet es draußen, wir brauchten nur die Fenster zu öffnen, und die verdorrten Pflanzen würden sich erholen. Aber die Wirtin verbietet es, ihre zarten Lieblinge vertragen keine Zugluft. Und so wechseln wir uns ab und gießen und gießen, während die Zimmervermieterin uns beobachtet und sich vor Lachen schüttelt... Freund Hacker

hätte heute sicher grinsend den Traum mit Entleerungsdrang erklärt, hervorgerufen durch die ungewohnte Beanspruchung meiner erogenen Zonen, aber mich erschreckte er damals so, daß ich ihn notierte, als ich glücklich und geborgen zu Hause gelandet war.
Am nächsten Morgen im Krankenhaus, bei der täglichen Blasenspülung, habe ich Angst. Ich denke, der Professor muß den noch immer leicht geschwollenen unteren Regionen meinen Wochenendexzeß ansehen. Aber er ist fröhlich und optimistisch. Aus Dankbarkeit und Erleichterung sage ich: »Herr Professor, Sie haben übrigens recht gehabt. Die Sache funktioniert prima.« – Er lächelt. »Das freut mich. Aber übertreiben Sie's nicht. Die ständige Reizung, der Sie durch den langsamen Heilungsprozeß ausgesetzt sind, wirkt über Gebühr stimulierend. Schützen Sie sich, wenn Sie Ihre Freundin nicht genau kennen. Eine Infektion kann bei Ihnen schlimme Folgen haben.« – »Ich kenne meine Freundin gut, Herr Professor«, lüge ich im Brustton der Überzeugung. Papas kleines Päckchen hatte ich auf der Heimfahrt von Guben ungeöffnet aus dem D-Zug geworfen...

Auch die Lehrer, die der Alte Herr in der Schule besucht, sind optimistisch und wohlwollend. Sie meinen, die Probeversetzung könne als definitiv betrachtet werden. So fährt der Alte Herr eines Tages mit mir in die Stadt! Im zweiten Stock der Redaktion der »Vossischen Zeitung« begrüßt er herzlich (und nach Freimaurersitte) einen freundlichen Herrn. Der mustert mich eindringlich, dann sagt er mit Frankfurter Dialekt: »Nu schauen Sie sich mal um hier im Haus, damit Sie Bescheid wissen, wenn Sie als Volontär beim ›Acht-Uhr-Abendblatt‹ anfangen. Zeilenhonorar sieben Pfennig, wenn Sie was Brauchbares abliefern. Sie kriegen einen Ausweis und die Fahrtspesen innerhalb von Groß-Berlin ersetzt.«
Damit steht er auf, ruft nach jemandem, der mich herumführen soll: »Watzke.«
Papa bleibt zurück, als Herr Watzke die Führung übernimmt. Der sieht aus, wie er heißt, ein wendischer Berlinismus, vorlaut,

schnodderig, helle, witzig, ein zwergenhafter, glubschäugiger Kieck-in-die-Welt, dessen Kürbiskopf halslos auf geblähtem Brustkasten jongliert. Nach einer halben Stunde hat sich mir eine neue Welt aufgetan, und während ich dies erzähle, begleitet eine rauschende Symphonie meine Gedanken.

Warte einen Augenblick, Mathilda, die Luft ist dick vom Zigarettenrauch. Ich mach' die Fenster auf. Draußen ist es lind und lieb heute nacht hier in Enzesfeld. Der Wind ist echt wienerisch, mit leichtem Föhn, riecht nach Heurigem und faulenden Kastanien. Ich spiel dir Dvořáks »Aus der Neuen Welt«: Das paßt zu meiner Geschichte.

Jeden Raum des Verlages, den ich ehrfürchtig und scheu betrete, begleitet in der Erinnerung ein Satz der Symphonie. Der Saal mit den Redakteuren, Telephonen, Schreibtischen, Laufburschen, der Raum, in dem sie den Umbruch machen, kalt und klar und zugig... »Im Winde klirren die Fahnen...« Ich denke an Hölderlin, als Watzke mir was von Fahnen erzählt. Schließlich Setzerei und Druckerei mit Paukenschlag und Trommelwirbel. Erregende, schöne, neue Welt, Ohr der Welt, in die ich nun hinausstürmen will, um – heimgekehrt – im Schein der trauten Lampe von ihr zu fabulieren, zu berichten, zu formulieren, zu redigieren und zu korrigieren. Ja, so romantisch und einfach stellte ich mir mein neues Leben, meine Zukunft vor, als ich abends nach jenem aufregenden Tag heimkam. Weit weg von einer Realität, die ich, um es gleich vorwegzunehmen, nie kennenlernen sollte.

In der Schule bereiten die Unterprimaner zu Weihnachten eine Theateraufführung vor. Die Wahl ist auf Bruno Franks Drama »Zwölftausend« gefallen, ein Stück mit Männerrollen, nur ein kurzer Auftritt für eine Frau. Ich übernehme die Rolle des Bösewichts und Intriganten. Die Proben finden in der Aula statt, und alle nehmen die ihnen zugeteilten Aufgaben und Rollen sehr ernst. Bis auf Susanne K., Susu, das Mädchen aus dem Lyzeum nebenan. Sie ist unpünktlich und lernt die wenigen Sätze nicht. Du mußt nicht glauben, daß ich aus Scheu, dich nachträglich eifersüchtig zu machen, oder aus Rücksichtnahme bisher nur flüchtig von Liebe gesprochen habe und mehr von Sex. Elisabeth war die Sternstunde, Simone der treu begleitende Mond und du die Sonne meines Lebens. Susu aber war meine erste Liebe, es gab keine vorher. Zwar kannte ich sie lange vor den Proben, hatte sie gesehen, mit ihr gesprochen, doch war ich – vor dem Unfall – in ihrer Gegenwart immer wie gelähmt, buchstäblich gestört gewesen. Während der Proben ergaben sich Gelegenheiten. Sie wohnte kaum hundert Schritt von der Schule entfernt am Fürstenplatz, und manchmal brachte ich sie nach Hause. Unsere Familien, das erfuhr ich nach und nach, lebten in ähnlichen Verhältnissen, unter ähnlichen »erschwerenden Umständen«. Susannes Vater, Professor für Kunstgeschichte, war Halbjude, die Mutter Italienerin, und die Familie – es gab noch eine Schwester – bereitete leise, um nicht zu sagen heimlich, die Ausreise vor. Susu ist stolz und scheu und bei der geringsten Annäherung wird sie wie ein Reh auf ihren langen, staksigen Beinen davonjagen und in der nächsten Dickung Schutz suchen – so jedenfalls kommt es mir vor, als ich versuche, sie zu überreden, den kurzen Nachhauseweg ein wenig auszudehnen zu einem Spaziergang in den Grunewald, nicht weit, nur jenseits der Heerstraße in Richtung Teufelssee.

Daß ich ihr nicht ganz gleichgültig bin, erfahre ich durch eine gemeinsame Freundin. Sonja ist ein paar Jahre älter als wir und hat schon einen Beruf. Sie ist Assistentin bei Mahrenholz, dem berühmten Berliner Modefotografen, und arbeitet bereits selbständig mit gutem Erfolg.

Eines Tages beim Zeitungskauf (Watzke hatte mir nach beendeter Führung durch das Zeitungsgebäude einen Rat mit auf den Weg gegeben: »...und nu lassen Se mal Ihre Bildungsliteratur beiseite und lesen Se Zeitungen. Solang Se wejen Schule und Jenesung noch nich' dauernd in de Stadt rumflitzen könn', koofen Se sich die Boulevardblätter wie ›Tempo‹, ›BZ‹, ›Nachtausgabe‹ und det ›Acht-Uhr-Abendblatt‹ natürlich, wo Se anfangen solln. Wo Se fließend Französisch und Englisch lesen, könnten Se och mit Übersetzungen anfangen, lokale Nachrichten aus London und Paris aufmöbeln und für unsern Janger zurechtfrisieren...«) fällt mein Blick auf ein Titelfoto. Mir bleibt das Herz stehen, und »L'Oeuvre« und der »Daily Mirror« fallen mir aus der Hand: Susu. Mit sportlicher Baskenmütze und brauner Kletterweste. Darunter steht: »Ein deutsches Mädchen...« Eine Werbung für den BDM, die Parallelorganisation der Hitlerjugend. Zu meiner Schande muß ich gestehen, daß mein erster Gedanke nicht der Gefahr galt, in die Susanne durch die Veröffentlichung des (wie die kleingedruckte Unterschrift – Foto Sonja Georgi – verriet, von unserer Freundin gemachten) Fotos geraten war, vielmehr spürte ich einen dumpfen, nicht präzise zu definierenden Schmerz. ›Jetzt gehört sie nicht mehr mir allein, Sonja hat sie verraten, der Welt verkauft. Jeder kann kommen, sie anschauen, sie besitzen, und sie macht auch noch Reklame für diese nach Pipi stinkenden BDM-Zicken, die in verschwitzten weißen Blusen vom Kaiserdamm zum neuen Funkturm marschieren, um sich dort furzend und plärrend für die Wochenschau fotografieren zu lassen.‹ Ich bin empört und verletzt, wenn sich auch, gerade jetzt, mein unsichtbarer Gegenspieler meldet: ›Reg dich nicht künstlich auf. Du bist stolz auf sie. Außerdem: Woher die Frechheit, Anspruch zu erheben? Du kennst sie kaum, hast sie nie berührt, geschweige denn mit ihr geschlafen. Die hat andere Rosinen im Kopf, und mit so was wie dir gibt die sich nicht ernstlich ab.‹ – ›Haste recht‹, denke ich, ›und wenn die rauskriegen, daß sie ›Juden-Stämmling‹ ist, kriegt höchstens Sonja eins ausgewischt, nicht Susu.‹ Und so geschah es auch.

Nach Weihnachten traf ich Sonja, und sie forderte mich auf, ihr für Modefotos Modell zu stehen; für Herrenhüte (»Du hast so'n schmalen Kopp.«) und als Partner für junge, ballkleidtragende Mädchen. Honorar: fünfundzwanzig Mark (bedenke: fünfzehn Brandy-Sodas bei ›Freddy's‹ oder ›Johnny's‹). »Aber nach der Geschichte mit Susu mußt du mir'n Ariernachweis bringen, sonst riskier' ich wieder Ärger.«

Das war ungewöhnlich damals, denn die Kristallnacht war noch weit, und Deutschland war gerade dabei, sein Ansehen für die Olympiade 1936 in Berlin international aufzuputzen. So ist auch

zu erklären, daß die Aufführung von »Zwölftausend« des auf dem Index stehenden Bruno Frank allgemein als mutig, jedoch nicht als gefährlich bezeichnet wurde, obwohl das Thema – der Verkauf deutscher Landeskinder als Soldaten an den König von England – nicht gerade ein Ruhmesblatt der deutschen Geschichte war.
Die Aufführung ist ein Erfolg, der Beifall kommt nicht nur von den Verwandten, und beim dritten Vorhang manövriere ich mich beim Verbeugen neben Susu. Sie ist hinreißend anzusehen in ihrem Rokokokostüm, und ich küsse ihr die Hand, so, wie ich es bei Richard Tauber und Gitta Alpar im Metropoltheater nach einer Aufführung von »Das Land des Lächelns« gesehen habe. Die Klassenkameraden johlen, und der Applaus schwillt an. Nachher wird gefeiert, und gegen zwölf willigt Susu ein, »auf einen Drink« in die Stadt zu gehen. ›Johnny's Nightclub‹ ist überfüllt, wir bestellen im Stehen (›Side-Car‹, pro Cocktail zwei Mark fünfzig) und tanzen.
Die Welle der lateinamerikanischen Rhythmen hatte das lüsterne Berlin erreicht und die kleine Band – vier Mann: Klarinette, Baß, Schlagzeug und Klavier – wurde unermüdlich durch Applaus angefeuert, »Siboney« und »Rumba-Tambah« zu spielen und zu wiederholen. Erst wenn Engel, der Pianist und Bandleader, mit entschuldigender Geste die ersten Takte von »Die Fahne hoch...« klimperte, wurde lachend eine Pause akzeptiert.
Die Zeit verrinnt wie im Fluge, das Lokal leert sich, ich zahle schweren Herzens die Rechnung. »Susu« – ich bin vor Scham am Boden zerstört – »die fünf Side-Cars kosten mit Getränkesteuer und 'ner Mark Trinkgeld fünfzehn Mark, hast du« – ich huste den Rauch einer R 6, der schicken neuen Zigarettenmarke, aufs Tischtuch – »hast du Geld für 'ne Taxe? Ich geb' es dir Montag zurück.« Sie nestelt an ihrem Täschchen und drückt mir verstohlen unter dem Tisch einen Zehnmarkschein in die Hand. Ihre schmalen braunen Hände umklammern schon wieder das leere Glas, als der Kellner kommt und das Tablett mit meiner ganzen Habe – fünfzehn Mark – abholt. Er sieht ihren Versuch, dem Glas noch einen letzten Tropfen zu entlocken, und sagt mitlei-

dig-generös: »Wir schließen jetzt. Soll's noch was sein?« – »Ja«, sagt Susu entschlossen, »zwei Side-Cars.« Und als er geht, lächelt sie mir zu: »Wir fahren mit der ersten U-Bahn, die geht um fünf Uhr fünfzehn. Da können wir noch vier trinken, oder?«

Wir tanzen nicht mehr. Die Band hat die Instrumente zusammengepackt. Nur Engel sitzt allein am Klavier und klimpert im Rauch der Kerzen, welche die Kellner vorsichtig und behutsam pustend löschen. Wir trinken, und ich bestelle noch einen, den wir uns teilen. Wir nippen und schieben uns glücklich lächelnd gegenseitig das Glas zu. »Jetzt bist du wieder dran.« Unversehens wird es kühl und klar im dunklen Raum, und ich schaue zur Bar hinüber. Ob sie wohl ein Fenster geöffnet haben, um uns zu bedeuten, wir sollten jetzt gehen? Doch da steht der Oberkellner und rechnet mit Johnny die Abendkasse ab. Die kühle Klarheit kommt vom Klavier. Engel hat die Augen geschlossen und spielt Bach: laut, hart, rhythmisch, unerbittlich. Erst aus den »Brandenburgischen Konzerten«, dann eine Fuge, zärtlich, keusch und herb. Wie Susu. Es wird ein einmaliger Augenblick bleiben, eine unvergeßliche Stunde. Die Musik, aufspringend in der faulen, abgestandenen Luft des Raums wie ein Wind, der Staub und Blätter aufwirbelt, um die Ecke fährt, dich erfrischt, dann beklemmende Stille hinterläßt. Noch nie hatte ich Bach so spielen hören, und die Kraft seiner Architektur, die Schönheit der mathematischen Präzision hat mich seither begleitet.

Lange, bevor es Mode wurde, 1956, überredete ich in Erinnerung an diesen Abend den Komponisten Hans-Martin Majewski, den Film »Ohne dich wird es Nacht« ausschließlich mit einer abwechselnd von einer Orgel, einem Cembalo und einem Klavier gespielten Fuge zu untermalen. Nur durch freundschaftlichen Zwang ließ er sich erweichen: Immerhin war ich in diesem Film Autor, Regisseur und Hauptdarsteller zugleich. Er gewann damit den Preis der Deutschen Filmkritik und wurde später oft kopiert.

Beim Hinausgehen bedanke ich mich bei Engel, und Johnny begleitet uns persönlich zur Tür. »Der hat zu Hause kein Klavier«, sagt er schmunzelnd mit bewunderndem Blick für Susu. »Er hat

Kirchenmusik studiert, und so spielt er nachts, wenn die Leute weg sind. Er ist Jude, und das ist wohl seine Art Abschied von Berlin: preußisch-sentimental. Wenn es euch gefallen hat, kommt wieder. Für so ein hübsches Paar gibt's immer Platz und« – er flüstert es mir zu – »auch Kredit.«
Am U-Bahnausgang Neu-Westend zieht es eisig. Es liegt dünner Schnee. Ich lege meinen Arm um Susu, und am Fürstenplatz, vor ihrer Haustür, gebe ich ihr einen Kuß. Da löst sie sich, blickt mir ernst und prüfend in die Augen, wirft beide Arme in die Luft. Dort verharren sie einen langen Augenblick, als käme ein Schrei, dann schlingt sie beide Arme um mich, drückt mich fest und hart, steht auf Zehenspitzen, versteckt den Kopf im Kragen meines Mantels, löst sich von mir und läuft mit langen, schlaksigen Sprüngen ins Haus. Weg ist sie. Doch ich spüre den eisigen Wind nicht, stehe wie zur Salzsäule erstarrt da. In mir rauscht und singt es, nach Susu und nach Bach.
Am Montagmorgen in der Schule begrüßen mich die Kameraden johlend und gratulieren mir zum Erfolg der Vorstellung, besonders zum »Casanova-Handkuß«. In meinem Überschwang lasse ich mich verleiten und verrate stolz-verschämt, daß ich sie, Susu, um halb drei treffen werde. Dieser Mangel an Diskretion sollte mich teuer zu stehen kommen.
Um halb drei bin ich am Fürstenplatz. Den Zehnmarkschein habe ich mir von Sonja als a conto für künftige Werbefotos geben lassen. Um drei gehe ich in den Hof des Mehrfamilienhauses und linse hinauf zu den Fenstern. Um halb vier kommen mir merkwürdige Gedanken. Wenn ich mich jetzt hier auf die Bank setze, direkt vorm Haus, und einschlafe, bis die Polizei mich erfroren findet: Sie wird die Arme um mich schlingen, versuchen, mich zu erwärmen, doch ich bin kalt und steif. Das wäre eine Rache! Aber der böse Freund in mir, der Dandy, wie Camus ihn nennt, der lebt und stirbt vor einem Spiegel, jagt mich im Laufschritt um den Fürstenplatz und macht, daß ich nach ein paar Runden erschöpft hinter der Bank, auf der ich eben noch sterben wollte, in den Schnee pisse und mit den letzten Tropfen einen Halbkreis schüttele, um mich vor der Hexe, die mich verderben will, in ei-

nen magischen Kreis zu retten. Und wirklich, als hätte ich mit dieser obszönen Handlung die bösen Geister beschworen, jagt plötzlich ein röhrender silberner Schatten um die Ecke, hält fauchend und bremsenknirschend vor dem Hauseingang. Ein Mercedes SSK, mit dampfenden Kompressorrohren und schwarzglänzendem Kabriolett-Verdeck. Die Tür springt auf, eine schmale Gestalt mit dunkler Baskenmütze huscht durch den Vorgarten und verschwindet im Haus. Die Kompressoren heulen auf, der kurze, mehrstimmige Stoß eines Klaxons, daß ich mich ducke, als würde ein Geschoß auf mich abgefeuert, und fort ist das Ungetüm.

Der Platz ist still. Ich knöpfe meine Hose zu, und während ich heimgehe, fängt es an zu nieseln. Im Herrenzimmer mache ich ein Feuer, trinke heißen russischen Tee. ›Sie wird dir alles erklären‹, denke ich, ›vielleicht war sie Samstag nacht beschwipst und hat die Verabredung vergessen. Wer mag schon am Steuer gesessen haben? Vielleicht ein alter Onkel. Sie hat reiche Verwandte. Doch ein Mercedes SSK? Davon gibt's in ganz Berlin nicht mehr als zwanzig. Die Nummer konnte ich nicht erkennen. Sie wird dir alles erklären.‹ Das Feuer wärmt, macht müde, und ich schlafe ein.

Nun, sie hat mir nie etwas erklärt. Denn ich habe sie nicht mehr gesehen, das heißt, nur flüchtig und meist von weitem. Ich erwache am Morgen mit einem unguten Gefühl, vertrödele die Zeit und schwänze die erste Stunde, gehe auf dem Schulweg am Fürstenplatz vorbei und bin zu Beginn der Pause vor der zweiten Stunde im Klassenzimmer. Mir kommt vor, als erwarteten mich alle. An meinem Pult klebt ein Foto: Susu in BDM-Uniform. Neben der gedruckten Unterschrift »Ein deutsches Mädchen...« steht in feuerroten Druckbuchstaben: »...fährt mit Willy Fritsch im Mercedes SSK.« Ich hole tief Luft, zerreiße das Foto, werfe die Papierschnitzel lässig in den Raum, Richtung Fenster, und sage nur: »Na und? Ein schönes Auto, oder?«

Da braust es los, von allen Seiten: Karl-Günther, dem ich gestern von meiner Verabredung erzählt hatte, sei Punkt halb drei am Bahnhof Heerstraße an der Normal-Uhr vorbeigekommen.

Dort habe der silberne SSK gestanden. Doch nicht nur der Wagen habe einen kleinen Menschenauflauf verursacht. Der Mann im Trenchcoat, den Ellbogen theatralisch auf das Verdeck gestützt, den Blick suchend in die Ferne, in Richtung Fürstenplatz gerichtet, sei Willy Fritsch gewesen, der UFA-Star und Traum aller Mädchen. »Und wer, glaubste, kommt angerannt? Dein Pfirsichärschlein, deine Rokoko-Susanne ... springt in die Mühle und tut, als sei der Willy ihr Chauffeur. Der knallt den Kompressor rein, und ab geht's Richtung Teufelssee ...«
Das schlimmste ist, nun wollen mich alle trösten. Mir bleibt nichts anderes übrig, als den Spott zu schlucken und mich mit Arbeit zu trösten. Ich lese viel, verschlinge »Die Brüder Karamasow« und mache mir meinen Reim auf Iwan und Aljoscha: Gott ist da, aber er ist ungerecht, über ihm steht die Gerechtigkeit, die selbst Gott verurteilen kann. Ich wage mich an Nietzsche heran, den der Alte Herr verehrt, und streiche in meinem Tagebuch die drei Ausrufungszeichen nach meiner Notiz über Dostojewski wieder aus, als ich lese: »Wenn es einen Gott gibt, wie ertrüge ich es, keiner zu sein?« Ich stürze mich auf Baudelaire, lese ihn deutsch, um mehr von seinem Geist als von seiner Poesie zu verstehen, und bin wie vor den Kopf geschlagen, aber auch hingerissen, als ich lese: »Alles in der Welt schwitzt das Verbrechen aus, die Zeitungen, die Mauern, die Gesichter.« Ich frage mich: Schwitzen die Mauern, die man um unsere Kindheit, um unsere Welt errichtet hat, auch Verbrechen aus, und düngt ihr Schweiß die Blumen des Bösen, die immer höher um uns wachsen, uns unwiderstehlich anziehen und hypnotisieren? Ich suche einen Weg aus dem Irrgarten, in dem die Blumen locken, die Mauern drohen, die Gesichter lügen und die Zeitungen keine Antwort geben.
Doch mehr und mehr häufen sich auf meinem Büchertisch die Romantiker; sie fesseln mich besonders dort, wo sie Moralisten sind und die Künstler preisen, die die Welt neu erschaffen, um ihre Liebe zu allem, was gedacht, gezeugt, gelebt und getötet wird, zu beweisen – ohne den Filter bürgerlicher Kritik, aristokratischer Nostalgie und proletarischer Mißgunst. So ver-

schwimmt das Bild vom winterlichen Fürstenplatz mit dem Gespenst des knatternden Mercedes bald in Munch'schen Farben und wird zur Anekdote. Nur die Erinnerung an zwei lange, schmale Arme bleibt, zum Himmel gereckt, bevor sie mich in unendlicher Zärtlichkeit umarmen.

Nenne es Feigheit, gekränkte Eitelkeit, Enttäuschung, ich hatte keine Lust, sie wiederzusehen. Ich brauchte die Gedanken an sie, den Traum von ihr, und gerade ihr – vermutlich recht harmloser – Flirt mit Deutschlands großem Star machte sie für mich noch liebenswerter, frecher, mutiger und nahm ihr den Hauch von Spießbürgerlichkeit, der auch in diesen aufgeschlossenen Kreisen manchmal wie ein Wind vom Kehrichthaufen um die Gärten der reichen Villen spielte...

Vierzig Jahre lang habe ich Freundinnen und Gattinnen mit der Beschreibung ihrer Schönheit, ihrer Anmut, des Zaubers ihres schmalen Halses, ihrer linkisch-scheuen Bewegungen und des zarten Flaums auf ihrer braunen Haut nachträglich eifersüchtig gemacht. Eines Sommers, es muß 1970 gewesen sein, hatte mein Hengst ›Funny Valentine‹ in Deutschland einige gute Rennen gewonnen, und Simone und ich waren eingeladen worden, als Ehrengäste am berühmten Hamburger Derby teilzunehmen. Wir sitzen in der Loge neben Bundeskanzler, Ministern, in- und ausländischen Honoratioren, da kommt Moritz von Hessen uns begrüßen und sagt mit seinem verlegen-süffisanten Lächeln: »Bei uns sitzt eine alte Bekannte von dir. Sie würde dich gern begrüßen, Curd.« – »Wie heißt sie?« frage ich. – Er nennt einen Namen aus seiner hocharistokratischen Verwandtschaft, der mir nichts sagt. – »Wie alt?« frage ich mißtrauisch-routiniert. – »Ungefähr in unserem Alter«, sagt der hochgeborene Prinz mit höflichem Pokerface. »Wenn es Simone recht ist, begleite ich euch rüber.« Simone ist's recht, und da stehe ich vor einer freundlichen alten Dame in Derbyschale mit neckischem Kapotthütchen. – »Curd, erkennst du mich? Ich bin Susu, Susanne.«

Ganz ehrlich, ich hätte sie erschlagen können. Ungerechte Wut über den zerstörten Traum mischt sich mit der Scham darüber, Simone meine große Jugendliebe als provinziell-verblühte

Landadlige zu präsentieren. Simone sagt, nach rüde-eiliger Verabschiedung mit verlogenem Es-war-nett-dich-wiederzusehen, auf dem Rückweg: »Sie muß sehr schön gewesen sein.« Doch meine ich, einen leisen Triumph aus der Stimme herauszuhören. ›Na und?‹ denke ich. ›Was ist aus dir selbst geworden? Ein wackliger, aufgequollener normannischer Schrank. Die Träume deiner Jugend sind zwar in seinen Regalen aufbewahrt, doch sind sie vergilbt, unleserlich wie staubige Folianten.‹
Ja, Mathilda, erst seit ich dich kenne, sind diese Träume zu neuem Leben erwacht, und der Schrank ist entlüftet worden. Doch nein, schon wieder belüge ich mich: denn ich habe sie alle, alle geliebt, so wie »die Erste« – scheu und inbrünstig wie Bach, gläubig und dämonisch wie Mozart, wollüstig und lasziv wie Klimt, zärtlich und ironisch wie Picasso, eifersüchtig und besitzergreifend wie Verdi, träumerisch, romantisch wie Rilke, dramatisch und verzweifelt wie Beethoven, schreiend und weinend wie Michelangelo.

Nun, es ist Zeit, dir von Lulu zu erzählen. Wenn es wahr ist, daß äußere Anlässe den Weg und zufällige Bekanntschaften die Ausgangspositionen eines Lebens bestimmen können, ist Lulu wohl die wichtigste Begegnung meines Lebens gewesen...
Auf der Jagd nach Betätigung war ich, Watzkes Rat in guter Erinnerung, auf die Idee gekommen, Interviews zu schreiben. Ich trieb mich abends vor den Bühnenausgängen des Deutschen Theaters in der Schumannstraße und des Renaissance-Theaters am Knie herum, immer in der Hoffnung, Eugen Klöpfer oder gar Heinrich George interviewen zu können.
Im Deutschen Künstlertheater in der Nürnberger Straße, später in Staatstheater Kleines Haus umbenannt, spielte man »Ein bezauberndes Fräulein«, ein Musical, mit Max Hansen, dem dänischen Buffo, als Star, Lizzi Waldmüller, der Wiener Soubrette, und Lulu Basler als dem »bezaubernden Fräulein«. Ich hatte mir vom Interview mit einem ausländischen Star wie Max Hansen viel versprochen, hätte ich doch ungeniert »... und was sagen Sie zu Hitler?« in meinen Fragen unterbringen können.

Obwohl der Portier mich abweist, stehe ich noch ein bißchen in der zugigen Nürnberger Straße herum und behalte die Bühnentür gut im Auge. Eine Limousine, ein Horch, steht da. Hansen kommt mit Lizzi Waldmüller heraus. Ein paar Autogrammjäger. Ohne auszusteigen knipst der Chauffeur das Licht im Fond des Wagens an. Die Waldmüller trippelt voraus. ›Wie zart und zierlich sie ist‹, denke ich. Ich kenne beide nur von Fotos. Jetzt hat Hansen sich von der Gruppe gelöst und geht aufs Auto zu. »Verzeihen Sie, Herr Hansen, mein Name ist Jürgens, hätten Sie ein paar Minuten für ein kurzes Interview?« Kleine Menschen haben so eine gewisse Art, auf große zu schauen, als stünde die Welt auf dem Kopf und sie sähen von oben nach unten. Er antwortet und blickt dabei auf meine Knie – begänne dort mein Fuß, wir wären gleich groß. »Sie sehen, ich habe jetzt keine Zeit.« Der Schlag ist offen. Parfum strömt aus dem Fond. Die Waldmüller hat die Füße auf den vorderen Klappsitz gelegt: blaue Stöckelschuhe. Der Fahrer krabbelt vom Führersitz und hilft Hansen einsteigen. »Melden Sie sich telefonisch über die Direktion an.« Der Star hatte keine Zeit für mich. Wohl aber das »bezaubernde Fräulein«, Lulu Basler.

15—17 Judith als »Elektra«. — Plakat für das erste selbstverfaßte Stück, aufgeführt in der herrlichen ersten Nachkriegs-Schmierenzeit (Honorar der prominenten Kollegen: ein Spanferkel pro Aufführung). — Hochzeit mit Judith (Trauzeuge: Willi Forst, im Hintergrund Clemens Holzmeister).

18 »Gaslicht« mit Susi Nicoletti, Akademietheater, 1946.

19 Meine erste Filmregie: »Prämien auf den Tod«, mit Siegfried Breuer, Werner Krauß, Judith, Josef Meinrad, 1949.

9.

Weißt du, Mathilda, der Weg zum Theater beginnt beim Bühnenportier. Er ist der Zerberus, der den Eingang zum Tempel der Muse Thalia freigibt oder verwehrt. Er ist verhinderter Direktor, Regisseur, Dramaturg, Schauspieler, Inspizient, Souffleur, Theaterarzt und... dein kritischstes Publikum.
Kotter, der bärbeißig-liebenswerte Bühnenportier des Volkstheaters in Wien (meinem ersten Jahresengagement), hat nie eine Vorstellung gesehen, solange ich engagiert war. Aber seine Portiersloge hatte eine Tür zum Konversationszimmer, die immer halb offenstand. Im Konversationszimmer war ein Lautsprecher installiert, damit die Schauspieler während Proben und Vorstellungen mithören und rechtzeitig zum Auftritt in der Kulisse sein konnten. Kotter hörte nicht nur jede Vorstellung mit, sondern erlauschte natürlich auch die Kommentare der Kollegen. Damit soll allerdings nicht gesagt sein, daß er sich hätte beeinflussen lassen.
Wenn du vom Ring die Bellariastraße hinaufgehst, ragt das Volkstheater auf einer kleinen Insel zwischen der Burggasse und der Neustiftgasse einsam, häßlich und stolz über die angrenzenden Gebäude hinaus und blinzelt mit dem einen Eulenauge zum Messegelände, mit dem anderen herausfordernd in Richtung Ring zum Burgtheater. War es die Lage des Theaters, an dem die Brandung des Verkehrs von der Ringstraße verebbte, war es eine – von mir erfundene – Vergangenheit Kotters bei der Donau-Dampfschiffahrt, die wahren Gründe konnte ich nie erfahren. Nur eines steht fest: Kotter fühlte sich als Kapitän des Musen-

schiffes; wir Schauspieler waren die Mannschaft und das Publikum die »Passagiere«. Nach der Premiere von »Ein ganzer Kerl«, mit der süßen Gusti Huber als Partnerin, kam ich fröhlich und aufgekratzt an der Portiersloge vorbei. »Den Passagieren haben Sie gefallen. Mir sind Sie zu piefkinesisch.« (Piefkinesisch, das war – wienerisch ausgedrückt – die arrogante Art und Sprechweise der Piefkes, der Preußen. Im März 1938 gehörte ein gewisser Mut dazu, einen zugereisten Deutschen so zu nennen. Erst ein Jahr später, als ich ins Burgtheater übersiedelte, wurde mir die Bedeutung dieses Ausspruchs klar: Kotter mochte mich, und zumindest akustisch hatte ich ihm in der Rolle gefallen. Aber meine preußische Diktion störte ihn. Er empfand sie als unnötige Anbiederung an die »Eroberer«.)

»Ich fürchte, ihr werdet euch daran gewöhnen müssen«, antwortete ich aufgeblasen, wie ich es nach dem brausenden Schlußapplaus für berechtigt hielt.

»Dann schminken Sie Ihren Heldenkörper in der Badehosenscene wenigstens nicht so braun. Da sind ein paar junge Damen draußen, die wären enttäuscht, wenn sie entdecken sollten, daß das Bürschchen unterm Hemd milchweiß ist.«

Der Satz, mit dem Kapitän Kotter mich entließ, vergällte mir die Premierenfeier. In der Tat hatte ich mir für eine Scene, in der ich meiner Partnerin Gusti Huber nur mit Badehose bekleidet einen Kuß geben mußte, vom Maskenbildner den Körper braun schminken lassen. Kotter konnte es unmöglich gesehen haben. Also hatten die Kollegen darüber gequatscht, und Kotter hatte das geschminkte Braun, das Nazibraun, auf seine Weise gedeutet. Der alte SPÖ-Mann hatte mich durchschaut. Er wußte, daß meine Bräune und mein Piefke-Akzent in gewissem Sinn Tarnung waren.

Als ich mich im Winter 39 von ihm verabschiedete, um Schminkkoffer und andere Habseligkeiten im Burgtheater zu deponieren, schüttelte er mir die Hand und sagte: »Als Sie kamen, waren wir alle sicher, Direktor Jahn hätte Sie in erster Linie engagiert, damit der neue Geist ins Haus einzöge. Große, blauäugige Piefkes waren erwünscht, um den jüdischen Theatergeist auszutreiben. Nun, jetzt wissen wir, daß das gemütliche Wiener Herz nicht golden, sondern SA-braun ist. Mit oder ohne die ›Zugereisten‹. Hals- und Beinbruch für die Burg...«

Ein Bühnenportier mag nicht immer weise sein wie Kotter, aber ich habe noch keinen erlebt, der das Theater nicht geliebt hätte. Seine Liebe gilt auch den Künstlern. Der Bühnenportier erkennt auf einen Blick, ob der junge Anfänger, der zum Vorsprechen kommt, Chancen hat oder ob die Debütantin dem Direktor gefallen wird. Wenn ein Hauptdarsteller einen Reinfall erlebt, kann es passieren, daß der Bühnenportier die Neugierigen beim Bühnentürl animiert, Autogramme von ihm zu verlangen, um seine Moral zu heben – oder die Autogrammjäger verscheucht, wenn der Erfolg ihm über den Kopf zu wachsen droht.

In den meisten Fällen entscheiden sie auch souverän über die Zulassung von Journalisten. Das »Acht-Uhr-Abendblatt« hatte Max Hansens Leistung im »Bezaubernden Fräulein« schlecht kritisiert. Kein Wunder also, daß der Zerberus mich schroff abwies, als ich eines Abends schüchtern anfragte, ob Herr Hansen für ein Interview zu sprechen sei. Ich ließ mich jedoch nicht entmutigen, stellte mich beim Bühnenausgang auf und geriet so an das »bezaubernde Fräulein«, an Lulu Basler. Es war nicht schwer, sie zu einem Interview zu überreden.

»Wie lange sind Sie denn schon Journalist?« fragt Lulu Basler. Wir sitzen in der gemütlichen kleinen Kneipe in der Berliner Kalckreuthstraße: Molle mit Korn vierzig Pfennig. Sie trinkt Vermouth und dann Pfefferminztee. Sie ist makellos, lang aufgeschossen, schmal. Leutselig und ungezwungen plaudert sie mit mir und ist für eine Schauspielerin, so denke ich, recht natürlich.

»Ich dachte, Fragen sollte ich stellen.« – »Aber Sie fragen ja nicht, Sie starren mich an und trinken.« – »Zigarette?« – »Nein, danke. Ich rauche nicht. Meine Schneiderin wäre nicht entzückt davon.« Meine Verblüffung entlockt ihr ein glucksendes Lachen, das meine unteren Regionen erwärmt. »Mrs. Cheveley, ›Idealer Gatte‹, zweiter Akt.« – »Haben Sie die gespielt?« – Das Lachen wird um einen Ton metallischer: »Das Licht ist schlecht hier,

aber sehe ich so aus? Mrs. Cheveley ist Salondame und wird meist mit Vierzigjährigen besetzt. Ich bin fünfundzwanzig, falls Ihnen das was fürs Interview nutzen kann.« Ich quittiere die Zurechtweisung, indem ich einen Block zücke, auf dem ich mir Fragen notiert habe. Sie antwortet geduldig und ausführlich. Als sie eine Viertelstunde später auf die Uhr schaut (»O Gott, meine Freunde warten im ›Grünen Zweig‹, bei Maria Fein.«) und sich verabschiedet, weiß ich, daß ihre Mutter, Maria Solani, eine der ersten Stummfilmschauspielerinnen war und heute Märchen dichtet, ihr Vater Chemiker und leidenschaftlicher Wagnerianer ist, ihr Bruder, der dem Hause vorsteht, Erfinder und Geschäftsmann und sie eigentlich kastanienbraun und nur für die Rolle blond gefärbt. – »Zukunftspläne?« – »Ich will Sängerin werden und studiere bei Professor Lefmann.« – »Wagnersängerin?« – »Nein, klassische Operette.« (Sehr richtig. Ihr Busen ist zart und mozartisch.) »Rufen Sie mich an und lesen Sie mir Ihren Artikel vor, bevor Sie ihn Ihrem Revolverblatt übergeben.« – Sie kritzelt eine Nummer auf meinen Block.
Beim dritten Rendezvous in derselben Kneipe sagt sie: »Du hast Manieren, du siehst gut aus, warum versuchst du's nicht beim Film?« – »Ich bitte dich, das ist doch kein Beruf für einen Mann.« – »Willy Fritsch verdient ein paar hunderttausend Mark im Jahr, und niemand behauptet, er sei schwul.« – Das allerdings klingt überzeugend. Ich denke an den Fürstenplatz und den röhrenden Mercedes SSK. »Braucht man dazu Talent?« – »Nein. Nur fotogen muß man sein, einen guten Gang haben, anmutige Bewegungen...« – »Anmutige Bewegungen?« – »Ja. Das ist sehr wichtig, denn viele sind vor der Kamera gehemmt. Ein Filmschauspieler ist ein Dompteur, die Kamera die Bestie, die ihn beobachtet und nur darauf wartet, daß er ungeschickt, unbeholfen ist oder sie anlügt. Das verzeiht die Bestie nicht. Und je gelassener, anmutiger oder – in deinem Fall – schlaksiger die Bewegungen sind, desto williger folgt sie dir. Wenn du erst einmal das Gefühl für Macht und Exhibitionismus bei dir entdeckst und es sie fühlen läßt, dann bist du ein Filmschauspieler.« – »Woher weißt du das alles? Du hast doch nie gefilmt!« – »Vergiß nicht, Mama war ei-

ner der ersten Stummfilmstars. Sie spielte die jugendlichen Liebhaberinnen, als sie mit mir schwanger war.«
Ich bin begierig, ihre Mutter kennenzulernen. Lulus Bruder Hermann muß mit den neuen Verhältnissen gut zurechtkommen. Gerade in diesen Tagen ziehen sie aus einer dunklen Wohnung in der Kantstraße hinaus in den Grunewald. Sie kann mich erst zur Einweihung einladen, damit ich ihre Familie kennenlerne. Aber bald brauche ich eine Couch oder ein Bett, wenn wir uns wiedersehen, und so lade ich sie zu mir nach Hause ein.
»Alter Herr, das ist Lulu Basler. Ich habe dir von ihr erzählt.« – »Aha«, schmunzelt er, »das ›bezaubernde Fräulein‹. Freut mich.« Es mag halb zwölf sein. Wir waren nach der Vorstellung mit der U-Bahn nach Neu-Westend gefahren, hatten in der ›Westendklause‹ (auf Pump) Asbach-Verschnitt getrunken und die angebrochene Flasche mitgenommen. Ich bin gerade dabei, Feuer im Kamin zu machen, als der Alte Herr nach Hause kommt. Das Zimmer ist verqualmt, das im Garten zusammengetragene Holz zu feucht. »Hier stinkt's nach Feuer und Schwefel, schlecht für die Stimme.« Er reißt die Fenster auf. »Für Ihre Stimme, mein Fräulein.« Damit geht er hinaus und kommt, zwei ›Chalats‹ in der Hand, nach zwei Minuten zurück. Er hilft Lulu in den kleineren und ist ganz Kavalier. »Liebes Fräulein, darf ich's wagen… Haben Sie mal das Gretchen gespielt?« – Lulu antwortet mit: »Bin weder Fräulein, noch…«, und es geht los. Wie gesagt, der Alte Herr kann seinen »Faust« auswendig. Wenige Minuten später hat auch er einen Kaftan an und mein Zimmer wird zur Probebühne. Er springt gestikulierend auf das von mir bereits halb abgedeckte Bett.
Nach einer Viertelstunde, in der ich mir recht überflüssig vorkomme, gehe ich in die Küche und mache mir eine Stulle. Von der Küche aus sieht man aufs Schlafzimmerfenster meiner schönen Nachbarin. Sie muß Kerzen angezündet haben, denn flakkerndes Licht wirft Scherenschnitte auf das Fenster. Tanzt sie? Einen Augenblick lang vermeine ich, ihre zarten, spitz aufgerichteten Brüste in rhythmischer Bewegung zu erspähen wie in einem balinesischen Scherenschnitt-Puppenspiel. Ist sie allein?

Tanzt sie für »ihn«? Sitzt, liegt er dick und geil auf dem Bett und regt sich auf bei ihrem Tanz? Oder weiß sie, daß ich hinaufstarre, und sie tanzt für mich?
Vierzig Jahre später, beim Studium von »Clarence Darrow«, erinnere ich mich an diese Scene. Keine zehn Schritt entfernt sitzt Lulu beim Alten Herrn und wartet auf mich. Und ich sehne mich hinauf in die Dachwohnung zu Anna. So ist das mit der Liebe, mag ich wohl gedacht haben. Und heute lerne ich den Text: »Früher hatte ich immer das Gefühl, mit dem Heiraten sei es so, wie wenn du mit einem guten Freund ins Restaurant gehst: Du bestellst, was du möchtest, wenn du aber siehst, was er auf dem Teller hat, wünschst du, du hättest das gleiche bestellt.«
Als ich zurückkomme ins Zimmer, dasselbe flackernde Licht wie oben bei Anna. Lulu und der Alte Herr sitzen im Dunkeln vor dem Kamin. Lulu beendet gerade die Kerker-Scene. Ich knipse das Licht an, nicht um die Intimität der beiden zu stören, nein, weiß Gott nicht, sondern weil ich plötzlich völlig idiotisch denke, es müsse Kurzschluß im Viertel sein; denn bei Anna brannten auch nur Kerzen. Dabei bin ich gerade aus der Halle gekommen, wo das Licht an war.
Der Alte Herr mißversteht offensichtlich meinen »Kurzschluß«, steht auf, verabschiedet sich, und vielleicht entdecke ich sogar eine Spur schlechten Gewissens bei ihm darüber, daß er in mein Revier eingedrungen ist. Er ahnt nicht, daß ich stolz auf ihn bin und Lulu mir nur noch besser gefällt, weil er mit ihr flirtet. Ich begleite ihn nach hinten in seine Gemächer. Er tippt mir auf die Schulter und sagt: »Gratuliere. Ein begabtes Mädchen.«
Später, als Lulu aus dem Badezimmer zurückkommt, will sie unbedingt die Tür zusperren. Aber es gibt keinen Schlüssel. In der Nacht weckt sie mich, steht auf und schiebt den großen Ohrensessel vor die Tür. »Angst vor Einbrechern?« frage ich. – »Nein«, sagt sie, »aber ich will deinen Vater nicht enttäuschen, er imponiert mir sehr.« – »Du würdest ihn enttäuschen, wenn du nicht mehr hier wärst. Er weiß auch, daß die erste U-Bahn nicht vor halb sechs geht.« Da küßt sie mich behutsam auf die Brust und weckt mich vollends wieder auf.

Lulus Eltern. Zuerst denkt man an Philemon und Baukis. Sie: klein, dick, weißhaarig, mit lachenden grauen Augen unter kohlrabenschwarzen, kühn geschwungenen Brauen, Adlernase, Warzen und Wurstfingern. Er: ein dünnes Männlein, Ziegenbockbart, runde Uhubrille. Erst als ich hinauf darf in Lulus Zimmer im neubezogenen Haus in der Douglasstraße, erfahre ich, daß ihre Eltern seit mehr als zwanzig Jahren von Tisch und Bett getrennt leben: er im Souterrain, wo er sich gerade ein Laboratorium einrichtet und seine Versuche für chemische Zellstoffauflösung mit Wagner-Grammophonmusik untermalt, und sie im schlichtesten Hinterzimmer im Dachgeschoß, wo sie in Spitzwegscher Abgeschlossenheit haufenweise Manuskripte fabriziert: Märchenspiele, Romane und neuerdings – für ihre Tochter – Operetten.

Jeden Nachmittag kommt Herr Boeker, ein kettenrauchender, humpelnder Komponist, der von der Familie ernährt wird und dafür bis in die Tonart genau das komponieren muß, was Mama Basler verlangt, vorsingt oder mit den Wurstfingern auf dem Klavierdeckel vortrommelt. Später vertraut Lulu mir an, daß sie und ihr Bruder Adolph, das Bübchen, der Jüngste, von einem bayerischen Hocharistokraten stammen, von dem manchmal in respektvollem Flüsterton getuschelt wird.

Das Elternpaar haßt sich und nährt den gegenseitigen Abscheu mit maliziösen Sticheleien. Sie begegnen sich nur zu den Mahlzeiten, und auch das nicht regelmäßig, denn der Alte kocht sich meistens auf Bunsenbrennern seinen Milchbrei im Keller.

Lulus Bruder Hermann lebt in wilder Ehe mit einer grobknochigen Schlesierin, die eifersüchtig auf alle und alles ist und mit grünblitzenden Katzenaugen das Haus tyrannisiert. Hermann, im Grunde gutmütig, ist neugierig und unternehmungslustig. Er war in jungen Jahren nach Amerika ausgerissen. Seit seiner Rückkehr versucht er, aus seinen Mitmenschen Cowboys oder Tramps zu machen, und sein nimmersatter Hunger nach Mädchen richtet sich auf den Typ der Saloon-Bardamen.

Um aber der Idylle des Hauses nicht den Schuß Kafka zu ersparen, sei noch Doktor Horney erwähnt. Doktor Horney bewohnt das restliche Dachgeschoß, wo alles nach Brasilzigarren riecht, die ihm ewig, meist erloschen, aus dem Mund hängen. Er war Syndikus bei Stinnes und berät Hermann bei seinen oft recht gewagten Geschäften, so daß dieser immer mit einem Fuß kurzfristig im Gefängnis steht und am Bankrott vorbeikommt. Brigitte, seine Tochter, ist Filmstar und trägt im Haus viel zum Renommee des unfehlbaren *brain-genius* bei.

Der alte Basler und Doktor Horney könnten Brüder sein: beide sind ausgemergelt und verbergen ihre lüsterne Neugierde hinter großen runden Brillen. Wenn sie sich im Treppenhaus oder vor gemeinsamen Mahlzeiten begegnen, begrüßen sie sich und plaudern höflich miteinander wie zwei Reisende, die auf denselben Zug warten.

Doktor Horneys Frau lebt in New York und ist Psychiaterin. Ihre Tochter Brigitte wurde nach den neuesten psychoanalytischen Erkenntnissen erzogen. Da sie Karriere gemacht hatte, war der Alte stolz auf sein Experiment. Rudimente dieser freien Erziehung bekam jeder zu spüren, der mit Brigitte zusammentraf. Die altmodische Regiebemerkung »Beiseite« war der Doppelpunkt, der gleichsam die unverblümte Rede freigab, wie sie die Mutter es gelehrt hatte. Erschien sie am Sonntag zum Baslerschen Jour fixe, konnte es passieren, daß sie einen freundlich begrüßte: »Nett, Sie wiederzusehen, junger Freund. Was für ein gemütlicher, harmonischer Sonntag. Beiseite: Was soll ich bloß hier. Die Arschlöcher kotzen mich an. Finden Sie nicht auch, daß die Brasilstumpen meines sabbernden Vaters nach getrockneter Pisse stinken?«

Als ich sie anläßlich der ersten – ähnlichen – Wahrheitsexplosionen verblüfft anstarrte, unfähig, etwas zu antworten, lächelte sie mich freundlich an und setzte ihre Rede fort, als wäre es die natürlichste Sache der Welt: »Machen Sie sich keine Sorgen um mich. Sie stehen vor einem Prachtexemplar gelungener Kreuzung zwischen gutbürgerlicher Kinderstube und künstlich gezüchteter Schizophrenie zur Sauberhaltung der verklemmten Seele. Meine Mutter hat mich so lange gezwungen, immer ›beiseite‹ zu sagen, was wir während höflicher Konversation wirklich denken, daß ich meine Zeit damit verbringe, mich aufs Schockieren der Umwelt zu konzentrieren.« – »Hoffentlich denken Sie stromlinientreu, sonst könnte Ihnen heutzutage was passieren, wenn Sie an die unrichtigen Leute kommen, falls Sie wissen, was ich damit meine.« – »Keine Bange. Doktor Goebbels liebt mich. Ich fürchte, er wird bald mit mir schlafen wollen. Und die Ausrede, ich wäre lesbisch, wird ihn höchstens animieren. Wenn wir Damen vom Gaukler-Zoo zu geselligen Rülpsereien abkommandiert werden, stelle ich unentwegt Fragen. Das erspart mir das ›Beiseite‹, und die großen Herren hören sich ja so gern reden…«

Sie war ein Schlager, ohne Zweifel. Mit ihrem reizvollen Indianergesicht, ihrer braunen, sommersprossigen Haut war »Bigge« ein Typ, der mir immer gefallen hat, aber Scheu und Unsicherheit, Respekt vor dem Star hinderten mich daran, ihr meine Faszination zu zeigen.

An einem der nächsten Sonntagnachmittage kam Walter Janssen. »Walter, du mußt Curd Jürgens Schauspielunterricht geben. Er möchte Schauspieler werden.«

Davon war keine Rede. Wahr hingegen ist, daß Lulu mir eines Nachts den Hamlet in die Hand gedrückt hatte. Der Absatz mit Hamlets Rede an die Schauspieler: »…Ich bitte euch, haltet eure Rede frei von der Zunge weg« war rot angestrichen. Lulu hatte sie mir in dem Hinterstübchen der Kneipe in der Kalckreuthstraße vorgelesen und bestimmt: »Du wirst sehen, es macht Spaß. Lerne die Rede an die Schauspieler und sprich mir die Scene vor. Frei von der Zunge weg. Es ist das Klügste, was Shakespeare über diesen Beruf, den er selbst ausübte, zu sagen hat.«

Ein paar Tage später saßen wir wieder im Hinterstübchen, und stockend, dumm lächelnd am Tisch mit dem Häkeldeckchen sitzend, rezitierte ich den Text. – »Ich hab's gewußt«, triumphierte sie, als ich geendet hatte. »Du sprichst klar und vernünftig, sinngemäß. Läßt dich weder von Versen noch von Shakespeare beeindrucken. Und deine Stimme ist sexy. Das genügt.«

Ich war baff. Dieses Gestammel sollte genügen, um Schauspieler werden zu können? Um einen Mercedes SSK kaufen zu können und mit Susu vor meiner Nase wegzufahren? Ich las den Hamlet. Berührt und merkwürdig erregt hat mich eigentlich nur der Satz: *»... so macht Gewissen Feige aus uns allen ...«* War es das? Sollte man sich gewissenlos verkaufen an das Leben, um es zu beherrschen? Oder: *»... sich wappnend gegen eine See von Plagen, durch Widerstand sie enden ...«* Ich möchte doch träumen und meine Träume erzählen, verdammt nochmal. Die geträumten und die erlebten. Ohne Plagen, aber mit dem Gewissen Thomas Manns.

Als ich das nächste Mal in die Douglasstraße komme, sitzt Mama Basler mit Komponist Boeker am fleckigen, verstimmten Steinwayflügel. »Sie waren Schauspielerin, Mama Basler«, beginne ich in der obligatorischen Kaffeepause, die jedem hereinschneienden Gast konzediert wird, »jetzt sind Sie Schriftstellerin. Haben Sie nicht, rückblickend, das Gefühl, als Schauspielerin geliehenes Leben wie ein Hehler verkauft zu haben, während Sie jetzt als Erzählerin in Ihren Stücken, in Ihren Dichtungen Leben formen und gestalten, das aus Ihnen selbst kommt und das Ihrer Phantasie und Ihrem Wahrheitsgefühl entspricht?« – Durchdringend sieht sie mich einen Augenblick an. Dann, während sie Boeker ein riesiges Stück Mettwurst abschneidet und es auf der Messerspitze zu seinem Teller hinüberbalanciert, sagt sie nachdenklich, wie zu sich selbst: »Mit jeder Rolle vermählt sich der Schauspieler mit dem Dichter, den er interpretiert. Wie in jeder Ehe« – das Wort hat aus ihrem Munde eine gewisse Bedeutung, die mir nicht behagt – »wird ein Partner dominieren, der Autor oder die Persönlichkeit des Schauspielers. Die Schwierigkeit besteht darin, dennoch jeden der beiden zu seinem Recht kommen zu lassen. Und das, was du verkaufen nennst, ist das Schönste in dem Metier: das Erzählen, Zum-Leben-Erwecken. Ob als Schauspieler oder als Autor, ist letzten Endes gleichgültig.«

Seit neuestem duzt sie mich. Abends sitzen wir in der Halle. Hermann und Dr. Horney spielen Schach, Jenny, die Grobknochige, rumort mit der Alten in der Küche. Lulu hat, als sie spät

von der Gesangsstunde heimkommt, ihre Freundin Edmee mitgebracht, eine Montenegrinerin, ein schönes dunkles Mädchen, still und geheimnisvoll; nur wenn sie lacht, zieht sich ihr Mund schief auf der einen Seite herunter, so daß man unwillkürlich nach einer Narbe sucht. Sie läßt sich als Schauspielerin vorstellen, doch manchmal, wenn die beiden Mädchen miteinander von diesem und jenem sprechen, kommt es mir vor, als hätten sie so einiges miteinander erlebt, was nicht unbedingt mit der Schauspielerei zu tun hat. Ich verspüre Neugierde und etwas wie Eifersucht auf eine Vergangenheit, die mich nichts angeht.
»Walter bereitet als Regisseur einen Film vor. Den ›Walzertraum‹. Curd wäre doch ein idealer Leutnant Nicky, findest du nicht auch, Lulu?« sagt Edmee. Walter Janssen, der berühmte Schauspieler, kommt oft im Gespräch vor.
Wir räkeln uns zu dritt auf einer Couch, ich in der Mitte, und wenn Edmee sich zu Lulu hinüberbeugt, berührt sie mich recht ungeniert. Lulu, so erfahre ich, hat schon letzten Sonntag mit Janssen darüber geredet, und er hat versprochen, von mir Probeaufnahmen zu machen.
»So«, sage ich und nehme Edmees Ellbogen von meiner Narbe, »ohne mich zu fragen, werden Probeaufnahmen verabredet.« – »Wenn du willst, rufe ich ihn an und erkläre ihm, daß du lieber ein armer Poet werden willst.« – »... und nicht ein blendend aussehender Filmstar«, setzt Edmee geheimnisvoll lächelnd hinzu. Fast wünschte ich mir, ihr Ellbogen bohrte sich wieder in meine Narbe unterm Bauchnabel. Und schon beginnt Lulu, Jansens Nummer zu wählen. All das spielt sich in gelöster Atmosphäre ab. Von Erpressung keine Spur. – »Laß nur«, sage ich und nehme ihr den tutenden Telefonhörer aus der Hand, »wenn es dazu kommt, werde ich mich schon als Gaukler prostituieren, für dich.« Damit nehme ich sie in die Arme und küsse sie. Edmee kichert glucksend.
Bald darauf piepst Dr. Horney: »Matt«, und die beiden Hausfrauen kommen aus der Küche. »Dann«, sagt Lulu gedehnt, »müßtest du morgen um drei bei Walter im Atelier sein.« Sie sagt es so nebenher, als würde die Intrige dadurch harmloser. Ich

bleibe lange, die Konversation trödelt um ein paar aktuelle Themen: um Göring und seine Jagduniformen, Speer und das Olympiastadion, das bald fertig sein muß. Dann verabschieden sich die Hausbewohner – dem Alter nach, denke ich. Zuerst die Mama, dann Dr. Horney, Komponist Boeker humpelt zur S-Bahn-Station, Hermann packt die Schachfiguren zusammen und brummelt ein »Gute Nacht, allerseits«.
»Ich bringe Sie nach Hause. Wo wohnen Sie?« – »Edmee wohnt bei uns, seit heute. Ich hatte ganz vergessen, es dir zu sagen.« – Jenny, ganz wachsamer Hausvorstand, steht ostentativ auf, ordnet unnötig Tische und Sessel: »Machen Sie sich nichts draus, Curd. Das ist so Lulus Art, die Leute vor vollendete Tatsachen zu stellen, ich habe auch nicht gewußt, daß Edmee hier wohnt. Aber ich freue mich natürlich, Edmee.« Sagt's und stolziert mit giftgrünem Lächeln die Treppe hinauf. Danach wird es bald still im Haus. Wie wir die Treppe raufgehen, um das für Edmee hergerichtete Gästezimmer zu inspizieren, ertönt plötzlich »Meistersinger, lobet mir die Meister« aus dem Keller. Papa Basler gibt Laut, wie um zu sagen: ›Ich bin auch noch da, vergeßt das nicht.‹ In dieser Nacht schlafe ich zum erstenmal in der Douglasstraße...

Der Portier des kleinen Studios in der Cicerostraße, hundert Schritt vom Kurfürstendamm entfernt, ist mißtrauisch. Er telefoniert, nachdem ich nach Walter Janssen fragte. »Ein Herr Jürjens sacht, er wär' mit Sie verabredet. Kennen Se nich? Hab' ick mir jedacht...« Feindselig und triumphierend blickt er mich an. Etwas unsanft entreiße ich ihm den Hörer: »Herr Janssen, guten Tag. Lulu hat gesagt, Sie erwarten mich um drei...« – ich geniere mich, vor dem Portier »wegen Probeaufnahmen« zu sagen. – »Ich komme«, sagt er und legt auf.
Der Korridor ist zugig. Seit ich in der Eingangshalle Platz genommen habe, steht eine Gruppe von Wartenden vor einer eisernen Tür, über der rotes Licht aufleuchtet: »Ruhe! Aufnahme!«. Wie oft habe ich in den vierzig Jahren, die inzwischen vergangen sind, vor einer geschlossenen Ateliertür darauf ge-

wartet, daß das rote Licht erlischt; wie oft mit einem krampfartigen Ziehen in der Magengegend. »Nächste Einstellung bist du dran. Mit der großen Scene.« Wie anders ist das Warten auf den Auftritt in der Kulisse des dunklen Bühnenraumes eines Theaters. Selbst der arroganteste Star wird bescheiden und unruhig, wenn er vor dem roten Licht warten muß. Etwas von dieser elektrisch geladenen Stille bekomme ich zu spüren, als Janssen mich durchs Atelier führt.

»Ich wußte nur, daß Sie Curd heißen«, sagt er mit jovialem Klaps, als er mich beim Portier abholt. »Wir gehen in meine Garderobe, da können wir reden.« Wir kommen durch eine Schloßhalle aus Sperrholz. Die vierte Wand fehlt. Statt der Wand: Kameras, Regiestühle, Lampen, Menschen. Ein kleiner schüchterner Herr mit Brille und Schirmmütze flüstert mit einer riesigen alten Dame, die ihn ab und zu laut mit Stentorstimme unterbricht: »Erklären Sie doch das der jungen Kollegin und nicht mir. Wenn ich sage: ›Bitte, trink!‹, muß sie mir das Glas aus der Hand nehmen und das Tablett fallen lassen. Sonst ist der Witz weg...« – »Adele Sandrock«, flüstert Janssen. »Alle zittern vor ihr, und sie genießt es. Sie braucht laut Vertrag nur drei Stunden am Tag zu drehen und das macht alle nervös. Die Scenen müssen wiederholt werden, weil Frau Sandrock Schwierigkeiten mit einem gewissen Schließmuskel hat...« Ich verstehe nicht und schaue den großen Mimen fragend an. »Sie furzt«, flüstert Janssen, »laut und zu vernehmlich für den Tonmeister.«

In der Garderobe zeige ich meine Fotos. Modefotos von Sonja Georgi für Hüte und Krawatten. Das mit Susu schaut er länger an als die anderen. »Da haben Sie einen guten Ausdruck.« Von »Walzertraum« und Leutnant Nicky ist nicht die Rede. »Die neugegründete Reichsfilmkammer begutachtet alle eingereichten Stoffe, und wenn die ahnungslosen hohen Herren *d'accord* sind, muß man den Banken erst noch das Geld entsteißen.« Auch von Probeaufnahmen wird nicht gesprochen.

Paul Günther wohnt in einem bescheidenen Reihenhaus in Klein-Machnow. Noch in seiner Garderobe hat Janssen mit ihm telefoniert und mich angemeldet. »Der beste Privatlehrer in Berlin«, meint er. »Wenn Sie gleich Geld verdienen müssen und außerdem noch das Abitur machen wollen, bleibt keine Wahl. Sein Honorar zahlen Sie nach. Vom ersten Engagement ab. Bei Ihrem Aussehen wird das nicht lange auf sich warten lassen.«

Paul Günther liegt auf einer Couch, wenn er unterrichtet, auf dem Boden neben sich eine Flasche Rotwein. Das Glas stellt er nur ab, um sich Zigaretten zu drehen. Abends spielt er im »Schiller-Theater« den Questenberg im »Wallenstein«. Heinrich George ist Wallenstein. Den größten Eindruck macht auf mich der schwarzhaarige, temperamentvolle Darsteller des Max Piccolomini. Ich schaue im Programm nach, wie er heißt: Veit Harlan. Noch Jahre später habe ich mich gewundert, warum gerade er mich so sehr beeindruckte. Günther mit seinem weißblonden Rundschädel und X-beinigen Gang dagegen finde ich farblos. Bei der nächsten Schauspielstunde gratuliere ich ihm trotzdem, komme aber bald auf diesen Veit Harlan zu sprechen. »Ein dynamischer Kerl«, sagt Günther, »hat gerade Schwierigkeiten mit seinem Engagement. Er soll Mitglied der Kommunistischen Partei sein...« Nun, das sollte sich bald ändern. Veit Harlan wechselte das Parteibuch und wurde in wenigen Jahren der Lieblingsregisseur der Eichmanns und Kaltenbrunners. Mit dem Parteibuch wechselte er auch seine bezaubernde Frau, Hilde Körber, gegen die »Reichswasserleiche« Kristina Söderbaum aus. Er wurde der unerbittlichste Treuhänder arischer Nazikunst.

Günther erteilte mir nicht nur Schauspielunterricht, sondern auch Verhaltensmaßregeln: »Meckern Sie nicht gegen das Regime, lassen Sie sich nichts zuschulden kommen, dann brauchen Sie auch nicht mit ›Heil Hitler‹ zu grüßen. Uns Künstlern verzeiht man das.« Ich habe die glorreichen zehn Jahre überlebt und nur im Film mit »Heil Hitler« gegrüßt, wenn die Rolle es verlangte. Manchmal beruhigte das für Sekunden das schlechte Gewissen. Als hätte man ihnen ein Schnippchen geschlagen. So genügsam wird man in den Jahren gefälliger Ohnmacht.

Aber soweit sind wir noch nicht im Sommer 1935. Die Angst saß noch nicht besonders tief. Nur gelegentlich spürt man etwas davon. Im ›Grünen Zweig‹, den Maria Fein führt – im vorigen Jahr

noch ein gefeierter Star –, sitzen viele Schauspieler und Regisseure, die keinen Ariernachweis erbringen können und für die dieses gemütliche Lokal zu einem Wartesaal geworden ist. ›Sichtvermerk‹ und ›Affidavit‹ heißen die neuen Vokabeln für Hoffnung und das Erbarmen der Freunde und Verwandten in Übersee.
Ich muß die Rollen des Don Carlos und des Marquis Posa in Schillers »Don Carlos« gleichzeitig lernen und außerdem die des Wetter vom Strahl in Kleists »Käthchen von Heilbronn« und des Hohenzollern im »Prinz Friedrich von Homburg«, weil Günther sich nicht entscheiden kann, welches Fach ich studieren soll: jugendlicher Liebhaber oder Charakterdarsteller. Da hat es der rothaarige Sachse, dem ich manchmal vor oder nach meiner Stunde begegne, leichter. Er ist Komiker und wird es die nächsten vierzig Jahre bleiben. Sein Name: Gert Fröbe.

Maman kommt aus Spanien zurück. Der Alte Herr hat seinen Ausreisesichtvermerk erhalten. Das Abreisedatum wird festgelegt: Anfang Juli. Das Haus in der Oldenburgallee muß bis ersten Juli geräumt sein. Man gestattet mir ein Abschiedsfest. Haus und Garten stehen mir eine Nacht lang zur Verfügung. Ich darf einladen, wen ich will. Man hat später oft gesagt und geschrieben, ich hätte eine Begabung, Feste zu feiern. Damals muß ich wohl den Grundstein gelegt haben: Es wurde rauschend. Ohne mir im geringsten über die Gefährlichkeit meines Tuns Gedanken zu machen, lud ich Juden und Nazis, polternde Burschen vom Neu-Westender Reitersturm der SS und schwule Verehrer von Erimar – und mir – aus ›Freddy's Nightclub‹ ein, »kesse Väter« und jungfräuliche Aristokratentöchter auf Urlaub aus der Klosterschule – die abziehende wie die heranstürmende Jeunesse dorée. Und wie, um die Mischung wirksamer zu machen, gab es Bowle, angesetzt mit Literflaschen Cointreau und Weinbrandverschnitt, Gurken- und Orangenschalen, um es Papa und Maman recht zu machen (»Sangria à l'espagnole«, meinte Maman – »Gurkenbowle mit dem Rest von Wintricher Sonnenseite aus dem Keller«, meinte Papa).

Es war eine makabre Nacht. Die Eltern blieben unsichtbar. Sie lagen schon um zehn Uhr im Bett, lange bevor Lulu nach der Vorstellung mit einem Schwarm Kollegen kam. Hilde aus Guben brachte einen jungen Arzt mit, den sie in Leipzig kennengelernt hatte, wohin sie fürs nächste Engagementsjahr abgeschlossen hatte. Er sah mein Schlagzeug im Salon, schleppte es auf die Terrasse und holte eine Trompete aus dem Wagen. Gegen zwölf ließ er »seine Band« kommen, ein paar tollkühne Motorradfahrer aus Steglitz. Sie brachten Saxophone, Banjos und einen unstillbaren Durst mit. Edmee lag meistens ausgestreckt auf der dunklen Wiese und erzählte jedem, der vorbeikam, der Mond komme gleich heraus, und man solle sich zu ihr legen. Meine schöne Nachbarin kam mit ihrem Herrn. Als wir uns vorstellten, entdeckte ich, daß er ihr Bruder war, mit dem sie lebte. Trotzdem kam mir die Sache nicht geheuer vor, und ich war auf der Hut vor ihm. Ein guter Freund von mir, Dieter, durfte nicht trinken, weil er Magengeschwüre hatte. Irgendwann verschwand er, und als ich ihn wiedersah, war er stinkbesoffen. »Du verzeihst«, meinte er lallend, »ich bin mit einem Krug Bowle ins Badezimmer deiner Eltern. Sie schnarchen übrigens. Und da habe ich mir ein Klistier aus Bowle gemacht; geht direkt ins Blut. Prima.« Alex Röchling, der Kohlenmagnat aus dem Ruhrgebiet, den Lulu immer für unnahbar und stinkvornehm gehalten hatte, küßte Erimar auf die Hose. »Ach so«, sagte Lulu nur. In einer Verschnaufpause der Band erklärte Hildes Freund einem Schulkameraden von mir, heute Rektor in Erlangen, sein Rezept für gynäkologische Therapie: »...und als letztes Instrument, mein lieber Herr Ober, nimmst du am besten immer dein eigenes. Wenn du das einführst, werden sie alle gesund. Haha!« Er hieß Wolfgang Wohlgemuth, wurde 1942 Assistent von Dr. Morell, dem Leibarzt Hitlers, und sollte 1950, fünf Jahre nach Kriegsende, den Chef des Bundesverfassungsschutzes nach Ost-Berlin entführen. Gegen Morgen spielte er eine Paraphrase aufs Horst-Wessel-Lied und steckte wie ein marschierender Regimentsmusiker einen Karton als Notenblatt an die Trompete: seine Mitgliedskarte des Kommunistischen Studentenbundes...

Du siehst, Mathilda, auch damals konnten die Nächte heiß sein, und am nächsten Abend war ich das, was du »in« nennst. Ganz Berlin, so kam es mir vor, sprach von meinem Fest. In der Schule begrüßte man mich ehrfürchtig. In der Ambulanz des Paulinenhauses hatten Schwester Irmgard und Assistenzarzt Dr. Linde dafür gesorgt, daß man mir während der täglichen Blasenspülung zum gelungenen Abend gratulierte. Nachts bei ›Freddy's‹ wurde ich empfangen wie nach einer erfolgreichen Premiere.
Von Lulu unterstützt, richtete ich mir bei meinem Freund Hubert Heller mit ein paar turkestanischen Möbeln aus der Oldenburgallee ein Zimmer ein. Hubert erhoffte sich davon Vergünstigungen beim Hauswirt, denn sein Sichtvermerk war noch immer nicht erteilt. Nach der Olympiade durfte er nach Frankreich auswandern. Er wurde, wie er heute noch schmunzelnd erzählt, so oft ich ihn wiedersehe, *Prisonnier de carrière,* also Berufsgefangener: Die Franzosen sperrten ihn ein, weil er Deutscher war. Die heranrückenden Nazis sperrten ihn in ein Lager, weil er Jude war. Dann kam er nach Algier, und die Engländer sperrten ihn in ein Camp, weil er verdächtiger Ausländer war. Er blieb trotz allem einer jener sentimentalen Witzbolde, die nicht aufhören, »historisch zu leben«, wie ich es nenne, also bei aller Betroffenheit die Dinge distanziert zu betrachten. Er vegetierte, litt, nahm Demütigungen und körperliche Schäden mit der orientalischen Gelassenheit des Märchenerzählers in einem Souk von Tunis, Marrakesch oder Isfahan auf sich. »Einmal, wie mir als Lagerkoch die Suppe versalzen ist, kommt der Major zur Inspektion und fragt: ›Wie heißen Sie?‹ – ›Heller, Sir.‹ – ›That's right‹, antwortet er, mit der Peitsche wippend, ›to hell with you – zur Hölle mit Ihnen!‹« Er strahlt, wenn er die Geschichte erzählt, vergißt dabei, daß es sich um ihn handelt, um sein Leben, lebt es, überlebt es, um der Pointe willen.

In diesen Wochen klappere ich, immer die gleichen süßlichen Fotos unterm Arm, die Büros der Filmgesellschaften ab. Die meisten befinden sich heute noch dort, wo sie vor 1933 auch schon waren: in der Friedrichstraße. Treppensteigen, antichambrieren, Fotos zeigen. »Wo haben Sie gespielt?« – »Nirgends. Ich fange an.« – »Lassen Sie Ihre Fotos hier.« – Bald habe ich keine mehr und Sonjas Abzüge kosten Geld. Ich habe hundert Mark im Monat. Man kann leben, aber keine großen Sprünge machen. Der alte Friedenthal hat seine Häuser am Reichskanzlerplatz verkauft und bereitet von seiner Villa in Sakrow aus die Emigration vor. Wenn ich ihn besuche, steckt er mir zwanzig, manchmal fünfzig Mark zu.

Maman packt und singt dabei, aber mein Lieblingslied, »La Madelon«, singt sie nur, wenn ich sie darum bitte. Manchmal, wenn ich nachts ins Badezimmer gehe, höre ich laute Diskussionen, und dann weint Maman laut und herzzerreißend. Ich möchte hinein, mich zu ihr aufs Bett legen, wie früher in Solln, als der Alte Herr in Rußland war, aber ich traue mich nicht. Irgendwie – ich glaube durch den boshaften Onkel Costia, der am Bayerischen Platz hinter der Kasse des ›Café Steinmeyer‹ sitzt und mit Zahnstochern seine Zigaretten bis zum bitteren Ende raucht – erfahre ich, daß der Alte Herr eine Freundin hat. Onkel Costia freut sich immer, wenn er dem Alten Herrn eins auswischen kann, denn er kann im Grunde nicht verzeihen, daß der Alte Herr ihn zwanzig Jahre lang durchgefüttert hat und er jetzt seinen Lebensunterhalt selbst bestreiten muß. Nun schimpft er auf Juden und Nazis gleichzeitig, doch immer kommt es mir vor, er meine im Grunde den Alten Herrn. Ich denke, wenn die Eltern erst in Barcelona sind, wird Papas Freundin von der Bildfläche verschwinden. Wenn ich jetzt nachts ins Badezimmer muß, schleiche ich mich auf Zehenspitzen hinein, weiß Gott nicht, um ihren Schlaf nicht zu stören, sondern um zu erfahren, wie der Haussegen hängt. Und tatsächlich, eines Nachts höre ich leise und sanft Mamans Stimme: »Eh bien, d'accord. J'oublie. Mais je ne pardonne pas. Dort bien.«

Ich habe mir das Wort meiner Mutter gemerkt. Irgendein berühmter Franzose soll es geprägt haben: im Zweifelsfall bei den Franzosen also immer Napoleon. Der liebe Gott hat mich verwöhnt, und ich habe nicht oft Gelegenheit gehabt, dieses Wort anzuwenden, aber es ist doch vorgekommen, daß ich gesagt habe: »Ich will's vergessen – aber verzeihen kann ich es nicht.« Jedenfalls reisten meine Eltern in voller Harmonie ab. Es wurde kein tränenreicher Abschied, es gab kein pathetisches Getue, doch hatte er etwas Wehmütiges: Ich hatte ihnen nicht gesagt, daß ich den Beruf des Schriftstellers, der ja den Vorwand für mein Hierbleiben hergab, schon an den Nagel gehängt hatte, um Schauspieler zu werden. Gewiß hätte der Alte Herr nichts dagegen gehabt, wäre ich aus dem Krankenhaus gekommen und hätte gesagt: Hier steht der junge Kainz. Aber ich hatte gesagt: Hier steht der junge Thomas Mann. Und das wollte ich bleiben – ihnen gegenüber. Obwohl es mir schon verdammt wie Betrug vorkommt, wie ich da am Bahnhof stehe und winke. Wer weiß, ob und wann ich sie wiedersehe. Vielleicht kommen sie im Flugzeug um. Sie wollen von Paris aus fliegen. Oder es passiert ihnen etwas in Barcelona, wenn die Faschisten die Stadt erobern.

Da höre ich meinen unsichtbaren Weggenossen kichern: ›Du lernst schnell. Schau, wie fein du dein Leben schon dramatisierst. Gratuliere, Curd, du wirst es zu was bringen als Schmierenkomödiant.‹

Und genau das zu tun nahm ich mir vor, als ich den Bahnhof verließ.

Viele von den Zurückbleibenden weinten und winkten noch, als der Zug längst verschwunden war. ›Viele von denen, die heutzutage den direkten Zug nach Paris nehmen, nehmen dürfen, kommen nicht mehr wieder‹, denke ich.

Heimgekehrt, abonnierte ich die »Filmwoche« und die »Film-Revue«, erkundigte mich bei Lulu, ob und wie man in die UFA-Ateliers in Neubabelsberg hineinkommt, kramte die angestrichenen Rollenbücher vor und legte sie ostentativ auf den perlmutteingelegten turkestanischen Rauchtisch in meiner Bude bei Hubert Heller. Am liebsten hätte ich einen Zettel an die Tür geklebt: Curd Jürgens, Schauspieler – nicht zuletzt, um mich selbst zu überzeugen, daß dieser Entschluß das Richtige sei.

Paul Günther war nicht sehr überzeugt. Meine klassischen Liebhaber und Helden hatten ihn nicht sonderlich beeindruckt. Nach

der letzten Stunde hatte er mir ein Reclam-Büchlein in die Hand gedrückt: »Die Ratten« von Gerhart Hauptmann. »Versuchen wir es mal mit Dialekt als Umweg zur Charakterisierungsfähigkeit. Diktion und gedankliche Gliederung ist vorhanden, Temperament haben Sie. Wahrscheinlich von Maman.« Maman sprach er französisch aus. Ich hatte ihm genau von meinen Eltern und unserer finanziellen Situation erzählen müssen, bevor er mich als Schüler akzeptierte. »Studieren Sie den Bruno Mechelke. Ein fieser, dumpfer Mörder mit unerlöstem Herzen, ein armer Wicht, eine Charakterrolle.« Ich werde nie vergessen, was geschah, als ich eine Woche später im Wohnzimmer des Reihenhäuschens in Klein-Machnow, lässig die Hände in den Hosentaschen, Brunos Geständnis vortrug. Günther sprang von der Couch, tanzte um die Rotweinflasche herum, goß mir ein und schrie: »Ich hab's gewußt, ich hab's gewußt! Harte Schale, weicher Kern. Die Blüte ist heraus. Jeder Weg ist gut, um zum Ziel zu gelangen, man muß ihn nur gehen. Trinken Sie, trinken Sie, Curdchen, ein Schauspieler ist geboren.«
War er begeistert, erlöst, so empfand ich nur Verwunderung, Verblüffung. So einfach sollte das sein? Gewiß, die Scene hatte mich merkwürdig berührt. Beim Lernen war mir aufgefallen, daß ich den Text besonders schnell intus hatte wie noch bei keinem anderen Rollenstudium. Aber: ›Ein Schauspieler ist geboren‹? Na, na, Onkelchen, täusch dich nicht! In der Haustür drückte er mir die Hand: »Mir fällt ein Stein vom Herzen. Ehrlich gesagt, ich wollte schon über Regieassistenz, Regie und Dramaturgie mit Ihnen sprechen, denn Sie können beobachten und haben Sinn für Situationen. Aber nun heißt es Ärmel aufkrempeln und lernen, arbeiten!« Er gab mir Bücher: Wedekinds »Lulu«, Rolle Dr. Schön. Bernard Shaws »Candida«, Rolle Marchbanks; »Arzt am Scheideweg«, Rolle Dubedat. Charakterrollen, Prosa. Keine Verse mehr, keine klassischen Helden. »Ein ganz moderner Schauspieler«, sagte er. Und noch etwas, was ich nicht vergessen habe: »Südlich der Mainlinie spielt man das Gefühl, nördlich die Hemmung des Gefühls. Sie waren in der Wahl Ihrer Eltern sehr vorsichtig: Sie haben beides.«

Am nächsten Tag – oder war es ein paar Wochen später? – fahre ich nach Neubabelsberg zum geheiligten UFA-Gelände. »Beruf?« fragt der Pförtner. – »Schauspieler.« – »Zu wem?« – »Besetzungsbüro.« – »Angemeldet?« – »Nein.« Mein ›Nein‹ muß so arrogant gewesen sein, daß er mich durchließ. Herr von Reith, der Besetzungschef, studiert zuerst meine Fotos, dann mein Gesicht. »Was bei Ihnen nicht stimmt, ist die Oberlippe. Zu lang. Sie können nicht lachen. In Ihrem Fach muß man Zähne zeigen. Die sieht man bei Ihnen nicht.« – »Ich bin Charakterdarsteller, nicht Liebhaber.« – »Bei dem Aussehen? Daß ich nicht lache!« – Ich kann mir nicht verkneifen zu sagen: »Haben Sie Gary Cooper schon mal lachen sehen?« Da habe ich verspielt. – »Amerikaner!« sagt er mit der Verachtung des geborenen Übermenschen. »Schauen Sie sich Gustav Fröhlich oder Willy Fritsch an. Das sind die Strahlebolde, mit denen wir Filme machen wollen. Sie haben zu lange Lippen, verbergen die Zähne.« Ich stehe auf, sammle die Fotos ein. »Die können Sie dalassen. Für alle Fälle. Vielleicht findet sich mal was.« – »Danke, Herr von Reith. Sehr liebenswürdig.« Draußen bin ich.
Schräg gegenüber ist der Kantinengarten. Die Leute sitzen in der Julisonne. Schauspieler – oder Komparsen? – in Kostümen des neunzehnten Jahrhunderts. Viele Uniformen. ›Nebbich‹, denke ich. ›Hugenberg, der Großindustrielle und Vorsitzende der Deutschnationalen Volkspartei, hat als Dank für finanzielle Unterstützung von Hitler die UFA geschenkt bekommen. Jetzt werden Filme mit Hurra-Patriotismus gemacht. Genau meine Kragenweite.‹ Unter den Geschminkten viele Österreicher mit weichem Wiener Dialekt. Aus einem Auto quellen sechs Franzosen. (Damals, als das Synchronisieren noch unbekannt war, begann man, Filme in zwei, manchmal drei Versionen zu drehen: deutsch, französisch und englisch.) Ich genehmige mir ein Bier und lausche den französischen »Strahlebolden«. ›Die Zähne zeigen sie, das ist wahr, aber sonst sind sie klein und mickrig‹, denke ich – wahrscheinlich als Kompensation für meine zu lange Oberlippe. »Quand est-ce que tu commences ta séquence, Henri – Wann bist du an der Reihe, Henri?« fragt einer den Blonden in

der Mitte. – »Demain«, antwortet der mit verächtlichem Lächeln. »Mais ils n'ont pas encore trouvé l'empereur, tu imagines – Aber sie haben noch immer nicht den Kaiser gefunden, stell dir vor.«

Ich zahle und gehe die Allee hinunter. Links und rechts Ateliers, Produktionsbüros. Bei Halle 7 ist ein Drahtzaun und Schluß. Ich gehe auf der anderen Seite zurück. Ab und zu kommt ein Wagen und bringt Schauspieler im Kostüm zurück ins Atelier. Die Mittagspause ist zu Ende.

Ein kleiner Herr kommt quer über die Straße, vertritt mir den Weg, fummelt sich ungeschickt eine Zigarette aus einer Packung ›Memphis‹ von der österreichischen Tabakregie. Ich denke, er will Feuer. »Verzeihen Sie, mein Name ist Erich von Neusser«, lispelt er stark wienerisch. Ich krame nach Zündhölzern. Er erkundigt sich, ob ich Schauspieler sei; und als ich bejahe, wo ich herkomme. Und dann kommt es: »Herr Willi Forst möchte Sie gern kennenlernen. Er hat Sie vom Fenster aus beobachtet. Wir hätten vielleicht eine Rolle für Sie...«

Das Büro ist voll. Zigarettenqualm, Walzermusik aus Lautsprechern. Niemand hört zu, alle reden durcheinander. Aber als Neusser mich eintreten läßt und sagt: »Der junge Herr *ist* Schauspieler«, heben sie alle die Köpfe. Wie beim Pingpong gehen alle Blicke hinüber zum Schreibtisch, wo ein Mann im Bademantel in einem Packen Fotos wühlt, jetzt jedoch aufsteht und mit einladender Geste auf den einzig leeren Stuhl vorm Schreibtisch weist. »Bittschön, nehmen S' Platz, Herr...?« – »Jürgens«, sage ich, »Curd Jürgens.« – »Freut mich, Herr Jürgens. Das ist Herbert Maisch, unser Regisseur.« Ein großer dunkler Mann mit lederbezogener Armprothese reicht mir die Linke. Der Mann hinter dem Schreibtisch stellt sich nicht vor. Man hat wohl zu wissen, daß er Willi Forst ist, der Star unzähliger Wiener Kitsch- und Musikfilme, der vor kurzem mit seinem Film »Maskerade« einen Welterfolg als Regisseur erzielt hat.

Nach den Fragen, die ich nun schon ohne Stocken beantworten kann: Was ich gemacht habe, wo ich herkomme – unversehens eine neue: »Können S' a bisserl Österreichisch?« – »Ich bin

in München geboren und kann, glaub' ich, noch a bisserl Bayrisch.«
Plötzlich ist es ganz still im Raum und ich spüre, daß das Pingpong stehengeblieben ist und die Blicke der anderen nicht mehr auf mich, sondern nur noch auf Maisch und Forst gerichtet sind. Pause. Dann sagt Forst: »Wollen S' a Probeaufnahme machen?«
Ich kann nur nicken. Forst reicht mir ein dickes blaues Buch – das erste Drehbuch, das ich in meinem Leben in der Hand halte. »Studieren S' die allererste Scene a bisserl. Braucht nicht genau zu sein. Fritz, führen S' den Herrn Jürgen (Er läßt das *s* weg. Soll er!) zum Maskenbildner, gell, Herbert?« Herbert Maisch nickt zustimmend. Forst reicht einen Stapel Fotos über den Tisch, und irgend jemand nimmt ihn beflissen, fast unterwürfig in Empfang. »Wie lang werdets ihr brauchen?« – »Eine Stunde Maske, halbe Stunde Kostüm, halbe Stunde Textlernen«, erklärt der Dienstbeflissene in erfrischendem Berlinerisch. Forst nickt, und ich bin entlassen.
Der Gang zur Tür wird schwierig. Ich spüre zwanzig bohrende Augen im Rücken. Beim Hinausgehen ruft Forst uns noch nach: »Probieren S' a breiteres Bärtchen als auf dem Foto. Eins über die ganze Oberlippe...«
Im Schminkraum vor dem Spiegel schneide ich Grimassen. Herr von Reith hat recht. Man sieht die Zähne nur, wenn ich die Oberlippe lüpfe wie ein Kaninchen. Der Maskenbildner, der das Foto eines Kupferstichs an den Spiegel klebt, deutet meine Grimassen falsch. »Allergisch gegen Mastix?« – »Nee. Was ist das denn – Mastix?« – Er lächelt mitleidig und zeigt auf den Schnurrbart, den der junge schlanke Herr in weißer Kürassieruniform auf dem Foto am Spiegel trägt. »Ick dachte nur, weil Se so'ne Jesichter schneiden, Se können Mastix nich' vertragen. Det is' der Klebstoff zum Bartankleben.«
Unten auf dem Bild steht: ›Kaiser Franz Joseph im Alter von zwanzig Jahren.‹ Er sieht nett, aber traurig aus, der junge Herr mit seinen kurzen Ringellöckchen, seinen Koteletten und seinem blonden Schnurrbart. Jedenfalls lacht er nicht und zeigt keine Zähne.

Während der Maskenbildner mit Brennscheren fuchtelt, lese ich die Scene. »Links brauchen Se jar nich' lesen, det sind die Regieanmerkungen. Die ändert der Herr Forst sowieso. Der Text, den Se sprechen müssen, steht rechts.« – »Aber ich denk'«, sage ich und versuche bereits, wienerisch zu reden, »der Herr mit der Armprothese ist der Regisseur?« – »Stimmt, Herr Maisch is' Regisseur, aber Herr Forst is' der Star. Der macht, was er will. Und«, setzt er mit beruhigendem Lächeln hinzu, »er macht's sehr jut, keene Bange.«
Gibt es das, großer Friedrich Hacker? Du stehst vor einem Wandspiegel und betrachtest dich: weiße Kürassieruniform, silberner Brustpanzer, gestiefelt und gespornt. Das Gesicht mit Ockerfarbe übermalt, Bärtchen, Koteletten. Ein unbekanntes Tier ergreift von dir Besitz, frißt an dir, vom Magen aufwärts bis zum Hals, zu den Stimmbändern, erfüllt und polstert alles, was unter der Uniform ist – während gleichzeitig von der Kopfmitte, die Haarwurzeln abwärts, etwas in dir hinunterkriecht wie eine langbeinige, behaarte Spinne. Irgendwo im Hals stoßen die beiden aufeinander, bringen dein Blut in Wallung und, als kämpften sie miteinander, steigt Hitze in dir auf, so daß du meinst, du müßtest ersticken. Das eine Tier kommt aus der Welt, in der ein Kaiser lebt, das andere vom Ateliergelände, will den Kaiser töten und die Welt erobern. Das war nicht ich, der Kaiser werden wollte, aber das war auch nicht ich, der Filmstar werden wollte. Zwei Fremde maßen ihre Kräfte und sprachen berlinerisch und wienerisch durcheinander.
Ich erinnere mich ganz genau, daß diese Schizophrenie – kann ich es anders nennen? –, daß diese Vereinigung meiner beiden Ichs, die irgendwo beim Sonnengeflecht stattfand, mich dermaßen verwunderte, daß ich mich vom Spiegel abwandte und in der leeren Garderobe nach meinem ewigen, kritisch grinsenden Begleiter umsah. Er war fort, wie der Teufel aus der Kirche getrieben. In diesem Augenblick wußte ich, ich würde die Rolle bekommen.
Alles andere ging ganz schnell: Atelier, Einleuchten, Probe mit Forst, der unter seinem Bademantel (oh, Verzeihung, seidenem

Schminkmantel) Uniformhose und Stiefel trug. »Absolute Ruhe, bitte. Wir machen eine Aufnahme.« Auf der Klappe, die mir vor die Nase gehalten wird, steht: FILM KÖNIGSWALZER. Als sie geschlagen wird, pustet Forst eine Kreidewolke weg, schaut mich mit seinen großen braunen Dackelaugen unendlich freundlich an und sagt ganz leise: »Bitte, Herr Jürgens.« Er sagt es richtig, mit *s* am Ende. So steht es mit Kreide geschrieben auf der Klappe, unter dem Filmtitel.

»Wir fangen morgen früh an«, sagt Herr von Neusser. »Wir holen Sie ab. Adresse?« Einen Augenblick überlege ich, dann denke ich: ›Scheiß drauf! Wenn Lulus Ruf ruiniert wird, hat ihn wenigstens ein Kaiser ruiniert.‹ Laut sage ich: »Douglasstraße 13 bis 15, Grunewald.« – »Türnummer?« – »Keine Türnummer. Eine Villa.« – Da wird der kleine von Neusser gesprächiger, als schulde er mir eine Erklärung: »Wissen S', wir war'n schon arg verzweifelt. Keiner hat dem Herrn Forst gepaßt als junger Kaiser. Und als Sie vorbeikamen, war grad großer Krach, weil die Dekoration schon seit Wochen steht und nicht abgerissen werden kann, bevor die Scenen mit dem Kaiser gedreht sind.« Die Sonne ist weg, als ich mir im Kantinengarten noch ein Bier gönne. Das Besetzungsbüro ist dunkel. Ich kann lachen. Und habe Herrn von Reith die Zähne gezeigt, denke ich.

Ein großer Kerl, glatzköpfig, mit über die Lippen hängendem Schnurrbart und verschmitzten Augen, bestellt mit hoher, schriller Stimme und stark baltischem Akzent einen Aquavit. Während er auf das Getränk wartet, kramt er in einem Köfferchen. Ich sehe Pyjamahosen, Waschzeug, ein Drehbuch. Noch eins. Das erste, zerfledderte, nimmt er heraus, blättert es durch, reißt dann vorsichtig die Deckseite vom Buch und macht auf der Rückseite ein paar Notizen. Dann steht er auf und geht zum Papierkorb, kommt ohne das Buch zurück und setzt sich an meinen Tisch. Er merkt, daß ich ihn beobachte. »Abjedreht«, sagt er lächelnd, als wäre er mir eine Erklärung schuldig. »Wenn 'ne Rolle abjedreht ist, werfe ich das Drehbuch wech. Unnötijer Ballast fürs Jepäck und Jehirn.« Ich wünschte, ich könnte das auch schon sagen von dem dicken blauen Buch, das vor mir liegt. Die

Kellnerin kommt und bringt Aquavit: »Bitte sehr, Herr Engelmann.«
»Haben Sie schon viele Drehbücher so... weggeworfen?« wage ich zu fragen. Der Mann trinkt, hustet und nickt: »Alle. So an die hundert, denke ich. In spätestens drei Wochen werde ich das nächste« – er klopft auf das Köfferchen, in dem das andere Buch verstaut ist – »in eine Pariser *poubelle* werfen. Obwohl das besser ist als der Schmarrn, den ich da eben beendet habe. Immerhin Sacha Guitry. ›Les perles de la couronne.‹ Da spiele ich einen netten Räuber und Mörder.« – »In Paris?« frage ich ungläubig. – »Ja«, antwortet er und steckt sich so eine lange russische Zigarette an, wie ich sie von zu Hause kenne. »Mein Zug geht in zwei Stunden. Wo der Produktionswagen nur bleibt...« Die Kellnerin kommt kassieren. Er zieht eine merkwürdige Brieftasche heraus mit verschiedenen Fächern. Auf jedem Fach ein goldener Aufdruck: Franc. Mark. Pound. Dollar.
Ich stehe auf, stelle mich vor. »Auch abjedreht für heute?« fragt er beiläufig. Ich nicke wie ein alter Routinier. In diesem Augenblick fährt eine Mercedes-Limousine vor. Der Chauffeur steigt aus. »Herr Engelmann. Herr Andrew Engelmann«, ruft er. Offenbar kennt er ihn nicht. – »Ich komme«, ruft Engelmann zurück und, zu mir gewandt: »Haben Sie Transportation?« – Das merkwürdig verdeutschte Wort verleitet mich zu antworten: »Merci, monsieur, je prends le metro.« – »Steijen Se ein, ich fahr' zum Bahnhof Zoo.«
Unterwegs tue ich einen Blick in ein Leben, das mich lange faszinieren soll. Im Laufe des Gesprächs zieht er ein zierliches, goldenes Schlüsselbund mit kleinen Yale-Schlüsseln aus der Tasche, damals ein ungewöhnlicher Anblick. »Ich habe eine kleine Wohnung in Paris, eine in Berlin, eine in Hollywood. Ich bin staatenloser Junggeselle und zockele in der Welt herum. Wo ein netter, gefährlich aussehender Mörder, Gangster oder Gauner jebraucht wird, zieh' ich meine Masche ab, werde jut bezahlt und bin jlücklich... Soweit einer, der im Schoß von Mütterchen Rußland jeboren und von dort vertrieben wurde, jlücklich sein kann...«
Mir kommt der Vers in den Sinn: »Ein Ziel, aufs innigste zu

wünschen.« Reisender in Sachen Film! Da stehe ich nun, am Vorabend meines ersten Auftretens in einem Film, als Partner eines der größten Stars, habe noch nicht einmal eine einzige echte Scene gespielt, und schon möchte ich wie dieser Balte als Gaukler durch die Welt zigeunern. Diese Undankbarkeit und Ungeduld bei allem Erfolg soll mich nicht mehr verlassen und mir viele Höhepunkte meines Lebens und glückliche Augenblicke schmälern oder sogar vergällen. Doch vielleicht hat diese Ungeduld, dieses »Auch-den-Löwen-spielen-Wollen«, einen Motor angeworfen, der mich vorantreibt.

»Du hörst diesen Motor, nicht weil du ungeduldig, sondern weil du im Grunde unsicher bist...« – »Aber, Mathilda, es ist das erstemal, seit ich begonnen habe, dir mein Leben zu erzählen, daß du mir widersprichst. Woher weißt du, daß ich damals unsicher war und es immer noch bin?« – »Das erkenne ich an der Art, wie du ißt, wie du arbeitest und vor allem, comme tu fais l'amour...« – »Ach, interessant, Mathilda. Hört, hört! Und wie bin ich denn, wenn ich Liebe mache, esse oder arbeite?« – »Wenn du ißt, sättigt dich das Bewußtsein, daß noch mehr in der Küche ist. Wenn du arbeitest, beflügelt dich die Vorstellung, wie die Arbeit ankommen wird, und wenn du Liebe machst, befriedigt dich im Grunde deine eigene, unstillbare Sehnsucht mehr als eine Frau.« – »Ein nettes Bild, das du da von dem Manne malst, den du liebst.« – »Ich liebe dich, weil deine Unsicherheit aus deinen Träumen kommt. Sie rennen der Realität des Lebens nach, wie der Mond der Sonne nachrennt, so sagt man bei uns.« – »Aber manchmal deckt der Mond die Sonne zu.« – »Ja, das sind deine Sternstunden, in denen Traum und Realität eins werden.« – »Die gibt es also?« – »Ja. Erzähl weiter, ich werde dich unterbrechen, wenn sie kommen...«

Auf dem Weg von der S-Bahn in die Douglasstraße begegnen mir ein paar junge Burschen in weißen Hosen und blauen Blazern, Tennisraketts unterm Arm. Sie kommen vom Rot-Weiß, dem Tennis-Club der reichen Berliner. Bis ich nach England ging, hatte ich mich jeden Nachmittag auf den Plätzen herumgetrieben, hatte zweimal wöchentlich Trainerstunden gehabt und mit vierzehn in der Berliner Juniorenmannschaft gespielt. ›Seit dem Unfall hast du keinen Schläger mehr in der Hand gehabt‹, denke ich. ›Das muß anders werden. Du mußt dich körperlich in Form bringen, reiten und fechten. Eishockey im Winter ist wohl nichts für einen Filmstar. Zu sehr Massensport, zu wenig Elite.‹ – Ganz schön arrogant der Junge, seitdem er Kaiser Franz Joseph ist. Die Douglasstraße macht nach ein paar hundert Metern einen Knick, und dort steht ein vornehmes Haus, bei dem ich des öfteren bemerkenswert hübsche Mädchen hatte ein- und ausgehen sehen, wenn ich zufällig vorbeikam. Heute fährt ein Auto nach dem anderen vor: ›Cocktailparty‹, denke ich. Ein Chauffeur springt aus einem großen Mercedes, reißt den Wagenschlag auf, steht stramm und salutiert. Schwarze Uniformen quellen aus dem Wagen, Damen in hellen Abendkleidern. Jawohl, mein Junge, die neue Zeit ist angebrochen mit Feten und Gartenpartys, Tennisturnieren und Kino. Und du machst mit, bist schon mittendrin.

Ich stehe vor Nummer 13/15, Baslers »Wasserburg«, und läute. Ein Typ in weißer Livree mit Litzen und Goldknöpfen kommt über die Straße auf mich zu. »Heil Hitler. Wohnen Sie hier?« – »Nein. Ich bin nur eingeladen«, sage ich, obwohl das nicht ganz stimmt, denn niemand weiß, daß ich komme. – »Wie heißen die Hausbesitzer?« – »Basler.« – Pause. Dann, gerade, als hinter der Haustür das Licht angeht, etwas leiser: »Basler? Juden?« – Die Tür geht auf, Lulu steht da, blond und schlank. »I wo«, sage ich, »Basler mit *sl*, nicht Baseler wie Basel.« Lulu kommt mir die paar Schritte zum Gartentor entgegen, begrüßt mich. – »Verzeihen Sie, gnädiges Fräulein. Herr von Meyenburg gibt heute abend ein Fest zur Einweihung. Er bittet die Nachbarn um Entschuldigung, falls der Lärm Sie stören sollte. Es soll im Garten getanzt werden. Ein so schöner Abend«, fügt er fast entschuldigend hinzu. – »Ist schon in Ordnung«, sagt Lulu. »Richten Sie dem Nachbarn aus, wir wünschen ein schönes Fest.« – »Das wird Herrn von Meyenburg freuen. Vielen Dank. Heil...« – Lulu wittert plötzlich eine gute Gelegenheit und ruft ihm nach: »Richten Sie dem Herrn Nachbarn aus, wenn ich ein Fest gebe, schicke ich nicht den Diener, um mich zu entschuldigen. Ich komme selbst. Wie das hier in Grunewald so üblich ist.« Potztausend, die Lulu! Frech wie Rotz. Sie sagt nicht: Wir haben nämlich keinen Diener, sondern sie sagt: Wie das hier in Grunewald so üblich ist. Dabei wohnt sie erst seit drei Monaten in Grunewald. – »Ich werd' es ausrichten«, sagt der Scherge mit merkwürdigem Unterton.

Die Nachricht, der frischgebackene Kaiser sei im Hause eingekehrt, verursacht einen beträchtlichen Wirbel. Man gratuliert mir, Mama Basler bringt Pfälzer Wein, Jenny tischt Leckerbissen auf, und wir feiern, bis ich zum Schluß holdselig und dreist sage: »Ich glaube, ich muß mich jetzt zurückziehen und den Text für morgen lernen.« Alle verstehen das, nur Mama Basler meint: »Wer wird dir denn das Frühstück machen, in deiner Bude?« Das war eine verkappte Aufforderung zu bleiben, und ich blieb. Lulu war selig, als sie im Laufe der Nacht erfuhr, daß ich den Filmleuten ihre Adresse zum Abholen gegeben hatte, ohne sie vorher zu fragen. Sie empfand das als Beweis meiner Zuneigung.

Liebe? Du unterbrichst mich nicht, Mathilda? Also waren es wohl nicht die Sternstunden, von denen du sprachst. Aber es war erregend, spannend, und es war zauberhaft, mit Lulu. Ich habe damals nicht gewußt, ob es die große Liebe war. Heute weiß ich, daß Zärtlichkeit, Humor, innige Zuneigung und aufregender Sex mich mit Lulu verbanden. Hinzu kam das merkwürdige Leben des Showgeschäfts, in das sie mich einführte, als wäre es die selbstverständlichste Sache der Welt.

Die Baslers waren ein geselliges Volk, und es verging kein Tag, an dem ich bei ihnen nicht etwas lernte oder Menschen traf, die etwas zu sagen hatten. Und wenn sie nichts zu sagen hatten, dann hatten sie etwas auszurichten – so wie Herr von Meyenburg, der noch spät am selben Abend rüberkam, um, wie er sagte, seine Reverenz zu machen und uns alle, Hausgäste eingeschlossen, einzuladen, ein Glas Champagner auf gute Nachbarschaft mit ihm zu trinken. Lulus freche Antwort an den Diener hatte gewirkt und offensichtlich an den Snobismus des Neureichen appelliert. Lulu und ich entschuldigten uns mit Textlernen (»Ach, Schauspieler, interessant!«), aber Hermann, der Beziehungen witterte, ging mit Jenny und Edmee hinüber. Lulu hörte mich ab und sprach mit mir die morgige Scene durch. Dann traten wir auf den Balkon ihres Zimmers im ersten Stock hinaus, spähten hinüber auf das Treiben des Festes und lauschten der Musik, die meine alten Freunde aus dem Westend Zickendraht genannt hätten.

Lange konnte ich nicht einschlafen in dieser Nacht. Ich glaubte nicht an den Beruf, den ich von morgen ab ausüben sollte. Aber neben mir schlief jemand, der für mich an meinen Erfolg in diesem Beruf glaubte. Der ruhige, regelmäßige Atem, der aus Lulus edlen Nüstern strömte – in der Erinnerung gleichen ihre schön geschwungenen Nasenflügel den zitternden Nüstern einer rassigen Araberstute –, strich wie ein linder Wind über meine nackte Brust. Er regte mich auf, aber er versetzte mich nicht in jene Erregung, von der du weißt, daß ihr Erlösung und Ruhe folgen. Vielmehr ist jene Spannung, die ich später als Lampenfieber zu diagnostizieren lernte und die ganz anders ist als die, welche sich durch Liebe und Orgasmus löst.
Lulu konnte auf die liebenswürdigste Weise naiv sein, wenn sie wollte. »Ein Schauspieler darf nicht mit jemand schlafen vor der Premiere«, war ein entwaffnend überzeugendes Argument, um den ereignisreichen Tag ausklingen zu lassen. Freilich, mit der Zickendraht-Musik kamen auch aufregende Rhythmen heraufgeweht in Lulus Zimmer, das nach Pfefferminz und Mimosen roch, und ich sehnte mich nach fremdländischem Jasmin und dem Schweiß, nach dem die Mädchen riechen unter den Achseln, wenn sie vom Tanzen an den Tisch zurückkehren. Zeit meines Lebens ist mir der Kuß in die Höhlung eines rasierten, feuchtflaumigen, nackt-lüsternen Achselbogens als das höchste Versprechen für eine Liebesnacht erschienen...
Achtzehn Jahre später, 1953, werde ich den Udet-Harras in »Des Teufels General« spielen. Wir drehen im Studio Hamburg bei

meinem Freund Trebitsch die berühmte Scene des Festes, das General Harras besucht. Regisseur Käutner läßt im Playback Musiknummern aus der Zeit abspielen. Und ich sage zu Marianne Koch, dem keuschen Mädchen, in das ich – laut Rolle – verliebt bin (ich war es auch privat, als sie in der bewußten Scene mit mir tanzte, und ich ihre Achselhöhle berührte): »Es riecht nach Mimosen und Pfefferminz, finden Sie nicht?« – »Nein«, sagt sie und kneift ihre lustigen Augen zu, »es riecht nach warmem Hering. Das Buffet steht schon seit 9 Uhr früh hier aufgebaut.«

Ich wache auf. Eine zwirnsdünne Stimme piept an Lulus Tür: »'s Auto für de Herr Jürgens isch do. I weeß net, wo ich ihn finde soll...« Papa Basler hat als einziger das Hupen und Läuten des Chauffeurs der Filmleute gehört.
Die merkwürdige, ja denkwürdige Erfahrung des ersten Drehtages: Man umhegt dich, man verwöhnt dich, sorgt für dich, liest dir jeden Wunsch von den Lippen ab, tut alles, damit du dich für ein Genie, einen Übermenschen, einen Kaiser hältst, und kaum sagt jemand: »Danke, das wär's für heute«, bist du vergessen, stehst im Weg, störst jeden und überall, so daß du glaubst, du bist der größte Dreck, ein Patzer, ein Versager. Eine Fabrik, ein Werksgelände hat dich vergessen, konzentriert sich auf das nächste Mosaikstückchen. Als am Ende meines ersten Drehtages eine kurze Scene mit einem Spiegel gedreht werden sollte, wurde dem Spiegel die gleiche Aufmerksamkeit, die gleiche peinliche Begutachtung durch den Kameramann und den Regisseur zuteil wie zuvor mir. Sogar der Schminkmeister kümmerte sich um ihn und mußte unmittelbar vor der Aufnahme noch störende Reflexe wegschminken. Selbst Forst, der bei dieser Spiegelgroßaufnahme unbeteiligt in seinem Stuhl saß, wurde höflich, aber bestimmt gebeten, den Platz zu räumen, da der Spiegel ein Uniformstück reflektiere.
Es ergab sich von selbst, daß ich zum nächsten Drehtag wieder von der Douglasstraße abgeholt wurde: Ich hatte am Ende des Tages mit all seinen Aufregungen und neuen Eindrücken ganz

einfach vergessen – oder verdrängt –, meine Adresse bei Freund Hubert Heller zu hinterlassen.
Jeder im Haus wußte natürlich, wo ich die Nächte verbrachte, der alte Dr. Basler vielleicht ausgenommen; trotzdem wurde das Decorum gewahrt, und so gab es viel heimliche Schleicherei nachts im Haus, besonders, wenn es sich das eine oder andere Mal nicht umgehen ließ, daß ich nach Umarmungen und Schäferstunden das Badezimmer aufsuchen mußte, das Lulu mit Hermann und Jenny gemeinsam benutzte. Einmal stehe ich vor dem Waschbecken und reinige mich – recht wollüstig, wie mir erst später zum Bewußtsein kommt. Versunken in diese Tätigkeit, schaue ich wie von ungefähr in den Spiegel. Plötzlich sehe ich ein Paar grüne blitzende Augen. Jenny steht, ebenfalls splitternackt, im Türrahmen und betrachtet mich. Sie muß schon eine Weile dort gestanden und mich beobachtet haben. Sekundenlang blicken wir uns an, mir steigt die Schamröte ins Gesicht. Dann kichert sie leise, weist mit theatralischer Geste aufs Bidet und flüstert, als wollte sie das Geheimnis, das uns in diesem Augenblick verbindet, nicht preisgeben: »Après vous, monsieur...« Damit, so scheint mir heute, war ich endgültig in den Schoß der Familie Basler aufgenommen.
Wenige Tage später (Mama Basler hatte ihre Einladung wiederholt und, wie um die letzten gesellschaftlichen Hemmungen auszuräumen, hinzugefügt, sie hätte mit Hermann, dem alten Doktor und Jenny darüber gesprochen, wobei besonders Jenny meinen Einzug begrüßt habe) übersiedelte ich von meinem geliebten Neu-Westend in das vornehme Grunewald, in die Baslersche ›Wasserburg‹. Meine turkestanischen Möbel kamen in ein neben dem Laboratorium gelegenes Souterrainzimmer, wo ich es mir gemütlich machte. Das Badezimmer teilte ich fortan mit dem alten Dr. Basler, und nun kam es vor, daß er bei seinen nächtlichen Spaziergängen im Souterrain Lulu traf.
Doktor Basler lebte aufgrund der Isolierung von der Familie ein gewissermaßen zeitloses Leben, arbeitete oder musizierte nachts und wußte oft nicht, ob es Morgen oder Abend war, denn seine Uhren brauchte er als Wecker für seine Experimente im Labor.

20 Zum erstenmal in Hollywood: Mit Hildegard Knef in »Schwab's Pharmacy« am Sunset Boulevard in Hollywood, 1951.

21 Mit Käthe Gold in Tschechows »Die Möwe«. Rolle Trigorin, Regie Berthold Viertel. Wien, Akademietheater, 1952.

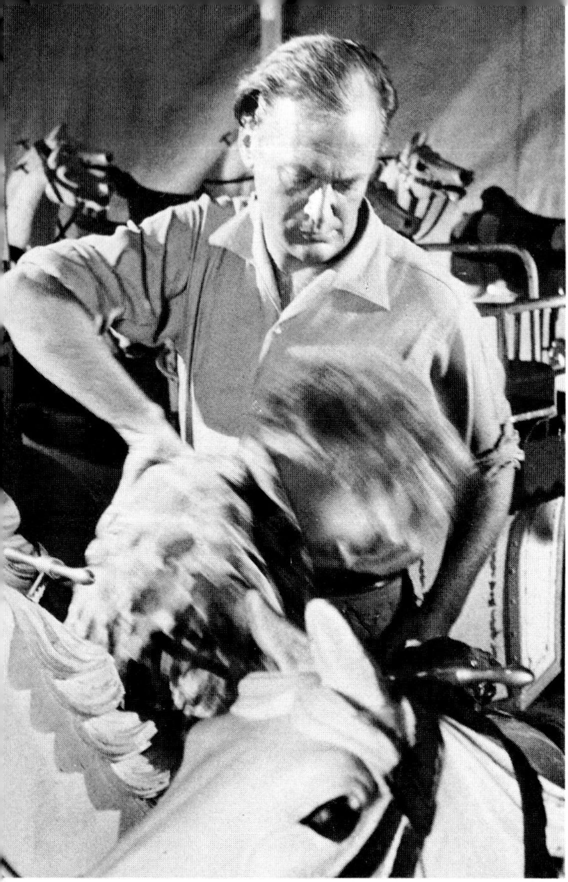

22 Die berüchtigte Ohrfeigenscene in dem Skandalfilm »Rummelplatz der Liebe« mit Eva Bartok.

23 Hochzeit mit Eva in Schliersee.

Einmal weckte er um sechs Uhr morgens das ganze Haus und fragte, warum es denn kein Abendessen gäbe. Ein andermal hörte Lulu ihn gerade noch rechtzeitig kommen, als sie mir splitterfasernackt in der Souterrainküche ein Sandwich machte. Wie der Wind versteckte sie sich in dem schmalen Speiseaufzug und hoffte selbstverständlich, er werde die Küche bald wieder verlassen. Aber der Alte dachte nicht daran, sang fröhlich und machte Feuer im Herd. Da blieb ihr nichts anderes übrig, als sich am Zugseil des Aufzugs nach oben zu hangeln, um von der sportlichen Anstrengung erschöpft im ersten Stock in der Vorratskammer zu landen, von wo sie hinauf in ihr Zimmer schleichen konnte.
Zusammen mit meinen Möbeln hatte ich mein geliebtes Schlagzeug mitgebracht, das jetzt in der Halle neben dem verstimmten Steinway thront. Nachmittage vergehen, da ich am Schlagzeug die Lieder und Kompositionen des Herrn Boeker begleite, die Lulu singen muß, während Mama Basler verzückt lauscht, korrigiert, erläutert, mit stark Pfälzer Dialekt Rezitative vorträgt und – ist ein Stück einstudiert – die ganze Familie samt zufälligen Besuchern bei Kaffee und Kuchen zusammentrommelt, um Vorstellung zu halten. Sie hat das Libretto zu einer Märchenoper geschrieben, Boeker eine Musik zwischen Wagner und Paul Lincke komponiert, und sie träumt nun davon, das Ganze mit Lulu in der Hauptrolle (»...und Curdchen könnte den jungen Liebhaber spielen.«) in Berlin herauszubringen.

»Ein bezauberndes Fräulein« war abgesetzt worden, mein Film abgedreht. Lulu verbrachte Stunden bei Gesangslehrer Lefmann, und ich stürzte mich nun schon ein wenig ernsthafter in das Studium der Rollen, die Paul Günther mir aufgegeben hatte, und antichambrierte bei Filmgesellschaften. Abends kamen viele Gäste ins Haus. Emil Lutz, ein verkrachter Arzt und Psychiater, kam jeden Sonntag. Er schrieb pseudowissenschaftliche Artikel in Illustrierten wie der »Koralle« und verunsicherte uns, besonders Lulu und mich, mit psychoanalytischen Traumdeutungen. Er erklärte mit mephistophelischem Grinsen jede harmlose

Fehlleistung und entlarvte bei Tisch mit Vorliebe die Peinlichkeit eines arglos erzählten Traums, einer achtlosen Bemerkung. Als Nachbar kam oft Meyenburg und wurde uns immer undurchsichtiger und bedrohlicher mit seinen Anspielungen auf seine geheimnisvolle Tätigkeit als Treuhänder ausländischer Vermögen, die, wenn ich recht verstand, durch seine Intervention gegen beträchtliche Abfindung von der Arisierung respektive Verstaatlichung befreit werden konnten. Dr. Horney brachte spießige Industrielle aus dem Hugo-Stinnes-Kreis, die mit Hermanns chemisch-technischer Gesellschaft die Erfindungen des alten Basler finanzieren sollten. Arbeitslose junge »Kollegen« überfielen, manchmal in Zehnergruppen, das Haus, um Kaffee und Mama Baslers Wurstbrote zu vertilgen, und ich brachte Hilde und ihren Arzt sowie Theodor Reimers ins Haus.
Theo, ein paar Jahre älter als ich, war in Petersburg geboren und sprach mit jenem anheimelnden baltischen Akzent, den ich, wann immer ich ihm begegne, mit besonderer Vorliebe genieße. Ein alternder, kinderloser Onkel hatte ihn mit vierundzwanzig Jahren zum Prokuristen einer florierenden Heizungsfirma gemacht, und so lebte er, selbst für unsere schon recht verwöhnten Begriffe, in unerhörtem Luxus. Theo fuhr Wanderer-Limousinen, gab Feste und Einladungen und erlaubte nie, daß ein anderer die Rechnung bezahlte, wenn er dabei war. Das führte dazu, daß er nie ohne einen Rattenschwanz schmarotzender Freunde auftrat, die mit Horrido und Hoch-die-Tassen jede Gelegenheit ergriffen, sich zu Bier, Sekt oder sogar Mädchen einladen zu lassen. Allmählich wurde die Bande in den Westender Kneipen berüchtigt und gefürchtet und so mancher entsetzte Wirt mit einem barschen »Was kostet das?« zum Verstummen gebracht, wenn als Höhepunkt eines rauschenden Abends Gläser an der Wand zerschellten oder mit eigens mitgebrachten Katapulten Lüster demoliert wurden. Theo war im Grunde ein schüchterner, stiller junger Mann mit einer für einen Balten überraschenden Humorlosigkeit, der nur zu reden anfing, wenn philosophiert wurde. Dann allerdings war er nicht mehr zum Schweigen zu bringen. Vieles von dem, was er sagte, war verworren, angelesen und un-

verdaut, vieles jedoch faszinierend und – wie es mir schien – von jener genialen Schizophrenie, wie Kepler sie gehabt haben muß, als er sich eines Tages fragte, warum denn der Apfel vom Baum auf die Erde fällt.

Theater und Film lehnte Theo als Degenerationserscheinungen ab, denn »solange ein Publikum faul im Sessel sitzenbleibt, wenn Leid und Mord und Totschlag auf der Bühne stattfinden, statt aufzuspringen und zu warnen, zu helfen oder zu retten, solange wird der korrumpierende Fermentationsprozeß der Gesellschaft gezüchtet und gedüngt. Wie Träume den Tag vorbereiten, beeinträchtigt Theater die Aktivität des Lebens, bringt sie zum Erlahmen.« Hatten seine verblasenen Theorien mit ihren asketisch-moralistischen Maximen etwas, was durchaus in die Zeit und zu Hitler, zu Rosenberg und Bürgerbräukeller paßte, besonders, wenn er sie in baltischem Stakkato vortrug, während um uns herum grölende Stammtischkumpane ordinäre Witze rissen, so übten Sätze von Stirner, Stendhal (»Die einzige Entschuldigung Gottes ist, daß er nicht existiert«) oder Nietzsche (»Das Gute bedarf der Rechtfertigung, nicht das Schlechte«), die er in stillen Gesprächen nach endlosen Schachpartien zitierte, eine nachhaltige Wirkung auf mich aus, der ich mich lange Zeit nicht entziehen konnte.

Oft diskutierten wir in Baslers Halle mit Hermann, Lutz, Dr. Horney und irgendeinem zufälligen Gast (wobei die Damen sich mit offen zur Schau gestellter Teilnahmslosigkeit der Stimme enthielten), bis Theo manchmal, von irgendeinem Widerspruch gereizt, mit sich überschlagender Stimme seine Theorien in den Raum hineinschrie, so daß alle verstummten und zum Schluß nur noch die große Pauke meines Schlagzeugs im Nachhall der schrillen Töne vibrierte. Dann konnte es passieren, daß er mitten im Satz innehielt, wie erwachend um sich blickte, eine Entschuldigung stammelte und davonstürzte. Wenige Augenblicke später bestätigte uns das Aufheulen seines schweren Wanderers, daß er wirklich wie ein ertappter Dieb auf und davon war. »Typischer Fall von genialer Schizophrenie. Die Grenze zwischen Genie und Trottel ist überschritten«, sagte Lutz einmal nach solch ei-

nem Eklat. – »Und wer siegt, das Genie oder der Trottel?« fragte Dr. Horney und saugte an der erkalteten, nach Pisse stinkenden Zigarre. – »Das von unverdauter Lektüre verdorbene Kind«, erklärte Hermann trocken und stellte die Schachfiguren wieder auf. – »Aber trotz allem ein charmantes Kind«, meinte Edmee träumerisch. Sie sollte später Theos Bruder heiraten – »weil Theo ja nicht zu halten ist«, wie sie uns eines Tages nach ihrer überraschenden Verlobung erklärte.
Stationen, auf denen der gemütliche Bummelzug unseres Lebens kurz hält: Lulu übernimmt eine Rolle im »Ball der Nationen«, einer Operette im Metropoltheater bei Heinz Hentschke. Für ein Gastspiel in Dresden schlägt sie mich als ihren Partner vor. Zehn Minuten vor der Premiere, während alle Kollegen lampenfiebernd in ihren Garderoben zittern, promeniere ich, Hut auf dem Kopf, eine dicke Schinkenstulle kauend, auf der Bühne und linse durchs Guckloch in den sich füllenden Zuschauerraum. Plötzlich werde ich zurückgerissen. Der Inspizient und Abendregisseur Böhme steht wutschnaubend vor mir: »Die Bühne ist ein Tempel, merken Sie sich das, Sie dilettantischer Anfänger! Da wird nicht gefressen und Hut aufbehalten, oder sind Sie Jude?« Und: klatsch, eine Ohrfeige auf die rechte, klatsch, eine auf die linke Backe, daß mir der Schinken im Bogen aus dem Mund fliegt.

Ich spreche Hans Wölffer vor und werde für eine unbedeutende Nebenrolle als »junger Mann im Frack« an die Komödie engagiert, lerne Hubert von Meyerinck und Willy Schäffers kennen. Meyerinck, der Schlagfertige, Spröde, Aristokrat, in jeder Rolle messerscharf karikierend und gestaltend – dabei aber ein einsamer, unglücklicher Mensch, der mir einmal morgens in einer Zuhälterkneipe an der Joachimsthaler Straße gesteht: »Ich liebe blonde, aristokratische Frauen, aber schlafen kann ich nur mit stinkenden, ordinären Matrosen.«
Schäffers: freundlich, weise, mit verschmitztem Lächeln, ein Schauspieler, dessen Erbe heute Peter Ustinov angetreten hat, und der seinerseits damals das Erbe der bissigen, blitzgescheiten

Conferenciers Fritz Grünbaum und Kurt Robitschek übernahm. Lizzi Waldmüller rät mir, gegen Lampenfieber ein, zwei Cognacs zu trinken, hakt mich freundschaftlich ein und schaut in der ›Eden-Bar‹ teetrinkend zu, wie ich mir drei Doppelte hinter die Binde gieße. Am Abend ist mir speiübel, und ich bin auf der Bühne so schlecht, daß ich am nächsten Morgen »diesen unmöglichen Hurenberuf« aufgeben will. Ich schwöre, nie wieder bei der Arbeit zu trinken, und werde diesen Schwur vierzig Jahre halten.

Trotzdem, der Bummelzug gewinnt an Fahrt, läuft größere Bahnhöfe an: In »Familienparade«, nach Georg Kaisers »Kolportage«, bekomme ich meine erste Hauptrolle. Adele Sandrock, Janssen und Hubert von Meyerinck spielen mit, und Ellen Frank wird meine Partnerin und mein erster Betrug an Lulu. Der Regisseur, Fritz Wendhausen, darf den Film nicht zu Ende drehen und emigriert nach England, wo seine Stimme in der deutschsprachigen BBC-Sendung uns während des Krieges als »Willy« über den wahren Sachverhalt aufklären wird. Frank Wysbar, der spökenkiekerische Metaphysiker aus Ostpreußen, holt mich für »Die Unbekannte von der Seine« mit Sybille Schmitz, die mich so fasziniert und hemmt, daß Wysbar einen bis dahin unbekannten Kunstgriff anwendet, der erst viele Jahre später, nach dem Krieg, mit Roberto Rossellini die Ära des neorealistischen Films einläuten wird: Improvisation. Er erklärt die Kameraeinstellung und den atmosphärischen Hintergrund der Scene, und die Schmitz und ich improvisieren Dialog und Bewegungen. Karl Stepanek improvisiert mit und geht nach seiner letzten Einstellung direkt zum Bahnhof Zoo, kauft sich eine Fahrkarte und kommt am anderen Tag geschminkt im Kostüm eines Nachtklubbesitzers in London an. Das Kostüm ist ein Smoking, und der muß die Grenzbeamten wohl so verblüfft haben, daß sie ihn mit seinem tschechischen Paß ohne Sichtvermerk durchgelassen haben.

Sybille ist lesbisch, von Kopf bis Fuß, und mein Charme, den ich, wie ich glaube, inzwischen schon gut einzusetzen weiß, verpufft

bei ihr. Immerhin geht sie mit mir aus und nimmt mich mit nach Hause. In der Frühe friere ich und ziehe einen ihrer weiten, sackartigen Rollkragenpullover an. Da fängt sie an zu lachen, schlägt sich auf die Schenkel, und im Atelier geht der Text wie geschmiert. Seither trage ich diese Pullover, die du kennst, Mathilda, in allen Farben. Als Sybille bald nach dem Krieg vereinsamt und verlassen in München Selbstmord verübte, war ich ein Star und machte diese Pullovermode populär.
Trotz hinreißender Fotografie und ungewöhnlich atmosphärischer Dichte wird der Film kein Erfolg und Wysbar nimmt, getreu seiner ostpreußischen Vergangenheit bei der Marine, statt eines Zuges ein Schiff. Er landet in Amerika und fabriziert dort billige Ein-Wochen-Filme am laufenden Band. Er hatte keinen anderen Grund als sein Gewissen, das Vaterland zu verlassen, und das gibt mir noch heute oft zu denken...

Grünes Licht für die Olympischen Spiele in Berlin. Franzosen, Spanier, Polen und Amerikaner singen in ihren Sprachen in den Nachtlokalen um den Kurfürstendamm. »My yiddische Momme« kannst du bei Mustafa im ›Ciro‹ bestellen. Ich schreibe an meine Eltern nach Barcelona, Calle Padova, und lege die Titelseite der »Berliner Illustrierten« dazu: Euer Sohn als Kaiser Franz Joseph. – Ihr seid ja wahnsinnig, nicht zurückzukommen. Hier herrscht Demokratie, Freiheit und bei Euch ist Krieg, Kommunismus. Hitler beweist jetzt, daß er Arbeit und Wohlstand beschaffen kann. Jüdische Gewichtheber aus der Türkei, Neger aus den USA gewinnen Goldmedaillen, und Hitler klatscht Beifall. Das Olympiastadion ist gewaltig, wir könnten zu Fuß hingehen, wenn wir noch in der Oldenburgallee wohnten...
Die Spiele gehen zu Ende, und wieder hält mein gemütlicher Bummelzug auf seiner Fahrt. Wohin? Ich weiß es nicht. Ich weiß nur, daß ich drin sitze, und die Leute, an denen man vorüberfährt, mich nicht mit Sehnsucht erfüllen, bei ihnen zu bleiben. Die Antwort meiner Eltern kommt nach langem Stillschweigen. Jawohl, sie kämen zurück. Keine Erklärungen, keine Details.

Meine Schwester Marguerite hat ihren Zahnarzt geheiratet und eine komfortable Wohnung am Bayerischen Platz bezogen. Dort werden die Eltern wohnen. ›Wahrscheinlich will der Alte Herr sich von dem jungen Glück überzeugen‹, denke ich. Erst, als sie sang- und klanglos heimkehren, als wollten sie um jeden Preis Aufsehen vermeiden, erfahre ich den Grund der plötzlichen Rückkehr: Mein Vater ist schwer krank, will nur in Berlin, seinem geliebten Berlin, operiert werden. Direkt vom Bahnhof muß er ins Krankenhaus. Ich bin sicher, die Ärzte haben ihr möglichstes getan, dennoch drängt sich mir der Gedanke auf, weil er arm ist und in diesem neuen Deutschland nicht erwünscht, muß er früher sterben. Sie sollen ihn aufgemacht, Magen und Darm von Wucherungen und Metastasen übersät gefunden und ihn kurzerhand wieder zugenäht haben, um den nur Zweiundsechzigjährigen – wahrscheinlich mit barmherzigen Mitteln versehen – sterben zu lassen.
Das eine hat mit dem anderen nichts zu tun, gewiß, aber während ich den grausamen, überstürzten Abgang meines Vaters erzähle, sind die Zeitungen voll von Berichten darüber, wie ein zwölfköpfiges Ärzteteam monatelang das Leben des achtzigjährigen Caudillo verlängert, der bei der Abreise meines Vaters aus Spanien gerade dabei war, seine Diktatur zu errichten. Die Eroberung Barcelonas hatte den Lebensmut des todkranken Vaters bestimmt entscheidend geschwächt. Er starb wie ein Patriarch, die Familie um sich versammelt. Sein letzter Blick galt mir: »Kümmere dich um Maman.« Lulu begleitet uns zum stillen Waldfriedhof an der Heerstraße. Als ich sie mit Maman bekanntmache, meine ich, unter den Tränen, beschlagenen Augengläsern und dem nassen Taschentuch einen warmen, zustimmenden Blick zu entdecken...

Wieder heißt die Station Neubabelsberg. Zarah Leander ist der Star dieser Jahre. Die Nazis haben sie adoptiert, und die anderen akzeptieren sie, weil der Duft der nunmehr verschlossenen großen Welt sie begleitet. »Zu neuen Ufern« heißt der Film, und Detlef Sierck, der ein paar Jahre später in Hollywood phantasielose Produkte der Traumfabriken zu Welterfolgen aufmöbeln wird, ist der Regisseur. Blond, albinohaft, intellektuell, smart, gescheit und geschickt, verbreitet er eine Atmosphäre kühler, gelassener Überheblichkeit. Zarah muß in der ersten Scene mit mir tanzen. Der Film behandelt die Versuche der ehemaligen englischen Strafkolonie Australien, ihre Unabhängigkeit zu erreichen. Freigelassene Sträflinge kämpfen für den Ausbruch aus dem behüteten Commonwealth. Ich spiele einen jungen, aalglatten Abgesandten des House of Lords, der nach dem Rechten sehen soll; eine Episode in einem melodramatischen Schinken, der Zarah Gelegenheit gibt, unvergeßliche Chansons wie »Yes, Sir« und »Ich steh' im Regen« zu kreieren. Ich schwinge sie in gut einstudiertem Cake-Walk über die Tanzfläche, sie schaut mich aus großen braunen Augen an, und ihre rasierten Achseln leiten meinen Blick zu ihrem sommersprossigen, rosig-weißen Brustansatz. Ich bemühe mich, meine Schenkel gegen ihren paillettengeschmückten Unterleib zu drücken, doch mein aufmerksamer Körper registriert nur Strumpfbandgürtel aus Eisen und meine sanft streichelnden Hände Büstenhalter aus Blech. »Trinken wir einen?« fragt sie mit ihrem gurrenden, schwedischen Akzent, während das Playback einsetzt und »Man nennt mich Miss Vane, die berühmte, bekannte, yes, Sir« beginnt. Ich mische – meinen Schwur wohl in Erinnerung – Wahrheit mit Koketterie: »Nach Drehschluß jede Menge, aber jetzt noch nicht. Prinzipien.« Zarah löst sich aus der Umarmung, blickt zum Regisseur und ruft laut, das Playback gehörig übertönend: »Der junge Mann hier kann seinen Text nicht. Statt zu fragen ›Wie heißen Sie?‹ faselt er was von Drehschluß.« Das ganze Atelier lacht, lacht mich aus. Ich habe mit privatem Text auf das Stichwort geantwortet, statt die schwierige Introduktionsscene zu ihrem Chanson drehbuchgerecht zu absolvieren. Ich bin beschämt, fühle mich als Dilettant, ausgestoßen aus diesem Kreis von Eingeweihten und Professionellen. Ich hasse sie alle, den kühlen, arroganten Regisseur genauso wie den humorlosen Star, und weiß genau, wie ungerecht das von mir ist, wie dumm und eitel. Bei der nächsten Probe frage ich nach ein paar Tanzschritten: »Wie heißen Sie?«, und Zarah sagt mit schwedisch-dunklem Bibbern in der Stimme: »Falsch, junger Mann. Erst schauen Sie mich an, so wie bei der letzten Probe, dann frage ich, während die Kamera auf uns zufährt: ›Trinken wir einen?‹, und dann antworten Sie, wenn die Musik im Playback beginnt: ›Wie heißen Sie?‹, damit die Kamera ganz nah ist, wenn ich anfange: ›Man nennt mich Miss Vane, die bekannte, berühmte, yes, Sir‹. Klar?« Zehn Proben, sieben Wiederholungen der Aufnahme. Was spielte es für eine Rolle? Vater Staat finanzierte den deutschen Film über die Befreiung armer, freiheitssuchender Häftlinge vom englisch-imperialistischen Joch. Mit dem Juden Detlef Sierck als Verantwortlichem und der Schwedin Zarah Leander als Hauptdarstellerin.

10.

...1938. Der Zug fährt weiter, wenn auch die Blicke der Zurückbleibenden manchmal verglast und ihre winkenden Hände erstarrt wirken. Lizzi Waldmüller rät uns, Lulu und mir, nach Wien zu gehen, wohin sie mit Max Hansen für ein Gastspiel abgeschlossen hat. Bis zur Grenze gibt es eine Autobahn. Dann Salzburg. Zeit für Gulasch und Heurigen. Die Leute auf der Straße betrachten den Wagen, Theos Wagen, mit der Berliner Nummer mit einer gewissen Ehrfurcht und grüßen freundlich: Wels, Linz, Amstetten, Sankt Pölten, Wien. Die Passanten sind, wenn man nach dem Weg fragt, nicht überall so zuvorkommend wie auf dem Land. In Hietzing rufe ich einem älteren Herrn zu: »Bitte, wir möchten zum Ring...« – Er kommt näher, überquert den Fahrdamm, mustert neugierig unser Auto, dann Lulu, schließlich mich, wendet sich ab und sagt geringschätzig: »Na, meinswegen, fahrn S' doch...« Weg ist er. Also befragen wir lieber den Stadtplan und finden, dem Strom der Autos wie einer heimkommenden Herde folgend, die Mariahilfer Straße, den Ring, den Schwarzenbergplatz. Menschenauflauf, Demonstration, Sprechchöre: »Heim ins Reich«, »Anschluß«, dazwischen Transparente mit Namen, die mir nichts sagen: Starhemberg-Dollfuß-Mörder. Die Polizei läßt den großen dunkelgrauen Wagen mit der IA-Nummer bereitwillig durch, aber manchmal bleiben Fußgänger nach einem Blick auf das D-Schild drohend stehen, berühren den Kühler. Eingekeilt zwischen trägen, unschlüssigen Mitläufern, schwarzbemützten Heimwehrlern und übereifrigen Platzmachern bekomme ich meine erste Lektion in

Wienerisch: »Hupft's in 'n Gaatsch und schlogt's Welln...« und: »Wohin wollt's denn, zum Schuschnigg?« – Nie gehört. Klingt wie eins der sagenhaften Heurigenlokale, von denen man in Berlin erzählt hat.

Als Maman und der Alte Herr zum erstenmal in Wien waren, studierte sie bei ›Meissl und Schaden‹, dem feinen, ehrwürdigen Lokal am Neuen Markt, die Speisenkarte und fragte endlich den Kellner in ihrem drolligen Deutsch: »Herr Hober, ick möchte berühmte Wiener spécialité. Bitte eine Portion Wiener Schrammeln...«

Daran muß ich heute denken. »Eine Portion Wiener Schrammeln« wurde in meinem Elternhaus zu einem geflügelten Wort, und ich habe mit der Geschichte später in Wien viel Heiterkeit erweckt und Sympathie eingeheimst. Wenn ich jetzt innehalte, um mich an unseren Weg zur Prinz-Eugen-Straße zu erinnern, von der nicht weit entfernt Lizzi Waldmüllers Wohnung liegen mußte, dann, Mathilda, krampft sich bei mir etwas zusammen im Magen und im Hirn. Der Gedanke an die Prinz-Eugen-Straße mit ihren vornehmen Botschaften und Patrizierhäusern ist untrennbar mit dem Bild Elisabeths verbunden, das vor mir auftaucht und mich nicht losläßt. Ich kann nicht anders, ich muß einen Augenblick bei ihr verweilen. Ich weiß, wenn ich später noch einmal auf sie zu sprechen komme, wirst du mich unterbrechen und rufen: »Sternstunde!« Du hast recht: Es war eine. – Jedesmal, wenn der braune Rolls-Royce mit Marc am Steuer in die Prinz-Eugen-Straße einbog und vor der Botschaft hielt, saß ich im Fond: aufgewühlt, erwartungsvoll, fiebernd. Gleich würde der devote Portier mit dem starken portugiesischen Akzent das Portal aufreißen und lispeln: »Mademoiselle vouz attend«, das tägliche Trinkgeld mit einem gemurmelten »muito obrigado« in die Tasche der Livree stecken – und sie würde vor mir stehen. Lachend, die Zähne im weitgeöffneten Mund blitzend, wird sie die Arme um mich schlingen gleich Gewächsen aus ihrer tropischen Heimat, ihr zitternder Körper wird sich zurückbiegen, sie wird in meinen Armen liegen und Traum und Wirklichkeit werden sich vermählen. Ich pfeife auf das kleine kartesianische Glück, wenn solche Augenblicke möglich sind, wenn das Wunder sekundenlang alle Schreie in dir zu ersticken vermag und du meinst, nie vorher gelebt und nie vorher geträumt zu haben.

Es ist Nacht geworden hier im Bungalow auf den Bahamas, wo ich dir, Mathilda, gegenübersitze und meine Gedanken von dem Bericht abschweifen, den ich hier, in der Einsamkeit der kleinen Insel, abstatten will. Marc rumort in der Kücheninsel in der Mitte des Wohnraums. Er weiß, daß ich Zwiesprache mit dir halte. Einmal, auf dem Rückweg von deinem Grab, hat er gesagt: »Sie, Mademoiselle Mathilda, paßt so gut zu Ihnen« und, als hätte er meine Gedanken erraten, entschuldigend hinzugefügt: »On dirait, qu'elle vit encore – Man möchte meinen, sie lebe noch.« Er kannte Elisabeth gut, und ich weiß, daß er sie oft verteidigt hat, als die Leute im Haus über sie tratschten, sie sei hochnäsig, hätte mich verhext und mein schönes Leben mit Simone kaputtgemacht. Er weiß, daß hier, auf dieser Insel, der Traum verschwand und wehmütiges Erwachen einen neuen Abschnitt einleitete, den letzten meines Lebens, so denke ich heute. Daher ist Marc ganz verdutzt, als ich plötzlich aufsehe und rüberrufe zur Kücheninsel: »Wann war das eigentlich, Marc, als Sie mich täglich zur Prinz-Eugen-Straße fuhren – 1970 oder 1971? Ich weiß nur, daß es Mai war.« Er blickt hinüber zu den Sesseln vor den Glastüren, dort, wo du sitzt und mir zuhörst. Er denkt nach, und einen Augenblick ist es ganz still im Raum. Das Meer rauscht herauf, der Mond blitzt silbrige Fische auf die Wellen. »1970, Monsieur«, sagt er klar, jeden Zweifel ausschaltend.
Nun, die Fahrt über die Prinz-Eugen-Straße im Wanderer von Theo, das war 1938.
Lizzi empfängt uns und ist überrascht, daß wir ihre Einladung so schnell angenommen haben. Max Hansen ist nicht da. (Lebt sie denn nicht mit ihm?) Statt dessen erhebt sich ein blonder Jüngling aus einem Sessel. »Eric Frey«, stellt sie ihn vor, »ein Kollege vom Theater in der Josefstadt.« Als wir auspacken, verabschiedet er sich, und ich habe den Eindruck, er hat sich den

Ausgang des Abends anders vorgestellt. Wir bekommen Lizzis Schlafzimmer. Beim Einräumen öffne ich eine Schranktür. Nie zuvor und, so kommt es mir heute vor, nie nachher habe ich so viele Schuhe gesehen, obwohl ich doch im Laufe meines Lebens eine nicht gerade geringe Anzahl von Schlafzimmerschranktüren geöffnet habe. Oder Türen von Ankleidezimmern, später, in Hollywood zum Beispiel. – Da waren rote Espadrillos, schwarze Pumps, bunte Sandalen, beiges Wildleder, braunes Krokodil, hautdünnes Saffian, Ballettschuhe, Stiefel zum Schnüren, Reitstiefel, Stöckelschuhe in Gold und Silber und ... ein Paar meerblaue Trotteurs. Die kannte ich. Als lästiger Reporter, der Max Hansen interviewen wollte, waren sie mir aufgefallen, als Lizzi ihre Füße auf den Klappsitz der Horch-Limousine gelegt hatte. Ich habe mich oft gefragt, ob diese ungewöhnliche Schuhsammlung den Bombenangriff auf das Haus am Franziskanerplatz überlebt hat. Lizzi überlebte ihn nicht. Sie war beim Brotbacken, als Alarm gegeben wurde, und ließ den kostbaren Teig in der Röhre, als sie mit ihrem Freund, einem Wiener Baron, den Luftschutzkeller aufsuchte. Die Bombenangriffe auf die Wiener Innenstadt verliefen gewöhnlich recht harmlos. »Lizzi, schau nach dem Brot«, soll, so behaupteten später böse Wiener Zungen, der aristokratische Freund gesagt haben. ›Was sie wohl für Schuhe anhatte, als die Bombe einschlug‹, frage ich mich manchmal.

Bereits am übernächsten Tag spreche ich auf der Bühne des Volkstheaters Direktor Rolf Jahn vor. Lizzi sitzt mit ihm im Zuschauerraum. Ein paar Stunden später bin ich engagiert. Wieder, wie schon bei Willi Forst, hatte ich das Gefühl, man wartete auf mich, um mit den Proben zu einem Stück beginnen zu können, das nur in Ermangelung eines jugendlichen Liebhabers noch nicht herausgebracht worden ist. Ich bekomme tausend Schilling Monatsgage, die schon kurz nach der Premiere des Stückes in fünfhundertdreißig Reichsmark umgewandelt werden; denn kurz nach mir, im März 38, zieht Hitler in Wien ein. Das Stück, mit Gusti Huber als Star und Partnerin, wird sehr freundlich aufgenommen, und ich werde gelobt – in erster Linie wohl, weil der neue blonde Deutsche äußerlich genau dem entspricht, was

die Wiener in ihrer Begeisterung für den »Anschluß« sehen – und hören – wollen.
Wir stehen am Ring beim Hotel ›Imperial‹ und sehen die Mercedes heranrollen. Zum erstenmal sehe ich Hitler, im Wagen stehend, mal schlaff mit angewinkeltem Ellbogen, mal steif mit ausgestrecktem Arm den »deutschen Gruß« vorführend. Die Menschenmassen jubeln, umarmen sich, möchten am liebsten alles, was aus Deutschland kommt und piefkinesisch spricht, abbusserln.
Ich beziehe zwei reizende Zimmer am Ring über dem ›Café Landmann‹ mit Blick aufs Burgtheater, und eines Abends, nach der Vorstellung, führt Lampi Solm, der Inspizient, der wie eine Graue Eminenz das Geschehen vor, auf und hinter der Bühne überwacht, mich zum Eiermann-Stammtisch. Das eigentliche Beisel ›Eiermann‹ dient nur als Schleuse zu einem Hinterzimmer, wo alle sitzen, die sich vor dem Trubel, der in diesen Monaten in den Kaffeehäusern, Heurigenlokalen und Gaststätten herrscht, verstecken wollen. Wahrscheinlich hatte es zuvor eine Abstimmung darüber gegeben, ob ich probeweise zugelassen werden sollte.
Man empfing mich mit Zurückhaltung. Zwei Dinge erwiesen sich sofort als schwer zu ergründen: Wie würden diese Menschen sich verhalten, wenn ich nicht anwesend wäre, und wie waren sie noch vor ein paar Monaten, bevor Hitler das Land kassierte wie eine überfällige Rechnung. Da ich keinen von ihnen kannte, konnte ich ihre Zurückhaltung ganz einfach als mangelndes Interesse an einem jungen zugereisten Kollegen verstehen. Doch ich wußte, daß selbst für diejenigen, die nichts vom neuen Regime zu befürchten hatten, jeder Neue, der sich an ihre Futterkrippe drängte, mit kühler Zurückhaltung oder sogar mit Ablehnung zu rechnen hatte. Es schien klar, daß ich den Wunsch haben mußte, mich lieb Kind zu machen, und ich fühlte mich auch als Eindringling, da ich nach und nach zu der Überzeugung gekommen war, ohne Hitlers Einmarsch wäre ich nie hierher gekommen, wäre ich nie engagiert worden. Aber – darin ihm gleich – ich war fest entschlossen, die Welt zu erobern, und jedes Mittel

schien mir recht, nur wollte ich das geliebte Deutschland meines Vaters nicht verraten, der immer gesagt hatte, er erlaube keinem Ausländer, auf die Nazis zu schimpfen, das dürften nur die Deutschen selbst tun.
In dieser Zeit entsteht ein Trauma: Wie sich verantwortlich fühlen für ein Land, das du im Grunde gar nicht verteidigen willst. Mit der Einrichtung von KZs, mit dem Einfall in Österreich wuchs die Scham über das Regime im gleichen Verhältnis zum künstlich entfachten Stolz auf das Deutschland Thomas Manns, das Deutschland meines Vaters, das mir bis dahin völlig gleichgültig gewesen war, da man mich dazu erzogen hatte, Einzelmenschen, Persönlichkeiten zu verehren und keine Kollektive. Die sozialistischen Ideen meiner Mutter hatten bei mir immerhin einen Gerechtigkeitssinn entwickelt, der sich gegen Ausbeutung und Privilegien richtete, gleich, wo sie herkamen, ob von französischen Aristokraten oder deutschen Kapitalisten. Es war dieser Gerechtigkeitssinn, der mich zwang, die Deutschen und die Juden zu verteidigen. Die freimaurerischen Ideen meines Vaters, Bruderschaften über nationale Grenzen hinaus zu schaffen, hatten meinen Sinn für Religionsgemeinschaften verschlossen, und in hitzigen Gesprächen mit meinen jüdischen Schulfreunden hatte ich ihnen und ihren Glaubensgenossen oft vorgeworfen, Sippen Privilegierter zu bilden, wenn sie blonde deutsche Mädchen zwar ausführen, nicht aber heiraten durften, weil das Auserwählte Volk rein bleiben müsse. Wie hatte ich meine Freunde Goldschmidt und Hirschberg weinen sehen und leiden, weil sie sich nicht trauten, ihre christlichen Freundinnen gegen den Willen ihrer Familien zu offiziellen Verlobten zu machen. (Und du, meine geliebte Mathilda, glaubst du wirklich, euer Gott hat dich gestraft, weil du mich heiraten wolltest?) Von derlei Gedanken ist es nur ein Schritt, sich vorzustellen, daß es in Deutschland keine Judenverfolgungen, wenn es keine Kirchenbücher gegeben hätte, aus denen man den Ariernachweis erbringen konnte. Unwillkürlich fragt man sich: »Ist Taufe so wichtig?«
Solche und ähnliche ketzerische Gedanken für und wider schossen mir durch den Kopf, als ich am Stammtisch Platz nahm. Prä-

sidentin war eine ehemalige Soubrette namens Mimi, die ihre Ottakringer Herkunft mit monarchistischen Reminiszenzen aufmöbelte und bei jeder Gelegenheit die gute alte Zeit beschwor, wo sie als Ballettratte – wahrscheinlich im ›Sacher‹ – der Wiener Jeunesse dorée gegen Champagner und Tafelspitz zur Defloration vorgeführt worden war. Im Fach der »Komischen Alten« hatte sie ihr saftiges Wienerisch mit einem Vokabular angereichert, in dem Wörter wie Scheiße und Arsch verschlampte Artikulation ersetzten. Selbstverständlich beschäftigte alle die Frage, ob ich als Parteigenosse oder als Schauspieler zu meinem Engagement gekommen sei. Außer Alexander Steinbrecher, der mit mir ein Lied für das Stück einstudiert hatte (»Carry me back to old Virginia«, auf englisch), ist von der Runde als einziger Schauspieler, der nicht zum Ensemble gehörte, noch Anton Edthofer in der Vorstellung gewesen und machte mir artige Komplimente.

Doch erst, als Richard Tauber, Otto Preminger, Hans Jaray und alle diejenigen gegangen sind, die in diesen Tagen andere Sorgen haben, fragt Mimi, nachdem sie ihr Seidel Bier runtergekippt hatte: »Nun, junger Kollege, jetzt erzählen Sie uns mal, gehören Sie auch zu den braunen Scheißfiguren?« Nicht aus politischer Vorsicht ist meine Antwort zurückhaltend, sondern aus dem Bemühen, mich nicht aufdringlich anzubiedern. Und das überzeugt die Schauspieler mit ihrem feinen Gehör. Ich habe das Gefühl, ich bin aufgenommen in den Kreis der Kollegen. Ich bin glücklich, und ich nehme mir erneut vor, den Beruf ernst zu nehmen; denn eins wird mir schon hier unmißverständlich klar: So bezaubernd die Kollegen sein können, so gescheit und lustig, so erfahren und begabt – ich habe keine Lust, mein Leben am Stammtisch lästernder Komödianten zu verbringen, mich von Wiener Gemütlichkeit und Mehlspeisencharme einlullen zu lassen. Ich will meine Unruhe, meine Neugierde, mein Fernweh und meinen Eroberungsdrang nicht durch Behaglichkeit und fruchtlose *l'art-pour-l'art*-Diskussionen betäuben, bis überhebliche Selbstgefälligkeit mich eines Tages zu einem »Sprechbeamten« macht, wie sie an allen Schauspielerstammtischen der Welt zu finden sind. Der Schlüsselbund Andrew Engelmanns soll auch in meiner Hosentasche klimpern...

Vor meiner Rückreise nach Berlin (Lulu war längst mit ihrem jüngsten Bruder Bubi per Auto zurückgefahren) finde ich im eleganten Hochhaus an der Herrengasse eine entzückende Wohnung mit wunderschönem Blick vom zehnten Stock über ganz Wien bis zum Kahlenberg.

Als ich in einem uralten zweisitzigen Chevrolet (mit ausklappbaren Notsitzen), den ich für dreihundert Mark von Lulus Freundin Karin Evans erstanden hatte, zurückrolle nach Wien, bin ich verheiratet. »Kommst du mit ins Engagement nach Wien?« habe ich sie am Abend meiner Rückkehr bei stimmungsvoller Kerzenbeleuchtung in meiner orientalischen Souterrainbude gefragt. – »Ja«, sagt Lulu, »verheiratet.« – »Willst du deinen Beruf aufgeben?« – »Nein, aber bestimmt finde ich in Wien ein Engagement.« – »Gut, aber du bist ein reiches Mädchen. Ich werde dich nicht verwöhnen, und du darfst mich nicht verwöhnen.« – »Einverstanden«, antwortet sie.

Daß sie sieben Jahre älter ist als ich, wird nicht erwähnt. Im Standesamt Schmargendorf wird das Aufgebot bestellt, ein Werbefilm in Bad Mergentheim wird zur Generalprobe für eine Hochzeitsreise, die nie stattfindet. Zum Polterabend lädt Hermann nicht ohne persönliche Hintergedanken alle meine Freundinnen ein.

Ich bin gerade zweiundzwanzig Jahre alt und fühle mich sehr erwachsen. Ich habe eine Frau, eine Stellung als jugendlicher Held und Bonvivant, trage Verantwortung. – ›Paß auf, Junge, du fängst an, dich ernst zu nehmen‹, denke ich, aber ein Blick auf den offenen Chevrolet, der mit Kissen und Koffern, von Mama Basler aus dem Haus geschmuggeltem Hausrat, Proviant und Pfälzer Wein vollgepackt ist, beruhigt mich: So reist fahrendes Volk, aber kein Sprechbeamter. – Im letzten Augenblick ist Lulu am »Metropoltheater« für die erkrankte Carla Carlsen, den langjährigen Star des Hauses, eingesprungen, und ich genieße die einsame Fahrt auf der neuen Autobahn.

In Wien erwartet mich eine Überraschung: Rolf Jahn ist »abge-

löst« worden. Der neue Chef und Generalintendant heißt Bruno Walter Iltz. Das Ensemble ist »gereinigt«. Kotter, der Bühnenportier, berichtet es grimmig mit lauerndem Gesichtsausdruck: »Das wußten Sie nicht?« Eine stattliche junge Sekretärin empfängt mich in verführerischem Dirndl. Mit der wird sich was machen lassen, denke ich, den frischgebackenen Ehemann vergessend.
»Ich habe schöne Aufgaben für Sie«, beginnt Iltz das Gespräch. »Ich will bestes Theater und ein hervorragendes Ensemble. Ich habe Paul Hubschmid und O. W. Fischer engagiert. Mit denen werden Sie Ihr Fach teilen. Auch ein jugendlicher Komiker hat mir vorgesprochen, der mir gefällt. Er sagt, er kennt Sie von der Schauspielschule.« – »Gert Fröbe?« frage ich, und er nickt.
Proben, Premieren in schneller Folge. Uninteressante Stücke, obwohl das Herz klopft, wenn du raus mußt. Doch laß mich nur von zwei Stücken und einer Partnerin berichten, ehe ich dieses Kapitel, das Kapitel einer Laufbahn, nicht einer Karriere, beende; denn nur die Totale, nicht die Großaufnahme wird in der Erinnerung interessant.
Mizzi heißt meine Partnerin in einem dummen Lustspiel, das der großen Annie Rosar Gelegenheit gibt, dem Namen des Hauses »Volkstheater« gerecht zu werden. Ich spiele einen jungen Skilehrer, das Stück spielt auf einer Baude, die von der alten Bäuerin, Annie Rosar, betreut wird. Nach einem Skiunfall, bei dem der jugendliche Held das Leben einer jungen amerikanischen Touristin gerettet hat, wird er in das große Bauernbett gelegt, soll er sich gesundschlafen. Die Vorhänge, die das Bett von dem Wohnraum der Hütte trennen, werden zugezogen, und es beginnt eine zwanzigminütige Scene zwischen der Rosar und ihrem Partner, einem alten Bauernmuffel, die der Höhepunkt des Lustspiels sein soll – bis zum Eintreffen der jungen Amerikanerin, die sich nach dem Befinden ihres Retters erkundigt. Der Vorhang wird aufgezogen, der Skilehrer erwacht, unweigerliches Happy-End. Der nachträglich noch zu lobende Bühnenbildner hatte wohl beim Lesen des Stückes Mitleid mit dem Darsteller des Skilehrers, der sich nun zwanzig Minuten im engen Bauernbett mopsen

mußte, und einen unsichtbaren Fluchtweg in die Bettrückwand eingebaut, der es mir erlauben sollte, im Konversationszimmer gemütlich auf mein Stichwort zu warten. Doch nach der Premiere war es vorgekommen, daß die Rosar in ihrer großen Scene hin und wieder einen Zipfel des Vorhangs lupfte, wie, um sich zu überzeugen, daß der erschöpfte Skilehrer auch wirklich der Genesung entgegenschlief. Deshalb verzichtete ich auf den kleinen Pausenflirt mit Mizzi im Konversationszimmer und blieb leise schnarchend unter dem Plumeau liegen, von der ganz unprofessionellen Idee geplagt, die Rosar könnte einmal im Übereifer den Vorhang so weit zurückziehen, daß der leere Platz sichtbar würde.

Eines Abends kriecht Mizzi zu mir ins Bett. Sie fand es fad, allein auf das Stichwort zu warten. Der Weg zu ihrem Auftritt ist so nah am Kopfende, daß sie schlimmstenfalls mit einem Satz aufs Stichwort hin im Türrahmen stehen kann. Die Gefahr, ertappt zu werden, erhöht den Reiz der Situation derart, daß sie sich nicht wehrt, als ich ihre Skihose herunterstreife, ja sogar hilft, eine klassische Stellung einzunehmen.

Nun magst du recht haben, wenn du sagst, Schauspieler seien Exhibitionisten. Zuvor war das für mich blasse Theorie, aber die Augenblicke, in denen wir zitternd das Aufreißen des Vorhangs fast herbeisehnen und überzeugt sind, daß unser Höhepunkt damit zusammenfallen muß, werden mir unvergeßlich bleiben. Das Bewußtsein, eine improvisierte Bewegung der Rosar würde uns beide zwölfhundert Zuschauern beim Bumsen zur Schau stellen, hatte etwas herausfordernd Endgültiges beschworen: die Sehnsucht, ertappt und erlöst zu werden. Eine Sehnsucht, die mir von Teenagern berichtet wird, die es, wenn ihnen ihr Elternhaus oder die Schule unerträglich erscheinen, unwiderstehlich ins Warenhaus treibt, um dort irgendeinen belanglosen Gegenstand zu stehlen, und die hoffen, das Schicksal möge entscheiden, ob ihnen Verhaftung und Erlösung blüht oder Freiheit und damit Ermunterung zum Weitermachen.

Nun, nach wenigen Minuten stellten sich unsere Körper und Bewegungen auf den Rhythmus des buchstäblich vor unseren Nasen gesprochenen Dialogs ein, und es war wohl eine Art Überlebenswille, der uns zum Höhepunkt trieb, rechtzeitig genug für Mizzi, auf ihr Stichwort hin im Türrahmen zu erscheinen. Atemlos und mit nie zuvor gespielter Zärtlichkeit absolvierten wir die Schlußscene, fielen uns regiegetreu in die Arme und verharrten in innigem Kuß, bis der Vorhang gefallen war. Laut Regisseur hatten wir schleunigst die Bühne zu räumen, um dem Star des Abends, Annie Rosar, den ersten, gewöhnlich stärksten Applaus zu überlassen. Doch als Mizzi und ich Hand in Hand auftraten, um uns zu verbeugen, brach ein Orkan los. Es war, als hätten zwölfhundert Zuschauer an allem teilgenommen, was wir, hinter durchsichtigem Rupfen versteckt, getan – nicht gespielt – hatten. ›Es ist wie jeden Abend, du bildest dir die starke Resonanz nur ein, weil du noch elektrisiert und benommen bist‹, redete ich mir ein, aber auf dem Weg in die Garderoben sagte die Rosar: »Heute habt ihr zwei aber gefallen…« Das gab mir zu denken: ›Wenn persönlicher Kontakt so viel hilft‹, dachte ich, ›muß es ein Rezept dafür geben.‹

Vielleicht ist es gut, ein paar Worte darüber zu verlieren. Die übliche Verallgemeinerung, Leute aus dem Showbusineß führten ein lockeres Leben und distanzierten sich absichtlich von der bürgerlichen Moral, trifft nicht den Kern der Sache. Auch der – denkbare – Zuruf aus dem Publikum, wenn man bestimmte Liebesscenen spiele, komme das theoretisch schon einem Beischlaf gleich, geht nicht ins Ziel. Meiner Überzeugung nach ist das Phänomen – wenn man es überhaupt Phänomen nennen will, wodurch es leicht eine Bedeutung erhält, die ihm nicht zukommt – komplizierter und einfacher zugleich. Schon auf den ersten Proben – beim Film ist nur das *Timing* anders, man hat während dreißig Tagen zwei bis drei Premieren täglich, denn jede gedrehte Scene ist eine Premiere –, schon auf den ersten Proben kämpft man an mehreren Fronten zugleich: Man kämpft mit sich um die Beherrschung des Textes, der Situation und der verlangten Atmosphäre, man ringt zuerst gemeinsam mit dem Regisseur, um den gültigen Ausdruck zu finden, doch dann kämpft man gegen ihn, um sich und seine Vorstellung durchzusetzen, und das geht wie in einem Wechseltanz so lange, bis einer der beiden aufgibt und sich unterordnet. Das kann in vollster Harmonie geschehen, ebensogut aber in Bewunderung oder in Resignation enden. Danach kämpft man wiederum zuerst mit sich und – wenn man sich dem Stadium der Reife nähert – gegen seinen Partner, bis auch hier einer der beiden sich unterordnet, die Demutsgeste zeigt, sich – bildlich gesprochen – auf den Rücken legt und den Hals für den tödlichen Biß in die Schlagader darbietet. Der ganze Vorgang hat etwas von Vergewaltigung an sich, man kann es drehen und wenden, wie man will. Hinzu kommt, wie an diesem Abend mit Mizzi, bei zunehmender Erfahrung die Gewißheit, daß der Zuschauer eine Antenne ausgefahren hat und wie auf einem Radarschirm die wahren Beziehungen zwischen den Darstellern abliest.

Man fragt mich heute oft, ob ich in bestimmten Situationen bereit wäre, mit der Partnerin eine Liebesscene mit allen Konsequenzen zu drehen, worauf ich stets mit: »Im Prinzip ja« antworte. Denn: Wenn man sich jahrelang dazu erzogen hat, die geheimsten und auch niedrigsten Regungen der eigenen Seele offen zur Schau zu stellen, weil man erkannt hat, daß nur dadurch eine echte, ehrliche Darstellung des eigenen Zustandes und damit der zu charakterisierenden Person zu erreichen ist, dann ist doch, zum Donnerwetter, die Zur-Schau-Stellung des eigenen Körpers fast als das kleinere Übel zu bezeichnen. »Meinen Körper kannst du haben, meine Seele nicht«, heißt der berühmte Satz der ungarischen Hure. – »Berufsrisiko«, kann man auch sagen, denn selbstverständlich riskiert man, eines Tages keine behütete Intimsphäre mehr zu besitzen, daß das Fehlen eines schützenden Mantels einen verwundbar und hilflos macht. Ein Schauspieler hat nicht die Chance, sich wie ein Maler oder Bildhauer hinter Symbolen und Zeichen zu verstecken, und dennoch sein Innerstes zu offenbaren. Der Schauspieler muß, wenn er seinen Beruf ernst nimmt, den Mut haben, sich zu entlarven, sich in Abwandlung des kartesianischen Satzes rückhaltlos preiszugeben: »So denke ich, also bin ich so.« Nur der Zusammenprall, die Vermählung des vom Dichter erdachten Schicksals mit dem nackten, sich schonungslos zur Schau stellenden Wurm gebiert das Produkt, welches Anspruch auf künstlerischen Wert erheben darf. Ich sehe dir an, du möchtest mich fragen, ob ich in hundert Filmen und ebenso vielen Theateraufführungen diese selbstzerstörerische Konsequenz, diese unbarmherzige Offenheit auch durchgehalten habe. Du weißt, ich habe es nicht getan, Mathilda. Du fragst rhetorisch, und ich antworte mit deinem Text: »Nur in den Sternstunden.«

Das ist alles keine Entschuldigung für das Verhalten eines frischgebackenen Ehemanns, der immerhin eine entzückende, ihn voll erfüllende Partnerin gefunden hat. Was treibt den jungen Mann immer wieder in die Arme der Schönen? Nachholbedarf für das Jahr im Krankenhaus? Die Überreiztheit seiner durch Operationen empfindlichen unteren Regionen? Die Unsicherheit des zu lange Alleingebliebenen? Eroberungswut und Besitzhunger?

Ich weiß, große Kollegen haben unvergeßliche Scenen mit ihren Partnerinnen gespielt, ohne daß sie miteinander geschlafen hätten. Ich weiß aber auch, daß ich plötzlich, in der Mitte meines Lebens, in Hollywood, mit meinem Glück und meinem Leben so zufrieden war, daß ich die sonst immer weit ausgefahrenen Antennen einzog, um wie die drei Affen nichts zu sehen, nichts zu hören, nichts zu fühlen, was mein kleines, zufriedenes Glück hätte stören können. So verhielt ich mich während der Arbeit an einem schönen, mit ungeheurem Aufwand gedrehten Film, der später meiner Partnerin wegen ein Welterfolg wurde.

Ich verehrte Ingrid Bergman.

Als junges Mädchen war sie nach Berlin gekommen, um unter der Regie Carl Froelichs »Die vier Gesellen« zu drehen. Ich las in einer Fachzeitschrift, daß in den Tempelhofer Studios Altmeister Froelich mit den Vorbereitungen begonnen habe, und fuhr hinaus, um mich vorzustellen, in der Annahme, einer der vier Gesellen könnte auf mich passen. Nun, es paßte keiner, denn die vier waren Mädchen. Als ich dem Meister vorgestellt wurde, saß er mit einem »Gesellen« über dem Drehbuch: ein blühendes junges Mädchen mit verführerisch-kehligem schwedischem Akzent, endlosen Beinen, klaren, graublau blitzenden Augen, me-

lancholisch-geheimnisvoll, wenn sie ernst war, spitzbübisch-drollig, wenn sie lachte. Beim Lachen öffnete sich ihr großer, voller Mund und zeigte Zähne... Zähne.
Ich mußte an Herrn von Reith vom UFA-Besetzungsbüro denken: »Solche Zähne wollen wir sehen.« Die Begegnung war flüchtig, aber für mich unvergeßlich: Ingrid Bergman. Ich, der selten ins Kino geht, sah mir viermal »Casablanca« an und war so beeindruckt von ihr und Humphrey Bogart, daß ich beschloß, mir nur noch schlechte Filme anzuschauen, wenn ich drehte: Angesichts der Vollendung lernst du nichts, bist du einfach nur überwältigt. Basta. Bei schlechten Filmen hingegen hast du Zeit und Muße, kalten Geistes die Schauspieler zu beobachten, die Kameraführung, die in den Fugen krachende Dramaturgie.
1952 kam Ingrid mit Rossellini nach München. Rossellini wollte, daß wir unter seiner Regie »Amok« nach Stefan Zweig spielen sollten. Eine Nacht lang, draußen in meinem gemütlichen Landhaus in Schliersee, erzählte er mir den Stoff, wie er ihn sah, und ich verstand, warum diese Frau auf der Höhe ihres Ruhms Hollywood und die Traumfabriken verlassen hatte, um diesem Besessenen zu folgen. Ich war begeistert und versprach, mich freizumachen, um dabeisein zu können. Aber Eva Bartok, meine Frau, war dagegen. Wir hatten uns hoch und heilig versprochen, nur noch gemeinsam Filme zu machen, und in »Amok« gab es nur Ingrids Rolle. Außerdem wußte Eva, wie sehr ich Ingrid verehrte, und so sagte ich schweren Herzens ab.
Als Rossellini im schnittigen Ferrari davonfährt, bekommen wir den allzuoft geübten Krach, daß die Fetzen fliegen. Ich nehme meinen Lodenmantel und stürme hinaus in die Nacht. Es mag gegen drei Uhr früh sein. Die Landstraße nach Bayrischzell ist menschenleer. Nach fünfhundert Schritten sehe ich den silbergrauen Ferrari am Straßenrand. »Was gibt's, will der Zaubervogel nicht?« frage ich. – Rossellini sitzt ganz ruhig am Steuer und raucht. »Alles okay«, sagt er lächelnd, »aber eine schwarze Katze ist hier über den Weg, und da warte ich, bis ein Auto vorbeikommt und den Jinx mitnimmt.« – »Das kann um diese Nachtzeit Stunden dauern.« – »Macht nichts, es geht mir gut. Ich kenne

diese Landschaft nicht. Bedrückt Sie die Nähe der Berge manchmal?« – »Manchmal«, sage ich und denke: ›Heute.‹ – Da kommt ein Lastwagen. »Ich habe gerade an D'Annunzio gedacht. Es wäre eine gute Rolle für Sie. Ciao.« Kaum hat er gestartet, ist er auch schon beim Dorfeingang von Neuhaus verschwunden. Der Ferrari beschleunigt in sechs Sekunden von Null auf Hundert. Zehn Jahre später – ich bin inzwischen das, was Hannes Obermaier, ›Hunter‹, seinerzeit für mich geprägt hat: ein Weltstar – kommt das Angebot, mit Ingrid einen Film zu machen.

Die amerikanischen Frauenvereine hatten sich breitschlagen lassen, den Bann über sie aufzuheben. Ihr spontaner Ehebruch, ihre Flucht in die Freiheit, heraus aus dem Käfig Hollywood, dessen Dompteusen Hedda Hopper und Louella Parsons leitartikelknallend darüber wachten, daß keiner der behüteten Stars ausbrach – all das war verziehen. Die Dompteusen hatten sich bereit erklärt, Frieden mit der kassenfüllenden Bergman zu schließen, und in »Die Herberge zur Sechsten Glückseligkeit« sollte Ingrid ihr Comeback haben. Daß die Wahl ihres Partners ausgerechnet auf mich fiel, gab der Sache etwas Europäisch-Verbindliches: Der Deutsche, der Brigitte Bardot gemacht hatte, war zwar nicht frei von Hautgout, aber immerhin ein Deutscher, der schon vom Profil her Sauberkeit versprühte. Von meiner über zwanzig Jahre geheimgehaltenen Verehrung für Ingrid wußte niemand, nicht einmal Simone. Ich bin heute ganz sicher, Ingrid hätte es zu gar nichts anderem als bestenfalls zu einem harmlosen Kollegenflirt kommen lassen, auch wenn ich mich noch so sehr bemüht hätte, ihre Gunst zu gewinnen.

Ich reiße diese Episode absichtlich aus dem Zusammenhang meines chronologischen Berichts, Mathilda, um uns beiden, dir und mir, zu erklären, was dem jungen Anfänger vom Wiener Volkstheater den Ruf eines rastlos suchenden Frauenhelden eintrug. Ich weiß es nicht. Ich weiß nur, daß mich in all den Jahren eine unbändige, nicht zu befriedigende Sehnsucht und eine romantische Neugier begleitet, das Geheimnis der Schönheit zu entdecken, die Grenzen der Phantasie zu erkunden, dort, wo die Wellen der Einbildungskraft an sandigen Ufern landen. In den

vorgezeichneten Liebesscenen eines Dramas wurde die Phantasie des Dichters zu meinem Verbündeten und das Publikum zum Schiedsrichter, der entschied, wer länger in der Tiefe tauchen kann und den Partner mit hinabzieht, oder aber, wer am seichten Strand zurückbleibt. Der zynische Satz: »Liebe ist das beste Mittel, die Frau zu erobern, die man für Geld nicht kaufen kann« sollte beim Schauspieler heißen: »Liebe ist das beste Mittel, eine Partnerin zu erobern, die man mit Talent nicht beherrschen kann.«
Als die Aufnahmen für den Film mit der Bergman begannen, war meine Ehe mit Simone harmonisch und glücklich. Sternstunde? Zweifellos. Ich will später versuchen zu erzählen, wie erfüllt sie waren. Ich wachte jeden Morgen auf, sprang nackt in den Swimmingpool und bedankte mich beim lieben Gott, bei Simone und bei Hollywood: Oh, Augenblick, verweile doch... Und machte ausgerechnet in dieser Zeit die bestürzende Entdeckung, daß der Motor meines Handelns, die unstillbare Sehnsucht, verflogen ist, daß die Neugierde erlahmt. Ein kleiner Ansatz von Bauch. Die *Trade papers*, Frühstückslektüre eines jeden Hollywoodstars, die meine Sekretärin mir zum Kaffee reichte, wurden ungeöffnet beiseite gelegt. Ich hörte nicht auf, mich zu wundern, warum die Leute so viel Geld für mich ausgeben wollten. Gagen von 200000 Dollar wurden geboten und manchmal weit übertroffen. Die Zeitungen meinten es freundlich mit Simone und mir und kreierten das Image von der Traumehe. Unsere Abende waren gesellig, Freunde aus der ganzen Welt besuchten uns, blieben zu Diners, über Nacht, über nicht endende Week-ends, und nachts, wenn es still im Haus wurde, sagte Simone, nach dem zeremoniellen Blick in die Augen, der für den Augenblick des Lichtauslöschens reserviert war: »Ce qu'on est bien, hein? – Geht's uns nicht gut?«
Ich bin Komödiant, und ich will mich nicht scheuen, pathetisch zu sein, wenn meine Lebensbeichte mich dazu zwingt. Es mag wohl sein, daß das Leben eines jeden Menschen einmal das Ende einer Sackgasse erreicht, der Blick in blinde Fenster seiner Sehnsucht Einhalt gebietet und man mit Wehmut den Weg zurückgeht, um die Sehnsucht nach dem Unerreichbaren wieder zu be-

schwören. Damals aber, auf dem Höhepunkt meiner Karriere und in jener friedvoll-erfüllten Zeit mit Simone, ersetzte plötzlich etwas anderes die Sehnsucht nach dem Unerreichbaren: Halte fest, was du hast, gib es nicht her, verteidige es, vergeude es nicht, setz es nicht aufs Spiel. – Die Antennen werden eingezogen, du verschließt dein Glück wie Juwelen in einem Safe. Ich weiß, es war der Augenblick auf dem Weg, wo das Ende der Sackgasse in Sicht war.
Ich war mir klar darüber, daß man auch in einer Zwölfzimmervilla und mit Diners bei ›Romanoff‹ und ›Maxim's‹ zum »Sprechbeamten« werden kann, der sorgfältig seinen Text lernt und seinen Regisseur bedient. Ich ging bewußt in die Falle. Mein unsichtbarer Wegbegleiter, der so lange geschwiegen hatte, ließ sich vernehmen: Was du behalten willst um jeden Preis, ist schon verloren.
Verantwortungsgefühl beherrschte mich, nicht die Herausforderung. Ich war kleinmütig geworden, und es sollte nicht lange dauern, bis man es spürte. Statt Ingrid zu umwerben, wurde ich ihr gefällig. Statt beim Tanz ihre Schenkel zu suchen, war ich ängstlich darauf bedacht, ihr bei Umarmungen keine Schminkflecken zu machen. War ich alt geworden? Nein, ich war nur reich und glücklich. Doch damals, in Wien, wehte der heiße Wind der Sehnsucht, brannte mir die ersten Falten ins Gesicht. Sturm-und-Drang-Zeit...

Zwei Kolleginnen vom Eiermannschen Stammtisch helfen mir beim Einrichten der neuen Wohnung im Hochhaus. Sie raten mir, ins Dorotheum zu gehen, der staatlichen Auktionsanstalt, um dort billig Möbel zu ersteigern. Das Dorotheum ist gerammelt voll mit Plunder, Brauchbarem und Unerschwinglichem. Es riecht nach Schimmel, Mief und Küche, doch kann es passieren, daß in den Räumen hinter der glasüberdachten Haupthalle eine lavendelduftende Biedermeiergarnitur jungfräulich keusch auf Käufer wartet wie das Provinzmädchen, das zum erstenmal den Strich auf der Kärntnerstraße versucht. Montag und Donnerstag ist Auktion, die übrigen Wochentage Besichtigung. Die

Interessenten kommen in Scharen, und es ist lustig zu beobachten, wie verschämte junge Ehepaare Doppelbetten ausprobieren, Zugereiste im frischgekauften Steirer Filzhut ihren Begleiterinnen laut und dröhnend Nummern und Ausrufpreise zum Notieren zurufen oder Sensale mit hofrätlicher Noblesse Auskünfte geben. Du malst dir aus, wo die Möbel wohl gestanden haben mögen, wer in ihnen gewohnt hat, und ertappst dich dabei, das Leben der früheren Besitzer zu erfinden oder nachzuleben und zu diesem Behuf Stoff zu beschnüffeln oder das Innere einer Vitrine, weil der Geruch dir hilft, die Welt, aus der sie kommen, aufzuspüren. Ich finde bald alles, was ich brauche, und bin nach den Auktionen stolz, so preiswert gesteigert zu haben. Nur das Bett kaufe ich neu. (Du siehst, ich war und bin kein echter Bohemien. Auch wenn wir in Vence geblieben wären, hätte dort ein neues hergemußt.) Das einzige, was mir noch fehlt, ist eine Uhr, eine heimelig tickende Uhr, denn Armbanduhren machen mich nervös, und ich habe zeit meines Lebens keine getragen.
Noch einmal ins Dorotheum. Im ersten Stock, bei den teuren Sachen, hängen manchmal Biedermeieruhren, deren Zifferblatt in ein Landschaftsbild montiert ist. Marjorie, eine der beiden hilfreichen Kolleginnen, begleitet mich. Sie ist Engländerin und versteht, wie alle ihre Landsleute, etwas von Stiluhren. Wir kommen in einen Raum mit hübschen Empiremöbeln: Garnituren, Marmortischchen und entdecken auf einer Konsole eine hübsche Uhr. Wir betasten, beriechen, betrachten sie und beraten, sind ganz allein im Raum. Das Haus ist stiller als sonst um die Zeit gleich nach dem Mittagessen. Plötzlich kommt ein Paar herein. »Hier stehen sie«, sagt die Frau und weist auf Garnitur, Vitrine, Tisch und die Uhr. Ich notiere Nummer und Ausrufpreis, während das Paar nähertritt. Wir gehen hinaus, doch in der Tür drehe ich mich um, die zarte Uhr noch einmal aus der Entfernung anzuschauen. Die beiden sitzen auf dem hübschen, chintzbezogenen Sofa. Sie halten sich bei den Händen. Dann putzt die Frau ihre Brille, und ich sehe beide weinen. »Juden«, flüstert Marjorie, »sie nehmen Abschied von ihren Möbeln.«
Die Uhr habe ich nicht ersteigert, aber die Möbel habe ich alle

behalten. ›Zum Kuckuck‹, besänftige ich ein leise grollendes Schuldgefühl, ›wenn *ich* sie nicht hätte, stünden sie wahrscheinlich in der zum Einzug Hitlers frischtapezierten Nobelwohnung eines alten Kämpfers.‹ Der bin ich nicht – aber worin unterscheide ich mich eigentlich von ihm?

Es kommt noch besser. »Liebe ist zollfrei« heißt das neue Stück, und meine Partnerin ist Valerie Rückert. Vorsicht mit dem Wort jetzt, damit sich keine ungereimten Gedanken einschleichen: Sie wird und bleibt eine verehrte Freundin, die heute als Baronin Drasche in Schloß Ebreichsdorf ein großes Haus führt. (Du kennst sie, Mathilda, wir waren im Schloß zum Lunch, als ich mit dir von Enzesfeld jenen Ausflug an die ungarische Grenze machte, bei dem ich dir die Landschaft deiner mütterlichen Vorfahren zeigen wollte.)

Zur Premiere sitzt Lulu in der Vorstellung. In der Pause kommt sie und sagt: »Du bist gut, Curd, aber der Schweizer Zollbeamte im ersten Akt wird Karriere machen.« Er heißt Paul Hubschmid, und hinterher, bei ›Eiermann‹, lade ich Kollegen und Stammtisch zu einer improvisierten Einweihungsparty in unsere neue Wohnung: Mimi, die Präsidentin, Teddy Grieg, ihren Mann, der mitgespielt hat, Siegfried Breuer, der mit seinen halbgeschlossenen Augen und müdem Charme die Frauen verrückt macht, später den Mut aufbrachte, trotz Befehl des Propagandaministers Goebbels die Rolle des Jud Süß in Veit Harlans Hetzfilm abzulehnen, Egon von Jordan, den feinen, gütigen Kollegen, der, wohin er kommt, einen Hauch von Schönbrunn verbreitet, Hans Olden, den bebrillten Komiker, Paula Pfluger, Trude Marlen... die Wohnung ist voll.

Marjorie hilft Lulu und mir, Flaschen und Konserven zu öffnen. Als wir mit Tabletts beladen in den schönen großen Wohnraum kommen, herrscht tiefe Stille. Alle Gästen stehen und starren wortlos aus den bis auf den Boden reichenden Fenstern auf das nächtliche Wien. Es kommt mir vor wie eine Schweigeminute. Endlich dreht sich Professor Alfred Kunz, der Bühnenbildner und große Kostümberater, um und schaut in die Runde, als erwarte er, als Ältester, die Gedanken der Anwesenden auszusprechen. »Eine schöne Wohnung. Einer der schönsten Ausblicke auf Wien. Wir sollten dir gratulieren, aber das fällt uns ein bisserl schwer. Wir alle haben nämlich vor wenigen Wochen hier eine etwas traurige... Abschiedsfeier mitgemacht. Für Hans Jaray...«

Ich weiß, daß Hans Jaray, der vergötterte Star des Volkstheaters, vor kurzem nach Amerika ausgewandert ist. Ich war für sein Fach engagiert worden.

›Zum Donnerwetter‹, denke ich, ›das Leben geht weiter, er ist gut in New York angekommen. Geht mir nicht auf die Nerven, ihr sentimentalen Wiener.‹ Siegfried Breuer nimmt ein Glas Heurigen vom Tablett, nippt und schließt dabei die Augen. »Hast du gewußt, daß es seine Wohnung ist?« Selbstverständlich hatte ich es nicht gewußt. Man hatte mir gesagt, der frühere Besitzer sei verzogen. Jetzt erst begreife ich das Makabre der Situation: Ich, Jarays Nachfolger am Volkstheater, bin ahnungslos auch zum »Arisierer« seiner Wohnung geworden. Lulu läßt um ein Haar das Tablett fallen. Ein Glas zerbricht. Niemand sagt: Scherben bringen Glück. Mit so billigen Scherzen sind die pointengewohnten Kollegen nicht wieder in Stimmung zu bringen. Nur ich denke es, bin mir aber nicht sicher, ob ich es ihm, dem Jaray, wünsche oder mir, dem Nachfolger, oder uns beiden. Jeder trinkt sein Glas und verabschiedet sich mit einem ›Küß die Hand‹ für Lulu. Die Männer tragen dunkle Anzüge, wie es sich für Theaterleute bei einer Premiere gehört. Es kommt mir vor, als sprächen sie uns ihr Beileid aus, als sie ›Gute Nacht‹ sagen.

Das Jahr vergeht mit mäßigen Erfolgen, viel Arbeit, viel Rollenstudium und Sprechunterricht. Ich lerne den Zauber Wiens kennen, spiele Schach im Café ›Mozart‹ und dem ehrwürdigen Café ›Herrenhof‹ oder ›Museum‹. Bald werde ich in der Gesellschaft, der Aristokratie herumgereicht, lerne die Hände der Fürstinnen und Prinzessinnen küssen, ohne mir die Zähne an den brustwarzengroßen Brillanten und Smaragden einzuschlagen, lerne zechen beim Grinzinger Heurigen oder in der stillen Sieveringer Agnesgasse. (Einmal fordert mich der große Werner Krauß nach

einer Probe auf, ihn zum Heurigen zu begleiten; ich bringe es bis zum Abend, als die Kollegen nach der Vorstellung eintreffen, auf 24 Viertel sauren Sieveringers und fahre die ganze Bande dennoch wohlbehalten nach Hause.) Die Wiener verbrüdern sich teils zähneknirschend, teils anbiedernd mit den zugereisten Eroberern. Arthur Seyß-Inquart wird bald von Baldur von Schirach abgelöst, um vom Ballhausplatz aus die Österreicher auf den rechten Weg zu führen, das heißt: »Heim ins Reich«. Die Presse bekommt ihren Maulkorb, die Kritik wird zur »Kunstbetrachtung«. Ein unbegabter Schauspieler – wir nennen ihn »Totenhof«, und er heißt tatsächlich so ähnlich – wird für große Gage und winzige Rollen engagiert, doch aufgrund echt Wiener Diskretion weiß am nächsten Tag jeder, daß er ein Gestapospitzel ist, und selbst die Nazis verstummen, wenn er im Konversationszimmer sitzt. Man »richtet sich's«, wie der Wiener sagt. Viele grinsen hämisch, nur wenige gehen auf die andere Straßenseite, wenn Kolonnen mit Davidsternen die Kärntnerstraße von bereits anachronistisch wirkenden Aufrufen der KP, SPÖ und der Heimwehr reinigen müssen. Die Tragödien spielen sich in geschlossenen Vorstellungen ab. Das, was gezeigt wird, ist als Volksbelustigung gemeint.
Und doch: Die Pracht der Museen, der Zauber der Oper, die Lipizzaner, die Sängerknaben, die ewig besungenen verschwiegenen Gasserln und verschlungenen Wege des Helenenthals, der musische Geist, der beißende Spott – du kannst dich nicht entziehen, verliebst dich in den Naschmarkt, die Minoritenkirche, den Josefsplatz, die ›Gusti-Bar‹ über der ›Femina‹, wo Herr Gymes noch immer die unbezahlbar schönen Damen feilhält, den morgendlichen Volksgarten, wo es dir immer noch passieren kann, daß die kinderwagenschiebenden Gouvernanten Häubchen tragen und französisch sprechen wie im Jardin du Luxembourg.
Ähnlich wie fünfundzwanzig Jahre später, als ich auszog, die Geliebte »Paris« zu erobern, spürst du plötzlich, eines Morgens im 38iger oder in der Metro, daß du wiedergeliebt wirst, daß die Geliebte dich erhört hat. Der Schaffner, der Taxifahrer grüßt

freundlich und fragt: »Fahrn ma ins Theater, Herr Jürgens?« Der Applaus auf der Bühne ist das Trinkgeld, die wohlwollende Begrüßung der Unbekannten die Gage...
Hermann Basler macht Karriere. Lulu pendelt zwischen Berlin und Wien hin und her, und um die Kontakte nicht abreißen zu lassen, fahre ich an probenfreien Tagen nach Berlin, antichambriere weiter bei Filmgesellschaften, putze die Becken meines Schlagzeugs. Berlin ist meine Frau, Wien meine Geliebte.
Den vierwöchigen Sommerurlaub verbringen wir mit Karin Evans und ihrem Mann, dem Maler Wolf Hofmann, in Jershoeft, einem einsamen Ostseestrand, wo Nacktbaden, Nacktleben obligatorisch ist. Mit britischer Gewissenhaftigkeit hat Karin die Grenze abgesteckt, wo, auf dem Weg zu den Dünen, die letzte Hülle abgelegt werden muß. Wir braten in der Sonne des August 1939. Der Flaum um Karins Schoß wird im gleichen Verhältnis blonder, wie ihr Bauch brauner wird. Flugzeuge kreisen über uns, schmale Pfeile, und jedesmal, wenn eins direkt über uns den Tiefflug übt, spreizt sie die Beine.
1970 spiele ich im »Theater in der Josefstadt« in Wien mit Susi Nicoletti »Zimmerschlacht« von Martin Walser. (Susi kam ungefähr zur gleichen Zeit wie ich ans Burgtheater, und erst als ihr Mann, Ernst Haeussermann, Direktor der Burg wurde, wechselte sie zum Josefstädter Theater über. Sie ist nicht nur eine verehrte Freundin, sondern auch eine Kollegin, mit der ich seit Beginn der Burgtheaterzeit viele erfolgreiche Schlachten geschlagen habe. Ihr Charme, ihre Präzision, ihr überschäumendes Temperament haben sie zu einem Juwel des deutschsprachigen Theaters gemacht.) Den Höhepunkt einer Suada in Susis Rolle bildet ein Ausruf: »Ich wünschte, ich wäre ein Flugplatz, und die dicken Düsenjäger landeten auf mir.« Fünfzigmal haben wir das Stück gespielt, und fünfzigmal dachte ich bei dieser Scene an Karin in Jershoeft, über dreißig Jahre früher.
Als wir heimfahren, sind die Tanks leer. Die Damen müssen zum nahegelegenen Fliegerhorst, um Benzin zu schnorren. Der Offizier lächelt, und es kommt uns vor, als wolle er sich bei uns bedanken. »Nichts für ungut. Auch vielen Dank für die schönen

Fotos, die wir von den Damen machen durften. Sie hängen dort, wo sie hingehören: im Schlafsaal.« – »Und warum gibt's kein Benzin weit und breit?« – »Das ist nur der erste Schock. Ab morgen läuft das wieder gerade, wenn die Bevölkerung erfahren hat, daß für die Versorgung vorgesorgt ist.«

›Was für eine Sprache!‹ denke ich, frage aber laut: »Was für ein Schock?«

»Seit heute morgen ist Krieg, wußten Sie das nicht?«

»Nein«, sagt Wolf und fügt entschuldigend hinzu: »Wir sind Künstler...«

24 »Der letzte Walzer« mit Eva.

25 Wir üben die deutsche Aussprache. Evas Kommentar: Fucking difficult!

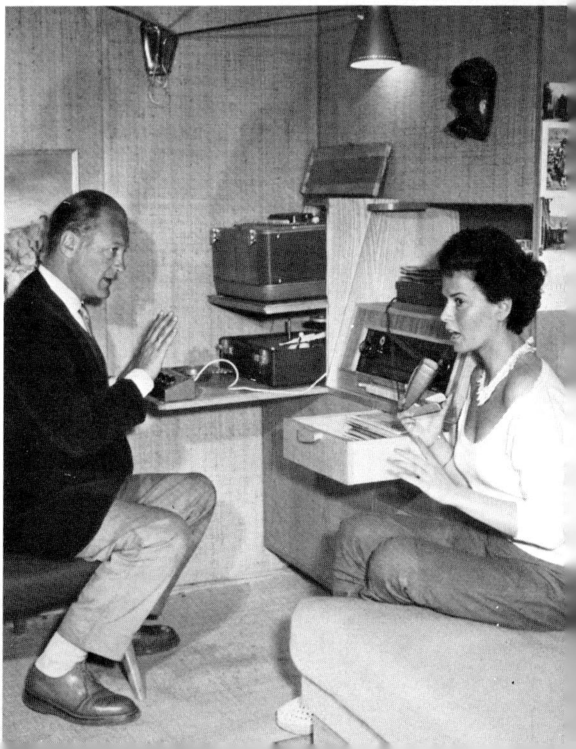

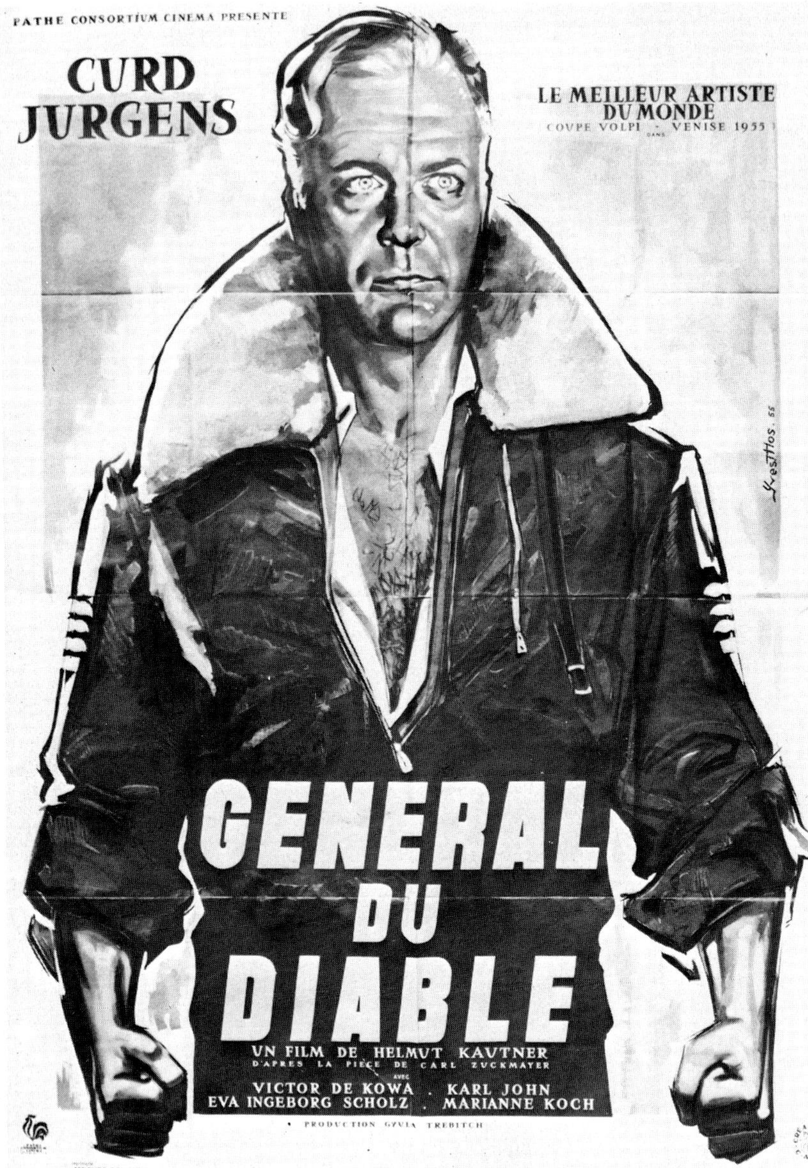

26 Plakat für »Des Teufels General« auf den Champs-Elysées.

27 »Die Helden sind müde« mit Maria Félix, Yves Montand, Jean Servais und Gert Fröbe.

28 »Die Ratten« mit Maria Schell, Regie Robert Siodmak.

29 »Les Espions« (»Spione am Werk«), Regie H.-G. Clouzot (rechts) und Véra Clouzot.

30 »Und immer lockt das Weib«. Whisky und Reverenz für Brigitte Bardot. Die Gagen steigen und Steffi Jovanovic, meine treue Managerin und Kameradin, hatte viel zu lachen ...

31 »Teufel in Seide« (Bundesfilmpreis). Meine Partnerin war Lilli Palmer.

32 »Bitter war der Sieg« und lang die Nächte mit Richard Burton in Libyens Wüsten ...

11.

Ich habe nicht Angst vor dem Krieg, ich habe Angst vor dem Konversationszimmer des Burgtheaters.
Gusti Huber steht in Pullover und wehendem Rock an der zugigen Ecke des säulengefaßten Eingangs zum Bühnentürl. Der Wind faucht vom Volksgarten her, fängt sich in der Arkade, pustet Löcher zwischen ihre Schenkel. Sie blinzelt mich an, ihre fleischige Stupsnase ist blaurot, die großen Nüstern gebläht, daß man bis hinauf in die Stirnhöhle sehen könnte, wenn man wollte. »Dich kennen doch alle, du bist berühmt, Filmstar«, sage ich, um ihr Mut zu machen, obwohl ich mir denken kann, daß es genau das Falsche ist. – »Eben, das ist es ja.« Sie beißt sich auf die Lippen, daß ihr Mund aussieht, als hätte sie die obere Zahnreihe zu Hause vergessen. »Was soll diese Filmkatze in unseren heiligen Hallen, werden sie hinter meinem Rücken tuscheln.« – »Die können dich doch alle am Arsch lecken«, sage ich betont burschikos, denn mir selber klopft das Herz bis hinauf zur Schlagader.
Dreimal bin ich um den Minoritenplatz gegangen, sogar in die Kirche hab' ich mich geschlichen, aber die Stille nach dem Wind würgt im Hals, und statt zu beten, mache ich Sprechübungen: »Abraham a Santa Clara saß gar sangbar nah am Abhang.«

Vierunddreißig Jahre später spiele ich während der Salzburger Festspiele den »Jedermann«. Vor dem Auftritt führt mich der Inspizient in den kühlen Dom, zeigt auf ein Holzbänkchen. »Hier ist es still und ruhig. Alle Jedermänner warten hier auf dem

Arme-Sünder-Bänkchen. Ich hole Sie nach den Fanfaren.« Ich bekreuzige mich, Kleenex in der Hand, wische die Handflächen trocken. Draußen summt es, der Wind weht aus der falschen Richtung, weht zum Dom. Die Bläser stimmen ungeniert die Instrumente. »Maman, Mathilda«, murmele ich, »ihr schaut mir zu, nun helft mal. – Ma-me-mi-mo-mu, Sam Sem Sim Som Sum, Abraham a Santa Clara saß gar sangbar nah am Abhang...« und: »Mein Haus hat ein gut Ansehn...« – ›Nur über die ersten Sätze gut wegkommen‹, denke ich heute wie damals.
Beim ersten »Jedermann«, im Dom, fällt mir die Geschichte ein, die Karajans Ruf in Wien begründet haben soll. Bei einem seiner ersten Philharmonischen Konzerte klopfte er nach zwei Takten des Ravelschen Boleros ab. Der Paukist hat den ersten Paukenschlag verpaßt. Das verwöhnte Wiener Publikum weiß, der Tempoverlust ist nicht mehr einzuholen. Karajan verbeugt sich noch einmal, achselzuckend, als wäre es seine Schuld, hebt den Taktstock. Donnernder Applaus. Gibt noch einmal den Einsatz. Der Paukist pariert. Als Schauspieler kannst du nicht noch einmal beginnen. Die Salzburger kennen den Text besser als du, sie warten nur darauf, daß der Filmjockel, der Skandalschrank etwas falsch macht. »Mein Haus hat ein gut Ansehn, steht stattlich da, vornehm und reich...« Sie rutschen vor Schadenfreude auf den Bänken, in ihren Dirndln und Steyrer Anzügen von Lanz... Ganz schön wurmstichig, der normannische Schrank, tut stattlich, vornehm und reich und knarrt dabei in den Scharnieren. Und du denkst, wenn die Fanfaren einsetzen: ›Du bist reich und glücklich. Du bist reich und glücklich. Du: Jedermann. Du: Jürgens. Bis der Tod auftritt, da darfst du deine Angst zeigen, deine Todesangst, dann wird alles leicht...‹

»Wir gehen jetzt hinein, Hand in Hand, wie ein Liebespaar.« Gusti schiebt ihre Hand in meine Manteltasche. Der Portier schaut uns überrascht an, als wir an ihm vorbeistürmen. »Huber«, ruft ihm Gusti zu, »Jürgens«, äffe ich sie nach. Im Gang verläßt uns noch einmal der Mut. Vor dem Aushang bleiben wir stehen: »Romeo und Julia«, Inscenierung Lothar Müthel. Ar-

rangierprobe erster Akt: zehn Uhr. Ganz unten auf dem Zettel steht: »Julia: Gusti Huber« und weiter vorn: »Benvolio: Curd Jürgens.«
Die Tür zum Konversationszimmer hat ein Glasfenster. Sie sitzen um einen grünbespannten Tisch wie Aktionäre vor der Hauptversammlung. Gusti macht einen Knicks und küßt Hedwig Bleibtreu die Hand. Tybalt ist zwei Meter groß, graumeliert, mit winziger Nase, nur über dem Nasenrücken spannt sich die Haut, der Rest des Gesichts wabbelt. Mercutio schaut auf einen Punkt beim Haaransatz, wenn er mit dir spricht, nie ins Auge. Graf Paris ist weißblond und bewegt sich wie eine Diseuse aus der ›Femina‹. Romeo schwärmt mit böhmischem Akzent von buttertriefenden Germknödeln, mit Mohn und Zucker bestreut. Von dem Darsteller des Capulet hatte ich gerade eine Kritik gelesen: »Der Vorhang geht auf, das Publikum erschauert: Herr H. steht allein auf der Bühne...« Die Amme ist eine blitzgescheite Person mit den lustigsten, flinkesten Augen. Ihr Enkelkind wird ein Vierteljahrhundert später unter dem Namen Romy Schneider von sich reden machen. Pater Lorenzo ist, wie wir, zum ersten Mal im Haus. Paul Hörbiger, der große Volksschauspieler und beliebte Filmkomiker, wird vier Jahre später als Mitglied der Widerstandsbewegung zum Tode verurteilt, als die Russen schon in Baden bei Wien einmarschieren. Aber selbst die Henker verehren ihn und »vergessen« ihn in der Zelle. Der russische Offizier, der seine Zellentür aufschließt, ruft: »Du, artista, komm raus!« Hörbiger umarmt seinen Retter, holt zu Hause sein Fischzeug, sitzt zwei Stunden später an der Alten Donau und angelt tote Fische, die, von Explosionen zerplatzt, weißbäuchig auf dem Wasser schwimmen.
Ein Großer, Scharfnasiger kommt herein und stellt sich allen vor: »Hans Lietzau, Assistent des Herrn Generalintendanten. Herr Müthel läßt das Ensemble auf die Bühne bitten.« Das Läuten der Rathausuhr geht im Knarren der Stühle beim Aufbruch der Herde nicht unter. »Zehn Uhr. Preußische Pünktlichkeit«, seufzt die Amme. »Hoffentlich wird ebenso pünktlich Schluß gemacht«, sagt Mercutio. Ihn interessiert das Theater nicht

mehr. Er schreibt an einer Topographie Wiens. Als jugendlichem Helden lag dem Kärntner Aristokraten die Stadt jahrelang zu Füßen, und man verzieh ihm seine extravagantesten Eskapaden. (Einmal soll er, hoch zu Roß, in die ›Kaiser-Bar‹ hineingeritten sein, Champagner im Sektkübel fürs Pferd und in Lobmeyrkelchen für sich und seine Runde bestellt haben. Als später die Gerichtsvollzieher seine Wohnung ausräumten, wurde ihm als erstem und einzigem Schauspieler des Burgtheaters erlaubt, in der Garderobe zu wohnen, bis der Kaiser seine Schulden bezahlt hatte.)

Zur Bühne geht man einen Stock hinauf. Da das Konversationszimmer auf der Volksgartenseite liegt (*côté jardin* heißt das Gegenstück in der »Comédie Française«), kommt man an den Damengarderoben vorbei, mit blitzblanken Messingschildern an den Türen, der Anciennität nach. An der der Bühne nächstgelegenen Garderobentür steht: Kammerschauspielerin L. Medelsky...

Nenn es Respekt, nenn es Ehrfurcht oder sogar Demut, nenn es Lampenfieber oder ganz einfach Angst, aber als Lietzau uns wie Sängerknaben im Halbkreis auf der Bühne auffädelt, zittern mir die Knie. Die Schauspieler stinken nach Tabak, die Schauspielerinnen nach Knoblauch, aber alle sprechen leise, fingern in ihren Rollenbüchern, hüsteln, räuspern sich, der samtene Rundhorizont schluckt das Scharren der Schuhe, macht eine akustische Zeitlupe aus dem Stimmengewirr.

Du starrst hinunter in den Zuschauerraum. Wie der Schlund eines Riesenhais blecken die Zähne des Parketts, dann läuft das fahle Probenlicht von der Bühne in ein Loch. Ein paar Notbeleuchtungen im zweiten, dritten Rang blitzen auf und erlöschen, rot und blau wie bei einem landenden Düsenclipper. Ganz nah an der Rampe ein Arrangement von Stühlen, Tischen, wie Gartenmöbel im Herbst auf einer verlassenen Wiese. Da nimmt die Souffleuse Platz, der Inspizient, Herr Wieser, mit Kropf. Der Mann mit Baskenmütze fummelt nervös in Blättern und Skizzen: der Bühnenbildner. Ein einziger trägt ein leuchtendes Parteiabzeichen, ein unendlich jüdisch aussehender Herr: der

Kapellmeister Salmhofer. Der Scharfnasige geht lächelnd die aufgereihte Perlenkette der zum Brillieren verdammten Solitäre, sprich Sozietäre, ab: »Herr Müthel bittet um Entschuldigung. Ein dringender Anruf aus Berlin. Da war heute nacht Fliegeralarm. Reine Formsache...«

Endlich Auftritt Müthels, gefolgt vom Dramaturgen, Dr. Mettin, der auch aussieht, als brauche er ein Parteiabzeichen, um unbehelligt nach Hause zu kommen. Der Mercutio hebt als einziger die Hand zum deutschen Gruß, die Amme kichert, dann wird es still.

Wenn Müthel spricht, hat man das Gefühl, das gerollte ›r‹ mache ihm Schwierigkeiten. Später erfahre ich, daß er vom Schauspieler zum Regisseur gewechselt hat, weil die Prothese bei ihm nie so wollte wie Zunge und Gaumen. »Meine Damen und Herren, das Burgtheater und wir alle preisen uns glücklich, Herrn Rudolf Alexander Schröder für eine neue, unserem Geist, dem Geist der Wissenschaft und der Poesie, Shakespeares und des heutigen Theaters adäquate Übersetzung des größten und schönsten, erhabensten und schrecklichsten Liebesdramas der Weltliteratur gewonnen zu haben. Wir wollen versuchen, diesem Werk mit Behutsamkeit und der Liebe, die sein Inhalt ist, eine Interpretation zu geben, die der Aufgabe gerecht wird.« (Applaus). Er öffnet die Knöpfe seines dunkelbraunen Zweireihers, als hätte er den körperlichen Teil seiner Arbeit erledigt. »Lassen Sie mir das Vergnügen, Ihnen drei neue Mitglieder des Hauses vorzustellen: Herrn Paul Hörbiger, der die Rolle des Pater Lorenzo verkörpern wird (Applaus, dünn und verlogen), Fräulein Gusti Huber, Julia (Applaus, schäckernd, gewollt-gemütlich) und Herrn Curd Jürgens, Benvolio (Applaus, schnell ersterbend). Um uns alle zusammen mit dem Geist, der uns vorschwebt, vertraut zu machen, schlage ich vor, wir setzen uns zusammen und lesen das Stück noch einmal durch. Bitte, Herr Wieser.«

Der mit dem Kropf steht auf, winkt in die Kulisse. Der Scharfnasige wedelt herum: Bühnenarbeiter treten auf, wie heute bei Ionesco, als richteten sie beflissen und wohlinsceniert die Tafel für ein Halali nach Abschreiten der Strecke. Die Sitzordnung dies-

mal nicht nach Anciennität, sondern nach Bedeutung der Rollen. Das ist ein Novum, und ein paar vorschnell Platznehmende werden umdirigiert.
Müthel sitzt in der Mitte, links die Julia, rechts der Romeo, dann Mercutio, Lorenzo, Capulet, Montague, Tybalt, Amme, irgendwo neben Paris ich, Benvolio. Schon nach den ersten Sätzen fällt der Darsteller des Capulet in den Rhythmus der uns allen so wohlvertrauten Schlegel-Tieck'schen Verse. Müthel ist Dompteur und Schulmeister: »Ich bitte Sie, lesen Sie, was da steht, versuchen Sie, dem spröden Geist der Neuübersetzung näherzukommen. Keine Bequemlichkeit, wenn ich bitten darf! Wir müssen den Geist unseres Jahrhunderts dazuatmen, wenn uns auch die Kehle kratzt wie bei einer ungewohnten Zigarette.« (Rauchen ist verboten auf der Bühne des Burgtheaters. Feuerwehrleute linsen aus der Kulisse.)
Nach zwei Stunden habe ich begriffen, was Theater ist, sein kann, was Einordnung in Liebe, für Liebe, Unterwürfigkeit, wenn du das böse Wort in diesem Zusammenhang akzeptierst, für ein berauschendes Gefühl sein kann, sobald du an die »Sache« glaubst. Ich erinnere mich an das Geschwafel meiner Mutter und an die Lobpreisung der Disziplin meines Vaters. Hatte das Theater mich bisher fasziniert, weil es ein Mittel war, mich selbst zu entdecken, mich zu entfalten und Selbstbestätigung zu finden, so ging ich nach dieser Leseprobe als ein Jünger im Dienste der Kunst zum Mittagessen (Gulasch und ein Seidel Bier) ins Café ›Weghuber‹ an der Bellariastraße vor dem Volkstheater.
Keine Angst, Mathilda, es hat nicht allzu lange angehalten, dieses verliebte Sich-Unterordnen, dieses masochistische Bedürfnis nach Selbstverleugnung. Die haarige Spinne, die von den Haarwurzeln hinabkriechen will durch Luftröhre und Magen zum Sonnengeflecht, hat bald den Kampf um die Selbsterhaltung, die Selbstentfaltung gewonnen. Aber Benvolio und »Romeo und Julia« als zitternder Spiegel in den Händen Lothar Müthels – das hat mich gelehrt, mich in einem ganz neuen Licht zu sehen, hat mir ein Loch eingebrannt wie ein Brennglas. Fortan wußte ich, wie weit man sich selbst aufgeben, unterordnen, einordnen,

traumvergessen anpassen kann, wenn ich das auch bald wieder verdrängte und wie ein Schwimmer an den sicheren Strand zurückkehrte, obwohl ihn die Wellen manchmal hinauslockten, sich ganz und gar aufzugeben.

Hätte ich die Hauptrolle gespielt, Romeo oder zumindest Mercutio (den ich später übernahm), wäre der Wunsch, anonym im Ensemble aufzugehen, wahrscheinlich nie an die Oberfläche gelangt. Aber Benvolio war nur ein kleines Rädchen in der Maschinerie eines gigantischen Kunstwerks. Die Rolle ließ keine andere Möglichkeit, als sich unterzuordnen, um dem Ganzen zu dienen. Dieses Bewußtsein erfüllte mich mit quälendem Stolz. ›Den inneren Schweinehund bezwingen‹ lautete ein Lieblingswort der Zeitgenossen. Nach kurzem Aufbegehren verstummte der eitle Junge, der *à tout prix* die Welt erobern wollte. Nur für kurze Zeit, wohlgemerkt, aber wie es mir heute vorkommt, für eine heilsame Zeit. Müthel, das ehrfurchtgebietende Haus, die Begegnung mit Shakespeare zogen mich unwiderstehlich in ihren Bann. Das kleine Rädchen schnurrte vor Freude, Teil des Motors sein zu dürfen. Ich ertappte mich, beim schwarzen Kaffee nach vertilgtem Gulasch, bei der Feststellung, daß ich den Beruf des Schauspielers liebte...
Die große Antrittsrolle kam.
Käthe Dorsch ist Partnerin. Das Stück: »Madame Kegels Geheimnis«. Ich spiele den Don Juan d'Austria, den Sieger von Lepanto. Fünfundvierzig Minuten, den ganzen letzten Akt hindurch, stehe ich allein mit der großen Käthe auf der Bühne. Sie mag und protegiert mich. In weißer, hirschlederner Uniform und mit Goldstaub im Haar darf ich mich verbeugen. Das goldene Vlies, das mir aus dem Kragen hängt, kitzelt in der Nase, so tief verneige ich mich. »Sie erinnern mich an meinen Harry – Harry Liedtke, meine große Liebe.« Sie beobachtet, wie ich mich verbeuge. Denn im Burgtheater verbeugt sich ein Schauspieler nur einmal: bei der Antrittsrolle. Die Sitte, die aus Kaisers Zeiten stammt, daß nach Schluß des Stückes der Vorhang nicht zum Applaus gezogen wird (wenn dem Kaiser jemand gefiel, ließ er

ihn in die kaiserliche Proszeniumsloge kommen, um ihm zu gratulieren), macht stolz und überheblich: Was schert mich euer Applaus, wir sind am k. k. Burgtheater. Elite kümmert sich nicht um demokratische Volksabstimmung.

Doch dann kommt »Sturz des Ministers«, die Geschichte des aufgeklärten Ministers Struensee und seines Kampfes gegen einen verkommenen, lasterhaft-feudalen König von Dänemark. Der Autor, Eberhard Wolfgang Möller, ist ein Busenfreund des Statthalters Baldur von Schirach, und dieser persönlich hat den Termin für die Premiere festgesetzt.

Auf den letzten Proben macht sich bei mir Heiserkeit bemerkbar. Das große Haus, mangelnde Stimmtechnik, Zigaretten, Heuriger, lange Nächte, die mit politischen Gesprächen beginnen und in den Armen meiner Lulu enden, haben meine Stimmbänder strapaziert. Professor Meyer, der große Laryngologe, diagnostiziert Stimmbandschwellung und Kehlkopfentzündung und verordnet mir zehn Tage Rax oder Semmering: absolutes Schweigen. Ich ignoriere das Gebot, probiere weiter, belle meinen Part, bis heiße Luft und quietschendes Falsett den Text nur ahnen lassen. Ich wechsele den Arzt. Dr. Wiethe, der Betreuer Richard Taubers, spritzt, bestrahlt, verordnet mir aber gleichfalls Schweigen.

Das Wochenende verbringe ich bei Freunden, dem Gutsbesitzer Henckel von Donnersmarck und Herta, seiner Frau, auf dem Altenhof bei Edlitz-Grimmerstein. Der rote Winkel, der zum Fahren eines Autos berechtigt, wird mir nicht bewilligt; mein Chevrolet steht tatenlos im Hof des Hochhauses. Ich fahre im Zug, der Herr Graf holen mich persönlich ab, doch fährt er nicht mit mir zurück. Dringende Geschäfte rufen ihn ins Schloß nach Kärnten. »Der Personalmangel macht sich überall bemerkbar. Vom Schweizer bis zum Hüterbuben – alles wird eingezogen.« – »Kann ich dir was helfen?« flüstere ich und denke an die schwitzende Butter aus der Meierei, die Blutwürste und den frischen Schinken, Delikatessen, die man in Wien nur schwer bekommt, seit die Lebensmittelmarken eingeführt worden sind. Der probenfreie Sonntag, das gute Essen, die Aussicht auf einen

langen Spaziergang durch die Wälder der »buckligen Welt« werden meinem Hals guttun, die Stimmbänder sich ausruhen. »Überwach die Hüterbuben, die Kühe bleiben auf der Weide, und mein Schweizer muß zur Musterung.« – »Gern«, sage ich, und vor Freude über die gemütliche Sonntagsbeschäftigung kommt etwas wie metallener Glanz in meine Stimme. – »Und am Abend spielst halt das Grammophon, da brauchst net reden.« Er flüstert's ebenfalls, anscheinend hat mein Krächzen ihn angesteckt.
Ein uralter Kutscher führt das Gespann. Er ist so schwerhörig, daß ich mich darauf beschränke, jedesmal, wenn er sich antwortheischend vom Bock zu mir zurückdreht, zu salutieren, wie ich es als Kaiser Franz Joseph oder Don Juan d'Austria gelernt habe. Nach ein paar Kilometern biegt er von der asphaltierten Straße in einen Waldweg, und das Getrappel wird dumpf wie fernes Donnergrollen. Die Pferde furzen laut. Wenn ich die Äpfel quellen sehe, zieh' ich den Duft tief in die Nase und denke, das würzige Parfum tut meiner Stimme gut. Bussarde stürzen auf die Frühjahrssaat, und wenn sie wieder aufsteigen, dicht über unseren Köpfen, vermeint man, das Japsen der Maulwürfe in ihren Fängen zu hören. So fährt man durch das alte Österreich. Die schaukelnde Behaglichkeit, der Duft nach Schweiß und aufbrechender Erde machen Lust, die Zeit zurückzudrehen. Ich spreche stumm für mich die ersten Sätze des Wertherbriefes: »Eine ungeheure Heiterkeit hat meine ganze Seele erfaßt. Ich bin so glücklich, mein Bester...«
Die Sonntagsjäger kommen, die Messerschmitts. Die Pferde scheuen, spitzen die Ohren, bleiben scharrend stehen. »Vorwärts, noch ist Polen nicht verloren.« Der Kutscher kichert und läßt die Peitsche knallen. Ihm ist es egal, wohin die Jagdbomber fliegen: Burgenland, Ungarn, Polen. »Übt hier und bombt in Polen«, schwätzt er und fuchtelt mit der Peitsche in der Luft den Kondensstreifen nach. Mir fällt der amerikanische Reklameslogan für Beerdigungsinstitute ein: »Die now and pay later – Sterben Sie jetzt und bezahlen Sie später!«
Nach dem Diner – ich, wie es sich gehört, im Jägersmoking, die

Hausfrau im buntbedruckten langen Kleid, die Baronesse Pasquali im strengen schwarzen marokkanischen Kaftan – wird ›Hollywood‹ gespielt. Man stellt stumm (eben deshalb hatten wir uns dazu entschlossen) den Inhalt oder Titel eines Buches, Films oder Theaterstückes dar, und die anderen müssen erraten, um was es geht. Kein Wort darf die Pantomime unterbrechen, nur die Frage ist erlaubt, ob es sich um Film, Theater oder um ein Buch handelt, wozu man nickt oder den Kopf schüttelt. Als erstes mimte ich den »Sturz des Ministers«. Um den Minister zu karikieren, versuchte ich mich in einer Studie von Goebbels, der nach demagogischem Getue vom Stuhl fällt. »Attention, regardez les domestiques – Achtung, passen Sie auf die Diener auf«, warnt Gräfin Hertha, als mir die Pantomime des »Heil«-schreienden, humpelnden Propagandaministers gelingt und die beiden tschechischen Diener anfangen zu lachen. »Ein historisches Stück«, durchbreche ich flüsternd meine Schweigepflicht und falle vom Stuhl wie (der ebenfalls humpelnde) Talleyrand. »Ça y est, je sais«, ruft die Baronesse mit sexy, guttural-italienischem Akzent: »Mein Kampf, de Adolf Hitler.« Wir lachen, aber »ce ne dépasse pas les dents – es geht nicht hinter die Zähne«, wie meine Mutter bei solchen Gelegenheiten zu sagen pflegte. »Ihr seid entschuldigt«, flüstere ich, »das Stück ist noch nicht aufgeführt.«

Der Sonntag, das Frühstück, beginnt faul und zieht sich hin bis zum ersten Glas Gumpoldskirchner. Dann erst gehe ich auf die Weide, wo vierzig dralle Kühe schmatzen, stieren, X-beinig vorwärtsstapfen. Kein Hüterbub weit und breit. Die Sonne bricht durch schwefelgraue Wolken und sticht wie Bremsen. Plötzlich ein Grunzen, ein Blöken. Können Kühe schreien? Haben die auch Stimmbänder, die schwellen, dick werden und nicht mehr schließen? Gibt es Sprachübungen für heisere Kühe? Ich stapfe über das Stoppelfeld, gehe dem Blöken nach. Hinter Tannen ein Kleefeld. Fetter, saftiger Klee schimmert feucht und geil. Eine Kuh röhrt markerschütternd. Neben ihr wälzt sich eine zweite, das Chlorophyll färbt den Bauch und das geschwollene Euter grasgrün. Zwei weitere brechen ganz in meiner Nähe in die Knie, verdrehen die Augen. Grüner Sabber rinnt aus den aufgerissenen Mäulern. Jetzt kommt das heisere Bellen von allen Seiten. Sie kommen auf mich zu, umringen mich, äugen, verdrehen die Köpfe, stürzen dumpf in den Klee. Mir bricht der Schweiß aus, rinnt mir die Stirn herunter, wäscht die Gänsehaut, wenn er den Hals erreicht. Mitten in dieser gespenstischen Scene drängt es mich unwiderstehlich, Sprechübungen zu machen. Ob meine Stimme auch so klingt? Es ist, als wollten die asthmatisch röhrenden Kühe mir in grotesker Übertreibung vorführen, was wirklich Heiserkeit ist. Die zuerst Zusammengebrochene rührt sich nicht mehr. Die geblähten Bäuche kommen ganz nahe, reiben grüne Jauche an meinen Steyrer Anzug. Ich reiße mich zusammen, hau' einigen in die Flanken, um mir Platz zu schaffen. Beim Tannenwäldchen drehe ich mich noch einmal um: Von den drei Dutzend Kühen wälzt sich über die Hälfte brüllend im Klee, nur ein paar folgen mir, überholen mich schließlich, als wüßten sie, daß die Rettung aus Richtung Stall kommen müsse. Doch es ist kein Mensch da.

Endlich entdecke ich die beiden Diener in der Küche, wo sie Kuchenbrot in Kaffeehäferl stippen. »Die Frau Gräfin ist mit der Baronesse ins Dorf zur Elf-Uhr-Messe. Die Frau Gräfin kutschieren persönlich.« Schließlich finde ich den alten Kutscher. Bis er die Nummer des Veterinärs findet und wählt, habe ich so viel gebrüllt, daß nur noch fauchendes Falsett aus der Kehle kommt.

Als der wacklige Opel des Tierarztes eintrifft, sieht die Wiese mit dem Klee aus wie eine Vision von Hieronymus Bosch. »Die krepieren. Zerplatzen innerlich, gebläht vom frischen Klee«, sagt er lakonisch, holt spitze, lange Kanülen aus Metall hervor und schlägt sie den Tieren mit einem Vorschlaghammer in die Weichen. Dann zieht er den Verschluß aus der Kanüle. Gas entweicht. Man hört und riecht es. Nach ein paar Einschlägen sucht er die Tiere mit Überlebenschancen unter den Todgeweihten aus. Endlich die Kutsche mit den Damen. Cézanne fährt ins Bild der Boschschen Apokalypse. Das Spitzentaschentuch wird ans Näschen geführt, die Strohhüte flattern im Föhn. Zwei Buben,

die hinten in der Kutsche gesessen haben, werden wie junge Jagdhunde angepfiffen, die Leute zusammenzutrommeln, und spritzen davon in verschiedenen Richtungen zu den Gesindebaracken. Ich fühle mich schuldig an dem Desaster, erinnere mich an Georg Henckels Auftrag, die Hüterbuben zu überwachen. Im Grunde bin ich froh, keinen Ton herausbringen zu können.
Zum Mittagessen gibt es gekochtes Rindfleisch und Spinat. Mir wird übel. Der Diener kann gar nicht so schnell nachschenken, wie ich Gumpoldskirchner trinke. Und noch Slibowitz auf der Terrasse zum Kaffee. Zum Glück hat Hertha viel Humor – und Georg auch, als ich ihn Montag früh am Bahnhof treffe. Der Zug nach Wien, mit dem er kommt, hält nur wenige Minuten, und ich bin froh, nur kurz Bericht flüstern zu müssen. Er lacht: »Notschlachtung erspart Schwarzschlachtung. Komm bald wieder. Es wird viel Eingemachtes geben in den nächsten Wochen...«

»Morgen in einer Woche ist Premiere. Schirach hat Dr. Goebbels und hohe Gäste eingeladen. Noch kann ich umbesetzen. Sagen Sie heute abend in der Direktion Bescheid, ob die Ärzte Hoffnung haben, daß Sie spielen können.« Müthel ist betrübt. Er hat mich gern.
Als Lulu, die ihn von Reinhardts »Deutschem Theater« kennt, mich vorstellte, ging er gleich am nächsten Tag ins »Volkstheater«, um mich zu sehen, und engagierte mich vom Fleck weg – als »Gast auf Engagement« zuerst, dann mit mehrjährigem Vertrag. Ich werde nie ganz das Gefühl los, er will sich mit Horst Caspar, Lietzau und nun mit mir Verstärkung aus Berlin holen, um die Burgschauspieler und Kammerschauspieler der verträumten Residenz ein wenig aus der Lethargie zu rütteln.
Doktor Wiethe macht mir keine Hoffnung: »Die Stimmbänder sind blutrot, der Kehlkopf entzündet. Acht Tage Schweigen. Es gibt keine andere Therapie.«
Ich bin verzweifelt und vergrabe mein Gesicht in Lulus Achsel.

»Komm, gehen wir mittagessen. Du brauchst jetzt Kraft und Ablenkung.« Ich denke an das Wochenende und sage: »Ich möchte Fisch.« Im kleinen Restaurant in der Annagasse gibt's gebratene Scholle. Die Frau eines Kammersängers setzt sich zu uns und flüstert, als ob auch sie sich angesteckt hätte: »Du mußt zu Madame Rogalla. Die wird dir helfen. Sie vollbringt Wunder.« – »Was tut sie?« fragt Lulu und spült die Scholle mit Hohenberger Herrenberg hinunter. – »Sie ist Magnetiseurin und hat übernatürliche Kräfte. Jeder Sänger in Wien weiß das.« Das hat mir noch gefehlt! Okkulter Plunder! »Verzieh nicht das Gesicht! Was riskierst du schon? Die Ärzte können dir nicht helfen.« – »Ruf sie an«, meint Lulu und wärmt mir den kalten Wein mit den Handflächen. Dabei spreizt sie den kleinen verkrüppelten Finger, daß er aussieht wie aus Wachs.
Ein paar Minuten später kommt Gretel Topitz vom Telefon, setzt sich triumphierend und sagt: »Um fünf. Es war nicht leicht. Sie darf nicht mehr praktizieren. Sie lebt mit ihrem Mann als U-Boot. Hinterm Konzerthaus. Heumarkt Nr. 5. Parterre. Ist aber Souterrain. Zwanzig Mark pro Sitzung. Sie hilft dir bestimmt.« – ›Rausgeschmissenes Geld‹, denke ich. ›Blödsinn!‹ Aber punkt fünf bin ich am Heumarkt. Die Häuser liegen tiefer als die Straße, die wohl später entlang des Wien-Flusses aufgeschüttet worden ist. Man muß ein paar Stufen hinuntergehen, daher also ist das Parterre ein Souterrain.
Die Tür wird einen Spalt geöffnet, bis die Sicherheitskette spannt. »Von Frau Kammersänger Topitz.« Um die Kette aus der Laufschiene zu nehmen, muß der Mann die Türe wieder zumachen. ›Weg‹, denke ich, ›nichts wie weg.‹ Da ratscht das Schloß, die Tür geht auf. Der Mann ist klein und schmal. Schläfenlocken quellen unter dem schwarzen Käppi hervor. Ich hänge meinen dicken Schal an die Garderobenablage. Der Mann nimmt einen langen dunklen Mantel vom Haken, obwohl mein Wollschal kaum Platz wegnimmt. »Ich lege den Mantel meiner Frau rüber ins Schlafzimmer«, sagt er leise, und hält ihn so, daß ich den aufgenähten Davidstern sehen muß. Tut er es, weil er meint, mein Sängerschal vertrage nicht die Nähe eines Judenmantels?

Oder tut er es, um mich diskret darauf aufmerksam zu machen, bei wem ich mich in Behandlung begebe?
Ich trete in einen dunklen Raum: roter Bodenbelag, an den Wänden Messingblaker mit brennenden violetten Kerzen, Kommode, Tisch, Jugendstilsessel aus schwarzem, geschnitztem Holz. Ein dünner Streifen Tageslicht blinzelt durch die Kellerluke zwischen weinroten Samtvorhängen. Es ist so still, daß man die Kerzen hört, als atmeten sie. Ich kriege Schluckbeschwerden und setze mich. Die Zeit steht still, ich weiß nicht, wie lange. Plötzlich hinter einer der Samtportieren eine Stimme, ganz nahe: »Treten Sie ein, Herr Jürgens.« Ein Vorhang wird raschelnd beiseitegeschoben. Da steht Madame Rogalla: Groß, ausladender Balkon, Adlernase, Rauch aus der Zigarettenspitze. Das »Kabinett des Dr. Caligari« oder »Hille Bobe, die Hexe von Haarlem«? ›Wo sind die Katzen und der Papagei auf ihrer Schulter?‹ denke ich, und die groteske Scene, die billige Kintoppatmosphäre reizen mich zum Lachen. Fleischige, angenehm trockene große Hand, die mich in den kleinen Raum zieht. Auch dort wieder nur Kerzen, auf einem siebenarmigen Leuchter, der auf einem Wangenschreibtisch steht. Zwei Renaissancefauteuils, mit *petit-point* bezogen. An den Wänden Dutzende von gerahmten Fotos in allen Größen. Die schwere Hand drückt mich in den Sessel. Der Streifen Tageslicht ist aus dem Nebenraum mitgekommen und landet auf der Tischplatte, direkt auf einem Zeitungsausschnitt mit – meinem Foto.
Madame Rogalla setzt sich mir gegenüber, die Zigarettenspitze deutet auf mein Foto: »I hob mi auf Sie vorbereitet, wie Sie sehen.« Die Adlernase, die schwarzen Brauen, der berufsmäßig konzentrierte Blick erinnern mich an Mama Basler. Nur ihr Haar ist tizianrot – gefärbt selbstverständlich. Wieder nimmt sie meine Hand, diesmal die linke, zieht sie zu sich heran, schiebt den Kerzenleuchter näher, betrachtet mit einer Lupe die Handfläche. Dann die rechte, dann beide. Vergleicht. »Wann geboren? ... Wann im Schützen?« – ›Sag was Falsches‹, meldet sich mein unsichtbarer Begleiter. Er scheint sich wohl zu fühlen in dieser Grottenatmosphäre. ›Vielleicht baut sie dir Stimmbänder ins

Arschloch, und du kannst die Rolle furzen.‹ – Laut sage ich: »Schütze stimmt. Dreizehnter Dezember 1915.« Ich bin nicht sicher, ob nicht mein Geburtsdatum in der Bildunterschrift des Zeitungsausschnitts vermerkt ist.
Jetzt steht sie auf, zerdrückt die Zigarette in einem Bronzeaschenbecher mit Löwenkopf, geht um den Tisch herum und tritt hinter mich. »Schließen Sie die Augen und versuchen Sie, an nichts zu denken.« Ich tu's. Ihre Hände streichen langsam, gleichmäßig über meinen Hals, vom Kinn zum Kehlkopf. Das Streichen ist angenehm, ihre trockenen Hände wärmen bis hinauf zum Gaumen. Nach zwei, drei Minuten ändert sie den Strich. Die Hände berühren kaum mehr den Hals, streichen nach rückwärts zum Genick. Wenn sich ihre Fingerspitzen treffen, schüttelt sie die Hände, als tropfe sie Gift ab wie schmutziges Wasser. Endlich sagt sie: »Ich lasse Sie jetzt ein paar Minuten allein. Sie werden müde werden. Versuchen Sie, entspannt zu bleiben und an nichts zu denken.« Am Luftzug spüre ich, daß sie weggeht. Mein Kopf ist nach der Massage nach vorn gesunken, mein Kinn berührt das Schlüsselbein. Ich öffne die Augen ein wenig und entdecke, daß der Stuhl auf einer schimmernden Messingplatte steht. Es ist nicht leicht, an nichts zu denken. Leicht gesagt, aber versuch's mal. Tatsächlich, ich bin müde...
Ich zähle die Kühe auf der Wiese im frischen Klee. Kann man das Fleisch essen, wenn die Innereien zerplatzt sind? Besser Notschlachtung als Schwarzschlachtung, hat Georg gesagt und war stolz auf sein Bonmot. Ich weiß, ich schlafe jetzt und träume. Die Kühe haben keine Euter mehr, es sind Stiere, die da brüllen. In Avignon habe ich als kleiner Junge mit meinen Eltern einen Stierkampf gesehen. Der Matador war ein Pfuscher und mußte den ›Coup de grace‹ dreimal wiederholen. Schwarzes Blut schoß in Fontänen aus dem Maul des Stiers. Und dabei brüllte er, bis er endlich in die Knie ging. ›A las cinco de la tarde‹, heißt es bei Lorca. Ein guter Matador kämpft mit dem Stier in der Sonne und tötet ihn im Schatten. Bei Rogallas gibt's um fünf keine Sonne mehr, nicht einmal im Hochsommer. Sonne ist eine Delikatesse, die gibt's am Naschmarkt.

»Ich freue mich, daß Sie geschlafen haben. Sprechen Sie jetzt zwei Stunden lang kein Wort. Legen Sie sich hin, zu Haus, und morgen auf der Probe markieren Sie den Text. Wann ist die Premiere? Flüstern Sie.« – »Dienstag.« – »Sie müssen jeden Tag kommen. Siebenmal. Nur am Premierentag nicht. Da brauche ich ein gutes Foto von Ihnen. Das schau ich an, wenn Sie auftreten.« Sie nimmt mein unverhohlen spöttisches Grinsen nicht zur Kenntnis, weist aber auf die Fotos an der Wand. »Einige von denen sind im Gefängnis. Ich kann sie nicht besuchen. Aber ich helfe ihnen von hier. Ich spreche mit ihren Fotos, und sie hören mich. Das gibt ihnen Kraft, und es wird ihnen nichts passieren. Ja, danke, zwanzig Mark. Man braucht sie heutzutage.« – Beim Aufstehen habe ich den Zwanzig-Mark-Schein neben den Aschenbecher gelegt, schau' absichtlich nicht hin, betrachte die Fotos, versuche die Widmungen zu entziffern: »Für Anni Rogalla in Dankbarkeit und Verehrung.« Alle Texte lauten ähnlich, ob sie unter Rollenfotos aus Wagneropern stehen, unter k.u.k. Uniformen hoher Offiziere oder Porträts ernst dreinblickender Zivilisten. Ein Hochglanzfoto hat keinen Rahmen und ist nur mit Reißnägeln an die Wand geheftet. In großen schwarzen Schriftzügen lese ich: »Für Anni Rogalla herzlich Dr. Kurt Schuschnigg.«
Daheim erkläre ich Lulu pantomimisch, daß ich todmüde bin, zeige auf halb acht auf der Biedermeieruhr (die ich in einem kleinen Ramschladen in der Wollzeile erstanden habe), erzähle doch das Wichtigste und schlafe ein. Um halb acht bringt Lulu mir heißen Pfefferminztee ans Bett. Mißmutig stehe ich auf und rufe im Theater den Chefdramaturgen, Professor Buschbeck, an. »Guten Abend, Herr Professor, der Herr Generalintendant hat mich gebeten, heute abend Bescheid zu sagen, ob ich spielen kann oder absagen muß...« Ich räuspere mich. Lulu kommt aus dem Wohnzimmer und sieht mich entgeistert an. Pause. Endlich höre ich Buschbecks Stimme, ziemlich ungeduldig: »...na und? Spielen S' oder sagen S' ab?« – »Ich weiß nicht... meine... Stimme...«, stottere ich, denn zu meiner grenzenlosen Verblüffung klingt sie, die Stimme, heiser, aber metallisch... – »Ich bitt'

Sie, lieber Jürgens, machen S' ka Gschichten. Die Stimm' klingt ganz in Ordnung. Morgen zehn Uhr Probe. Machen S' an Umschlag und trinken S' an Grog...«

Ich konnte es nicht fassen. Lulu wußte, wieviel mir an der Premiere und der Rolle lag: nach dem farblosen Benvolio und dem schönen Don Juan d'Austria endlich eine große Charakterrolle mit Temperament und Ausbrüchen. Wenn ich mit ihr Erfolg hätte, stünde mir ein weites Fach offen, vom jugendlichen Liebhaber bis zum schweren jungen Charakterspieler. Lulu umarmt mich. Zaghaft, ohne auf die Bänder zu drücken, die Luft tief durch die Nase saugend bis hinunter zum Zwerchfell, probiere ich den Text: Es klingt rauh, aber die Stimmbänder schließen. Ein Wunder ist geschehen! Die Hexe hat gesagt, in zwei Stunden kann ich sprechen. Das war um halb sechs. Jetzt ist es dreiviertel acht. »Ich liebe Hexen«, sage ich und schließe Lulu in die Arme. Um punkt neun am nächsten Morgen empfängt mich Doktor Wiethe in seiner Privatpraxis. Ich erzähle nichts von gestern, vermeide es, zu sprechen. Er wärmt den Spiegel mit dem Metallgriffel über der Flamme, hält mit einem Mulltupfer die rausgestreckte Zunge fest. »Iiiiii, iiiij«, macht er mir vor. »Iiiiii, iiiij«, mache ich nach. Er wirft den Spiegel in die Desinfizierschale, den Mulltupfer in den Abfalleimer, nimmt die Brille ab und schaut mir prüfend in die Augen. »Merkwürdig. Die Stimmbänder schließen, dabei sind sie blutrot.« Ich weiß, Wiethe ist ein guter Österreicher der alten Schule. Ich darf offen zu ihm sprechen. Noch während ich berichte, steht er auf und wäscht sich die Hände. Als ich ende, macht er Notizen in seiner Karteikarte. »Absolut keine Hexerei«, nimmt er den Satz auf, mit dem ich meinen Bericht beendet habe. »Ich kenne Madame Rogalla. Sie hat Richard Tauber, Max Lorenz, Lotte Lehmann und vielen anderen in ähnlichen Situationen geholfen. Für die Wissenschaft sind Sie noch genauso krank wie Freitag nach der Probe.« – »Wie ist es dann möglich, daß ich sprechen kann, Professor?« – »Sie hat Ihnen mit ihren magnetischen Kräften den Krampf genommen und die Durchblutung der Gefäße so angeregt, daß der Stau entfällt. Was wir mit Rotlicht und Elektromassage versuchen, schafft sie mit ihren Händen. Tun Sie alles, was sie Ihnen sagt, aber seien Sie vorsichtig auf den Proben...«

Nun, ich bin vorsichtig auf den Proben, und jeden Nachmittag gehe ich zu Madame Rogalla. Punkt fünf Uhr. Siebenmal. Am Tag der Generalprobe bringe ich ihr ein Bild in silbernem Rahmen. »Des is' e gutes Bild«, schmunzelt sie, »des wird morgen abend von acht bis zehn hier vor mir stehn. Se werdn's spüren. Se brauchen nicht mehr zu kommen. Wir reisen sowieso bald ab. Sieben Jahre werden Se ka Sorgen mit de Stimme haben. Wer weiß, bis dahin bin ich vielleicht wieder da. Leben S' wohl, Herr Burgschauspieler...«

Am Premierenabend stehe ich vor dem Auftritt in meiner Garderobe vor dem großen Wandspiegel: Perücke, Rokokokostüm, Escarpins. Und wie damals in Berlin – in der Garderobe des Babelsberger Filmstudios – spüre ich die Wärme vom Haaransatz hinunter, vom Sonnengeflecht herauf. Und wieder weiß ich, es geht gut.

Baldur von Schirach hat zur Premierenfeier in die Hofburg eingeladen. Doktor Goebbels plaudert mit Lulu. Sie ist besonders schön heute abend und ihr Haar wieder naturfarben: kastanienbraun. Nach dem Diner – Seezunge, Huhn und Millirahmstrudel mit Vanillesauce – kommt Schirach vorbei, um mir die Hand zu drücken: »Ich gratuliere, Herr Burgschauspieler.« Ich verbeuge mich, und als er weitergeht, hole ich mir Lulu, gehe zur Bar und zische ein eiskaltes Bier, mitten hinein in das Loch neben den Stimmbändern.

Willi Forst hat bei Dr. Goebbels einen Stein im Brett. Nicht, weil er Nazi wäre, beileibe nicht, aber seine Filme sind genau das, was das große Publikum in diesen Jahren sehen will: Wien, Musik, schöne Frauen, eine Welt ohne Brutalität, mit Platz für Humor à la Hans Moser und Paul Hörbiger – Bilder einer heilen Welt mit liebenswerten, redlichen Menschen. Außerdem wird Willi Forst auch fürs Ausland ein Aushängeschild und ein Geschäft. Sobald er vom Propagandaministerium das Plazet für eigene Produktionen erhalten hat, versammelt er einen Kreis von Freunden um sich und macht Filme ohne Tendenz, ohne Nazi-

Ideologie, Filme voll von Wiener Charme und dem goldenen Wiener Herzen. Forst ist in dieser Zeit nur darauf bedacht, zu überleben, keine Hetzfilme zu drehen, sich und seine Freunde vor dem Eingezogenwerden zu bewahren und Ruhe vor den hohen Herren in Berlin zu haben. So entstehen mit – für 1940 – astronomischen Budgets und vielen Drehtagen beachtliche Filme. Und fast immer spiele ich mit: mal den Komponisten Millöcker in einer Kavalkade der österreichischen Operette in »Frauen sind keine Engel« mit Martha Harrell als weiblichem Star, der schönen Frau des Chefs der neugegründeten staatlichen »Wien-Film«, Karl Hartl, einem der großen österreichischen Regisseure, die österreichische, deutsche und internationale Filmgeschichte gemacht haben.

In dem Mozartfilm »Wen die Götter lieben« mußte ich als Kaiser Joseph Geige spielen und Paul Hörbiger als mein Kammerdiener Cello: ein kleines Stück des jungen Mozart. Lange vor Drehbeginn wurde uns Boskowski, der Konzertmeister der Wiener Philharmoniker, zugeteilt, um uns Griffe und Bogenführung beizubringen. Wir übten das kleine Stück wochenlang, und als es zu den Aufnahmen kam, konnten wir Einsatz, Bogenführung und Fingergriffe im Schlaf. Boskowski war ein strenger Lehrer und korrigierte so lange, bis nach seiner Meinung nichts mehr auszusetzen war. Am angesetzten Drehtag begleitete er uns sogar ins Atelier.

»Bitte, Majestät«, sagt Hartl und weist uns die Stühle an, auf die wir uns zu setzen haben. Die Scene ist historisch belegt: Kaiser Joseph hat durch seinen Kammerdiener die Partitur der Sonatine ins Schloß schmuggeln lassen, um selbst als begeisterter Musikfreund herauszufinden, was es mit dem Wunderkind Mozart, von dem aus Paris, Prag und Salzburg Erstaunliches berichtet wird, für eine Bewandtnis habe. Ein Augenzwinkern zum Kammerdiener, und die beiden beginnen, zögernd erst, dann vom Spiel gefangen und zum Schluß ganz der Musik hingegeben. Der Kaiser gibt Order, den jungen Herrn zu empfangen.

»Playback läuft«, ruft Laczi von Ronay, Hartls Assistent. –

»Drei, zwei, eins und...«, tönt die Stimme Boskowskis aus dem Lautsprecher. Wir fiedeln.
»Danke, meine Herren, probieren wir's gleich noch einmal.«
Hartl krault sich seinen Schnurrbart. Er hat bei einer Sprengung für eine Schlachtscene ein Auge verloren, und es kommt vor, daß ich ihm fragend, beifallheischend oder entschuldigend in sein Glasauge schaue.
Mucksmäuschenstill ist es in der Pause im Atelier, bis das Playback aus dem Lautsprecher wieder einsetzt. Kameramann Günther Anders gibt pantomimisch Anweisungen auf die Beleuchterbrücke hinauf. Sein Assistent mißt die Schärfe mit einem Maßband, das er von der Kameraachse bis zum Steg meiner Violine zieht. Ich begreife, daß die lange, von Hartl in meisterhafter Musikalität eingeteilte Kamerafahrt aus der Totale des Raums über das Cello des Kammerdieners bis in die Großaufnahme des kaiserlichen Fiedelbogens gleiten soll.
Nach drei Wiederholungen wird mir heiß unter der gepuderten Perücke. Der Schweiß rinnt mir ins kaiserliche Jabot. Der Maskenbildner legt eisgekühltes Leder über Augen und Nase. Plötzlich sagt Hartl, ganz freundlich, wie er es immer tut, wenn ihm unmittelbar vor der Aufnahme ein kleines Detail – ein verrutschter Kragen, eine Falte am Gürtel – aufgefallen ist, denn seinem einen Auge entgeht nichts, und der Umstand, daß er mit diesem Auge nur flächig, nicht plastisch sieht, hat seinen Blick vielleicht sogar geschärft: »Ist ein Garderobier da...?« Zwei Garderobiers stürzen beflissen ins Bild, nesteln und zupfen an Hörbigers und meiner Uniform herum. »Nein, danke, meine Herren.« Hartl krault ungerührt im Regiestuhl sitzend seinen Schnurrbart, kaut an den Spitzen. »Trennen S' dem Herrn Hauptdarsteller den linken Ärmel vom Kostüm.«
Pause. Das ganze Atelier, von der Beleuchterbrücke bis zum Feuerwehrmann an der Eisentür, starrt auf Hartl. Der sitzt gelassen da und schaut ins Leere. Dann sagt er: »Herr Boskowski, bitte.« Boskowski stürzt von irgendwo herbei. Inzwischen haben zwei Garderobiers mit Rasiermessern und kleinen Scheren angefangen, mir den Ärmel von meinem Kostümrock zu tren-

nen. »Bittschön, Herr Konzertmeister, ziehn S' Ihna die Jacke aus...« Verdutzt, unfähig, auch nur ein Wort hervorzubringen, tut Boskowski, wie ihm geheißen. Einen Moment denke ich, der allgewaltige Boß wird ihm jetzt, wie einem unfähigen Schüler vor versammelter Klasse, den Hintern versohlen lassen, weil er seine Hausarbeit nicht gemacht hat. Aber Hartl sagt nur und schaut dabei in die Luft: »Der Garderobier wird Ihnen den Ärmel des Herrn Burgschauspielers ans Hemd heften...«

Es ist so still im Atelier, daß man das Kratzen des Rasiermessers hört, mit dem mein Garderobier soeben die letzte Verbindung zu meiner Rokokouniform gelöst hat. »So«, sagt Hartl, als handelte es sich um die natürlichste Sache der Welt, »Jürgens, jetzt rutschen S' a bisserl nach links auf Ihrem Stuhl, drücken S' den Arm nach hinten und pressen S' die Hand fest aufs Gesäß.«

Mir schwant etwas, und wie hypnotisiert führe ich aus, was er sagt. Mein Ärmel flattert mittlerweile an Boskowskis linkem Arm. »Und Sie, lieber Boskowski, setzen sich zum Jürgens aufs Fauteuil und umarmen ihn ganz eng und liebevoll, damit Ihr linker Arm an seiner Schulter herauskommt wie sein eigener und Sie die Geige halten können. Das richtige Greifen der Saiten brauche ich *Ihnen* ja nicht zu erklären...« Wumm, das saß. Und ich hatte geglaubt, präzise, synchron und ausdrucksvoll gefiedelt zu haben!

Später, als die Aufnahme gelungen »im Kasten« war und sich dieselbe Prozedur nunmehr mit dem rechten Arm bei Kammerdiener Hörbiger wiederholte, erklärte er schmunzelnd: »Wenn S' richtig g'spielt haben, sitzen S' steif wie a Bock, wenn S' majestätisch dasitzen, greifen S' die falschen Saiten...« Am nächsten Tag, bei der Vorführung des tags zuvor Gedrehten, sah man den Kaiser Joseph in Großaufnahme Geige spielen, als hätte er bei Menuhin gelernt. Die Kamera fuhr zentimetergenau vor meiner linken Schulter über Jabot, Kopf und Hals auf die Hand zu, die ausdrucksstark und gefühlvoll die – richtigen – Saiten griff. Nach der Premiere des Films erhielt ich Hunderte von begeisterten Briefen, wie hervorragend ich Geige spiele...

12.

Die großdeutsche »Wien-Film« schloß mit ihren Schauspielern Verträge, die einer Dienstverpflichtung gleichkamen. Wenn eine staatliche Filmgesellschaft in München, Berlin oder bald danach auch in Prag einen bestimmten Schauspieler für eine Rolle haben wollte, konnte sie ihn über eine der angeschlossenen Firmen zu denselben Bedingungen anfordern und dienstverpflichten, unter denen er zu Hause engagiert war. Die holländische Filmindustrie besaß in Den Haag und Amsterdam ein paar kleinere Studios, die seit der Besetzung von deutschen Produktionen betrieben wurden. Dort zu drehen war sehr beliebt, konnte man doch in Holland noch herrlich essen und trotz offiziellen Verbots Lebensmittel einkaufen und heimschleppen.

Als Rudi Mattner, ein Produktionsleiter, den ich aus Berlin kenne, anruft und mir mitteilt, ich sei für einen Film in Holland vorgesehen, freue ich mich selbstverständlich. Bleibt nur die bange Frage, um was für eine Art Film es sich handelt, denn Holland – das klingt nach Kriegsfilm mit Tendenz, aus solchen Vorhaben mußte man sich heraushalten. Willi Forst hatte uns, dem kleinen Kreis der Auserwählten, die in seinem wohlabgeschirmten Haus am Stadtrand Wiens zu sonntäglichen Zusammenkünften zugelassen waren, strikt erklärt, wie wir uns zu verhalten hätten. »Eines Tages«, pflegte er zu sagen, »werden wir Rechenschaft über unsere Tätigkeit ablegen müssen. Jeder Film mit Nazipropaganda, jedes Stück mit Blut-und-Boden-Ideologie wird genau unter die Lupe genommen werden. Auch wer kein PG ist, muß mit Arbeitsverbot rechnen, wenn dieser Spuk

einmal vorbei ist. Wir sollten alles tun, uns rauszuhalten, wenn wir schon zu feige sind, uns aktiv am Widerstand zu beteiligen.«
Forst hätte wahrscheinlich die Möglichkeit gehabt, zu emigrieren. Das Ehepaar hatte keine Kinder, und Willis gute Beziehungen zum Propagandaministerium hätten es ihm bestimmt ermöglicht, unter diesem oder jenem Vorwand, ohne Verdacht der Landesflucht zu erwecken, mit seiner Frau Melly in die Schweiz zu reisen, so daß er auch später nicht mit Sippenhaft zur Rückkehr erpreßt werden konnte. Aber bei uns allen, die wir im Freundeskreis hinter ängstlich verschlossenen Türen den Mund vollnehmen und gegen die Partei, den Krieg und Kriegsverbrecher, SS, Gestapo und Denunzianten wettern, erschöpft sich der Widerstand darin, die deutschsprachigen Nachrichten der BBC zu hören und im Schwarzhandel Speck und Zigaretten zu kaufen.
Angst und schlechtes Gewissen bestimmen unser Leben. Beides betäuben wir in hektischen Nächten, als könnten wir durch unmoralische Lebensweise, Alkohol und sexuelle Ausschweifung unseren Teil zur »Zersetzung der Wehrkraft« beitragen. Willi Forst und viele andere Schauspieler – Stars, die durch Popularität Vorbilder des Publikums wurden – leiden unter der Feigheit, die sie zur Untätigkeit verdammt. Mehr und mehr verdrängt man die immer spärlicher durchsickernden Nachrichten über Verhaftungen, Ermordungen und Volksgerichtshofurteile, denkt stumpf und apathisch nur noch ans Überleben.

Lothar Müthel, der Chef des Burgtheaters, war Nationalsozialist und Parteimitglied. Aber wenn es nur solche wie ihn gegeben hätte, wäre der Welt und Deutschland viel Leid erspart geblieben. Müthel antichambrierte bei Göring, um jüdischen Kollegen, wenn schon nicht zur Freiheit zu verhelfen, sofern sie im KZ saßen, ihnen aber doch zumindest Erleichterungen und menschenähnliche Behandlung zu verschaffen. Er bewahrte politisch »Unzuverlässige« vor dem Fronteinsatz in den berüchtigten »Bewährungskommandos« und versuchte sein Gewissen zu beruhigen, indem er hinkende Vergleiche zwischen dem »Tau-

sendjährigen Reich« und der »Französischen Revolution« zog. Sein Sinn fürs Theater, für Drama und Pathos gab ihm die Möglichkeit, die Siege der Armeen und die Gewalt der Diktatoren mit den Augen der griechischen Tragödie, des Shakespeareschen Königsdramas oder eines deutschen Heldenepos zu sehen, und machte ihn blind für die Ungerechtigkeiten und das Leid außerhalb der Welt des Theaters.
Einmal läßt er mich kommen, verschließt persönlich nach prüfendem Blick ins Vorzimmer die graue, ledergepolsterte Tür zum Direktionszimmer: »Emil Jannings übernimmt die künstlerische Leitung der ›Tobis-Filmkunst‹. Das ist begrüßenswert. Er wird bei den amusischen Filmjockeln für Niveau sorgen. Er hat Sie in irgendeinem Film gesehen und will, daß Sie im ›Nobelpreis‹ von Hjalmar Bergman den Liebhaber spielen. Ich habe Sie freigegeben, und Sie fahren nächste Woche nach Berlin. Aber in Zukunft, wenn andere Filmvorhaben direkt an Sie herangetragen werden, kommen Sie bitte zu mir. Die Staatstheater unterstehen Göring und bei uns in der Ostmark dem Reichsstatthalter. Dr. Goebbels und das Propagandaministerium müssen unseren Vorrang respektieren.« Er lächelt, während er das sagt, und ich begreife, was das bedeutet: Wann immer ein Filmprojekt mit Hetztendenz auftaucht, kann ich ihn bitten, mir eine Theaterrolle zu geben, die mir die unwillkommene Mitwirkung erspart. Diese Regelung wird mir in Zukunft viele Unannehmlichkeiten und verhängnisvolle Folgen ersparen. Drehbücher werden Schauspielern unserer Kategorie, die weder Stars noch einflußreiche Nazis sind, ohnehin nicht vorher zur Ansicht zugesandt. Aus Filmen, die zur Stärkung der Weltanschauung und Ermunterung zum Heldentum gedreht werden, kann man sich nur durch Krankheit oder vorrangigen anderen Einsatz – zum Beispiel am Theater – heraushalten...

»Ist es denn ein schönes, vaterländisches Thema und eine interessante, positive Rolle?« frage ich eingedenk der telefonischen Überwachung scheinheilig Rudi Mattner. Der versteht sofort und antwortet unmißverständlich für den Eingeweihten: »Wir

haben von oben Auftrag, in Holland eine Staffel leichter Unterhaltungsfilme zu produzieren, um der Bevölkerung in der Heimat Ablenkung und Unterhaltung zu bieten. Deine Rolle ist zwar nicht sehr groß, aber immerhin bist du Partner Marianne Hoppes. Die Hauptrolle spielt Eugen Klöpfer.« Das heißt im Klartext: keine Gefahr.
Und Müthel hilft. Er besetzt die Rollen, mit denen ich im Repertoire beschäftigt bin, um mit Kollegen, denen ich Butter, Speck und Schinken aus dem Land, wo noch Milch und Honig fließen, verspreche. Der Tages-D-Zug aus Wien trifft pünktlich acht Uhr abends in Berlin ein. Noch werden die Fahrpläne eingehalten. Die Luftwaffe beherrscht den großdeutschen Luftraum und garantiert reibungslose Truppentransporte und Nachschub. Am Bahnhof empfängt mich Rudi Mattner. Ein Herr, der sich als Geschäftsführer ausgibt, übergibt mir den Fahrbefehl, Diäten in holländischen Gulden und eine Dienstvorschrift: Verhaltensmaßregeln für reichsdeutsche Zivilisten im besetzten Ausland. Es wird erwartet, daß sie sich im Arbeitseinsatz würdig und verantwortungsbewußt verhalten. Kontakte mit der holländischen Zivilbevölkerung sind zu meiden...
Der Zug nach Amsterdam geht vom Anhalter Bahnhof ab, und die Fahrt im Taxi durch das verdunkelte Berlin hat etwas geheimnisvoll Erwartungsschwangeres. Die ausgestorbenen Straßen erhöhen die Vorfreude auf Abenteuer, Fremde, Reise, Flucht in die Freiheit. Du kokettierst mit Untertauchen, Absetzen, Desertion und weißt doch ganz genau, du wirst feige und brav zur Stelle sein, wenn sie dich zum Rücktransport einsammeln. Trotzdem befühle ich meinen kleinen Schlüsselbund mit den zwei Schlüsseln für das Hochhaus in Wien und die Douglasstraße in Grunewald, bilde mir minutenlang ein, es gäbe noch einen dritten und vierten, so wie bei Andrew Engelmann: für Paris und für Hollywood. Die Dunkelheit sitzt wie eine wattierte Mütze auf den Bahnsteigen. Die Reisenden, fast ausnahmslos Soldaten, verabschieden sich flüsternd von den Zurückbleibenden. Die Bräute, die Frauen geben sich siegesgewiß und optimistisch, nur sind sie leise, wie um nichts zu »verschreien«.

Für die Filmleute ist ein Schlafwagen reserviert, und als Mattner mich mit Karl Schönböck und Peter Elsholtz bekannt macht, mit denen ich das Verehrertriumvirat der Hoppe zu verkörpern habe, sagt Mattner schmunzelnd: »Ick hab euch in Den Haag in 'nem kleenen, janz besonders schicken Hotel unterbringen lassen. Direkt am Meer, fünf Minuten vom Studio. Da braucht ihr euch abends nich mit den Herren Staatsschauspielern zu langweilen.« Das war gut. Denn die Aussicht, die Abende nach Drehschluß mit Eugen Klöpfer verbringen zu müssen, war nicht gerade verlockend. Klöpfer, Intendant von Nazi-Gnaden, war zwar ein herrlicher Schauspieler, aber auch bekannt dafür, eifersüchtig darüber zu wachen, daß jeden Abend am Stammtisch, den er überall dort einrichtete, wo er residierte, ein vollzähliges Ensemble in gehöriger Ehrfurcht seinen endlosen politischen Tiraden lauschte.
Ein frischrequirierter Cadillac brachte uns drei Musketiere am nächsten Morgen vom Bahnhof Den Haag ins ›Château Bleu‹. Für Klöpfer und die Hoppe war ein majestätischer Rolls-Royce aus Staatsbesitz bereitgestellt worden. Sie wohnten im ›Oud Wassenaar‹, dem größten Hotel, das den deutschen Filmleuten von der Militärverwaltung zur Verfügung gestellt worden war. Als Zivilist verspürt man ein merkwürdiges Bauchgrimmen, eine Mischung von Geniertheit, Scheu und sich zwangsläufig einstellender Überheblichkeit. Die Holländer sind mürrisch, aber korrekt. Sofort erwacht ein Schuldgefühl, und als wir vor dem kiesbestreuten Hoteleingang aussteigen, tut mir das Gesicht weh, so sehr habe ich mich auf der kurzen Fahrt durch die Stadt bemüht, freundlich–lächelnde Grimassen zu schneiden. Unsinnigerweise bilde ich mir ein, ein verlegenes Lächeln unterscheide den guten, verständnisvollen Deutschen vom arroganten Eroberer, den pazifistischen Künstler vom plündernden »Boche«.
Den Haag mit seinen breiten Straßen, den hübschen Vorgärten und den hellen, behaglichen Häusern ist still: Fahrräder und Kreppsohlen. Man denkt unwillkürlich an die Gummiplantagen, die das Land durch die Ausbeutung Javas und Borneos reich gemacht haben. Passiver Widerstand ist leise. In den Autos fahren

nur Deutsche, Militärs und Funktionäre, die Holländer gehen zu Fuß oder sitzen auf Fahrrädern und Rikschas, zu Taxis umgebauten Dreirädern. Nur gelegentlich sieht man einen alten Minerva, Maybach oder Hispano-Suiza mit Holzgasofen am Kofferraum, der Gemüse, Obst und manchmal sogar Blumen vor den Geschäften auslädt.
Bevor wir das ›Château Bleu‹ betreten, gehen wir um das flache, zweistöckige Hotel herum. Das Meer. Der Geruch erinnert mich an meine Fahrt mit dem Zug auf der Fähre von England herüber. Ich denke an Poteliakhoffs und all die glücklich Entronnenen, die rechtzeitig fort sind und deren Söhne jetzt vielleicht in Uniform die Ufer des feindlichen Festlands beobachten und zitternd Hitlers entscheidenden Schlag gegen »Engelland« erwarten.
Als wir die – ebenfalls kiesbestreute – Hotelhalle betreten, sitzen Gäste beim Frühstück. Der Kellner überreicht uns eine französisch geschriebene Speisekarte. Schönböck bestellt auf deutsch Eier mit Schinken, und der Ober antwortet englisch. Der Direktor entschuldigt sich auf französisch, er habe leider nie Gelegenheit gehabt, Deutsch zu lernen. Er wird es übermorgen am Telefon wiederholen, wenn Mattner ihn anruft. Der witzige Berliner verliert allen Humor und schnarrt ins Telefon: »... dann haben Se jetzt Jelejenheit, es zu lernen...«
Der erste Tag vergeht mit Kostümproben und Dialogbesprechungen im Atelier. Der technische Stab – Beleuchter, Bühnenarbeiter – sind Holländer. Beim Film spricht man eine besondere Sprache, hier versteht man sich. Abends spielt im Hotel, als wir uns zum Essen setzen, ein kleines Orchester ostentativ »Dans un coin de mon pays«. Jedermann weiß, daß es ein französisches Résistance-Lied ist, und wir wundern uns über den Mut, mit dem die Holländer uns unverblümt ihre Einstellung zu allem zeigen, was deutsch ist.
Mein Zimmer hat einen reizenden Balkon mit Blick aufs Meer, meine Kollegen wohnen links und rechts. Das Hotel, das nur etwa ein Dutzend Zimmer hat, macht den Eindruck eines jener englischen Landgasthöfe an der Küste, in denen es nach Teer, Sidol und Kaminfeuer riecht. Ein Jahr später wird es von den

Deutschen in die Luft gesprengt, dem Erdboden gleichgemacht, weil es den Abwehrbatterien die Sicht nimmt, die ich an diesem Abend genieße.

Das Telefon steht auf dem Nachttisch, und gegen sieben Uhr in der Früh bestelle ich das Frühstück. Ich liege noch im Bett, als es leise, zaghaft an die Tür klopft. »Entrez!« Ich habe mir in der Nacht überlegt, daß ich mit den Holländern französisch sprechen werde, schon damit sie merken, daß wir ihre Anspielungen und Provokationen verstehen. Die Tür geht auf. Zuerst sehe ich ein Paar unendlich lange Beine in schwarzen Seidenstrümpfen. Das Gesicht wird von einem spiegelblanken silbernen Tablett verdeckt, da ich aus meiner Schlafstellung – flach, ohne Kopfkissen – steil nach oben sehe. »Posez le plateau ici, sur le lit, s'il vous plaît!« Das Tablett schwebt herunter, auf mich zu, gibt endlich den Blick frei...

Man hat viel darüber geschrieben, daß ich zeit meines Lebens einem Typ Frau treu geblieben bin: dunkle Haut, schwarzhaarig, hochbeinig, schmal... Nun, vielleicht wurde diese Vorliebe in diesem Augenblick geboren.

Was ich sehe: Zuerst weit auseinanderstehende, mandelförmige Augen, die verwundert-konzentriert schauen, einen großen, vollen Mund, der im Lächeln nach oben schwingt wie bei den Khmertänzerinnen aus Sandstein in Angkor Wat. Die Sonne spiegelt sich auf dem Meer, von dort gehen die reflektierten Strahlen auf das silberne Tablett und malen nun flimmernden Schmuck auf einen olivenfarbenen schmalen Hals. »Bitte, bitte, bleiben Sie so, nur einen Augenblick, eine Sekunde. Stellen Sie das Tablett nicht ab, lassen Sie mich Sie betrachten, so in dieser Stellung...« Ich weiß nicht, woher ich den Mut nehme, dieses erschrockene Reh anzuherrschen. Doch tatsächlich – sie verharrt, blickt mich voll an, dann blitzen ihre Zähne, und zum erstenmal höre ich ein Wort, das bald die Welt erobern wird: »Okay?«

Unendlich behutsam läßt sie das Tablett auf die Bettdecke gleiten. Ich will es ihr abnehmen, greife absichtlich nach den langen schmalen Händen. In meinem Kopf summt es, als wäre im Hirn ein Elektromotor angeworfen worden. »So schön bin ich noch nie geweckt worden«, sage ich und schiebe das Tablett auf die unberührte Seite des Doppelbettes, so daß der Orangensaft und die Milch überschwappen.

»Sie waren doch schon wach…« Jetzt erst bemerke ich, daß ich deutsch gesprochen habe und sie mit weichem, fremdem Akzent deutsch geantwortet hat.

»Gehen Sie nicht fort. Ich muß mit Ihnen sprechen.« Ich springe, nackt wie ich bin, aus dem Bett, jage mir im Badezimmer eiskaltes Wasser auf Kopf und Körper und komme im Bademantel zurück. Da steht sie: braun und schwarz im goldgelben Raum. Mir klopft das Herz, ich zerre und knüpfe am Bademantelstrick. So muß es Gauguin ergangen sein, als er nach Tahiti kam, schießt es mir durch den Kopf. Der Elektromotor im Hirn fängt an zu singen: fremde, sehnsüchtig-beschwingte Melodien. »Wie heißen Sie?« – »Bobby.« – »Bobby?« – »Das ist nicht mein richtiger Name. Der ist zu kompliziert. Aber hier nennt man mich so.« – »Woher kommen Sie?« – »Aus Java. Mein Vater war Holländer.« – »War?« – »Ja, er ist tot.« – »Und Ihre Mutter?« – »Die ist in Bandung geblieben. Mein Vater hat mich mitgenommen, als er nach vierzig Jahren Plantagenarbeit zurückging, um hier zu sterben.« Sie sagt das alles so klar, als gäbe sie einem deutschen Gestapo-Offizier Auskunft über ihre arische Herkunft. Und als spürte sie meine besitzergreifend-schutzversprechenden Gedanken, setzt sie noch hinzu: »Aber ich habe Verwandte in Amsterdam.« – »Einen Verlobten?« – »Nein. Zuviel Arbeit hier.« Sie senkt die Augen, und die langen Wimpern berühren fast den Höcker ihres Nasenbeins. Von unten Hupsignal. Der Cadillac ist vorgefahren, meine Freunde stehen unten und warten bereits. – »Kann ich Sie wiedersehen?« – »Sie werden mich oft sehen, wenn Sie länger bleiben. Ich bringe Ihnen das Frühstück.« – »Nein, privat meine ich.« – »Das geht nicht. Wir haben Verbot zu kollaborieren.« Sie sagt »kollabojieren«, und es klingt entzückend. Ich denke unwillkürlich an kopulieren. Ich lege die Hände um ihren schmalen Kopf, den kurzen Bubikopf. Schau' ihr tief in die Augen, wie ich es für Großaufnahmen gelernt habe.

Ich spüre ihre zitternde Schlagader, den Duft von Gardenien. »Machen Sie mich nicht unglücklich. Ich muß Sie wiedersehen. Wir können uns auch in Amsterdam treffen. Aber bald. Heute abend...« – Jetzt lächelt sie, löst meine Hände, späht vorsichtig hinunter zur Hotelterrasse. »Ihre Freunde werden ungeduldig.« – »Dann ziehe ich jetzt meinen Bademantel aus, schließ' die Tür ab, geh' nackt auf die Terrasse und sag' ihnen, daß ich nicht filmen kann, weil das schönste Mädchen Javas mich verhext hat.« – »Dann wird man mich hinauswerfen und Sie kriegen kein Frühstück.« – »Das ist gut. Dann fahren wir beide nach Bali und frühstücken Reis und Palmwein.« – »Ihr Kaffee wird kalt.« – »Ich habe soeben einen Hungerstreik begonnen. In vierzig Tagen wird man meinen ausgedörrten Körper verbrennen, und ich schicke die Asche in einer Urne nach Bandung zu Ihrer Mutter...« – Jetzt lacht sie. Ihr Lachen ist dunkelbraun und wird zum Schluß erst heller, goldgelb: »Also gut.« – »Was ist also gut? Daß ich sterbe?« – »Ich komme nach Dienstschluß, aber nur auf zehn Minuten?« – »Wann ist das?« – »Um zehn.« – »Ich liebe dich. Ruf deine Mutter in Bandung an und sag ihr, daß du verlobt bist.« – »Und Sie? Sind Sie verlobt oder...?« – »Keine Spur. Wie Don Carlos: Dreiundzwanzig Jahr' und nichts für die Unsterblichkeit getan...«
Im Auto, auf der Fahrt ins Studio, kann ich mich nicht zurückhalten: »Ein Mädchen hat mir das Frühstück gebracht, ein Traum...« – »...aus Java«, vollenden die beiden im Chor. »Uns auch.« – Schon der Gedanke, daß dieses Himmelsgeschöpf den beiden, womöglich gleichfalls nackt im Bett liegenden Lüstlingen das Frühstück serviert hat, macht mich eifersüchtig. »Habt ihr... habt ihr euch mit ihr... verabredet?« – »Wir wollten schon«, sagt Schönböck und lächelt resigniert, »aber sie sagt, sie hat Verbot zu...« – »...kollabojieren...« setze ich diesmal den Satz für die beiden fort und grinse so lange, bis endlich Elsholtz sich bemüßigt fühlt zu fragen: »Und du? Hast du mehr Glück gehabt?« Ich nicke nur, lege den Finger an den Mund und lasse dabei keinen Blick vom Rückspiegel, um sicherzugehen, daß der holländische Fahrer mich nicht beobachtet.

Der erste Drehtag zieht sich wie üblich in die Länge: eine Ballscene mit Komparserie. Johnny Meyer, der Regisseur, verliert viel Zeit mit optisch interessanter Choreographie. Endlich Drehschluß. Der Produktionscadillac fährt uns drei zurück ins ›Château Bleu‹. Hastiges Essen, und der Ober macht Augen, als ich eine Flasche Pommery und – vorsichtshalber – vier Gläser mit Sektkühler aufs Zimmer bestelle. Im Zimmer ziehe ich mich aus, nehme ein Bad, betrachte mich im Spiegel, schneide die einstudierten »Eroberergrimassen«. Der ernste, forschende Blick tief in die Augen, möglichst, wenn ein Licht das Blau meiner Augen wirkungsvoll zur Geltung bringt, hat sich als unwiderstehlich entpuppt. Als Nummer zwei rangiert gut dosierte Abwesenheit, so daß die Ahnungslose mit bekümmerter Miene kaum umhin kann zu fragen: »Was bedrückt dich?« Bewährt hat sich auch die lange gequälte Pause, ehe das Geständnis hervorbricht: »Warum soll man eigentlich nicht darüber sprechen: Ich habe den ganzen Tag an deine Brüste gedacht...«, auswechselbar mit: Gang, Hals, Stimme. Als unwirksam, abgegriffen hat sich: Augen, Das-was-du-heut-früh-gesagt-hast, Körper etc. erwiesen. Nur nicht im Morgenrock oder gar Pyjama (den ich ohnehin nicht trage) erscheinen! Soviel Zeit muß sein! Am besten für zwei, drei Minuten den Eindruck erwecken, man bereue die Verabredung, bis die pikierte Verwirrung sich einstellt – dann zuschlagen: die Wie-schön-du-bist-Tour und der behutsame Kuß von der Schläfe hinab bis zu Hals und Achsel.
Ein zaghaft-leises Pochen beendet die Einstudierung meines Schlachtplans. Da steht sie, wieder ganz in Schwarz, schaut sich noch einmal scheu im Gang um, ehe sie eintritt. »Störe ich Sie auch nicht?« – »Ich freue mich, daß Sie da sind.« Das Siezen nach dem morgendlich-spontanen »Du« wird zur Verunsicherung beitragen. Das ist wichtig, damit die erste Umarmung Geborgenheit weckt. »Der erste Drehtag bei einem Film ist immer recht anstrengend. Aber das ist jetzt vergessen.« Routiniert die Serviette um den Champagnerhals. Der Korken macht pluff. »Setz dich doch, Bobby.« Sie steht und schaut so ernst. »Auf dein Wohl, Bobby.« – »Auf Ihr Wohl.« – Was hat sie denn bloß? Sie

hat die Augen ganz groß auf mich gerichtet und schweigt. »Bedrückt dich etwas?« – »Nein. Sprechen Sie weiter. Erzählen Sie vom Film.« Ich quatsche irgend etwas und frage, ob sie die Hoppe kennt. Sie sagt nein, bleibt einsilbig, und das Licht der Stehlampe macht jetzt, da sie sitzt, unergründliche dunkle Seen aus ihren Augen, daß es mir die Sprache verschlägt. Der Spieß dreht sich langsam, aber unerbittlich um. »Bitte, erzählen Sie. Es ist sicher dumm, aber ich habe den ganzen Tag an Ihre Stimme denken müssen...«
Der Gardenienduft. Die langen, schmalen Hände mit den violetten brüchigen Rillen, die das Glas umklammern. Ich will mir eine Zigarette anzünden, da nimmt sie mir die Streichholzschachtel aus der Hand: »Lassen Sie mich sie anzünden, bitte.« Sie steckt das abgebrannte Zündholz wieder in die Schachtel zurück. Ihre Augen bleiben offen, als ich sie küsse. Doch nach der Umarmung versteckt sie den Kopf an meiner Schulter. Von unten dringt Musik herauf: »Dans un coin de mon pays, une fille me sourit...«
Jetzt, als ich sie bei den Schultern nehme, um sie hochzuziehen, zum Bett, zittert ihr Adamsapfel. Sie geht am Bett vorbei, verschwindet im Badezimmer. Ich lösche die Lichter, rücke das Tischchen näher zum Bett. Da steht sie schon wieder in der Tür. »Zehn Minuten sind vorbei...« – »Und was wird aus unserer Verlobung?« – »Mama hat das Telefon abgeschaltet. Bis Kriegsende.« – Panik. Ich stürze zu ihr, vergesse den Playboy. »Bobby, du darfst nicht gehn. Noch nicht...« Küsse. Leidenschaftlich. Plötzlich auf dem Gang Geräusche, Schritte, Stimmen. Die Kollegen! »Siehst du, du kannst nicht raus«, flüstere ich, »man wird dich sehen.« Die beiden draußen verabschieden sich laut. Ich halte Bobby fest, ziehe sie in die Nähe des Bettes. Türen schlagen, und gleich darauf fällt ein Lichtschein auf den Balkon. »Man kann von Schönböcks Balkon in mein Zimmer sehen«, flüstere ich, und wir setzen uns, eng umschlungen. – »Nein«, flüstert sie, »bis hierher kann man nicht sehen.« Das weiß sie also, das hat sie ausprobiert, denke ich, werde rasend vor Eifersucht und Begehren, stürze mich über sie. Nebenan geht die Balkontür.

33 »Tamango« (»Die schwarze Sklavin«) mit Dorothy Dandridge.

34 Mit Romy Schneider in »Katja« (Regie Robert Siodmak).

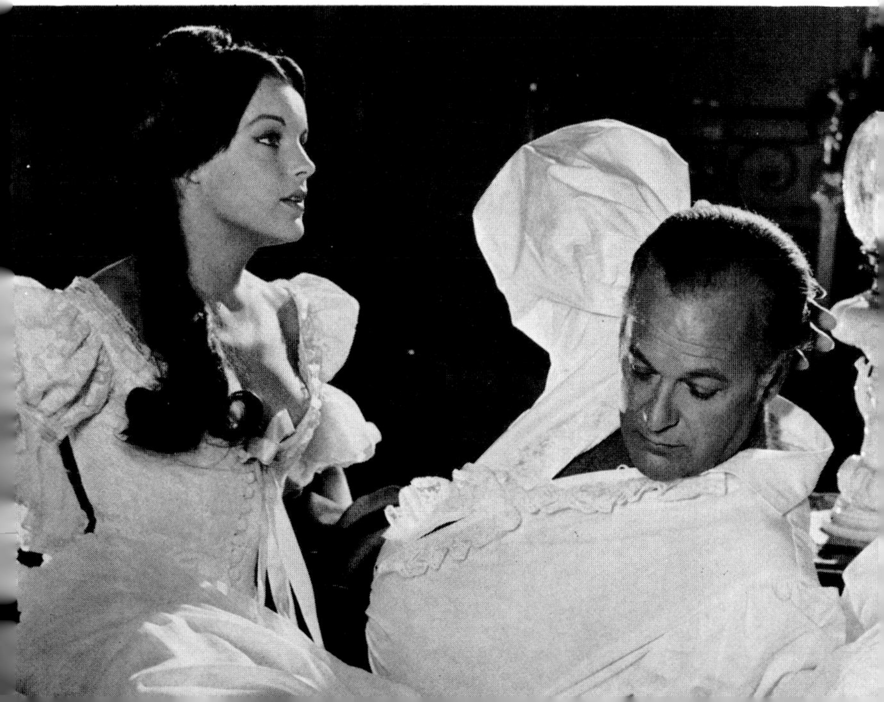

35 Plakat aus dem Fernen Osten für »Duell im Atlantik« (»The Enemy Below«) mit Robert Mitchum.

36 »Die Herberge zur Sechsten Glückseligkeit« mit Ingrid Bergman.

»Curd? Bist du da?« Wir halten beide den Atem an. Ich lege den Finger an den Mund. Sie öffnet die Lippen, wie um etwas zu sagen, küßt meinen Finger am Mund. Behutsam. Ich lösche die kleine Nachttischlampe. Der Himmel wird hell. Etwas weiter weg geht eine zweite Balkontür. Ich höre, wie Schönböck sagt: »Sicher ist er mit ihr ausgegangen.« Bobby friert, ich spüre die Gänsehaut zwischen Schenkel und Slip.
Später liegen wir ganz still nebeneinander. Sie zündet meine Zigarette an, steckt das abgebrannte Zündholz vorsichtig in die Schachtel zurück. Als sie aufsteht, um die Gläser zu füllen, leuchtet ihr Körper im Mondlicht wie frisch gewachstes Parkett. Heiliger Schönböck, ich werde mich bei dir bedanken! Das Licht im Nebenzimmer ist ausgegangen, und man hört das Meer rauschen. Später bin ich vertraut mit ihrem Schoß, und sie legt von selbst die Hände dorthin, wo ich möchte.
Ich muß schwer mit mir kämpfen, um nicht zu fragen, ob sie oft Gäste im ›Château Bleu‹ besucht, ohne ihnen Frühstück zu bringen, aber ich bringe es nicht übers Herz, und so frage ich: »Wie alt bist du?« – »Einundzwanzig.« – »Wann war dein erster Mann?« – »Mit vierzehn. Zu Haus. Und du?« – »Mit vierzehn. Zu Haus.« Sie lacht, stößt das Glas an meinen Schwanz. »Prosit, dann sind wir gleich alt...«
Ich stelle den Wecker auf sieben. Sie sieht es und fragt: »Soll ich gehen?« – »Nein, bitte bleib.« Jetzt duftet auch das Kissen drüben im unbenutzten Bett nach Gardenien. Ich denke an den schwedischen Hauptmann im »Wallenstein«, den ich am Burgtheater spiele: »Der Krieg ist gut, und währt' er dreißig Jahr'...«
Der Wecker schreit wie ein Säugling. Das Bett neben mir ist leer. »Concierge, mon petit déjeuner, s'il vous plaît.« Als es klopft, bin ich bereits rasiert und angezogen. Das Klopfen klingt anders: laut und kurz. »Entrez.« Ein dralles, rotblondes Meisje stellt das Tablett auf den Tisch und räumt den Sektkühler mit den zwei Gläsern zusammen. (Verdammt, ich hätte alle vier Gläser benützen sollen. Aber ein Blick auf das Bett... doch nein, das Bett ist gemacht, säuberlich zugedeckt; das war mir entgangen). Ich krame zwanzig Gulden zusammen. »Vous parlez français?« –

»Ick verstehe deutsch.« – »Hören Sie, Fräulein, ich möchte, daß Fräulein... Bobby... mir das... Frühstück bringt.« – Sie blickt mich fragend und belustigt an: »Aber, breakfast ist doch schon hier...« – »Ja, aber da fehlt noch viel. Ham and eggs. Mineralwasser...« – »Ich bring it.« Sie verfällt immer mehr ins Englische. – »Nein, bitte, ich möchte, daß Fräulein Bobby es mir bringt. Fräulein Bobby, Sie kennen Sie doch, you know her, don't you?« – »Yes, I know her, but it is impossible.«

Beim Kramen nach dem Geld habe ich meine ganze Barschaft aus der Tasche auf den kleinen Tisch geschüttet. Ich will ihr noch mal zwanzig Gulden in die Hand drücken: »Bitte, schicken Sie Fräulein Bobby her. Sofort. I have to leave for the studio in twenty minutes.« Sie hat schon die leere Flasche unterm Arm, die zwei benutzten Gläser in der einen, den Sektkühler in der anderen Hand. Ich stecke ihr den Schein in den Ausschnitt, wie ich es bei Willi Forst gelernt habe. »Bobby dürfen nicht. Bobby entlassen.«

Ich verstehe, wie vom Schlag getroffen. »Meinetwegen?« Leiser Triumph im wasserblauen Auge. Doch dann sagt sie treuherzig, um ein weniges leiser: »Direktor Hartogh sehr streng wegen Kollabojieren.« – »Wo ist sie jetzt?« – »In ihrem Zimmer. Sie packt.« Noch zwanzig Gulden. Ich muß sie sprechen, und wenn es die ganze Gage kostet. – »Ich werde sehen, was sich maken läßt.«

Ich setze mich aufs Bett, zünde mir eine Zigarette an, stecke das abgebrannte Zündholz in die Schachtel: fünf verkohlte Hölzer sind drin. Ich denke an Lulu. An Wien. Selbst wenn sie eine Ausreisegenehmigung erhielte, wo sollte sie unterkommen? Ich höre, wie Elsholtz und Schönböck ihre Zimmer verlassen. Der Kaffee ist gut: Bohnenkaffee, ohne Zichorie, sahnige Milch und Zucker. Kein Süßstoff. Das dauert. Oder will sie gar nicht kommen und hat genug von der Eskapade, die sie die Stellung kostete?

Man hört sonst jeden Schritt auf dem Gang, aber Bobby kommt lautlos. Ganz sachtes Klopfen, wie Streicheln. Jetzt, wo sie fort muß von hier, ist sie in Beige und trägt Sandalen. Ich hatte ganz

vergessen, wie groß sie ist, wie schlank. Im Dunkeln, auf dem weißen Bettzeug, wirkte sie voller durch die Hautfarbe und weil alles rund war und lächelnd. »Bitte, nicht Schuld fühlen. Ich finde bessere Stellung, in Amsterdam.« – Aber das unendlich Weiche ist weg, als ich sie umarme, als bäumte sich etwas auf in ihr. »Wann verläßt du das Haus?« – »Ich muß noch Rechnung machen. Zum Chef kommen, nicht vor midday.«
›Ihr Deutsch ist schlechter geworden‹, denke ich. ›Die Entlassung geht selbstverständlich nicht spurlos vorüber, zum Donnerwetter.‹ Ich bin wütend und verliebt. »Du nimmst ein Taxi und kommst ins Studio. Ich bin an allem schuld, und du mußt mir erlauben, die Sache wieder gutzumachen.« (»Das Verfertigen der Gedanken beim Reden«, heißt es bei Kleist, und mir kommt eine Idee).
Hupsignal. Zweimal. Dreimal. Das heißt, die Kollegen sitzen schon im Auto. »Kann ich zusehen, wie du filmst?« – »Natürlich. Und du wirst mitmachen. Wir brauchen viel Komparserie. Schöne Mädchen – wie dich.« – »Komparserie?« – »Ja, Extras.« – Gedankenvoll schaut sie zum Fenster hinaus. Ein Lächeln kräuselt sich um ihre Lippen: »Ich komme.« – »Schwöre es!« Die zwei schmalen Finger strecken sich und landen auf meinem Mund.
Im Atelier herrscht Hochbetrieb. Großkampftag. »Rudi, kannst du ein wunderschönes Mädchen gebrauchen?« – »Ich will glückliche Komödianten um mich sehen. Wo ist sie?« – »Sie kommt in der Mittagspause ...«, sage ich, aber ich denke dabei an den Abend, an die Nacht.
Die Vorstellung, daß ich Bobby in irgendeinem drittklassigen Hotel in Amsterdam besuchen muß, behagt auch Mattner nicht, der seine Schäfchen gern greifbar in der Nähe weiß. Andererseits: Bobby ins ›Château Bleu‹ mitzunehmen, kann unangenehme Folgen haben, falls sie sich überhaupt darauf einlassen würde. Das versteht Mattner.
Als ich Bobby mit zwei kleinen Pappköfferchen in die Aufnameleitung bringe, sagt er nur: »Donnerwetter ...« und greift zum Telefon: »Kostümberaterin und Requisiteur, bitte sofort zu

mir.« Die Kostümberaterin, eine Holländerin, erscheint. »Kleiden Sie die junge Dame ein. Sie wird morgen die stumme Rolle spielen, die Ballbesucherin, die erst mit Klippstein tanzt und dann mit Jürgens. Also, schickes Abendkleid, wenn ich bitten darf. Und wenn Sie mit der Anprobe fertig sind, fahren Sie mit Fräulein...?« – »Bobby«, sage ich – »...mit Fräulein Bobby in die Stadt, kaufen ein, zwei schöne Kostüme und ein kleines Abendkleid, verstanden?« Die Kostümberaterin schaut, kramt nach Brillen. Ich biete ihr eine Zigarette an, gebe ihr Feuer. Bobby lächelt ungläubig. Schönböck kommt zur Tür herein und küßt Bobby die Hand. »Kollegin, ich freue mich«, sagt er und lächelt maliziös.

Der Requisiteur ist Berliner. »Maxe, besorch ma 'n paar dufte Schweinslederkoffer.« Mattner hebt wieder den Telefonhörer, läßt dabei den Blick nicht von Bobby. »Donnerwetter«, sagt er noch einmal und weist mit dem Daumen in meine Richtung. Ins Telefon kommandiert er: »Meissner, herkommen und Fräulein Bobby, unserm jungen Star, eine schicke Garderobe anweisen.« Er blickt zu Bobby, als hätte er ein Tor geschossen. Bobby hat große fragende Rehaugen und lächelt immer noch. Mattner winkt sie zu sich an den Schreibtisch. Ihr Gang, ganz aus den Hüften heraus, Sohle–Ballen, Sohle–Ballen – man denkt unwillkürlich an Strand, Dünen, Meer. Max, dem Requisiteur, tränen die Säuferäuglein: »Im Drehbuch steht nischt von Koffern.« – »Koffer kaufen! Auf Produktionskosten! 'ne schicke Garnitur, vom Nécessaire bis zum Schrankkoffer. Wildledercharakter. Wozu ham wer 'n Kriech jewonnen...« – Max kann nichts erschüttern. »Und wohin?« – »In Fräulein Bobbys Garderobe bringen.« – Die Kostümberaterin verabschiedet sich: »Wir treffen uns im Fundus, Fräulein... Bobby.« Fragend schaut Bobby mich an. Ich nicke: »O.K.«. Mattner wählt schon wieder eine Nummer: »So, und nu haut mal alle ab, außer den Darstellern.« Er wartet auf die Verbindung, klemmt sich den Hörer zwischen Schulter und Ohr und fischt eine Schachtel R-6 aus der Tasche. Bobby gibt ihm Feuer und steckt das abgebrannte Streichholz in seine Zündholzschachtel. Ich bin zu aufgeregt, um darüber nachzudenken, warum mich das ärgert. Max verschwindet lautlos. »Direktor Hartogh, bitte.« Bobby zuckt zusammen. Ich mache die paar Schritte zu Mattners Schreibtisch und lege ihr den Arm um die Schulter. Schönböck hat sich feixend in einen Sessel gesetzt. Er ist im Frack und hat ein Stück Abschminkpapier zwischen Hals und Kragen, das vor Vergnügen zu zittern scheint, als er schnaubend vor sich hin grinst. »Hier ist die Berlin-Film im Auftrag des Reichspropagandaministeriums. Sagen Sie Herrn Hartogh, wenn er nich' Deutsch versteht, dann hat er jetzt Gelegenheit, es zu lernen...« Ich schlucke, denn ein sanftes Magendrücken meldet sich bei mir wie Sodbrennen. »Herr Direktor Hartogh? Mattner, Berlin-Film. Ich habe die ehrenvolle Aufgabe, Sie von der Ankunft unseres Stars in Kenntnis zu setzen. Die Hauptdarstellerin unseres Films, der im Auftrag des Reichspropagandaministeriums hier gedreht wird, hat sich ausbedungen, im ›Château Bleu‹ zu wohnen. – Wie, meinen Sie? Ausgebucht? Würden Sie die Liebenswürdigkeit haben, mir die Gästeliste mit Berufsangabe und Nationalität durchzusagen?« Pause. Mattner pafft. Bobby sitzt auf dem Schreibtisch. Ihr verzweifeltes: »Das könnt ihr nicht tun, das ist nicht fair« wird von mir mit einem Kuß erstickt. »Gaston Lefèbre, Négociant de vin à Beaune? Ach so, Weinhändler meinen Sie! Bravo. Das ist unser Mann. Teilen Sie dem Herrn mit, das Zimmer muß bis drei Uhr geräumt sein. Die Kosten der Umquartierung in ein anderes Hotel trägt die deutsche Reichsregierung... Und noch eins, lieber Freund: Unser Star ist es gewohnt, daß frische Blumen, holländische Rosen bitte, keine Nelken, sie erwarten, und daß Sie, Verehrter, mit Ihrem Stab um sieben pünktlich zur Begrüßung am Portal stehn.« Seine Stimme knarrt wie die eines preußischen Gardeoffiziers. »Ich freue mich, daß wir uns so ausgezeichnet verstehen. Heil Hitler.«

Bobby ist in sich zusammengesunken. Die scheuen Rehaugen blicken verwundet, trüb. »Ein Spaß, Bobby«, sage ich. »Wenn er Sinn für Humor hat, macht er mit und ist später stolz, daß du im ›Château Bleu‹ entdeckt worden bist.«

Bobby schaut zu Schönböck, zu Mattner, ihr Blick landet im Segelflug bei mir. »Ich fürchte, das verzeiht man mir nie; diese Demütigung wird er mir heimzahlen.« Sie sagt »De Mütigung«, als wäre es der Name eines holländischen Aristokraten. Vor Mattners Produktionsbüro wartet Meissner, der Garderobier, nimmt Bobbys Pappköfferchen in Empfang. Der Regierungsassistent ringt routinemäßig die Hände: »Meine Herrn, wo bleiben Sie denn? Herr Meyer wartet...«

Gegen drei Uhr (ich denke: Jetzt zieht der arme Monsieur Lefèbre aus, und Deutschland hat noch einen Todfeind mehr) erscheint Bobby im Ballsaal. Mit Gefolge: Kostümberaterin und Garderobiere, Maskenbildner und Friseuse. Die Hoppe habe ich informiert, und sie begrüßt Bobby wie eine alte Bekannte. Nur Johnny Meyer schüttelt bedenklich den Kopf. »Wie soll ich denn dieses orientalische Gesicht auf einem Ball in Rimini erklären? Dazu brauch' ich ein anderes Drehbuch.«

Nachdem ich unsere Erobererposition dem Hotel gegenüber in infamer Weise ausgenutzt habe, denke ich einen Augenblick daran, die Komödie noch einen Schritt weiterzutreiben und Johnny Meyer und die Kameraleute zu bitten, die Scene trotz des berechtigten Einwandes zu drehen, ohne eingelegten Film allerdings. So würde Bobby zumindest vor der Atelierbelegschaft und – als wichtigstes – vor sich selber Genugtuung und den Spaß gehabt haben, mit den Hauptdarstellern eine kleine, stumme, aber nicht unwichtige Scene gespielt zu haben. Meyer ist sofort einverstanden und arrangiert die Einstellung, obwohl sie erst für den nächsten Tag vorgesehen ist. Ernst von Klippstein, der die Rolle des unglücklich Liebenden spielt, muß laut Drehbuch mit Bobby tanzen und dabei sehnsuchtsvoll nach der Hoppe Ausschau halten, die wiederum mit mir tanzt. Plötzlich entschließt sich die Hoppe, dem unglücklichen Klippstein eine Chance zu geben, unterbricht den Tanz, geht zu Bobby und sagt: »Der Herr hat den Wunsch, mit Ihnen zu tanzen, erfüllen Sie seine Bitte«, schnappt sich den Klippstein und walzt mit ihm davon, während ich den Walzer mit Bobby zu Ende bringen muß. Wir alle beobachten verstohlen Bobby, wie sie den verdatterten Klippstein stehen läßt und sich in meine Arme stürzt.

Nach der Probe erklärt Meyer: »Wir machen es mit der Bobby.« Leise, so daß es die Hoppe und der Stab nicht hören können, fügt er hinzu, »obwohl niemand im Publikum verstehn wird, daß Klipp die Bobby für die Hoppe eintauscht...«
Mattner hat den Rolls-Royce organisiert; der Cadillac sei zu schäbig für den Star. Und Max hat Koffer in naturfarbenem Schweinsleder besorgt. In den großen Schrankkoffer tut er Bretter und Steine, denn Bobbys Habseligkeiten füllen nicht einmal die zwei kleineren. Elsholtz und Schöböck nehmen auf den Klappsitzen Platz, Bobby in einem sandfarbenen Kostüm mit Strohhut und ich im Fond. Mattner hat sich die Gaudi nicht nehmen lassen und sitzt neben dem Chauffeur. Zehn Minuten nach sieben rollt der Rolls über den Kiesweg zum Hotel. Der von Mattner beorderte Standfotograf blitzt: Tatsächlich, wie zum Empfang höchster Potentaten stehen der Direktor mit Rosenstrauß, der Portier, die Hausdiener und die Stubenmädchen Spalier. Bisher hat Bobby die Prozedur lächelnd mit sichtlichem Vergnügen über sich ergehen lassen. Möglich sogar, daß sie die kleine Revanche für die fristlose Entlassung ein wenig genießt. Als ihr jedoch aufgeht, daß aus der Komödie mit dem steifen Begrüßungszeremoniell Ernst wird, klammert sie sich an mich, versteckt sich hinter mir und flüstert mit Tränen in den Augen: »Nein, das geht nicht. Ich steige nicht aus. Bitte fahren wir weiter.« Ich habe gerade noch Zeit, sie an mich zu drücken und ihr »Mut! Kopf hoch! Du bist ein Star und noch nie hier gewesen« zuzuraunen, da wird der Schlag aufgerissen. Blitzlichter leuchten auf, Schönböck und Elsholtz klappen die Sitze beim Aussteigen zurück, bilden mit ausgestreckter Hand ein Querspalier, Mattner nimmt Bobbys Handtasche, ist ihr behilflich, als wäre sie Königin Wilhelmine, als letzter steige ich aus, als Direktor Hartogh ihr gesenkten Hauptes den Rosenstrauß überreicht. Bobby hat ihren Strohhut so tief heruntergezogen, daß man ihr Gesicht nicht erkennt. Doch als sie sich aufrichtet – sie ist noch nicht ganz draußen aus dem Wagen –, fällt der Strohhut.
Ich muß an Lubitsch denken. Er hätte es nicht meisterhafter inscenieren können: Ein Stubenmädchen stößt einen Schrei aus,

die Hausdiener erstarren, der Portier als Erfahrenster dreht sich auf der Stelle um und geht ins Haus, Hartogh wird weiß im Gesicht, stottert, zieht den Blumenstrauß zurück, doch Mattner schiebt seine Hand mit eisernem Griff wieder vor, bis Bobby die Rosen in ihren sandfarbenen Handschuhen hält. Schönböck steuert ungewollt den unvermeidlichen Slapsticktouch bei, indem er beim Aufheben des Strohhutes mit einem sich ebenfalls bückenden Hausdiener zusammenprallt, dann zieht die Prozession, von Fotoblitzen beschossen, stumm und würdig zum Eingang. Bobby hat sich in ihre Rolle gefunden und reicht dem Portier mit anmutiger Geste ihren Paß.

Mattner lädt zum Begrüßungsgenever in die Bar und überreicht Bobby die Disposition für den ersten Drehtag des frischgebakkenen Stars. Beim zweiten Genever hat sie einen kleinen Schwips und spricht mit dem Kellner holländisch. Der verzieht keine Miene. Ich suche den Tisch fürs Abendessen nach dem Revier jenes Obers aus, der Bobby am sympathischsten ist, und bald sind wir allein im Zimmer Bobbys, das dem meinen gegenüber liegt, also keine Aussicht aufs Meer und auch keinen Balkon hat.

Die Koffer sind – wie es sich für ein Etablissement ersten Ranges gehört – ausgepackt, die Kleider hängen im Schrank. Der schwere Schrankkoffer mit der »Garderobe des Stars« liegt, beidseitig geöffnet, in der Mitte des Zimmers. Bretter und Ziegelsteine, nur andeutungsweise in Papier verpackt, lugen hervor. Gemessen an der Ungeheuerlichkeit unserer – statt Köpenickiade bin ich versucht, »Den Haagiade« zu sagen – war der Umstand, den Koffer mit Steinen zu füllen, noch ein harmloser Scherz. Aber der Anblick des steingefüllten Koffers, die Konfrontation mit dem Symbol des Betruges, lösen bei Bobby nach der Euphorie und Hektik, den Aufregungen im Atelier und dem grotesken Empfang plötzlich einen Katzenjammer aus. Sie setzt sich neben dem Koffer auf den Boden und beginnt hemmungslos zu weinen. »Ich schäme mich, ich schäme mich, ich bin genauso Holländerin wie die…« Unvermittelt erkenne ich in den Tränen einer kleinen Javanerin die wahre Tragik eines besetzten Landes,

die Wunden, die Demütigung, verletzter Stolz und »Vergewaltigung« in des Wortes weitester Bedeutung schlagen – und ich stelle mir vor, wie ich, der ich mich trotz der Erziehung durch meine Eltern doch als Deutscher fühle, reagieren würde, wenn fremde Eroberer mein Land besetzen und meine Landsleute mit fliegenden Fahnen zum Feind übergehen würden.
Meine Mutter ist Französin so wie Bobbys Javanerin; Maman hat mir eine gehörige Portion Skepsis gegenüber den »Boches« mit auf den Weg gegeben. Ich hasse die Nazis nicht nur wegen des Leids und Unrechts, das sie über die Welt bringen, sondern auch, weil sie das ohnehin ramponierte Ansehen Deutschlands durch den Rückfall ins Barbarentum verunstalten.
Bobbys Tränen lösen einen bis dahin unbekannten Patriotismus in mir aus. Statt, wie es normal wäre in dieser Situation, die Schuld an allem den bösen Nazis zuzuschreiben, fühle ich mich schuldig und beschämt, weil ich mein Vaterland liebe, so wie Bobby ihr Vaterland liebt, obwohl ihr ganzes Wesen und ihre wahre Heimat aus einer fernen, fremden Welt stammen. Ich knie mich neben sie, will sie umarmen. Sie nimmt die Ziegelsteine, wickelt sie aus der Wellpappe und baut sie zwischen uns auf wie eine kleine Mauer. »Stell dir vor, der Direktor hätte dich aus Eifersucht entlassen, weil er mit dir schlafen wollte. Patriotismus und Eifersucht sind Verwandte. Sie werden wach, wenn ein Sieger kommt. Das macht aber beides nicht lobenswerter.« – »Trotzdem bin ich ein Kollaborateur und ein Provokateur. Ein Verräter, der bei uns zu Hause auf dem Dorfplatz ausgepeitscht würde.« Ich zünde eine Zigarette an, sie nimmt mir das Zündholz nicht ab, steckt es nicht in die Schachtel zurück. Ich stehe auf, gehe zum Telefon, entschuldige mich bei meinen Freunden: »Bobby fühlt sich nicht wohl. Sie möchte morgen zum Drehen in Form sein…«
Bobby putzt die Nase und lächelt mich an. Ich rufe den Etagenservice an: »Hummer mit Mayonnaise, eine Flasche Meursault, für zwei Personen auf mein Zimmer.« Bobby steht auf, kommt zu mir, umarmt mich: »Danke, Cuuurd…« Unendlich weich und zärtlich sagt sie »Cuuurd«.

Was sagst du dazu, Mathilda? Sternstunde? – Ja, die Wolken waren fort, der Himmel über Den Haag wurde hell und klar, je später die Nacht die Stadt verdunkelte. Du fragst, ob sie Schauspielerin, Filmstar wurde? – Nein.
Die vier Wochen vergingen wie im Flug. Eines Nachts erzählte ich ihr von Lulu. Am nächsten Morgen bat sie mich, ihr eine schriftliche Bestätigung auszustellen. Die Deutschen hatten eine Verordnung herausgegeben, wonach alle Radioapparate in Privatbesitz beschlagnahmt waren. Nur wer nachweisen konnte, daß sein Apparat einem Mitglied der Besatzungsarmee gehörte, konnte die Ablieferung umgehen. Bobby bat mich, eine offiziell beglaubigte Urkunde zu besorgen, damit ihre Verwandten in Amsterdam ihren Apparat behalten könnten. Mattner und Maxe, der Requisiteur, unterschrieben; der Apparat werde zu Filmzwecken gebraucht. Tausende von Holländern haben auf ähnliche Weise versucht, ihre Radios zu behalten, um Königin Wilhelmine über den Untergrund-Sender Radio Oranje zu hören, wenn sie nachts gegen die »Moffen« wetterte und den Bürgern Mut zum Widerstand zusprach. Ich ließ mir einen Durchschlag der Bestätigung geben, weil sich auf ihm die Adresse der Verwandten befand.
Am Abend nach dem letzten Drehtag gibt die Produktion ein Essen im Hotel ›Oud Wassenaar‹. Erscheinen ist Pflicht. Als ich für Bobby absage (sie bat mich darum: »Weißt du, ich würde mich nicht wohl fühlen, da sind doch lauter Bonzen, deutsche und holländische...«), insistiert Mattner nicht. Er zwinkert mir zu, schmunzelt und sagt: »Is vielleicht ooch besser, die Sache hat doch ziemlichen Wirbel jemacht...« Gegen drei Uhr morgens kommen wir nach Hause, Schönböck und Elsholtz leicht benebelt, ich stinkbesoffen. Mein Zug nach Wien geht morgen mittag. Ich hatte in den letzten Tagen mehrfach versucht, mit Bobby über ihre Zukunft zu sprechen, aber jedesmal unterbrach sie mich und sagte: »Mach dir keine Sorgen um mich. Ich habe meine Verwandten in Amsterdam und Leute, die deutsch sprechen, finden leicht eine Stellung.« Ich hatte mir einen Teil der Gage in Gulden auszahlen lassen, doch der Gedanke, sie mit

Geld abzufinden, war unerträglich. Außerdem war ich sicher, daß sie es nicht annehmen würde, also mußte ich versuchen, es ihr heimlich zuzustecken.
Ich fühle mich elend. Mir dröhnt der Schädel vom Genever, von Klöpfers bramarbarsierenden Verbrüderungsreden, vom Abschied, der hinter der Tür wartet wie eine Operation, aber der Rausch ist keine Vollnarkose. Unser Zimmer ist dunkel, die Balkontür offen. Auf Bobbys Bettseite liegt etwas Dunkles: der Schrankkoffer. Ich mache Licht, renne auf den Balkon. Nichts. Hinaus auf den Gang. Ein Windstoß vom Meer läßt die Tür hinter mir ins Schloß fallen. Der Schlüssel zu Bobbys Zimmer steckt im Schloß, das Bett ist frisch bezogen. Es riecht nach Gardenien. ›Deshalb also hat der Nachtportier so hämisch gegrinst‹, denke ich.
Ich setze mich in den Liegestuhl auf unserem Balkon, brauche fünf Zündhölzer, um mir eine Zigarette anzuzünden. Ich hebe sie vom Boden auf und steck' sie in die Schachtel zurück. Ich möchte heulen, aber ich schlafe ein.
Der Cadillac hat am nächsten Morgen Mühe, in die schmale Gasse hinter der Leidschekade einzubiegen. Da ist das Haus. Auf dem blankgeputzten Messingschild steht: Sharapurta. Ich halte den Durchschlag der Radio-Bestätigung in der Hand und läute. Die Frau trägt einen leuchtendroten Sweater. Das lange schwarze Haar fällt ihr auf die Schultern wie ein Schal. Mit dem roten Fleck auf der Stirn könnte sie Inderin sein. Sie läßt mich nicht eintreten. Direkt hinter ihr die enge Stiege zum ersten Stock. »Verzeihn Sie, ich möchte Fräulein...« – verdammt, ich weiß nicht mal ihren richtigen Namen – »...Fräulein... Bobby...« – »My niece not here.« Wenn sie spricht und nur der Mund Laute hervorbringt, sonst kein Muskel sich in ihrem Gesicht bewegt, hat sie etwas von einer Chinesin. – »Could you tell me where I can find her?« – »Not here. Den Haag.« – »You know where?« – »Hotel ›Ssateu Blue‹.« – »No. She left.« – »Maybe gone. Possible.« Keine Bewegung im Gesicht, auch jetzt nicht, als der Wind ihr Haar über Stirn und Augen fährt. – »One moment, please.« Ich gehe zurück zum Wagen. Ein Dreiradtaxi

wartet geduldig, der Fahrer denkt, ich fahre los. Ich mache Zeichen zu warten, da klingelt er. Auf der Gracht vis-à-vis schaukeln Kähne mit Kartons. Der Umschlag mit dem Brief und dem Geld ist in meiner Aktentasche. Als ich ihn ihr übergeben will, sagt sie: »You come to take radio?« – »No.« Woher weiß sie, daß ich das Radio übernommen habe? Sie muß also wissen, wer ich bin. »Please, give her this letter and tell her to write to me. Good bye.«

Was soll ich noch sagen? Der Dreiradler läutet. »Zum Bahnhof«, sage ich zum Chauffeur. Sie hat nie geschrieben, und ich habe sie nie wiedergesehen.

Den Schrankkoffer habe ich behalten. Er lag vollgepackt mit Schinken, Würsten, Butter, Käse im Kofferraum. Ich bin zu früh am Bahnhof, kaufe Zeitungen und ein dickes Schulheft. Als der Zug nach Kehl–Passau mit Kurswagen nach Wien einläuft, wuchte ich den schweren Schrankkoffer in ein leeres Abteil Erster Klasse. Ich weiß, Landser und Urlauber werden nicht kontrolliert, es werden nur Stichproben gemacht. Langsam füllen sich die Abteile. Das meine bleibt leer, obwohl viele vorbeikommen, reinschauen. Aber sie gehen weiter. Der Zug wird schon abgerufen, da wird die Abteiltür aufgerissen, vier SS-Leute nehmen Platz. Grüßen distanziert. Sonderführer. »Waffen-SS?« fragt einer und schaut mich über Brillengläser hinweg an. – »Nein«, sage ich so verbindlich ich kann. »Komme von Filmaufnahmen.« Das hört sich komisch an in dieser Umgebung, und ich erkläre es deutlicher, es klingt aber wie eine Entschuldigung: »Im Auftrag des Propagandaministeriums.« – »Also Zivilist«, sagt er, und die drei anderen schauen mich gleichfalls an. – »Ja, wenn man so will.« – »Man will so. Dieses Abteil ist reserviert für die Waffen-SS, falls man beim Film auch lesen lernt.« Er weist mit dem Daumen auf den Gang. Ich gehe hinaus. Da steht's, wahrhaftig.

Ich nehme meine zwei kleinen Koffer. ›Arschlöcher‹, denke ich. ›Sonderführer! Die haben genausowenig Krieg gerochen wie ich. Sitzen dick und fett im Hinterland und kujonieren die Zivilbevölkerung.‹ »Na, dann guten Urlaub an der Front, meine Her-

37 Party in Hollywood mit Zsa Zsa Gabor und Louella Parsons.

38 Auf dem »Backlot«, dem Filmgelände der RKO in Hollywood.

39 Im Hollywoodfilm »Männer über vierzig« mit Debbie Reynolds.

ren.« Den großen Schrankkoffer lasse ich im Gepäcknetz und finde erst im übernächsten Wagen Platz, in dem gutgelaunte Landser Richtung Heimat fahren.
Kehl. Zuerst Militärpolizei, die Soldbuch und Marschbefehl kontrolliert. Dann Grenzpolizei. Mein Paß mit dem Vermerk »Reist im Auftrag der Berlin-Film« findet Interesse. Dann die Zollbeamten. Sie werfen einen Blick auf meine Koffer und gehen weiter. Die Landser haben Bier organisiert, paffen und sind recht laut. Zwei Herren in Zivil schauen ins Abteil. Man kennt die verlogene Diskretion und Höflichkeit der Beamten vom Sicherheitsdienst. Mein Paß interessiert sie. Der Mann blättert darin, reicht ihn weiter. Der zweite verschwindet damit. »Wehrpaß?« In meinem steht: U.K. Stellungsentscheid vom 10. Oktober 1940. Reichsstatthalter Baldur von Schirach. Darunter: Wehrbezirkskommando Wien I. Laut Fahrplan sollte der Zug schon längst abgedampft sein. Der Bahnsteig ist leer geworden, die Reisenden sind alle wieder eingestiegen, die Lautsprecher verstummen. Jetzt kommen ein paar SS-Leute den Gang herunter, schauen in die Abteile. Als sie vorbei sind, erinnere ich mich an ein Gesicht. Der Kerl hat doch im Abteil mit dem Schrankkoffer gesessen. Ich schlage den »Völkischen Beobachter« auf. Neben mir liest einer den »Stürmer«. Der SD-Mann mit meinem Paß braucht aber lange. Das scheinen die Landser auch zu finden, denn sie schauen mißtrauisch zu mir rüber. Plötzlich steht ein SS-Mann vorm Abteil: »Bitte, kommen Sie einen Augenblick mit.« Er meint mich. Ich falte die Zeitung zusammen und trete auf den Gang. »Haben Se sonst noch Gepäck?« Ich nicke und deute auf die Aktentasche und den Koffer im Netz. »Det nehmen Se lieber mit.« Die Landser sind still und schauen neugierig zu. Der SS-Mann geht voraus und bleibt auf dem Bahnsteig vor dem Waggon stehen, in dem die unfreundlichen Sonderführer reisen. Er öffnet die Abteiltür. Da steht mein Schrankkoffer. »Ihrer?« Ich nicke nur. »Nehmen Se den, ich trage Ihr übriges Gepäck.« Er hilft noch, mir das schwere Ding auf die Schulter zu hieven. – »Der Mann von der SD-Kontrolle hat mir meinen Paß noch nicht zurückgebracht.« – »Keene Bange, der findet sich.« Land-

ser schauen aus den Fenstern und grinsen, als wir vorbeikommen. Spießrutenlaufen. Ich meine, jeder muß den Kaffee und das Geselchte in dem schweren Koffer riechen. Die Baracke liegt am Ende des Bahnsteigs. Als wir ankommen, rinnt der Schweiß in Bächen. Der Genever von heute nacht ist ausgeschwitzt.
»Öffnen Sie.« Der Mann am Schreibtisch blickt freundlich. Das gefällt mir nicht. Die breite Bank ohne Lehne ist wohl eigens dafür eingerichtet. Jetzt sind vier Männer da und starren auf die duftende Pracht. »Sie wissen, daß das Schmuggeln von Lebensmitteln verboten ist. Sie haben den Koffer absichtlich in dem für die SS reservierten Abteil abgestellt. Sie wollten uns irreführen und die Kontrolle glauben machen, Ihr Koffer mit der Schleichhandelsware gehöre den Sonderführern. Ich werde die Sache melden müssen. Bis dahin betrachten Sie sich als verhaftet.« Er lächelt noch eine Spur freundlicher, steht auf, geht zur Tür und ruft: »Der Zug kann abfahren.« – »Aber meine Herren, ich muß nach Wien, ich habe Vorstellung im Burgtheater, das ist der einzige Zug, der Anschluß hat, wenn ich zurechtkommen will...« – »Da werden die lieben Weaner halt mal ohne Sie auskommen müssen.« Er versucht sich in kläglichem Wienerisch. Signal. Lautsprecher. Der Zug fährt ab. Plötzlich ist der Bahnhof leer. Der Chef setzt sich an die Schreibmaschine, Typ »Erika«. Der zweite fummelt am Radio herum. »Dreizehn Uhr. Das Oberkommando der Wehrmacht gibt bekannt: In den vergangenen vierundzwanzig Stunden versenkten deutsche Unterseeboote im Atlantik feindliche Schiffseinheiten von insgesamt 35 000 Bruttoregistertonnen. In Nordafrika halten die erbitterten Kämpfe um Sidi Barrani an...« Der dritte legt meinen Koffer auf eine leere Bank. »Wollen Se den auch mal öffnen?« Er wühlt in meinen Anzügen: »Fein in Schale, die Herren vom Film.« – »Berufskleidung«, sage ich kleinlaut. Ich überlege blitzschnell, ob bei den drei, vier Büchern ein verbotenes dabei ist. Ernst Jüngers »Auf den Marmor-Klippen« soll auf dem Index stehen. Hesse: »Demian«. Verdammt: Thomas Manns kleines Büchlein: »Unordnung und frühes Leid«.
Der Mann setzt sich, legt die Knobelbecher auf den Nachbar-

tisch, beginnt zu lesen. Zum Abschluß des Wehrmachtsberichts Musik: »Denn wir fahren gegen Engelland.« Thomas Mann scheint kein Interesse zu finden. Der Mann steht ächzend auf, wirft das Buch in den falschen Koffer: »Unordnung und frühes Leid« kommt auf das Geselchte zu liegen. Der Chef tippt mit zwei Fingern. Jetzt kommt der SD-Zivilist mit meinem Paß herein, schaut dem Tippenden über die Schulter, legt meinen Paß auf den Schreibtisch und geht wortlos wieder. Ein Zug rattert auf den Bahnsteig. »Wollen wir uns nicht mal die Aktentasche ansehen, Chef?« Der Chef brummelt vor sich hin, zündet sich eine Zigarette an und geht hinüber, wo der Thomas-Mann-Leser sich über meine Aktentasche hermacht. »Was ist denn das?« – »Ein Drehbuch. Das Drehbuch zu dem Film, den ich in Holland gemacht habe.« – Alle vier beugen sich jetzt über das Buch. Blättern fast ehrfürchtig darin herum. Auf die Rückseiten meiner Scenen habe ich Fotos geklebt. »Det is doch Marianne Hoppe.« – »Ja«, sage ich und gebe ein bißchen an, »meine Partnerin.« – Ein Foto aus der Ballsequenz fasziniert sie: »Det sind ja Sie mit der Hoppe im Arm. Liebesscene, wa?« – »Ja.« – »Kiek mal eener an. Mit Kuß und so?« – »Ja, das gehört nun mal dazu.« – »Wie finde ich denn das? Während unsereins im Dienst fürs Vaterland versauert, küßt der Marianne Hoppe.« – »Wie ist denn die so privat?« fragt der andere. – »Prima. Große Klasse.« – Der Bücherwurm entschließt sich für alle, die Seite umzudrehn. »Junge, Junge, wer ist denn diese exotische Schönheit, die Sie da so anhimmelt?« – »Auch 'ne Hauptdarstellerin.« Trotz der Gefahr, die mich in Gestalt dieser vier schwarzen Kerls umringt, krampft sich beim Anblick Bobbys auf dem Bild aus dem Ballsaal mein Magen zusammen und produziert Sodbrennen. – »Sind diese... Schauspielerinnen leicht zu vögeln?« – ›Jetzt kommt's drauf an‹, denke ich. ›Ein falsches Wort, und der schickt mich aus Wut in den Knast.‹ »Nischt zu machen«, sage ich und wittere eine Chance. »Die Hoppe als Staatsschauspielerin steht unterm persönlichen Schutz von Göring, und die da unter dem Protektorat von unserm Chef, Dr. Goebbels.« – Draußen pfeift der Bummelzug. Der Chef klappt meine Aktentasche zu, macht den dreien ein

Zeichen. »Na, dann hauen Se mal ab. In Köln kriegen Se Anschluß nach München und Wien.« Ich nehme meinen Paß und meine Aktentasche, der »Chef« drückt mir die Hand, die drei bemächtigen sich des Schrankkoffers und des Koffers mit Kleidern und »Literatur«. »Wie wird denn der Film heißen?« – »Francesca di Rimini« – »Das macht ja nichts«, meint er nachdenklich, »ick seh' ihn mir trotzdem an.«
Im Bummelzug schlage ich das Heft auf, das ich in Amsterdam gekauft habe, und schreibe: »Kriegstagebuch eines Zivilisten. I.: Holland und die Begegnung mit Bobby...«

Zehn Jahre später konnte ich aus der Erinnerung schöpfen: General Harras kommt zermürbt von der Haft in die Gefängniswachstube und Wolfgang Neuss, der herrliche Schauspieler und Kabarettist, nimmt dem »Teufels General« mit scheinheiliger, schnoddriger Freundlichkeit die Fingerabdrücke (»So, und jetzt Klavierspielen«), macht Fotos fürs Verbrecheralbum (»Hier fliegt der kleine Kuckuck raus«), nimmt Maß. Die Dekoration: Bänke, rohe Stühle, fleckige Tische. Bei der ersten Probe wurde ich so stark an diese meine erste, recht glimpfliche Verhaftung in der Baracke des Bahnhofs Kehl erinnert, daß ich unwillkürlich aus den blinden Fenstern auf den gemalten Prospekt sah, ob da nicht der Bahnsteig Kehl zu sehen wäre, und als Neuss mir die Taschen leert und das Köfferchen untersucht, vermeinte ich den Duft von Kaffee und Geselchtem zu riechen.
Mutationen eines Schauspielers oder einer Rolle? Ich sehnte mich während der Probe danach, Gardenienparfum zu schnuppern, so wie ich eine Woche früher in der Scene mit Marianne Koch vermeinte, Mimosen und Pfefferminztee zu riechen, weil die Musik mich an das Fest des Nachbarn in der Douglasstraße erinnerte.
Aber es geht manchmal auch genau umgekehrt: Vor ein paar Wochen war ich in Madrid. Franco lag im Sterben. Wir gehen zu ›Horcher‹ in der Calle de Alfonso XII. Eine der wichtigsten Sequenzen des »Teufels General« spielte im fashionablen Horcher-Restaurant in Berlin. Der alte Horcher hat versucht, im

Madrider Lokal die gleiche Atmosphäre zu schaffen, und es ist ihm gut gelungen. Wir diskutieren und schimpfen auf das Regime. Doch leise, unwillkürlich mit dem »deutschen Blick« von damals. Während ich die Nachbartische mustere, ob die Luft rein ist, ob man reden darf, bin ich Harras, ertappe ich mich dabei, den Jürgens als Harras zu kopieren, und beim Hinausgehen schreite ich aufrecht und arrogant, als sollten alle Anwesenden meine Generalsuniform zur Kenntnis nehmen, und der Portier salutiert, als wäre ich der Caudillo.

In Wien kriegt jeder der Kollegen, die meine Rollen im Repertoire übernommen haben, ein Stück Käse, Schinken und Kaffee. Ich bin hochangesehen und Lulu freut sich, den häufig unangemeldet aufkreuzenden Gästen auftischen zu können. Oft kommen Urlauber von der Ostfront, die, statt heimzufahren, lieber schlecht und recht bei uns nächtigen. Manche bleiben in Wien, weil sie es satt haben, zu Haus in Frankfurt oder Stuttgart Rasierklingen aus Paris oder leere Cognacflaschen aus Italien in den Badezimmern ihrer Frauen zu finden. Andere aber bleiben auch, weil sie das Grauen in den Augen ihrer Mütter oder Freundinnen über die Bombennächte nicht übergangslos ertragen und unsere Wohnung als eine Pufferzone zum Vergessen ihrer Alpträume und zum Mutschöpfen für die Begegnung daheim benutzen.
Lulu hört gut zu, wie ich erzähle, und wundert sich nicht sonderlich, daß ich von Holland nichts gesehen habe als das ›Château Bleu‹. Sie »piperlt« ganz schön am Krimsekt, den Franz Antel dagelassen hat, als er das letztemal auf Urlaub aus der Ukraine kam, wo er zur Truppenbetreuung russisches Ballett insceniert. Wir schlafen spät ein und hören das Läuten und Klopfen nicht am nächsten Morgen. Plötzlich kracht ein Schuß, zerfetzt das Schloß der Wohnungstür: zwei Freunde, Fliegeroffiziere aus Berlin, denen Lulu versprochen hatte, falls sie nicht da sei, wenn sie kämen, einen Schlüssel beim Portier zu hinterlegen. Sie sind betrunken, und das Fest soll weitergehen. Sie grölen, spielen in höchster Lautstärke Platten, und wir halten mit: Genießt den Krieg, wer weiß, was mal der Friede bringt. Gesellschaft für die

Herren wird herbeigetrommelt: Daisy, Marjorie, Marianne und noch ein paar, denn die Herrn bringen Verstärkung. Nach achtundvierzig Stunden herrscht wieder Ruhe im Hochhaus. Drei Tage später wird mir von der Verwaltung gekündigt unter Androhung, uns auf die Straße zu setzen, falls die Wohnung nicht innerhalb eines Monats geräumt sei. Alle Versuche, diesen Entscheid über das Burgtheater rückgängig zu machen, scheitern an der Unnachgiebigkeit eines hohen Tieres unter uns, dem wir wohl schon lange ein Dorn im Auge sind. Aber das Theater besorgt eine »Staatswohnung«. Das Palais Anday sei frei geworden und das könnten wir übernehmen. Es liegt im achten Bezirk der Josefstadt, in der Krotenthallergasse. Ein Jugendstilpalais mit schönem, schmiedeeisernem Portal, dunklem, holzgetäfeltem Stiegenhaus, drei ineinander übergehenden Salons, einem Speisezimmer und einer Personalwohnung im Dachgeschoß. Der zentrale Empfangsraum mit Stuckdecken und albernen Malereien an Wänden und Plafond, mit Aussicht auf das dunkle, unheimlich aussehende Kartographische Institut, das verlassen und still aussieht, obwohl ich manchmal hinter den Fenstern sogar geschäftig herumlaufende Japaner erspähe.
Frau Feigel, die Zugehfrau, zieht in den oberen Stock. Sie ist die Witwe eines Pferdefleischhauers und kocht, den Umständen entsprechend, so gut, daß wir oft nicht merken, wie sie Steaks aus Pferdefleisch zaubert, welches durch familiäre Beziehungen ohne den teuren Umweg über Herrn Kotzian, den Chauffeur des Burgtheaters, billig in die Pfanne kommt. Denn Kotzian ist der Schwarzhändler, der das Ensemble des Burgtheaters mit allem versorgt, solange du Geld hast. Doch auch Geld ist rar, und wenn Lulu nicht ab und zu eine Spritze aus der Baslerschen Familienschatulle erhielte, gäbe es Tage, an denen die Marken für Fleisch und Brot verbraucht sind und Kartoffelschmarrn oder »Erdäpfelgulasch« als einziger Gang auf den Tisch käme. Wenn ich Frau Feigel überreden will, Fisch zu besorgen, den es manchmal markenfrei gibt, kneift sie die dünnen Lippen zusammen und zischt mit standesgemäßer Verachtung: »Fisch? Stinkerts Wasserfleisch, na.«

Doch eines Tages ist Kotzian verschwunden, und bis Ersatz gefunden ist, müssen die Pendler, also jene Schauspieler, die am selben Abend sowohl im Burgtheater als auch im Akademietheater auftreten, geschminkt in Kostüm und Maske mit der Straßenbahn von einem Theater zum andern fahren. Kotzian war verhaftet und nach einem Drei-Minuten-Prozeß vom Volksgerichtshof zum Tode durch Erhängen verurteilt worden. Später stellte sich heraus, daß er ein wichtiges Mitglied der Widerstandsbewegung war und sein Taxi mit der Burgtheaterfahrgenehmigung zu Kurierfahrten benutzte.
Eines Morgens kommt Frau Halbetel, die Portiersfrau des Palais Anday, mit drei Herren in Zivil. »Die Herren möchten sich den Dachboden anschauen. Sie sind vom Sicherheitsdienst, und Herr Huber ist der Ortsgruppenleiter.« – Sicherheitsdienst? Ortsgruppe? Ich denke, es handelt sich um eine Inspektion des Dachstuhls wegen der Brandbombengefahr. Aber oben im Dachgeschoß angekommen, interessieren sich die Herren nur für einen alten Verschlag, in dem Kartons aufbewahrt werden. Einer macht auf, der zweite inspiziert: Hüte kommen zum Vorschein. Filzhüte mit farbigen Bändern, Trachtenhüte mit Gamsbärten, Reiherfedern, Kartons voll mit Reiherfedern. Der Ortsgruppenleiter legt sich eine um den Hals, und alle lachen. Daraufhin setzt der Inspizierende einen grünen Steyrer Hut auf und, wie erwartet, lachen alle wieder, er selbst am meisten. Der Hut ist viel zu klein. Jetzt haben sie alle Kartons durchsucht und nicken zufrieden. Sie gucken mich an, der ich dem Treiben etwas verwundert zusehe. – »Wem gehört denn das alles?« Mich überkommt ein merkwürdiges Gefühl, das ich schon kenne, von jenem Abend her, als wir Hans Jarays Wohnung einweihen wollten. – »Das gehört der Volksgemeinschaft, der es gestohlen wurde«, doziert der Anführer. – »Und wie kommt gestohlenes Gut hierher?« frage ich Frau Halbetel. Sie antwortet nicht, blickt zum Ortsgruppenleiter, der die Reiherfeder jetzt mit einem passenden schwarzen Homburg vertauscht hat. Seine Silhouette hebt sich schwarz und sauber gegen das schmutzige Gemäuer des Dachbodens ab. Auch der Anführer hat jetzt die richtige Größe Stey-

rer Hut gefunden. Schweiß rinnt ihm herunter, es ist warm und stickig in dem Verschlag, der das Dachgeschoß hermetisch von der Zugluft abschirmt. »Von dort, wo alle Diebe und Volksfeinde herkommen, aus Galizien, Polen.« Seine Stimme wird schrill. »Aber jetzt wird alles liquidiert.« Er deutet auf die Kartons. Mir schwant, daß er mit »liquidiert« noch etwas anderes meint. Unwillkürlich denke ich an den Satz Baudelaires: »Alles in der Welt schwitzt das Verbrechen aus: die Zeitungen, die Mauern, die Gesichter ...« Er wischt sich mit einem bunten Taschentuch übers Gesicht und geht an mir vorbei zur Treppe. »Die Sachen werden heute nachmittag abgeholt.«

»Haben die Besitzer der Kartons hier gewohnt?« frage ich Frau Halbetel, als sie weg sind. – »Nur kurze Zeit.« Ich bin bestürzt, und sie sieht es mir an. »Das Palais hat längere Zeit leergestanden, und da wurde es als eine Art Durchgangslager für Umsiedler benutzt.« – Ich verstand die Sprachregelung. Was mir da oben geschwant hatte, stimmte also. So, wie die Postboten Tausende von Briefen austragen mit vorgedruckten Formularen »Gefallen für das Vaterland«, so kam wahrscheinlich auch ein Formular zur Ortsgruppe, welches die erfolgte Liquidierung eines »Huterers« aus der Josefstadt meldete. In den Zeitungen steht so was nicht. Baudelaires Satz heißt in jenen Tagen: »Alles schwitzt das Verbrechen aus: die Briefe, die Mauern, die Gesichter ...« Wieder war ich, diesmal auf Anweisung des Theaters, zum »Arisierer« geworden, zum Nachfolger von Emigrierten oder Liquidierten.

Wenn man sich überhaupt traut, an spielfreien Abenden oder in schlaflosen Nächten allein zu bleiben, verjagt man die Gespenster mit Fusel oder dem neuen Mittel, das die Flieger bekommen, um Skrupel zu verscheuchen, wenn sie ihre tödliche Last über den Städten Englands oder Rußlands ausklinken: Pervitin. Doch Vorsicht: Zwei Stück davon, und du redest dich um Kopf und Kragen, wenn du das Pech haben solltest, an den unrichtigen Zuhörer zu geraten.

Eines Morgens: Es ist Sonntag, ich habe Nachmittagsvorstellung für die Hitlerjugend. »Genoveva« von Hebbel. Durch die Hol-

landreise umbesetzt, muß ich den Siegfried heute zum erstenmal wieder spielen. Lulu ist auf Truppenbetreuung irgendwo in der Normandie, und gestern nacht ging es hoch her in der ›Grottenbahn‹. Denn Marjorie hat Pervitin mitgebracht. Zusammen mit Schnaps wirkt das Zeug ungeheuer auf Potenz und Phantasie und verscheucht Gespenster, doch die Ausfallerscheinungen sind scheußlich, und Marjorie weiß von Fliegern zu berichten, die sich nach der Euphorie aus dem Fenster gestürzt haben.
Es ist halb zwei Uhr mittags. Um drei beginnt die Vorstellung. Ich torkele ins Bad, unter die kalte Dusche. Das Wasser knallt mir eiskalt auf den Kopf und mir fällt plötzlich ein, irgendwo müssen noch ein paar Übriggebliebene von heut nacht pennen. Ohne mich abzutrocknen gehe ich durch die Räume, reiße die Fenster auf. Die Krotenthallergasse ist still am Sonntag, die Hitze drückend, und das Licht tut den Augen weh. Der Dreiradlastwagen von Hans Grümmer. Grümmer wird immer und überall eingeladen und transportiert seine Freunde und burgenländischen Ruster von Party zu Party in seinem offenen Dreiradler mit dem roten Winkel auf dem Nummernschild, der bedeutet: kriegswichtig. Ich vergesse, mich abzutrocknen, steige in die Hose, die ich irgendwo auf dem Rückweg zum Schlafzimmer finde. Das Haus ist leer. Sonntags fährt Frau Feigel zu ihren Verwandten nach Brunn am Gebirge. Ich knöpfe das Hemd zu, der Stoff klebt am nassen Körper. Der Biedermeierspiegel über dem Kamin ist leicht vorgeneigt, so daß man das zerwühlte Bett sehen kann. Ich kann mich nicht erinnern, wie die Nacht geendet hat. Drei oder vier Pillen Pervitin werden es schon gewesen sein. Dazu der ekelhafte Slibowitz, der stinkt und einen schlechten Geschmack im Mund hinterläßt. Da hilft auch Odol nicht.
Eine rote Krawatte. Verdammt: Wie binde ich denn den Knoten? Ich glotze in den Spiegel. Mein Gott, sehe ich aus! Ganz ruhig, Jürgens! Noch einmal: Links, rechts, das untere Krawattenende noch einmal herumziehn, damit es eine Schlinge wird. Es geht nicht. Ich weiß nicht mehr, wie man einen Knoten bindet. Panik. Mir flattern die Hände. Statt einer Jacke hole ich einen alten rot-blau gestreiften Bademantel aus dem Schrank, versuch's in

dem noch einmal, diesmal vor dem Badezimmerspiegel. Die Enden der Krawatte fallen jedesmal auseinander, statt sich zu einer Schlinge oder einem Knoten zu verbinden. Sie hängen wie Arme schlaff links und rechts am Hemd herunter.
Es ist soweit! Jetzt hat das Pervitin mich irrsinnig gemacht! Ich rase zum Stiegenhaus. Frau Halbetel kann ich nicht bitten, mir zu zeigen, wie man eine Krawatte bindet. Die würde nur dafür sorgen, daß ich abgeholt werde, »umgesiedelt«. Die Krawattenenden wehen hinter mir her. Ich stecke sie in den Gürtel des Bademantels. Die sonntäglich flanierenden Spaziergänger bleiben stehen und schauen mir nach. In der Josefstädter Straße laufe ich, spiele den Sonntagssportler. Am Hotel ›Weißer Hahn‹ stehen ein paar Schankburschen. Sie stoßen sich an und kichern laut, als ich vorbeispurte. Die Rathausarkaden. Nur schnell in die Garderobe, denke ich. Nagy, mein Garderobier, wird mir schon zeigen, wie man eine Krawatte bindet, und der Spuk wird verschwunden sein. Nur jetzt noch schnell über den Ring zur Volksgartenseite. Der Portier macht ein verduztes Gesicht. »Nehmen S' Ihre Post nicht mit?« ruft er mir nach. Die Garderobe ist noch dunkel. Nagy kommt immer erst eine halbe Stunde vor Beginn. Ich bin ein schneller Schminker und Anzieher. Das Herumrumoren und Warten macht mich immer nervös vor dem Auftritt, auch wenn ich ein Stück schon hundertmal gespielt habe. Ich ziehe den Bademantel aus, mache Licht, versuche noch einmal, die Krawatte zu binden. »Hysterisch«, sage ich laut ins Spiegelbild. Aber es geht nicht. Da kommt Nagy. Er hat in der Nebengarderobe, die heute nicht besetzt ist, ein Mittagsschläfchen gehalten und mich jetzt reden hören. Ich setze mich an den Schminktisch und reiche ihm die Krawatte. »Ziehn mer sich schon an, Herr von Jürgens?« (Zwanzig Jahre wird er mich mit derselben Frage begrüßen. Wir sind zusammen alt geworden, und ich habe es aufgegeben, ihm Hochdeutsch beizubringen.) »Binde mir die Krawatte!« – Er schaut mich verblüfft an. »Ja... wollen S' noch amal weg, 's war grad das erste Zeichen.« – »Binde mir die Krawatte, und frag nicht lange.« Nagy ist klein, kaum einsfünfundsechzig, mit Ansatz von Bauch, und ich bin ein Sitz-

riese. Er steht hinter mir und stinkt nach Knoblauch. Er schaut in den Spiegel, als er den Binder um den Hals legt. Es ist ungewöhnlich, einem anderen die Krawatte zu binden, aber Nagy schafft es beim ersten Versuch. Fasziniert schaut auch er in den Spiegel, und unsere Augen begegnen sich. Er lächelt devot. »Danke«, sage ich, ziehe den Knoten auseinander und versuche es gleich nochmal selbst. Es gelingt. Der Pervitinteufel ist fort, und ich bin erleichtert.

Ich schminke mich und Nagy holt Kaffee. Er erwartet eine Erklärung für meine verrückte Krawattengeschichte. »Wollen S' mi pflanzen, gell?« – »Ja«, sage ich, »und bring mir nach Schluß aus dem Fundus ein Jackett. Ich bin... ohne gekommen.«

Keine Zeit mehr, mir den Text anzuschauen. Das Rollenbuch liegt mit den Manuskripten des Repertoires auf dem Tischchen neben der roten Couch. »Drittes Zeichen«, sagt Nagy, als es läutet. Rüstung, Stiefel. Der Maskenbildner kommt und dreht mein Haar ein. Ich bestehe darauf, denn mein Hinterkopf ist flach wie der von Beethoven, und die Friseure haben Anweisung, zu toupieren. Es ist lange her, daß ich den Siegfried gespielt habe. Voriges Jahr lief die »Genoveva« durchs Abonnement, doch jetzt wird das Stück nur ab und zu, alle drei, vier Monate, für geschlossene Vorstellungen gebracht. Aber ich bin ganz zuversichtlich. Die Stellungen, die Stichworte, die Auftritte setzen eine Automatik in Bewegung, so daß der Text sich einstellt, wenn er gebraucht wird. Außerdem gibt es ja die Hermanotti. Sie ist der Star unter den Souffleusen des Theaters. Sie hat bei mir Anweisung, nur zu soufflieren, wenn ich sie anschaue.

Bei Raoul Aslan hingegen muß sie jedes Wort soufflieren, ganz gleich, ob er den Text beherrscht oder nicht. Einmal fragte sie ihn: »Stört es Sie denn nicht, wenn ich den ganzen Text heraufsouffliere, Herr Kammerschauspieler?« Aslan schaute sie wehmütig an, voll Verwunderung über die Frage. »Stört es den Kapitän, wenn er das Rauschen der Schiffsschraube hört?« Es soll vorgekommen sein, daß bei Klassikervorstellungen, in denen eine weniger gut artikulierende Souffleuse die Vorstellung betreute, bei gewissen »Hängern« der Text aus dem Publikum kam.

Aber das mindert die Verehrung der Wiener für ihre Lieblinge nicht, und es stört sie auch nicht, wenn zum Beispiel in gewissen Aufführungen von Ibsens »Gespenstern« der Osvald Jahre älter als Frau Alving, seine Mutter, ist...

Auftritt, der Text stellt sich pünktlich ein, wie erwarteter Besuch im Gehirn. Nach der Schlußscene mit Genoveva komme ich in die Garderobe und rufe Nagy. Der ist nicht da. Aha, denke ich, der sucht mir eine Jacke. Der Fundus ist im vierten Stock und meine Garderobe zu ebener Erde. Man könnte bequem durchs Fenster auf die Straße steigen, und ich werde es auch später manchmal tun. Ich schnalle die Rüstung ab. Sie fällt krachend zu Boden. Ich finde den Stiefelknecht, wasche mich mit Einheitsseife, die das Gesicht immer noch besser reinigt als die grausige Abschminke. (Ich kann mir nicht helfen, wenn ich die Abschminke rieche, denke ich immer, daß sie, wie früher Seife, aus Knochen hergestellt werden soll.) Das Hemd ist trocken, die Krawatte knotet sich wie von selbst. Jetzt auf den Kater ein Bier in der Kantine! Die Kantinenwirtin läßt das Bier aus dem Hahn laufen und raunt mir zu, sie habe frisches Rindfleisch, das Kilo hundert Mark. »O. K.«, sage ich und protze mit dem neuen Wort. – »Jawohl«, sagt sie. »Ohne *K*nochen.« Das Bier zischt, rinnt hinter die Binde. Plötzlich Sturmläuten im ganzen Haus. Damals gab's noch keine Lautsprecheranlage. Garderobiers in wehenden weißen Kitteln laufen hinter der Glastür die Gänge hin und her. Wieser, der Chefinspizient, reißt die Tür auf, schaut sich um. »Da is er a net«, grunzt er und verschwindet. Da reißt jemand die Tür wieder auf, und Wieser brüllt: »Das Nachspiel! Herr Jürgens, Auftritt. Herr Liewehr steht auf der Bühne und Sie treten nicht auf. Schnell. Der Vorhang mußte fallen...«

Nagy ist noch immer nicht in der Garderobe, fremde Ankleider zwängen mich wieder in die Rüstung, die Stiefel einfach über die Cordhose, den Helm. Liewehr als Golo steht auf der Bühne, die beiden Messer in Händen, mit denen er sich die Augen ausstechen muß, wenn Siegfried ihn durch seinen Auftritt nicht davor bewahrt. Der Vorhang geht auf, die Hitlerjugend johlt vor Vergnügen. Schließlich wiederholt Liewehr den Monolog, und aufs

Stichwort trete ich auf. Ich hatte vergessen, daß ich im Nachspiel diesen Auftritt hatte. Ich denke, Hebbel hat mir verziehen, doch die Direktion bestrafte mich mit dem Abzug einer vollen Monatsgage...

In diesen Tagen werden die Mitglieder des Ensembles zum Luftschutzdienst eingeteilt. Vier, fünf Schauspieler müssen in einem festgelegten Turnus eine Nacht pro Woche im Theater verbringen, um bei Bombenangriffen Löschhilfe zu leisten. Zwei Feuerwehrmänner und fünf Bühnentechniker bilden mit den Schauspielern die Mannschaft, welche von zehn Uhr abends bis sieben Uhr früh in stündlichen Rundgängen durch das Haus patrouillieren muß. Die Direktion erlaubt uns, die Kollegen auszusuchen, mit denen man diese Nächte teilen möchte. Ich schließe mich einem *Père Noble* an, mit dem ich Schach spiele. In dieser Mannschaft befindet sich auch Steinböck, ein Charakterdarsteller, dessen übersensible Musikalität und dessen von Geschmack bestimmte Einstellung zur Kunst ihn daran gehindert hatten, innerhalb des Ensembles über das Mittelmaß der Verwendbarkeit hinaus hervorzutreten.
Ich habe in diesen Jahren eine merkwürdige Einstellung zum Problem »Geschmack« entwickelt. Immer öfter entdecke ich, wie schädlich Geschmack für künstlerische Kreativität werden kann. Phantasie hat keinen Geschmack. Schauspieler und Maler aus der spezifisch wienerischen Landschaft werden so oft daran gehindert, den letzten, notwendigen Schritt zu tun, der allein zur echten Erschütterung führt, weil ihre ererbte Geschmacksbildung sie vor der brutalen Wahrhaftigkeit oder vor schmerzenden Dissonanzen zurückschrecken läßt. Für die Söhne und Töchter aus der bürgerlichen Wiener Gesellschaft, die zum Theater wollen, ist zu dieser Zeit Freud geschmacklos und Egon Schiele obszön. Das Gespenst »Geschmack« umarmt die Kunst und macht aus dem Totentanz einen Walzer. Die Welt des Künstlers wird nicht erschaffen, um ihre unergründliche Vielfalt und grausame Schönheit zu preisen, sondern um eine »Haltung« im Sinne der romantischen Moralisten zur Nachahmung zu empfehlen.

Ich genieße diese Abende und Nächte: Klausur zur Besinnung und Meditation, engste Verbundenheit zur Arbeitsstätte, Heimkehr in den Schoß der Traumfabrik; lieber sage ich, um das abgegriffene Hollywood-Etikett in die richtige Zeit und Umgebung zu rücken: Traummanufaktur. Du sitzt mit einem Buch, einer Rolle in deiner Garderobe oder machst höflich Besuch beim Kollegen, klopfst an, wirst mit einem Glas Wein empfangen. Das Schachbrett ist aufgestellt. Die Lichter des Schminktisches sind abgedeckt. Das Läuten der Klingeln schreckt dich nicht zum Auftritt, sondern ermahnt dich zu gemächlichem Rundgang. Du verläßt nach einem kurzen Blick auf die leere Bühne das Bühnenhaus durch eine gepolsterte Stahltür. Der Gang zum Foyer im spärlichen Licht der bläulichen Notbeleuchtung erweckt Bilder von Abendtoiletten, Schmuck, Getuschel, Lachen, Flirts, Operngläsern und Fächern, Champagner und auf Programmhefte gekritzelten Telefonnummern. Die Kaiserstiege hinunter zu den Probensälen. Ist da nicht Musik zu hören? Steige ich auf den dicken Teppichen im harten Rhythmus einer Fuge von Bach hinunter? Klirren die Leuchter an den Wänden, die Kristallblätter an den Lüstern? Der schmale Gang zum Probensaal auf der Landmannseite hallt vom Klavierspiel wider. Der Marmor macht die Töne spitz und schrill und reflektiert die Akkorde wie schmerzende Sonnenstrahlen vom Meer, wenn du plötzlich aus dem Schatten trittst.

Der Probensaal liegt im Halbdunkel. Eine einzige Lichtquelle, die grüne Stehlampe, beleuchtet die Notenblätter auf dem Steinway-Konzertflügel. Später erfahre ich, Steinböck habe ihn für viel Geld ausgeliehen und per Pferdefuhrwerk der Mautner-Markhofschen Brauerei für die Luftschutznächte ins Theater transportieren lassen. Die Lampe beleuchtet sein Profil, das an den Alten Fritz erinnert. Ich sitze auf den Stufen der Probenbühne, und als er rüberschaut beim Umblättern, lege ich den Finger an den Mund als Beschwörung, nicht zu unterbrechen. Er spielt hart und protestantisch, spielt sich die angestaute Aggression gegen die feindliche Welt von der Seele. Es kommt mir vor, als spiele er, wie um ein Exempel zu statuieren, kalt und klar

und rein, so, wie die deutsche Seele beschaffen sein kann. Nichts Liebliches, nichts Wienerisch-Verbindliches ist in dieser Interpretation, nur Architektur, nur Mathematik, stolz und unerbittlich.
Seit Engel in der Berliner Bar Bach gespielt hatte, wie eine flammende Anklage gegen das Unrecht, hatte ich Bach so nicht mehr gehört. Nur der gedemütigte Jude und jetzt hier der schöngeistige Österreicher hatten aus dieser Musik den Schrei nach Gerechtigkeit herausgehört. Das Stück endet abrupt, ohne versöhnliches Ausklingen. Steinböck steht auf, zündet sich eine Zigarette an. Ich fühle mich elend und klein. »Danke, Felix, das macht die Welt wieder heil. Man bekommt Lust, es den Rattenfängern vorzuspielen. Vielleicht führten sie uns dann nicht wie Lemminge in den Abgrund.« Plötzlich steht da eine Uniform. Feuerwehrmann Alois Wilsch. Er muß die ganze Zeit in einer dunklen Ecke gestanden und zugehört haben. Er schwitzt unter seinem Helm und stottert: »Danke, Herr Kammerschauspieler. Das war gewaltig.« Er ist groß und dick. Ein Schlüsselbund und eine kleine Axt baumeln an seinem Gürtel. Er holt einen Eimer aus der Ecke und stellt ihn an den Flügel. »Entschuldigen S' vielmals, daß ich Sie auf die Erde zurückführen muß, aber 's Rauchen ist verboten.« Die Zigarette fällt in den wassergefüllten Eimer und macht »pfff«. Wilsch steht vor dem Flügel, betrachtet die Partitur, liest mühsam: »Präludium und Fuge Nr. 17 in As-Dur.« Er tritt zur Seite, schaut ehrfürchtig in die Eingeweide des offenen Flügels. »Können S' auch Orgel spielen, Herr Kammerschauspieler? Als Kind mußt' ich in der Kirch'n die Bälge treten...« Wenn Steinböck, der immer überartikuliertes Hochdeutsch spricht, plötzlich wienerisch wird – sein Beitrag zum Sozialismus –, muß ich unwillkürlich lachen. Es befreit. »Sehen S', Herr Wilsch, da war'n S' schon von klein auf bei die Künstler...« Ich verabschiede mich und Wilsch folgt mir schlüsselklappernd zu der Kaiserstiege, den Foyers...
Sechs Jahre später insceniere ich meinen ersten Film: »Prämien auf den Tod« und besetze neben Werner Krauß, Siegfried Breuer, Josef Meinrad und Judith Holzmeister, meiner Frau,

Felix Steinböck, der noch nie zuvor gefilmt hat, mit der Rolle eines blinden Pianisten. Zur Erinnerung an Engel schreibe ich im Drehbuch, daß der Pianist in der Triester Kaschemme nach Feierabend, wenn er allein mit seinem Hund ist, Bach spielt. Die Fuge wird zum Leitmotiv des Films und trägt viel zu seinem Erfolg bei. Johannes Mario Simmel, damals junger Kritiker, schreibt im »Neuen Österreich« zur Premiere:

»Um es gleich vorwegzunehmen: Die ›Prämien auf den Tod‹ haben den bei weitem interessantesten und hintergründigsten Stoff der österreichischen Produktion der letzten Jahre, die bei weitem beste Fotografie (Günther Anders), ein Buch (Kurt Heuser und Curd Jürgens), das über kluge und interessante Dialoge hinaus deutlich das Bemühen zweier Menschen zeigt, wesentlich zu sein...

Alles in allem genommen, kann man den Herstellern und uns selbst zu diesem Film nur gratulieren. Er stellt vielleicht einen Anfang dar: den Beginn einer Ära des österreichischen Films, in welcher der Geist und der Glaube, die Hintergründigkeit und die Vertiefung wieder etwas gelten.«

In der Garderobe lege ich mich auf die Couch und schlafe ein. Mir träumt, ich schleiche in den Probensaal, um Steinböck zu belauschen, wie er spielt. Doch nicht Steinböck sitzt am Flügel, sondern Feuerwehrmann Alois Wilsch. Er schwitzt, haut in die Tasten, das Stück ist nicht wiederzuerkennen. Jetzt steht er im Spielen auf, schaut gierig, wütend in den offenen Flügel und betrachtet die klopfenden Hämmer. Er keucht und wiederholt Passagen in schrillem Stakkato, schreit in den Flügel: »Du Sau, i krieg di scho, mir g'hörst, verstehst, du Sau, du widerspenstige!« Seine Hände greifen von den Tasten in die Saiten, ziehen, zerren an ihnen. Jetzt liegt er mit dem Bauch auf den Noten, das Pult bricht splitternd zusammen. Wilsch hält sich an den Saiten fest, seine Knie stampfen auf den Tasten, sein Kopf verschwindet im Gehäuse des Flügels, er vergewaltigt ihn wie eine verhaßte Geliebte, fällt – herausgerissene Saiten in den Händen – zurück auf den Hocker, sein Kopf sinkt krachend auf den schwarzen Lack. Steinböck tritt zu ihm im weißen Kittel des Garderobiers.

Er berührt seine Schulter und sagt begütigend wie ein milder Arzt: »Kommen Sie, Herr Wilsch, ich gebe Ihnen eine Spritze. Sie müssen sich beruhigen. Sie haben zu lange auf Ihrem Feuerwehrstühlchen gesessen beim eisernen Vorhang, halb auf der Bühne, halb im Zuschauerraum. Da hat sich Ihre Persönlichkeit gespalten. Das passiert oft. Wir bringen Sie ins Krankenhaus.« Am Bühneneingang legen sie ihn auf den Bierwagen von Mautner-Markhof. Er trägt eine graue, wattierte Drillichweste. Die dicken Bierpferde ziehen an und stampfen laut auf dem Asphalt, werden immer lauter, und ich wache davon auf. Es klopft noch immer. Doch es kommt vom Fenster. Gusti Huber trommelt an die Scheiben. »I bin grad vorbeikommen, und es hat Licht gebrannt. Schläfst du oder darf ich dich besuchen kommen?« Schon beim Hereinziehen umarme ich sie. Wir spielen gerade in diesen Tagen im Akademietheater wieder zusammen »Florentiner Brokat«. Sie war meine erste Partnerin in Wien, wir sind gleichzeitig ans Burgtheater engagiert worden und die Umarmung ist längst fällig...

Willi Forst ruft wieder. Er bereitet »Wiener Mädeln« vor und sagt mir: »Mit dem Film wollen wir den Krieg überstehen.« Es mutet grotesk an, sich vorzustellen: Die Niederlagen der Armeen beginnen, der totale Krieg wird ausgerufen, alles, was Hände und Beine hat, wird eingesetzt, um das Desaster abzuwenden, und über hundert Techniker, Schlosser, Zimmerleute, Maler, Elektriker, ebenso viele Künstler, Architekten, Kameraleute, Fotografen, Maskenbildner, Transportarbeiter, Kopierer, Entwickler, Assistenten, Telefonistinnen, Garderobiers, Schneider, Friseure, Stars, Schauspieler, Kleindarsteller, Komparsen, Musiker, Toningenieure werden von allem kriegswichtigen Einsatz freigestellt, um einen Film über das Leben des Komponisten Ziehrer zu drehen, der mit seinen Melodien und Affairchen nicht einmal die Gemüter der zerbröckelnden Monarchie erregt hatte. Die Theater hingegen wurden im Zuge des totalen Krieges geschlossen. Die einsatzfähigen Männer müssen an die Front, die Invaliden oder die in der Stadt Unentbehrlichen

kommen zum Volkssturm. Eine Zeitlang werden in den Theatern Sonntag vormittag noch Matineen oder Lesungen veranstaltet, aber in der Freizeit ist Arbeitseinsatz.
Ich sitze mit Andree Mattoni, Egon von Jordan, Forsts Assistenten Hans Wolf und einer Schar munterer Kolleginnen, für die das Ganze »a Hetz« ist, im vierten Stockwerk eines alten Patrizierhauses am Bauernmarkt und trenne Hemden auf: Warum, werden wir nie erfahren. Der Auftrag scheint völlig sinnlos: Hemden trennen. Man erhält von dem diensthabenden Kontrollbeamten, einer Mischung von SD-Schergen und Fabrikportier, ein Trennmesser, trägt seinen Namen in ein Buch ein, geht in helle, leere, aber freundliche Räume, wählt einen langen Schneidertisch und trennt graublaue Hemden in Stücke, wirft abgetrennte Ärmel auf den einen Haufen, abgetrennte Brustlätze auf einen anderen und den Rest auf einen mit Packpapier vorbereiteten Platz, wo er fein säuberlich gefaltet und verpackt wird. Wir nehmen an, daß wir Uniformhemden in Lazaretthemden verwandeln, eine Tätigkeit, die uns an die Dezimierung der Frontsoldaten und die zunehmende Überfüllung der Lazarette gemahnt.
Vorbei die Zeit, wo protzige Produktionslimousinen uns zum Drehort bringen. Man fährt per Straßenbahn dorthin. Erster Drehtag. Drehort: das Lusthaus im Prater. Auf der Disposition steht: Montag, 21. Juli 1943. Drehbeginn: 9 Uhr. Arbeitsbeginn: 7 Uhr 30. Maske: 8 Uhr: Frl. Holzmeister. Frl. Komar; 8 Uhr 30: Herr Jürgens, Herr Teddy Bill, Herr Gehlen; 9 Uhr 30: Herr Willi Forst. Darunter steht: 100 Komparsen (Arbeitsvermittlung) ungeschminkt im Kostüm ab 8 Uhr am Drehort. Requisite: 20 gesattelte Pferde. Playback: Toningenieur Janetzka mit »Die schönsten Maderln gibt's in Wien...« Drehschluß: 17 Uhr 30. Unterschrift: Aufnahmeleitung R. Fohn im Auftrag der Willi-Forst-GmbH.
Der morgendliche Spaziergang von der Prater-Endhaltestelle zum Lusthaus tut gut. Man atmet aus, reinigt die von den ›Tschicks‹, den wieder zu Zigaretten verarbeiteten Stummeln verpesteten Bronchien.

Die Aufnahmen selbst finden an der Rennbahn statt, dort, wo ich zwanzig Jahre später aus dem Rolls-Royce meinen Golfsack lade, wenn ich um die gleiche Stunde mein morgendliches Fitness-Training absolviere, sooft ich nach Wien komme. Von weitem erinnert das Bild des Lusthauses mit den Komparsen, die in der Morgensonne promenieren, an Renoir. Damen haben Sonnenschirme aufgespannt, um die gepuderten Gesichter zu schützen. Reiter machen sich mit ihren Pferden vertraut, galoppieren die Hauptallee hinauf, Kutscher spannen an. Die Schminktische sind im Freien aufgebaut, machen aus dem runden Lusthaus ein Achteck. Teddy Bill, der dicke Komiker, begrüßt mich mit einer Flasche Slibowitz. »Nach den gestrigen Ereignissen brauchen wir Mut«, grinst er. »Nimm an Schluck. So an Edlen gibt's selten. I hab' die ganze Nacht net schlafen könna vor lauter Sondermeldungen.«
Ich weiß nicht, wovon er spricht, sage, ich hätte es satt, die frisierten Niederlagen im Radio als strategische Rückzüge serviert zu bekommen. Teddy sieht mich erstaunt an: »Ja, weißt du denn nicht, daß gestern ein Attentat auf Hitler verübt worden ist? Aber freu dich nicht zu früh. Alles schiefgegangen, alle Beteiligten sind verhaftet. Ein Graf Stauffenberg hat in der Wolfsschanze seine Kuriertasche mit einer Zeitbombe in unmittelbarer Nähe Hitlers deponiert.« Die folgenden Sätze sagt er laut, denn wir sind an den Schminktisch getreten, wo Maskenbildner und Friseusen Judith Holzmeister umringen. »Als sie losging, war der geliebte Führer nur ein paar Schritte entfernt. Die Vorsehung hat ihn gerettet.« Die Holzmeister sieht uns im Spiegel kommen, streckt, ohne sich umzuwenden, die Hand nach Teddys Slibowitzflasche aus, entkorkt sie mit den Zähnen und sagt ernst zu ihrem Spiegelbild: »Es gibt eben noch Helden...« Der Schminkmeister, die Friseuse drehen sich erschrocken um. Der Satz ist so ungeheuerlich, daß wir alle verlegen zu den Nebentischen starren, wo unbekannte Kleindarsteller geschminkt werden, Perücken probieren. Wenn ein Denunziant unter ihnen ist, kann das für die Holzmeister lebensgefährlich sein. Ihr Vater, der große Architekt, ist in der Emigration, baut in Ankara das Di-

plomatenviertel. Sie hat sich geweigert, ihren Vornamen Judith in Maria umzubenennen, obwohl das Propagandaministerium es ihr zur Auflage gemacht hatte. Um die Situation zu retten, sage ich scherzhaft – denn niemand hat uns bisher vorgestellt, alle denken wahrscheinlich, wir kennen uns längst: »Das ist eine charmante Begrüßung, Fräulein Holzmeister. Ich freue mich, daß Sie in Ihrem Partner sofort den Helden erkannt haben, der ich bin.« Um ihr die Hand zu drücken, muß ich ihr erst den Korken der Slibowitzflasche abnehmen, den sie zwischen Daumen und Zeigefinger hält. Kühle, kräftige Hände, die großen dunklen Mandelaugen blicken spöttisch-abweisend auf mein Spiegelbild. »Ich meine nicht Sie...« Sie setzt die Slibowitzflasche ab: »Ich meine einen wirklichen Helden, keinen Kasperl...« Die Flasche ist noch voll. Sie nimmt sie in beide Hände, legt den Kopf in den Nacken, daß die Locken ihrer Fin-de-siècle-Perücke über den weißen Schminkmantel fallen, und tut einen tiefen Schluck.
Man hat mir viel von ihr erzählt. Von ihrer Wildheit und Kraft als »Johanna von Orléans«, mit der sie vor kurzem im Volkstheater einen Sensationserfolg hatte. Aber gesehen habe ich sie nie. Was mich beeindruckt, ist nicht ihre Schönheit, nicht der Stolz und imponierende Mut, mit dem sie mein billiges Rettungskompliment abweist und dabei die Gefahr, in die sie sich begibt, mutwillig vergrößert. Es ist die wilde, fast obszöne Geste, mit der sie die Flasche mit beiden Händen an die Lippen hält und einen tiefen, glucksenden Schluck tut. Die Sinnlichkeit der Bewegung, der Adel des zurückgeworfenen Kopfes, das Bäuerliche des routiniert tiefen Schlucks mit gespitzten, genüßlich vorgeschobenen vollen Lippen bleibt haften als Bild begehrenswerter Schönheit.
Ich ziehe die Jacke aus, der Garderobier reicht mir einen Schminkmantel. Ich besetze den freien Nebentisch und winke meinen Maskenbildner heran. Der packt seinen Koffer zusammen, räumt den Tisch, der für mich reserviert war und baut alles an Judiths Nebentisch wieder auf. »Ihr Schluck aus der vollen Pulle hat mich geschafft.« Jetzt schaut sie mich zum erstenmal voll an. Ihre Augen sind heller im Sonnenlicht, das morgend-

lich-schräg durch die Blätter des Nußbaums blitzt. Sie reicht mir die Flasche. »Trinken S' auch an Schluck, es ist der erste Drehtag meines Lebens, und ich werde Sie nervös machen.« Sie wendet sich wieder ihrer Frisur zu und fährt leiser fort: »... überhaupt, wenn S' als österreichischer Aristokrat so piefkinesisch sprechen...« Sie malt an ihren Augenbrauen, denn die Friseuse hat ihr gebieterisch den Kamm entwunden. Ein junges, spitzbübisches Lächeln erscheint, als sie in bestem Berlinerisch imitiert: »Schluck aus der vollen Pulle, wa?« – »Endlich.« – »Was endlich?« – »Endlich lächeln Sie. Ich hatte schon Angst, Sie nehmen sich und ihre schöngeistige Heldenverehrung...« – ich versuche mein bestes Wienerisch – »... a bisserl zu ernst...« – Da fährt sie herum und blitzt mich an, schmeißt den Augenbrauenstift in den Spiegel: »Um Verbrecher zu bekämpfen, braucht man Helden, mein Herr!« Weiter so, denke ich, mein Käthchen, hier sitzt Petruccio und »Der Widerspenstigen Zähmung« ist eines meiner Lieblingsstücke... Fred Adelmüller, der allgewaltige Wiener Mode-Zar, kommt. Er entwirft die Kostüme, und die Holzmeister muß aufstehen, den Schminkmantel ablegen, das Kleid zeigen. Assistent und Ankleiderin fummeln sinnlos herum, nesteln kniend am Rocksaum. »Adi« kneift die Augen zusammen, schaut durch ein Farbglas: »Also, wenn Sie mich fragen, der Stich Rot, den man Ihnen ins Haar gebürstet hat, nimmt dem Rosa des Mieders das Raffinement...« – »Herr Forst wollte einen Schuß Tizian«, verteidigt sich Frau Schober, die Haarkünstlerin.
An langen Heurigentischen machen die Komparsen Brotzeit, es ist neun Uhr. Einer schaltet das Radio an: »Neun Uhr. Die Nachrichten. Der Führer hat nach dem versuchten Putsch einer Clique verbrecherischer Volksverräter beschlossen...« Teddy Bill ist zum Tisch gegangen, schaltet das Radio aus: »Hören Sie nicht, meine Herrschaften, wir proben unseren Text für die erste Dialogeinstellung.« – »Darf ich bitten, die Damen und Herren von der Komparserie zum Drehort...« Aufnahmeleiter Fohn spricht durch ein Megaphon. Die Kleindarsteller nennen ihn witzelnd »Herr Megaphon«.
Die Mittagspause bei Außenaufnahmen hatte damals noch im-

mer das Pittoreske eines Picknicks. *Déjeuner sur l'herbe*. Man ißt Würstl, die Garderobiers kommen und servieren Gulasch an improvisierten Tischen, man schnorrt an verschiedenen Freßinseln, lümmelt sich auf eine Wiese, zehn Minuten Schlaf im Schatten, Kaffee beim Auffrischen der Schminke, man schimpft auf alles und liebt jeden Augenblick, auch wenn das Manuskript noch so schlecht ist, der Regisseur noch so unbeholfen, die Kollegen noch so eingebildet und die jugendlichen Liebhaberinnen nach Pipi, Knoblauch oder ungelüftetem Fundus stinken.
Jemand erzählt etwas von Vorwarnung. Das genügt Hans Moser. Er sucht aus einem Aktenköfferchen ein silbernes Trillerpfeifchen und verschwindet raunzend und schwitzend. Das Köfferchen, von dem er sich nie trennt, enthält außer Paß und Dokumenten immerhin zehntausend Mark in Hundertmarkscheinen. »Megaphon« bläst zum Aufbruch, und die Jagdgesellschaft klaubt die Strecke zusammen: Jacketts, Westen, steife Kragen, Sonnenschirme, Zylinder, Drehbücher; Bierflaschen bleiben liegen, desgleichen Pappbecher und Abschminktücher. Schlachtfeld der schlechten Erziehung. Mülleimer Film.
»Wo ist der Moser?« schreit Fohn. Jemand hat ihn in Richtung Donaukanal verschwinden sehen. Fohn läßt seine Mannen ausschwärmen. »Wer ihn findet, kriegt eine Prämie.« Forst beginnt, unfreundlich zu werden: Wenn es zu solchen Verzögerungen kommt und im Bericht für Berlin steht, daß die Aufnahmen nicht stattfinden konnten, weil Herr Moser unerlaubt den Drehort verließ, dann brauchen wir uns nicht zu wundern, wenn sie den Laden dichtmachen und uns an die Front schicken. Fohn schickt in seiner Verzweiflung noch einen Komparsen auf die Suche: »Maschik, du willst doch immer Aufnahmeleiter werden. Wenn du mir in den nächsten dreißig Minuten den Moser anschleppst, bist du Hilfsaufnahmeleiter.«
Forst probt die Scene bis zum Auftritt Mosers wieder und wieder. Die Atmosphäre verschlechtert sich. Die Holzmeister verhaspelt sich im Text, ich bleibe bei der vorgeschriebenen Begrüßungsrede für die österreichische Delegation, die von mir in der Rolle des österreichischen Botschafters zur Eröffnung der Welt-

ausstellung in Stockholm gehalten werden soll, mehrmals stekken. Wolken verdunkeln die Sonne und gefährden die Lichtkontinuität. Hans Wolf, Forsts Assistent und Cutter, markiert den Text Mosers, der atemlos in den Pavillon der Österreicher stürzen soll, um zu rufen: »Der Minister kommt!«
Endlich schleppt Maschik den Moser an. Er hat ihn in einem Erdbunker gefunden, wie sie in der Nähe des Praterstadions ausgehoben wurden, um zusätzliche Luftschutzräume zu schaffen, falls während Großveranstaltungen oder Kundgebungen Alarm gegeben werden sollte. Dort hatte er mit ein paar Überängstlichen gesessen und war eingeschlafen. Maschik fand ihn, das Trillerpfeifchen im Mund, das Köfferchen auf dem Schoß, schlafend auf einem Bänkchen.
Probe mit Auftritt Mosers. Die Sonne ist frei von Wolken. Aufnahme. Stop. Die Holzmeister verblubbert ihren Text. »Wiener Mädeln«, Einstellung 217, zum zweiten Mal. Die Klappe knallt. Die Kamera schwenkt über das Weltausstellungsgelände, panoramiert an den festlich gekleideten Besuchern vorüber, fährt in den österreichischen Pavillon, die Holzmeister liefert makellos, ich stehe auf, klopfe ans Glas, beginne meinen Begrüßungstext für den Komponisten Ziehrer. Nach drei Sätzen versandet der Redefluß hoffnungslos. »Nr. 217, zum dritten Mal.« Fritz Gehlen, der als Minister die Kamerabewegung auslösen muß, wird von einem Komparsen verdeckt. Kameramann Janco Stalich aus Prag bricht ab: »Da ist der Wurm drin«, näselt er.
Endlich, beim siebten Mal, geht alles gut. Die Holzmeister brilliert, der Jürgens kann seinen Text. Moser drängt ins Zelt, stellt sich präzise in die markierte Position vor Forst und mir und nuschelt dann mit sich überschlagender Stimme: »Der Führer kommt...« Pause. Eisiges Schweigen. Zweihundert Menschen halten den Atem an. Plötzlich meckerndes Lachen. Teddy Bill versucht, es in Husten abzuwandeln. Einige kichern. Forst hat ein kleines Lächeln um die Mundwinkel. Aber das Gespenstische des Versprechers lähmt. Alle stehen noch immer wie versteinert. »Hans, bitte keine Witze jetzt. Das Ganze noch einmal. Bitte, auf die Ausgangsposition.« – Moser blickt verdutzt zu Forst

hinüber: »Bittschön, hob i was falsch g'macht?« – »Eine Freudsche Fehlleistung, wenn du es nicht absichtlich gesagt hast.« Forst klopft ihm auf die Schulter. »Kann passieren in diesen Tagen. Es heißt: ›Der Minister kommt…‹«
Wie es so oft geht – Moser hat keine Ahnung von dem Versprecher. Er ist verschreckt. Seine Frau ist Jüdin, und er lebt in Todesangst, daß Hitler, der ihn oft zur Gaudi seiner Umgebung nachäfft, einmal nicht mehr über ihn lachen könnte. Aber endlich ist die Scene »im Kasten«, und alles atmet auf. »Drehschluß…«
Unsere Garderoben befinden sich in den Séparées des Lusthauses. Teddy Bill überläßt mir die Flasche Slibowitz. Ich klopfe an Judiths Tür, die Flasche und ein Glas in der Hand. »Wir können zusammen mit der Straßenbahn zum Ring fahren, wenn es Ihnen recht ist.« – »Ich bin erschöpft. Es ist schön hier in dieser anachronistischen Garderobe. Man glaubt, das Flüstern der Liebespärchen zu hören.« – Ich gieße ein. Sie greift nach dem Glas, aber ich stürze es schnell hinunter. »Nein! Bitte, trinken Sie noch einmal aus der Flasche.« Sie nimmt die dargebotene Flasche, hebt sie, setzt sie nachdenklich ab, als hätte sie die erotische Bedeutung erkannt. »Nein«, sagt sie und greift nach dem Glas. Durch das unausgesprochene Eingeständnis, meine Gedanken erraten zu haben, entsteht etwas Komplizenhaftes zwischen uns, als hätten wir ein Geheimnis miteinander. Doch als wir auf den Anlaß unserer morgendlichen Kontroverse zu sprechen kommen, bleibt sie reserviert.
Es hat ein halbes Jahr gedauert, bis sie mir voll vertraut und meine politische Integrität akzeptiert hat. Ihre Mutter ist Italienerin, der Vater Südtiroler. Er war mit seiner Familie um die Jahrhundertwende nach Brasilien ausgewandert und besaß die brasilianische Staatsangehörigkeit. Er baute in Belo Horizonte die größte Kathedrale der Welt. Ihr Durchmesser übertrifft den von Sankt Peter in Rom. Seinen Ruf, der ihn in die Nähe der Großen wie Corbusier, Wright, Neutra, Gropius und Niemeyer rückt, verdankte er Kirchenbauten, dem Ministeriumsviertel in Ankara und dem Salzburger Festspielhaus. Judiths Patriotismus,

ihr Engagement für Österreich, entstand durch die Ablehnung der Nazis, und aus diesem Grunde war ihr in jenen Jahren jeder Deutsche suspekt.
Draußen wird es leiser. Die Filmleute haben zusammengepackt und machen sich auf den Heimweg. Die Séparées liegen auf der Westseite des Lusthauses, und die Nachmittagssonne zeichnet Sgraffiti durch die halbgeschlossenen Jalousien. Erst als es draußen still geworden ist, brechen wir auf, spazieren langsam die Hauptallee hinunter zur Trambahn. Mit der Zweierlinie zur Wiedner Hauptstraße, und von dort begleite ich sie zu ihrer Junggesellenwohnung in der Preßgasse. Sie macht echten türkischen Kaffee, frisch übers Rote Kreuz in einem »Freßpaket« aus Ankara eingetroffen. Sie schwärmt von ihrem Vater, und ich erzähle von Maman, die jetzt bei meiner Schwester in Hollywood gelandet ist. Jeanette und Herbert sind nach abenteuerlichen Irrfahrten über Haiti und San Domingo nach Los Angeles verschlagen worden, wo Herbert eine Garage betreibt. Als ich mich verabschiede, ist es spät. Im Stiegenhaus treffe ich Oskar Fritz Schuh mit seiner Frau, die unter Judith wohnen. Der kurze Plausch wird flüsternd geführt, und als wir uns trennen, sagt er: »Überleb's!« Das ist die Alternative zum »Deutschen Gruß«.

Die Drehtage werden trotz der Spannung, die über Wien liegt, gemütlich. Eines Abends, nach Drehschluß, kommt Judith mit in die ›Grottenbahn‹. Lulu begrüßt sie freundlich, plaudert über die Truppenbetreuung. »Der anstrengendste Teil ist natürlich immer das sogenannte gemütliche Zusammensein nach der Vorstellung. Die armen Kerle, die da Monat für Monat in Alarmbereitschaft an der Küste Wache schieben, sind ausgehungert nach Geselligkeit, Gesprächen ...« – »Einem Flirt ...«, provoziere ich. – »Ja, natürlich. Das auch. Aber es ist merkwürdig, wie abhängig das vom Truppenteil ist. Bei Landsern, die du in Frontnähe besuchst, findest du eine solche Dankbarkeit, daß sie gar nicht auf die Idee kommen, sich dir zu nähern. Die Flieger dagegen ... Na ja, das ist ja bekannt.« – »Bei welchem Truppenteil waren Sie denn jetzt in der Normandie?« Judith nippt nachdenklich an der großen Cognac-Schale. – »Bei der Flak, der Fliegerabwehr.« – »Das ist wohl eine Mischung von Landsern und Fliegern«, sage ich ohne die geringste Sachkenntnis, nur um mich als einziger Mann in der Runde am Gespräch über das Kriegshandwerk zu beteiligen. – »Ja, das ist richtig«, antwortet sie und wirft mir einen unendlich freundlichen, warmen Blick zu, der weh tut. Zweifellos hat sie sich tadellos benommen, wie immer. Keine Chance, sie bei irgendeinem Fehltritt festnageln zu können. Sie ist eine Dame, mein Junge, und nicht so ein erbärmlicher, feiger Betrüger wie du. »Die Offiziere sind Schürzenjäger, und die einfachen Soldaten sind...«, sie sucht nach dem passenden Wort, und Judith vollendet den Satz für sie: »...ganz einfach dankbar...« – »Ja«, wiederholt Lulu, »ganz einfach dankbar.« Völlig arglos sagt sie den Satz. Ahnt sie wirklich nichts? Oder ist sie eine so souveräne Schauspielerin, daß sie sich nichts anmerken läßt? Sie, die all meine Seitensprünge geahnt, gewußt und ignoriert hat, sollte nichts spüren? Hinterher kommt Judith mit zu uns nach Hause. Sie verabschiedet sich bald mit ein paar freundlichen, respektvollen Worten. »Ich bewundere euren Mut, in all dieser falschen Palaispracht ein so gemütliches Heim zusammengebracht zu haben.« Ich bringe sie über das dunkle, holzgetäfelte Stiegenhaus zum Portal, drücke ihr, noch im Haus, verstohlen einen Kuß auf den Hals. »Soll ich jetzt mit dir kommen und es Lulu sagen?« – »Nein, Curd. Jetzt nicht, aber bitte bald.«

13.

Der Film zieht sich. Forst kann immer nach Berlin berichten, daß es nicht Schuld der Produktion ist, wenn Verzögerungen in der Drehzeit eintreten. Lulu nimmt wieder eine Truppenbetreuungstournee ins besetzte Frankreich an. Ich packe ein kleines Köfferchen, sage der treuen Seele, Frau Feigel, wo ich im Notfall zu erreichen bin, und mache mich auf in die Preßgasse.
Als ich an der Wohnungstür läute, reißt Judith im selben Augenblick die Tür auf. »Das ist ein prompter Empfang, danke. Hast du mich auf der Straße kommen sehen? Hier bin ich also. Keine Widerrede. Zwangseinquartierung...« Judith küßt mich flüchtig; ist so nervös, daß ich fast glauben möchte, ein Liebhaber ist im Schrank versteckt wie in einem Schwank von Arnold und Bach. Alle paar Minuten geht sie zum Fenster, schaut hinunter. Plötzlich läutet es. Judith springt auf, rast zur Tür. Gleich darauf kommt sie mit einem jungen Mädchen zurück. »Du kannst offen reden«, sagt sie zu dem schmalen, hübschen Mädchen. »Ich habe vor Curd keine Geheimnisse mehr.«
Sie gibt offen zu, daß sie Geheimnisse hatte, bisher, und das versetzt mich sofort in schlechte Laune. Ich fühle mich ausgeschlossen, in meiner Vertrauenswürdigkeit gekränkt. »Ich lasse euch gern allein, mach mir in der Küche 'ne Stulle«, sage ich in provozierendem Berlinerisch. – »Nein. Ich will, daß du Bescheid weißt. Martha bringt ihre Lebensmittelmarken und ihren Ausweis. Wir, das heißt ein paar Kollegen und ich, unterstützen ein U-Boot; ein junges Mädchen, das wir auf einem Dachboden versteckt halten. Sie ist Jüdin und schwer krank geworden. Sie muß

heute nacht operiert werden, aber ohne Papiere nimmt kein Spital sie auf, und da hat Martha sich bereit erklärt, ihre Papiere herzuleihen. Dr. Pfleger ist ein guter Freund und hat ihr im Hanusch-Krankenhaus ein Bett besorgt.« – »Habt ihr keine Angst?« sage ich verblüfft. – »Aber wo«, sagt Martha, »in ein paar Tagen darf sie wieder raus, und dann krieg' ich die Papiere zurück. Auf dem Paßfoto könnt' sie ich sein, und die Unterschrift und den Personenstand hat sie geübt und auswendig gelernt.« – »Ja, aber wenn bei der Operation was passiert?« Einen Augenblick sehen sich die beiden jungen Frauen verblüfft an. Daran haben sie nicht gedacht. Dann sagt Martha: »Na, dann hab' i meine Marken und Papiere halt verloren. Werd's melden und krieg' neue. Dös is doch ka Affär.« Judith nimmt die Papiere. Die beiden verabschieden sich. Judith hat ein kleines Paket vorbereitet mit Nachthemd, Zahnbürste, ein paar Keksen aus Papa Holzmeisters Rot-Kreuz-Paket. »Ich hole sie jetzt. Dr. Pfleger hat einen Wagen. Wir bringen sie ins Hanusch. Warte nicht auf mich. Vielleicht wird es spät. Ich möcht' in der Nähe sein, wenn sie aus der Narkose aufwacht.«
Gegen sechs Uhr morgens kommt Judith heim. Ich hatte es mir in ihrem breiten Bett gemütlich gemacht, und als sie mich weckt, weiß ich nicht, wo ich bin. »Wach auf, Curd, bitte, wach schnell auf!« Es dauert eine Weile, bis ich ganz da bin. Ich umarme sie, will sie küssen, doch sie wehrt ab. »Die Bauchfellentzündung war so weit fortgeschritten, daß sie stundenlang operieren mußten. Und da hat das Herz versagt. ›Unterernährung‹, sagte Pfleger.«
Judith weint wie ein Kind. Ich nehme sie in die Arme und wiege sie sacht auf meinen Knien, wie um sie einzuschläfern, denke nur an mich dabei: verdammt, gleich sechs. Um sieben müssen wir nach Schönbrunn zum Drehen. Die Thermosflasche mit Kaffee nicht vergessen! »Schlaf eine halbe Stunde, Judithlein«, sage ich. »Ich stehe jetzt auf und mache Frühstück.« – »Verstehst du denn nicht, du hundsgemeiner Egoist. Denkst an dein Frühstück. Und wir haben sie drei Jahre hindurch langsam verhungern lassen, damit unseren Bäuchen nichts fehlt...«

Judith ist eine großartige Person. Wie gut, jemanden zu haben, der einen zur Ordnung ruft, einem das jämmerliche ›Überleb's‹ – für Augenblicke wenigstens – austreibt. »Was können wir tun?« frage ich recht blöd. – »Nichts.«
Judith steht auf, geht ins Badezimmer. An der Tür halte ich sie auf. ›Jetzt zahl' ich ihr das mangelnde Vertrauen zurück‹, denke ich, immer noch pikiert von der Eröffnung gestern abend. »Wenn du mir früher vertraut hättest, wäre vielleicht eine bessere Lösung zu finden gewesen.« – »Na gut«, sagt sie und schlägt die Badezimmertür zu. »Dann hab' *ich* sie umgebracht…«
Mathilda, du sagst, deine Mutter sei jung und schön? Kaum fünfundvierzig? 1974 hat der Hubschrauber dich in den Himmel geflogen. Dann war deine Mutter fünfzehn, als die kleine Jüdin starb. Ganz jung, sagst du, sei deine Mutter aus Ungarn heraus und später nach Ägypten gekommen. Bist du wirklich sicher, ich hätte eine bessere Lösung gefunden, wenn es deine Mutter gewesen wäre, die im zweiten Bezirk in der Taborstraße als U-Boot auf einem Dachboden versteckt zu Tode erkrankt wäre? Bist du sicher, ich hätte sie ohne Umstände und preußisch-schnoddrig bei mir aufgenommen, sie durchgefüttert, auf den Schleichhandelsspeck verzichtet oder auf die Pferdesteaks der Frau Feigel? Sie neben den Hüten und Reiherfedern im Verschlag auf dem Dachboden von Professoren untersuchen oder gar behandeln lassen?
Martha meldet ein paar Tage später den Verlust ihrer Papiere. Sie erhält neue, aber bald wird sie abgeholt und stundenlang verhört. Unter der Rubrik: »Im Falle des Ablebens zu benachrichtigende Personen« waren fingierte Namen angegeben. Die Mitteilung kommt ans Krankenhaus zurück: »Empfänger unbekannt.« Wohin mit den Habseligkeiten, dem Nachlaß? Ein Nachthemd, ein Stück Einheitsseife, Kekse in einem Paket aus der Türkei. Das Chaos in der Kriegführung behindert noch lange nicht die durch preußischen Drill aufgefrischte österreichische Bürokratie. Der Bote, der das Paket auftragsgemäß zusammen mit der gestempelten Todesbenachrichtigung bei Martha abgibt, muß weisungsgemäß fragen: »Wer sind Sie?« – »Martha Huber.« –

»Dann sind Sie tot... Da stimmt was nicht«, fügt er nach einer Pause tiefen Nachdenkens scharfsinnig hinzu.
Martha kommt in die Preßgasse, um Judith vom Verhör, von den neugierigen Männern zu erzählen. »Man kennt dich gut in Wien, Judith. Hat dich jemand erkannt, als du das Mädchen in die Aufnahme begleitet hast?« – »Nein. Dr. Pfleger war schon da, und alles ging reibungslos und schnell. Er war absichtlich allein vorausgegangen, wir warteten zehn Minuten im Auto, bis er uns ein Zeichen machte.« – »Gut. Und wo hast du gewartet, bis du benachrichtigt wurdest, und von wem?« – »Sie starb während der Operation. Pfleger hat es mir persönlich gesagt.« – »Wie bist du aus dem Krankenhaus gekommen?« – »Pfleger brachte mich nach Hause, ich hab' in einem Ärztezimmerchen gewartet.« – »Und die ganze Zeit über ist keine Schwester gekommen?« – »Doch.« – »Hattest du das Gefühl, sie kennen dich? Vom Theater oder aus der Zeitung?« – »Ich glaube nicht. Sie waren alle sehr freundlich, wenn man die Irrsinnsarbeit bedenkt, die sie da leisten müssen.«
Die Behörden müssen die Version von den gestohlenen Papieren zuletzt wohl geglaubt haben, aber eine Zeitlang sah es aus, als wenn nun die Christin Martha sich wie eine Jüdin verstecken müßte, und auch da bin ich nicht sicher, ob ich ihr den Verschlag angeboten hätte. Monatelang zitterten wir, ob sich nicht doch jemand erinnern würde, Judith erkannt zu haben...

Die Zeit vergeht, die Monate schaukeln im weichen Rhythmus einer stetig wachsenden Liebe durch eine verdunkelte Landschaft, wie ein Zug, der durch einen Tunnel fährt, dessen Licht am Ende man nicht sieht, sondern nur ahnt.
Man sucht Luftschutzkeller nach den Freunden aus, nicht nach ihrer Sicherheit; denn uns wird klar, daß die Angriffe auf Wien mehr der psychologischen Kriegführung dienen als der Zerstörung. Überrascht dich Vorwarnung oder Alarm in der Nähe des Grabens, kannst du ruhig noch den Kohlmarkt hinunter- und um die Ecke in den Keller vom ›Stiebitz‹ gehen wie zum Frühschoppen. An den Nachmittagen war's ganz gemütlich im riesi-

gen Keller unter der Oper, und es konnte passieren, daß man die Entwarnung überhörte, wenn man mit Karajan ins Diskutieren kam. – Abends sitzt man im ›Stadtkrug‹. Der Wirt ist alter Kämpfer und soll für den Sicherheitsdienst arbeiten. Hinter der Schankstube befindet sich ein Gewölbe mit bemaltem Stuck, ›die Sakristei‹ genannt. Dort sitzen die hohen Tiere, die Funktionäre, manchmal der Gauleiter und Generäle auf der Durchreise von der Front. Doch der Wirt hat ein Herz für Künstler, und seit Kuntze-Just und seine Frau Marianne uns dort anläßlich einer Filmpremiere eingeführt haben, gibt's für »die Künstler« aus den Abfällen der Sakristei markenfrei Gänseklein.

Wenn nachts Fliegeralarm ist, geht man, die Flasche Wachauer unterm Arm, zum Franziskanerplatz und steigt in die Katakomben. Je nach Stimmung und Bewegungslust hältst du im ersten, zweiten oder dritten Keller und kannst, wenn Unruhe und Entdeckerlust dich treiben, bis hinunter zum Neuen Markt, zur verschlossenen Kaisergruft oder zur Fischerstiege in unmittelbarer Nähe des Donaukanals promenieren, zehn, fünfzehn, zwanzig Meter unter der Erde, je nachdem, ob dir der Sinn danach steht, Treppen zu steigen oder durch schmale Gänge zu unterirdischen Plätzen und Straßen vorzudringen.

Kuntze-Just ist Journalist und Sachse. Er macht seinem Beruf und seiner Heimat Ehre: neugierig, wißbegierig, aufgeweckt, mit einem Schuß gefährlicher Abenteuerlust, dynamisch und kein Kostverächter, stets zu Geselligkeit und Späßen aufgelegt. Er kam als Pressechef der »Tobis-Filmkunst« nach Wien, wurde bei Kriegsbeginn als Kriegsberichterstatter eingesetzt und leitet nun Wochenschauteams, die er, sein eigener Chef, mit großzügigen Vollmachten ausstattet. Von Fronteinsätzen über idyllische Erntedankfestberichte, von Interviews mit Soldaten der Wlassow-Armee bis zu gestellten »spontanen Treuekundgebungen« läßt er alles runterkurbeln, was ihm, dem findigen Journalisten, vor die Objektive seiner Arriflexkameras kommt. Für Heinz ist die Welt immer noch in Ordnung.

Er kommt oft und in regelmäßigen Abständen heim, und dann werden die Nächte kurz, weil gemütliche Störenfriede seine

Wohnung im vierten Hof des Hochhauses, die nach Alkohol oder ungarischem Gänsebraten duftet, umlagern, bis sie eingeladen werden und sich den Bauch vollschlagen können. Ernste Gespräche und Diskussionen zögern sich dann bis in die Morgenstunden hinaus. Er ist loyal, und man kann sagen, was man denkt. Die Freundschaft zwischen uns macht es zur Pflicht, ihm die Augen zu öffnen. Einmal schläft er ein, als ich mit Pathos und Mut, von Pervitin und Schnaps beflügelt, in den Ruf ausbreche: »Ja, merkst du denn immer noch nicht, daß deine Vorgesetzten Mörder sind...?«
Später bin ich froh, daß er eingeschlafen ist, mein »J'accuse« nicht mehr vernommen hat und einige Zeit vergeht, bis wir uns wiedersehen. Drei Wochen später ruft Marianne an und lädt uns zum Essen ein. Gegen drei Uhr morgens sind wir allein, die Mädchen schlafen auf dem Boden. »Weißt du«, sagt er ernst und schaut dabei in sein Glas, »dein Satz mit den Mördern letztes Mal hat mich verfolgt. Ich glaube, du hast recht. Ich habe meine Jugend, meine Arbeit mit einer Horde von Mördern verbracht. Ich habe einen Katzenjammer – wie nach der Entdeckung, daß meine Geliebte eine Hure ist. Aber ich habe mich gerächt. Bei Smolensk hat man hundert Genickschüsse gefilmt. Das Furchtbare ist, daß nicht die Ermordeten mir leid tun, sondern die Mörder. ›Sie müssen ja leben mit dieser Tat und ich auch‹, habe ich mir gedacht. Und da habe ich...« – er blickt vom Glas auf und schaut auf die schlafende Judith, die leise schnarchende Marianne – »da habe ich die Kaserne angezündet, in der die Mörder schliefen. Nicht, um die Toten zu rächen, sondern um das Gewissen der Mörder zu beruhigen. Jetzt haben sie wenigstens ein Alibi für ihr Gewissen.« – »Was ist den Schlafenden passiert?« – »Nichts. Gehustet haben sie, als die Wache das Feuer entdeckt und Alarm geschlagen hat.«

Irene von Meyendorf, die schöne, aristokratische Kollegin, ist in Wien, um in irgendeinem Schmarrn mitzuwirken. Wir führen sie in den ›Stadtkrug‹ zu Gänseklein und Wachauer. Rechts sitzt die schöne schwarze Judith, links die schöne blonde Irene. Das Lo-

40—44 Masken: Als Eurasier, Rasputin, Käpt'n Rauhbein, Spießer und — Garderobenfrau.

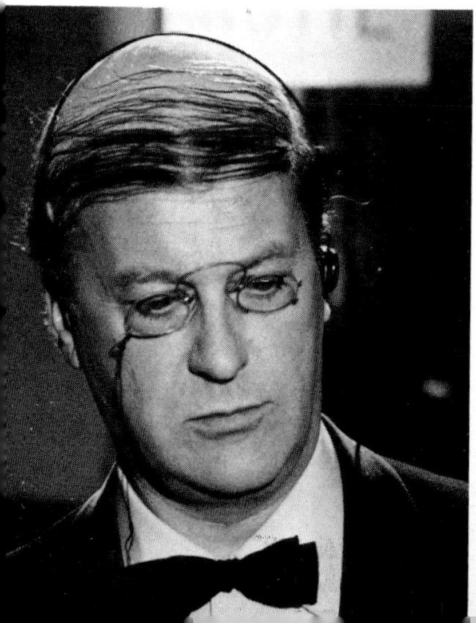

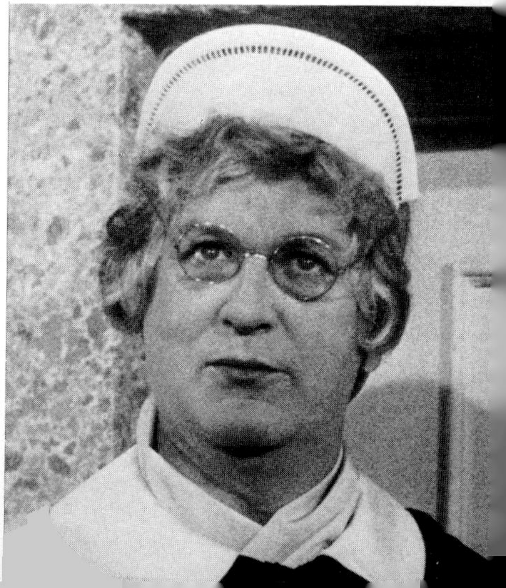

45 »Der Blaue Engel«, Neuverfilmung 1959, mit May Britt.

47—49 Simone kommt Sylvester nach Hollywood ... heiratet mich während der Aufnahmen zum »Schinderhannes« in Zell an der Mosel ... und bereitet mir das ›gämüttlicke‹ Glück.

46 »Die Schachnovelle« nach Stefan Zweig (mit Mario Adorf, Dietmar Schönherr), 1960.

50 Die »Tour St-Hospice« am Cap-Ferrat.

51 Dejeuner im Patio von St-Jean-Cap-Ferrat.

kal leert sich, und so gegen ein Uhr morgens sind in der Bar nur noch zwei Nischen besetzt. Unsere gute Laune springt nicht über die Tische, die vier Herren in Zivil bleiben ernst und würdig. Plötzlich stößt Irene mich an, prustet, flüstert kichernd unter vorgehaltener Handmuschel: »Seht euch doch mal das Ohr des Menschen an. Da drüben, der Große, im schwarzen Anzug. Das ist kein Ohr, das ist ein reifer Blumenkohl.« In der Tat, der Mann hat ein Gewächs statt eines Ohrs, das manchem Garten, aber keinem Gesicht zur Zierde gereicht. Judith sagt: »Verbrecherohren«, und ich fasele etwas von Salz in den Wunden bei schlagenden Verbindungen, um Schmisse zu erreichen, die Zeugnis ablegen sollen von Mut und Männlichkeit. Doch Irene flüstert: »Wenn ich länger hinschau', wird mir übel. Bitte, gehen wir.«

Nach dem Zahlen kommen wir am Tisch der vier vorbei und grüßen höflich, wie man Fremde grüßt, die der Zufall für kurze Zeit an denselben Ort geschwemmt hat. »Auf Urlaub von der Front?« fragt der im grünen Lodenblazer. Ich werde nüchtern und nehme eine legere Habachtstellung ein. »Nein. Abgestellt zu Filmaufnahmen fürs Propagandaministerium.« – »Name?« fragt der Grüne weiter. – »Curd Jürgens. Burgtheater.« – »Heil Hitler«, rufen alle vier im Chor. Da kann ich nicht anders, das würgende Gefühl im Hals macht meinen Abgang nicht schneidiger: »Heil Hitler.«

Beim Ausgang steht der Wirt Walczok und plaudert mit den Chauffeuren. Ich frage diskret, wer die vier Herren sind. »Der Große ist Skorzeny, der Mussolini-Entführer, der in Grün ist Kaltenbrunner, der Bruder des SD-Chefs, der dritte Gunther Deiß, engster Mitarbeiter Schirachs, der vierte...« – »Danke, Herr Walczok. Das genügt, glaube ich.« Es genügte in der Tat. Am übernächsten Tag kommt ein Anruf der Bundestheaterverwaltung. Ich möge unverzüglich in die Stallburggasse zum Chef der Verwaltung kommen. Die Stallburg ist leer. Die Lipizzaner sind mitsamt ihren Bereitern aus Wien evakuiert, die Gänge zum ersten Stock, der Hof, den man überqueren muß, ausgestorben. »Wir haben einen Gestellungsbefehl für Sie, Herr Burgschau-

spieler.« Der Ministerialrat übergibt mir ein Papier, läßt es mich aber erst lesen, nachdem ich den Empfang schriftlich bestätigt habe. Ich werfe einen Blick darauf. »Wissen denn die Herren nicht, daß ich für ein kriegswichtiges Filmvorhaben freigestellt bin?« – »Wir haben mit der Filmfreistellung nichts zu tun, die untersteht dem Propagandaministerium. Das Burgtheater und seine Mitarbeiter unterstehen der Reichsstatthalterei am Ballhausplatz. Vielleicht setzen Sie sich mit den Herren vom Film in Verbindung. Wir haben nur den Auftrag unserer vorgesetzten Behörde auszuführen.« – »Danke, Herr Ministerialrat.« – »Meine Verehrung, Herr Burgschauspieler, Handkuß an die Frau Gemahlin und Heil Hitler.«
Im Hof lese ich den Gestellungsbefehl: Sie haben sich am 14. September 1944 pünktlich um 17 Uhr in Halle B, Eingang I des Südbahnhofs einzufinden. Marschverpflegung für zwei Tage, eine Wolldecke und Kochgeschirr, bestehend aus nicht mehr als drei Teilen, sind mitzubringen. Unterschrift: der Wehrbeauftragte für die Verteidigung der Ostmark. Gezeichnet: Dellbrügge.
Ich telefoniere mit dem Forst-Büro. Es ist drückend heiß in der Telefonzelle. Es dauert lange, bis Aufnahmeleiter Fohn ans Telefon kommt: »Herr Forst ist bei Aufnahmen.« – »Herr Fohn, es ist sehr wichtig...« Ich lese ihm den Gestellungsbefehl vor. – »Das ist ja schon morgen.« – »Ja.« – »Kommen Sie sofort raus ins Atelier am Rosenhügel.« Die Telefonzelle steht unter den Arkaden zwischen der Spanischen Hofreitschule und dem Josefsplatz.
Als ich heraustrete, kommt ein Trupp Kriegsgefangener vom Eingang zu den Stallungen. Unter ihnen erkenne ich einige Franzosen. Es sind Musiker, die für die Reinigung der Ställe eingeteilt sind. Drei von ihnen waren schon in der ›Grottenbahn‹ und haben musiziert. Man kann sie anfordern, und manchmal dürfen sie sogar ohne Bewachung kommen. Wenn Lulu private Truppenbetreuung in Form von kleinen Liederabenden abhält, werden sie über die Bundestheaterverwaltung zugeteilt. Sie sind guter Dinge und schmunzeln vergnügt, als ich sie verstohlen grüße.

›Salu, les copains‹, denke ich, ›vielleicht geht's mir morgen schlechter als euch, wenn sie mich in ein Bewährungskommando stecken, weil einem unserer Helden meine Nase nicht gefallen hat (oder Irene von Meyendorf der Anblick des Ohrs eines unserer Helden Übelkeit verursachte). Ihr habt's gut. Für euch ist der Krieg zu Ende.‹

Die überfüllte Bahn nach Hietzing. Das endlose Warten auf die Tram nach Mauer. Endlich Rosenhügel. Drückebergers Traumfabrik liegt unmittelbar neben der Klapsmühle oder, vornehmer ausgedrückt, die Filmstudios liegen einen Steinwurf von der psychiatrisch-neurologischen Klinik »Rosenhügel« entfernt, und es kommt vor, daß man bei Spaziergängen durchs Ateliergelände plötzlich markerschütternde Schreie hört. Neiderfüllt stellst du dir vor, was für eine schöne dramatische Scene ein Kollege im Studio nebenan drehen darf, bis du herausfindest, daß ein Insasse vom Nachbarhaus einen Anfall hat und erst eine Spritze sein Toben zu jaulendem Blöken reduziert.

Fast dreißig Jahre später werde ich als Dr. Hackers Patient dort eingeliefert, und der Taxichauffeur, dem ich vor dem ›Sacher‹ »Rosenhügel« zurufe, hält selbstverständlich vor dem Studioeingang. Ich hab's eilig und zeige in die Richtung des Krankenhauseingangs. Er lacht und sagt: »'tschuldigen S', Herr Jürgens, i hab' glaubt, Sie müssen in *die*...«

Es ist Drehschluß. Forst sitzt in seinem Büro und telefoniert. Aus den Gesichtern der Umstehenden errate ich, daß er mit Berlin verbunden ist. »...Aber wenn Sie darauf bestehen, muß ich den Film abbrechen. Er hat noch fünfzehn Drehtage. Wie stellen Sie sich das denn vor, ich kann doch eine Hauptrolle nicht umbesetzen wie einen ausgefallenen Landser. Wenn er krank wäre, müßte ich unterbrechen bis... Was? Höhere Gewalt? Darf ich das dem Herrn Minister persönlich sagen... Ich verstehe... Und wie erreiche ich den? Reichssicherheitshauptamt? Büro Himmler?« – Forst schaut mich an – »Reichsverteidigungskommissar Dellbrügge genügt auch? Aber mit dem hab' ich schon gesprochen... Nein, abgelehnt. Danke. Ich werde dem Herrn Minister ein ausführliches Fernschreiben...«

Ende. Forst stopft sich aus seiner silbernen Dose eine Zigarette, füllt umständlich eine zusammenklappbare Metallführung mit hellem Virginiatabak, stößt den hölzernen Stopfer hinein, bis die Hülse gefüllt ist. »Curd, ich fürchte, du mußt.« Das Feuerzeug wird von Fohn gereicht. Forst macht einen tiefen Zug, bevor er weiterspricht. »Irgend jemand hat Goebbels eingeredet, dein Verbleiben in Wien sei staatsgefährdend. Er hat die Entscheidung dem Sicherheitshauptamt überlassen. Das heißt Himmler. Bei der Rivalität zwischen den Ministern kann man sich ausrechnen, daß der SD den Fall nicht ans ProMi zurückgeben wird.« – »Wo komm' ich denn hin? Bewährungskommando?« – »Nein. In ein P.U.-Lager.« – »Was ist denn das?« – »Eine Art Sicherheitsverwahrung.« – »KZ?« – »Nein. P.U. heißt ›politisch unzuverlässig‹. Solche Lager werden jetzt überall eingerichtet, um politisch unzuverlässige Elemente« – Fohn macht eine linkisch-entschuldigende Geste zu mir, als er das erklärt – »aus den Ballungszentren zu entfernen. Sie unterstehen ausschließlich den Verteidigungskommissaren und werden vom Volkssturm und SA-Leuten geführt. Nicht von der SS.«

Trotz des Beileid vermittelnden Vibratos in seiner Stimme klingt eine gewisse Distanzierung aus seinen Worten. Verständlich, finde ich. Wenn die den Laden dichtmachen, weil ohne mich nicht weitergedreht werden kann, müssen demnächst auch die politisch »Zuverlässigsten« an die Front oder zum Volkssturm. Forst klopft mir auf die Schulter, schaut mich ernst an. »Wir versuchen es trotzdem weiter. Vielleicht hören wir morgen schon was, bevor du abdampfst.« – »Vielen Dank, Willi, ich weiß, daß du alles versucht hast. Nicht nur wegen der ›Wiener Mädeln‹...« Der Augenblick hat etwas Bewegendes. Ich empfinde eine tiefe Dankbarkeit zu dem Mann, der mich zu diesem Beruf gebracht hat. »Kopf hoch«, sagt er und: »Überleb's.« – »Wenn du mich nicht von der Straße weg zum Kaiser Franz Joseph gemacht hättest, würde ich wahrscheinlich in irgendeinem russischen Massengrab längst die Radieschen von unten wachsen sehen.« Als ich in Mauer in die Tram steige, trällere ich vor mich hin: »Es wird a Wein sein und wir wer'n nimmer sein.« Mit diesem Lied hatte

Forst seinen Barpianisten im »Untergang der Titanic« unsterblich gemacht.

Frau Halbetel, die Portiersfrau in der ›Grottenbahn‹, fängt mich an der Tür ab. »Gestern war'n zwei Leut' da. Die wollten Sie sprechen.« – »Haben sie gesagt, was sie wollten?« – »Der eine ist der Huber von der Ortsgruppe. Er organisiert den Volkssturm im achten Bezirk. Ich glaub', die wollten Sie mitnehmen.« – »Haben Sie gesagt, wo ich zu erreichen bin?« – »Na. I hob gsagt, Sie sind verreist.« – »Gut. Danke, Frau Halbetel. Sie haben das Richtige gesagt. Ich verreise morgen.« – »An Ihrer Stelle tät' ich's heut.« – »Gut, Frau Halbetel. Dann tu ich's heut.«

Die paar Sachen, die nicht für Schnüffler geeignet sind, füllen nicht einmal den kleinen Koffer, den ich bei Judith abstellen will, obwohl bei ihr...

Ich rufe Kuntze-Just an: »Deine Freunde fühlen sich verunsichert, wenn ich noch länger in Wien bleibe.« – »Was soll der Quatsch?« – »Sicherheitsverwahrung. P.U.-Lager. Morgen.« – Pause. Dann: »Kann ich was tun?« – »Ja. Kümmere dich ein bißchen um Judith, wenn es...« – ›Scheiße‹, denk' ich, ›denen, die mithören, wird auch bald der Arsch mit Grundeis gehen‹ – »...wenn's brenzlig wird.« – »Wie lange hat sie noch zu filmen?« – »Vier Wochen, denk' ich.« – »Von wo sprichst du?« – »Von der ›Grottenbahn‹.« – »Bist du allein?« – »Ja. Sie haben mich schriftlich eingeladen für morgen um fünf. Südbahnhof.« – »Wer hat die Einladung unterschrieben?« – »Dellbrügge.« – Pause. Dann: »Ein sehr entschlossener Herr.« – »Kennst du ihn?« – »Ja. Nischt zu machen. Ich werde sehen, daß ich hinkommen kann, dir Aufwiedersehen zu sagen.« – »Das wär' nett. Grüß Marianne.« – »Wird gemacht. Übrigens, ich bin gerade dabei, auch meine Zelte hier abzubrechen. Ich verlagere eine lettländische Propagandakompanie nach Thüringen.« – »Hast du schon 'ne Adresse?« – Pause. Dann: »Nee. Gebe ich Judith.« – »Mach's gut, Heinz.« – »Mach's gut, Curd.«

Der freundliche Ministerialrat hat mir eine Monatsgage auszahlen lassen, der Kassierer der Forst-Film die restlichen Raten des Vertrags. Ich habe ein paar tausend Mark in der Tasche. Fünfhundert kriegt Frau Feigel. »Die brauch' i wie an Kropf«, sagt sie und schiebt das Geld mit verächtlicher Geste über den Küchentisch. – »Zum Haushüten«, sage ich und steck's ihr in die Schürze. »I paß scho auf. Mir tut kaner was. Gott beschütz' Sie...«

Manchmal denke ich, Liebende brauchen Schwierigkeiten von außen, Tabus und Verbote, damit der Sicherheitsgurt ihrer Umarmung weh tut, ins Fleisch schneidet. Bist du allein, betrachtest die Schrammen, wünschst du, sie sollten nicht vernarben. Judith hat kleine Kerzen angezündet, liegt nackt auf dem braunen Sofa, während ich an Lulu schreibe: nichts von Judith, nur kurz vom Gestellungsbefehl und »viele liebe Gedanken und einen Kuß«. – »Schreibst du an Lulu?« – Judith hat die Arme hinter dem Kopf verschränkt. Ihre starken, kräftigen Brüste, ihre geschwungenen Schenkel, ihr großer, dunkler Schoß erinnern an Plastiken von Maillol. »Ja.« Da zieht sie eine Decke vom Boden und ich spüre, wie sie friert. »So macht Gewissen Feige aus uns allen«, sage ich und klebe den Umschlag zu. – »Das heißt, du hast nichts von uns geschrieben.« – »Nein.« Hier ist eine Gelegenheit, meine Feigheit mit Zartgefühl zu überschminken. »Es könnte mir doch was passieren, und dann...« – Judith richtet sich auf, die Kerzen werfen einen flackernden Schimmer auf ihre Brüste, »...dann bleibt das Bild des Helden rein, nicht wahr?« – »Ja, so ähnlich.« Ich setze mich zu ihr, vergrabe ihren Kopf in meinem Schoß. ›Doch wer liebt, vergibt.‹

Die Kerzen sind jetzt niedergebrannt. Ihr flackernder Widerschein streichelt unsere Körper, setzt die Bewegungen der ermüdeten Hände fort. Es wird spät, bis Judiths ruhiger, regelmäßiger Atem anzeigt, daß sie schläft.

Der Südbahnhof ist überfüllt. Wir hatten herumgehört und erfahren, daß der heutige Transport der dritte und vorläufig der letzte sei. Erstaunlich viele Zivilisten. Sonst sieht man nur wenige Reisende ohne Uniform. Das Bild eines Bahnhofs wird in diesen Tagen von den Landsern bestimmt. Aber heute und hier muß sich etwas geändert haben, denn es wimmelt von Reisenden,

Frauen und Männern mit kleinen Koffern und mit Paketen. Judith hat mir ihren Rucksack aufgedrängt. Er ist klein und dient sonst zum Einkauf von Proviant, wenn sie auf Skiern vom Hahnenkamm in Kitzbühel im Schuß ins Dorf fährt. Holzmeisters haben ein Haus dort, und Judith verwaltet es in Abwesenheit der Familie. Irgendwo habe ich einen dicken, mit Filz gefütterten Ölmantel erstanden, wie ihn das Bodenpersonal auf Flugplätzen trägt, wenn es schneit oder regnet. Der Mantel hat eine dunkelgraue Tarnfarbe und silbern glänzende Uniformknöpfe, die seinen militärischen Charakter betonen. Obwohl das Wetter erstaunlich warm für die Jahreszeit ist, meint Judith, man müsse gewappnet sein, und ich trage lange Unterhosen, die ich ohne Bezugschein auf der Mariahilfer Straße erstanden habe. Der Pullover könnte bei einer Leibesvisitation staatsfeindlich genannt werden, denn ich hatte nicht den Mut, das Etikett ›Made in Scotland‹ herauszutrennen. Der Mantel ist luftundurchlässig, und bevor wir am Sammelpunkt ankommen, gerate ich ins Schwitzen. Ich muß mich durchfragen, denn ich weiß nicht, wo Halle und Bahnsteig sind, die auf dem Gestellungsbefehl angegeben sind. Wir gehen in einem Strom von Leibern und lassen uns treiben. »Was wäre, wenn wir umkehren und abhauen?« – »Sie erwischen dich. Sie erwischen alle. Vergiß nicht, ich werde Willi Forst jeden Tag erinnern, daß er nicht aufhört, dich zu reklamieren. Wenn du untertauchst, werden sie dich nur suchen, um dich...« Sie vollendet den Satz nicht. Ich weiß, was sie meint: »...um dich als Deserteur zu erschießen.«
Der Strom wird an der Wand des Bahnhofs in einen dünnen Kanal gepreßt. SA-Leute in braunen Uniformen regeln das schrittweise Vorrücken. »Anstehen zur Ausrottung«, denke ich laut. Der Mann hinter mir haut mir jedesmal, wenn sich die Schlange nach kurzem Halt wieder in Bewegung setzt, seinen Koffer in die Kniekehle. Ich will ihm gerade, meiner Laune entsprechend, ein paar diesbezügliche Worte sagen, als Judith einen kleinen Schrei ausstößt: »Nein, Herr Professor, Sie sind auch dabei...« – »Ja, was macht denn das Judithlein hier?« – Judith stellt mich vor, im Gehen, denn gerade löst sich die Stauung wieder auf, und

unsere Bewacher sorgen dafür, daß keine Abstände oder Lücken entstehen. So drehen wir uns um und gehen rückwärts bei der Begrüßung. Böckl hält in der linken Hand eine Staffelei, in der rechten den meiner Kniekehle bereits bekannten Koffer.
Böckl ist eine bekannte Wiener Erscheinung, Akademieprofessor und ein Original. Es wundert mich nicht, daß er in die Verbannung geschickt wird, denn die offene Kritik, der beißende Spott, mit dem er seine Kollegs würzt, sind in Wien bekannt, und seine geflügelten Worte gehen von Mund zu Mund. Er kennt Judith seit ihrer Kindheit, ist mit ihrem Vater befreundet. »Der Pauser ist auch dabei«, sagt er, »'s nimmt mir fast die Freud an der Ehre, diesen Marsch der Verdammten mitzumachen.« – »Wir müssen ihn finden, und ihr müßt versuchen, zusammenzubleiben. Zu dritt könnt ihr euch gegenseitig helfen.« – »Da ganz vorn war er. Er muß schon durch die Sperre sein.« Judith läuft vor. Jetzt, wie ich ihr nachschaue, begreife ich erst: Der Bahnsteig Halle B, Eingang I ist für die P.U.s reserviert. Daher die vielen Zivilisten. Hinter der Sperre bleiben die Frauen zurück. Die Männer werden in den Zug verfrachtet, winken nicht, sind kaum an den Fenstern zu erkennen. Einer von den drei Männern an der Sperre hat schwarze Handschuhe an. Der, an dem du zuerst vorbeikommst, fragt nach dem Namen und hakt ihn auf der Liste ab (sie ist dick, wohl hundert Blätter), sucht unter alphabetisch geordneten Karteikarten die deine heraus, gibt sie dem Behandschuhten, der grabscht nach deinem Daumen und Mittelfinger, drückt sie auf eine Art Stempelkissen und rollt die Fingerabdrücke auf die Karteikarte. Einen Schritt weiter inspiziert der dritte deine Habseligkeiten, »filzt« dich. Judith kommt atemlos zurückgelaufen, gerade als Böckl an der Reihe ist. »Ich hab' ihn gefunden. Im vierten Wagen nach der Sperre. Er hält zwei Plätze frei.« – »Was wollen S' denn mit der Staffelei?« – »Die brauch' ich zum Arbeiten.« – »Dort, wo Sie hinkommen, gibt's genug Arbeit.« – »Aber ich kann ohne meine Staffelei nicht leben.« – »Aber wir. Abgeben!« Der Kerl reißt Böckl die Staffelei aus der Hand und schleudert sie in eine Ecke, wo schon ein ganzer Haufen Zeug liegt. Böckl reißt die wasserblauen Äugelchen

auf, sein kurzer, gedrungener Hals, der übergangslos ins Brustbein mündet, stößt vor: »Sie Banause, Sie Dschingis-Khan-Scherge...« Ein vierter Mann in goldbrauner SA-Uniform ist dazugetreten. »Wegtreten und einsteigen!« Mit schnellem Griff hat er Böckls ausgestreckte Linke ergriffen, sie hinterm Rücken angewinkelt, daß Böckl aufstöhnt. Judith ist zu dem Haufen gelaufen, kommt mit Böckls Staffelei zurück. »Ich heb' sie auf, Herr Professor.« Sie stellt sich auf die Zehenspitzen, umarmt den dicken Böckl, gibt ihm einen Kuß auf die Wange. Dann umarmt sie mich, küßt mich mit offenem Mund, absichtlich schamlos, provokativ. »Mach's gut, Judithlein, du tapferes Mädchen! Ich liebe dich!« – »Conradinho, mein Geliebter...« Sie sagt immer Conradinho, wenn sie zärtlich ist. Bei Curd merkt man das weiche C und das D nicht, sondern denkt nur ans harte K und T, meint sie, und die Leute sollen wissen, daß der Name von Conrad kommt.

Vom Abteilfenster sehe ich sie, wie sie die Staffelei vor sich hält – das siegreiche Banner der Kunst, meint Böckl. Pauser ist schmal, hochbeinig und dünnlippig, ein nervöser Stiller. Der pyknisch-bäuerliche Kärntner und der asthenisch-aristokratische Burgenländer bilden einen Kontrast, der zum Schmunzeln einlädt, besonders, wenn sie über Malerei reden, was sie bald, nachdem der Zug sich in Bewegung gesetzt hat, tun. Denn Pauser ist Porträtist, und die Gesichter der Mitreisenden im Abteil regen ihn an. Das Bewußtsein, all die über tausend Männer (zirka zehn pro Abteil, hundert pro Waggon, fünfzehn Wagen, jeder mit zwei Wachen in brauner Uniform besetzt), sind »politisch unzuverlässig«, macht sie verwandt, sympathisch und man geheimnist Mut, Rechtschaffenheit, revolutionären Geist und Märtyrerbereitschaft in ihre Gesichter hinein.

Doch bald stellt sich heraus, daß zwei von den sieben im Abteil – merkwürdigerweise sitzen beide an den Fensterplätzen – Parteimitglieder sind, die Streit mit Luftschutzwarten oder Ortsgruppenleitern hatten, nichts weiter. Mitläufer also, wie ich, die wenigstens die Entschuldigung geltend machen können, es nicht besser gewußt zu haben, als sie der Herde folgten, den braunen

Rattenfängern, die sie nun bewachen. Nicht Feiglinge und Charakterlose wie ich, denen man mit der Muttermilch Freiheit und Gleichheit, Demokratie und Gerechtigkeit eingeflößt hatte, und die nun bei jeder Gelegenheit vor Angst in die Hose machen und alle guten Vorsätze der kosmopolitischen Erziehung beiseite lassen.

In der Nacht hält der Zug stundenlang auf freier Strecke. Kein Licht in den Abteilen. Die »Goldfasane«, wie wir unsere Bewacher inzwischen nennen, postieren sich in gehöriger Entfernung vom Zug an den Böschungen, nachdem sie die Waggons mit eigens dazu mitgeführten Stahlseilen versperrt haben. Bald wird es still, und die nicht schlafen, lauschen auf das Rollen der Bomber über uns. Sie fliegen tief und sorglos. Man atmet auf, freut sich, wenn man es recht betrachtet, wenn bald darauf die Explosionen einem bestätigen, daß ihr Ziel irgendeine nette schlafende Stadt war und nicht der Zug.

Böckl erkennt, als der Zug sich wieder in Bewegung setzt, die Landschaft um Graz, und im ersten Morgengrauen fahren wir durch die Stadt. Jetzt wissen wir wenigstens, in welche Himmelsrichtung die Fahrt geht. Gegen drei Uhr nachmittags durchfahren wir Radkersburg. Kurz danach hält der Zug auf offener Strecke. Aussteigen. Sammeln. Reih und Glied zu viert. Abmarsch. Es geht über Feldwege an Weinbergen vorbei. Du blickst zurück: Eine endlose Schlange kriecht durch die schöne bunte Herbstlandschaft. Die Goldfasane passen sich wie Chamäleons den abgeernteten Maisfeldern an, die Zivilisten hingegen wirken grau und fremd darin. »Schönes Licht«, sagt Böckl neben mir und kneift die Schweinsäuglein zusammen. Der Feldweg endet an einem Stacheldrahtzaun. Zivilisten mit Gewehren und Patronengürteln. Wieder werden wir gefilzt, gezählt. Dann geht's im Gänsemarsch durch Gräben. »Panzergräben«, sagt einer hinter mir. Die Goldfasane gehen oben, die Maschinenpistole im Anschlag. Der Graben führt zu einem Dorf. Das Dorf ist leer, evakuiert. Ein jugoslawisch-ungarisches Straßendorf. »Das Ganze halt!«

Wohl eine Stunde stehen wir im Graben. Die Goldfasane pa-

trouillieren gleichmütig. Es riecht nach angebrannten Kartoffeln. Vorn wird Essen ausgegeben. Dort steht eine Gulaschkanone. Wenn du dran bist, gibt dir einer eine Blechschüssel, der nächste einen Schlag braunes Zeug. Nicht schlecht: ein Hauch von Speck. Ich lecke daran, denn Löffel gibt's erst, wenn du aus dem Graben darfst. Das Dorf dient als Quartier. Böckl, Pauser und ich stellen uns so beim Heraustreten, daß wir zusammen in einen Hof eingeteilt werden. Nicht ungemütlich: warmes Stroh und Strohsäcke als Kopfkissen. Vom Holzgitter der Scheune hängt Heu herunter. Damit deckst du dich zu. Das duftet gut. Ich habe nie ein Bild von einem KZ gesehen, niemand hat gehört, wie es dort aussieht, und ich denke: halb so schlimm. Wenn die es nicht schlechter haben... *Concentration camps* sind, wenn ich nicht irre, eine englische Erfindung aus dem Burenkrieg.
Licht gibt's nicht. Ich liege und niese. Ich hatte immer Heuschnupfen und kann bis zu einundzwanzigmal niesen. Die andern lachen. Doch wenn der Juckreiz aufhört, fühle ich mich befreit wie nach dem Onanieren, wenn der Schwanz zu lange gejuckt hat, und schlafe ein... Ich träume von Hans Moser, der im Bunker eingeschlafen ist. Der Bunker wird bombardiert, verschüttet und Moser wacht auf, pfeift auf seiner silbernen Trillerpfeife, bis er erstickt. Dann bahren sie ihn in Schönbrunn vor der Kamera auf und Forst sagt: Jetzt können wir einpacken. Der Film wird abgebrochen und Judith muß ins KZ, weil ich sie Judith und nicht Maria nenne. Dabei kommt Entwarnung, und die Komparsen laufen aus dem Bunker, putzen sich den Sand von den Kostümen, daß es staubt...

Eine Sirene weckt mich. Als ich aus der Scheune trete, steht Böckl nackt wie ein Faun und prustend unter dem Brunnen, und Pauser bedient die Pumpe. Die Sonne ist hinter Nebel verborgen, und das Licht erinnert mich an Turner. ›Warum ist die Welt so schön, wenn die Menschen so häßlich und dumm sein können‹, denke ich.
Das Frühstück wird wieder im Graben ausgegeben: zwei Scheiben Maisbrot, ein Klacks Rübenmarmelade und in die Schüssel

einen Schlag Ersatzkaffee. Dann geht's im Graben zum Dorf hinaus. Dort, wo er endet, kriegt jeder einen Spaten, und es wird geschanzt: Panzergräben. Einer sagt, die Russen stünden schon vor Budapest, und der Graben sei zu schmal für die neuen russischen Panzer. Die Goldfasane sind keine Unmenschen. Wenn einer Pause macht, wird nicht sonderlich gedroht oder die Maschinenpistole angehoben. Sie langweilen sich da oben und schauen lieber den Bussarden zu oder betrachten die Kondensstreifen am Himmel. Jeden Tag wird der Stacheldrahtzaun erweitert. Das machen die Zivilisten, ältere Bauern, die früher im Dorf gewohnt haben und deutsch mit jugoslawischem Akzent sprechen.

Zwölf Jahre später drehe ich in Jugoslawien »Der Kurier des Zaren«, und bei den Scenen seiner Flucht durch die endlose Kirgisensteppe, gedreht in der Tiefebene vor Belgrad, werde ich so stark an das Dorf, die Felder und die Gesichter der bäuerlichen Wachen erinnert, daß ich vermeine, den Duft des Kartoffel-Mais-Schmarrns zu riechen, der hier im Dreiländereck, an der jugoslawisch-ungarisch-österreichischen Grenze, unsere Mahlzeit ist. Aljuscha, der Feuerwerker, der mir die Waffen herrichtet, ist mir so vertraut, daß ich ihn einmal frage, wo er im September vierundvierzig war. »Im Gefängnis«, antwortet er mir, und am nächsten Tag schenkt er mir ein Schachbrett mit adrett geschnitzten Figuren. Die habe er damals im Gefängnis geschnitzt, und sie sollten mir »Glück und Freiheit« bringen, sagt er dabei. Ich besitze sie noch, sie stehen in meiner kleinen »Hide-out«-Wohnung in der Marina-Baie-des-Anges, am Meer zwischen Cannes und Nizza, wohin ich manchmal fliehe, um mich vor den Leuten zu verstecken, wenn es zu hoch hergeht in Vence...

Eines Morgens, es werden wohl drei Wochen vergangen sein, denn wir müssen im Graben bereits fast eine Stunde laufen, ehe wir zum Arbeitsplatz gelangen, hebt sich gegen elf der Nebel, und Böckl macht Pause. Er kritzelt was auf Packpapier mit Farbstiften, die er gerettet hat beim Filzen. »Seht doch mal, da hinten aus dem Nebel steigt ein weißer Treppenaufgang. Man sieht nicht, wohin er führt, man könnte meinen, in den Himmel. Der Schwung wie eine Peitsche, eine Freitreppe wie von Fischer von Erlach...« – »Ja, wirklich«, sagt Pauser und kneift seinerseits die Augen zusammen. »Sie wächst aus dem Nichts ins Nichts. Phantastisch, wie von unserm italienischen Achsenfreund Chirico...« – Eine halbe Stunde später hebt sich – mehr wie der majestätische Rumpf eines Schiffes als ein Gebäude – der Umriß eines Schlosses aus dem Nebel. »Was ist das für ein Schloß?« sagt Böckl. »Frag du den Goldfasan auf piefkinesisch, vielleicht gibt er dir Antwort.« Der Goldfasan sagt nichts, geht achselzuckend weiter. Doch gegen Abend, als die Zivilisten mit den Gewehren und Patronentaschen kommen, um den Stacheldrahtzaun zu schließen, gibt einer Auskunft: »Schloß von Grafen Stürgkh, großes, scheenes Schloß.« Ich lasse den vollen Spaten in den Graben zurückfallen. ›Stürgkh‹, denke ich, ›das sind doch Verwandte von Henckel-Donnersmarck, meinen Freunden...‹

Als die Wachen den Stacheldraht mit den großen Drahtscheren zusammenkneifen, schau ich genau zu. Ich kann kein elektrisches Starkstromkabel sehen, das angeschlossen wird, und schon seit Tagen gibt es keine Hunde mehr hier draußen. Die Sperrzone wird zu lang. Das Lager soll bald verlegt werden, wird gemunkelt, in das nächste Dorf.

Als wir in unserer Scheune im Heu liegen, zupfe ich den schnarchenden Böckl aus dem Schlaf. Mein Entschluß steht fest. Ich fühle mich so stark und kräftig wie lange nicht. Die körperliche Arbeit, die würzige Luft, das gesunde Leben haben mir gut getan. »Bleib ganz ruhig liegen. Sag nichts. Ich hau' jetzt ab. Zu Stürgkh, zum Schloß.« – »Du bist verrückt«, sagt er und sägt schon wieder. Ich ziehe im Liegen meinen Radmantel an, stecke Geld und Papiere ein und krieche aus der Scheune...

Kaum habe ich das Gehöft hinter mich gebracht, meldet sich mein unsichtbarer Wegbegleiter: ›Nun bin ich mal gespannt, wie du mit eigenem Scenario deinen eigenen Regieanweisungen folgen wirst. Du hast schon Angst, weil der Hund bellt. Was wirst du erst sagen, wenn plötzlich eine Stimme aus dem Dunkel ruft: ›Jürgens, aufstehen, Hände hoch!‹‹ – Innerhalb des Lagers

könnte ich mich herausreden und sagen, ich bin schwul, und der Junge mit den grünen Augen aus dem Haus Nummer fünfzehn hat mir ein Glas Wein versprochen. – ›Aber jetzt, hier, sind die Häuser des Dorfes zu Ende. Was sagst du, wenn sie dich plötzlich anleuchten mit Scheinwerfern und du kriechst am Boden?‹ – ›Ach, verzeihen Sie, in diesem stahlgrauen Radmantel fühle ich mich immer als Eidechse. Ich krieche nur so vor mich hin und trainiere mich im Nahkampf. Die Russen sind doch schon in Budapest, und da muß ein guter Staatsbürger sich fit machen, um den Feind abwehren zu können, falls er es wagen sollte, unsere geliebte Heimat zu betreten.‹ Es ist wohl die Angst, die einen solches Zeug denken läßt.
Die Wolken jagen die Sterne. Ein Stück Weinberg beginnt innerhalb des Drahtverhaus. Die Trauben hängen noch. Wahrscheinlich haben die Bauern darum gekämpft, ihn nicht abzuholzen oder abzubrennen. Er erscheint mir sicherer zum Vorwärtskommen als der Graben, der leicht eingesehen werden kann. Der Stacheldraht verläuft zwischen zwei Reihen Rebstöcken. Etwas glänzt metallisch am Boden: eine Hacke ohne Stiel. Ich traue mich nicht, an dieser Stelle den Draht zu berühren. Wenn er geladen ist, habe ich keine Chance. Der Graben muß da vorn quer zum Weinberg verlaufen. Gott sei Dank, kein Mond! Es ist stockdunkel. In der Ferne bellen Hunde. Manchmal raschelt es ganz nah: Fasane. – Infanteristen, bis sie endlich aufsteigen. Man hört den Flügelschlag.
Da ist der Graben. Ende des schützenden Weinbergs. Der Graben riecht feucht, nach fester, lehmiger Erde. Pause. Ruhe. Tief atmen wie vor dem Auftritt! Irgend jemand hat einmal gesagt, der Beruf des Filmschauspielers habe Ähnlichkeit mit dem des Soldaten: stundenlanges Warten für wenige Minuten Todesangst.
Vor dem Ende des Grabens steht der Traktor. Hinauf auf ihn und von da im Sprung auf das einen Meter vom Zaun entfernte Rasenstück. Ich habe keine Ahnung, wie so ein Stacheldraht gesichert wird. Von Starkstromkabeln habe ich immer nur gehört, nie eins gesehn. Die Hacke draufwerfen, dann wird sich erwei-

sen, ob Funken sprühen oder Alarmsirenen ausgelöst werden. Aber Moment noch! War da nicht ein Geräusch? Rhythmisch wie ein Gleichschritt? – Es ist das verdammte Schloß am Traktor, das durch mein Abspringen in Bewegung geraten ist und hin und her pendelt. Ein Stück Rebstock als Schaft in die Hacke. Ich schließe die Augen, als ich das erstemal gegen den Draht schlage. Nichts. Ich klopfe von oben nach unten. Kein Funken, kein Alarm. Die Freunde sind wahrscheinlich froh, wenn sie nicht belästigt werden. Im Lager ist man besser aufgehoben als in der sogenannten Freiheit.

Der Gummimantel gleitet an den Stacheln vorbei, ohne hängenzubleiben, nur der Draht gibt nach, und die Pfähle schwanken. Jetzt die Kehrtwende und hinunter. Fallen lassen. Ratsch! Der Mantel ist zu guter Letzt doch hängengeblieben. Gebückt und im Laufschritt weiter. Eigentlich Vogel-Strauß-Taktik. Wenn du sie nicht siehst, sehen sie dich vielleicht auch nicht. Jetzt nur nicht die Richtung verlieren. Das Schloß liegt genau in der Verlängerung der Grabenachse. Aber woher willst du wissen, ob du nicht schon weit von der Richtung abgekommen bist? Mach mal Pause. Verschnaufen! Zigarette? Warum nicht. Das österreichische Militärfeuerzeug versagt nie. Es riecht verbrannt. Nicht von der Zigarette. Aufrichten und Laufschritt jetzt! Die ersten Gehöfte vom Nachbardorf. Das Schloß muß rechts vom Dorf liegen.

Plötzlich, gar nicht weit von mir, flammt ein Scheinwerfer auf, sucht den Himmel ab, kommt zur Erde zurück. Dabei streift er für Sekunden weißes Gemäuer: die Treppe, das Schloß. Soldaten schleppen Kabel, schließen sie an riesige Scheinwerfer an, bellen Befehle, setzen Aggregate in Gang. Der Lärm gewährt Schutz. Im Vorhof Offiziere und Zivilisten im Halbkreis um eine Kanone oder so was ähnliches. »Das Schloß steht unter Denkmalschutz. Ich kann meine Einwilligung zum Aufstellen der Flakbatterie innerhalb des Schloßhofes nicht geben, Herr Oberleutnant.« Der Mann spricht in prasselndem Aristokraten-Österreichisch. »Der Platz bei den Getreidesilos ist übrigens wesentlich günstiger. In Ihrem Befehl steht nur, das Schloß ist beschlag-

nahmt, nichts von ...« Ich bin in einen Arkadenhof geschlichen. Da müssen Wirtschaftsräume sein. Trübes Licht erhellt eine Waschküche. Eine alte Frau räumt Böcke zusammen, müht sich, eine Holzplatte aufzuheben. Ich trete ein, helfe ihr. Sie hält mich in meinem grauen Radmantel mit den Militärknöpfen für einen Offizier. »Danke ergebenst.« Ungarischer Dialekt. – »Sind Sie im Haus beschäftigt?« Sie nickt. »Ist das der Herr Graf im Vorhof, der mit den Offizieren spricht?« – Sie nickt wieder und schaut aus dem Fenster: »Dort, ja, dös is der Herr Graf.« – »Ist die Frau Gräfin im Schloß?« Ich bin ganz nah an sie herangetreten, und sie weicht zurück. Sie hat ein scharfgeschnittenes, gutes Gesicht, das Halstuch verdeckt ihr Kinn wie ein Helmband. Flinke, freundliche Augen. »Ich bin ein Bekannter von ihr und müßte sie dringend sprechen.« – Sie sieht mich an, dann wischt sie mit der Schürze die Holzplatte sauber. »Frau Gräfin ist oben, bitte sehr, wen kann ich melden?« – »Sagen Sie ihr bitte, ein Freund vom Grafen Henckel-Donnersmarck aus Kärnten.«
Die Erwähnung dieses Namens wirkt. Sie macht mir ein Zeichen zu folgen. Das Stiegenhaus ist dunkel. Ich tappe hinter der Alten her. Die Räume des ersten Stockwerks sind leer. Bis auf ein paar große Schränke keine Möbel. Sie klopft an eine verschlossene Tür: weißer Schleiflack. Die Fenster des Korridors sind nicht verdunkelt. Licht fällt vom Hof herein. Da haben die Landser gerade funkenzischend einen Scheinwerfer angeschlossen. Er fährt an der Fensterfront vorbei, beleuchtet mich sekundenlang. »Aber ich muß die Frau Gräfin allein sprechen, bitte.« Sie nickt wieder. Klopft noch einmal, etwas lauter. »Entrez!« Die Alte schlüpft rein, schließt die Tür schnell wieder, läßt mich im Dunkeln stehen. Dann darf ich eintreten.

Der Raum ist ebenfalls leer, nur am anderen Ende ein paar Fauteuils, ein Tisch mit Resten einer Mahlzeit für zwei Personen. ›Ich muß den Schmutz von meinen Stiefeln kriegen‹, denke ich und bemühe mich, elegant wie Michel Strogoff bei der Audienz des Zaren über das Parkett zu schreiten.

»Aber ich kenne Sie doch, ich habe Sie unlängst im Burgtheater gesehen.« Die Gräfin steht auf, streckt mir eine große, knochige

Hand entgegen. Sie ist fast so groß wie ich: Habichtsnase, Pferdegebiß, unendlich langer Hals mit weit hervorspringendem Adamsapfel. Wie mager sie ist! »Wie kommen Sie denn hierher?« Die Alte hat leise die Tür geschlossen. Ich erkläre in wenigen Sätzen, wo ich herkomme, frage, ob sie mir helfen könne. »Setzen Sie sich. Eine Tasse Tee? Oder lieber ein Glas Wein?« – »Oh, ein Glas Wein wäre köstlich, danke, Gräfin.« Sie geht zu einer Kommode, holt eine Karaffe, ein Glas, schenkt ein. »Ich kann Sie hier nicht... ver... unterbringen. Das Haus ist voll mit Soldaten. Einquartierung. Wir kriegen eine Flakbatterie her. Weiß der Kuckuck, wozu gerade hierher. Ich glaube, sie haben keinen Treibstoff mehr. Die Russen sind nicht weit, aber mein Mann meint, wir müssen hierbleiben und sie erwarten, damit vielleicht das Schlimmste verhindert wird. Uns werden sie nichts tun, wir sind zu alt.«
›Wenn sie mir nicht hilft, muß ich heute nacht wieder zurück ins Lager‹, denke ich, sage aber laut: »Um Gottes willen, Gräfin, ich will Ihnen keine Schwierigkeiten machen. Ich werde mich heute nacht irgendwo beim Dorf verstecken und dann morgen versuchen, mich in Richtung Wien durchzuschlagen.« – »Ich hab' eine Idee. Ich lasse Sie in ein Weinhäusl führen. Da können Sie bleiben, solange Sie wollen. Die Resi wird Ihnen Eier und Brot bringen, und ich gebe Ihnen den Schlüssel zum Keller. Ich sehe, der Stürgkhsche schmeckt Ihnen.« Sie schenkt nach. »Das ist eine gute Lösung. Niemand kommt dorthin, aber ich fürchte, die nächsten Besucher werden die Russen sein. Also trinken Sie, soviel Sie mögen oder können.«
Ich bedanke mich überschwenglich. Am liebsten würde ich ihr um den Hals fallen. Keine Spur aristokratischer Haltung. Sie begleitet mich hinunter, leuchtet mir mit einer winzigen Taschenlampe. Vor der Gesindeküche läßt sie mich allein: »Ich such' die Resi. Es ist besser, wenn Sie niemand außer der Resi sieht. Warten Sie hier.« Nach einer Weile kommt sie mit der Resi, die trägt ein Bündel über der Schulter. Die Gräfin übergibt mir die Taschenlampe und ein Bund mit langen Schlüsseln, deren Bärte handgeschmiedet sind. »Gott beschütze Sie!« – Wahrhaftig, mit

dem Daumennagel zeichnet sie mir ein Kreuz auf die Stirn... Die kleine Alte ist flink. Ich habe Mühe, hinter ihr herzukommen. Sie schlägt plötzlich Haken wie ein Hase und ist verschwunden. Der Weinberg liegt auf einem Hügel. Eine Sichel Mond beleuchtet ihn, als wir vor dem Häuschen stehen. Es riecht nach Buchenholz und Wein. Bevor die Resi eine kleine Petroleumlampe entzündet, zieht sie – ratsch! – flink, fast hüpfend, Vorhänge zu. Aus dem schwarzen Tuch holt sie ein großes Stück Speck, Eier, einen runden Laib Brot, Leinenbettücher. Ich gebe ihr fünfzig Mark. »Gott vergelt's, schlafen S' gut. Der Brunnen zum Waschen ist vor der Haustür.« Fort ist sie.

Ich inspiziere den Raum. Lange Bänke, Bauerntisch, eine alte Presse, nach den Spinnweben zu urteilen lange nicht benutzt. Vor der Presse eine Falltür. Sie kreischt in den Angeln, daß ich sie erschrocken wieder zufallen lasse, und das wiederum ergibt einen Knall wie Kanonendonner. Etwas raschelt in der Stille danach. Vorsichtig öffne ich noch einmal, das Kreischen klingt diesmal etwas melodischer. Ich leuchte die Stiege hinunter. Fässer, mit Flaschen gefüllte Regale. Ich steige hinunter. Den Radmantel habe ich längst ausgezogen, denn mir ist heiß vom Marschieren.

Unten herrscht eine grüne Kühle, die frösteln macht. Zweiliterflaschen, in Haufen aufeinandergeschichtet, Siebenzehntelflaschen mit Jahreszahlen in Regalen. Eine primitive Verkorkmaschine. Ich nehme eine Flasche mit der Aufschrift »1940« und eine Zweiliterflasche »1943«.

Ich weiß, meine geliebte Mathilda, du magst keinen weißen Wein. Der Bericht wird dich langweilen. Für dich ist Wein rot und weißer – das ist Apéritif für Säufer, die ihn morgens im Café an der Ecke mit Cassis vermischt trinken. Aber die Erinnerung überwältigt mich. Weißt du, es gibt auch Sternstunden ohne Mädchen, ohne Liebe, ohne brennend heiße Körper, zum Beispiel den beglückenden Moment, wo du auf der Suche nach dem Zugang zu einer Rolle plötzlich eine Fährte findest, oder die Augenblicke, wo du in der Lektüre eines Dichters innehältst, um dich glückselig zu besinnen, auf dich zu übertragen, was du gelesen hast. Oder Augenblicke wie diesen: Du sitzt im Dunkeln vor dem Weinhäusl auf der lehmgestampften Terrasse, trinkst in langen Schlucken kühlen weißen Wein, und langsam nimmt die Welt um dich herum Konturen an, die Grillen und Frösche zirpen und quaken Mozart und Dvořák. Unten auf der Straße manchmal der Schein einer Fahrradlampe. Der Wind trägt Gesprächsfetzen von Radlern herauf, und du dankst dem Gott, in dessen Namen dich die Pferdefleischhauerswitwe und die Gräfin Stürgkh beschützen lassen möchten. Du bist einer Gefahr entronnen, du hörst dein Herz schlagen und bist glücklich, schaust hinauf zum Himmel, und die Scheinwerfer, die nach dröhnenden Hummeln am Himmel suchen, interessieren dich weniger als die Mücken, die ab und zu an dein Ohr fliegen. Ich denke an Judith, an Stifter, an Böckl und Pauser und an meine Mutter, die vielleicht in diesem Augenblick ein Gläschen scheußlichen kalifornischen Wein trinkt. Ich habe keine Uhr, es muß Mitternacht sein, sechs Uhr, *l'heure du Porto* in Hollywood. »Der Krieg ist gut und währt' er dreißig Jahr...«, lalle ich und stolpere in mein Bett.

Am nächsten Morgen sehe ich eine Kutsche den Weg herauffahren. Sie hält ein paar hundert Meter vor dem Haus. Resi öffnet die Tür. Sie ist genau halb so groß wie der Mann hinter ihr, der sich bücken muß, um einzutreten. »Haben Sie schlafen können nach Ihrer...«, ich ahne, er will »Flucht« sagen, aber er sagt: »Umstellung. – Ich habe Ihnen ein Radio mitgebracht. Da hören Sie wohl am besten, wenn es Zeit wird, zu verschwinden.« Er benutzt die Gelegenheit, sich in der Hütte umzusehen, Dinge an ihren Platz zu rücken, während Resi mein Bett macht, auf ein Zeichen des Grafen die Spinnweben von der Presse wischt. Plötzlich fällt mir ein, daß sein Vater, Karl Graf von Stürgkh, zu den ›Vereinigten Deutschen Linken‹ gehörte und als Ministerpräsident vorm Ersten Weltkrieg viel für Österreich getan hat. Bevor er in die Kutsche steigt, mit »Hü« und »Zurück« wendet, winkt er herauf zu mir, und sein Gruß wirkt auf mich, als hätten sie mich aufgenommen in den Kreis der Verschwörer, ohne große Worte, gütig und selbstverständlich.

Ich denke, daß heute, da die Wissenschaftler zurückgezogen in ihren Elfenbeinturm den Platz der Aristokratie einnehmen, die Nachfahren der Raubritter Gelegenheit hätten, nach dieser Apokalypse das alte Unrecht wiedergutzumachen und mithelfen sollten, Demokratie und Sozialismus aufzubauen. Wenn sie, erhaben über den Neid, an der Abschaffung der Privilegien mitarbeiten würden, könnte die Welt wieder heil werden. Ein Sozialist im Rolls-Royce ist mir lieber als ein Faschist im Panzerwagen... Doch die Panzer kommen näher. Von Budapest aus umklammern die Russen Österreich. Unten auf der Straße sieht man Fuhrwerke mit Hausrat beladen. Sie setzen sich ab, nach Nordwesten in die Steiermark, ins Salzburgische, und die Familienväter, die auf dem Bock sitzen, haben meist Dreck am Stecken, mit dem sie die Pferde zur Eile antreiben: Ortsgruppenleiter, Denunzianten, die ihr Gewissen mit Berichten über Greueltaten der heranrückenden Sieger beschwichtigen, welche denen ähnlich sind, die sie jahrelang »im Auftrag des Führers« verübt haben. Leuten wie diesen schließe ich mich an. Manchmal, wenn die Fragen nach dem »Woher?« allzu bohrend werden, springe ich ab, fahr' ein Stück mit einem überladenen Bummelzug, in dem die Militärpolizisten und Kontrolleure andere Sorgen haben, als Zivilisten in feldgrauen Radmänteln nach Soldbuch und Marschbefehl, Reisegenehmigung und Wehrpaß zu fragen. So komme ich nach Wien. Unbehelligt. Judith ist da, und Kuntze-Just wird zurückerwartet. Der Film ist gestoppt. Forst hat sich ins Sieveringer Studio zurückgezogen und schneidet dort aus Kilometern Material seine »Nachkriegsversion«, wie er sie nennt. Franz Antel hat sich mit dem Rest seiner Betreuungstruppe in der ›Grottenbahn‹ einquartiert: ukrainische Sängerinnen und Tänzerinnen, die es vorgezogen haben – mitgefangen, mitgehangen –, in den Westen zu fliehen, statt daheim in die Maschinerie der sowjetischen Justiz zu geraten, die keinen Unterschied zwischen Verführten und Verführern macht. Verrätern wie Verratenen blüht ein und dasselbe: Sibirien.
Ich komme heim, um noch einiges zu packen und um ein Bad zu nehmen (bei Judith gibt es kein Warmwasser mehr), aber die

Badewanne ist besetzt: Eisstangen kühlen Dutzende von Wodkaflaschen und oben drauf liegen Kisten mit frischen Eiern. »Wie viele heute zum Frühstück, Galina?« fragt Antel seine Favoritin, eine große, blonde Sängerin aus Charkow. Zur Feier meiner Heimkehr gibt es ein Dutzend Rühreier mit draufgestreutem Kaviar.

Zu dem schlechten Gewissen, aus Feigheit nichts unternommen zu haben, um all das Elend und die Zerstörung um uns herum zu verkürzen, wenn schon nicht abzuwenden, gesellt sich bei uns das Bewußtsein, privilegierte Nutznießer zu sein – Leute, die aufgrund der Frechheit, mit der sie die Anordnungen und Befehle der Obrigkeit mißachten, Vorteile genießen, wie sie sich sonst nur die Machthaber selbst anmaßen. Die Mädchen servieren in Unterwäsche aus lachsfarbenem Satin: Antel läßt sich verwöhnen wie ein Besatzungsoffizier in einem Pariser Bordell.

Im Palais ist in der kurzen Zeit, die vergangen ist, eine Atmosphäre schimmeliger Verwahrlosung eingezogen, die mir die Erinnerung an das Heu der Scheune, den Geruch der schwarzen Erde in den Gräben und den scharfen Wind, der durch die Landschaft um das Lager wehte, begehrenswert und erfrischend erscheinen läßt. Ich bin froh, als ich, mit dem notwendigsten Ersatz für die im Lager zurückgelassenen Dinge bepackt und mit ein paar Büchern im Koffer, in Judiths gemütliche kleine Wohnung zurückkehre.

Kuntze-Just kommt und bringt einen Haufen Papiere mit: Fleisch-, Fett- und Brotmarken sowie ›Sonderausweise D‹. Diese sogenannten Reisescheine stammen von einer Filmstelle des Oberkommandos der Wehrmacht. Wir brauchen die bereits gestempelten und (unleserlich) unterschriebenen Formulare bloß auszufüllen und sind damit offiziell befugt, zwecks Evakuierung einer Film- und Bildberichterstatterzentrale nach Thüringen zu reisen. Ich avanciere zu einem Dramaturgen mit besonderen Vollmachten und Judith zu einer Archivarin und Sekretärin. »Alle Behörden und öffentlichen Stellen sind angewiesen, die im Auftrag des Oberkommandos reisenden Personen mit Rat und Tat zu unterstützen.« Großzügig hat Kuntze-Just Dokumente

und Verpflegungsscheine noch an fünf, sechs Freunde verteilt. Unser Treffpunkt ist Weimar, ›Hotel Elephant‹. Dokumente und Unterschriften sind echt. Die Schwierigkeit hatte nur darin bestanden, sie den zuständigen Vorgesetzten im richtigen, das heißt letzten Augenblick abzuluchsen, als »Absetzen« und »Untertauchen« das Gebot der Stunde war.
Judith wäre eigentlich lieber in Wien geblieben. Sie hat keine Angst vor den Russen und glaubt nicht an die Greuelmärchen. »Sie kommen doch als Befreier«, sagt sie, »und wir haben uns nichts vorzuwerfen.« Nur der Umstand, daß ich riskiere, noch im letzten Augenblick geschnappt und vor einen Volksgerichtshof gestellt zu werden, überzeugt sie, ihre Freunde, ihr geliebtes Wien zu verlassen. Jetzt, als wir zu dritt im Abteil eines Zuges nach Bamberg aus der Stadt rollen, ist es Judith, die ein schlechtes Gewissen hat, sich als kollaborierende Verräterin an ihrer Heimat fühlt.
Ich denke an Bobby, die Holländerin, an Eva Bartok, die Ungarin, an Simone, die Französin, an Elisabeth, die Brasilianerin, während ich dir das berichte, meine Geliebte. Alle habt ihr einige Zeit lang eure Heimat verleugnet, um einem Entwurzelten zu folgen, dessen Heimat die Sehnsucht und das Fernweh ist. – »Nein, Curd, es muß heißen: einem Entwurzelten zu folgen, dessen Heimat die Vergangenheit oder die Zukunft ist, nicht die Gegenwart.« – »Bist du es, Mathilda, die mir antwortet, oder habt ihr beide, mein zynischer Wegbegleiter und du, euch verschworen, zusammengetan, um gegen mich loszuziehen?« – »Die Gegenwart ist die Bühne, und was du spielst, ist ein Abziehbild der Vergangenheit, so wie ich. Deine Träume aber, voll Angst und Hoffnung, sind die Zukunft. So überspringst du die Gegenwart...«

Gemessen an den Zerstörungen, am Zusammenbruch, ist das Verhalten der Reisenden überraschend. Landser reißen Witze, und wenn sie diskutieren, hat man den Eindruck, sie sprächen über die Tagesereignisse wie über Lektionen aus dem Geschichtsunterricht. Manchmal sitzt ein Offizier allein und nach-

denklich in einer Ecke des Abteils. ›Er trägt seinen Stolz wie eine Hautkrankheit im Gesicht‹, denke ich. In Bamberg müssen wir mit dem Zug auch den Bahnhof wechseln. Gepäckträger gibt es nicht, und so nehmen wir kurzentschlossen einen Karren der Reichsbahn, dessen Räder noch bis vor kurzem für den Sieg rollten, schieben ihn über die Gleisanlagen in die Stadt, über die Regnitz, geraten mit den Rädern beim Überqueren der Brücke in die Straßenbahngleise. Die Koffer purzeln, kein Mensch hilft, aber es nimmt auch kein Mensch Anstoß. Das ist wichtig. Die Kontrollen haben uns sicher gemacht. Bei jeder Gelegenheit weisen wir auf den Vermerk »...die im Auftrag des Oberkommandos reisenden Personen mit Rat und Tat zu unterstützen«, fühlen uns schon wieder als etwas Besonderes.
Zu dritt bekommen wir ein Zimmer im ›National-Hotel‹. Ich erinnere mich an eine Faustregel meines Vaters aus seinen Wanderjahren durch Rußland: »Wenn du in eine fremde Stadt kommst, geh zum Friseur. Da erfährst du alles Wissenswerte.« Ich kann von meinem Stuhl auf den Fluß sehen. Die Spätherbstsonne wärmt durchs Fenster, es ist behaglich, und ich fühle mich als Tourist, der gekommen ist, den Dom und die Burg zu besichtigen. Der Friseur benutzt eine schöne alte Messingschale zum Einseifen mit dem borstigen Dachshaarpinsel. Das Messer putzt er mit Klosettpapier. Ich erfahre, daß die Bahnstrecke nach Gera, Jena und Weimar noch intakt ist. Freilich müsse man Wartezeiten bis zu sechs Stunden einkalkulieren. Angriffe auf freier Strecke kämen in erster Linie von Tieffliegern, und die Zugführer versuchten, von Tunnel zu Tunnel zu dampfen, bis die Luft für ein paar Stunden rein ist.
Judith und Heinz holen mich ab, und wir bummeln durch die Stadt, besichtigen die unzerstörten Sehenswürdigkeiten wie den Dom und die malerischen Winkel um das Alte Rathaus.
Die Aussicht, in Weimar Station zu machen, läßt uns von Goethe sprechen. Wir entfliehen dem Chaos der Gegenwart. Heinz erzählt historische Anekdoten über deutsche Kleinstaaterei, und ich schwärme von »Stella«, verrate, daß ich gern den Fernando spielen möchte, und verhehle nicht, wie gut ich Goethe verstehen

kann, als er sein Selbstporträt, hin- und hergerissen zwischen Cäcilie und Stella, auf Fernando übertrug.
Meine Zärtlichkeit für die ferne Lulu wächst im gleichen Maße wie die beglückende Liebe zu Judith. Ihr Vertrauen zu mir beflügelt meine Gedanken an die Zukunft, den Neuanfang. Wir nehmen uns vor, diesmal nicht abseits zu stehen, sondern dabei zu sein, wenn es an den Wiederaufbau gehen wird. Wir nehmen den Mund voll, denn noch ist das Ende nicht abzusehen.
Über Weimar und Bürgel geht es nach Hetzdorf, einer winzigen Gemeinde mit elf Häusern, zwischen Hügeln versteckt. Marianne, Kuntze-Justs Frau, ist schon da. Aus Berlin kommen ein halb Dutzend Freunde. Wir quartieren uns in einem netten, sauberen Häuschen ein. Die geflohenen Letten, circa zwanzig Personen, sind ein paar Kilometer entfernt in Thalbürgel untergebracht. Sie haben ihre Filmkameras, die optische Bank für Trickaufnahmen, Kopiermaschinen und Scheinwerfer von Riga bis hierher geschleppt. Und wieder, wie mit Forst in Wien, versammeln wir uns und bereiten inmitten der totalen Auflösung, während versprengte Truppenteile und desertierende Landser durch die naheliegenden Wälder und manchmal mitten durchs Dorf ziehen, Filme vor.
Ein Weinhändler und Schnapsfabrikant hat im Dorf zwölfhundert Flaschen ›Grand Marnier‹ und köstlichen Armagnac in einer Scheune eingelagert. Irgendein Landser, der den illegalen Transport aus Frankreich organisiert hatte, fühlte sich wohl von Robert Boos, dem Weinhändler, übers Ohr gehauen und sorgte dafür, daß Boos verhaftet wurde. Es gelang Kuntze-Just und meinem Freund Theo Reimers, durch obskure Eine-Hand-wäscht-die-andere-Machenschaften Boos freizubekommen und ihm sogar noch einen Reiseschein und die Erlaubnis zu verschaffen, in sein Heimatstädtchen zurückzukehren. Als Entgelt erhält Kuntze-Just die freie Verfügung über das Schnapsdepot.
In diesen Tagen, da die braven Bauern beginnen, ihre Parteibücher und die Hitlerbilder zu verstecken (mit dem Verbrennen wollen sie noch warten, man kann ja nicht wissen, ob sich das Blättchen nicht noch einmal wendet, denn es wird von einer

Wunderwaffe gemunkelt, die Reich und Führer mit einem Schlag den Endsieg sichern soll), ist für ein tröstliches Fläschchen Schnaps alles zu haben. Die Instandsetzung eines am Straßenrand liegengebliebenen herrlichen BMW-Kabrioletts kostet eine Flasche Armagnac (»Den Wagen brauchen wir später«, sagt Kuntze-Just.), ein Festgelage mit Gansbraten und Thüringer Klößen eine Flasche ›Grand Marnier‹, mit der Frau Schmidt, unsere Wirtin, ihren Kummer über die Nachricht zu ertränken versucht, daß ihr dritter, jüngster Sohn »vermißt« sei. Um die Fotos der zwei älteren, bei Stalingrad gefallenen Söhne hat sie Tannenzweige gesteckt.

Auch wir – Victor Becker, Willi Forsts Assistent, und ich – erhalten genügend Schnaps als Honorar für die Niederschrift eines Drehbuchs mit dem Titel »Begegnung«. »Sowie die Alliierten da sind und eine Militärregierung für Ordnung sorgt, müssen wir bereit sein. Schreibt ein unpolitisches Drehbuch mit Rollen für Judith und dich, Curd. Viele Außenaufnahmen, Naturschönheiten. Am besten eine Liebesgeschichte.« Ein paarmal schickt Kuntze-Just den Chefoperateur der ›Riga-Film‹ aus Thalbürgel los, der mit Victor, dem zukünftigen Regisseur des Films, Landschaftsmotive aussucht, die wir gewissenhaft im Drehbuch vermerken.

Eines Tages kommt eine DKW-Schwebeklasse-Limousine ins Dorf. Auf dem Dach ein riesiges schwedisches Hoheitsabzeichen. Edmee steigt aus und ein junger schwedischer Diplomat aus Berlin. Theos Bruder, Edmees Mann, kämpft noch immer irgendwo, und für Georgie von Krusenstjerna ist die Evakuierung Edmees eine willkommene Gelegenheit, sich ihr zu nähern. »Gut, daß du kommst, wir schreiben dir die Rolle der Gegenspielerin von Judith auf den Leib«. Das Paar wird einquartiert. Ein paar Tage später fällt mir eine merkwürdige Veränderung im Verhalten der Wirtin, der Gemischtwarenhändlerin, der Alten im Dorf auf. Es ist ihnen nicht entgangen, daß wir den ganzen Tag auf der Schreibmaschine hämmern und dabei oft unser verrostetes Englisch aufpolieren, von *special effects*, *close-ups* und

shooting script sprechen. Sie zwinkern verständnisvoll mit den Augen, wenn wir sie auf der Dorfstraße treffen, erzählen ausführlich, daß sie nie an Hitler und die ganze Bagage geglaubt hätten und wir uns keine Sorgen um ihre Diskretion machen sollten. Einige kommen und bringen Geschenke. Frau Schmidt serviert Streuselkuchen zum Frühstück. Langsam dämmert uns, was die Dorfbewohner munkeln. Und natürlich spielen wir mit. Geben das diskrete Augenzwinkern zurück, wenn wir von unserem Auftrag ›Film‹ sprechen.
Einmal kommen wir – Judith, Victor und ich – spät von einem ausgedehnten Spaziergang zurück. Frau Schmidt empfängt uns aufgeregt: »Na, Gott sei Dank, daß Sie wieder heil zurück sind«, lispelt sie in ihrem Sächsisch, »se haben im Radio bekanntgegeben, ein Stoßtrupp englischer Spione, der in der Nacht per Fallschirm bei Jena gelandet wäre, sei gefangen und standrechtlich erschossen worden.« – »Na und, Frau Schmidt? Das passiert doch jetzt oft. Warum regt Sie denn das so auf?« – »Na, ich meene ja nur, ich hab mer Sorgen gemacht, weil Se so lange... spazierengegangen sind. Es wäre ja möglich, daß se Polizei... se... mit Ihnen... verwechselt... ich meene, daß de Polizei euch... in de Arme geloofen... na, ja...«, sie bricht ab, der Satz wird mit Augenzwinkern beendet.
Wir halten Kriegsrat hinter verschlossenen Türen. So günstig es sich auf das Verhalten der vor der Zukunft zitternden Dorfbewohner auswirkt, daß sie uns für alliierte Spione halten, so gefährlich ist es. Ein gelungener Gegenschlag, der die unerbittlich näherrollende Armee General Pattons zurückwirft, genügt, daß einer, der wieder Hoffnung auf den Endsieg schöpft, uns denunziert. Vor wenigen Tagen haben sie den Bürgermeister eines Nachbardorfes, der zu früh die weiße Fahne gehißt hatte, standrechtlich vor dem Gemeindehaus erschossen. Vom Dorfanger aus sieht man hinunter auf die Straße nach Jena, und manchmal kann man Truppen in geordnetem Rückzug beobachten, die Sicherungsmannschaften auf die Hügel bis in unser Dorf ausschwärmen lassen. Die Leute verhören dann den Bürgermeister: ob er feindliche Bewegungen beobachtet oder verdächtige, lang-

sam fliegende Flugzeuge in der Nacht habe kreisen hören. Wir haben uns bei unserer Ankunft ordnungsgemäß gemeldet, unsere Papiere vorgelegt, unseren Auftrag bekanntgegeben. Aber man kennt zu viele Fälle von »Kommen Sie bitte mit. Nur ein paar Minuten«, und ab geht's auf Nimmerwiedersehen. Wir beschließen, den Bürgermeister und ein paar der alten Bauern einzuladen, sie mit ›Grand Marnier‹ und Armagnac zu traktieren und dabei viel von Film und Theater zu reden. Wir zeigen ihnen Fotos aus meinen Filmen mit Käthe Dorsch und Zarah Leander. Ein großes Foto mit Judith und mir in inniger Umarmung aus »Wiener Mädeln« schenken wir ihnen als Erinnerung fürs Gemeindehaus.
Viele werden sich an jenen denkwürdigen Frühling erinnern. Er kam mit solcher Kraft, als hätte er sich all die letzten Jahre zurückgehalten. In dieser Gegend schon Ende März, genau nach dem Kalender. Die Flüchtenden kommen in Schüben, wie Fieberanfälle vor dem Koma. Zuerst die Soldaten. Die zurückgelassenen Uniformstücke im Wald werden zu Haufen zusammengekehrt, welche die Bauern mit Benzin übergießen und verbrennen. Links und rechts der Straße, die Waldwege hinein, Wehrmachtswagen, stolze Mercedes, eingebeulte Panzerspähwagen, mehrachsige Lastwagen. Wenn es hell wird, rufen die Hähne wie noch nie zuvor, die Schweine suhlen sich im Mist, Stiere organisieren Sexparties, Gänse watscheln freudestrahlend die Rinnsteine an der Dorfstraße entlang. Fenster werden geöffnet und stickiges Winterzeug hinausgehängt. Dann kommen Nächte, da wimmelt es von Zivilisten, Sanitätern, Feuerwehrleuten aus Frankfurt, Erfurt, Weimar, Jena. Die Zivilisten sind von der Gestapo und vom SD. Danach ein, zwei Nächte Ruhe. Am Morgen des dritten Tages mache ich mich auf den Weg zur Straße. Von weit hört man regelmäßiges Brummen. Die Panzer der dritten amerikanischen Armee? Aber die Straße ist leer, ausgestorben. Sogar der Frühlingswind scheint eine Atempause zu machen, und die Vögel tirilieren nur oben im Wald. Plötzlich Getrappel, Stampfen, Schlurfen von der Biegung her, welche die Straße hinter dem Hügel macht. Vielstimmiges Gemurmel, ab

und zu ein Ruf, vereinzelt heiseres Lachen. Und dann kommen sie um die Biegung: zuerst Staub, der zu den Wolken aufsteigt, dann ein grauschwarzes Gewimmel, von meinem Standort aus wie Maden, die sich durch die Straße fressen, Menschenleiber aus Staub. Ich möchte davonrennen, aber die Beine versagen mir den Dienst. Es kommt mir vor, als versänken die Schuhe in der frischen, aufbrechenden Erde. Mein Körper ist um Zentner schwerer geworden. Ohne je ein Bild gesehen zu haben, erkenne ich instinktiv die gestreiften, schlotternden Kleider, die geschorenen Köpfe, die humpelnden Skelette: Überlebende aus Buchenwald. Keine zweihundert Meter entfernt ziehen sie an mir vorbei. Sie beachten mich nicht, schauen zu Boden; einige singen, und ich höre slawische Laute; der eine oder andere trägt einen Uniformrock über dem Kittel. ›Hat die Vergeltung, die Strafe schon begonnen?‹ denke ich; und auf dem Heimweg ertappe ich mich dabei, laut französisch zu beten: »Notre père qui est au ciel...«
Ich kann nicht nach Hause, kann niemanden sehen, bis das Bild des Zuges über die Straße abgeblendet ist wie ein Film. Im Wald eine Lichtung. Es riecht nach verbranntem Gummi und Filz. Ein guter Geist hilft mir einzuschlafen. Ich träume von dem Schoß einer Frau, der sich langsam auf meinen Hals zu bewegt und warm und weich mein Kinn streichelt, sich auf meinen Mund legt, in Abständen, die mich atmen lassen, küßt. Ganz weit weg, wenn ich zum Himmel schaue, sehe ich einen schmalen Kopf wie einen Lampion, der sich bewegt, zwei große traurige Augen, die mich prüfend beobachten. Dort, wo der Nabel sein müßte, das Becken, befindet sich ein Loch, ein Abgrund, über den eine Straße führt, so daß ich nicht weiß, ob der Schoß mit der weichen, schimmernden Öffnung, die meinen Mund küßt, derselben Frau gehört. – Ich erwache, schlage mit einem Tannenzapfen, der vom nächsten Baum hängt, auf mein Glied, bis es zusammenfällt.
Als ich den Wald verlasse, umfängt mich das dumpfe Rollen der Panzer. Manchmal wird der Ton der weit entfernten Motoren heller, als schalteten sie alle zugleich in einen niedrigeren Gang. Das Stoppelfeld, über das ich laufe, um den Weg abzukürzen,

geht direkt in den goldenen Sonnenuntergang über. Ich muß mehrere Stunden geschlafen haben. Wie ein Schiffer den Hafen steuere ich den Wipfel der Linde an, die beim Anger den Eingang zum Dorf bewacht. Die Linde bewegt sich rhythmisch im Abendwind zu einem merkwürdigen Singsang, der mich an orientalische Lieder erinnert, wie sie mein Vater auf Grammophonplatten hatte, die er manchmal an nostalgischen Abenden in der Oldenburgallee spielte. Jetzt verdeckt ein riesiger Schatten die untergehende Sonne. Eine dunkle Gestalt wiegt sich hin und her. Beim Näherkommen erkenne ich sie. Eine mächtige Matrone, die einen Hof direkt am Dorfanger bewirtschaftet. Unverwandt blickt sie in den Teich. Tränen rinnen ihr die feisten Backen herunter, und während sie wimmernd ihren massigen Körper bewegt, wiederholt sie die gleichen Worte, rhythmisch wie ein Wiegenlied: »Dafür seid ihr nu gefallen, dafür hab ich euch aufgezogen, dafür ham wer gedarbt un geschuftet, ihr Buben, ihr Buben, ihr Buben...« Ich folge ihrem Blick, der starr auf einen Punkt im Teich gerichtet ist: Dort schwimmt in den kleinen Wellen im Abendwind schaukelnd eine Hitlerbüste aus Pappmaché. Das Wasser reicht ihr bis zum Kinn, manchmal versinkt die Stirn mit der gemalten Locke, dann sieht man in den hohlen Hals. Aber sie will nicht untergehen...

Die Nachricht vom Durchzug der KZler hat, als ich heimkomme, das Dorf bereits erreicht. Die Bauern haben Türen und Fenster verrammelt, kein Licht dringt nach außen. Wir sitzen um den Tisch in Frau Schmidts guter Stube, trinken Armagnac in kleinen Schlucken und lauschen dem fernen Grollen der Motoren. Ich nehme mir mein Heft vor und trage ein: »10. April 1945. Die flüchtenden Bewacher haben die KZs geöffnet. Morgen oder spätestens übermorgen werden die Amerikaner hier sein. Wir hören sie kommen.«

Ich kann nicht schlafen. Judith füllt mein Zahnputzglas mit Armagnac, und ich hocke mich ans Fensterbrett. Dreißig Jahre später, wenn ich manchmal nachts auf der Terrasse meines Bungalows auf der kleinen Bahama-Insel sitze und meine Einsamkeit mit einem Pfeifchen Marihuana verscheuche, das die Eingeborenen im Dorf anbauen, habe ich ähnliche Wachträume: Ich starre hinunter zum Strand, und aus dem Meer steigen, waten, humpeln Menschen in Badeanzügen, Oben-ohne-Bikinis, Touristen, die wie ein Schwarm Meeresvögel den Strand besetzen, um das Haus schwärmen. In dieser Nacht zum 11. April vermeine ich, die alte Matrone aus dem Dorfanger steigen zu sehen, riesig wie die Freiheitsstatue, während ein Heer von grauen Gestalten schlurfend im Rhythmus des Singsangs der Alten die Dorfstraße heraufzieht. Doch allmählich besänftigt der Schnaps die Bilder, und ich schlafe ein.

Die Panzerspitzen kommen erst am 13. April. Wir Männer ziehen unsere Sonntagsanzüge an und marschieren hinunter zur Straße. Die Panzer stoppen alle paar hundert Meter, die GIs schauen gelangweilt aus den Türmen. Einer blickt uns freundlich an, steckt sich aus einem weiß-roten Päckchen eine Zigarette an. Victor, der in England erzogen wurde, tritt einen Schritt vor: »May I help you, Sir?« Der Blick des blonden Amis geht durch ihn hindurch. Dann spuckt er in weitem Bogen seinen Kaugummi an uns vorbei und sagt: »Yes. Fuck off!« In diesem Augenblick setzt sich die Kolonne wieder in Bewegung, und wir trotten, sichtlich beeindruckt von unserem ersten Gespräch mit einem Amerikaner, heim ins Dorf.

Ein paar Tage später werden die Fragebogen verteilt, welche über das Schicksal von Millionen Menschen entscheiden sollen. Wir trinken einen großen Schluck auf Willi Forst und fragen uns, wie es möglich war, daß er schon vor drei Jahren wußte, worüber wir jetzt Rechenschaft ablegen müssen. Die Fragebogen werden eingesammelt und gehen zur Militärregierung.

Zum ersten Mal seit fünf Jahren dröhnen die ausländischen Sender aus offenen Fenstern. Am 20. April, Hitlers letztem Geburtstag, leistet sich Kuntze-Just eine Köpenickiade, wie sie typisch ist für seinen Abenteurergeist und seine Furchtlosigkeit, aber auch für das Chaos und die Kopflosigkeit der ersten Wochen nach der ›Überrollung‹: Heinz Piper, ein junger Schauspieler, der sich zu uns abgesetzt hatte, nachdem er als dienstverpflichteter Sprecher im Berliner Rundfunk Nachrichten in englischer Sprache verlesen hatte, Victor und ich setzen uns in den Fond des fahrbereiten BMW. Kuntze-Just schwingt sich ans Steuer. Krusenstjerna und Reimers übernehmen den DKW und fahren – das blankgeputzte schwedische Kreuz weithin sichtbar – voraus. Kuntze-Just war, während wir im Dorf am Drehbuch schrieben, nicht untätig gewesen. Er hatte in Jena die Neuenhansche Druckerei entdeckt und sich dort gut umgesehen. Als der Konvoi vor dem Gebäude hält, besetzt Krusenstjerna die Portiersloge, Victor und ich gehen in die Redaktion im ersten Stock, stellen uns zwei verschreckten Herren vor und setzen uns an die Schreibtische. Kuntze-Just und Reimers klopfen höflich an die Tür des Chefs und erklären knapp und sachlich, sie hätten Auftrag der Amerikaner, ein Nachrichtenblatt herauszubringen, dessen Erscheinen keine Verzögerung erleiden dürfe, da die Bevölkerung ein Recht auf wahrheitsgetreue, demokratische Information hätte.

Reimers gibt dem Chef zwei Stunden, seinen Schreibtisch freizumachen. Kuntze-Just und Piper begeben sich währenddessen zu Major Heffelfinger, dem Stadtkommandanten, zu dem Piper dank seines beeindruckenden King's English sofort vorgelassen wird. Der freundliche Major ist überrascht und sofort einverstanden, als Kuntze-Just dolmetschen läßt, wie sehr die Zivilbevölkerung nach Informationen und Besatzungs-Verordnungen lechzt. Er besteht nur darauf, das Blatt müsse englisch und deutsch erscheinen und den Titel »Military Government Gazette« führen.

Piper und ich notieren Radio-Nachrichten aus Berlin, Paris und London, Piper übersetzt sie ins Englische, Kuntze-Just redigiert und schreibt Leitartikel, Reimers läßt durch Boten Setzer und Drucker antanzen, beschlagnahmt Papier, wir bekommen Ausweise und von Heffelfinger unterschriebene Sondergenehmigungen für die Sperrstunde, und am nächsten Morgen werden den in der Nacht zusammengetrommelten Austrägern 70000 Exemplare aus den Händen gerissen.

Unsere Berichte sind Kollagen der verschiedensten Radiomel-

dungen, von den Kämpfen um Berlin und Dresden und bald – in würdiger Aufmachung – von Hitlers Tod. Und dann kommt der Abend, an dem Churchill verkündet: »Cease fire and let us pray to God« und Eisenhower die bedingungslose Kapitulation bekanntgibt. Aber erst der französische Text treibt mir das Wasser in die Augen. Er endet mit dem Satz: »Fermez les yeux, oubliez. – Schließt die Augen, vergeßt!«
Das neue Leben hat begonnen, aber wo es anpacken? Wie sich hineinstürzen? Und wohin?
Im ›Elephanten‹ in Weimar lachen sich die CID-Beamten halb tot, als sie erfahren, daß wir unsere Zeitung in ganz Thüringen erscheinen lassen wollen. »Habt ihr eine Lizenz?« – »No, in Deutschland braucht man keine Lizenz.« Wir können von Glück sagen, daß sie unsere Zeitungsköpenickiade mit Humor über so viel »arische Chuzpe« abtun und uns nicht von der Militärpolizei einlochen lassen.
Das Dorf wird plötzlich eng und nachts meldet sich mein unsichtbarer Wegbegleiter mit Schillerschem Text: »Er ist da, der große, schöne Augenblick, der endlich des hohen Pfandes Zinsen von mir fordert! Mich ruft der Weltgeschichte Ahnenruhm und des Gerichtes donnernde Posaune. Nun ist die Zeit gekommen, mir des Ruhmes glorreiche Schranken aufzutun...«

Eines Sonntags kommt sie, die neue Zeit. Sie kommt ins Dorf und hält auf der Dorfstraße in Form eines grau übermalten großen Mercedes mit weißem Schild: »SHAF – Supreme Headquarters Allied Forces«. Fast gleichzeitig öffnen sich die Türen der Häuser, die ganze Bande rottet sich um den Wagen, in dem vier amerikanische Offiziere sitzen. Nach Victors Erfahrung mit dem Panzerhelden wage ich nun den obligaten Satz: »May I help you?« Die vier mustern die Mädchen, die sich, sonntäglich geschmückt, sofort ein wenig in Positur werfen, dann wandern ihre Blicke zu uns Männern. Alle grinsen, und der am Steuer sagt: »...ach wissen Se, Herr Jürgens, mit uns können Se ruhig deutsch sprechen, wo wir beide doch zusammen in die Schule gegangen sind, in Westend.« Major George Westen, alias Georg

52 Die Badewanne in der Wohnhalle der Rosenfarm in Vence bei gemütlichem Kaminfeuer war eigentlich nicht zum Zeitunglesen und Teetrinken bestimmt . . .

53 Der »Gentleman-Farmer«.

54 Ton in des Töpfers Hand . . .

55, 56 Mit Simone vor dem ›Gruebhus‹ in Gstaad
und vor dem Bungalow am Strand von Great Harbour Cay (Bahamas).

Westphal aus der Oldenburgallee in Westend, hat im *Central Intelligence Headquarter* in Bad Nauheim meinen Fragebogen entdeckt und kommt am freien Sonntagnachmittag eigens herkutschiert, um sich zu überzeugen, daß ich wirklich der Curd Jürgens bin, mit dem er in die Herder-Schule gegangen ist. »Hast dich aber janz jut jemausert seit deinem Unfall«, meint er im schönsten Berlinerisch. »Und ganz gut um den Krieg herumgedrückt, wenn man dem Fragebogen glauben darf«, setzt der zweite fort, als wir die Tassen mit Armagnac füllen. Als sie wieder gehen (»Non-Fraternisation«, sagen sie. »Wir dürfen uns nicht in Privathäusern aufhalten, besonders nicht mit so schönen Mädchen.«), besitzen wir Lucky Strike (jeder eine Stange), Care-Pakete, und als wichtigstes erhalte ich Reise- und Sondergenehmigungen für die Sperrstunde.

»Ja, Mathilda, unterbrich mich nur.« – »Man kann sich nur wundern, daß bei dem Glück, das du dein Leben lang gehabt hast, noch ein Quentchen Bescheidenheit bei dir zu finden ist.« – »Weißt du, ich habe seit vielen Jahren einen Hausarzt, Dr. Möllering, dem ich vertraue. Mit dem habe ich eine Vereinbarung getroffen, weil er nie Rechnungen schickte. Ich bezahle ihn wie die alten Chinesen. Ich honoriere die Gesundheit, nicht die Krankheit. Wenn ich krank bin, kriegt er keinen monatlichen Scheck. Und so versuche ich – aber es gelingt nicht immer –, mich nur dann an den Herrn der Schöpfung zu wenden, wenn ich ihm danken kann. Vielleicht hört er es lieber als Hilferufe.« – »Hast du dich bedankt an jenem Sonntagabend?« – »Ja, und ich habe ihm vergeben.« – »Ihm vergeben? Die Gaskammern und die... Maden auf der Landstraße?« – »Ja. Ich denke, er ist alt geworden und hört nur noch Komplimente gern. Er glaubt, wir sind erwachsen und könnten jetzt ohne ihn auskommen, weil wir ihm seine Geheimnisse entlockt haben. Werner Krauß, der größte Komödiant deutscher Sprache, hat mir einmal gesagt: ›Zeige nie deine Grenzen, sonst wirst du langweilig.‹ Nun, vielleicht hat er uns seine Grenzen gezeigt und ist langweilig für uns geworden. Er hat sich aufs Altenteil zurückgezogen und den Empfänger für S.O.S. abgeschaltet.«

14.

»Papers, please – Ausweise, bitte.« Der Militärpolizist hält die Hand ins Fenster. Krusenstjernas pergamentener Diplomatenpaß macht ihn stutzig. Er ist viermal gefaltet und hat, entfaltet, die Ausmaße eines Staatsvertrages. Da ist ihm mein deutscher Paß, meine Reisegenehmigung, die vom CID ausgestellt ist, schon vertrauter. »Und die Dame?« fragt er, durch das Schwedisch, mit dem König Gustav V. den Attaché von Krusenstjerna an die Botschaft in Berlin delegiert hat, sichtlich beunruhigt. »Die Dame steht unter dem Schutz der Botschaft Seiner Majestät des Königs von Schweden.« – »Das müssen Sie dem Stadtkommandanten erklären. Folgen Sie mir bitte.« Der Jeep ruckt an, der Militärpolizist macht Zeichen, ihm zu folgen. Der DKW-Schwebeklasse surrt hinterher durch die Straßen von Trier.
Das Rathaus, in dem die amerikanische Militärregierung residiert, ist eines der wenigen Gebäude, die unversehrt geblieben sind, außer dem Schulhaus gleich daneben, in das wir geführt werden. Es dient als Gefängnis. Der Stadtkommandant wird sich unsere Papiere persönlich anschauen. Morgen früh. Heute ist Sonntag, und man darf ihn nicht stören.
Der Pedell, eine Art Frosch aus der »Fledermaus«, schließt uns mit einem riesigen Schlüsselbund ein leeres Klassenzimmer auf. Er hat nichts dagegen, daß wir außer Waschzeug noch ein paar Bouteillen Wein mitnehmen, die wir auf der Fahrt gegen eine Flasche ›Grand Marnier‹ eingetauscht haben. Wir waren bei Tagesanbruch in Hetzdorf losgefahren. Judith ist zurückgeblieben, sie meinte, es sei besser, wenn ich allein in Leutkirch er-

schiene. Dort, im Allgäu, lebt seit der Zerstörung Berlins die Familie Basler. In drei, vier Tagen hoffe ich zurück zu sein.
Langsam wird es dunkel im Klassenzimmer. Edmee und Georgie legen sich auf zwei Pulte und turteln, ich wende mich diskret ab, entkorke eine langentbehrte Flasche Moselwein. Er schmeckt angenehm nach Lehm und Sonne. Ich fühle mich sauwohl bei dem Gedanken, zum erstenmal in meinem Leben eine Nacht im Kittchen zu verbringen. Das Klassenzimmer riecht nach Pipi und Kreide. Wahrscheinlich wird es benutzt, um die leichten Fälle unterzubringen, denn die bevorstehende Entnazifizierung des Lehrkörpers verhindert bis auf weiteres die Wiedereröffnung der Schulen, während die Gefängnisse überfüllt sind mit Leuten, die als sogenannte Kriegsverbrecher ihrer Aburteilung entgegensehen. ›Wahrscheinlich werden da auch wieder Ungerechtigkeiten begangen werden‹, denke ich, ›und bald wird der gesprengte Ring um die Freiheit des Menschen wieder zusammengeschweißt sein.‹
Wir hatten Station auf der Reise gemacht, um in einem Gasthof an der Mosel undefinierbaren Eintopf und faul schmeckenden Landwein zu uns zu nehmen. Da spricht im Radio Thomas Mann. Seine unversöhnlich aggressive Anklage gegen alles, was deutsch ist, läßt die ersten Zweifel bei mir aufkommen, ob es die ersehnte Gerechtigkeit überhaupt gibt. Die Fahrt an der Mosel entlang macht nachdenklich, weil mir dämmert, daß ich aufgrund des jahrelangen inneren Protests gegen die verbrecherische Clique, die Deutschland ins Verderben geführt hat, mit inbrünstiger Naivität glaube, Freiheit, Gleichheit und Brüderlichkeit müßten nach Überwindung des Faschismus zwangsläufig ihren Einzug halten. Doch Optimismus und Enthusiasmus sind ungebrochen, und der Abend im grotesken Gefängnis von Trier, fern von Judiths Umarmungen, hilft, Bilanz zu ziehen. Die Trennung von Lulu sollte schnell und in Freundschaft geschehen, die Scheidung vorbereitet werden.

Während ich dies berichte, schweifen meine Gedanken ab. Mir fällt ein, daß ich ein Dutzend Jahre später hier an der Mosel

Hochzeit mit Simone feiern werde. Wir drehen im Hunsrück gerade den »Schinderhannes« und wohnen im Schloßhotel Zell an der Mosel. Die Trauung findet in Cochem statt, da Zell kein Standesamt hat. Ich bin berühmt, und die Deutschen sind stolz, daß ihr ›Normannischer Schrank‹ eine kleine Französin heiratet. Sie adoptieren Simone, so wie mich ein paar Jahre früher die Franzosen adoptiert hatten. Nach dem Champagnerimbiß inszeniert Helmut Käutner eines seiner kleinen Meisterwerke: Genau zum richtigen Zeitpunkt, zwischen Verabschiedung der Gäste und Siesta, wird Simone von der Schinderhannes-Bande entführt. Eine Horde in Kostüm und Maske besetzt in bester Kidnapper-Manier an allen strategisch wichtigen Punkten das Schloßhotel und entführt die sich wild wehrende Braut huckepack über den Balkon unseres Appartements. Während ich mit Freund Camillo, meinem Trauzeugen, das Placement für das Hochzeitsdiner ausbrüte, kommt ein atemloser Direktor angestürzt und meldet die vollzogene Entführung. Nach abenteuerlicher Kreuz- und Querfahrt durch das Städtchen beteiligt sich die gesamte Bevölkerung an der Aktion. Spuren, die zur Aufklärung führen, werden erst nach Ex-Trinken bereitgestellter Humpen köstlich-kühlen Mosels preisgegeben, und als wir, die Trauzeugen und die Gäste, Simone in einem Versteck am Fluß aufstöbern, bricht ein Volksfest aus. Der Wein fließt aus Hundertliterfässern, und noch vor Anbruch der Dunkelheit sind alle Beteiligten und Unbeteiligten, von der Schinderhannes-Bande und dem gesamten Filmstab über die Honoratioren und Bürger bis zu den gaffenden Autogrammjägern und Touristen in einem Festrausch, der der historischen Figur des klassischen Räuberhauptmanns wie auch den Erwartungen, die man in das leichtlebige Künstlervölkchen gesetzt hat, alle Ehre macht. Und alle sind zufrieden: der Fremdenverkehrsverein, die Public-Relations-Abteilung der Filmgesellschaft, die Presse, der Produzent Gyula Trebitsch, meine entzückende Schwiegermutter Xavière, der zuliebe der ganze Rummel letzten Endes stattfindet. Denn Simone ist die Legitimierung unserer Beziehung im Grunde völlig gleichgültig. Mit ihrem Talent zum Glück ist ihr nur daran gele-

gen, ihrer Mutter und deren Familie im fernen Algier eine Freude zu machen...
Wenn ich mir heute überlege, welche Gedanken wohl den jungen Schauspieler von neunundzwanzig Jahren in dem Klassenzimmer von Trier bewegten, der, angeregt durch den ungewohnten Weingenuß, von glorreicher Zukunft träumt, so denke ich wieder an den Satz des alten Onkel Costia, der gern weise jüdische Zitate zum besten gab: »Die Schlösser unserer Welt werden mit der Phantasie des kleinen Moritz gebaut.«

Ich hocke am Fenster, trinke schon die zweite Flasche, der Mond scheint herein, und ich träume von der Eroberung der Welt, von Ruhm und Berühmtheit, von Arbeit mit Erfolg, die mein Vater immer als besten Motor unseres Lebens bezeichnet hat. Plötzlich höre ich Lärm auf dem Korridor, Stimmen mit stark pfälzischem Dialekt. Die Tür wird aufgerissen, und zwei MPs stupsen recht unsanft eine riesige Gestalt ins Klassenzimmer. Bevor er wieder zuschließt, schaut der Pedell noch einmal herein und ruft dem Fremden zu: »Nu verhalt dich ruhig, morgen früh bist wieder draußen.« Der Mann hämmert an die Tür, noch während der Pedell den Schlüssel dreht: »Ha, so eine Unverschämtheit und Ungerechtigkeit. Sacht mer wenigstens, wo ich mich endlich amal beschwere kon. Keen Mensch versteht einem ja von die Brieder...« Jetzt wendet er sich zu mir, und der Mond beleuchtet sein Gesicht. Ich denke, ich bin schon so betrunken, daß ich Halluzinationen habe: Der große Bursche mit dem unverfälschten Dialekt ist ein Neger. Das Weiße seiner Augen blitzt wütend aus blauschwarzer Haut. »Jede Nacht schnappen die mich, und wenn ich bloß in der Haustür steh und moi Äppelwei trink. Die halde mich für ä Deserteur und rede auf mich ei, wo ich doch ka Wort von dere ihre Sproch versteh...«
Am nächsten Morgen werden wir dem Stadtkommandanten vorgeführt. Der entschuldigt sich nach einem Blick auf Georgies Paß, gibt uns Benzinscheine, und wir dürfen unsere Fahrt fortsetzen. Der pfälzische Neger aber erhält auf meine Intervention hin einen Ausweis für die amerikanische Militärpolizei: »This

negro is no negro. He is German citizen, born during French occupation after the first World War. – Dieser Neger ist kein Neger. Er ist deutscher Bürger, geboren während der französischen Besatzung nach dem Ersten Weltkrieg...«

Das Gespräch mit Lulu verläuft harmonisch, dauert jedoch bis in die Morgenstunden. Als sie mich zum Zug bringt, sagt sie, nachdem sie sich vergewissert hat, daß ich einen Fensterplatz ergattert habe: »Ich mag nicht adieu sagen. Schau aus dem Fenster, ich werde dir winken. Immer.« Der Bummelzug ruckt an, setzt sich in Bewegung. Ich lehne mich aus dem Fenster und sehe ihre Tränen, obwohl sie den Ellbogen angewinkelt vor die Augen hält, als blende sie die Sonne.
Wie oft habe ich diese Scene im Film gespielt: der kleine Bahnhof, der Zug, der Abschied. Die Station heißt Leutkirch im Allgäu. Selbst auf dem Gelände der Fox-Film oder der Columbia in Hollywood spielte die Scene für mich immer in Leutkirch, selbst wenn ich der Zurückbleibende bin. Das Pathos der Situation wird durch eine Prise Selbstmitleid angereichert, ob du abfährst oder zurückbleibst, ob die Stationen Sieg, Erfolg, Ruhm heißen, neue Liebe, glückliche Zukunft oder Schluß und zärtliche Trauer. Der Komödiant lebt doppelt: Die Situation entfacht seine Phantasie, die Phantasie läßt ihn die Aktion historisch sehen: Schau mal her, was mir passiert. Der Darsteller wird zum Zuschauer, der Zuschauer zum Darsteller seiner selbst... Was ist grausam? Was ist schön?

Ein paar Jahre nach der Hochzeit lernen Simone und ich in Saigon eine entzückende kleine Vietnamesin kennen. Sie nennt sich Jeannette, und ihr sehnlichster Wunsch ist es, einmal Paris zu erleben. Auf einem Spaziergang über den Wiltshire Boulevard in Hollywood kommen wir an der American Express Company vorbei. Mir fällt ein, daß wir der kleinen Jeanette in nächtlicher Geberlaune versprochen hatten, sie einmal nach Paris einzuladen. Wir organisieren im American Express ihre Reise. Ich muß einen Wisch unterschreiben, daß ich für die Kosten der Rück-

fahrt aufkomme, falls sie des Landes verwiesen würde, oder für die Bestattungskosten, falls sie stürbe.
Monatelang erhalten wir keine Antwort. Eines Abends, in meinem Landhäuschen in Schliersee, wir sitzen gerade mit ein paar Freunden bei Steinhäger und ›Blauem Pagen‹, klingelt das Telefon. Ein Gespräch aus Rom. Der dortige Manager der Air France hat meine Telefonnummer herausgefunden: »Wir haben eine junge Dame hier. Vietnamesin. Sie sagt, sie reist zu Ihnen nach Paris, aber durch die Verspätung unseres Fluges gibt es keinen Anschluß vor morgen mittag. In Paris sagte man mir, Sie wären irgendwo in Bayern. Es gibt noch eine Verbindung nach München...« – »Schicken Sie die junge Dame her. Sie wird abgeholt.«
Zwei Stunden später fährt Eugen, mein bayerischer Betreuer, der mir jahrelang durch seine vielfältigen Fähigkeiten als Butler, Koch und Chauffeur das Leben verschönte, den Jaguar in die schneeverwehte Einfahrt des Schlierseer Anwesens. Aus dem Wagen springt, in weißem Baumwollpyjama und mit Bastsandalen an den winzigen Füßen, Jeannette. Völlig erschreckt liegt sie im hohen Schnee, bevor Eugen sie auf den Armen über die Schwelle tragen kann. Sie hat noch nie Schnee gesehen, war noch nie im Flugzeug, hat noch nie mit Messer und Gabel gegessen und deshalb seit vierzig Stunden nichts zu sich genommen.
Sie wird über zwei Jahre bei uns bleiben. Sie kann nicht lesen und spricht ein drolliges Pidgin-Französisch, das wir, statt sie zu korrigieren, in unser Repertoire übernehmen. Sie erfüllt mit ihrem Gelächter, ihren kleinen Schreien, ihren strahlenden schwarzen Augen und ihren wippenden runden Brüsten, die sie bei jeder Gelegenheit entblößt und wackeln läßt, das Haus in Schliersee, später am Cap-Ferrat und in der Schweiz. »Monsieur ton ami«, pflegt sie zu flüstern, wenn sie, atemlos nach einem Tanz mit einem Hausgast, zu Simone hüpft, »monsieur beaucoup debout.« Denn kein Mann konnte einer Erektion entgehen, wenn Jeannette es darauf angelegt hatte zu zeigen, wie man in den Saigoner Clubs tanzt.
Einmal, und deswegen erzähle ich gerade jetzt ihre Geschichte, fährt sie mit uns im Auto von Südfrankreich nach Lausanne. Am

Straßenrand von Genua erleben wir nachts einen Autounfall. An einer Kreuzung ist ein Wagen nach einem Zusammenprall in Brand geraten. Der Fahrer des kleinen Fiat versucht verzweifelt, aus dem lichterloh brennenden Fahrzeug zu entkommen. Die Türen, total verklemmt, lassen sich nicht öffnen. Alle Versuche der Umstehenden scheitern an den sengenden Flammen. Der Wagen kann jeden Augenblick explodieren. Simone hält Jeannette die Augen zu und flüstert: »Schau nicht hin, ma petite.« – »Laß mich«, ruft sie atemlos und befreit sich von Simones Hand, »ich muß es sehn, es ist zu schön, ich will es nicht vergessen.« An diesen Ausruf muß ich oft denken, wenn ich mir den Kopf zerbreche, warum feingekleidete Theaterbesucher das Grauen suchen, um sich erschüttern zu lassen. Das grausige Geschehen, die Todesgefahr, vor der der verzweifelte Fahrer dann aus dem Fenster kriecht, die gebrochenen Beine wie leblose Pakete hinter sich herschleifend, als er als brennende Fackel in Decken gehüllt die Besinnung verlor, nannte Jeannette »schön«. Ohne sich im mindesten klar zu sein, warum – ich fragte sie später, und sie bestätigte es mir –, war dieses Wort das einzige Argument, das ihr einfiel, um den Anblick, Gott bei der Arbeit, nicht zu versäumen. Sind nur die Zuschauer im Parkett befugt, Gott bei der Arbeit schön zu finden, wenn Othello Desdemona erwürgt, weil das Bewußtsein, es könnte so sein, es ist aber nicht so, vereinbarte Lügen autorisiert, Spiele der Erwachsenen? Hat mein Freund Reimers recht, wenn er die Kunst verachtet, weil sie das Leben zweitklassig macht? Ist Kunst der Feuerlöscher des brennenden Lebens? Wären Revolutionen humaner, grausamer, menschlicher, barbarischer, permanenter, einmaliger, wenn sie nicht durch Spiel vorexerziert würden? Dient die »Vorstellung« den Voyeuren und Masturbanten oder den phantasielosen Böken?

Als ich endlich nach zahllosem Umsteigen und Lastwagenstops in unserem thüringischen Dorf ankomme, wartet Judith, auf gepackten Koffern sitzend, wie Solvejg auf Peer Gynt. Die Russen sind im Anmarsch und besetzen Sachsen und Thüringen. Sie sol-

len keine Ausreisegenehmigungen aus den von ihnen besetzten Gebieten geben. Kuntze-Just kann uns bis Bad Mergentheim mitnehmen. Er flüchtet mit seinen verschreckten Letten nach Coburg und verspricht hoch und heilig, von dort sofort einen Wagen zu schicken, denn wir wollen nach München zurück oder nach Wien, irgendwohin, wo Theater gespielt wird, wo man Schauspieler braucht.
Vier Wochen warten wir in dem Dorfgasthaus am Eingang des kleinen, verschlafenen Bades. Unser Zimmer hat Ausblick auf eine schwelende Müllhalde. Jeden Morgen laden die Amis ihre Lastwagen mit Zentnern von Abfällen ab. Wenige Minuten später erscheinen die ersten Schnüffler, verscheuchen die Hunde und beginnen mit deutscher Gründlichkeit, die Kartons zu inspizieren. Nach den Kartons kommen die leeren Konservenbüchsen dran. Danach der schwelende Haufen. Dort finden sich die Zigarettenstummel. Ich habe nie jemanden mit leeren Händen weggehen sehen.
Hinter dem Haus ist ein winziger Garten, und die freundlichen Wirtsleute stellen uns Stühle und einen Tisch hin. Dort sitze ich und schreibe mein erstes Stück: »Geliebter Michael«. Hält ein Auto vor der Tür, schauen wir uns an, und einer geht ums Haus, um nachzusehen. Das geschieht jeden Tag ein dutzendmal.
Judith hat eine schöne Goethe-Dünndruckausgabe des Insel-Verlages mit und liest die Farbenlehre. Es gibt Tage, an denen wir das Haus nicht verlassen, weil einer von uns beim Aufwachen einen Traum erzählt, aus dem wir folgern, daß heute das Auto kommt. Judith ist still und zuversichtlich. Angeregt durch ihre Lektüre übertreffen wir uns in Gesprächen mit neuen Adjektiven. Wir sprechen von grünen Geräuschen und blonden Gefühlen. Manchmal wandern wir den Hügel hinauf, hinter dem die Kuranlagen beginnen. An sonnigen Tagen sind die Bänke besetzt mit Verwundeten, Krüppeln und Alten. Die Leute starren uns nach, und man fühlt sich schuldig, weil man keine Krücke, keinen Armstumpf herzeigen kann. Ich schreibe acht Stunden täglich, wie besessen. Im letzten Akt, der während einer Auktion spielt, bringe ich meine Erlebnisse im Wiener Dorotheum unter.

Er bildet einen wirkungsvollen optischen Kontrast zum epischen Mittelteil. Nach dem Wort »Ende« packen wir die Koffer. Ein Fernfahrer, der im Gasthof abgestiegen ist, nimmt uns mit.

»Du hast doch eine weiße Weste. Dir geben sie bestimmt eine Lizenz.« Ursula Herking sitzt mit uns im »Feilitzschhof« in Schwabing. Hier treffen sich die Kollegen, die Münchener und die aus allen Himmelsrichtungen hierher verschlagenen Schauspieler, Regisseure, Kabarettisten. Arbeit gibt es nur vereinzelt und nur für Unbescholtene im Sinne des Fragebogens. Nur zögernd eröffnen einzelne Theater. Von Film ist keine Rede. Die Umerziehung muß mit deutscher bürokratischer Gründlichkeit begonnen werden, so wollen es die Amerikaner. Film ist ein zu gefährliches Instrument in falschen Händen; die Entnazifizierung geht im Schneckentempo. Das Hauptquartier des *Intelligence Service* liegt außerhalb der Stadt.
Der Chef der Theaterabteilung, van Loon, hat sich über Major Westen meinen Fragebogen kommen lassen. Er ist jovial und kultiviert, homosexuell und ohne Ressentiments. Wahrscheinlich verbringt er mit seinem Assistenten Walter Behr hier die freieste Zeit seines Lebens. »Sie haben ja eine blütenweiße Weste, *no spots*. Wenn wir keine gegenteilige Nachricht aus Washington erhalten, können Sie nächste Woche Ihre Lizenz abholen.«
»Ich liebe vier Frauen« heißt das Stück. Die »Münchner Gastspielbühne Curd Jürgens« hat einen alten Opel mit Anhänger erworben. Im Anhänger sind die Dekorationen verstaut, im Auto das Ensemble. Eine junge Schwabinger Studentin, Hix, hat als Reiseleiterin die bayerischen Dörfer mit Plakaten bepflastert und den Kartenverkauf organisiert. Neuburg an der Donau heißt das Städtchen. Ich sitze, in Kostüm und Maske, an der Kasse, bis der Vorhang aufgeht. Die Proben haben in einem zugigen Münchener Bürohaus stattgefunden, das wegen Einsturzgefahr geräumt werden mußte. Dabei haben wir uns alle einen zünftigen Schnupfen geholt. Judith wird in den Souffleurkasten verbannt. Das Publikum rast. Zum Abschied am nächsten Morgen findet sich ein Teil der Bevölkerung vor dem Gasthof ein, um uns zu

bitten, wiederzukommen, liefert Speckseiten, Landbrot und frische Eier ab, die wir im Anhänger unter Kostümen und Requisiten verstauen. Weiter geht's nach Ingolstadt, Landshut, Deggendorf, Geiselhöring und Straubing.
In Ingolstadt stehen zwei Militärpolizisten vor dem Theatereingang. Sie verwehren uns den Eintritt, untersagen das Abladen und Aufbauen der Dekoration. Die Kassiererin meldet ein ausverkauftes Haus, übergibt mir eine stolze Summe und berichtet, daß der Theatersaal, der von der Militärverwaltung als Versammlungslokal für die in und um Ingolstadt stationierten GIs und Offiziere verwendet wird, gestern zum erstenmal seit Kriegsende für einen Ball der Zivilbevölkerung freigegeben worden sei. Und heute morgen nun habe der Stadtkommandant die Aufführung verboten. Nach stundenlangem Palaver mit dem Verbindungsoffizier läßt man mich zum Stadtkommandanten vor. Ich halte ihm meine *Military Government Licence No. 4* unter die Nase und verweise darauf, daß wir die Genehmigung des amerikanischen Hauptquartiers für unsere Aufführung besäßen. »No«, sagt er, »diese Zivilistenbastarde haben gestern abend den Saal, die Embleme der Armee, die Fotos von Eisenhower und Patton, ja sogar die Fahne über und über mit Hakenkreuzen beschmiert. Das werden sie mir büßen! Ich habe verfügt, daß der Theatersaal für sie bis auf weiteres gesperrt bleibt.« – »Aber, Sir, das Haus ist ausverkauft. Wir erleiden einen Riesenverlust, wenn wir das Geld zurückgeben müssen.« Ich winke mit dem Briefumschlag der Kassiererin. Darin befinden sich mehrere tausend Mark. »Verlust«, sagt er, nimmt mir das Geld aus der Hand, betrachtet es einen Augenblick, wirft es mir dann über den Tisch vor die Brust: »Sie behalten das Geld. Das ist die Buße für die Nazischweine. Sie verlassen augenblicklich die Stadt. Ich werde eine entsprechende Mitteilung veranlassen. That's all. Good bye.«
Ich schleiche zurück zu dem wartenden Ensemble. Bevor es Nacht wird, rollt der Opel wieder aus der Stadt. »So leicht hab ich noch nie meine Abendgage verdient«, sagt Georg Lorenz, der Komiker. – »So schmutziges Geld haben wir noch nie verdient.«

Judith sagt es grimmig. Es bleibt offen, ob sie das Bußgeld der geprellten Theaterbesucher meint oder die arbeitslose Einnahme. (Einige Monate später holen wir die Vorstellung nach – kostenlos.)

Freund Westen hat mir einen SHAF-Ausweis überlassen: »Der Besitzer ist berechtigt, seinen Benzintank bei Tankstellen der amerikanischen Armee füllen zu lassen.« Ich habe in den Opel einen zusätzlichen Hundertlitertank einbauen lassen. Wenn der Tankwart angesichts des riesigen Aluminiumfasses meint: »That's illegal«, winke ich mit einer Flasche Schnaps von Robert Boos. Der kann kein Ami widerstehen.

In Straubing ist das Theater gasbeheizt. Das bedeutet warme Garderoben. Ursula Herking kann endlich mit echtem Dekolleté auftreten, ohne die zwei Paar dicken wollenen Schlüpfer. Denn der Herbst 1945 ist saukalt. Der Bürgermeister beglückwünscht uns, bittet uns, zu bleiben. Die Bevölkerung brauche geistige Nahrung, zu essen gäbe es im reichsten Gebiet Bayerns genug. Ich gehe zum Drucker und lasse ein Abonnement auflegen, verspreche Klassikeraufführungen, gehobene Unterhaltung. Das Abonnement ist am nächsten Tag ausverkauft. Da gibt es kein Zurück. Das Geld ist im Kassenschrank. Jetzt müssen wir etwas dafür liefern. Proben: »Iphigenie«, »Spiel im Schloß«, »Münchhausen« von Theo Reimers, der zu uns stößt und seine menschheitsverbessernden Gedanken in einem Lehrstück niedergelegt hat, »Geliebter Michael«, das der Autor selbst insceniert mit Karl Schönböck und Judith in den Hauptrollen.

Stars wie Gustav Fröhlich erhalten zusätzlich zur Gage ein Spanferkel, ein halbes Schwein, ein paar Gänse, je nach Rang und Namen. Denn es stellt sich heraus, das neue Zeitalter ist verdammt verfressen und geldgierig. Die Aufführungen gehen, in Straubing abgespielt, auf Tournee durch Bayern bis nach München, wo eine Wohnung und ein Büro eingerichtet werden. Reimers übernimmt die organisatorische Leitung. Manchmal laufen bis zu zehn Gastspiele gleichzeitig von Oberammergau bis Freilassing, von Passau bis Mannheim. Wir kaufen Vorstellungen und Ensembles ein wie Konserven für schlechte Zeiten. Der

Großbauer bei Landshut, der mir die Schweine und Gänse liefert, führt mich eines Tages in die Scheune. Unter Ballen von Heu versteckt steht ein schmuckes Opel-Kabriolett. »Nehmen Sie es, Herr Intendant, ich war Ortsgruppenleiter. Die werden es doch eines Tages abholen. Ich schenk' es Ihnen.«
Fahren tun wir nachts nach den Vorstellungen: wir kaufen Lastwagen, verpflichten Fernfahrer. Tagsüber Proben in Straubing oder München. Das ›Theater im Brunnenhof‹ in der Residenz wird eröffnet als Interimstheater des Bayerischen Staatsschauspiels. Natürlich mit »Nathan der Weise« als Wiedergutmachungsbeitrag. Mein Freund Paul Verhoeven ist Direktor und besteht darauf, daß ich den Tempelherrn spiele und mit ihm gemeinsam später »Leuchtfeuer« von Robert Ardrey. Dann kommt »Liliom«, und Heidemarie Hatheyer spielt mich als Liliom an die Wand.
Judith ist bei mir, Tag und Nacht, sitzt am Steuer, kocht, spielt Hauptrollen, souffliert, kümmert sich um die Kostüme der Darsteller und näht mit, wenn Not am Mann ist. Nachts fallen wir in hölzerne Bauernbetten mit riesigen Plumeaus, Betten, die oft bis zum Morgengrauen knarren und krachen, weil Judith und die Nächte, das Leben und die Zukunft zu schön sind, als daß man nur schlafen möchte.
Doch eines Tages rollt ein funkelnagelneuer Alfa Romeo über die Rampe des Holzkirchner Bahnhofs auf einen offenen Güterwaggon. Die Gastspielbühne ist verkauft, ein österreichischer Repatriierungstransport bringt uns nach Wien. Der Bummelzug, der mich von Station zu Station geführt hat, wird zum Güterzug, vollgepackt mit Heimkehrern. Rückkehr nach Wien. Rückkehr zur Geliebten. Nach diesem Transport zurück in die Wahlheimat werden Reisen nur noch im schnellen Auto oder im Jet bewältigt. Der Rhythmus wird sich dem neuen Zeitalter anpassen. Die Zukunft hat begonnen.

15.

Der Major Schnabel von *Her Majesty's Service for Austria* ist ein gemütlicher Wiener, der sich und die Welt in bester Symbiose von englischem *fair-play* und Wiener Gemütlichkeit nicht zu ernst nimmt. »Um als Deutscher an der Burgtheater-Tournee in die Schweiz teilnehmen zu können, müssen wir die Genehmigung der Alliierten einholen. Kein Problem bei den Briten und Amerikanern, nur bei den Franzosen und Russen müssen wir persönlich vorbeifahren.« Der Austin mit dem englischen Hoheitsabzeichen fährt vom Michaelerplatz kommend über die Hofburg zum Ring. Der russische Kollege von Major Schnabel residiert im ›Hotel Imperial‹. Dort, wo acht Jahre früher Hitler eingezogen war. Wien hat sich seither verändert, und seit wir – Judith und ich – per Güterzug zurückgekommen sind, ist die verträumte Residenz damit beschäftigt, mit der Befreiung fertig zu werden.

Wir hatten kaum Zeit gehabt, die Koffer auszupacken und Ordnung in Judiths gemütliche kleine Wohnung zu bringen, da hatten schon die Proben begonnen. »Der Kammersänger« von Wedekind. Es gelingt mir, Judith für die Rolle der Frau des Kammersängers engagieren zu lassen, und sie ist seither Mitglied des Burgtheaters geblieben. Danach kommt, so wie ich es mir gewünscht hatte, die Rolle des Fernando in »Stella« neben Alma Seidler und Käthe Dorsch. Die Aufführung unter der Regie des neuen Direktors Raoul Aslan ist ein solcher Erfolg, daß sie als repräsentativer Beitrag Österreichs zu den Zürcher Festspielen eingeladen wird. Die Aussicht, nach all den Jahren ins Ausland

zu dürfen, ist verlockend. Aber der russische Kultura-Offizier sagt unwiderruflich *njet.*
Hilbert, der Chef der Bundestheaterverwaltung, sitzt in demselben Büro am selben Tisch, an dem mir vor einem Jahr – mein Gott, was ist in diesem Jahr alles geschehen, vermutlich haben sich deine Eltern, Mathilda, um diese Zeit kennengelernt – der Ministerialrat meinen Transportbefehl für das P.U.-Lager übergab. »Ja, um Gottes willen, verehrter Herr Burgschauspieler, was machen wir denn da? Die Frau Dorsch hat klipp und klar erklärt, sie spielt nur, wenn Sie dabei sind. Und Sie wollen doch mit, oder?« – »Ich wüßte nicht, was ich lieber täte. Aber die Russen meinen, es dauert mindestens einen Monat, bis die Ausreisegenehmigung aus Moskau eintrifft.« Hilbert überlegt. Dem ehrgeizigen Verwaltungsbeamten, der mit unheimlicher Energie am Wiederaufbau der Oper und des Burgtheaters arbeitet, liegt viel an der Rückgewinnung des internationalen Prestiges Österreichs als Nation der Musik und des Theaters.
»Sie sind ein wertvolles Mitglied. Sie wollen doch auch in Zukunft dem Verband des Burgtheaters angehören, nicht wahr?« – »Selbstverständlich.« (Warum fragt er denn so gespreizt?) – »Sie gedenken, wenn ich meinen Informationen Glauben schenken darf, das verehrte Fräulein Holzmeister zu heiraten, sobald der verehrte Professor Holzmeister aus der Emigration in der Türkei heimkehrt, nicht wahr?« (Jetzt mischt er sich schon in mein Privatleben, der neugierige Gschaftlhuber mit der Kastratenstimme). – »Ja, das stimmt. Nur weiß ich nicht recht, was das mit dem Gastspiel zu tun haben soll.« – »An Moment, Herr Burgschauspieler, ich frag' das alles nur, weil ich wissen möcht', ob Sie eventuell daran denken würden, Österreicher zu werden.« – Ich fange an zu begreifen. »Geht denn das überhaupt, und so schnell?« – »Sie sind also bereit, Österreicher zu werden. Ich höre es mit Vergnügen... Frau Müller« – er hat den Telefonhörer abgehoben und spricht hinein – »gehn S', seien S' lieb und verbinden S' mich schnell mit dem Herrn Bundeskanzler. Danke.« – Er macht eine halbe Drehung auf seinem Biedermeierdrehstuhl. Die Turmuhr der Michaelerkirche schlägt zwölf. Die Ruhe

in den Räumen der ehemaligen k. u. k. Hofburgverwaltung mit ihrem verblichenen Glanz erhält durch das Glockenläuten etwas Ländlich-Geborgenes. »'s ist ja auch ein schönes Land, unser Österreich, nicht wahr?« – »Ja«, sage ich und fühle mich daheim und gemütlich. – »Das hören wir gern...« Der Summton reißt den Drehstuhl ans Telefon zurück.

»Hier Hilbert. Ja, bist du's, lieber Beppi? Stör' ich sehr?... Was?... Aha, ihr macht's grad a kleine Verschnaufpause. Na, du Armer, hast ja jetzt so viel zu tun, ich kann's mir denken. Ich will dich nicht aufhalten. Du erinnerst dich doch sicher an den Burgschauspieler Jürgens... Ja, ganz richtig, Curd Jürgens ... Eine erstklassige Kraft?... Ja, da sind wir ganz deiner Meinung. Nur ist der Jürgens, leider, Deutscher. Er möcht' die Tochter vom Clemens... na ja, vom Holzmeister heiraten, und wir brauchen ihn so dringend für die Tournee nach Zürich. Du weißt... Könnten wir ihn zum Österreicher machen?... Was sagst?... Ministerratsbeschluß? Hast du die zuständigen Herren vielleicht in der Näh'?... Sind alle grad da bei der Jausen?... Na, dann frag sie doch, bitte, es pressiert nämlich a bisserl... Danke, meine Verehrung und Handküsse z'haus...«

Der Telefonhörer fällt mit silbernem Klang auf die Gabel. Hilbert steht auf, knöpft sein Jackett zu und reicht mir die Hand: »Herr Burgschauspieler, Sie sind Österreicher. Ich gratuliere...«

Die Tournee findet statt und die Hochzeit auch. Judiths Vater begutachtet den »Eidam«, wie er mich nennt, trinkt mich ein paarmal beim Heurigen unter den Tisch und gibt seinen Segen unter der Bedingung, daß die Hochzeit würdig – das heißt kirchlich – stattfindet. Dazu muß ich bei einem Dominikanerpater, Diego Götz, der wegen seines mutigen Verhaltens während der Nazizeit eine Lokalberühmtheit geworden ist, in der Dominikanerabtei Brautunterricht nehmen; denn ich bin protestantisch und für einen Mann wie Holzmeister, der Präsident des »Österreichischen Katholikentages« ist, ein Ketzer. Der Unterricht in der Zelle des Paters endet bei Schnaps und Kaffee nach langen Gesprächen und Diskussionen, die mir den Katholizismus in völlig neuem Licht erscheinen lassen. Als ich es erwähne, winkt der elegante Pater, den ich sonst nur im schicken Smoking bei Premieren sitzen sah, mit lässiger Gebärde ab. »Nun sagen Sie nur noch, Sie wollen Katholik werden. Da müßte ich Ihnen entschieden abraten. Solche wie Sie brauchen wir nicht, Sie sind der geborene Zweifler. Geben Sie acht, daß Sie eines Tages nicht kleinmütig werden. Auf Ihr Wohl. Zigarette?«

Die Hochzeit in der Annakirche wird zum Tagesereignis für Wien, die Presse, die Wochenschauen. Willi Forst ist mein Trauzeuge, und Kammersängerin Irmgard Seefried singt für uns. Die österreichische Hocharistokratie entsendet eine edle Spätlese, Herzöge, Fürsten und Prinzen: die Schwarzenbergs, die Fürstenbergs, die Bourbon-Parmas, die Auerspergs. Dazu kommen die Kollegen vom Theater und vom Film, die Maler und Bildhauer Böckl und Pauser, meine Kumpane aus dem Lager, die Kumpane vom Eiermann-Stammtisch. Judith im malvenfarbenen Kostüm mit Federhut von Mode-Zar Adelmüller, ich im Cut mit Plastron und gestreifter Hose. Hoch das Brautpaar! Vor der kleinen Kirche in der schmalen Annagasse stauen sich die Zuschauer: die vom Burgtheater und die von der Straße.

Der alte Holzmeister zeichnet die Pläne für ein Häuschen in Grinzing. Das Grundstück auf einem idyllischen Pachtgrund der Gemeinde Wien erhalte ich für 99 Jahre. Es wird ein scheußliches Haus. Holzmeister kann vielleicht Kirchen bauen, aber kein Wohnhaus für licht- und lufthungrige junge Menschen. Seine Tiroler Heimat schlägt bei allen Kompromißversuchen durch: statt Fenster Schießscharten, statt eines großzügigen Wohnraums verschachtelte Kämmerchen wie auf einer Skihütte in Kitzbühel. Nur das weit vorgezogene Schleppdach erinnert an Grinzing. Es soll wohl vor Lawinen schützen, aber es sieht aus wie die bis an die Nase gezogene Mütze eines besoffenen Grinzinger Heurigenbesuchers.

Drei Jahre später lese ich beim Studium der Großen moderner Architektur eine Passage bei Neutra, in der dieser Pionier der Umweltforschung behauptet, er könne die Dauer einer Ehe an der Gestaltung ihrer Wohnmaschine voraussagen. Nun, das

junge Paar zieht glücklich ein, und es werden sieben Jahre vergehen, seit dem Tag im Lusthaus, bis wir uns als Freunde fürs Leben trennen. Aber ich bin sicher, Neutra hatte in meinem Fall recht: In der Grinzinger Villa hausten Trolle und Kobolde aus den Bergen, Zwillingsbrüder der skandinavischen Gestalten Ibsens aus den unwegsamen Dolomiten. Da war zu viel Platz für meinen unsichtbaren Wegbegleiter, und oft vermeinte ich, sein meckerndes Lachen zu hören, wenn wir uns bemühten, das traute bürgerliche Glück, das vernünftige Glück, mit Doppelliterflaschen Grinzinger Heurigen an Tisch und Bett zu fesseln. Und doch kamen Sternstunden, Mathilda. Judith und ich, wir sind uns bei der Arbeit begegnet. Wenn auch das sinnliche Bild der jungen Frau, die eine Schnapsflasche mit beiden Händen genüßlich an die Lippen hebt, mir als erotische Vision unvergeßlich bleiben wird, wenn auch die Erinnerung an ihren kräftigen, bäuerlichen, makellosen Körper mit den Maillolschen Brüsten, Schenkeln und Kurven noch heute ein erregendes Bild beschwört, so war doch unsere zärtlich-behutsame Beziehung aus dem Schöngeistigen erwachsen, aus unserer Bemühung, die Welt der Kunst, des Berufes – an Kindes Statt – zum Zentrum unseres Zusammenlebens zu machen.
Liebe und Kunst sind für Judith aus dem ästhetischen Bedürfnis nach Schönheit geboren. So sehr sie Verständnis für das Animalische, Brutale erwirbt, für die Abgründe, die sich in der Begegnung mit Kunst und Liebe auftun, so schwer machen ihr Erziehung und Konvention den Absprung in das grausame Land, das uns jenseits des Abgrunds erwartet. So umwebt unsere Intimität ein dünnes Netz, ein Hauch von Keuschheit und Poesie, aber auch von »lauem Behagen«, wie Freud es nennt. Manchmal allerdings wird das Netz aus Poesie und Ästhetik zur silbrig lokkenden Leinwand, auf die Bilder obszöner Grausamkeit und Selbsterniedrigung gemalt werden. Wir tapezieren die hölzernen Blockhauswände mit den Aktbildern von Egon Schieles Proletarierkindern, mit den lüsternen Jugendstil-Farblithos von Klimt – aber im Schlafzimmer dürfen nur Modigliani und Paul Klee, Rousseau und ein byzantinischer junger Hundertwasser (der zu

der Zeit noch Stowasser heißt) von den Wänden auf das Ehebett schauen. So wird auch Judiths Weg zum Durchbruch, zu dem es ohne das Überbordwerfen des schöngeistigen Ballasts nicht kommen kann, dornenvoll und mühsamer als bei dem Kaufmannssohn, dessen Begegnung mit Kunst und Sex in eine Zeit fällt, da alle bürgerlich-schöngeistigen Vorurteile weggefegt wurden.

Die Arbeit ist ein starkes Bindeglied unserer Ehe. Österreich erhält als befreites Land sehr bald die Erlaubnis, die Filmindustrie wieder in Gang zu setzen, und gleich nach unserer Rückkehr von der nachgeholten »Schmierenzeit« an den bayerischen Provinzbühnen bin ich bei Filmen dabei, die von den abenteuerlichsten Existenzen produziert werden. Leute, die Millionen aus Schleichhandel oder geplünderten Kassenschränken in Kartons aufbewahren, versuchen, schwarzes Geld durch Filmfinanzierung weiß zu machen. Wer russisch spricht, hat es außerdem leichter, mit den Atelierchefs am Rosenhügel zu verhandeln, da die Studios in der russisch besetzten Zone liegen.

Franz Antel taucht wieder auf und hat im Schlepptau ein Brüderpaar, das zwar nicht deutsch spricht, aber Geld aus geheimnisvollen Koffern in den Safes der Filmateliers deponiert. Wir drehen das »Singende Haus«, ein Musical simpelster Machart. Judith ist entsetzt, daß ich mich für qualitätsloses Kunstgewerbe hergebe – aber die Kasse stimmt, und die Rechnungen für den Lebensmittelhändler, die Bauleute, das Auto werden pünktlich bezahlt. Wichtig ist: dabei zu sein. Der Gang ins Studio wird zur lieben Gewohnheit, die Minderwertigkeit der Dutzendware, an der sich der junge Bonvivant des Burgtheaters zwischen Klassikeraufführungen und Proben beteiligt, verführt dazu, die Sache auf die leichte Schulter zu nehmen. Die Analphabetendialoge der Drehbücher, die Schäkereien mit den hübschen Starlets sind vergessen, sobald der Vorhang des Burgtheaters aufgeht oder die Haustür der Grinzinger Villa sich schließt.

Filmen heißt auch Reisen, und selbst der ahnungsloseste, zum Produzenten avancierte Schwarzhändler sieht ein, daß hübsche Außenaufnahmen am idyllischen Wörthersee, in den Tiroler

Bergen oder in der herben Lieblichkeit der Steiermark den Verkaufswert des Streifens erhöhen. Die Vorläufer der Pornofabrikanten lassen die sich zaghaft öffnenden Dekolletés der über (oder in der) Nacht entdeckten Stars gern bei leuchtendem Sonnenuntergang oder schelmischem Mondschein fotografieren. Und Judith bleibt zu Haus, frühstückt beim »Dehmel«, besucht Ausstellungen und Vernissagen, trinkt Heurigen mit Malern und Literaten, während ihr Mann – meist nachts nach beendeter Vorstellung – im flinken Auto zu Außenaufnahmen rast, verschlafen seine Scenen runternudelt und die Abende in Dorfkneipen oder Provinzbars in Gesellschaft der munteren Filmwelt verlebt. So wird nicht der Film, der uns zusammengebracht hat, sondern das Theater, das Arbeiten an schweren Rollen, endlose nächtliche Diskussionen über Brecht und Tschechow, über Thornton Wilder und Tennessee Williams das Band, welches unser Glück zusammenhält.
Ein Ofenfabrikant aus Graz, der in einer leerstehenden Flugzeughalle die obskursten Filme produziert, hat einen Narren an mir gefressen. Er läßt mir freie Hand, wenn ich nach eigenen Ideen einen künstlerisch wertvollen Film herstellen will, den man auch im Ausland verkaufen kann. Judith erwacht wie aus einem Alptraum, als sie an den Drehbuchbesprechungen mit meinem Freund, dem Schriftsteller Kurt Heuser, teilnehmen kann und zu Rate gezogen wird. Statt literweise Grinzinger Heurigen serviert sie Kannen türkischen Kaffees. Wir schreiben nach einer Novelle, die ich in Pervitinnächten in der ›Grottenbahn‹ niedergeschrieben hatte, ein Drehbuch: »Prämien auf den Tod«.
Das Burgtheater wird renoviert, um die Kriegsschäden zu beseitigen, und wir spielen im Exil im »Ronacher«, einem früheren Varieté. Werner Krauß spielt den Wallenstein und hat erlaubt, daß ich, Feldmarschall Illo, sein Vertrauter, die Garderobe mit ihm teilen darf. Obwohl die Alliierten, insbesondere die amerikanischen Besatzungsoffiziere, Krauß nur widerwillig entnazifiziert haben, darf er im Burgtheater auftreten. Filmen darf er noch nicht. Das Drehbuch, das ich eines Abends mit in die Garderobe

bringe, ist noch feucht. »Werner, da ist eine Rolle für dich drin, die mußt du spielen.« – Er sitzt in langen Unterhosen am Schminktisch und schneidet Gesichter in den Spiegel. »Film? Nichts zu machen. Die Geister, die ich mit ›Jud Süß‹ rief, werde ich wohl so schnell nicht los.« – »Lies die Rolle des Schiffsarztes und wenn sie dir gefällt, versprich mir, daß du sie spielst. Um alles andere kümmere ich mich.«
Ich bin meiner Sache sicher, denn ich habe – durch Judith – einen Freund bei den Amerikanern. Ernst Haeussermann, Sohn eines liebenswerten Charakterdarstellers des Burgtheaters, ist als Theateroffizier nach Wien zurückgekehrt und bemüht sich in loyalster Weise, ohne Ressentiments und ohne Vorurteile, den Thespiskarren des österreichischen Theaterlebens aus dem Dreck zu ziehen. Ein dunkles, zweistöckiges Lokal, Mischung aus Künstlerklub und Literatenkaffeehaus, wird zum Treffpunkt für Kontaktsuchende, die nach Jahren der Isolierung dort sowohl ihren geistigen als auch ihren leiblichen Hunger stillen wollen. Denn Pettko, der Wirt mit undurchsichtiger Vergangenheit, zaubert markenfrei lukullische Gerichte auf den Tisch und Haeussermanns Stammtisch zieht die Durchreisenden und die Heimkehrenden ebenso an wie die arbeitsuchenden politisch Belasteten. Ich bin sicher, er wird helfen, Krauß, dessen Genie von niemandem angezweifelt wird, wieder filmen zu lassen.
»Werde das Buch mal durchlesen«, grunzt Krauß. Das schlechte Gewissen, vor aller Welt der Darsteller des Jud Süß zu sein, der den Nazis willkommene Propaganda für ihre Greueltaten geliefert hatte, und die Demütigung des Verbots bringen ihn in Rage.
Es ist Herbst, und wie oft in dieser Jahreszeit hustet es im Publikum, wenn der Vorhang aufgeht. Krauß steht allein in nachdenklicher Pose auf der Bühne und starrt regiegemäß in den Zuschauerraum, bis Illo auftritt und Wallenstein beginnt: »Spät kommt Ihr, doch Ihr kommt, Graf Isolan. Der weite Weg entschuldigt Euer Säumen.« Doch trotz der langen Pause, die er macht, obwohl ich aufgetreten bin und meine Reverenz wiederhole (vielleicht hat er mich im dämmerigen Licht nicht gesehen),

geht das Husten weiter. Krauß wendet sich mir zu. Ich kenne seine Augen, wenn er wütend ist. Ich spüre, wie er Luft holt, wie sich die Luftsäule unter seinem Panzer bildet, um die Stimme zu stützen, damit sie den berühmten metallischen Fanfarenklang erhält. Er wendet sich frontal zum Publikum und brüllt, daß die Soffitten klirren: »Die Säue husten, Graf Isolan, spät kommt Ihr, doch Ihr kommt...«

So war er: unberechenbar, zwischen komödiantischem Improvisationstrieb und schamlosem Zurschaustellen die Macht genießend, die er, der Hexenmeister des Theaters, über Zuschauer und Mitspieler ausübte. Die jäh einsetzende Stille hielt den ganzen Abend an, und nie mehr habe ich ein andächtiger lauschendes Publikum erlebt.

Am nächsten Abend komme ich zur gewohnten Stunde ins Theater, doch der Garderobier läßt mich nicht in unsere gemeinsame Garderobe: »Herr Krauß bittet Sie, zu warten, bis er fertig angezogen ist.« – »Nanu, er hat doch sonst keine Hemmungen, sich in der Unterhose zu zeigen.« – »Überraschung«, flüstert der Garderobier mit verschmitztem Lächeln.

Wenige Minuten später winkt er mir, einzutreten: Vor dem Spiegel steht ein Riese im gelben Ölmantel, Baskenmütze, Gummistiefeln mit hohen Absätzen; eine krumme Shagpfeife qualmt aus rotem Vollbart: »Der Mann heißt Schmidt, nicht Dr. Steffen, wie du ihn im Drehbuch nennst. Ich kenne den. Er hat sein Patent als Schiffsarzt verloren, weil er auf hoher See Abtreibungen gemacht hat. Das muß alles noch hinein in dein Drehbuch...« – Das war seine Art, mir zu verstehen zu geben, daß ihm Drehbuch und Rolle gefielen.

Der Garderobier erzählte mir später, daß Krauß stundenlang im Fundus herumgestöbert, Kleider probiert, Stiefel gesucht, Masken geklebt habe, um herauszufinden, wer denn eigentlich der Mensch sein könne, den er im Film verkörpern sollte. Wir haben Kostüm und Maske bis auf geringfügige Änderungen beibehalten. »Prämien auf den Tod« sollte sein einziger großer Nachkriegsfilm bleiben. Wenige Jahre später starb er in seinem Landhaus am Attersee.

Das war ein Leben, wie Judith es sich wünschte: Drehbuchbesprechungen, Besetzungsvorschläge, Drehplan, Dekorationsskizzen mit dem Architekten korrigieren, Kameraeinstellungen mit dem Kameramann überlegen, Kostüme aussuchen, Motive für die Außenaufnahmen finden. Sie war ruhender Pol, hilfsbereiter Engel, nimmermüder Zuhörer, Prellbock für hysterische Komödianten, zechende Kumpanin, erlösende Geliebte. Sternstunden, die Kobolde und hämisch grinsende Gespenster verscheuchten. Nach beendeten Atelieraufnahmen in der primitiven Flugzeughalle des Grazer Ofenfabrikanten wurde sie dank ihrer italienischen Mutter auch noch unsere unersetzbare Dolmetscherin.
Als Abschluß der Dreharbeiten in Triest Abstecher über die frühlingstrunkenen Hügel der Toskana nach Florenz; Spaghetti und Landwein in kleinen Osterien am Arno, nächtliches Abschlußfest auf dem leeren Markusplatz in Venedig, Heimreise im käse- und flaschenbeladenen Auto: Das Leben ist schön, das Herz jubelt.

Berthold Viertel kehrt aus der Emigration heim und wird Oberspielleiter am Burgtheater. Bis dahin spiele ich Theater, so wie ich es gelernt oder abgeguckt habe, nach bestem Wissen und Gewissen. Nun aber wird Viertel mein Gewissen. Er öffnet mir die Tore zu dem fernen Land der Seele, die bis dahin aus Ignoranz verschlossen geblieben waren. »Kratzt mit den Fingernägeln die verdammten Tabus aus euren Hirnen, klettert in die verdreckten Keller eurer Seelen und holt die Mülleimer eurer Erinnerungen herauf an die Oberfläche. Erst wenn die Götzentempel, die ihr mit eurem wohltemperierten Kunstverständnis tapeziert habt, niedergerissen sind, könnt ihr die Wahrheit sehen, die dahinter verborgen ist, und mit der ihr leben müßt, wenn ihr ehrlich Theater spielen wollt.«
Der kleine, nervöse Mann zappelt vor Ungeduld, verbrennt vor Gier, den Geheimnissen zwischen Dichtung und Wahrheit auf die Spur zu kommen. Unerbittlich, unbestechlich räumt er auf mit den Vorurteilen, die eine ganze Generation als bequemen

Schutzwall gegen Leid und Entsetzen aufgebaut hat. Nichts entgeht ihm; was der Darsteller ihm anbietet, nimmt er auf. »Ein Regisseur ist eine Bezugsmolluske«, ruft er eines Tages aus dem Zuschauerraum hinauf auf die Bühne, »ich kann alles fressen, was ihr anbietet, ich scheiße es für euch schon wieder raus, bevor ich euch den Hyänen im Zuschauerraum vorwerfe...« Solche Töne sind die Hofräte, die Kammerschauspielerinnen nicht gewohnt, und oft blicken sie hinauf in die Kuppel des geheiligten Hauses, als bäten sie den Geist von Kainz und Mitterwurzer um Verzeihung für den armen Irren.
Das Rauchverbot macht ihm zu schaffen, und alle halbe Stunde wird unterbrochen, damit er in der Kantine rauchen kann. Manchmal vergißt er im Eifer der Beschreibung einer Scene, daß er raucht, und zündet mit zittriger Hand eine zweite Zigarette an. Plötzlich fuchtelt er vor unseren Köpfen herum, in jeder Hand eine brennende Zigarette.
Am meisten lerne ich beim Zuhören, wenn er Käthe Gold, Helene Thimig, Werner Krauß, O. W. Fischer und Josef Meinrad das Stück erzählt, das wir gerade probieren. Listig, wie er ist, erklärt er oft den anderen meine Rollen, um meine Phantasie durch direkte Ansprache nicht zu blockieren.
Und er geht reihum, zwischen Schlücken dampfenden Kaffees, gierig hinuntergespülten Gläsern Sodawasser und tiefen Lungenzügen. Ich liebe diese Pausen, und daheim beginne ich, wie mit einem unsichtbaren Staubsauger meine vier Wände und die schwer zugänglichen versteckten Ecken abzusaugen, in denen sich Nester verdrängter Träume und verheimlichter Begierden angesammelt haben. Auch das Publikum wacht auf, denkt mit, trinkt die Stille der endlosen Pausen in der »Möwe«, atmet den Sturm im Herzen Blanches in »Endstation Sehnsucht«, büßt mit den Sünden der »Kronbraut«, wischt Staub in den Vitrinen der »Glasmenagerie«. Der neue Geist, mit dem Viertel das renovierte Haus erfüllt, wird selbst im respektvollen Pausengetuschel und in der Haltung der stundenlang an den Vorverkaufskassen Schlange Stehenden hörbar.
Doch Judith steht noch abseits. Noch hat sich keine Rolle für

eine Zusammenarbeit gefunden. Manchmal vermeine ich, bei beiden eine gewisse Eifersucht zu entdecken: bei Viertel, weil er mich adoptiert hat wie einen Sohn, bei Judith, weil sie spürt, daß die Welt, in die ich flüchte, nicht die ihre ist.

»Sturm über Alaska«, heißt der Film, in dem Oscar Werner und ich die Hauptrollen spielen. Die Außenaufnahmen dieses französischen Streifens finden in Tirol statt – Ersatz für Alaska. Es ist eine konventionelle Dreiecksgeschichte um zwei Pelzjäger, die um eine Frau kämpfen und versuchen, sich in Eis und Schnee gegenseitig umzubringen. Österreicher finanzieren die Außenaufnahmen, Franzosen die Atelieraufnahmen in Paris.
Paris, St-Germain-des-Prés, Boulevard St-Michel. Café Flore. Les Deux Magots. La Rose Rouge. – Juliette Greco tritt auf, barfüßig, mit langem, ungekämmtem Haar. Jacques Prêvert schreibt ihre Texte: »Les feuilles mortes«. Unser Kameramann fährt mich hin, stellt mich vor. Da sitzt Jean-Paul Sartre und will wissen, ob Egon Friedell überlebt hat. Es ist, als ob ein Gespräch nur unterbrochen worden wäre. Ich antworte französisch und denke in französisch, so daß es mir schwerfällt, die einfachsten Wörter auf deutsch zu übersetzen, wenn man mich, mehr aus Höflichkeit, danach fragt. Und jeder will mir ein Mädchen aufdrängen für den Nachhauseweg, für einen *nightcap.* Olivenhäutige Algerierinnen, ebenholzfarbene Senegalesinnen, parkettbodenbraune Marokkanerinnen. Mein Gott, sind die Wienerinnen rosa…
Man ißt *Gigot* statt Schnitzel, Austern statt Beuschel mit Knödeln, und um sieben, nach Drehschluß, gibt's ›Ricard‹, *offert par la production* – von der Produktion bezahlt, statt Nußdorfer. Oscar Werner taucht nach ein paar Tagen in einem ›Hôtel de passe‹, einem Stundenhotel gleich neben der Rue de Seine, unter. Mich zieht es aber auch in die Gegend der Rue de Rivoli, zum ›Hôtel du Louvre‹ an der Rue de Louvre, wo ich so oft als Knirps mit den Alten Herrschaften abgestiegen war. Um Judiths willen, um »sauber« zu bleiben, wechsle ich in ein adrettes Hotel in der Rue Matignon über. Die Drehzeit in Paris beginnt um 12 Uhr mittags: Reverenz der Franzosen den Damen gegenüber, damit

sie ausgeschlafen und mögliche Falten ausgebügelt sind. So kann man den Vormittag dazu benutzen, ausgedehnte Spaziergänge zu machen. Als ich nach *café au lait* und *brioches*, ans große bequeme Doppelbett serviert, das Hotel verlasse, entdecke ich ein Schild am Haus: ›Hier wohnte der Dichter Heinrich Heine, geboren am 13. Dezember 1797, bis zu seinem Tod am 17. Februar 1856.‹ Während ich zu den Bouquinisten an der *rive gauche* flaniere, denke ich darüber nach, ob sich wohl im Werk Heines Aufschlüsse finden lassen, die auch für mich, den gleichfalls am 13. Dezember im Sternbild des Schützen Geborenen, Bedeutung haben könnten.
Judith kennt Paris nicht, und beim nächsten Besuch, nach Absolvierung einiger Repertoirevorstellungen, kann sie es einrichten mitzukommen. Wir besuchen einen Freund ihrer Mutter in der Malersiedlung Falconnière und essen in der ›Coupole‹. Abends dinieren wir im ›Coq Hardi‹ und nachts führe ich sie auf die Place Pigalle. Die Wärme der Paare, die sich beim Tanzen an uns drücken, verwirrt Judith, und ich spüre, wie sich eine bisher unentdeckte Schleuse öffnet. Sie tanzt mit einem schmalen riesigen Schwarzen, der sie mit den Augen verschlang, bis er sich, höflich und mit entwaffnendem Lächeln, entschloß, an unseren Tisch zu kommen, sich vorzustellen und sie aufzufordern. Als sie an den Tisch zurückkehrt, leert sie das frischgefüllte Glas Champagner auf einen Zug. Und hält die Schalen in beiden Händen, wie damals im Prater die Flasche Slibowitz.

Als wir nach Wien zurückkehren, ist Judith verändert, flackernder, zerfahren. Nachts spricht sie im Schlaf. Ich insceniere »Anatol« von Schnitzler und erhalte eine Bombenbesetzung. Hans Holt als Anatol macht sein Debüt am Burgtheater, Josef Meinrad, der Liebling der Wiener, spielt den Max, Judith die Gabrielle in *Weihnachtseinkäufe*, Alma Seidler die Gusti Wolf – alles, was gut und teuer ist, wird aufgeboten, um Schnitzler eine würdige Rückkehr ins Burgtheater zu bereiten. »Schnitzler müßte eigentlich in unverwechselbar wienerische Dekorationen gestellt werden. Die erste Episode sollte an Schiele erinnern, die zweite

an Klimt, die dritte an Hauser, die vierte an Fuchs, die fünfte an Hundertwasser und so weiter.
Judith sitzt am Kamin, sie trägt einen rustikalen Hosenanzug aus grauem Loden mit grünen Paspelierungen. Das Ganze wirkt wie ein Trachtenanzug aus der Steiermark. Plötzlich steht sie auf und läuft hinaus. Ein paar Kerzen brennen, und ihr Schein bricht sich auf den Weingläsern. Die Scheite im Kamin knacken und schwelen. Zu feuchtes Holz. Ich stochere im Feuer herum und blase in die Glut, um das Feuer zu ermuntern. Dazu lege ich mich auf den Boden auf einen dunkelbraunen Tiroler Fleckerlteppich. – »So, schau mich an, ist das das Leben, von dem du träumst, mit deinem Viertel, deinem Tennessee Williams?...« Als ich mich umwende, ist ihr nackter Schoß mit dem starken, rötlich-braunen Flaum so nahe am Kamin, daß ich unwillkürlich die Hand ausstrecke, um zu verhindern, daß er Feuer fängt. Da steht sie: nackt, mit erschrockenen Augen, wie ein waidwund geschossenes Reh. Die Spitzen ihrer Brüste sind mit knalligem Lippenstift rot bemalt, so, wie sie es in dem Striptease-Lokal an der Place Pigalle gesehen hatte. Der rührend-kindliche Ausdruck der Scham und Hilflosigkeit verdrängen die Begierde, die aufgeflammt war wie die Buchenscheite im Kamin. »Mein Judithlein!« Ich nehme sie in die Arme wie ein Kind und bin plötzlich nur noch Beschützer. So geht es manchmal im Leben. Sturm, Blitz und Donner lassen dich die Lieblichkeit einer Landschaft erkennen, als sähest du sie zum erstenmal...
»Judithlein« – nach diesem Abend wird die große, stolze Judith zum »Judithlein« – »der Film, den ich in Wiesbaden drehen soll als Regisseur und Hauptdarsteller, nach meinem eigenen Buch, wird dir gefallen. Es ist zwar eine Komödie, aber da hast du keinen Grund, meine niveaulose Geldverdienerei zu verachten. Wenn du mir hilfst, wird ›Gangsterpremiere‹ ein reizendes Lustspiel. Wir fangen in den Ferien an und hängen im September die Außenaufnahmen in Wien an, da kann ich abends spielen.«

Wir sitzen im Garten, an der Westseite, beim blühenden Magnolienbaum, und trinken Tee. »Ich muß dir etwas beichten, Con-

radinho.« Judith trägt ein Dirndl. Das Zartrosa ihrer Bluse und das Schwarz des Mieders passen zur Farbe der schwellenden Magnolienblüten und dem schwarzen Stamm, so daß die Konturen verschwimmen. »Du weißt, es ist das erstemal nach dem Krieg, daß ›Faust, zweiter Teil‹ zu den Salzburger Festspielen herauskommt. Papa macht die Dekorationen in seinem Festspielhaus. Er würde gekränkt sein, wenn ich absagte...« – »Und jetzt willst du mir gestehen, daß du unterschrieben hast?« – »Nein, unterschrieben noch nicht, aber...« – »Aber du hast zugesagt?« – »Ja, Conradinho.« – »Judithlein. Film fasziniert mich. Er ist Teil meines Lebens. Filmleute sind fahrendes Volk. Man gondelt in der Welt herum, und eines Tages entdeckt man, die Wurzeln sind ausgerissen, wenn man sein Heim nicht mitnimmt, wohin man auch verschlagen wird. Du bist mein Heim, meine Heimat. Sag ab, und komm mit mir.«
Judith wippte auf ihrem Gartenstuhl. Ein Luftzug bewegt den Magnolienbaum. Es kommt mir vor, als nickten die schweren Blüten, als dirigierten sie mit ihren Armen den Rhythmus, mit dem Judiths Körper hin- und herschaukelt. »Du bist schon entwurzelt, Conradinho. Deine Heimat ist das Auto, das Flugzeug und das Filmatelier.« – »In Paris, bevor du kamst, hab' ich dich betrogen. Unwichtig. Dunkle Haut, zuviel Schnaps. Du hast es gespürt, als du mit mir zur Place Pigalle gingst.« Sie nickt nachdenklich. Hört auf, mit dem Stuhl zu wippen, gießt Tee nach, sagt nichts. »Wenn ich jetzt drei Monate von hier weg sein werde und du in Salzburg deine Helena spielst, da könnte es passieren...« – »...daß es nicht so unwichtig sein wird wie in Paris, daß du dich verliebst, du fahrendes Volk?« – »Ja, Judithlein, das wäre doch möglich, drei Monate...« – »Weißt du schon, in wen?« – »Nein, Judithlein...«
Zwei Monate später wußte ich es. Der Film wurde nicht in Wiesbaden gedreht. Der Produzent verübte zwei Wochen vor Drehbeginn im Hotel ›Frankfurter Hof‹, eine halbe Autostunde von Wiesbaden entfernt, Selbstmord. Bis wir einen neuen Geldgeber fanden, ernährte ich meinen Stab, den Kameramann, den Assistenten im Spielcasino, wo wir mit einem idiotischen System täg-

lich genügend Geld heimbrachten, um unser Essen bezahlen zu können. Das war Schwerarbeit, und ich fing an, die professionellen Spieler am Roulettetisch zu bemitleiden. Der neue Geldgeber verlegte die Außenaufnahmen an ihren ursprünglichen Drehort, nach Wien, und zwar um das geschlossene Carltheater beim Praterstern.

Als ich das Haus in Grinzing betrete, ist Judith fort. Unter der Post, die aus Wiesbaden nachgeschickt worden ist, Judiths Brief: »... Ich helfe Papa beim Auflösen der Wohnung in Ankara. Die Proben in Salzburg beginnen Anfang Juli...«

Sie heißt Dagmar und ist von jugoslawischem Adel, Mitglied der Wiener Jeunesse dorée, dunkel, hochbeinig und schmal. Sie rollt das *r* und spricht mit kroatischem Akzent.

Abends nach Drehschluß bei Petkoff am Stammtisch übermittelt mir Haeussermann eine Einladung des *State Department* in die USA, wo ich im Rahmen eines *Exchange program* durch die Staaten reisen und an Universitäten und in Amateurtheaterzirkeln Vorträge über europäisches Theater halten soll. Der wahre Grund des Programms war, jungen Leuten mit Zukunft amerikanisches Leben zu zeigen, im Sinne der demokratischen Umerziehung. Das Burgtheater gibt mich frei dafür, verspricht Haeussermann. Der neue Produzent läßt die im Wiesbadener Atelier aufgebaute Dekoration des Carltheaters meistbietend versteigern und dreht unsere Innenaufnahmen in Graz, in der Flugzeughalle des Ofenfabrikanten. Dagmar kommt mit und gewinnt sehr bald die Freundschaft Grethe Weisers, meiner Hauptdarstellerin. Noch während der Dreharbeiten erhalte ich einen Einschreibbrief der ›Paramount Film‹, Generaldirektion New York, Rechtsabteilung. Mr. Billy Wilder habe vor Jahren einen Stoff für ein Drehbuch an die ›Paramount‹ verkauft, das, wie aus den Zeitungsmeldungen zu schließen sei, Ähnlichkeit mit meinem in Arbeit befindlichen Film aufweise, so daß der Verdacht des Plagiats auftauche. Zu meiner grenzenlosen Bestürzung liegt ein Exposé bei, das in der Tat ungeheure Ähnlichkeit mit meiner Story besitzt. Nur spielt meine Geschichte in der Nachkriegszeit unter einer Schwarzhändlerbande, die ein zerbombtes Theater als Unterschlupf benützt. Sie endet mit dem Eintreffen einer alten Soubrette, Grethe Weiser, die den jungen Schwarzhändlern die Leviten liest, ihnen Schauspielunterricht erteilt und das verfallene Theater resolut mit einer Gangsterpremiere eröffnet. Bei Wilder sind die jungen Leute Falschmünzer und die Figur der Weiser existiert nicht. Immerhin, die Anwälte in Wien schütteln bedenklich den Kopf: »Gegen so eine Weltfirma einen Prozeß zu riskieren...« Die Einladung nach den USA kommt gelegen und Haeussermann arrangiert es, daß ich unmittelbar nach Drehschluß hinüberfliege. Es gibt zwei Abschiede. Einen von Judith und einen von Dagmar.

Der Pan-Am-Clipper Frankfurt–New York hat einen oberen Stock mit wohlbestückter Bar. Ich bestelle den ersten Whisky meines Lebens und vertiefe mich in das inzwischen zu einem umfangreichen Dossier angeschwollene Material von Zeitungsausschnitten und Berichten, aus dem einwandfrei hervorgeht, daß in Straubing eine Schwarzhändlerbande verhaftet wurde, die sich in einem leerstehenden bayrischen Theater eingenistet hatte und von dort aus nicht nur amerikanische Zigaretten, sondern auch den vorhandenen Kostümfundus an die frierende Bevölkerung verscherbelte. Die Sache flog auf, als ein Polizist einen biederen Bürger auf der Straße festnahm, der hohe goldene Schnürstiefel aus einer Wagneroper trug.
»What are you working so hard?« Der elegante Amerikaner mit den grauen Schläfen und karierter Strickweste nimmt neben mir an der Bar Platz. »A script«, antworte ich lakonisch, denn ich bin die amerikanische Redseligkeit noch nicht gewohnt, und außerdem hat er eine Aussprache, die ich schwer verstehe. Es stellt sich heraus, daß er Südstaatler ist und aus Atlanta, Georgia, kommt. »My name is George«, sagt er und winkt der Stewardeß, bestellt zwei Whisky, »George Starbird.« – »Curd Jürgens«, sage ich im Aufstehen, erwarte nach guter deutscher Art den Händedruck. Den übersieht er: »Hi, Curd, Ihr Name klingt so skandinavisch.« Ich berichte meine dänische Abstammung. »What kind of a script?« – »Filmscript.«

Mein Englisch ist eingerostet, seit ich im Londoner Camden-Hill College so fließend *small talk* machen lernte, und hat mit der Sprache, die der elegante Herr spricht, wenig zu tun. »Filmscript? Sind Sie beim Film?« – »Yes, sir«, sage ich stolz, denn ich bin sicher, er wird mich nun nach meinen Filmen fragen, den einen oder anderen vielleicht sogar während seines Aufenthalts in Deutschland gesehen haben. Aber es kommt anders, und die Antwort jagt mir einen Schauder ein, den ich nie vergessen werde. »Sie arbeiten in dieser Judenbranche – ein Mann wie Sie, blond und mit dänischer Abstammung?« – »In den letzten fünfzehn Jahren hat es beim deutschen Film keine Juden gegeben«, antworte ich beschämt und stecke meinen Kopf in die Akten. – »Deswegen braucht man sich doch nicht zu schämen! Richtig habt ihr das gemacht!« Etwas hämmert mir im Kopf. Ich schütte meinen Whisky hinunter. Das Zeug schmeckt nach Krankenhaus. Ich lutsche noch ein Stück Eis hinterher und spucke den Rest aus. Bevor er weitersprechen kann, blättere ich im Dossier und sage: »Ich will meinen Schwager in Kalifornien besuchen. Er ist Jude, Sir.« Danach verstummt die Konversation, aber arbeiten kann ich nicht mehr.

New York. ›Taft's Hotel‹. Time Square. Ich stehe und starre. »May I help you?« fragt eine freundliche Dame mit runden Brillengläsern. Das passiert öfter und ich denke, das uneigennützige Interesse am Mitmenschen, seine Teilnahme am Wohl und Wehe des Nachbarn, das, was wir Herzensbildung nennen, stammt aus der Zeit der Siedler, als jeder Neuankömmling auf den *good-will* dessen angewiesen war, der bereits Fuß gefaßt hatte. Abends sitze ich in der Third Avenue unter den krachenden Hochbahnbögen in kleinen Bars. »Das dritte Glas geht immer auf Kosten des Hauses.«

Otto Preminger lädt mich ein. Als hätten wir uns vor einer Woche zuletzt gesehen, beginnt er das Gespräch: »War das Stück mit Gusti Huber im Volkstheater ein Erfolg? Ich mußte damals leider abreisen ...« Es ist, als wenn nichts dazwischen geschehen wäre, als wenn die Konversation bei Eiermann fortgeführt würde und ihn nur ein Wochenendausflug daran gehindert hätte,

der Premiere beizuwohnen. Ich begleite ihn auf die Probe von »The Moon is blue«, das er als Regisseur und sein eigener Produzent gerade am Broadway herausbringt. Er verabredet sich für den nächsten Tag mit mir zum Mittagessen bei ›Sardi's‹, dem bekannten Schauspieler-Restaurant. Hunderte von Fotos an den Wänden, die Weltstars, die vom Theater kamen, bevor sie Hollywood und die Welt eroberten. Premingers Assistent, Herr Schultz, empfängt mich an der Bar. »Herr Preminger bittet vielmals um Entschuldigung, er hat eine dringende Verabredung und wird nicht kommen können. Aber ich hoffe, Sie werden es nicht bereuen.« Damit weist er auf zwei junge Geschöpfe, die an Strohhalmen in Bechern mit Grapefruitjuice nuckeln.
Wie recht er hatte. Ich habe es nicht bereut. In der *Radio City Music Hall* fährt ein imponierendes Orchester aus dem Keller und spielt als Vorprogramm zu einem Western ein Potpourri von Beethoven, daß ich meinen Ohren nicht traue. Doch später denke ich: ›*So what!* ... Sie spielen, was ihnen gefällt, was die Leute hören wollen, ohne Rücksicht auf kulturelle Etikette, mit der wir in Europa alle und alles bekleben.‹
Das *State Department* in Washington imponiert nicht. Da hat Herr Speer auch nicht schlechter gebaut. Das Überraschendste: Die Zeit, die jeder sich nimmt. *Time is money* und davon haben wir genug. Zwei Stunden vergehen, bis eine Reiseroute zusammengestellt ist. Das Einpacken von zwei Sporthemden in einem großen Warenhaus an der Lexington Avenue dauert länger als der Weg vom Hotel zum Warenhaus.
Die Niagarafälle sind in Nebel gehüllt und ich sehe nichts. »Der einzige Tag im Jahr«, sagt der Führer.
Nach New Orleans fahre ich mit dem Zug. Die schwarzen Schaffner sind ernst und würdig. Am Bahnhof von New Orleans gebe ich meinen Koffer zur Gepäckaufbewahrung. Ich will die Stadt zu Fuß durchtrödeln. Der Schalterbeamte ist ein Weißer und hebt meinen schweren Koffer sofort über die Rampe, obwohl ein schwarzer Herr neben mir den seinen schon lange vor mir hinaufgestellt hat. Ich nehme meinen Schein und will gehen. Da sehe ich, wie der Weiße jenseits der Rampe sich auf einen

57 »Royal Command Performance« für »Jakobowski und der Oberst«.

58 Wernher von Braun kommt mit seinem Vater zu den Dreharbeiten von »I Aim At the Stars« (»Die Wernher-von-Braun-Story«).

59 »Jakobowski und der Oberst«, mit Danny Kaye und Akim Tamiroff.

60—61 »Der Kurier des Zaren« wird . . . von den Tataren geblendet.

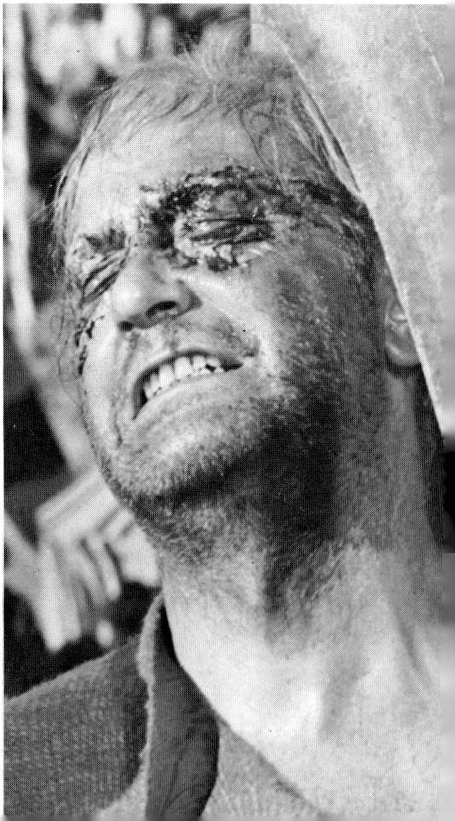

Schemel setzt und anfängt, Zeitung zu lesen. Der Schwarze wartet geduldig wie eine Ebenholzstatue. Ich gehe ein paar Schritte in die Halle zurück und behalte den Schalter im Auge. Es ist 10 Uhr 34. Um 10 Uhr 40 kommt ein Schwarzer hinter dem Abstellraum hervor, nimmt den Koffer des Mannes, fertigt ihn ab. Der Weiße blickt nicht von der Zeitung auf. Die Ebenholzstatue geht ruhig und würdig hinaus in Richtung Ausgang.
Dixieland im French Quarter. Alle Musiker sehen aus wie Louis Armstrong. Bier vom Faß im Absinthhaus. Dazu weiche, muskellose Austern. Mein Vortrag vor dem Theaterverein findet erst morgen statt. Im dritten Lokal fange ich wieder mit Whisky an. Zum Donnerwetter, ich muß doch mal auf den Geschmack des bitteren Zeugs kommen! Die Nacht verbringe ich im Puff. Im Morgengrauen, als ich aus dem schmucken Haus im französischen Kolonialstil herauskomme, fällt eine große Schwarze über mich her, zieht mich in eine dunkle Ecke, knöpft mir die Hose auf, kniet sich vor mir nieder und flüstert, mein warmes Glied reibend: »One dollar, sir, only one dollar.« – Ich gebe ihn ihr. Später erzählt mir jemand, man nennt sie *corpsesucker* – Leichenlecker, und fast jeder, der da rauskommt, läßt sie gewähren, denn jeder denkt beim Weggehen: ›Eine Nummer hätte ich noch geschafft.‹
Meine Reiseroute führt über Houston und Dallas, Texas, in den Westen, und in San Francisco treffe ich zum erstenmal auf ein aggressives Auditorium, das mich unter anderem nach Dichtern fragt, die während der NS-Zeit in Deutschland geblieben waren und gute Literatur geschrieben haben. Ich nenne ein paar Namen: Jünger, Albert Paris Gütersloh, Weinheber. Nie gehört, nie gelesen.
Der *Daylight-Express* mit seinem gläsernen Kuppeldach fährt meist am Meer entlang und kommt an berühmten Orten vorbei: Carmel, Big Sur, Santa Monica. Manchmal fährt er so langsam durch Dörfer, daß man aufspringen kann – wahrscheinlich wegen der Kühe, die man längs der Schienen grasen sieht. Bei der Ortseinfahrt von Santa Clara fällt mir ein großes Plakat auf, hundert Meter bevor der Zug im Schrittempo an einer sauberen neu-

gotischen Kirche vorbeifährt: CHURCH FOR RENT – Kirche zu vermieten! Das macht mich nachdenklich und ich merke nicht, daß jemand zugestiegen ist, obwohl der Zug nicht hält. Der Waggon ist fast leer und man kann ihn ganz übersehen. Trennende Abteile gibt es nicht. Der Mann, offensichtlich ein Farmer, strahlt und begrüßt jeden Gast herzlich wie einen alten Freund mit ›Hi‹. Er setzt sich in meine Nähe und beginnt seine Pfeife zu stopfen. Dabei schaut er fasziniert aus dem Fenster. Plötzlich springt er auf und starrt auf einen Punkt, während der Zug über eine schmale Brücke fährt, nur breit genug für die Bahn, die Landstraße biegt nach unten ab, führt ins Innere. »Look«, ruft er aufgeregt, »look over there, sehen Sie das Farmhaus da drüben am Hang?« – »Yes, a nice house« – »A nice house? This is the funniest house I have ever seen. I can't believe it, it's fantastic. Look at the roof. Isn't it the craziest fucking roof you have ever seen?« Er fuchtelt mit den Händen, die Pfeife fällt ihm aus der Hand. Ich hebe sie auf und will sie ihm reichen. Er sieht sie nicht, starrt hinaus. Jetzt schlägt er sich mit beiden Händen auf die Schenkel seiner Bluejeans und brüllt vor Lachen. »Ha, ha, unglaublich! Von hier aus hab' ich's noch nie gesehen...« Dann wendet er sich an uns alle und sagt triumphierend: »...it's *my* house...«

Das ist das strahlende, naive Amerika, das ich später lieben lernen werde. Das Amerika, welches die grauenhaften importierten Schlösser der Hearsts und die rosa Villen der Jane Mansfields in Bel Air, die raffinierten Stadthäuser der New Yorker East Side, in denen Renoirs und Gauguins im Fahrstuhl hängen, erst möglich gemacht hat.

Als ich in Los Angeles aussteige, ist es dunkel. Ich schleppe meinen Koffer auf die Straße. Gepäckträger sehe ich keinen. Das Taxi ist leer. Der Chauffeur kommt endlich hinter den Büschen hervorgeschlendert. »To Van Nuys, please.« Das *Yellow Cab* biegt auf den Highway ein. Nach einer Viertelstunde kommt mir die Sache nicht geheuer vor. »Van Nuys, Sir. Dauert das so lange?« – »So ungefähr vierzig Minuten.« ›Ach so‹, denke ich. ›Amerikanische Entfernungen. Davon macht man sich in Europa

keine klare Vorstellung.‹ »Foreigner?« – »Yes.« – »Where from?« – »Germany«. – »Which town?« – »As a matter of fact, I come from Vienna, Austria.« – »Oh, I see, Australia.« – »No, Austria, Vienna, you know.« Um mich besser verständlich zu machen, summe ich einen Walzer. »Hum-ta-ta, hum-ta-ta.« – »Oh, of course, I know. That's the city where they drive gondolas instead of cars.« – »No, that's Venice, I mean Vienna in Austria«. – »Sag ich ja, Mann. Wir sprechen das *Venice* aus wie *Van Nuys*.« – Ich gebe es auf. Ist ja scheißegal, wo ich herkomme, ob aus Venedig oder Wien. Er trägt eine dunkle Weste, eine Art Overall, und alle paar Augenblicke kratzt er sich auf der Brust, schaut sich sein Gekratze an. »Sind Sie beim Film?« – »Yes, aber bis jetzt nur in Europa.« – »Verstehe. Ich kenn' die Typen alle. Früher hab' ich Humphrey Bogart gefahren, mußte es aber aufgeben. Zuviel Schnaps. Bei dem mußt' ich zwischen dem Sunset Boulevard und dem Wilshire 'ne ganze Flasche austrinken. Dabei bin ich Ukrainer, und bei uns zu Haus trinkt man schon zum Frühstück Wodka. Aber das hier ist Van Nuys. Wissen Sie, welches Haus?« – »Nein, nie hiergewesen. Ich will meine Mutter besuchen. We did not see each other in ten years.« Unwillkürlich versuche ich, seine Sprache zu kopieren. Papageien, diese Komödianten. – »Oooh, die Mutter, nach zehn Jahren, that's nice. Sind Sie Soldat gewesen im Krieg?« – »Nein, Zivilist, Schauspieler.« – »That's nice. Ich bin nämlich Jude, wissen Sie. Jaawoohl. Here we are, bei där Momme...« Er hält, steigt aus, wuchtet den Koffer heraus, bringt ihn vor die Haustür.
Während ich Geld zähle, kratzt er sich auf der Brust und bringt eine kleine weiße Maus zum Vorschein. Ich gebe ihm einen Dollar Trinkgeld. »Behalten Sie sie. Sie wird Ihnen Glück bringen...« Er drückt mir, obwohl ich zögere, das warme kleine Ding in die Hand. »Thanks. Thanks a lot...« Er geht zum Wagen und wartet. Ich läute. Wie aus der Pistole geschossen wird die Tür aufgemacht. Es ist still hier in der kleinen Straße mit den grauen Palmen, die vom Auto aus wie Elefantenbeine aussehen. Da steht Jeanette und hinter ihr Maman. Sie trägt eine große lustige Brille, die kleine Dame, die früher immer zu eitel war,

eine zu tragen. Sie ist schmaler und klein geworden, kommt es mir vor. Aber sie riecht noch immer nach Houbigan ›Quelques Fleurs‹.

»Maman!« – »Mon fils... wie groß du geworden bist... et beau...« Jeanette schreit auf: »Um Gottes willen, was ist denn das Furchtbares...?« Als ich Maman umarme, habe ich die kleine weiße Maus fallen lassen. Sie läuft durch die Diele und verschwindet im Wohnzimmer.

Ich werde dir jetzt nicht viel von Hollywood erzählen, Mathilda. Nicht von den Berühmtheiten, die ich traf, den Häusern der Stars, die ich besuchte. Nur ganz schnell berichten, daß die erste Bekannte, der ich am nächsten Morgen bei einem Familienbummel auf dem Sunset Boulevard vor ›Schwab's Drugstore‹ begegne, Hilde Knef ist, die mit Hanns Hubmann, dem Reporter aus Deutschland, gerade eine Titelgeschichte für die ›Quick‹ fotografiert. Ich halte meine Vorträge im ›Pasadena Playhouse‹, und bald geht es ans Abschiednehmen. Maman verspricht, im nächsten Jahr nach Europa zu kommen, und ich steige bangen Herzens ins Flugzeug.

Das Rendezvous mit der Rechtsabteilung der ›Paramount‹ in New York ist für morgen angesetzt. Ein grauhaariger Herr empfängt mich im zehnten Stock des Paramount-Gebäudes. Er blättert in meinen Akten, bittet mich, am nächsten Tag wiederzukommen. Er lese kein Deutsch. »Hi, Curd«, begrüßt er mich am nächsten Tag, als ich pünktlich auf die Minute im Vorzimmer erscheine, »unser Vizepräsident möchte Sie sprechen.« Der hat kalte, harte Augen hinter goldgeränderten Brillengläsern. Mein Dossier liegt auf seinem Schreibtisch neben einer Unmenge rotangestrichener Blätter. »Wir haben eine starke Position. Unsere Rechtsabteilung ist der Überzeugung, daß das Plagiat zu beweisen ist, selbst wenn Sie in Unkenntnis des Wilderschen Manuskripts geschrieben und gedreht haben.«

»Herr Präsident, ich bin ein junger Schauspieler, der seinen zweiten Film als Regisseur macht. Wenn die ›Paramount‹ gegen mich prozessiert, ist meine Karriere zu Ende, bevor sie richtig begonnen hat...« Ich erzähle zum x-tenmal, wie die Story entstanden ist, berichte von meiner Schmierenzeit als Theaterdirektor von amerikanischen Gnaden und füge hinzu, das *State Department* habe mich herübergeschickt. Die Angst beflügelt meine Worte, ich lebe mich in die Rolle des Selbstmordkandidaten hinein, versuche mein Schicksal männlich zu tragen wie Gary Cooper und kein Klischee auszulassen, bemühe mich nach guter Hemingway-Tradition, kein Selbstmitleid zu zeigen. Der Vizepräsident steht auf, putzt die Brille, klopft mir auf die Schulter. »Okay, Curd. Sie haben mich überzeugt. Lassen Sie Ihre Adresse da. Vielleicht haben wir mal eine Rolle für Sie. Und was Ihre Gangsterpremiere angeht...« Er lächelt plötzlich unendlich freundlich; »... wir lassen die Sache fallen. Have a nice flight home...«

16.

Judith hat oft Besuch, als ich wieder in Wien bin. Friedrich Torberg geht ein und aus, desgleichen ein dynamischer junger Bildhauer namens Bertoni. Bertoni ist Italiener und in meiner Erinnerung vermischen sich seine Züge mit denen Robertos, Simones römischem Pykniker.

Viele Kollegen, die noch nicht unter Viertels Regie gearbeitet haben, sind eifersüchtig auf die Erfolge, die das Burgtheater wieder zum ›ersten Sprechtheater deutscher Sprache‹ gemacht haben. Nicht leichten Herzens entschließt er sich, ins Große Haus zu übersiedeln und mit jenem Teil des Ensembles zu arbeiten, der bis dahin wie eine zu Unrecht bestrafte Schulklasse in der Ecke hat stehen müssen. So bin ich probenfrei und kann einen Film abschließen, der eine neue Phase meines Lebens einleiten wird. Wenn ich heute auf diese Zeit zurückblicke, wie mit einem Fernglas, so zuckt mein Auge unter den schnell wechselnden Schlaglichtern der bunten Rotationsscheiben, wie man sie heute in Nachtklubs findet. – Du tanzt mit mir und dein Bild und deine Umgebung erscheinen in rhythmisch abgehacktem Zeitraffer, bis du die brennenden Augen schließen mußt und wartest, daß der Discjockey eine andere Platte auflegt. Der Tanzpartner heißt Eva Bartok.

Flugplatz Frankfurt am Main. Rosenstrauß. Fotografen an der Rolltreppe. Der Star aus England, die Freundin des Vetters der englischen Königin, schreitet auf dich herunter. Kuß auf die Backen. Stop. Noch einmal den Kuß, man sieht das Gesicht unter dem Topfhut nicht. Stop. – Erste Begegnung des ungarischen

Stars mit deutscher Zollbehörde. – »Thanks, that was a nice picture.« – Der Marquis von Milford Haven wird zum Wochenende erwartet. – »Wir haben Ihnen die Suite 201 vorzuschlagen...« Der Portier vom ›Nassauer Hof‹ kennt mich nur als schwachen Zahler aus der Zeit der Casinogänge mit meinem Filmstab. Trotzdem gibt er mir eine Suite, die nicht weit von 201 entfernt ist. – »Weitertanzen, Eva, weitertanzen, Curd, bis ihr aus dem Bild seid...«, ruft, auf einer Leiter stehend, über ein Megaphon Arthur Maria Rabenalt, der Regisseur. – Und wir tanzen und strahlen, daß der verkackte UFA-Besetzungschef an der blitzenden Reihe frisch eingesetzter Jacketkronen seine Freude gehabt hätte. – Und wir tanzen und strahlen abends im Nightclub des Casinos, in den kleinen Bars am Rhein. – Hören auch nicht auf, als der Herr Marquis übers Wochenende die Suite Nummer 200 bezieht. – Stop. »Ein Foto von den beiden Herren, bitte, Eva in der Mitte.« – Manchmal erinnert sie mich an meine kleine Freundin aus Guben. Manchmal kommen uns die Tränen, so wiehern wir vor Lachen. – Und oft wünsche ich ihn zum Teufel, eigentlich nur, weil alle Witze, die wir so total unbritisch reißen, ausführlich erklärt werden müssen.
Die ›King Brothers‹ kommen nach Wiesbaden und bringen ein Script mit: »Rummelplatz der Liebe«. Gedreht wird unmittelbar im Anschluß an die letzte Klappe vom »Letzten Walzer« in München in zwei Versionen. Anne Baxter und Steve Cochran in der englischen, Eva und ich in der deutschen Fassung: »Please, ein Foto bei der Vertragsunterschrift.«
Dazwischen Blitzreisen nach Wien, um wiederaufgenommene Repertoirestücke zu absolvieren. Judithlein ist schön und ernst. Bertoni bemüht sich um einen Gemeindepachtgrund unmittelbar neben unserem Haus in der Grinzinger Straße. Dagmar versteht, daß mit dem »Rummelplatz der Liebe« auch der Rummelplatz meiner Karriere als Filmstar begonnen hat und verläßt tapfer, hochbeinig, mit aristokratischer Grazie Wien und übersiedelt nach Rom. Es bleibt eine nostalgische Freundschaft fürs Leben. Du mußt sie kennengelernt haben, Mathilda, sie ist bei allen großen Parties zu treffen, beim Volpi-Ball in Venedig, bei

den Patinos in Estoril, bei den Spirito-Santos in Cascais, bei den Rothschilds in ›La Ferrière‹.
Die ›King Brothers‹ haben, bevor sie zum Film überwechselten, ihr Geld mit Automaten gemacht, die sie, einem Ondit zufolge, in New Yorker Herrentoiletten aufgestellt hatten. Einmal sind Außenaufnahmen in einem Waldstück, und die Komparsen müssen ihr Geld nach Drehschluß auf einer Lichtung abholen, wo der Kassierer die Gage in Silberdollars auszahlt. Beim Rückweg zu den Omnibussen, die sie heimbringen, sind an den Bäumen Spielautomaten aufgestellt. Einsatz: Ein Silberdollar. Ideen muß man haben! Das Geld liegt auf der Straße.
Die drei Brüder sind unzertrennlich. Maurie hat eine Zeitlang die ganze Familie durch Boxen ernährt, erzählt man. Das sieht man ihm an und man wundert sich, daß er aus dem verquollenen Gesicht heraus überhaupt noch die Leinwand sehen kann, wenn Mustervorführung ist. An der muß man teilnehmen, darauf bestehen die drei Brüder. Und sie haben recht. Man lernt viel, wenn man die Baxter–Cochran-Version mit der Bartok–Jürgens-Version vergleicht. Langsam zeigt sich durch das Mosaik der kurzen Schnitte trotz gleicher Regie der Unterschied verschiedener Mentalitäten und Darstellungsstile. – Einmal spreche ich nach einer solchen Vorführung Frank King daraufhin an und seine Antwort wird mir in Zukunft zum Leitfaden für meine Arbeit. »Wir sind sehr zufrieden mit dir, Curd. Aber du übernimmst eine zusätzliche Arbeit mit deiner Interpretierung der Rolle, die wir nicht verlangt haben.« – Ich verstehe nicht, was er meint. Nur das Zwinkern seiner listigen Schweinsäuglein macht mir Hoffnung, daß es nicht allzu schlimm sein kann. – »Du spielst einen Zuhälter. Daß du einer bist, hat der Drehbuchautor geschrieben. Die Scenen werden es im Laufe des Films, wenn die Sequenzen zusammengeschnitten sind, beweisen. Also brauchst du *den* nicht mehr zu interpretieren. Es genügt, wenn du einen charmanten jungen Mann aus dem Zirkusmilieu spielst, der die Eva liebt und sie seiner Persönlichkeit entsprechend behandelt. Laß den Zuhälter weg, dadurch wird der Zuhälter interessant.« Es hat eine Weile gebraucht, bis mir die Weisheit dieses Satzes

aufging und ich sie mir zur Regel machen konnte. Es war eine Ergänzung zum unvergeßlichen Satz von Werner Krauß: »Zeige nie deine Grenzen, sonst wirst du langweilig.« Ich hatte ein Rezept für meine Arbeit gefunden und fing an, große schauspielerische Leistungen Revue passieren zu lassen. Krauß spielt nicht den Feldherrn Wallenstein, sondern den gerissenen Spießbürger, der die Grenzen der Macht entdeckt, und wurde dadurch erschütternd. – Auch Laurence Oliviers Othello kehrt nie den Feldherrn heraus; den hat Shakespeare geschrieben, den braucht er nicht mehr zu spielen; und so ergreift der ins Herz getroffene Mörder Desdemonas, als hätte er nie Blut gesehn. Albert Bassermann spielte seinen Baumeister Solness wie einen alternden Playboy, nie trat der große Architekt in den Vordergrund...

›Heinz‹ heißt die Bar, in der jede Nacht automatisch »You belong to me« gespielt wird und eine Flasche Whisky ›Black Label‹ auf den Tisch kommt, wenn wir eintreffen. »You belong to me«, der Schlager der Saison, wird zum Leitmotiv. Denn Eva will mich besitzen, Karriere, Ruhm, will Mittelpunkt sein. Es scheint, Eva hat es leicht gehabt in ihrem Leben. Um Ungarn verlassen zu können, heiratete sie einen Landsmann, der früh die britische Staatsbürgerschaft erworben hatte. So kam sie nach England. Die Londoner Society und Filmwelt eroberte die faszinierende aparte Schönheit im Handumdrehen. Ihr drolliges Englisch und ihre Extravaganz erinnern an den ungarischen Renommierexport Zsa Zsa Gabor, die Liaison mit Milford Haven, die Hilfestellung der einflußreichen ungarischen Kolonie verschaffen ihr Schlagzeilen. Alle Segel sind gesetzt für eine große Fahrt. Ihre Bemühung um legitimes schauspielerisches Handwerkszeug hat am Anfang etwas Rührend-Hilfloses, doch mit zunehmender Erfahrung setzen sich die Klischees einer Traumfabrikwelt aus zweiter Hand in ihr fest, und Regisseure und Partner haben es manchmal schwer, die unverwechselbare drollige Persönlichkeit, die sie ist, von all dem muffigen Plunder einer versunkenen Marlene-Dietrich-Zeit zu befreien. So kommt es zu Reibereien, heftigen Kontroversen und den unvermeidlichen

Krachs, die wiederum den Zeitungen Stoff für Dichtung und Wahrheit liefern. Es kommt vor, daß sich diese Auseinandersetzungen im vornehmen Hotel ›Vier Jahreszeiten‹ auf privatester Ebene fortsetzen. Ich entdecke Gereiztheit, Ungeduld, Ungerechtigkeiten und Rechthaberei an mir, Eigenschaften, die vielleicht immer da waren, aber nie so sichtbar an die Oberfläche traten wie jetzt. Doch Gott sei Dank, ein drolliges Wort, das Eva bei ihren Bemühungen, Deutsch zu lernen, irgendwo aufgeschnappt hat, läßt das Groteske des dummen Streites im richtigen Licht erscheinen, und wir fallen uns brüllend vor Lachen in die Arme. »Du bist nichts weiter als ein bayerischer Stöpsler mit Karrierefieber in deim hübschen Arsch...«, sagt sie einmal in einem wütenden Streit, der ganz harmlos beim Dialoglernen begonnen hatte. Das genügt. Das lustige, echt oberbayerische Wort ›Stöpseln‹, das ich einmal verwendete, weil wir als Kinder in Solln damit das meinten, was später mit ›Bumsen‹ bezeichnet wird, hat sie nicht vergessen...
Es gibt auch ruhige Tage, aber keine stillen. Manchmal zieht sie sich stundenlang zurück, um zu meditieren, wie sie sagt. Bücher von Gourdsheff liegen dann in ihrem Schlafzimmer herum. Es dauert Monate, bis ich eine andere Eva kennenlerne. Eine Eva, eingesponnen in ein obskures Netz verblasener Gedanken, die ihr durch die Begegnung mit einem Guru in England eingeimpft wurden.
Mein Vater liebte Prentice Mulford, meine Mutter glaubte an Coués Methode der Selbsterziehung, meine Schwestern brachten mir als Siebzehnjährigem Rabindranath Tagore ans Krankenbett. Aber ich war durch Wien zu Freud und Adler, zu Jung und Reich gestoßen und in meiner Welt damals war noch kein Platz für das, was ich ›metaphysischen Klimbim‹ nannte. Erst seit du fort bist, Mathilda, verspüre ich manchmal den Atem einer Kommunikation, der wie Signale aus unbenutzten Ganglienzellen an die Schläfen pocht, nachts, wenn ich schweißgebadet aufwache und meine Hand ausstrecke, um dich zu fühlen...
Ich entdecke in Gesprächsfetzen, beiläufigen Erzählungen aus der Kindheit ein ganz anderes Bild der Eva Bartok. Ein Kind, das

mit der Angst lebt, einer Angst, die von der verbitterten Mutter, welche sie überallhin begleitet, geschürt wird. Alpträume und Sehnsucht nach Geborgenheit wechseln einander ab, Auflehnung und orientalische Resignation. So wächst zwischen Streit und Versöhnung, zwischen heiseren Lachkrämpfen und Evas einsamen Meditationen, zwischen hektisch absolvierten Zwölf-Stunden-Drehtagen und whiskyschwangeren Nächten der Gedanke, Ruhe und Geborgenheit, Zärtlichkeit und Ordnung in ihr Leben zu bringen. Zum erstenmal knüpfe ich ganz nüchtern das Wörtchen *wenn* an meine Erwägungen. *Wenn* dieses unruhige Mädchen, das die Unsicherheit nur leichtsinnig, nicht vorsichtig macht, *wenn* dieses Kind mit den verblasenen Ideen und Sehnsüchten aus zweiter Hand einmal begriffen hat, daß jemand ihr Schutz und Geborgenheit bieten kann, dann wird aus der hinreißenden Skandalnudel eine ideale Frau, Geliebte, Gattin. – Doch diese Gedanken behalte ich für mich. Denn noch muß ich ergründen, wieweit die Wunden der Kindheit heilbar sind. Mißtrauen und Eifersucht müssen geortet und diagnostiziert werden, und ich muß sicher sein, daß sie nicht im Zuge der Übertragung wie ein ansteckender Virus meine Sicherheit und Träume in Mitleidenschaft ziehen. Denn mein eigenes Verhalten beunruhigt mich, wenn ich in seltenen Augenblicken dazu komme, über mich nachzudenken.
Film in Cortina d'Ampezzo. Die Produzenten reißen sich um das attraktive Paar. Kurt Heuser muß die Rollen aufmöbeln, das ist unsere Bedingung. Roberto Rossellini wird erst als Regisseur, dann zumindest als künstlerischer Oberleiter verlangt. »Orientexpreß« hat als erste Drei-Länder-Co-Produktion mit Silvana Pampanini als italienischem, Henri Vidal und Daniel Gelin als französischem und Eva und mir als deutschem Beitrag eine wirkungsvolle Besetzungsliste. Die Fotografen wissen nicht, bei wem sie anfangen sollen, und als Michèle Morgan ihren Mann Henri Vidal besucht, spannen die Paparazzi an den verschneiten Tannen Seile von Baum zu Baum, um mit den Kameras in die Hotelzimmer linsen zu können. – Danach Atelieraufnahmen in Rom. Das Studio am Ende der Via Flaminia. Wir wohnen in der

feinsten Suite des fashionablen Hotels in Parioli. »You belong to me« und ›Black Label‹ im ›Ottantaquattro‹. Vorher endlose Apéritifs bei Doney und spät abends zu dunklen Partys der römischen Aristokratie. Eva probiert eine dünne selbstgestopfte Zigarette, die Vidal herumgehen läßt. »Hilft dir wohl beim Meditieren«, rufe ich gereizt hinüber zur Couch, auf der sie nahe bei Vidal sitzt. Wut und Eifersucht sind nicht mehr zurückzuhalten. Die sensiblen Aristos lächeln über den primitiven Bôche. Das macht mich rasend. Ich tanze mit ihr, packe sie am Handgelenk, daß sie aufschreit, zerre sie hinaus. Auf der Straße kein Taxi. Sie kennt Rom gut und ich muß es ihr überlassen, eine belebte Straße zu finden. »Kennst die Gegend von früheren Orgien, was?« Ich schreie, daß es in der Straße hallt. Endlich ein Taxi. Im Appartement eine matt erleuchtete Bar. ›Black Label‹, und ich schreie weiter. ›Was ist denn mit dir los?‹ denke ich dazwischen, doch der unsichtbare Wegbegleiter, der es wagt, an meine Vernunft zu appellieren, wird niedergeschrien. ›Gar nichts ist los. Ich habe es nur satt, der gehörnte Zuhälter einer haschrauchenden fucking whore zu sein...‹ – ›Das ist die Rolle im ›Rummelplatz‹‹, denke ich verschwommen. ›Du spielst die Scene nach, in der du schlecht warst.‹ – Jetzt ist Eva an der Reihe, und die ersten Ohrfeigen prasseln, verfehlen das Gesicht, zerschmettern statt dessen das volle Whiskyglas. Ich lutsch' mir das Blut von den Fingern.

›Stanley Kowalski, ›Endstation Sehnsucht‹‹, meckert der Unsichtbare, als ich sie nehme, ins Badezimmer schleife und ihren Kopf unter die Wasserleitung halte, daß sie schluckt und prustet. Da rutsche ich auf dem überschwemmten Fußboden aus, falle hin. Ihr Stöckelschuh trifft untere Regionen. Jetzt geht's erst richtig los. Die Fetzen fliegen. – In dieser Nacht wird nicht mehr gelacht. Am Morgen bringt ein Herr im grauen Cut das Frühstück. Er habe im Auftrag der Direktion die unerfreuliche Aufgabe übernommen, uns mitzuteilen, daß die Zimmer bis zwölf Uhr geräumt werden müßten. Die verschreckten Hotelgäste hätten sich auf dem Korridor beraten und auf einem ›entweder die oder wir‹ bestanden. Eva kann sich vor Schmerzen nicht be-

wegen, doch ich meine, in ihrem verquollenen Gesicht ein fröhliches Lächeln zu entdecken...
Ich suche das Telefon, um den Produzenten anzurufen, finde aber nur die Schnur und folge ihr. Das Telefon baumelt aus dem Fenster, auf der Höhe des unteren Stockwerks. Ich entsinne mich undeutlich, daß es in der Nacht öfters geläutet hat. Ich muß es zum Fenster hinausgeworfen haben. – Der Produzent versucht mit preußischem Charme, die Direktion umzustimmen. Verständlicherweise ohne Erfolg. Dafür versammelt sich in der Halle eine Herde Paparazzi mit gezückten Kameras. Wir bestellen eine Ambulanz, denn Eva will und kann nicht gehen. Zwei grinsende Kerle in weißen Kitteln hieven Eva auf die Tragbahre. Der Produzent geht links, ich rechts. Ich vermisse einen Tusch, als die Tür des Fahrstuhls sich zur Halle öffnet. Die Fotografen stehen im Halbkreis, tun ehrfürchtig, wahrscheinlich lächle ich auch noch blöd. Das jedenfalls meint Eva, als wir sechs Stunden später die Riegel vor die Türen des Appartements mit Kitchenette im Hotel ›Barberini‹ an der Piazza Barberini schieben, um die noch feuchten Schlagzeilen zu lesen, die halb- und ganzseitigen Fotos zu studieren. »Es war dumm, einen Topfhut auf der Bahre zu tragen.« – »Es war nicht sehr intelligent, so saublöd zu lächeln, als wenn sie dir gerade den ›Oscar‹ verliehen hätten.« Unsere Agentin Steffi Jovanovic in München hat einen Baß am Telefon. »Ich telefoniere seit neun Uhr früh mit Hunderten von Journalisten und bin völlig heiser. Was war denn eigentlich los?« – »Ich weiß nicht. Kennst du ›Amok‹ von Stefan Zweig?« – »Ja, eben gelesen. Wenn die Bergman spielt, können wir es machen. War der Rossellini schon bei dir?« – »Nee, nur Versicherungsärzte. Eva kann morgen wieder drehen. Ich meine Amoklaufen, wie bei Stefan Zweig. So ging es mir heute nacht.« – »Aah, verstehe. Die Schlagzeile der ›Bild-Zeitung‹ lautet: ›Schlägerei des Filmstars während Dolce vita in Rom.‹ Evas Mutter sitzt weinend hier und ich muß ihr die Schlagzeilen übersetzen, ins Ungarische. Für ›Amok‹ gibt's kein ungarisches Wort. Wo wollt ihr denn wohnen, wenn ihr nach München zurückkehrt?« – »Weit draußen in Grünwald, im ›Schloßhotel‹, wo

wir niemanden sehen müssen.« – »Okay. Gib mir mal die Eva...« Eva hat am zweiten Hörer gelauscht. Sie strahlt aus verquollenem Gesicht: »Putzikam...«

München. Grünwald. ›Schloßhotel‹. Die Produzenten finden uns in den verstecktesten Kneipen. Der große G. W. Pabst macht »Das Bekenntnis der Ina Kahr«. Eva begreift, daß der Meister in keiner der beiden Rollen Eva sieht, reist nach London und kommt erst zurück, als der Film abgedreht ist und die Drehtage mit dem rotblonden, so jäh und grausam verschwundenen Traum Jester Naefe ›im Kasten‹ sind. Manchmal habe ich nicht einmal Zeit, das Kostüm, einen der fünfzig Anzüge, die Münchens Modeschneider Reischenbeck mir macht, zu wechseln, so schnell wechseln die Filme, bis der Urlaub vom Burgtheater unwiderruflich beendet ist. Luise Ullrich, Annemarie Düringer sind unter Paul Verhoevens und Rudolf Jugerts Regie meine Partnerinnen, Antje Weisgerber, Heidemarie Hatheyer, Sonja Ziemann in zwei Filmen unter der Regie des unvergeßlichen Erich Engel. Da kommt das Angebot zu einem Vertrag mit Hollywoodformat: drei Jahre, sechs Filme. Stapenhorst, der Veteran der UFA-Produzenten, gibt sich die Ehre.

»Eva, ich liebe das Burgtheater. Ich muß versuchen, das zu schaffen, was die Großen, Gielgud und Olivier in London, auch schaffen: Theaterspielen und in der Freizeit beim Film Geld verdienen.« – »Burgtheater ist Wien, kein Hahn kräht danach. Was Olivier tut, sieht die Welt. Die steht dir offen. London, Hollywood. Du bist – wie sagst du? – du bist kleinmütig, wenn du jetzt zurückgehst...« Um drei Uhr nachts bin ich soweit. Ich wecke den Portier im ›Schloßhotel‹. »Geben Sie sofort dieses Telegramm auf.« Der Text: ›Bin gezwungen, Vertrag Burgtheater zu lösen, wenn Beurlaubung bis auf weiteres nicht möglich...‹

»Eva, weißt du, was ich gemacht habe? Ich komme mir vor wie ein Verräter. Ich habe alle Brücken hinter mir abgebrochen...« – »Gratuliere, Curd, jetzt hast du Mut zum Leben gezeigt. Ich habe dafür gebetet...« Zu wem sie gebetet hat, sagt sie nicht, zu Jehova oder zu Gourdsheff... »Herr Portier, Wecken um sieben Uhr. Um halb acht kommt der Chauffeur...« Um dreiviertel acht bin ich unten. Im grauen Zweireiher, der ›Anschluß‹ hat, wie auf der Disposition des Drehtages steht. »Ein Telegramm. Soeben eingetroffen, bitte.« Ich sitze schon im Produktions-Mercedes, als ich es aufmache. »Berthold Viertel heute nacht gestorben, Judith.«

An diesem Tage kommt der große Jaguar aus England an, in bananengelber Lackierung. Sonderanfertigung. Es regnet. Komparsen und Bühnenarbeiter bewundern das Fahrzeug, das würdige englische Herren von der Jaguar-Vertretung übergeben. Als ich abends einsteigen will, entdecke ich, daß Ateliermaler bananengelbe Streifen auf den nassen Asphalt gemalt haben, um mich glauben zu machen, die auffallende, damals ungewöhnliche Lakkierung färbe ab. Aber ich kann nicht lachen: »Eva, Berthold Viertel ist tot...« – Ich vermeine, meinen unsichtbaren Weggenossen zu hören, als sie antwortet: »Sei froh, er wird es nie erfahren, daß du dem Burgtheater gekündigt hast.« – »...und ich Viertel verraten habe«, setze ich hinzu. Wenigstens hat er jetzt Gestalt angenommen, der meckernde Widerpart. Die reizvollste, die er sich hätte aussuchen können.

Am Sonntag fahren wir raus über die Autobahn, Richtung Salzburg. Bei der Ausfahrt Schliersee biegen wir ab. »Da drüben, keine hundert Schritt von hier, ist ein Haus zu verkaufen. Dem Bauherrn ist das Geld ausgegangen. Du kannst es billig schnappen...« Hanns Fritz Beckmann hat in seinem bayerischen Häuschen ein Tonstudio eingerichtet und will den freien Sonntag dazu benutzen, mit mir Probeaufnahmen für eine Schallplatte zu machen. Im Dunkeln fahren wir zum Rohbau. Leuchten mit den Scheinwerfern des Jaguar das Gelände ab. Hohe, freundlich wippende Tannen. »Gekauft?« – »Gekauft.« – »Und wenn's zu klein wird, bauen wir an?« – »Okay.« Der Jaguar fährt fast zweihundert auf der Autobahn. Ohne eingefahren zu sein.

Helmut Käutner hat Vorführungen des Films gesehen, den ich gerade mache; denn Rudolf Jugert war sein Assistent und er hilft ihm beim Schneiden. »Ich könnte mir denken, daß du des Teufels General wärst. Die Produzenten sind dagegen, aber laß mich nur machen...«

»You belong to me« bei ›Heinz‹, der letzte Schluck aus der gestrigen ›Black Label‹-Flasche. »Ich habe mich mit Judith in Salzburg verabredet.« – »Sehr gut. Ich soll einen Film in England machen. Mit Sam Wannemaker. Außenaufnahmen in Cornwall. Übrigens, der Herr Marquis hat endlich meine Scheidung durchgebracht...« – »Heinz, die Flasche ist leer...« – »Sofort, Curd.«
Das kleine Espresso vor dem Landestheater. Salzburg ist leer im Januar. »Wieviel Zeit hast du, Conradinho?« – »Drei drehfreie Tage, Judithlein. Komm, fahren wir weg von hier. Die Leute schaun so blöd. In spätestens zehn Minuten ruft der Wirt bei den »Salzburger Nachrichten« an und sie schicken einen Fotografen.« – »Und morgen liest es Eva im ›Daily Express‹, Conradinho.« – »Wohin, Judithlein?« – »Richtung Heimat, Brennero.« – Bei Gastein holpert der Jaguar auf den offenen Güterwagen. Durch den Tauernpaß. Wir haben eine Flasche Slibowitz. Bleiben auf der Fahrt durch den endlosen Tunnel im Auto sitzen. »Weißt du noch, Judithlein, genauso saßen wir im Alfa Romeo auf dem Repatriierungszug heim nach Österreich...« – »Und du hast immer gesungen: ›La Madelom n'est pas sévère, quand on lui tend la taille ou le menton...‹« (Mamans Lieblingslied. Sie glaubt, wir sind sehr glücklich.) Qualm, Nebel, Slibowitz. »S'Dirndl hat g'sagt, s'Dirndl hat g'sagt, jetzt kommt der Winter...« – »S'Dirndl hat g'sagt, s'Dirndl hat g'sagt, jetzt kummt er nimmer.« – »Judithlein, ich liebe dich...« – »Ich dich auch, mein Geliebter.« – »Glaubst du, wir schaffen es noch, Judithlein?« – »Nein, Conradinho.« – »Warum nicht? Torberg, Bertoni?« – »Ja. Und Dagmar und Eva.« – Zoll. Pässe aus verrauchtem Inneren. Beschlagene Fenster. »Attenzione alla rampa. Buon viaggio...«
Italien. »Wohin, Judithlein?« – »Wurscht. Nach Süden. Es wird hell. So gemütlich im Wagen, wenn du nur die Heizung anmachen wolltest.« Espresso. Heiß wie das schöne bittere Leben. Wir fahren die ganze Nacht, den ganzen nächsten Tag. Reden, trinken. *Spaghetti alla carbonara.* »Weißt du noch, wie wir nach Brasilien auswandern wollten und bei den netten brasilianischen

Botschaftern in der Prinz-Eugen-Straße waren, um die Papiere auszufüllen?« – »Ja. ›Muito obrigado‹, hattest du gelernt. Die sind übrigens weg. Der neue soll Bittencourt heißen oder so ähnlich.« – »Wie ist Viertel gestorben?« – »Mit einer Zigarette im Mund.« – »Jetzt können wir auch schon gleich nach Rom weiterfahren.« – »Warum nicht? Wenn du nicht zu müde bist... Einen Tag in Rom...«

Es wird Abend, als wir ankommen. Damals gab es noch keine Autostrada del Sole. »Judithlein. Unser schönes Leben. Muß es sein?« Das winzige Hotel an der Piazza di Panteon hat einen Balkon mit einem dünnen Eisengitter. Von weit hört man den guardiano di notte und ein paar Heimkehrende, die in die Hände klatschen, damit er kommt und aufschließt. Um den Brunnen mit den Wasserspeiern sind Abfälle des Marktes zu erkennen, der tagsüber dort abgehalten wird: faule Orangen, Bananenschalen, Papier. Wir sitzen, frösteln und rauchen. »Ja, Conradinho, es muß sein.« – »Das heißt Scheidung.« Sie steht auf, starrt hinunter zum Brunnen. Ganz leise plätschert das Wasser. – »Also gut. Scheidung.« Sie nestelt an ihrer Hand. Zerrt schließlich den goldenen Ehering vom Finger. »Scheidung«, ruft sie noch einmal und wirft – ›Wie heißt die Rolle?‹ denke ich in meiner Trauer – mit majestätischer Geste den Ring hinunter zum Brunnen. Man hört den schweren goldenen Reif noch auffallen und zweimal aufspringen, trotz des Wasserrieselns aus dem Brunnen. – »Mein Gott, was hab' ich getan?« ruft sie entsetzt. »Mein Ring, unser Ring...« Sie rast aus dem Zimmer, ist schon auf dem Korridor. »Hat doch keinen Sinn, Judith, der Riesenplatz, der Schmutz. Du findest ihn nie...« Einen Augenblick später sehe ich sie aus der Tür kommen. Ganz schmal sieht sie aus von hier oben. Mond und Gaslaternen machen das Licht fahl, grüngrau. Ich sehe, wie sie zum Brunnen rennt und im Schmutz stochert, an der Stufe, die zum steinernen Geländer führt. ›Zu blöd‹, denke ich und lege mich aufs Bett. Enttäuschung, Trauer, Wut. Verpatztes Leben. Müdigkeit. Die lange Fahrt. Der schwere Wagen. Die Italiener wissen schon, warum sie die kleinen Autos bauen, bei den Straßen. Die dickköpfige kleine Judith soll suchen, bis der Markt wieder anfängt. Gute Nacht. Plötzlich – ich muß eingeschlafen sein – steht sie vor mir, jauchzend wie ein *ragazzo*, dem man ein Goldstück geschenkt hat, hält sie den Ring zwischen Daumen und Zeigefinger. »Ich wußte, ich würde ihn finden. Der Wasserspeier hat mich angeschaut und geblinzelt: ›Da ist er.‹ Und da war er.«

Die ›King Brothers‹ telegrafieren: »Premiere ›Rummelplatz der Liebe‹ in der Waldbühne Berlin zur Eröffnung der Berliner Filmfestspiele...« Zwanzigtausend Menschen faßt die Waldbühne. Für wenige Ostmark können die Ostberliner in den Westen fahren, um ins Kino zu gehen. Bernhard Wicki, der Dritte im Bunde beim »Rummelplatz«, den ich während der Dreharbeiten kennen und verehren gelernt hatte, eskortiert Eva zur Linken, ich zur Rechten. Erste Reihe, im Smoking. Tausende von Berlinern trampeln und applaudieren. Platzkonzert. Dann wird es dunkel: *King Brothers present: The Carnival Story – Rummelplatz der Liebe*. Die Rauchschwaden der glimmenden Zigaretten in den ersten Reihen werden sacht vom Winde verweht, keine neuen mehr angezündet: Der Film ist spannend. Es kommt zur Scene, in der Jürgens, der Zuhälter, Eva, die scheue Zirkuselevin, allein in der Manege trifft. Auf den kurzen Dialog folgt die erste Ohrfeige. Patsch. Vom obersten Rang her ruft ein witziger, wohlmeinender Berliner: »Na, Kutte, nu jibs ihr mal, so wie in Rom...« Die Zirkuselevin schlägt zurück. Eine Stimme, schon ein paar Ränge tiefer, läßt sich mit freundlichem Baß vernehmen: »In Clinch, Eva, geh in Clinch...« Die eleganten Festspielbesucher in den ersten Reihen holen wieder Zigaretten aus den Smokingtaschen. Und nun das Gerangel vor dem obligaten Kuß: »Bravo, Kutte! Prima, Eva! Und nu rein in die Betten, wie in Rom...« – Ich denke an meine Kindheit, als Papa mich zum Sechstagerennen mit in den Sportpalast nahm oder zum Boxkampf oder zum Eishockey. Mir wird schwarz vor den Augen und Eva lacht. Lacht mit Zehntausenden, die sich in herrliche Berliner Zeiten zurückversetzt fühlen, als Hans Albers und

Marlene Dietrich im Sportpalast Prämien für einen Spurt aussetzten. Die Waldbühne jubelt, brüllt, pfeift und applaudiert, daß man es in Ostberlin hören kann.
»Ich glaube, es ist besser, wir gehen, solange es noch dunkel ist«, raunt Kuntze-Just mir zu, den ich als Public-Relations-Mann in meine Nähe gesetzt hatte. Im Hotel ›Kempinski‹ bei ›Black Label‹ und zaghaftem »You belong to me« warten wir auf die ersten Zeitungen. ›Das Ende einer Karriere. Curd Jürgens ausgepfiffen. Vierzigtausend Waldbühnenbesucher verlachen die dramatischen Ergüsse Eva Bartoks...‹ Auch der Portier und die Kellner in der Hotelhalle halten die Bild-Zeitung in Händen. Es wird still in dem großen Raum und plötzlich zugig. »Ich bringe euch zur ersten Maschine, da sind die Presseleute noch nicht wach nach dieser Nacht«, sagt Kuntze-Just, »die besaufen sich heute alle. Soviel haben sie schon lange nicht verdient...«
In Hamburg bekommt Eva Anschluß nach London und ich verabschiede mich von ihr am Flugplatz. »We attract disaster, Eva. Ich glaube, unsere chemischen Zusammensetzungen verursachen feuerspeiende Explosionen. Let's be just friends...« – »Alright, Curd, aber vergiß nicht, wohin du auch gehst: ›You belong to me‹.«
Das Haus Walter Koppels, des Produzenten, liegt an der Bellevue in Harvestehude, dem ruhigen, vornehmen Villenviertel an der Alster. Er erwartet mich in der Halle. »Wir wollen der Presse den Wind aus den Segeln nehmen. Ich habe ein paar Fotografen zur Vertragsunterschrift herbestellt. Damit hängen wir uns an die heutigen Schlagzeilen. Ich vertraue Ihren schauspielerischen Fähigkeiten. Die Skandale in den Zeitungen sind mir wurscht. Sie sind des Teufels General, so wie ihn Zuckmayer geschrieben hat.«
Käutner kneift die Äuglein zusammen und schmunzelt, wenn er eine Scene erklärt. Er läßt die Zügel locker, schafft eine intensive Atmosphäre. »Du brauchst nicht den Haudegen, den General zu spielen. Harras hat seine Seele dem Teufel verschrieben, weil er fliegen will. Das ist der Traum, mit dem er lebt, seit seiner Kindheit, so wie Wernher von Braun die V-zwo baute, weil sein

Traum, eines Tages auf dem Mond zu landen, ihn sich über alle Skrupel hinwegsetzen läßt.« Wir haben keine Ahnung, daß von Braun seinen Traum eines Tages erleben wird. Und schon gar nicht, daß ich auch ihn eines Tages verkörpern werde. Aber ich weiß, was zu tun ist. Frank King hatte es mich gelehrt, und Käutner ließ mich das Rezept anwenden. Wenn General Harras' Verzweiflung überhand nimmt und sein Darsteller Selbstmitleid miteinträufeln lassen will, denke ich an Werner Krauß: Nie die Grenzen zeigen! – Zwanzig Jahre später spiele ich in London für die BBC Bismarck. Auch da wird Bismarcks Satz: »Es gibt Falten, in die lasse ich niemanden hineinsehen«, zum Schlüssel für den Darstellungsstil...

Das Haus in Schliersee wird Refugium für Maman. Eugen wird gefunden und zum guten Geist des Hauses, der sie liebevoll betreut, bis sie – die Dreharbeiten sind noch nicht beendet – nach kurzem, schwerem Leiden stirbt. Wie eine Bäuerin aus den savoyardischen Bergen ihrer Heimat legte sie sich in eine dunkle Ecke des Hauses und erwartete den Tod als Freund Hein, nicht als Feind. Ihr letztes Wort ist: »J'étais la femme la plus heureuse du monde... – Ich war die glücklichste Frau der Welt...«

Ein alter Freund aus der Berliner Zeit, K. H. Pepper, will sein Geld beim Film investieren, um in die Welt hinauszusegeln. Er finanziert »Die Helden sind müde«. Maria Félix, der mexikanische Star, und Yves Montand sind meine Partner. Man muß im ›George V.‹ wohnen, wenn man in Paris Star ist, sagt Maria. Und nachts geht man zu ›Fred‹ in der Rue Ponthieu. Man diniert Freitag abends bei ›Maxims‹, und will man ein Mädchen vor der Welt verbergen, fährt man durch den Bois de Boulogne nach Feucherolles in den ›Clos St-Antoine‹ zu Germaine. Die Félix ist faszinierend und unnahbar. In der Rue Ponthieu tanzt sie mit Fred. Fred ist eine schöne dunkle Frau im Smoking. Eugen fährt den Jaguar, als wir Paris verlassen. Wenn wir Gas geben, schaffen wir es, in Monte Carlo beim Grand Prix zum Start zurechtzukommen. Montag beginnen die Außenaufnahmen in der Camargue. Um vier Uhr früh war die letzte Klappe der Nachtaufnahme auf

dem Gelände der Studios St-Maurice gefallen. Marpessa kommt mit. Wie sie steht und geht. Der schmiegsame Körper der schmalen zierlichen Schwarzen war mir bei der Tanzscene aufgefallen. Als ich sie, halb im Spaß, einlade, mit an die Côte d'Azur zum Grand Prix zu kommen, strahlt sie, hat schon das entwaffnende Lächeln, mit dem sie ein paar Jahre später in »Orfeo Negro« der Welt bekannt werden wird. Wir sitzen im Fond und sie schmiegt sich an mich. Als wir durch Avignon fahren, stößt die Sonne durch die Wolken. »Nimmst du mich mit?« – »Oui, mon Choux, heute und morgen. Aber in der Camargue hab' ich zuviel um die Ohren.« Sie spürt, daß ich lüge, daß ich zu feige bin, am Drehort mit einer Schwarzen bei den Kollegen, den Journalisten aufzukreuzen. Du bist weg vom Burgtheater, um die Welt zu erobern, mach jetzt keinen Fehler. Rom, die Waldbühne – das hat gereicht. Jetzt soll man vom Schauspieler sprechen, nicht von Skandalen.
Monte Carlo. Zurück über die *basse corniche,* Beaulieu und St-Jean-Cap-Ferrat. »Hier möchte ich wohnen.« – »Ich auch«, sagt Marpessa. Ich quartiere sie im Hotel ›Negresco‹ ein. »Wart hier auf mich. Erhole dich. Nach den Aufnahmen hol' ich dich hier wieder ab.«
Nach einer Woche kommt Picasso uns besuchen. Das Medium Film interessiert ihn, und Simone Signoret, Montands Frau, hat ihn eingeladen. Wir drehen bei Les-Isles-Saintes-Maries am Pont-de-Grau und wohnen in Arles im ›Nord-Pinus‹. An diesem Tag sind Maria und ich früher abgedreht als die anderen. Der Produktions-Chevrolet bringt uns gerade in dem Augenblick vor das Hotel, in dem der riesige schwarz-gelbe Hispano-Suiza Picassos ausrollt. Menschen, Koffer, Hunde, Staffeleien quellen aus dem Wagen. Der Direktor schwänzelt herbei. Roter Teppich über den Gehsteig. Zwischen Gattin, Tochter, Sohn, Geliebter, Sekretär der große kleine Mann. »Meister, da kommen gerade die *vedettes du sixième art*. Darf ich Sie bekanntmachen...« Als echter Südfranzose stellt er mich zuerst vor. Picasso blinzelt ein wenig mißtrauisch zu mir rauf. »Enchanté, monsieur.« – »Und das hier ist die große mexikanische Schauspielerin, la belle Maria

Félix.« Maria streckt ihre Hand aus. Die goldenen Armreifen klirren. Picassos Augen starren erschrocken. Er weicht einen Schritt zurück, geht um sie herum, beschreibt fast tänzelnd einen Kreis, wie beschwörend. »Vous me faites peur. Vous n'êtes pas une femme, vous êtes un taureau – Sie sind keine Frau, Sie sind ein Stier...«

Maria schluckt, steht wie zur Salzsäure erstarrt. Plötzlich Tränen in ihren Augen, und sie stürzt davon. – Während der acht Tage, die Picasso blieb, verließ sie ihr Zimmer nur noch zum Drehen. Bald nach dem Film heiratete sie und ich habe sie oft wiedergesehen. In Mexiko gab sie Simone und mir ein unvergeßliches Fest. Es war zehn Jahre später, und ich drehte mit Merle Oberon in Acapulco und Mexico City. Sie hatte nichts und niemanden vergessen, hatte alle mexikanischen Berühmtheiten eingeladen, von denen ich in Paris geschwärmt hatte: Dolores del Rio, Cantinflas, Lara, den Komponisten. Bestellte bei den Mariachis Lieder, die Yves Montand damals an ruhigen Abenden nach Drehschluß am Kamin gesungen hatte. Sie war die perfekteste Hausfrau. Um zwölf Uhr nachts eröffnet ihr Mann, Berger, ein milliardenschwerer Diamantenhändler, mit Simone am Arm das Buffet. Simone steht fassungslos vor einer riesigen Schüssel: »Maria, hat Curd Ihnen verraten, daß Linsen meine Lieblingsspeise sind? Herrlich! Linsen...« Berger flüstert ihr etwas ins Ohr. Die Schüssel war bis zum Rand gefüllt mit – Kaviar. So große Körner hatte selbst ich, der Sohn eines Kaviarhändlers, noch nie gesehen. – Wenn Picasso uns zu den Aufnahmen begleitet, läßt er manchmal auf offener Landstraße halten und steigt aus, um mit den Arbeitern zu sprechen, die in den Reisfeldern arbeiten, welche dort gerade angelegt wurden. Dann gibt er ihnen ein Stück Papier, auf das er neben seinen Namen einen Stierkopf oder einen Pferdetorso kritzelt. Die Arbeiter sind Spanier, und am nächsten Tag kann man die Papierfetzen kaufen. Für 50 Franc. Abends sprechen wir vom Film und Picasso meint, Stierkampf, Zirkus und Film hätten eins gemeinsam für den Zuschauer: Faszination als Droge, um nicht nachzudenken.

Die Aufnahmen gehen zu Ende und Eugen, den ich bei Marpessa

in Nizza gelassen hatte, holt mich im Jaguar ab. In Cannes lasse ich vorm ›Carlton‹ halten, um zu telefonieren. Während ich auf das Gespräch mit München warte, schlürfe ich an der Bar einen ›Ricard‹. Vor mir sitzt eine Silhouette mit Topfhut. Eva. »Ich hab' dir doch gesagt: ›You belong to me...‹ Es hat keinen Zweck, sich zu sträuben.« – »Heiraten wir?« – »Wir heiraten, Eugen.« – »Gratuliere. Wohin fahren wir?« – »Nach Paris, Eugen.« – »Und Ihre Verabredung... im ›Negresco‹?« – »Telegraphisch annullieren, Eugen.« – Ich spüre vom Rücksitz aus, was er denkt: ›Feigling‹. Er hat recht.

Paris. Hotel ›Lancaster‹. Rosen und Wicken im Appartement. *Business lunch* bei ›Fouquets‹. Ich habe eine französische Agentin. Zwischen Dessert und Kaffee unterschreibe ich den Vertrag für »Der Kurier des Zaren«.

»Ich habe eine junge Schauspielerin bestellt, zum schwarzen Kaffee. Sie sollte längst hier sein. Unpünktlich, diese junge Generation!« – »Danke, Olga, ich bin versorgt. Ich fürchte, für den Rest meines Lebens.« – »Du fürchtest?« – »Façon de parler...« Da ist sie. Zuerst der Gang. Nie wieder habe ich so einen Gang gesehen. *La démarche,* sagen die Franzosen. Wie wenn sie einen Korb mit Früchten auf dem Kopf trüge. Der lange Hals, vom Brustbein wie ein Fragezeichen hinaufschwingend. Das Gesicht, die Backenknochen, der große übervolle Mund könnten zu einer Farbigen gehören, als ob Gauguin sich in Tahiti, nach einem Traum von Heimweh nach der Bretagne, einen Scherz erlaubt hätte. Denn die Haut ist so hell, das Haar weizenblond. Wie schafft sie das, so aufmerksam zuhören zu können und doch den Eindruck zu erwecken: Was geht's mich eigentlich an, was die Leute hier reden? Laßt mich nach Haus zurück in mein gemütliches Bett, oder bestenfalls in die Sonne, an einen weichen Strand... Groß ist sie, größer als die meisten Männer, die stehenbleiben und gaffen. – »Nun setzt euch doch, ihr beiden!« Weiche große Brüste in einem Kashmirpullover, der die Spitzen aufrauht. »Ray Ventura, der Bandleader, bereitet einen Film vor, und sie soll die Hauptrolle spielen, obwohl sie noch nie gefilmt hat. Alles neue Leute. Ein junger Autor soll Regie führen, ein junger Produktionsleiter die Produktion übernehmen...« – »Warum sagt ihr mir das alles?« Schöne Hände hat sie auch noch, wie sie den heißen Kaffee schlürft, noch drei Stück Zucker hineintut. – »Weil das Geld nicht langt. Aber wenn du mitmachst, kriegen sie sofort eine deutsche Verleihgarantie und können drehen.« – »Wo?« – »In einem kleinen Fischerdorf an der Riviera, St-Tropez. Und Atelier in Nizza.« – »Aber, ich hab' doch keine Zeit...« – »Du hast drei Wochen. Roger Vadim, das ist der junge Autor, der Regie führen soll, richtet sich nach dir und wird die Rolle so schreiben, daß du zufrieden sein wirst.« – »Schick mir das Buch nach Bayern.« – »Du kannst es mitnehmen, es ist hier.« – »Okay. Eva wartet. Ich muß gehen. *Au revoir*, Olga, *au revoir*, Mademoiselle...?« – »Brigitte«, sagt Olga, »Brigitte Bardot.« – »Wie soll denn der Film heißen, Olga?« – »...›Und immer lockt das Weib‹.« – »Sie sind sehr schön, Brigitte, ich kann mir denken, daß der liebe Gott dabei an Sie gedacht hat...« – »Merci, Curd.« Sie sagte *Couurde*. Niemand hat meinen Namen je wieder so ausgesprochen wie Brigitte. Es gurrt und rumort im Hals. »Herr Ober, zahlen.« – »Laß nur, Curd. Das zahlt die Produktion. Die neue...« – »A bientôt, Couurde...« – »A bientôt, Brigitte.«

»Ihr wollt heiraten? Ihr habt ja Mut.« Hannes Obermaier, dem ich als erstem Kolumnisten die Nachricht freigebe, verschüttet vor Überraschung sein Bier. – »Wenn Eva sich geborgen und beschützt fühlen wird, kommt alles in Ordnung. Dann läuft alles gerade...« Unwillkürlich habe ich jenen Satz gesagt, mit dem uns am Tag des Kriegsausbruchs der Offizier des Fliegerhorstes beruhigen wollte. »Dein Wort in Gottes Gehörgang«, sagt Obermaier und formuliert in Gedanken schon die Schlagzeilen – Schlagzeilen, mit denen er sonst Ehen stiftet oder Karrieren ruiniert...

Der kleine Dampfer, der die Touristen aus München in gemächlicher Schaukelei vom Dorf Neuhaus nach Schliersee befördert, wird gemietet, um einer Auswahl von Freunden und Journalisten Gelegenheit zu geben, bei Enzian und Faßbier das Brautpaar zu umarmen, den Topfhut und den österreichischen Trachtenanzug zu fotografieren. Die Schwiegermutter ist einquartiert, und als ich mich am Abend auf ein verschwiegenes Örtchen zurückziehe, wird mir durch den Türspalt ein Zettel zugeschoben. Darauf steht in Druckbuchstaben mit Bleistift gekritzelt: ICH HASSE SIE. ICH VERFLUCHE SIE. Mamma Bartok. Na, denn prost. Eugen, mach Musik – »You belong to me…«

Das Hotel heißt ›L'ail au lit – Knoblauch im Bett!‹. Das erste Haus am Platze, dort, wo heute das fashionable ›Byblos‹ steht. Ein paar bescheidene Yachten am Kai. Wenig Touristen. Der Besitzer der kleinen Werft, auf deren Dach die erste Scene zwischen Brigitte und mir gedreht werden soll, ist in Geldnöten. Ob wir ihm nicht den Laden abkaufen wollen. (»Ihr Filmleute scheint in Geld zu schwimmen.«) Er nennt eine Summe, geringer als die Tagesspesen, die ich in den drei Drehwochen kassiere. Ich winke ab. Was soll ich denn mit einer heruntergewirtschafteten Werft am Hafen von diesem gottverlassenen Nest? Heute stehen dort das ›Papagallo‹ und ein Einkaufszentrum. – Zur ersten Scene sind Journalisten geladen. Raoul Levy, *producteur délégué*, erweist sich als geschickter Public-Relations-Mann. Er hat durchsickern lassen, daß die junge Hauptdarstellerin nackt in der Sonne liegen würde, wenn der deutsche Star ihr begegnet. Die Scene schreibt vor: Totale des Hafens, Kamera panoramiert und entdeckt den reichen Reeder, der sich auf das Dach der kleinen Werft schwingt, sich behutsam einem zum Trocknen aufgespannten Bettlaken nähert, darüber hinwegspäht: Da sonnt sich Brigitte im Evaskostüm, der Schatten des Mannes fällt auf ihr Gesicht. Sie schreit etwas Unverständliches, springt auf, bedeckt ihre Blöße mit dem Bettuch. Dialog. Erste Probe. – Die Journalisten dürfen fotografieren.
Als mein Schatten, durch Kohlescheinwerfer vergrößert, auf Brigittes Gesicht fällt, improvisiert sie: »Mais qui est cette immense armoire normande… – Wer ist denn dieser gewaltige normannische Schrank?…« Die Journalisten knipsen und lachen. Vadim bricht ab. Ich habe meinen Spitznamen erhalten. ›Normannischer Schrank‹. Am nächsten Tag steht's in allen Zeitun-

gen. Der ungarische Hirtenhut und der normannische Schrank frühstücken bei ›Felix‹ am Hafen. Brigitte muß erst gefunden werden. Die Aufnahmeleiter wissen oft nicht, ob sie bei Vadim, Partner Trintignant oder Raoul Levy, dem jungen eleganten Produzenten, suchen sollen. Als wir ins Studio nach Nizza übersiedeln, reist Eva ab. Film in England, sagt sie. »Okay, Baby. Den nächsten Film machen wir zusammen. Ich führe Regie und schreib dir eine großartige Rolle. Titel: ›Ohne dich wird es Nacht.‹ Smile, Baby, alles wird gut. You belong to me...«
Der Film wird gut. Die Filmmusik, die Hans-Martin Majewski nach Bachs »Präludium und Fuge in As-Dur« geschrieben hat, erhält den Bundesfilmpreis für die beste Filmmusik.
Im selben Anzug am Morgen nach dem letzten Drehtag mit Lilli Palmer in Berlin vor der Kamera! »Teufel in Seide«. Lilli ist Rex Harrison und Hollywood entflohen und stellt sich den Fotografen und ihrem Partner in Begleitung eines schönen jungen Argentiniers: Carlos. Bald werden die beiden heiraten und allen Künstlerehen zeigen, daß es dauern kann, bis wir beide sechzig sind. Aber Lilli ist eben weise. War es schon damals, vor zwanzig Jahren. Sie gibt mir Ratschläge fürs Privatleben und nennt mich ›Püppelchen‹. Ich werde ihre Ratschläge nie befolgen, aber immer an sie denken.
Eva kommt aus England zurück und bezaubert Berlin durch Sanftheit, frisch aufpoliertes Understatement und in Form und Farbe abgewandelte Topfhüte, so daß ich mich breitschlagen lasse, mit ihr »Meines Vaters Pferde« zu machen.
Wir mieten ein Haus in Berlin, und dort klingelt nachts das Telefon: »Pronto, signor Jürgens! La direzione della Biennale di Venezia. Sie haben soeben für ›Des Teufels General‹ und ›Die Helden sind müde‹ die ›Coppa Volpi‹ erhalten, die höchste europäische Auszeichnung. Wir gratulieren.« – Wir tanzen auf den Tischen in Atze Brauners ›Mazurka‹. Viel Czardas, nur selten »You belong to me«. Viel Wodka und Slibowitz, wenig ›Black Label‹. Wir müssen uns auf Jugoslawien eintrinken. Die Dreharbeiten für »Oberst Strogoff« beginnen nächste Woche in Belgrad. – »Da komm' ich nicht mit, Curd. Nach Jugoslawien

kriegen mich keine zehn Pferde. Die verhaften mich dort und liefern mich den Ungarn aus.« – »Unsinn, Eva. Du hast einen englischen und einen österreichischen Paß. Kein Mensch wird dir ein Haar krümmen. ›Oberst Strogoff‹ ist ein französischer Film, und Tito hat die Schirmherrschaft übernommen.« – »Dann sag deinen Produzenten, daß ich die weibliche Hauptrolle spielen werde.« – »Die spielt Geneviève Page von der Comédie Française.« – »Eventuell wäre ich mit der Rolle der Zigeunerin einverstanden...« – »Die spielt Sylva Koscina.« – »Da ist noch eine gute Frauenrolle. Die junge Wahrsagerin.« – »Eva, ich habe keinen Einfluß auf die Besetzung der Rollen. Komm mit mir. Wenn wir vier Monate getrennt sind, ist unsere Ehe in Gefahr.« – »Das liegt an dir, Curd. Wenn ich eine Rolle spiele, bin ich sicher, das Land wieder verlassen zu können.« – Ich fahre ohne Eva.
Ein bequemer Wohnwagen wird von Eugen an den Jaguar gekoppelt. Er hat einen geräumigen Eisschrank mit französischem Champagner und schottischem Whisky. Manchmal, nach anstrengenden Drehtagen, fährt Eugen mit den Technikern und Komparsen zurück ins Quartier, und ich übernachte im Wohnwagen. Der Aufnahmeplatz, an dem bis Sonnenuntergang Hunderte von Komparsen, Soldaten der jugoslawischen Armee, Dutzende von Technikern und schwatzenden französischen Kollegen und Kameraleuten die hügelige Landschaft in einen Jahrmarkt mit Würstelbuden, Kamerazelten und Waffenarsenalen verwandelt hatten, liegt still und melancholisch da. Einsamkeit weht wieder um die Maisfelder, man hört das ferne Gebell der Hunde, und die Pappeln wispern. Plötzlich das wehmütige Singen einer Geige. Das Brummen einer Baßgeige. Ein Cello fällt ein: Die Zigeuner sind da. Sie haben Licht im Wohnwagen entdeckt und kommen spielend vom Dorf. Sie bringen uns ein Ständchen, der Wahrsagerin und mir. Wir machen ein Feuer, braten Cevapcici und gießen Slibowitz in die Flammen, um die Gesichter der dunklen Gestalten im speckigen Gehrock zu erkennen. – Oft gehen sie erst, wenn der Morgen graut und Françoise, die Spanierin, bis zum Umfallen getanzt hat. Einmal, nachdem sie die Zigeunertänze über Czardas und Katschatou-

rian bis zu andalusischem Flamenco verfremdet hat, geht die Sonne hinter den Hügeln auf, als die schwarzen Gestalten, die Instrumente auf dem Buckel, verschwinden. Da entkorkt sie eine Flasche Champagner und sprudelt den Inhalt über ihren Körper in ihren Schoß, nackt auf der Wiese, der Sonne entgegen.

»Ich habe einen amerikanischen Film abgeschlossen. Mit Dean Martin als Partner. ›Ten Thousand Bedrooms‹. Wir drehen in Hollywood. Trotz der *Coppa Volpi* werde ich vor dir in Amerika sein...« – In der Telefonleitung im Hotel ›Majestic‹, Belgrads *Number one*, knackt es manchmal; man denkt, alle Telefonistinnen sind Autogrammjäger. – »Das ist gegen unsere Abmachung, Eva. Wir hatten vereinbart, den nächsten Film wieder gemeinsam zu machen.« – »Hältst du unsere Vereinbarung?« – »Selbstverständlich.« – Françoise, die Wahrsagerin, lehnt ihr Bein gefährlich nah ans Telefon. – »In jeder Beziehung?« – »In jeder Beziehung.« Das Telefon steht auf dem Nachttisch, und die Betten des Hotels ›Majestic‹ sind nicht breit wie die im ›Vier Jahreszeiten‹. – »Ich habe heute abend lange meditiert und du bist mir ganz nah. Ich kenne deine Stimme. Ich werde den Film machen, Curd.« Ich denke an Judith. An das Gespräch unter dem Magnolienbaum, als sie mir beichtete, sie müsse die Helena spielen. Die dunkle Haut des Körpers neben mir ist plötzlich aus Wachs, wie ausgekühlte Kerzen. Der Wahnsinnige aus Rom schreit ins Telefon: »Ich verbiete dir den Film mit Dean Martin. Ich bin dein Mann, du hast zu tun, was ich dir sage...«
Heiliger Friedrich Hacker, was ist in mich gefahren! Schlechtes Gewissen macht feige. Das habe ich an mir erfahren. Aber was treibt die kalte Wut in mein Gehirn? Was macht mich so ungerecht und böse? In diesen Tagen dämmert mir, daß Karriere und Eroberung dein Blut nicht erhitzen, wie man annehmen könnte, sondern erkalten lassen, dich unbarmherzig machen, zynisch und ungeduldig. Unmerklich hat etwas stattgefunden, was man in der Psychologie ›Transfer‹ nennt – Übertragung. Der unsichtbare Begleiter meines Lebens, der kritische, kalte Beobachter meiner Taten und Gedanken, hatte die Gestalt Evas angenom-

men, solange der Rausch anhielt, den unsere Begegnung auslöste. Aber nun, da die Trunkenheit, in die wir uns hineingesteigert hatten, dem Katzenjammer Platz macht, will es mir vorkommen, daß er, der unheimliche Nörgler, der kalte Realist, ganz und gar von mir Besitz ergriffen hat, und mein sehnsüchtiges, unruhiges Ich in seine Rolle gedrängt worden ist. Dazu das Trinken. Alkohol vereinsamt, hat einmal ein Arzt gesagt. Karriere plus Alkohol potenziert die Vereinsamung, das krustenbildende Erkalten des Blutes und der Seele. Der Panzer wächst wie dem Helden in Kafkas »Verwandlung« und versperrt den Weg für frische Luft, das Singen des Windes, den Atem der Erde. Den Panzer hast erst du wieder gesprengt, Mathilda, als Verzweiflung und Kleinmut mich zu ersticken drohten.

Im Foyer eines Hamburger Kinos treffe ich Eva wieder. Premiere von »Meines Vaters Pferde«. Der Filmverleih gibt einen Empfang. Sie haben damit gewartet, bis der »Oberst Strogoff« in Jugoslawien abgedreht ist. Ich zittere vor Aufregung, als wir uns umarmen, den Fotografen stellen. Ich muß versuchen, mich zu befreien. Durch Evas exzentrische Persönlichkeit, durch unsere Skandale haben wir Schlagzeilen in den Zeitungen Europas gemacht. Eva hat meiner Karriere geholfen, kein Zweifel. Ich will noch immer die Welt erobern, berühmt und anerkannt werden. Aber ich weiß, es darf nicht mit diesem Preis bezahlt werden. Eifersucht, Unrast, Vereinsamung, Überheblichkeit, Ungeduld und Ungerechtigkeit dürfen nicht mein Leben veröden wie ein Waldbrand. Noch schwelt das Feuer, noch hat kein Wind es richtig entfacht. Aber ich weiß, jedes Wort kann den Feuersturm auslösen. Und den Jürgens aus Rom, den tobenden Berserker, muß ich vernichten, koste es, was es wolle. Das Leben ist zu schön. – In der Pause vor Beginn des Hauptfilms rufe ich Freund Kuntze-Just an: »Du mußt heute nacht bei mir im Hotel übernachten. Die Trennung von Tisch und Bett von Eva muß juristisch nachweisbar sein. Komm in zwei Stunden ins Hotel und bleib bei mir.« – Der treue Freund ist da, als die johlende Horde der Premierengäste im Hotel eintrifft, um zu feiern.

Das Gespräch unter vier Augen ist kurz. So vernünftig, daß ich später, in Almeria, wenn ich nach den Aufnahmen zu André Cayattes »Auge um Auge« in meinem Hotelzimmer ins Bett sinke und daran denke, meine, Eva hat das alles vorausgesehen, ja es darauf angelegt. Sie spürt offenbar genau wie ich, daß wir uns vernichten würden, ausbrennen mit Stumpf und Stiel, wenn wir zusammenblieben.

»Sie sind also einverstanden mit Nicholas Ray als Regisseur?« Ich bin sprachlos und kann nur mit dem Kopf nicken. Paul Graetz, der Produzent, sitzt mir mit seiner attraktiven blonden jungen Frau im Haus am Cap-Ferrat gegenüber. Der Vertrag für »Bitter war der Sieg« ist perfekt. Der erste echte Hollywoodfilm. In Libyen zu drehen, in Englisch. Und für die Rolle des Gegenspielers haben sie Richard Burton akzeptiert, einen beachtlichen englischen Bühnenschauspieler. – ›Nicholas Ray‹, denke ich, ›der Mann, der James Dean gemacht hat, wenn der sich einen Mister Burton oder Miller oder Smith aussucht, wird es schon stimmen.‹ – »Okay, Paul, whatever you say...«
Und ich bin müde von den anstrengenden Atelieraufnahmen in der Victorine in Nizza. Cayatte ist unerbittlich, und »Auge um Auge«, jetzt im Stadium der Nachaufnahmen, erschöpft mich. Es ist ein Zwei-Männer-Film, und Spanien war, trotz Zigeuner und Huren, einsam und melancholisch. Immer wieder war das Bild Evas aufgetaucht, in Träumen und Gedanken. Aber die feindlichen Brüder haben die Rollen wieder getauscht und der unsichtbare Wegbegleiter ist zurück an seinem Platz.
Fernweh des Entwurzelten bestimmt wieder mein Leben, doch oft weiß ich nicht: Sehne ich mich hinaus in die unbekannte Welt, die es zu erobern gilt, oder heim nach Grinzing, dem Burgtheater und Judith, dem Heurigen unter den Akazien und dem Tee unter dem Magnolienbaum.
Ein heißes Bad. Und dann ein reichhaltiges Abendessen. Der Tag beginnt abends um zehn noch einmal. Janine, die Frau des Produzenten, hilft, die Müdigkeit zu überwinden: »In Libyen übernehme ich die Produktion. Paul darf als Jude nicht dorthin. Wir werden eine schöne Zeit haben.«

Die haben wir nicht immer, denn Nicholas Ray trinkt zum Frühstück Wodka und irrt nachts, unfähig zu schlafen, in den Kneipen von Tripoli umher. Er gibt seine Regieanweisungen durchs Mikrofon, fuchtelt mit einem Stock in der Luft herum, so daß die Araber ihn boykottieren und ostentativ arabisch oder französisch mit ihm sprechen. Oft beobachten wir, wie sie sich diebisch freuen, wenn seine krächzenden Befehle ignoriert oder mit frechem Grinsen verweigert werden. So liegt die Last der teuren, schweren Produktion bei Janine, und Richard Burton und ich beraten sie, so gut wir können. Manchmal versöhnen die herrlichen Sonnenuntergänge und die hellen kühlen Nächte in der Wüste mit den Strapazen der Dreharbeiten. Dann singt Burton Waliser Balladen und ich bringe ihm Wiener Heurigenlieder bei. Als wir uns in Nizza nach Beendigung der Dreharbeiten in den Studios mit einer rauschenden Party verabschieden, sind wir Freunde.
Später begegnet ihm Liz Taylor in Rom während der Aufnahmen zu »Kleopatra«; nun hat *er* seine Schlagzeilen. Die Paparazzi verfolgen die beiden auf Schritt und Tritt. Ich verspreche ihnen absolutes Stillschweigen und Abschirmung vor Journalisten, und so verbringen sie ihre erste drehfreie Flitterwoche bei mir am Cap-Ferrat. Einmal wagen wir einen Ausflug. Gianni Agnelli hat uns überredet, sein neues *Chris-craft* auszuprobieren. Mein Gärtner kriegt eine lange schwarze Kleopatra-Perücke verpaßt und einen bunten mexikanischen Poncho über die Schürze. Mit dunkler Hornbrille sitzt er im Fond des Jeeps neben Kurt Frings, unserem gemeinsamen Agenten, einen riesigen Strohhut tief in die Stirn gezogen. Das Portal wird geöffnet, Anatol, der russische Butler, fährt stolz erhobenen Hauptes in gemächlichem Tempo die Serpentine hinunter in Richtung Beaulieu. Sofort erwacht die stille Straße zum Leben. Wir beobachten mit Vergnügen, wie zwei Reporter von den hohen Zypressen klettern, von denen aus man über die Mauer einen Blick in den Garten tun kann, in ein Auto springen und dem Jeep nachjagen. So kommen wir unangefochten zu Fuß zum kleinen Hafen von St-Jean, wo Giannis Boot uns erwartet.

Die Welt des ganz großen Reichtums ist noch neu für uns. Nachdem wir eine gute Stunde im Hundertkilometertempo zwischen Monte Carlo und Villefranche gekreuzt sind, dreht Agnelli neben der ›Creole‹ bei. »Gehen wir auf einen Drink zu den Niarchos. Die ›Creole‹ ist sehenswert.« Nach gebührender Begrüßung führt uns der englische Kapitän durch die Kabinen. Da hängen Cezannes, Monets, Rouaults, Matisses. Vierzig Mann Besatzung für höchstens acht Gäste, die Eigentümer eingeschlossen. Es fällt uns schwer, das ehrfürchtige Staunen zu verbergen und den obligaten höflich gelangweilten Gesichtsausdruck beizubehalten. »Tell me, captain«, fragt Richard, als wir das Ruderhaus besichtigen, »was kostet wohl der jährliche Unterhalt für die Yacht?« Der Kapitän denkt einen Augenblick nach, runzelt die Stirn, kratzt sich hinterm Ohr. »Eine interessante Frage. Die ist mir noch nie gestellt worden...« Peng, das saß! Wir sind mucksmäuschenstill, kippen unsern Sherry hinunter und verabschieden uns schnell, als wollten wir in ein Waliser Pub oder in eine Berliner Stampe flüchten.
Abends nach dem Diner verabschiedet sich Gianni früh; zwei der jungen Starlets springen auf, in der Hoffnung, mitgenommen zu werden. Aber Gianni wehrt ab. Simone sagt (ja, Mathilda, da war Simone schon im Haus und machte ihre ersten rührend unbekümmerten Schritte auf dem für sie so mühsamen Weg zur perfekten Hausfrau): »Ciao, Gianni, wir sehen dich sicher später im Casino.« Gianni schüttelt den schönen Renaissancekopf. Das verbindliche Lächeln ist weggewischt: »Ihr werdet es nicht glauben, aber ich habe ein neues Hobby. Das faszinierendste meines Lebens. Aufregender als Frauen, Flugzeuge, Yachten, Ferraris: ich arbeite. Zwölf Stunden am Tag. Ich mußte vierzig werden, um die Arbeit zu entdecken. Jetzt läßt sie mich nicht mehr los.« Er schaut zu Liz, zu Simone, zu Elga Andersen. Jetzt kräuselt ein Lächeln seinen vollen, wollüstig geschwungenen Mund: »Denn die Arbeit ist die verführerischste Geliebte, die ich je hatte...«
Am nächsten Morgen, im »Nice-Matin«, der Klatschzeitung der Côte d'Azur, auf der ersten Seite das Bild meines Gärtners, wie

62 Als Mackie Messer mit Hildegard Knef in der »Dreigroschenoper«.

63 Als Sigmund Freud in »Le fil rouge« (»Der rote Faden«), Théatre du Gymnase, Paris 1963.

64 »Le Jardinier d'Argenteuil« mit Jean Gabin.

65 Mit Sekretärin Sybille und Butler Marc in Salzburg.

er mit schwarzer Perücke, Sonnenbrille und Poncho majestätisch im Jeep sitzt. Darüber steht in fetten Buchstaben: Liz Taylor verläßt mit Richard Burton das Jürgenssche Haus, um auf Gianni Agnellis Yacht eine Kreuzfahrt zu unternehmen, zu der sie der Besitzer der Fiat-Werke eingeladen hat...

Aber ich habe wieder vorgegriffen. Verzeih, Mathilda... Noch hat die Premiere unseres Films »Bitter war der Sieg« in Venedig nicht stattgefunden. Noch habe ich Simone nicht kennengelernt. Eva hat ihren Hollywoodfilm mit Dean Martin bekommen. Die Scheidung geht reibungslos über die Bühne. Wir waren dreizehn Monate verheiratet. Ein ereignisreicher Sommer steht dem frischgebackenen Junggesellen bevor! »Die schwarze Sklavin« heißt der Film nach Prosper Mérimées Novelle. Die französischen Produzenten wollen mit der Geschichte des Sklavenhändlers, der schönen Sklavin und des schwarzen Königssohnes Tamango versuchen, den amerikanischen Markt zu erobern. Denn bisher kennt man französische Filme in den USA nur unter ›ferner liefen‹ oder in kleinen Häusern, sogenannten ›art-cinemas‹. Die Amerikaner können sich nicht an synchronisierte Filme gewöhnen, und so wird der Film englisch gedreht. Dorothy Dandridge, die gerade mit Carmen Jones unter Otto Premingers Regie einen Sensationserfolg hatte, wird engagiert. Am Abend vor Eröffnung der Festspiele in Cannes trifft sie ein. Der Produzent bittet mich, sie zur Eröffnungsgala zu führen. Als der normannische Schrank und die schwarze Carmen aus dem Jaguar steigen und die Treppe (die die Filmwelt bedeutet) zum Festspielhaus hinaufsteigen, haben die Fotografen ihre Sensation. Bevor wir uns richtig kennengelernt haben, bevor wir über mehr als den üblichen *small talk* hinaus sind (»How beautiful you are in this lovely white dress« – »You look great too, Curd, I'm proud to be photographed with you«), steht in den Zeitungen schon: ›Das neue Paar: die Schwarze und der normannische Schrank.‹ Die Dandridge ist wütend, daß man sie im Hotel ›Negresco‹ untergebracht hat. Das sei wohl ein Hotel für Neger und Menschen zweiter Klasse. Ich habe Mühe, ihr zu erklären, daß es einen berühmten rumänischen Herrn Negresco gibt. Sie besteht darauf, sofort auszuziehen. Ob ich ihr etwas Passendes empfehlen könne: »Versteh doch – ich kann unmöglich nach Haus schreiben, daß ich in einem Hotel mit dem Namen ›Negresco‹ wohne. Meine Fans in Amerika werden das als eine Beleidigung empfinden.« Oh ja, ich hätte etwas Passendes für sie: mit Ausblick aufs Meer, und einer Flucht von Zimmern, wenn sie wolle – mein Haus am Cap-Ferrat. »Ich schau es mir an.« – »Wann, Dorothy?« – »Morgen abend nach Drehschluß.« – »Zum Essen um halb neun?« – »Okay. Aber es darf nicht spät werden, ich habe übermorgen wieder zu drehen und spüre noch die Reise in den Knochen.« Sorgfältig wähle ich unter Kollegen und Nachbarn ein Dutzend Gäste aus. Romy Schneider, achtzehnjährig, sanft und unschuldig, wohnt im Haus, züchtig von ihrer Mutter begleitet, H.-G. Clouzot mit seiner unvergeßlichen brasilianischen Frau, André Cayatte, Janine. Um zehn fangen wir an zu essen, um elf kommt Dorothy, verlangt Orangensaft. Später erfahre ich, es gehört zum guten Ton in Hollywood, mit zwei Stunden Verspätung zu kommen. Ein Parfum, das mir bekannt vorkommt, erfüllt das Haus: Gardenien. – Als am nächsten Tag eine große Limousine vorfährt und die schweren Schweinslederkoffer ausgeladen werden, sehe ich die Scene vor dem ›Château Bleu‹ in Holland vor mir, als Bobby, das dunkelhäutige Stubenmädel, den eintreffenden Filmstar spielte. Marie, die Gouvernante, Anatol, der Butler, Paul, der Gärtner (der sich noch immer im Glanz seiner Rolle als Liz Taylor sonnt) und Baronin Lazar, meine frischangeheuerte Sekretärin, stehen vor dem Portal aufgebaut. Ich lasse es mir nicht nehmen, die Zeremonie des Einzugs mit allem Pomp und Aufwand selbst zu inscenieren. Der obligate Strauß Rosen wird überreicht, Champagner auf der Terrasse serviert. Madame Lazar macht jeden Tag schriftliche Menuvorschläge, stellt Gästelisten zusammen, disponiert über die Zimmer und kopiert die Blumenarrangements aus dem Hotel ›Lancaster‹.

Ich nehme mich und meinen Reichtum recht ernst, und unmerklich macht sich die Pedanterie und Quengeligkeit der reichen Leute breit. Ich werde wütend, wenn das Ritual eines Frühstücks oder eines Diners nicht peinlich eingehalten wird. Ich schreie in der Küche herum, wenn ein Aushilfsbutler an den seltenen freien Tagen, die ich Anatol gönne, das Dessert vor dem Käse serviert oder Weißwein noch nach dem Fisch reicht. Um halb acht kehre ich heim vom Studio, zehn Minuten Besprechung mit der Sekretärin, dann ein heißes Bad mit duftendem Frühmessners Badeöl, ein dunkler Anzug oder Smoking liegt bereit. Seit ich in Los Angeles Sammy Davies jr. im ›Coconut Grove‹ auftreten sah, trage ich nur noch weiße Strümpfe, selbst zum Abendanzug. Das Taschentuch wird mit ›Dunhill‹ benetzt. In meinem kleinen Arbeitszimmer befindet sich eine Kommando-Anlage wie auf einem mittleren Ozeandampfer. Von dort werden das Haus, der Patio, die Terrasse und alle Gästezimmer mit Musik berieselt. Ich schalte die Mikrofone ein, und – die Bässe des Verstärkers wohlweislich aufgedreht – überall ertönt meine heisere Whiskystimme: »Cocktails are ready, rendezvous in ten minutes in the hall!« Dann müssen in der großen Halle die Kerzen brennen, aus dem gläsernen Eisschrank der ›Dom Pérignon‹ bereitgestellt sein. – Ich lege die Platte des Tages auf (es sind gerade ›The Platters‹ in Mode), und betrete nach prüfendem Blick in den Spiegel durch die Tapetentür, die den *master-tract* vom übrigen Haus trennt, feierlich den großen Mittelraum. Ich fühle mich unwiderstehlich in der Rolle des gewandten Hausherrn, der seine Gäste in drei Sprachen begrüßt, die Damen, der gerade in Mode kommenden Begrüßungszeremonie entsprechend, auf beide Wangen küßt und dabei nicht vergißt, mit routinierter flüchtiger Umarmung zu prüfen, ob auch ja keine von ihnen gegen die Hausregel verstoßen hat und etwa doch einen Büstenhalter unter dem Abendkleid trägt. Vor zehn wird nicht zu Tisch gebeten! An der Bar hängt eine absichtlich einfache Schiefertafel, wie in einem Klassenzimmer. Darauf ist fein säuberlich mit Kreide das Menu geschrieben: die Weine mit Jahreszahl und die Gerichte in französischen Phantasienamen: *Homard à la Curd, Kalbsfrikassee à la Michel Strogoff, Mousse de fraises de bois à la Dorothy*... Die Lazar verbringt Stunden damit, neue Namen zu erfinden, oft geht sie eine halbe Stunde vor den Cocktails im

Gästetrakt von Tür zu Tür, um den Damen Ratschläge zu geben, was sie anziehen sollen, welche Farbe das Abendkleid des Ehrengastes hat, damit keine peinlichen Überraschungen entstehen, zwei Rot oder Grün sich schlagen könnten. Gab es am Abend vor einer Einladung bei einem Diner der Nachbarn frische Trüffel oder Ortolans – kleine Singvögel – als Vorgericht, schockiere ich gern mit rustikalen Kontrasten, und Madame Lazar muß Dutzende von Telegrammen aufgeben: »Eßt ihr Knoblauch? Wenn ja, kommt heute abend zum *L'ail au lit* in die ›Tour St-Hospice‹.« Dem Perfektionismus, dem Snobismus sind keine Grenzen gesetzt. Nach dem Essen stellt Anatol die Musik einen Zahn lauter, und es kommt vor, daß die erhitzten Damen zwischen zwei Tänzen zum Meer laufen und in die Fluten springen, um wenige Minuten später in weiten weißen Bademänteln oder frischen Abendkleidern zurückzukehren. Gegen zwei Uhr morgens bilden sich Grüppchen, man verabredet sich tuschelnd, das Losungswort ›Monte‹ wird ausgegeben, und man trifft sich wie von ungefähr im ›Cercle privé‹ oder im ›Tip-Top‹ zum *casse-croûte* oder zur Gulaschsuppe mit Bier. Frosio, der unermüdliche italienische Bandleader aus dem Casino-Nightclub, muß mit seiner Combo auf der Straße vor den Tischen zwischen den geparkten Jaguars und Bentleys »Virginie«, mein Lieblingslied, spielen. Oft kommt die Bande im Morgengrauen zurück, um am Meer bei Kaffee und unterwegs eingekauften duftenden Croissants den Sonnenaufgang zu erleben. Anatol muß dann Liegestühle und Decken zu den Felsen tragen, und wenn ich ihn mit Stentorstimme wecke, kommt er strahlend, die Uniformweste über das Nachthemd geknüpft, und ruft: »Herrlich, wie im alten Mütterchen Rußland auf der Krim!«

Ich habe keine Zeit, darüber nachzudenken, ob ich glücklich bin, ob dies das Leben ist, das ich mir gewünscht habe, von dem ich träumte in Berlin in der Douglasstraße, als die Musik aus den Nachbargärten das Rollenstudium beflügelte, die Welt schneller zu erobern. Stolz verfärbt sich, wie zu früh welkende Herbstblätter, in Eitelkeit, Unsicherheit in Verletzlichkeit, Sehnsucht in Begierden.

Die Sonnenstrahlen, welche durch die Ritzen der Jalousien meinen erschöpften Schlaf stören, werden durch Dorothys dunklen Körper abgeschirmt wie mit einem samtenen, nach Gardenien duftenden Vorhang, und die Träume der Kindheit verbergen sich in den Winkeln des Parks. Manchmal kommt es mir vor, als riefen sie mich, und ich laufe die Treppen hinunter, setze mich unter einer Schirmpinie auf eine verwitterte Steinbank, schaue den Möwen zu, die sich im Flug auf die Wellen stürzen, und denke an Stifter, den »Nachsommer« und wer wohl eines Tages neben mir auf der Bank sitzen wird, um den Sonnenuntergang zu beobachten, wenn ich müde sein werde wie der sterbende Tag. Dann überfällt mich Wehmut und Trauer, Fernweh nach Geborgenheit in einer vertrauten Welt, nach Familie und Kindern. Ich denke an mein Krankenzimmer im Westend, an Professor Ullrichs, als er mir seine verstümmelte Hand zeigte und meinte, er wäre nie ein guter Arzt geworden, wenn er noch Orgel spielen könnte. Wäre ich nie ein erfolgreicher Schauspieler geworden, wenn Judith ein Kind von mir geboren hätte? Ist das der Preis? Sind die Feste, die Mädchen, der Glanz und die Berühmtheit Betäubungsmittel, um das Unerfüllbare zu vergessen? Die Kompensation, mit der man leben muß? Gibt es nicht jemanden, eine Frau, die Kind und Geliebte zugleich sein kann, Mutter und Tochter in einem ...?
»Monsieur... Monsieur...« Marie, die rührende alte Gouvernante, jagt auf der Suche nach mir im Garten herum: »Man verlangt Sie am Telefon. Es ist dringend... aus Kalifornien...« Kurt Frings, mein Agent in Hollywood. – Richard (Dick) Powell sucht mich. Die Dreharbeiten zu einem Film mit Robert Mitchum, »Duell im Atlantik«, sollen im August in Hollywood beginnen. »Miete mir ein schönes Haus, Kurt. Ich komme im letzten Moment vor Drehbeginn, wir haben arge Verspätung mit der ›Schwarzen Sklavin‹.« – »Okay, Curd, wird alles besorgt. Hollywood wird dich würdig empfangen. Kommst du allein?« – »Ja.« – »Noch eins, Curd. Wir müssen deinen Namen etwas ändern. Curd heißt im Englischen soviel wie gequirlt. Das erinnert an gequirlte Schifferscheiße. Wir machen aus dem ›D‹ ein ›T‹,

einverstanden?« – »Von mir aus, aber das ›C‹ muß bleiben.« – »Bestehst du auf dem Umlaut beim ›Ü‹ für Jürgens?« – »Ach wo, ich seh auch ohne ›Ü‹ germanisch genug aus.« – »Alright, die Ankündigungen der Fox gehen morgen raus. Sie werden dir Fotografen und Reporter schicken. Sei vorsichtig mit Äußerungen und Privatleben. Der deutschsprachige Star, der gerade hier ist, hat sich so unmöglich gemacht, daß sie ihn umbesetzen mußten. Hier ist man auf die Deutschen nicht gut zu sprechen, vergiß das nicht. Möbel dein Englisch auf. Ich übergebe Dick Powell. Take it easy...« – »Hallo, Curd.« – »Hallo, Mister Powell, I'm so happy it worked out, thanks so much.« – »Ihr Englisch klingt perfekt, aber ich schicke Ihnen trotzdem einen Lehrer...« – Dabei hatte ich mich bemüht, einen amerikanischen Akzent anzunehmen. Genau das Falsche, erfahre ich später. In Hollywood wollen die Leute entweder die harte Aussprache des Preußen, die eines Deutschen oder perfektes King's English. Beides ist wohltuend verhaßt. Die Typisierung durch die Unzahl der Propagandafilme der Kriegsjahre, in der ein Deutscher ein Monstrum oder zumindest unsympathisch zu sein hatte, verlangte es. Aber hier war zum erstenmal nach dem Krieg ein Film, der einen sympathischen Deutschen zeigte, in dem der Gegner des amerikanischen Zerstörerkommandanten ein Mensch sein durfte, humorvoll und warmherzig. Dick wollte einen U-Boot-Kapitän, der den Krieg als notwendiges Übel mitmacht, sich aber im Grunde nach Ruhe und Frieden sehnt. Keinen Nazi, sondern einen guten Deutschen, gebildet und loyal. Ich bin glücklich, stolz, das ramponierte Image des deutschen Offiziers nach »Des Teufels General« nun auch in einem rein amerikanischen Hollywoodfilm aufbessern zu können und erarbeite mir ein möglichst korrektes Englisch für die Rolle, versuche akzentfrei zu sprechen, so wie viele Kapitäne von der Waterkant reden, die auf ihren Fahrten um die Welt Englisch wie ihre Muttersprache beherrschen lernten. Die Sache verlangt es.

Statt mich auf den Partys der Côte d'Azur-Society herumzutreiben, verbringe ich die Abende jetzt mit meiner Englischlehrerin, einer entzückenden alten Engländerin, die als Gattin eines Produzenten Hollywood kennt wie ihre Westentasche und die Nase voll hat vom Bla-Bla der Kaffeehausgesellschaft und der Luftverschmutzung des Kinoparadieses. Sie sehnt sich zurück in ihr kühles England und einmal seufzt sie, als wir vom Klima, von der ewigen Sonne und Wärme sprechen: »Wissen Sie«, sagt sie mit echt britischem Humor, »alles da drüben erinnert an das Lächeln eines Idioten: immer freundlich, immer lieblich bis zur totalen Verblödung...«

Der Tag der Abreise kommt. Die letzte Aufnahme für die »Schwarze Sklavin« fand nachts auf dem naturgetreu nachgebauten Modell des Sklavenschiffes statt, das auf Kugellagern ruhend dreh- und schwenkbar in Cagnes-sur-Mer ins Wasser gebaut wurde. Die Scene schreibt einen Orkan vor, der Schiff und lebende Fracht bedroht. Doch der Kapitän, wie könnte es anders sein, springt ans Ruder und rettet das überflutete Schiff. Dorothy ist schon seit Tagen abgedreht und wartet in Hollywood auf mich. Tonnenweise werden aus Hydranten Wassermassen über das Ruderhaus und mich geschüttet, bis endlich gegen vier Uhr früh die letzte Kameraeinstellung im Kasten ist. Das war die richtige Taufe für Hollywood, meinen die Kollegen und Stabsmitglieder, und dann fließt der Champagner.

Kurt Frings steht in Los Angeles am Flugplatz, der Kater hat einem pfundigen Schnupfen Platz gemacht. Das Haus in Bel-Air, der exklusiven Insel, die, von Privat-Polizei abgeschirmt, wie ein behüteter Club nur gegen Ausweis oder nach telefonischem Rückruf betreten werden darf, ist die grauenhafte Replik eines römischen Palastes, mit Gipssäulen und Wandelgängen und einem Swimmingpool in Form eines römischen Bades, halbrunden Korridoren und endlosen Zimmerfluchten. Ein Butler, der die Schleife eines Offiziers der Ehrenlegion im Knopfloch trägt wie eine verblühte Rose, empfängt uns im schwarzen Gehrock. Er ist so scheißfein, daß ich mich entschließe, meinen Koffer selber zu tragen.

Das Hollywood des Jahres 1956 hat noch etwas von der Atmosphäre einer Geheimorganisation zwischen Mafia und Ku-Klux-Klan. Du wirst aufgenommen wie ein Bruder oder Mitglied, wenn die Tam-tams der Wächter Willkommen trommeln oder die Ampeln der Geheimsheriffs auf grünes Licht gestellt sind. Die Weichen dazu werden in Washington und bei den Meetings der Hauptaktionäre in Wall Street gestellt. Zehn Jahre nach dem Krieg wurde dort entschieden, daß man Deutschland und die Deutschen brauche, der revanchistische Gedanke aus der Mode sei, der deutsche Markt wichtig, und ein Bollwerk gegen Kommunismus und Aggression aus dem Osten geschaffen werden müsse. Es gilt, mit dem unpopulären Deutschen zu einer Ko-Existenz zu gelangen, die den Juden in Amerika nicht weh tut, gleichzeitig aber das Hitler-Deutschland an seinen mahnenden Platz in der Geschichte verweist. Ein *guy*, der kein Nazi war, aber optisch und verhaltensmäßig dem anständigen Deutschen entspricht, ist willkommen. Ein nörgelnder, aus Unsicherheit arroganter Wiener, der sich für Conrad Veidt oder Adolf Wohlbrück hält, ist fehl am Platz. Ring frei für den teutonischen John Wayne.

Das Unerwartete geschieht: Eine halbe Stunde nach meiner Ankunft läuft das Telefon heiß. Die Anrufer sind Emigranten aus Wien und Berlin. Die Neugierde, mit einem Deutschen deutsch zu reden, die Sehnsucht, von versunkenen Zeiten, aber auch vom Grauen zu sprechen, hat etwas Masochistisches, der Wunsch, dem Feind, der, einem *on-dit* zufolge, doch ein Mensch und kein Ungeheuer ist, ins Auge zu schauen, etwas Rührend-Nostalgisches. Man kann endlich wieder vom verhaßten verlorenen Paradies sprechen, ohne zur Ordnung gerufen zu werden, von schönen alten Zeiten erzählen mit der Entschuldigung, es dem Ankömmling nur leichtmachen zu wollen, sich in der fremden Umgebung zurechtzufinden.

Doch auch andere Anrufe kommen: »Curd, die Zeitungen schreiben, du bist allein. Wir haben doch soviel Gemeinsames. Du warst mit einer Ungarin verheiratet und siehst meinem Ex-Mann George, George Sanders, you know, so ähnlich wie ein Zwillingsbruder. Wann sehn wir uns? Ich wohne um die Ecke...« – Zsa Zsa Gabor zirzt mit ungarischem Kauderwelsch am Telefon. Dann das echte Amerika, das unverfälschte. »Curd,

wir freuen uns, daß du hier bist. Wir möchten eine Party für dich schmeißen, damit du dich wie zu Hause fühlst.« Der stille, freundliche Amerikaner. Produzent. Kollegen. Kein häßliches, provokatives Wort. Gewiß, die Feinde melden sich nicht. Die warten im Dunklen, daß du strauchelst, Fehler machst und fällst. »Komm mich abholen, Dorothy, schau dir mein Haus an, es ist spannend wie die Burg Frankensteins. Und nachher gehen wir zwei gemütlich essen. Zu ›Romanoff's‹. In die Höhle des Löwen. Mach dich schön. Komm wieder in Weiß, wie in Cannes.« Weiße Socken, schwarzer Anzug, weiße Krawatte. Der normannische Schrank wird sich am ersten Abend mit der schwarzen Carmen Jones im exklusivsten Restaurant Hollywoods zeigen. Das wird Schlagzeilen geben wie in Cannes und dem Getuschel über den deutschen Nazi mit Rassenwahn wird die Spitze genommen. – Ich rufe Warren Cowan, den Publicity-Agenten, an: »Warren, mach eine Reservierung bei ›Romanoff's‹ für heute abend. Der beste Tisch für zwei.« – »Okay, Curd. Ich freu' mich, daß du nach der langen Reise so unternehmungslustig bist. Darf ich fragen, mit wem du gehst?« – »Mit Dorothy. Dorothy Dandridge natürlich.« – »Ich rufe in zehn Minuten zurück, okay?«
Der französische Butler – »George«, wie er vertraulich raunt – langweilt sich in dem großen Haus. Ich bestelle Snacks und Cocktails. Da kommt schon Dorothy. In Weiß. Auch das Telefon am Swimmingpool ist weiß. »Ja, Warren, geht das mit der Reservierung in Ordnung?« – Warren spricht fünf geschlagene Minuten. Ich nehme den Apparat und stehe auf, promeniere außer Hörweite. »...Du mußt verstehn, wir alle verehren Dorothy. Sie ist eine große Künstlerin. Aber Hollywood ist verdammt konservativ. Ich hatte ein langes Gespräch mit den Leuten vom Studio. Sie bitten dich, nicht mit Dorothy auszugehen. Vielleicht später, wenn du länger hier gewesen bist. Aber gleich am ersten Tag... du verstehst, es wäre eine Provokation...«
Dorothy ist mir nachgekommen. Verzweifelt presse ich den Hörer ans Ohr, damit seine fette, schmalzige Stimme nicht zu hören ist. Dorothy lächelt, hält die schmale Hand über die Sprechmuschel und flüstert: »Ich weiß, was Warren sagt. Tell him to go

to hell. Wir essen hier, basta!« – George braucht sich nicht zu langweilen. Wir bestellen ein opulentes Diner. Nicht, daß die Welt so beschaffen ist, vergällt mir den Abend, nicht, daß ich den ersten Abend auf das berühmte *Hollywood by night* verzichten muß. Vielmehr, daß ich, kaum im Lande der Freiheit eingetroffen, mich bereits manipulieren lasse, das heuchlerische Spiel mitspiele und denen recht gebe, die eine humane Entwicklung zu *liberté, egalité* und *fraternité* mit allen Mitteln aufhalten wollen. So dachte ich 1956, und in den zwanzig Jahren seither hat sich so viel geändert, daß man heute Angst haben könnte, das Pendel schlüge zu weit nach der anderen Seite aus, ganz einfach, weil es zu lange auf der einen Seite festgehalten wurde.
Ich denke an Marpessa, mit der ich mich nicht bei den Kollegen in der Camargue hatte zeigen wollen. Wozu wächst man, wozu kämpft man um Unabhängigkeit, wenn man nicht imstande ist, die eisernen Ringe, die sich um deine Freiheit klammern, zu sprengen, dich von den Fesseln der Konvention, den vereinbarten Lügen einer angstregierten Gesellschaft zu befreien, weil du zu feige bist?
Dorothy gerät ins Erzählen, während George beim Servieren so tut, als verstünde er nur Französisch: »Meine Fan-Clubs bestimmen mein Leben. Für sie bin ich das Vorbild der Schwarzen, die sich einen Platz an der Sonne erkämpft hat. Sie wissen, was in Südfrankreich geschehen ist. Ich habe ein Kind von einem Weißen. Es ist nicht normal, geistig zurückgeblieben. Sie sagen mir, es ist die Sündenschuld, weil ich mit einem Weißen geschlafen habe. Ich habe ihnen erzählt, was du einmal nachts am Cap-Ferrat gesagt hast. Daß die Welt nur heil werden kann, wenn jeder Deutsche eine Französin, jede Schwarze einen Weißen, jede Russin einen Amerikaner geheiratet haben wird. Sie lachen mich aus und meinen, noch wäre deine Haut zu hell, um sich mit mir vermischen zu dürfen. Noch ist *black* nicht *beautiful* genug. Noch ist die Rasse derer, die den Computer beherrscht, die als Gegengewicht die Seele reinigt und zur Liebe erzieht, nicht ebenbürtig. Wir meinen, die Waschmaschinen und die Intelligenzquotienten der Weißen machen ihre Seele nicht sauberer.

Aber die Weißen ahnen es, seit die christlichen Frauen ihre faulen Körper an der Sonne rösten, um unsere Farbe zu bekommen... Ich darf sie nicht enttäuschen. Sie brauchen mich...«

So bleibt unsere Beziehung geheim und alle sind zufrieden: die Herren vom Studio und die schwarzen Clubs in Harlem und Watts. Weise beugen wir uns den Herrschenden. Weise sind feige. Feige haben ein schlechtes Gewissen. Das schlechte Gewissen frißt die Seele auf. *So macht Gewissen Feige aus uns allen?* Wäre Hamlet gutgläubig wie Othello, Shylock liebevoll wie Romeo, gäbe es dann Tragödien? In einer Welt ohne Tragödie würden die Menschen am Lachen sterben. In einer Welt ohne Komödie würden die Menschen am Weinen sterben...

Zum Abschluß der Dreharbeiten für »Duell im Atlantik« gebe ich ein Fest. Der Zickendraht-Palast in der Bellagio-Road wird ausgeräumt. Zwölf Tische à zehn Personen. Die Partnerin des nächsten Films, Debbie Reynolds, zu meiner Rechten, Mrs. Gary Cooper zu meiner Linken, am Nebentisch Dorothy, zu ihrer Rechten Eddie Fisher, der Gatte Debbie Reynolds. Man munkelte zwar schon von Scheidung und von einer Romanze zwischen Liz Taylor und Eddie, aber noch wird die Form gewahrt. Bei solchen Anlässen in Hollywood ›ist man bei Hof, man nimmt sich wohl zusammen‹. Die Schwierigkeit bei Hollywoodpartys besteht in der Wahrung der ›Staretikette‹. Du darfst dich betrinken wie ein Rollkutscher, aber du mußt zu Debbie Reynolds Mrs. Fisher sagen. Nur im Studio darfst du Laureen Bacall vorstellen, privat mußt du Mrs. Humphrey Bogart sagen. Ein ehernes Gesetz, das wohl entstanden ist, weil man die Damen zu oft mit den gerade geschiedenen Gatten zusammen sah. Über alles darfst du reden, nur nicht über Film. Das Geschäft darf nicht ins Privatleben gehen, schon gar nicht ab Schabbes, Freitag abend.

Da aber die ganze Woche über hart gearbeitet wird, können Partys meist nur am Wochenende stattfinden. So hast du es manchmal schwer, Konversation zu machen. Also ist es gut, den Psychiater einzuladen. Gespräche über Krankheiten sind immer anregend, besonders zwischen *Pâté de foie gras* und *Langusten*

Thermidor. Auch über Mode darfst du reden, über Golf und den ›smog‹. Ronald Reagan nimmt vor der Suppe seine Kontaktgläser heraus und läßt sie in die Suppentasse fallen, um zu zeigen, wie man sie blind am besten wiederfindet. Auch über Menschen darfst du reden, aber – um Gottes willen – nur das Beste. Wer kein ›darling‹ und keine ›fabulous person‹ ist, bleibt am klügsten unerwähnt. Und wage nur nicht, eine Party zu verlassen, ohne den Gastgebern zu sagen: »A great party, I enjoyed every minute of it.«

Nun, Eddie Fisher ist mit der Tischordnung sowenig einverstanden, daß er nach der Vorspeise verschwindet. Madame Lazar, die ihn erschrocken an der Haustür erwischt, erfährt den Grund: Wie könne man ihn neben eine Negerin setzen, während am Tisch des Hausherrn doch nur lauter *Gojim* säßen. Er hatte recht. An meinem Tisch hatte ich in meiner Arglosigkeit nur Christen und Weiße sitzen. June Allyson, Maureen O'Hara, Robert Mitchum, die Coopers, Dick Powell, Zsa Zsa Gabor. Trotz genauestem Kalkül war der *faux pas* passiert, und die Publicity-Agenten mußten eine schwere Rüge einstecken. So unbefangen und gemütlich war das leichte Künstlerleben jener Tage. Nun, mit Liz kam Eddie trotzdem öfter zu mir, und in meinem Haus in Schliersee hat Liz später die Leiterin des Münchner Wohlfahrtsamtes kennengelernt, durch die sie ein Kind adoptieren konnte...

17.

Schau, wie der Sonnenuntergang sich im Meer spiegelt, Mathilda. Marc soll uns einen Whisky auf die Terrasse bringen. Denn bevor ich jetzt von Simone erzähle, brauch' ich einen tiefen Schluck. Siehst du das kleine Flugzeug da oben? Silbern wie ein Fisch. Der Pilot muß sich beeilen. Nach Sonnenuntergang darf er auf unserem kleinen Flugplatz nicht mehr landen. Wir haben hier kein Radar und keine Nachtbeleuchtung. Nein, der bringt niemanden zu mir. Die Piloten von der Bahamas-Air kommen im Tiefflug, das habe ich mit ihnen verabredet, damit wir wissen, ob wir zum Flugplatz müssen. Wir sind allein, Mathilda, die Luft schmeckt salzig, nach Meerwasser. In fünf Minuten ist die Sonne weg. Dann hebt der Wind an und es wird kalt.
Wie viele Nächte hab' ich dir schon mein Leben erzählt? Tausend? Ja, das mag stimmen. Vor drei Jahren war der 3. Juli. Ich war in Wien und wir wollten abends telefonieren. Wenn ich hier gewesen wäre, hätte mich niemand verständigen können. Hier gibt's kein Telefon. Wichtige Nachrichten und Besucher bringt der Pilot aus Nassau.
»Allez dormir, Marc, gehn Sie ins Dorf oder schlafen Sie. Ich brauche Sie heute nicht mehr. Nehmen Sie den Jeep und fahren Sie zu ›Pula‹ in die Dorfkneipe. Sie müssen auch mal etwas Ablenkung haben, auf andere Gedanken kommen. Vielleicht ist heute dort Tanz. Tanzen Sie mit der hübschen Consuela und wecken Sie mich morgen früh, bei Sonnenaufgang. Gute Nacht. Marc.« – »Trés bien, bonne soirée, Monsieur.«
Ich werde die ganze Nacht erzählen müssen, Mathilda. Denn ich

will zum Ende kommen. Dann will ich ein paar Tage an nichts denken, versuchen, die Vergangenheit zu vergessen, denn so feige, Schluß zu machen, bin ich wohl doch nicht. Oder hat meine Art Leben mich so feige gemacht, daß ich es nicht mehr aufgeben kann? Du kennst mich jetzt besser als ich, Mathilda. Die Sonne ist fort. Beuge dich über mich, so wie damals im Flugzeug nach Las Hadas, als ich eingeschlafen war. Mir ist nicht kalt. Aber komm näher, damit ich deinen Atem wieder spüre, so wie den, der mich damals weckte. Man fliegt nicht weit von hier vorbei, wenn man von Paris nach Mexiko will. Das Schwerste kommt. Ich brauche einen kühlen Kopf. Es ist schwerer, von glücklichen Tagen zu erzählen als von bösen, unglücklichen. Ich will dich auch nicht kränken. Doch ich muß von zwei Menschen erzählen, die mich unendlich glücklich gemacht haben. Und schon bin ich wieder unaufrichtig und ungerecht. Denn die einzige Geliebte, die mich nie enttäuscht hat, unter der ich gelitten habe wie ein Hund, um sie nur noch beglückter umarmen zu können, hieß ›Theater‹ und mit Vornamen ›Arbeit‹. Doch eines Mannes Leben besteht aus Tag und Nacht. Der Tag gehört der Arbeit, die Nacht der Frau.

Jetzt ist es dunkel geworden und ich will dir von Simone erzählen... der Reihe nach, nicht aus dem Zusammenhang gerissen, wie bisher. Gehen wir den Spuren noch einmal nach und sehen wir, ob die Indizien genügen, um uns freizusprechen.

Die Paparazzi in Venedig lassen nicht locker. »Signor Jürgens, eine Reportage, das nix zu tun mit Film, bitte. Nich heute, nix in Festspielhaus oder Lido, alles schon zu oft dagewesen. Originelle Reportage ohne Gondola...«

Biennale in Venedig. Mir fällt ein, daß ich mir in Murano bei den Glasbläsern Rotweingläser nach meinem Geschmack bestellen will, große hohe Tulpen auf langem Stiel. Da könnten die Fotografen mitkommen. Sonntag ist okay. Da ist die Galaaufführung von »Bitter war der Sieg« vorbei, der Festspielstreß überwunden.

Die Fotografen sind glücklich, und als wir abends vom ›Lido-Hotel‹ zum Festival schlendern, lassen sie uns augenzwinkernd

in Ruhe, knipsen nur aus Höflichkeit, damit die wartende Menge das Geblitze sieht.
Plötzlich sehe ich sie vor mir. Im langen schwarzen Abendmantel, die Hände in einen Pelzmuff vergraben. Die typischen großen Schritte der Mannequins. Große Füße und große Schritte sind modern. Nur eine Sekunde sehe ich ihre Augen, dann blitzt mich jemand blind. Im Festspielhaus ist sie verschwunden. Ich sehe mich um. Weg ist sie.
Wir müssen in die Ehrenloge. Ich habe wieder gleich zwei Filme bei der Biennale. Cayattes »Auge um Auge« mit Folco Lulli und Nicholas Rays »Bitter war der Sieg« mit Richard Burton und mir. Genau wie vor drei Jahren mit »Des Teufels General« und »Die Helden sind müde«. Jedermann erwartet, daß ich wieder die ›Coppa Volpi‹ bekomme. Davon wird keine Rede sein. Die Filme sind sich zu ähnlich in ihrer Gangart. Beide spielen in der Wüste, beide sind mehr oder weniger Männerfilme ohne Frauen, beides Zwei-Personen-Stücke, beide bedrückend, wenn sie auch beide mit zum Besten gehören, was ich gemacht habe. Der Applaus am Schluß ist freundlich, aber schwächer als bei meinem Auftritt. Die Diskussion, ob ein Film allein mehr Eindruck gemacht hätte, oder ob man sie nicht an weit auseinanderliegenden Tagen hätte vorführen sollen, dauert bis in die Nacht.
Am nächsten Morgen regnet es in Venedig. Die Lagune ist grau, sogar die Möwen verstecken sich, und die Tauben vorm Hotel schütteln den Kopf. Mißmutig schleiche ich in die Halle, bestelle ein Bier gegen den Kater. Da sind die Paparazzi. »Das Motoscafo ist bereit. Wir können nach Murano abfahren...« – »Bei dem Wetter? Nein, Freunde, das ist ein verregneter Sonntag, so recht geeignet für viele freundliche Getränke in der Harris-Bar. Oder um mit einem Buch zurück ins Bett zu gehen. Wir holen das ein andermal nach.« – »Wir haben extra bei Venini den Meister bestellt, ihm seinen Sonntag abgekauft. Tun Sie uns das nicht an, Signor Curd.«
In diesem Augenblick sehe ich sie die Treppe herunterkommen. Mit langen Schritten durchquert sie die Halle. »Ich möchte wissen, ob die berühmten italienischen Paparazzi wirklich so smart

sind und alles fertigbringen.« – »Wir schaffen alles. Sie werden sehen, wenn wir einsteigen, wird es aufhören zu regnen.« – »Na, dann schaut euch mal das Mädchen an, das da drüben sitzt. Wenn die mitkommt, fahren wir, basta.« – Die Jungens schwärmen aus. Ich sehe, wie sie einen Augenblick den Tisch umkreisen. Dann sitzen sie schon bei ihr. Das Bier zischt die Kehle hinunter, erfrischt, weckt auf. Keine fünf Minuten später sind sie zurück: »Okay. Sie kommt mit.«
Ich bin so überrascht, daß man es mir ansieht. Was kann denn das für ein Mädchen sein, das so schnell zusagt? Von einem Starlet hat sie nichts. Merkwürdig. Der junge Römer, ein ausgezeichneter Fotograf, der viel für den »Match« arbeitet, versteht meine Verwunderung. – »Minouflette ist *une copine*. Sie ist Modell in Rom und wir arbeiten oft zusammen. Sie hatte gar keine Lust, aber wir haben ihr erklärt, es ginge um unsere Ehre und den Glasbläsermeister in Murano, da konnte sie uns nicht im Stich lassen...«
Die ersten Aufnahmen werden geschossen, als ich mich an der Kaimauer vorstelle. Sie heißt Simone. Warum die *copains* sie Minouflette nennen, weiß niemand. Sie bringt eine Freundin mit und ich Janine. Das Motoscafo legt ab, tuckert aus dem Kanal. »Stellt euch näher zusammen, bitte. Ihr seht gut aus zusammen, aber mit dem Lido als Hintergrund ist es noch besser.« Sie lacht viel mit ihrer Freundin, aber mit mir redet sie nicht. »Stellt euch ins Profil, schaut euch an. Da haben wir Torcello im Hintergrund.« Sie hat unendlich freundliche dunkle Augen, einen warmen Schimmer im Blick. Die große Nase hat einen Höcker, macht ihr Gesicht unsymmetrisch und reizvoll. Jetzt kommt wirklich die Sonne raus, die Jungens haben recht behalten. Ihre dunkle Haut hat einen grünlich-olivfarbenen Schimmer. Als wir dicht nebeneinanderstehen, ein Foto ›dans la camera, s'il vous plaît‹ für den »Cinérevue«-Mann aus Brüssel, stelle ich fest, daß ihre Beine genauso lang sind wie meine, obwohl sie gute fünfzehn Zentimeter kleiner ist als ich.
»Sie sind Französin?« Sie nickt: »Ja, aber ich lebe seit einem Jahr in Rom.« Immerhin bin ich Filmstar und habe einen schlechten

Ruf zu verteidigen. Also frage ich: »Allein?« – Sie lacht, daß die blitzenden Zähne in die Kameras knallen. Sie ruft ihrer Freundin aus dem enggekaderten Bildausschnitt etwas zu – etwas wie ›Lei é un rapido!‹ (›Einer von der schnellen Truppe‹, übersetze ich es mir, denn mein Italienisch ist katastrophal). Sie läßt mich stehen, kämmt ihr zerzaustes Haar. Janine kommt und wird an Simones Stelle ins Bild gesetzt. »Una foto amichévole con la produttrice, per favore.« Wie wäßrig Janines Augen sind, wie durchsichtig! Verlangen ohne Geheimnis, denke ich. Während die von Minouflette Wärme und Sehnsucht ausstrahlen.
Der Glasbläsermeister ist nicht der einzige, der auf uns wartet, als wir vor dem weltberühmten Haus ›Venini‹ anlegen. Ein Direktor hat es sich nicht nehmen lassen, uns herumzuführen, zwei junge Burschen bedienen Blasebalg und Bunsenbrenner. Zuerst, quasi als Vorspeise, zaubert der Meister aus kleinen flüssigen Glasstreifen blitzschnell und spielerisch kleine Tiere: Löwen, Giraffen, Pudel, die sich im kalten Wasserbad bewegen, zu ihrer vorbestimmten Form strecken. Simone stößt kleine Entzükkensschreie aus, murmelt aber, betastet sie die Dinger erst einmal mit ihren großen, kräftigen Händen, leise, so daß es der stolze Meister nicht hört: »Mon Dieu, ist das gräßlich!«
Dann die Gläser. Ich will hohe Kelche für schweren Burgunder. Marisa, die Freundin, schlägt amethystfarbenes Glas vor. Ich erkläre mich einverstanden, obwohl ich die Farbe hasse, denn sie verfärbt die zarte Bläue des Burgunders. Dann die Weite des Kelches. »Wie voll aufgeblühte Tulpen«, sage ich. Der Glasbläser schmunzelt verständnisvoll. Doch die Tulpe, die er gießt, sieht eher wie ihre Zwiebel aus. »Oben weiter«, rufe ich. »Man stößt ja mit der Nase an den Rand!« Ich denke an Simones große Nase, und wie sie wohl aussieht, wenn sie – hoffentlich mit beiden Händen – das Glas an die Lippen führt. Der Meister erhitzt noch einmal, jetzt wird aus dem Kelch eine Glocke. Simone scheint sich zu langweilen. Die Fotografen streunen auf der Suche nach Exklusivmotiven bereits in den übrigen Räumen herum. »Va bene cosi«, rufe ich, und überlege, wie ich zu einer Verabredung komme. Sie im Wirbel des Festivals allein zu tref-

fen, wird schwer sein. Janine wird sich anhängen, Cayatte, Marisa. – Nun noch den Stiel. Einen hohen schlanken Hals, einen Schwanenhals. Der Meister schmunzelt. Er kennt die Wünsche der Touristen. Er teilt ihren Geschmack. Heute darf er nach Herzenslust blasen und gießen, kühlen und biegen. Für die berühmten Venini-Erzeugnisse liefern Bildhauer millimetergenaue Zeichnungen. Am Ende überreicht er Simone stolz eine rosa geschwungene Tulpe auf einem Giraffenhals, der wiederum in einem plumpen Schildkrötenpanzer steckt. Wir lachen und müssen uns mit dem Monstrum fotografieren lassen. Ich bestelle zwölf Stück davon. »Wohin dürfen wir sie liefern?« fragt der Direktor. Da kommt mir ein Gedanke. »Ins ›Baur-Grünwald‹, bis heute abend. Da müssen sie eingeweiht werden.« Janine wirft mir einen erstaunten, fragenden Blick zu. Ich winke ab. Der Direktor verabschiedet sich.
Die Rückfahrt geht schnell. Die Fotografen sind glücklich und bedanken sich – bei mir und Simone. Als sie sich beim Portier ihren Zimmerschlüssel geben läßt, sind wir einen Augenblick allein. »Weihen Sie die Gläser mit mir ein?« – »Ich reise morgen früh ab.« – »Nach Rom?« – »Nein. Arbeiten. Nach München. Modewoche.« – »Also dann heute abend.« – »Sie haben die Gläser ins ›Baur-Grünwald‹ bestellt.« – »Ja, eben, da wohne ich.« – »Nicht hier, im ›Lido‹?« – »Nicht mehr. Zuviel Wirbel. Kommen Sie, *pour trinquer,* zum Anstoßen, auf ein Glas?« – »D'accordo.« – »Um acht?« – »D'accordo. Ciao.« – »Ciao, bella.« – Ich winke ihr lässig nach, als sie mit ihren großen Schritten die Treppe hinaufläuft. Vorm Absatz nimmt sie, übermütig wie ein Fratz, zwei Stufen auf einmal. Da rase ich zum Telefon.
›Baur-Grünwald!‹ »Ist mein Appartement zufällig frei?... Nein... Das ist furchtbar... Sie können es frei machen?... Fabelhaft. Ich komme in einer Stunde.« Rauf, Kofferpacken, runter, Motoscafo. Ab damit. Kein Mensch hat mich abreisen sehen. Das ›Lido‹ hält Sonntags-Siesta. Um sieben Uhr werden die Gläser geliefert. Ich packe sie aus, stelle sie auf den Marmortisch bei der Terrassentür mit Blick auf den Canale Grande, Santa Maria della Salute und die Giudecca. Um halb acht rufe ich im ›Lido‹

an. Teile dem Portier, der Reception und der Telefonistin mit, daß ich im ›Baur‹ wohne, Appartement 221/222. Um acht bin ich fein in Schale. Um halb neun wasche ich zwei der Ungetüme aus, fülle eins mit ›Chivas‹ und ›San Pellegrino‹. Ex.
Es wird dunkel. Unten auf der Terrasse nehmen die ersten Gäste für das Diner Platz. Gondolieri fangen an zu rufen, wenn sie beim Hotel um die Ecke schwappen. Dampfer mit Musikkapellen kommen vorbei. Sie wühlen das schmutzige Wasser auf, und wenn die Musik aussetzt, hört man amerikanische Brocken. Fette Stimmen, denen schon in der Schule sonores Sprechen beigebracht wurde. Janine ruft an: »Störe ich?« – »Es war nicht mehr auszuhalten. Ich soll dauernd Kommentare geben, warum sie mir nicht den Preis gegeben haben. Aber ich komme später sicher ins Casino...« – »Und inzwischen trinkst du aus neuen Gläsern.« – »So ist es. Ciao.« Es klopft. Der Kellner. Verdammt nochmal, es ist neun Uhr. Der Kellner bringt einen Korb mit Früchten – mit den besten Empfehlungen von der Direktion. Um zehn kommt das Zimmermädchen und macht im Schlafzimmer das Bett. Richtet Kopfkissen für zwei. Läßt die Rolläden runter. »Buona notte, signore.« Der Fotograf vom »Match« wechselt an der Casinokasse Geld ein. Er sieht mich erstaunt an: »Minouflette? Die ist abgereist.« – »Nach München?« – »Nein, soviel ich weiß, nach Rom.« – »Aber sie hat mir doch gesagt, sie muß nach München, zu einer Collection.« – »Wahrscheinlich fliegt sie über Rom, zusammen mit den andern Mädchen und den Fetzen.« – »Hast du ihre Adresse?« – »Nein, aber ich kann sie besorgen, bis morgen.« – Ich winke ab. »Lebt sie allein?« – »Nein, mit einem römischen Grafen. Aber der ist verheiratet. Scheidung unmöglich. Netter Kerl. Testpilot.«
Ich muß zwar gleichfalls nach München, aber erst in ein paar Tagen. Zum Synchronisieren von »Bitter war der Sieg«. Ich beschließe, schon am nächsten Morgen zu fliegen. Über Mailand. Madame Lazar holt mich am Flugplatz ab. Ein herrlicher warmer Septembernachmittag. »Das Haus in Schliersee freut sich, Sie mal wiederzusehen. Es wird Ihnen klein vorkommen nach Hollywood.« – »Wo finden denn hier in München immer die Mo-

denschauen statt?« – Die Lazar zuckt nicht mit der Wimper. »Die ausländischen meistens in den großen Hotels. ›Bayerischer Hof‹. ›Regina‹.« – »Fahren wir dorthin.«
Der Portier vom ›Bayerischen Hof‹ weiß von nichts. »Modenschau? Morgen? Nicht bei uns. Vielleicht im ›Regina‹.« Dort sagt der Portier das gleiche. Doch statt im ›Regina‹ meint er, ich soll im ›Vier Jahreszeiten‹ fragen. Dort weiß man überhaupt nichts von Winterkollektionen, von italienischen Mannequins. »Vielleicht im ›Parkhotel‹, ich rufe mal an...« – »Tut mir leid, Herr Jürgens. Negativ. Versuchen Sie es doch mal...« – »Danke, Herr Portier. Lazar. Nach Schliersee.«
Verdammte Scheiße. Ich weiß nicht mal ihren Nachnamen. Der Mercedes 300 SL ruckt an, daß mein Suitcase der Lazar auf den umfangreichen Busen knallt. Schon trete ich wieder auf die Bremse, daß das Köfferchen ihr auf die Schuhe fällt. Aber sie verzieht keine Miene. Da, vor mir gehen sie, promenieren genüßlich die Maximilianstraße hinunter: Simone und Marisa. Schicksal? Zufall? Soviel Zufall stimmt nachdenklich. Die Modenschau findet in der Brienner Straße im Klub einer Modezeitschrift statt. Simone Bicheron wohnt im ›Parkhotel‹. Hinterher führe ich die beiden zu ›Humplmayr‹. Dann nach Schwabing ins Lokal eines alten Freundes aus der Kriegszeit, Robert Boos, dessen Armagnac und ›Grand Marnier‹ uns über das Kriegsende gerettet hat.
Am nächsten Mittag kommt Simone nach Schliersee. (»Tut mir leid, Marisa, aber im Dreihundert SL ist nur Platz für zwei.«) Das Haus gefällt ihr. »C'est gemütlich, n'est-ce pas?« – »Gämüttlick? – Was heißt das?« – »Intraduisible – Unübersetzbar. Soviel wie ›cosy‹ im Englischen.« – »Haha. Gämüttlick. Was für ein lustiges Wort!« – »Wie alt bist du, Simone?« – »Einundzwanzig.« – Ich bin einundvierzig. Sie spricht nicht vom römischen Testflieger, wohl aber von ihrer Mutter, die noch in Paris ist und nach Rom kommen soll. Denn sie hat sich erst seit kurzer Zeit in Rom niedergelassen. Simones Vater starb, als sie fünf Jahre alt war. Die Mutter hat sie zuerst mit einem Modesalon in Algier durchgebracht, dann in Paris. Die Mutter habe den Umzugsfimmel. Sie

hätten in Paris nicht weniger als achtmal Tapeten gewechselt in den acht Jahren, die sie in Paris leben. »Nach der Schule bin ich sogar ins Seminar der Comédie Française, wollte Schauspielerin werden.« – »Na und? Warum bist du es nicht geworden?« – »Keine Lust. Kein Talent. Zuviel Arbeit. Bin ein fauler ›pied-noir‹. Brauche Sonne, ein paar Oliven, frische Feigen, ein Stück Brot, ›un coup de rouge‹. Dann bin ich glücklich. Wozu das Getue.« Sie fröstelt auf der Terrasse in Schliersee. »Wenn man Sonne hat, braucht man keine teuren Kleider. Dann ist die Welt – wie sagst du – gämüttlick. Rom ist gämüttlick. Un village.« – »Ja, ein Dorf mit der Via Veneto, einer verkommenen, lasterhaften Gesellschaft.« – Ich denke, jetzt wird sie vom Conte sprechen. Aber sie lacht nur: »Das ist deutsche Idee von Italienern. Italiener sind naiv. Das macht die Sonne. Sie reden mehr als sie tun, das erhält sie schlank. Sie verbrauchen mehr Kalorien beim Bestellen ihrer Spaghetti als ein Deutscher in einer ganzen Liebesnacht.« Es macht ihr sichtlich Spaß, mich zu schockieren. – »Kennst du deutsche Liebesnächte?« – »Nein, aber ich kann sie mir vorstellen, besonders nach gestern abend in Schwabing.« Das klingt nach Abfuhr und ist es auch. Sie muß heim. Sie fliegt morgen früh nach Paris. Wohnt im Hotel ›La Trémoille‹. Als wir zum Parkplatz gehen, kommt Elma, eine jugoslawische Freundin, mit einem Rudel Schwabinger, denen wir gestern begegnet sind. Ich lasse Simone von Eugen im Jaguar heimfahren. Ist klüger, denke ich. Nichts überstürzen. ›La Trémoille‹ ist nicht weit. Paris ist ein Katzensprung. Nächste Woche muß ich sowieso hin, »Bitter war der Sieg« französisch synchronisieren. Und in einer Woche fängt »Jakobowski und der Oberst« an. Mit Außenaufnahmen in Lyon, Nîmes, Arles und Biarritz. »Eugen, bestell hundert Rosen ins Hotel ›Trémoille‹, Paris. Der Name: Bicheron. Sie müssen im Zimmer sein, wenn sie ankommt...«

Ein lustiges kleines Hotel. Voll von schmalgliedrigen Mannequins, die ihre schlanken Körper in unförmigen Säcken und ihre ungeschminkten Gesichter hinter riesigen Sonnenbrillen verstecken. ›Deformation professionelle‹ nennt man das. Sie haben es ganz einfach satt, acht Stunden am Tag in den schönsten, teuersten Kleidern herumzulaufen. So genießen sie es, sich privat gewollt leger und schlampig zu kleiden. Ich kann sie gut verstehen, denn ich ertappe mich oft dabei, privat in extremstem Kontrast zur Kleidung des Studios herumzulaufen. Spiele ich im Film den eleganten Schwerenöter, so wie zuletzt mit Debbie Reynolds, dann laufe ich abends am liebsten in alten, vergammelten Bluejeans herum. Bin ich aber tagsüber der U-Bootkommandant in ölverschmiertem Overall, will ich abends fein in Schale dinieren...

»Warum ziehst du nicht rüber ins ›Lancaster‹?... Ich habe ein Appartement für dich reservieren lassen.« – »Ich lass' mich nicht einladen. Für mich wäre es zu teuer. Hier habe ich alle meine *copines,* und die Salons, wo die Anproben stattfinden, sind gleich um die Ecke. Außerdem bin ich verlobt.« – »Auf italienisch, denn der Graf sind verheiratet und können sich nicht scheiden lassen...« – »Du hast mir nachspioniert?« – »Ich werde noch ganz andere Sachen tun, wenn du mich nicht bald erhörst.« – »Man hört soviel Ekelhaftes über deine Weibergeschichten. Als ich nach Rom kam, waren die Zeitungen voll davon.« – »Das wird sich alles ändern, wenn du mit mir zum Cap-Ferrat kommst.« – »Tu es dingo – du bist ja verrückt. Ich lebe in Rom.« – »Auch das muß sich ändern.«

Nun, es änderte sich. Als die Arbeit an »Jakobowski und der Oberst« in Lyon beginnt, ist sie dabei. Lyon! Wer nie in Lyon gegessen hat, weiß nichts über die Hochämter, welche auf den Altären der kulinarischen Tempel zelebriert werden. Simone zeigt Danny Kaye, wie man *Moules marinières* ohne Besteck schlürft, indem man eine leere Muschel als Klammer zum Greifen der vollen verwendet. Nach Drehschluß fahren wir hinaus zu Paul Bocuse und essen Artischocken mit frischer Gänseleber, oder bei der ›Mère Brazier‹ *Poulet en demi-deuil* in der Schweinsblase gekocht. Dann geht's in den Süden.

In Nîmes haben wir unseren ersten Krach. Falsch. Mit Simone gibt es keinen Krach, wird es nie einen geben. Wenn ich schreie, wird sie ganz still. Und wenn ich mich ausgetobt habe, sagt sie nur: »Tu as fini? – Bist du jetzt fertig?« – macht einen Scherz und alles ist vergessen. Am Morgen nach meinem Tobsuchtsanfall in Nîmes sagt sie nur: »Nach Nîmes fahren wir nie mehr, d'accord?« Wir haben das Versprechen gehalten und vierzehn Jahre lang einen Bogen um die Stadt gemacht, selbst auf die Gefahr hin, uns zu verfahren, wenn wir von der Côte nach Biarritz mußten, oder auf dem Weg nach Spanien über Perpignan. Als ich Jahre später mit »Sigmund Freud« die Tournee durch Frankreich mache, wird Nîmes ausgeklammert. Meinen Geburtstag feiern wir in Les Baux bei ›La Baumanière‹, dem berühmtesten Restaurant Frankreichs. Die Filmreise wird zum gastronomischen Pilgerzug.

Was für ein Beruf! Was für ein Leben! Maler, Architekten, Kameraleute werden monatelang auf die Reise geschickt, um die schönsten Plätze, die geeignetsten Aussichten, die malerischsten Winkel der Landschaft abzusuchen, in welcher der Film spielt; dann kommen die Quartiermacher, reservieren in den feinsten Hotels die besten Appartements, kundschaften die gemütlichsten Kneipen und besten Feinschmeckerrestaurants aus. Wenn alles installiert ist, kommst du, der Star, mit deinem Troß, flanierst durch die Straßen, gibst leutselig Autogramme, besichtigst die Sehenswürdigkeiten, zu denen dich ein eigens dazu beauftragter Public-Relations-Mann mit wohlpräpariertem Text führt, und meistens sind die Scenen, die bei dieser Art Aufnahmen zu spielen sind, nicht schwer, da sie nur atmosphärischen Charakter besitzen. – Der Maskenbildner weckt dich in der Früh aus dem Schlaf, breitet in einem Winkel des Badezimmers diskret seine Utensilien aus. Gleich auf dem Zimmer ziehst du dein Kostüm an, das eine beflissene Garderobiere dir hinhält, als würde dein Talent darunter leiden, wenn du die Hosenträger selbst knüpfen müßtest. Ein bequemer Wagen, gesteuert von einem Chauffeur, dessen Fahrkunst und Zuverlässigkeit von den Filmversicherungen geprüft worden sind, bringt dich zum Aufnahmeplatz. Unweit der aufgebauten Kamera steht ein Wohnwagen, vorgeheizt auf Zimmertemperatur. Du meckerst ein bißchen herum, damit der devote Respekt der Mitarbeiter ja nicht nachläßt; du schäkerst mit dem Scriptgirl; sie darf dir in den Drehpausen den vom Nichtstun steifen Nacken massieren. Dann kann es passieren, daß das Licht wechselt, und du machst ein Nickerchen, bis..., nun ja, bis du drankommst. Dann allerdings kann es Schwerarbeit bedeuten, besonders, wenn ein Regisseur pingelig ist, zuviel Geld zur Verfügung hat oder durch endlose Wiederholungen sich und seinen Bewunderern sein Genie beweisen will. Manchmal, wenn du Glück hast, und Glück haben mußt du, um überhaupt so weit zu kommen (»Die guten Rollen spielen ist nicht schwer«, hat einmal ein weiser Kollege gesagt, »die guten Rollen bekommen ist schwer!«), kann es in diesem gottverdammten geliebten Beruf wirklich so zugehen, wie der ahnungslose Kinobesucher es sich vorstellt. Denn der weiß nichts von den schlaflosen Nächten, in denen du, das Drehbuch unterm Kopfkissen, deinen Text lernst; er weiß nur aus den Klatschspalten von den geheimen Kämpfen mit den Partnern, Regisseuren, Kameramännern. Von der Angst, die dich beschleicht, ob du die ›Figur triffst‹, ob die Großaufnahme nicht weggeschnitten wird, weil dein Kollege ein Pantscherl mit der Cutterin hat. Von den Kassenrapporten, die du zitternd verfolgst, von der Presse, die dich fertigmachen oder aufbauen kann, vom wochenlangen Zaudern, ob du die Rolle annehmen sollst oder nicht. Oft komme ich mir vor wie der Reiter über den Bodensee. Ich lasse das Pferd laufen und kümmere mich um nichts, erreiche das Ufer wie in Trance.

Um die langen Nächte, auf die ich nicht verzichten will, zu kompensieren, gewöhne ich mir an, in jeder Drehpause zu schlafen, und sei es auch nur die Zeit, die der Kameramann braucht, um ein paar Scheinwerfer umzustellen. Oft weckt mich der Assistent. Ein Sturm hat inzwischen im Atelier getobt, der Regisseur, der Produzent, der Co-Star haben Streit gehabt, den Drehort verlassen, sind beruhigt worden, zurückgekommen, und ich stecke den Schädel unter den kalten Wasserhahn, trockne den Schlaf aus meinen Augen, reibe Tiroler Nußöl ins Gesicht (denn etwas anderes benutze ich nicht seit »Des Teufels General«) und komme ahnungslos und fröhlich zur Aufnahme. – Doch manchmal simuliere ich den Schlaf, koche innerlich, schwitze vor Wut und Angst. Aber ich denke an Kurt Frings: Die Deutschen sind hier nicht beliebt. Du mußt doppelt so konziliant, vernünftig und diplomatisch sein wie die anderen. Mußt deinen Text können. Pünktlich sein. – Ich lasse mir einen Panzer wachsen, aber manchmal droht er mich zu ersticken. Erst am Abend, in den Armen Simones, löst sich der Krampf. Doch davon weiß sie noch nichts, oder will es nicht wissen. Wir schließen einen Pakt, nie vom Beruf zu reden, wenn ich von der Arbeit heimkomme.

Vor Weihnachten sind die Außenaufnahmen beendet und das Team übersiedelt für die Feiertage nach Hollywood. Dort sollen die Studioaufnahmen kurz nach Neujahr beginnen. Uns nimmt das Cap-Ferrat auf. Der 300 SL rollt in den Hof. Madame Lazar hat den Stab antreten lassen. Simone lacht beim Anblick der weißgekleideten Betreuer, daß ihr die Tränen kommen.

»Du nimmst dich wohl sehr ernst, was?« fragt sie, als ich gravitätisch mit leutseligem Grinsen wie beim Abschreiten einer Ehrenkompanie die Hände der dienstbaren Geister schüttele. Das rüttelt mich auf, aber ein kleiner Stachel bleibt stecken. Es gelingt mir nicht, ihr mit meinem Filmstargehabe zu imponieren. Sie ist respektvoll und nachgiebig, als echte Französin und besonders als Kind algerischer ›Colons‹ in keiner Weise emanzipiert, aber der aufgeblasene Pfau, der ›Gnädige Herr‹ und Filmstar reizen sie nur zum Lachen.

Am nächsten Abend im Casino von Monte Carlo bin ich ungezogen, arrogant und verletzend, als Simone eine Gruppe römischer Freunde begrüßt. Nachts falle ich betrunken ins Bett. Zum erstenmal lösche ich das Licht, ohne ihr, den Lichtknipser in der Hand, in die Augen geschaut zu haben.

Morgens das Telefon. Marie. »Man verlangt Mademoiselle...« – »Wieviel Uhr ist es, Marie?« – »Elf Uhr, Monsieur.« – »Sagen Sie, man soll später anrufen. Wir schlafen noch.« – »Aber der Herr ist persönlich da. Er wartet seit neun Uhr im Hof.« – »Gut. Ich werde es Mademoiselle ausrichten.« – Ich berühre Simone am Kinn. Sie liegt nackt auf dem Bett. Frisch geschminkt für die Nacht. Das wurde eingeführt, weil ich ihr klargemacht habe, daß es die Nacht entwürdigt, wenn eine Frau mit Fettcrème oder gar

Lockenwicklern ins Bett geht. »Jemand wartet draußen im Hof auf dich.« – Simone läßt sich Zeit. Dann ist sie verschwunden. Nach einer Viertelstunde kommt sie zurück. – »Es ist Gégé, mein Freund. Er ist unglücklich. Ich werde mit ihm eine Spazierfahrt machen. Ciao. Schlaf weiter. Du hast dunkle Ringe unter den Augen.« – »Ciao.«
Um halb zwei gehe ich in die Halle. Zwei deutsche Filmleute warten schon auf mich. Wir müssen morgen synchronisieren, haben nur zwei Tage für »Männer über vierzig«. Der Film mit Debbie Reynolds soll in Deutschland herauskommen, während ich in Hollywood bin.
Anatol schleicht um den gedeckten Tisch. Auf der Schiefertafel steht: *Coquilles St-Jacques. Gigot. Haricots verts. Iles flottantes. Meursault. Pomerol.* »Wir warten noch auf das gnädige Fräulein, Anatol. Sagen Sie in der Küche Bescheid.« – »Très bien, monsieur.« – Um halb drei kommt die Lazar und steckt mir einen Zettel zu. Darauf steht fein säuberlich in Maschinenschrift: Simone kommt nicht. Wir möchten ihre Sachen nach Paris ins Hotel ›Tremoille‹ schicken. – Mir ist der Hunger vergangen, und die Deutschen sind froh, daß sie die Muscheln St-Jacques und den mit Knoblauch gespickten Lammbraten nur zu kosten brauchen. Eisbein mit Sauerkraut wäre ihnen sowieso lieber gewesen. Dafür gibt's statt des feinen Meursault und des zarten Bordeaux nur Bier aus Zinnkrügen in rauhen Mengen. Gegen den Kater. Und tiefgekühlten Steinhäger dazu. Wir werden es uns auch ohne Simone gemütlich machen, zum Donnerwetter! Ich hab' da zwei Adressen für heut' abend. Die lassen wir antanzen. – Ich komme mir vor wie Gary Cooper, der sich seinen Kummer über die entschwundene Tochter des Sheriffs nicht anmerken läßt, den Hut in den Nacken schiebt, die Schaftstiefel auf den Tisch legt und sich vollaufen läßt. Wie es da drinnen aussieht, geht niemand was an, *boy!*

Die SAS-Maschine der Nordpolroute Paris–Los Angeles macht in Kopenhagen Station. Vom VIP-Room schicke ich ein Telegramm ins ›Tremoille‹: »Ich warne Dich. Stop. Ein Italiener, der drei Stunden im Hof des Liebhabers seiner Freundin warten muß, verzeiht das auf die Dauer nicht. Ein Ticket nach L.A. liegt am SAS-Schalter in Paris, Champs-Elysées, auf Deinen Namen. Stop. In der Kathedrale meines Herzens brennt immer eine Kerze für Dich« ... – Das war der ewig wiederkehrende Satz des polnischen Obersten aus dem Film.

Lazar ist vorausgefahren und hat in Bel Air ein entzückendes, ›gämüttlickes‹ Haus ausfindig gemacht. Nicht so protzig und pseudovornehm wie in der Bellagio Road. Und *Tortuosoway* klingt weise. *Chi va piano, va sano. Chi va sano, va lontano.* Wir sind weit gegangen, Simone und ich. Ein paarmal um die Welt und tief hinein in das weite Land der Seele. Fast fünfzehn Jahre lang. Aber noch meldet sie sich nicht, und Weihnachten kommt die Familie, meine Schwester, Herbert, der draußen in Van Nuys Sheriff geworden ist und statt der Rennwagen einen blitzenden ›Harley Davidson‹ fährt, die Kinder der beiden, Kurt Heuser, mein Freund, der mit mir an der »Schachnovelle« schreibt, und Lazar. – Wir verspeisen die Weihnachtsgans unter dem Christbaum, spielen »Stille Nacht«, sprechen deutsch. Denn Dorothy muß mit ihren schwarzen Gönnern und Geldgebern feiern. – »Aber Sylvester, auf dem Superball des texanischen Ölmilliardärs, hauen wir auf die Pauke, okay?« – »We'll paint the town red, Dorothy.« – »That's good, I have a white dress.« – »Merry Christmas, darling.« – »Merry Christmas, sweetheart.« – Doch wie's da drinnen aussieht, geht niemand was an.

Am letzten Tag des Jahres, mittags Punkt zwölf, ruft Simone an: »Comment ça va?« – »Eh bien, ich wurstele mich so durch, aber du fehlst mir.« – »Ich glaube, du hast recht gehabt, mit den eifersüchtigen Italienern. Es geht nicht.« – Draußen scheint die Sonne. Der Christbaum sieht aus wie Rumpelstilzchen. Tortuosoway ist eine schöne Straße. Schildkröten gehen langsam, aber weit. – »Dann komm doch her ...« – »Wie mache ich denn das?« – »Steht doch im Telegramm. Beim SAS-Schalter liegt ein Tikket.« – »Aber ich bin doch hier in Los Angeles, am Flugplatz ...« – »Lazar!!!« – Ich brülle, daß aus jeder Tür ein erschrockenes Gesicht starrt ...

Hundert Rosen für Dorothy. Dazu ein Brief. ›Family! I'm sorry, Baby.‹ Nicht einmal angerufen habe ich. So feige kann das Glück machen. Ich habe sie nie mehr gesprochen. Vier Monate später war sie tot. Selbstmord.

Die Party beim Texaner. Feuerwerk um zwölf. »Prosit Neujahr, Simone.« – »Bonne année, Curd.« – Um vier Uhr morgens ist Treffpunkt zur Gulaschsuppe im Tortuosoway. Käutner ist da und Dick Powell. Sie gratulieren mir. Sie meinen: zu Simone, aber sie sagen: »Zu Neujahr.«

Mit dem neuen Jahr beginnt ein neues Leben. Simones Natürlichkeit, ihr drolliges Englisch bezaubern Hollywood. Selbst Louella Parsons, der Welt gefürchtetste Klatschkolumnistin, schreibt Hymnen auf ›das bezaubernde Geschöpf‹. Der Österreicher aus Deutschland und die Französin aus Algier sind Mittelpunkt der Partys, Galas, Premieren. Freitags um sieben ›Champagne-flight‹ nach Las Vegas. Im ›Sands‹ sind wir Gäste von Frank Sinatra. Selbst das fürs Roulette beim Hotelkassierer ausgeliehene Geld darf ich nicht zurückzahlen. »With the compliments of Frank«, sagt der Manager mit dem italienischen Namen und der veilchenfarbenen Haut.

Kommst du um ein Uhr morgens unangemeldet in ein Restaurant am Las Vegas Strip, fragt dich der *maitre d':* »Breakfast, luncheon, dinner, supper, sir?« Denn der Betrieb geht rund um die Uhr und nach ein paar Stunden Schlaf weißt du selbst kaum mehr, ob du den Tag zur Nacht oder die Nacht zum Tage machst. Einmal beuge ich mich über den Roulettetisch, um mein gewohntes Spiel (Finale eins, Finale sieben) zu setzen, da grabscht ein haariger Arm nach dem Einsatz. ›Was muß das für eine häßliche Frau sein‹, denke ich und zögere aufzuschauen, um mir den Anblick des behaarten Dekolletés der Spielerin neben mir so lange wie möglich zu ersparen. Plötzlich dröhnt eine Stentorstimme, die behaarte Hand haut mir auf die Schulter: »Curd, ich gratuliere, ich hab' grade den Film gekauft. It's great!« Die Stimme und der Arm gehören zu einem feisten älteren Herrn in Badehose. »Cohen«, brüllt er, »Präsident der Columbia Pictures. ›Und immer lockt das Weib‹ wird hier in den

Staaten ein gigantischer Erfolg, das garantiere ich... This girl Brigitte Bardot and you will be the hottest properties in the industry, believe me, I know what I am talking about...« Die Kugel rollt, die 17 kommt. Ich habe den fünfunddreißigfachen Einsatz gewonnen. Und beim nächsten Film erhöht sich die Gage um weitere fünfzigtausend Dollar, denn Cohen behält recht mit seiner Prognose.

Simone wacht auf, die Sonne, die sie so liebt, blinzelt durch die spanischen Jalousien des Schlafzimmers am Tortuosoway, und sie sagt: »Ce qu'on est bien, hein?« Das Glück macht mir Angst. Kann das so weitergehen? Kann man mehr wünschen, besser träumen? Die Träume gehen nahtlos in den Tag über. Wir werden zusammen die Welt bereisen, am Himmel Hollywoods leuchten, um eines Tages auf der Bank vor dem Rosenhaus den Nachsommer zu erleben, neidlos dem Treiben der anderen zuschauen, uns an den Händen halten und denken: ›Ce qu'on est bien. – Wie haben wir es gut!‹

Manchmal, in hektischen Tätigkeiten, im Auto, auf Flugplätzen, auf Empfängen in Tokio oder London, im Trubel der Festivals in Cannes oder Berlin halten wir inne, das Glas in der Hand, schauen uns an und sagen: »Ce qu'on est bien!« Vielleicht ist es eine Scheu vor dem Unaussprechlichen, der Erwartung des Unerreichbaren, die uns hindert, mehr zu denken, auszusprechen als dieses: ›Ce qu'on est bien!‹ Vielleicht trägt die Bescheidenheit unserer Glücksbezeichnung schon seine Grenzen in sich. Hätten wir gewagt zu rufen: »Das ist das große, das unwiederbringlich einmalige Glück, das uns begegnet«, vielleicht hätten wir es auch beschworen und es wäre der Geist geworden, den man ruft und nicht mehr los wird bis zum Ende des Lebens. Vielleicht ist es nur die geahnte, nie ausgesprochene Achtung vor der besinnungraubenden, in seiner Kraft zerschmetternden Begegnung mit dem Dämon Glück, die uns hindert, ihn zu beschwören, die uns genügsam macht, klein beigeben läßt. – Heute denke ich, die Zufriedenheit, welche das bescheidene, das sinnvolle Glück ausströmt, trägt den Keim der Zerstörung in sich, weil es die Saat

für das häßliche Unkraut des Bewahrens, Erhaltens, Besitzenwollens aufgehen läßt wie Kunstdünger. Sei nie zufrieden und du wirst nie wahrhaft unglücklich, sei nie weise und du wirst nie zufrieden sein.
Also pack die Koffer, Simone, und nimm unser Paket Glück mit, nach Hongkong zum Beispiel. Wir haben einen Pakt geschlossen. Simones Aufgaben sind fest umrissen: Koffer packen. Nichts vergessen. Meine Aufgabe ist es, Geld zu verdienen. Keine Trennung. Nicht einen Tag. Meine Erfahrung hat mich etwas gelehrt: Laß deine Frau nie allein, wenn du sie behalten willst.
Zehn Jahre wird Simone Tag und Nacht bei mir sein. Kein Aufwachen ohne sie, kein Frühstück, kein Abend, kein Einschlafen ohne sie, ohne den freundlichen Blick in die Augen, bevor das Licht verlöscht. Gefällt mir ein Mädchen so gut, daß Gefahr bestünde, ich könnte es begehren, sorgt die kluge Simone dafür, daß ich sie besser kennenlerne. Sie wird eingeladen, zum Cocktail, zum Abendessen oder als Hausgast. Meist genügt ein Cocktail und ein vergleichender Blick, um mir jede Lust zu nehmen, intimere Bekanntschaft zu machen. Bald nennen wir uns augenzwinkernd einen ›Club mit zwei Mitgliedern, aber mit Spielerlaubnis für gut eingeführte Gäste‹. Die Regeln: absolute Ehrlichkeit, keine Geheimnisse voreinander. Ordnungsstrafen, wenn man außer der Arbeit sich selbst oder das Leben zu ernst nimmt.
In Kyoto baden uns die Geishas, in Macao massieren uns die legendären chinesischen *massage-girls*, in Pnom-Penh radeln uns lautlose Rikschas nachts zu Madame Nam, deren Betrieb an der Spitze der Flüsterliste des Fernen Ostens steht, in Acapulco lädt Teddy Stauffer die Belegschaft des Etablissements ›Rachel‹ zu den Privat-Pools der ›Villa Vera‹, in Berlin besuchen wir die Transvestiten am Kreuzberg. »Simone, pack die Koffer, wir brauchen ein geistiges Bad, wir fliegen nach Madrid, gehen eine Woche von morgens bis abends in den Prado und leben mit Goya...«
Das Adenauer-Fernsehen will vierzig halbstündige und dreizehn

einstündige Sendungen. Ich schreibe, insceniere zwölf Stunden am Tag. Spät abends rast der Mercedes nach Schliersee, die Kerzen brennen, Eugen serviert fette bayerische Spezialitäten, vor denen Simone graust. Sie ißt tapfer mit und versucht sogar Bier zu trinken. »Zum Donnerwetter, warum gibt's keinen Steinhäger dazu, Eugen?« – »Ausgegangen. Madame sagt, Sie müssen aufpassen. Drei Kilo zugenommen.« – »Bei der Viechsarbeit werde ich mir wohl noch einen Steinhäger genehmigen dürfen, Kruzitürken... Was ist denn, Simone, warum weinst du?...« – »Ich kann den ewigen Regen hier nicht vertragen, ich werde schwermütig ohne Sonne.« – Am nächsten Morgen gebe ich Auftrag, das Haus zu verkaufen, und wir übersiedeln nach Gstaad in die Schweiz. Dort wird der Winter verbracht, der Sommer an der Côte d'Azur. Das Haus am Cap-Ferrat wird umgebaut, vergrößert, ein Swimmingpool über die Felsen zum Meer hin in der Luft aufgehängt. Wir geben Detailaufträge vom Hotel ›Repulse-Bay‹ in Hongkong aus, per Telefon. Einmal warte ich auf die Verbindung, um ein Okay zu einem Kostenvoranschlag fürs Badehaus zu geben und hebe ab, als das Fernamt sich meldet. »Ein Anruf aus Los Angeles, California, Sir.« – Kurt Frings am Telefon: »Hast du Lust, die Jannings-Rolle in der Neufassung des ›Blauen Engel‹ zu spielen?« – Mir bleibt das Herz stehen. – »Wer soll denn die Dietrich-Rolle spielen?« – »Halt dich fest, Curd, Marilyn Monroe.« – »Unterschreib, Kurt.« – »Okay. Love to Simone.« (Marilyn Monroe sagte im letzten Augenblick ab. Frings meinte, sie hätte Angst vor dem Vergleich mit der Dietrich!) – »Your call to France, Sir, now on the line...« Der Kostenvoranschlag wird bewilligt. Ich höre gar nicht hin. Denke an Jannings, wie er mich geholt hatte, im Krieg, weil er etwas von mir hielt. Jetzt darf ich seine Triumphrolle spielen. – »Mon Dieu, Simone, kann man mehr Glück haben?« »Ich freu' mich, Curd.« – »Woran denkst du, Simone?« – »Dein Leben ist ausgefüllt bis zum Bersten.« – »Deins nicht?« – »Ich sitze im Hotel und schau den chinesischen Kindern beim Spielen zu, während du auf der Fähre zwischen Kowloon und Macao hin- und herschwimmst und dich mit Orson Welles um Dialog-

fetzen streitest.« – »Ich verstehe, Simone. Aber ich bring' es nicht übers Herz. Ich bin zu eitel, um ein Kind zu adoptieren. Ich würde ungerecht und unbeherrscht sein, wenn uns eines Tages die Gene einen Strich durch unsere Erziehung machten.« – »Ich weiß, Curd. Du hast es mir gesagt, bevor wir heirateten, und es oft wiederholt. Ich habe mich damit abgefunden. Du bist mein Kind, mein Vater und mein Geliebter...« – »Mon amour, hoffentlich bleibe ich es, bis der Tod uns scheidet.« – »Amen.« Simone lacht. Der Hauch von Selbstmitleid und Sentimentalität ist wie weggefegt. Das vernünftige, das kartesianische Glück bleibt.
»On est bien!« Simone packt die Koffer. Für Bali nur Bluejeans, Shorts und ein langes Baumwollkleid. Für Angkor Wat der kalten Nächte wegen warme Pullover, dazu für den Empfang bei Prinz Sihanouk weißen Smoking und Abendkleid. Sonst leichtes Gepäck. Aber zehn Koffer, Frack und ein halbes Dutzend Abendkleider für London, Empfang bei der Königin und die Garderobe für den Columbiafilm »Das Verlangen«.
»Curd, ich muß was tun. Koffer packen, schön sein für dich genügt nicht. Die Leute öden mich an. Die Zeit hat sich geändert. Als du mich hinausgeworfen hast in die Brandung deines Lebens mit ›Sei schön, halt den Mund und schwimm‹, hat es mich gefreut, zu Dior zu gehen und als perfekte Dame bei deinen Presseempfängen zu erscheinen, oder zu Balenciaga, um bei den Patinos in Estoril zu brillieren, oder zu Courrèges, um in Marrakesch mit dir Golf zu spielen. Jetzt gehen die Mädchen in Bluejeans, und gestern beim Déjeuner mit Grace und Rainier war ich die einzige im Kleid. Du hast es selbst gesagt, seit du das Cap-Ferrat hast, verwaist deine schöne Bibliothek. Du liest kaum noch die Scripts der Filme, die du drehst. Wir verflachen und verkommen, wir verfaulen und verdummen durch dieses Leben. Wir sind weder Neureiche noch alte Aristos. Du bist Künstler und solltest den Snob langsam vergessen. Ich will Heu mähen und im Feigenbaum sitzen, wenn ich hungrig bin, Oliven vom Baum schütteln wie zu Haus in Blida.«
»Das war eine lange Rede, mon amour, fast eine Standpauke. Du hast recht. Wie immer. Die Zeiten haben sich geändert. Die Er-

66 Elisabeth . . .

67 Senta Berger als Buhlschaft.

68 »Seid fröhlich Vettern und liebe Gäst ...« Jedermanns Salzburger Abschlußparty (mit Bundeskanzler Kreisky, Marlene, Professor Haeussermann).

eignisse vom Mai 68 haben die Welt geweckt, und ich sollte es früher gemerkt haben als du. Statt dessen habe ich mich einlullen lassen zu den Platten aus Regines Diskothek. Wir verkaufen Cap-Ferrat, kaufen eine Farm in der Toskana. Seit ich mit Judith durch die Toskana fuhr, läßt mich der Gedanke an die Hügel von San Gimignano oder Florenz nicht mehr los...«
Nun, es wird keine *tenuta* bei Florenz, Mathilda. Nur dir vertraue ich an, warum der herrliche Besitz bei Poggibonsi im Herzen der Toskana zu guter Letzt doch nicht gekauft wurde: aus Faulheit und Eitelkeit! Ich spreche kein Wort Italienisch (außer ein paar Flüchen, die man beim Film lernt), bin zu faul, es zu lernen, und zu eitel, um das Heft des täglichen Betriebs, des Umgangs mit den Angestellten endgültig aus der Hand zu geben und Simone zu übertragen. Schon entdecke ich manchmal, daß aus dem aparten, langgliedrigen Mannequin, das ich in Venedig traf, ein schnelldenkender, klug und realistisch handelnder Partner geworden ist, der den florierenden Ein-Mann-Betrieb überwacht, ja, mit allem gehörigen Respekt auch schon mal kritisiert. Ich ertappe mich dabei zu denken, daß die Saat der langen nächtlichen Gespräche, der komödiantisch-emphatischen Weltverbesserungsideen bei Simone auf fruchtbareren Boden gefallen ist und besser aufgeht, als mir tief im Innersten lieb ist. Gleichberechtigung – in Ordnung, solange der Patriarch nicht kritisiert, seine Anordnungen nicht insgeheim belächelt werden...
Die Farm in Vence hat den herrlichsten Ausblick vom Leuchtfeuer des Cap-Ferrat bis zu dem der Napoule. Die sanften Hänge mit den Olivenbäumen erinnern an die Toskana. Ein Pfad führt hinauf, noch nicht die rote Asphaltstraße, die du kennst, Mathilda. Der einzige Bau ist ein *cabanon*, eine Hütte für den Pächter, der dort Rosen züchtet. Ein Dorftischler und ein Maurermeister aus Tourette-sur-Loup, wo die Schwiegermutter ihr eigenes kleines Haus erhält, machen aus der Hütte mit dem Stall ein rustikales, ›gämüttlickes‹ Refugium. Bis der Verkauf am Cap-Ferrat abgewickelt ist, verbringen wir dort stille Abende bei Petroleumlicht, und die Ruhe lädt zum Lesen ein, ja zum Schreiben. Ich versuche mich mit längst vergessenen, lieben Gewohn-

heiten: ein Tagebuch. Ich habe es mitgebracht, hierher auf die Bahamas: Ich lese dir ein Stück daraus vor:

Tagebuch vom Dezember 1968: Heute nacht machten zwei Gewitter der sonnigen, warmen Winteranfangsperiode ein Ende. Es waren schöne Tage gewesen, kühle, sonnenbombardierte Morgen. Frühstücke auf der großen Terrasse am langen Schlierseer Bauerntisch. Kleine, manchmal aber auch ausgedehnte Rundgänge. Blutigrote Nachmittage, frühes Dunkel. Die kleine Farm ist sauber geworden. Während wir in Wien drehten und ›drahten‹, haben Gilbert, der neue Gärtner, und Simones Onkel Emile, der, aus Algier repatriiert, nun zu uns gestoßen ist, tüchtig aufgeräumt, Unkraut gejätet, Unterholz verbrannt. Nun hat Gilbert die Pfirsichbäume, die wie ein Bataillon habachtstehender Grenadiere die Frontlinie des Terrains bewachten, umgelegt. Zuerst mit der aus England mitgebrachten elektrischen Säge Marke Tarpenflex *in 40 Zentimeter Höhe gestutzt. Dann kam im nächsten Arbeitsgang ein algerischer ›laboureur‹ und zog mit seiner motorisierten Winde die Stümpfe samt Wurzeln aus der Erde.*

Freitag, den elften Dezember, wurde die Sau ›Pascal‹ geschlachtet. Ich ging hinüber zu den Ställen, um dem ›Charcutier‹ aus Vence bei der Arbeit zuzusehen. Pascal hing schon, als ich kam, Schädel gen Himmel am Olivenbaum. Der Charcutier, Monsieur Marquisio, hatte ihn mit einer Narkosepistole betäubt, bevor er ihm den Schädel einschlug. Nach kurzem Gespräch mit Marquisio, bei dem ich die verschiedenen Wurstsorten bestellte, diesem eine Flasche echt ungarischen Slibowitz übergeben, damit er die Blut- und Leberwürste nach echt Kärntner Art macht, so wie ich es am Altenhof der Henckel-Donnersmarks gelernt habe. Dann ging ich weiter, um Gilbert bei seinem Pfirsichmorden zuzuschauen. Das Tarpenflexgerät ratterte, als ich mich näherte. Das Feld gemähter Bäume, ihre weißgrau gen Himmel ragenden Stümpfe stimmen mich traurig. Und als der Motor eine Pause macht, sage ich's: »Cet aspect me rend triste. – Der Anblick macht mich traurig.« Darauf Gilbert: »Mich auch, ich kann gar nicht hinsehen.« Seine wasserblauen Augen kneift er vor Mitgefühl zusammen. Später stellt sich heraus, er meinte den Anblick des Schweines, von dem er mich hatte kommen sehen. Denn Gilbert ist ›Horticulteur‹, Blumenzüchter, der Umgang mit Tieren ist ihm fremd. Er ist auf Blumen, insbesondere Rosen spezialisiert. Der Obstgarten interessiert ihn nicht. Doch als gestern ein Lastwagen 14 ausgewachsene Orangen-, Zitronen- und Mandarinenbäume antransportierte, blähte er sich vor Stolz. Sie sollen den neuen Weg säumen, die rote Asphaltstraße, die vom Eingang zum Portalaufgang führt.

So gab es am Sonntag, dem dreizehnten Dezember, zu meinem Geburtstag frische Blut- und Leberwürste, die wir in der Sonne auf einem Holzkohlengrill brieten und mit gehackten Zwiebeln und Senf verzehrten, wie wir es in Jugoslawien den Bauern abgeguckt hatten.

Heute morgen, drei Stunden, bevor die zwei feindlichen Gewitter mit Blitz, Donner und orkanartigen Wolkenbrüchen über unsere Hänge fegten, sind die Pferde angekommen. Ehepaar Bard aus Coursegoule wird sie betreuen. Der Transport aus England und das heraufziehende Gewitter haben sie nervös gemacht. Dazu die neue Umgebung. Obwohl ich das phänomenale Gedächtnis der Tiere kenne, habe ich den Eindruck, sie erinnern sich nicht mehr an die Ritte in Cornwall vor der Kamera. Bard lobt Pepsi, warnt jedoch vor seinem Ungestüm, denn er sei ein ›Gewinner‹, während Tonic, die Stute, die ich für faul und dumm hielt, von Bard als klug und verläßlich gepriesen wird. Nun, sie müssen es wissen. Sie leben davon. Die Hunde vertragen sich nicht gut mit ihrer Großmutter ›Gurke‹. Theodor Bickel, der herrliche Kollege und Folk-Sänger, hat mir Gurke als Dankesbezeugung und als Abschiedsgeschenk gebracht, nach dem letzten Drehtag vom »Blauen Engel«, weil ich ihm die Rolle des Kneipiers verschafft hatte. Die amerikanischen Dobermannhunde sind schmaler und freundlicher als die deutschen Züchtungen. Der bullige Rüde, der die schmale Gurke im Zwinger von Fürstenfeldbruck gedeckt hat, war scharf, und als wir Gurke dorthin brachten, wurde uns plötzlich klar, wie nah das Städtchen bei

Dachau liegt, wo Dobermänner das KZ bewachten. Gurke blieb immer bei uns, schlief oft in Hotelzimmern und ist das bravste, sanfteste Tier der Welt. Aber die Welpen und jetzt sogar die zweite Generation ist kräftiger, aggressiver. (›Le sang allemand – das deutsche Blut‹, sagt Simone). Sie sind hier geboren und Gilbert hat ihnen einen geräumigen Zwinger eingerichtet, mit schmiedeeisernem, provençalischem Gitter. Anis, die jüngste (Gurke hieß ursprünglich Ghurka, wie die dunklen indischen Soldaten, daraus wurde in Schliersee Gurke, und nun haben alle Nachkommen Gemüsenamen) fühlt sich als Chefin des Ganzen und betrachtet ihre Mutter, die erst jetzt hierher kam, als Nebenbuhlerin. Doch Radio (er hieß ursprünglich Radi, daraus machte ich später Radio – high fidelity), *Gurkes Erstgeburt, und Anis ziehen jeden Morgen gegen fünf einträchtig hinauf in die Berge, jagen wild umher und kommen vier, fünf Stunden später zurück, kriechen todmüde in ihren Zwinger und rühren sich erst wieder, wenn es Fressen gibt.*

Alle Tiere fressen zur selben Zeit, die Kronenkraniche, der Tukan ›De Gaulle‹, der majestätische Ara und Coco, der weißrosa Kakadu ausgenommen. Die knabbern den ganzen Tag und ich verbringe Stunden damit, ihnen zuzusehen. Coco ist ein Mitbringsel aus Hongkong und erinnert mich an Holzschnitte Hokusais.

Simone sitzt dann in der Töpferwerkstatt, die wir vor kurzem eingerichtet haben, und dreht Vasen. Wenn alle vier Wochen der Brennofen unter unserem Schlafzimmer angezündet wird, um die fertiggestellten Stücke zu brennen, rumort es die ganze Nacht und wir machen kein Auge zu, rechnen jeden Augenblick mit einer Explosion, denn der Ofen stammt aus einer stillgelegten Töpferei in Vallauris, und Simones Ehrgeiz ist es, Glasuren bei 150 Grad fertigzubringen. Die Papageien quatschen dann auch nachts, denn das Geräusch und die ungewohnte Wärme in ihrer Voliere neben der Töpferwerkstatt stimmen sie offenbar heiter. Wenn Tiere Ersatz für Kinder sein können, so trifft das bei den Papageien für mich zu; oft denke ich mit Ehrfurcht darüber nach, um wieviel Jahre sie mich überleben können. Die Kronenkraniche werden zur Cocktailstunde ins Freie auf den Rasen ge-

lassen. Sie tanzen dann anmutig und glucksend ein Menuett miteinander.
Trotz aller Vorbereitungen kommt es nicht dazu, daß wir Weihnachten auf ›Rosimone‹, wie ich die Rosenfarm getauft habe, feiern. Zu lange schon hatte ich mir gewünscht, ein Stück am Broadway zu spielen. Jetzt bietet sich die Gelegenheit als Partner Geraldine Pages im schönen O'Neill-Theater.

»Pack die Koffer, Simone.« – »Ja, aber Weihnachten, die Familie, die Gäste...« – »Nichts zu machen, mon amour. Erst noch den Broadway erobern, dann Philemon und Baukis. Erinnere dich, wie gemütlich es voriges Weihnachten auf der Yacht vor Hongkong war. Du hattest den grünsten Tannenbaum der Welt aus Zürich kommen lassen, und als du ihn mitten auf dem Gelben Meer angezündet hast und wir ›Mon beau Sapin‹ sangen, haben die Augen der chinesischen Crew geglänzt wie schwarze Mah-Jongg-Steine. Vergiß nicht Abendkleider und den Smoking einzupacken...«
Simone sucht selbst eine Wohnung in New York. Denn Frau Lazar, ›La Baronne‹ (die ich insgeheim Frau von Pappritz nenne, so glanzvoll besteht sie auf Etikette), paßt nicht zur Rosenfarm. So ist sie bei meiner alten Freundin Jovanovic als Agentin eingetreten. Endlich darf ich sie duzen, und wir sind Freunde geworden. Die Wohnung im 27. Stockwerk des Ritz-Tower hat nach drei Seiten Ausblick über Manhattan und wir können sofort einziehen. Der Weihnachtsbaum darf nur elektrische Kerzen haben, eine feuerpolizeiliche Vorschrift. Simone verliebt sich in New York und genießt es, bei Hamacher und Schlemmer unnütze Spielereien oder bei Blumingdale Nützliches für die Farm einzukaufen. Im Gästezimmer wohnt Freund Camillo, der Norweger mit dem italienischen Namen, der noch nie in seinem Leben mehr getan hat als Börsenberichte zu lesen und einmal in der Woche seinen Makler anzurufen. Seit ich ihn in Monte Carlo wiedergetroffen habe – wir hatten uns seit den Berliner Vorkriegsjahren nicht mehr gesehen –, sind wir unzertrennlich. Er wohnt mit uns am Cap-Ferrat, in Hollywood, London, Paris,

organisiert die Partys, bemängelt in Vence den neuen rustikalen Stil, die einfachen Menüs, die Simone durchsetzt, und ist hier in New York mit seinen fünfundsechzig Jahren wieder ein flotter Playboy.
Nach der traditionellen Weihnachtsgans sagt Simone: »Gehen wir um Mitternacht nicht zur Weihnachtsmesse?« – »Natürlich, Simone.« – Wo immer wir auf der Welt sind, am Heiligen Abend geht's zur Messe. Ob in Schliersee per Kutsche, in Gstaad per Schlitten, in Hongkong per Schiff. – In New York die paar Schritte Park Avenue hinunter wohl zu Fuß, denke ich. Aber als wir unten sind, steht eine zweirädrige Droschke vor der Tür. Eine Überraschung von Simone. Der Kutscher sitzt hoch auf dem Bock und gondelt uns auf einem kleinen Umweg übers ›Plaza‹ und am Central Park vorbei durch das erleuchtete, festliche Manhattan zur St.-Patricks-Kathedrale. »On est bien, hein?« – »Oui, Simone! Du bist der vom Himmel gefallene Engel!«
Doch zu den Proben gehe ich zu Fuß zum ›O'Neill‹. Der morgendliche Weg ins Theater ist erfrischend und aufregend. Die brodelnde Stadt, der scharfe Wind, wenn man an den Ecken bei rotem Licht stehen bleibt. Man ist stolz, teilzuhaben an dieser Stadt, kein Müßiggänger zu sein, sondern durch Arbeit legitimiertes Mitglied der Gemeinschaft sein zu dürfen.
Wie anders ist dieses New York, wenn man nicht zum Sightseeing hier ist.

Als ich Eva zum erstenmal einlud, New York zu besichtigen, enttäuschten sie streikende Taxifahrer und die leeren Straßen. Im Hotel ›Plaza‹ (wo ich nie mehr wohnen will, weil man mir dort das letzte Andenken an meinen Vater aus dem Badezimmer gestohlen hat: ein paar Brillantknöpfe für das Smokinghemd), gelingt es uns, einen Mietwagen zu ergattern. Eine riesige schwarze Cadillac-Limousine. Der Chauffeur, ein dicker lustiger Kerl, erwartet uns, einen stinkenden Zigarrenstummel im Mundwinkel. »Hi, folks!« Mir fällt auf, daß der Wagen mitten auf der Straße steht, nicht säuberlich am Bürgersteig geparkt. Und er kennt New York nicht so, wie ich es von den gewitzten

Cabdrivern gewöhnt bin. Er muß nach dem Weg fragen, um zum UNO-Gebäude zu fahren. Er gleitet majestätisch im Schritttempo durch die Gegend, die ich Eva zeigen will: Rockefeller Center, Empire State Building. Und bei rotem Licht – mir bleibt das Herz stehen – fährt er ungerührt weiter. Abends holen wir Audrey Hepburn, Mel Ferrer und Kurt Frings ab, um »Eines langen Tages Reise in die Nacht« zu sehen. »Hi, folks!« Der Zigarrenstummel stinkt und leuchtet auf. »Zum O'Neill-Theater, Driver.« – »Keine Ahnung, wo das ist«, murmelt er durch den Rauch, so daß die zarte Audrey im Fond einen Hustenanfall kriegt.– »Sie sind Chauffeur in New York und wissen nicht, wo das O'Neill-Theater ist?« – Kurt Frings sitzt vorn neben ihm und bekommt einen Schreianfall, als der Wagen gemütlich im Schrittempo bei Rot über die Kreuzung fährt. »No, sir, and don't mind the red lights. Ich fahre seit vierzig Jahren für ein Begräbnisinstitut. Die fahren nicht vom Theater auf den Friedhof...« Das war des Rätsels Lösung. Leichenwagen dürfen in New York durchs rote Licht fahren, wie die Kranken- und Unfallwagen. Durch den Taxistreik wollte er sein bescheidenes Gehalt aufbessern. Als wir aus dem Theater kamen, stand er, den überlangen Cadillac mitten auf der Straße geparkt, vor der Kühlerhaube und las das »Wall Street Journal«: die Todesanzeigen.
Nach dem Souper zeigte ich Eva *New York by night.* Unser Fahrer fand es gemütlich und ließ sich von den Portiers der Nachtklubs Bier auf die Straße bringen. Gegen vier Uhr früh landeten wir in einem Lokal, das um diese Stunde erst aufmacht. Dort essen die Musiker ihre Gulaschsuppe oder Ham-and-Eggs und spielen auch noch eins auf, wenn sie Lust haben. Wir tanzen zwischen zwei Bieren und Evas obligaten Fernet-Branca. Als wir an der spielenden Gruppe vorbeikommen, bestelle ich »You belong to me«. Der dicke Schwarze kennt mein Gesicht, schmunzelt, wischt sich Pancake von den Lippen, setzt die Trompete an und bläst. Dieses Taschentuch, diesen Ansatz kenne ich doch: Louis Armstrong. »I know your face, but not your name«, sagt er, nachdem wir uns bedankt haben. Ich stelle mich vor und er strahlt. »I come to Germany. Leaving tomorrow on a tour

through Europe.« Am nächsten Abend sitzt er hinter uns im Clipper nach Paris. Nie werde ich den Augenblick vergessen, wie die Maschine die erste Kurve über das hellerleuchtete New York zieht. Plötzlich ertönt, gedämpft durch das Dröhnen der Aggregate, ein Trompetensolo. Da sitzt der schwitzende Dicke und bläst zärtlich und unendlich weich: »You belong to me.« »For the young lovers«, schmunzelt er nach dem Abtrocknen mit dem weltberühmten Taschentuch...

Simone spricht jetzt gut deutsch. Gleich nach der Hochzeit, als wir während der Atelieraufnahmen zum »Schinderhannes« ein Haus am Leinpfad in Hamburg bezogen, hat sie heimlich Unterricht genommen. Eines Abends, als wir in größerer Runde tafeln und die lieben Freunde nach gebührender Entschuldigung – »Excuse, Simone, mais c'est intraduisible« – in Deutsch schwadronieren, platzt sie heraus: »Scheiße, ick verstähe alles...!« Seither hat sie große Fortschritte gemacht und wir könnten leicht aufs Französische verzichten. Aber wie das so geht: Wir hatten mit Französisch angefangen, als wir uns kennenlernten und dabei blieb es. Besonders in den Wochen der schweren Proben zum »Sigmund Freud« verbot ich jedes deutsche Wort, damit sich nur ja nicht Akzent-Anklänge einschmuggelten. Aber den Abend nach der Premiere verbrachten wir allein mit einem deutschen Freund. Ich hatte nicht ahnen können, daß das Stück ein so ungeheurer Triumph werden sollte und Simone gebeten, den Abend in kleinstem Kreise zu verbringen, ohne Trubel und Kollegen, ist mir doch das höflich-verlogene Komplimente-Machen, das nach jeder Premiere den Abend verdirbt, verhaßt. Da war Simone etwas Besonderes eingefallen. Jahrelang, wenn wir um die Place de la Concorde fuhren und am Hotel ›Crillon‹ vorbeikamen, hatte ich immer wieder gesagt: »Da möchte ich einmal wohnen.« Am Premierenabend läßt Simone den inzwischen erstandenen Rolls vor dem ›Crillon‹ halten. »Hier wolltest du doch immer einmal wohnen«, sagt sie und führt mich in die schönste Suite, auf die Terrasse im ersten Stock. Champagner und ein Buffet sind vorbereitet. »Hier stört uns niemand und wir können endlich deutsch sprechen«, sagt sie strahlend zu meinem alten Berliner Freund. Aber »Freud« geht ein Jahr und wir spielen achtmal die Woche vor ausverkauftem Haus. Als ich aufhöre, um einen Film zu machen, nimmt es mir die Direktorin Marie Bell übel. Später läßt sie ein Stück für mich schreiben, nach einer Geschichte, die ich einmal erzählt hatte. Doch das mittelmäßige Produkt, in dem sie meine Partnerin sein sollte, um so ihren ramponierten Ruf als Schauspielerin wieder aufzupolieren, wird durch endlose Änderungen und sinnentstellende Zusätze so schlecht, daß ich abspringe. Die Bell wird es mir nie verzeihen, obwohl sie sieht, daß ich meine Gesundheit ruiniere, um zu retten, was zu retten ist. – Sie bringt das Stück trotzdem heraus, mit Alain Delon in der von ihr verpfuschten Fassung. Meine Rolle übernimmt ein ehrenwertes Mitglied der Comédie Française. Es wird ein phänomenaler Durchfall, genau wie ich es vorausgesagt hatte, und beide, Delon und sie, haben sich seither nicht mehr auf eine Pariser Bühne gewagt. Ich aber habe in ihr einen Todfeind, der mich für Jahre aus der Stadt und meiner gemütlichen Wohnung vertreibt, bis – nun ja, das ist eine andere Geschichte, die erzähle ich im Zusammenhang, denn sie hängt unmittelbar zusammen mit Simone und der Zeit, als ich unsere Ehe retten wollte...

Der Film, mit dem ich das Freud-Gastspiel im *Théâtre du Gymnase* abbreche, führt nach Barcelona. Wir wohnen gemütlich in Castelldefels und verbringen die Abende mit meinem Partner, Maurice Ronnet, einem begabten jungen Schauspieler, der reizend zu erzählen weiß, und Martine, Simones Jugendfreundin, die eingeladen wurde, um Simone die langen Tage während der Dreharbeit zu verkürzen. Alle drei sind in Paris aufgewachsen und es ist nur natürlich, daß sie von der Schulzeit sprechen, den täglichen Fahrten mit der Metro, dem Nachhauseweg mit Abstechern, den drolligen Abenteuern der Halbwüchsigen, den ersten Flirts und dem Mutterwitz der Pariser. Sie verfallen in den Argot der Straße, überbieten sich im Aufzählen komischer Ausdrücke (»Die Eier beim Mann heißen *les joyeuses* – weißt du,

Curd.«). Weiß der Kuckuck, was in mich gefahren ist. Wieder, wie damals in Rom, ertappe ich mich dabei, wütend, ungerecht, eifersüchtig und übellaunig herumzumaulen. So wie kurz vor dem hemmungslosen Ausbruch mit Eva, der so skandalös endete. Aber Simone ist weise. Schon mit zwanzig und erst recht jetzt mit dreißig. »Ich weiß, was los ist«, sagt sie eines Abends, nachdem ich wie ein Stockfisch teilnahmslos ihre Geschichten über mich hatte ergehen lassen. »Du hast jetzt über ein Jahr nur französisch gesprochen, den Premierenabend im ›Crillon‹ ausgenommen. Nun sitzen wir hier und reden von Kindheitserinnerungen, quatschen uns in Pariser Argot aus und nehmen keine Rücksicht auf dich und deinen deutschen Vater, der hier in Barcelona sein Leben so enttäuscht beendet hat. Du mußt wieder deutsch sprechen, Curd. Fahren wir nach Wien oder Berlin, und du spielst mal zur Abwechslung wieder ein Stück auf deutsch. Du brauchst das!«

Ich bin wie erlöst. Simone hatte den Nagel auf den Kopf getroffen. Schon der Gedanke, wieder deutsch zu klönen, oder vielleicht gar in dieser schweren, schönen, träumerischen Sprache zu spielen, begeisterte mich. Ich schlief selig ein und hatte zum erstenmal wieder einen erquickenden Traum: Ich ging als Bub mit meinen Schwestern in Solln durch den Wald. Es war ein langer Heimweg, Winter, und zwischen den schneegeschmückten Tannen waren Stellen mit duftenden Pilzen. ›Wenn wir Feuer machen, können wir zusehen, wie die Pilze wachsen‹, sagte ich. Aber wir hatten kein Feuer. Da nahm ich zwei dicke trockene Äste von einem Stapel in der Nähe, gab jeder Schwester einen und sagte: ›Wenn ihr das Holz tüchtig in eurem Schoß hin und her reibt, fängt es an zu brennen und wir können ein schönes Feuer machen.‹ – Ich wußte im Traum, daß ich als junger Mann in Wien ein Märchen gelesen hatte, »Die Geburt des Feuers«, ein anonymes Volksmärchen aus Malaya. Im Traum rezitierte ich den Schwestern das Märchen wie einen Monolog: »Die Frauen von der Insel Waiku sahen den Männern auf ihren Kanus nach, bis sie am Horizont in der untergehenden Sonne verschwanden. Sie schliefen am Strand, um die heimkehrenden Krieger zu er-

warten. Aber Tage und Wochen vergingen und die Männer kamen nicht zurück. Da weinten die Frauen und sehnten sich nach ihren starken Männern. Eines Nachts nahm eine, die Schönste der Insel, die erst vor kurzem geheiratet hatte, einen verdorrten Ast und rieb ihn in ihrem Schoß. Plötzlich sprühten Funken und der Stamm brannte lichterloh. Die Frauen wachten auf, holten trockenes Holz und entzündeten ein großes, rauchendes Feuer. Durch den Rauch sahen die Frauen die Boote der heimkehrenden Krieger. Das war die Geschichte von der Geburt des Feuers...« Da stand ich nun im Wald vor meinen verlegen grinsenden Schwestern und rezitierte ihnen wie ein altkluger Zwerg in rhythmischen Versen ein Märchen. Am Schluß waren meine Schwestern so entsetzt, daß sie davonliefen. Ich lachte, daß es im ganzen Wald widerhallte, lachte und... erwache. »Was lachst du denn im Schlaf?« fragt Simone. – »Ich lache, weil ich mich freue, wieder deutsch zu sprechen, mon amour.«
Es wird der »Galileo Galilei«. Das ehrwürdige Burgtheater hat sich endlich dazu herbeigelassen, den Ketzer, den Kommunisten Bertolt Brecht zu spielen – ein Verdienst Ernst Hauessermanns, der mit großem Erfolg Direktor des Burgtheaters geworden war. Wir suchen ein Haus in Wien. Bei einem Spaziergang durch die Innenstadt entdeckt Simone das Haus am Franziskanerplatz. Wir erkundigen uns. Es ist tatsächlich zu verkaufen. Es hat einst der Hebamme Kaiserin Maria Theresias gehört, steht unter Denkmalschutz, und vom obersten Stock aus hat man das Gefühl, man braucht nur die Arme auszustrecken, um den Turm der Stefanskirche zu umarmen. Mit Häusern hat Simone überhaupt Glück. (Simone hat Talent zum Glück. Nach dem Verkauf von Schliersee fuhren wir nach Gstaad. Bei der ersten Rundfahrt entdeckte sie das ›Gruebhus‹ und rief: »Das wär's!« Und das war's dann auch.)
Aber noch kann man nicht einziehen. Um so zu wohnen, wie wir es uns vorstellen, muß umgebaut werden. So bleiben wir während der Zeit der Proben und des Gastspiels im herrlichen Schloß Laudon. Ich komme mir ein wenig vor wie der heimkehrende Peer Gynt. Wien, die Geliebte, ist mir treu geblieben, hat mir den

Ausflug in die Welt verziehen. Nun kommt es darauf an, ob Simone sich in Wien daheim fühlen wird.
Als die Arbeiten am Franziskanerplatz beginnen, wird an drei Baustellen gleichzeitig gearbeitet: In Vence entstehen das große Haus und der Swimmingpool, in Gstaad ist ein beachtlicher Anbau im Gange. Simone legt Listen an, um Kleidern, Wäsche, Porzellan und Silber den geeignetsten Platz anzuweisen. Ins vornehme Patrizierhaus am Franziskanerplatz kommen Möbel aus Florenz und Venedig, gegessen wird von Wedgewood-Porzellan, alles Silber wandert dahin; in Vence geht es rustikal zu: Keramikgeschirr, Holzteller und die Sammlung von barockem Zinn, die ich im Laufe der Jahre zusammengetragen habe; in Gstaad regiert das Kupfer: kupferne Fonduetöpfe, kupferne Weinkaraffen; in der Pariser Wohnung wird schlicht mit dem leidigen goldenen Besteck gegessen, das mir seinerzeit soviel schlechte Publicity einbrachte, weil ich mich damit fotografieren ließ (natürlich, sonst hätte der Juwelier es mir nicht kostenlos überlassen); das Haus in Zürich, in dem auch die inzwischen gegründete Firma residiert, erhält modernstes Gepräge. Damit die Anzüge sich beim vielen Hin- und Herreisen nicht am falschen Platz ansammeln, läßt Simone Etiketts einnähen (oft tut sie es selber, und jedes Etikett hat eine andere Farbe) – kurz, die Organisation des ›Ein-Mann-Betriebs‹ und des ›Clubs mit den zwei Mitgliedern‹ funktioniert auf das perfekteste, ist Beschäftigungstherapie für Simone, während ich Text büffele, probe oder spiele, Interviews gebe oder im Fernsehen auftrete.
Das ist die Zeit, in der die kecke kleine Sandrine Simone Gesellschaft leistet. Oft höre ich die beiden kichern, wenn sie endlose Listen für die verschiedenen Häuser zusammenstellen, und Sandrine ruft dann wohl mal: »Mon Dieu, wozu braucht ihr eigentlich den ganzen Krempel? Der macht ja mehr Arbeit als Curd gehabt hat, ihn zu verdienen...!« Insgeheim gebe ich ihr recht, aber die Maschinerie läuft nun mal, und es sieht aus, als wäre der Tag ausgefüllt, damit die Nächte Zärtlichkeit und Entspannung bringen dürfen, Ruhe und das Gefühl, eine Aufgabe erfüllt zu haben. Noch werden die Wolken am Himmel verscheucht – vom

Föhn in Wien, vom Mistral in Vence, von der Bise in Gstaad... Meinen fünfzigsten Geburtstag feiere ich im Akademietheater, dem geliebten Kleinen Haus des Burgtheaters, auf der Bühne in der Dekoration des zweiten Stückes nach »Galilei«, Osbornes »Richter in eigener Sache«. Die Stadt Wien verleiht mir die Kainz-Medaille, die Zukunft sieht rosig aus. Ich rauche zuviel und der Arzt nimmt einen *Check up* vor. Dabei wird ein Verschluß der Subclavia-Arterie festgestellt. »Muß operiert werden. Sie können von einer Minute zur anderen gelähmt sein.« Professor Poltzer ist eine Kapazität. Er macht ein bedenkliches Gesicht. – »Also gut, dann operieren Sie.« – »Hier geht das nicht. In Wien gibt es niemanden, dem ich Sie anvertrauen kann. Sie leben doch auch in Paris. Da ist Professor Kuhnlin. Ein Experte, der einzige in Europa. Ich rufe ihn an. Wann können Sie reisen?« – »Morgen, wenn's nötig ist.« – »Es ist nötig. Sie müssen ab sofort Ihren gesamten Lebensstil ändern. Ruhe, keine Aufregungen, leichte Bewegung. Golf zum Beispiel...« – »Simone, pack die Koffer. Wir fahren nach Paris.«
Simone und Sandrine stoßen kleine Freudenschreie aus. So glücklich scheinen sie doch nicht gewesen zu sein in Wien. Trotz ›gämüttlickem‹ Heurigen, trotz der vielen lieben alten Freunde. Ich erkläre ihr den Grund für die Reise, entdramatisiere die Gefährlichkeit der Operation, so gut es geht. Simone wundert sich nur, daß ausgerechnet in Paris so gute Ärzte sein sollen. Sie hält nicht viel von der französischen Medizin. »Er muß Schweizer sein«, sage ich, »dem Namen nach.« Professor Kuhnlin, so stellt sich heraus, ist ein stiller, freundlicher Mensch. Er hat kluge, gütige Augen. Lange betrachtet er die Röntgenaufnahmen der Angiographie. Dann schüttelt er den Kopf. Resignation und Müdigkeit in der Stimme: »Da muß ich leider passen. Wir haben hier nicht die nötigen Voraussetzungen für diese Art Operationen, keine geeignete Intensivstation. All das ist eine leidige Geldfrage, und wenn es mißlingt, haben wir beide schlechte Publicity.« Ich kann über den Scherz nicht lachen. Ich habe plötzlich das Gefühl, es wird ernst. Strafe, lieber Gott? Schlägst du jetzt zu, nachdem du mich zu lange verwöhnt hast? Werde ich bald wie ein

Gemüse in einem Topf ans Fensterbrett gestellt, unfähig, dieses aufregende, herrliche, geliebte Leben weiterzuführen? Und Simone soll verdammt sein, es zu begießen, vor Zugluft zu schützen? Nein. Jetzt kommt es darauf an, Schlaftabletten zu sammeln, bis der Vorrat groß genug ist, um mit einem tiefen Schluck der Sache ein Ende zu machen.
»Es gibt in Amerika einen Mann, der das macht. Bei dem kann ich garantieren. Michael DeBakey ist der Welt größter Gefäßchirurg. Ich werde ihm telegrafieren. Er wird es machen. Zum Glück können Sie es sich leisten. Die Leute sind nicht billig in Houston. Die Sache hat nur einen Haken. Der Mann ist überbesetzt, macht bis zu siebzehn Operationen am Tag. Die Patienten kommen aus der ganzen Welt. Wartelisten wie ein Telefonbuch. Und die hohen Persönlichkeiten in Rußland, in China, die keine langen Reisen machen dürfen. Aus Prestigegründen operiert er an Ort und Stelle. Mit einem Flugzeug voll Assistenten, Apparaten, Werkzeugen und Technikern reist er in der Welt herum. Sie müssen Geduld haben. Aber er wird Sie nehmen. Manchmal kann es einem das Leben retten, wenn man berühmt ist. Fahren Sie auf Ihre Farm im Süden, nehmen Sie ab, bereiten Sie sich vor. Sie hören von mir...«
Ich bin ein privilegierter, berühmter Kapitalist. ›Es wird schon klappen‹, denke ich. Hätten mich die aufreizenden Herausforderungen der Eva Bartok damals nicht hinauskatapultiert in die Welt, wäre ich in Wien geblieben, könnte ich jetzt wahrscheinlich einen Rollstuhl ans Fenster schieben. Wenn es ums Leben geht, freut man sich über Privilegien. Man hat zwar sein Geld auf ehrliche Weise verdient, braucht sich nicht zu schämen, hat den Menschen Freude bereitet und es zu was gebracht – und doch meldet sich das schlechte Gewissen, weil man zur ›Elite‹ gehört, auf die man so gern schimpft. – Und was die ›Ausbeuter‹ betrifft, gegen die du sonst aus der bequemen Kaminecke heraus so wirkungsvoll wetterst, so wirst du dich wohl nicht scheuen, die kleine Simone als Krankenschwester auszubeuten, die dir den Nachttopf leert, wenn es dazu kommen sollte.
Nun, noch ist es nicht soweit. Im Gegenteil, Simone freut sich

über das ruhige Landleben in Vence, sitzt hoch in ihrem geliebten Feigenbaum, töpfert, überwacht die zu voller Kapazität anwachsende ›Rosenfabrik‹. Die Wochen vergehen, keine Antwort aus Houston oder Paris. Manchmal, abends, sitzt die Angst mit im Bett, verdrängt den Platz des unsichtbaren Begleiters, macht sich so breit, daß Simone kaum wagt, aus dem entferntesten Winkel des überdimensionalen Doppelbettes zu mir zu kriechen. Manchmal verschwindet sie unten im Dorf, und später erfahre ich, sie war in der Kirche.
»J'ai prié le petit Jésus, qui'il t'aide...«
Ich, der ich mein Leben lang gegen die Ungerechtigkeit der Erbschaft zu Felde ziehe, von der alles Übel kommt, setze mich hin und schreibe ein Testament, in dem Simone zur Universalerbin eingesetzt wird. – Auf dem Golfplatz sind Journalisten. »Curd, wir haben gar nicht gewußt, daß du an der Côte bist. Wir lasen, du bist in Wien und stellst Rekorde im Schnellsprechen auf...« (Die Bemerkung bezieht sich auf ein belangloses Ereignis, das in den sensationsarmen Wiener Zeitungen Schlagzeilen gemacht hatte: Um den Schlafwagen nach Hamburg zu einer Fernseh-Live-Show zu erreichen – die winterlichen Wetterverhältnisse garantieren keine sichere Ankunft im Flugzeug –, hatte ich, vom Ensemble unterstützt, die Galilei-Vorstellung um fünfundvierzig Minuten verkürzt, ohne ein Wort auszulassen. Obwohl die Vorstellung keinen Schaden genommen hatte – im Gegenteil, die Raffung tat der behäbig inscenierten Aufführung so gut, daß der bayrische Brecht plötzlich wirklich in Florenz und Rom zu spielen schien –, randalierten die raunzenden Wiener Taxichauffeure und beschwerten sich bei den Zeitungen. Denn als sie zur angekündigten Schlußzeit in langer Reihe am Ring vorfuhren, war kein Zuschauer mehr da und die festlich gekleideten Wiener hatten ihre Roben *nolens volens* in die Trambahn gezwängt.) – »Ich bin inkognito hier. Tut mir den Gefallen und schreibt nichts über meine Anwesenheit. Ich fühle mich schlecht und brauche Ruhe.« – Zu Haus kommen mir Bedenken. »Simone, ich fürchte, die Paparazzi werden ihr Versprechen nicht halten. Es ist Januar und Saure-Gurken-Zeit an der Riviera. Ruf ein paar Freunde an und

erzähle ihnen, daß wir da sind, aber Ruhe haben wollen. Bevor sie es morgen im »Nice-Matin« lesen. Auf alle Fälle, unsere Freunde Plesch müssen verständigt werden. Sie haben zu Neujahr telegrafiert, wir sollen uns melden, wenn wir kommen.«
Simone nimmt den Hörer und ruft die ›Leonina‹ an, den prächtigen Besitz der Pleschs in Beaulieu. Hätte sie einen Tag später angerufen, würde ich wahrscheinlich seit Jahren gelähmt im Rollstuhl sitzen oder die Radieschen von unten betrachten. Denn der Besucher, den die Pleschs ausgerechnet an diesem Abend zum Diner erwarteten, säße schon wieder im Flugzeug auf dem Weg zu Tschou En-lai, den er gerade behandelte. Es ist Michael DeBakey!
Am nächsten Mittag kommen hohe Gäste auf die Rosenfarm. Ex-König Leopold von Belgien, seine Frau, Prinzessin Rethy, die Pleschs und Dr. DeBakey. Die hohen Herrschaften hatten sich gestern auf der Durchreise in den Fernen Osten überraschend bei Pleschs angesagt und sofort eingewilligt, zu einer Bouillabaisse nach Rosimone zu kommen. Während die Majestäten genüßlich Simones beliebte knoblauchgespickte *Rouille* in die Fischsuppe tunken, schaut DeBakey sich meine Röntgenaufnahmen an. Dann schmunzelt er und sagt: »Heute ist Freitag. Ich bin Dienstag zurück aus Peking, Mittwoch in Washington, Donnerstag in Houston. Du fliegst Montag, machst drei Tage präoperative Diät, in zwei Wochen kannst du wieder arbeiten. Du brauchst den Film mit der schönen Jacqueline Bisset in Hollywood nicht abzusagen.«
Warte, Mathilda, ich weiß, was du sagen willst. Daß ich ein unverschämter Glückspilz bin. Ob ich das eigentlich alles verdiene. Es kommt noch schöner. Als Simone den obligaten Rundgang zu den Ställen, den Gewächshäusern, dem Weinberg, der finnischen Sauna im Wäldchen macht, bleibt Prinzessin Rethy mit mir zurück auf der Terrasse. »Ich wollte Ihnen noch sagen, solange wir unter vier Augen sind: Wagen Sie es nur nicht, eine Rechnung von DeBakey zu verlangen. Sie sind Gast der ›Foundation‹, die ich ins Leben gerufen habe, um Menschen jenseits des Eisernen Vorhangs, die dasselbe haben wie Sie, von DeBakey

operieren lassen zu können. Mein Sohn hatte die gleiche Krankheit. DeBakey hat ihn gerettet. Ich habe die Stiftung aus Dankbarkeit geschaffen und weil ich hoffe, damit einiges von dem Unrecht wiedergutzumachen, das überall auf der Welt geschieht. Vielleicht wird es ein Russe oder ein Chinese sein, der das Mittel gegen den Krebs erfindet. Dann soll er nach Brüssel oder Paris kommen und den kapitalistischen Imperialisten genauso helfen, wie DeBakey den Kommunisten in Moskau oder Peking.«
Der Handkuß für die schöne Wienerin kommt aus der Kiste, die für solche Anlässe geöffnet wird. Zum Beispiel, wenn Zar Alexander der »Katja« die Hand küßt. Oder Don Juan d'Austria »Madame Kegel«.
Simone bekommt ein *cot* in meinem Zimmer. DeBakey hat erlaubt, daß sie neben mir schläft. Als das Bett hinausgefahren wird, begleitet sie mich noch bis zum Fahrstuhl. Dann küßt sie mich behutsam und murmelt: »Que le petit Jésus te protège, mon amour«... Der Anästhesist ist Chilene. Er erwartet mich vor dem Operationssaal, den sie hier »the theatre« nennen, das Operationstheater. Aber ich spüre kein Lampenfieber vor dieser Premiere. Sie haben das Blut unterkühlt, und die Pillen machen schläfrig. Der Chilene ist leise, geht auf Gummisohlen, die ein schlurfendes Geräusch machen, während er mir den Puls fühlt. Dann tritt er zurück, die Türen werden von zwei hellblau gekleideten Gestalten aufgehalten: Auftritt! Du spielst die Rolle deines Lebens. Über mir, die gläserne Kuppel ist ausverkauft: Studenten, Assistenten in weißen Kitteln drängen sich, starren mich an. »Feeling alright, Curd?« Der Chilene rollt das ›r‹. – »Perfect!« – »Fine.« Er steckt die Nadel in die Vene, die Kanüle für die Narkose wird am Handgelenk festgeklebt. Plötzlich wird es ganz still im Saal. Kein Schlurfen mehr, kein Instrumentengeklapper, nur eine Tür klappt zu. »We are ready, when you are, Sir.« Ich sehe hinauf zur Glaskuppel. Die unendlich langen Beine einer schwarzen Studentin gehen bis zum Himmel. Ich höre DeBakeys Stimme: »Ready.«
Simone steht an meinem Bett. »Ach Simone, sag ihnen doch, sie sollen endlich anfangen...« – »Mon amour, die Operation ist

längst vorbei. Du bist in der Intensivstation und sie haben mir erlaubt, dabei zu sein, wenn du aufwachst.« Die Oberschwester ist eine Deutsche. »Ich heiße Jeanette. Jeanette Schulze aus Berlin. Ich freu' mich, Sie kennenzulernen und werde Sie gut betreuen.« Die Kanülen in der Nase für zusätzlichen Sauerstoff werden vorsichtig entfernt. Ich darf trinken, husten und spukken. Sie zeigt mir ein Stück grauen Plastikschlauch. »Dacron«, sagt sie, »davon haben Sie jetzt ein schönes Ende unter der Brust! ›Bypass‹ nennt man das!«

Die anderen im Raum sind nicht alle Glückspilze. Einer faucht, es schnarrt in seiner Ecke. Dann wird er still und sein Bett wird bald rausgefahren. Simone verzieht keine Miene. Sie sitzt mit unbeweglichem Gesicht auf ihrem Stühlchen, streicht mir manchmal über die Stirn und lächelt. Um ihre schönen dunklen Augen mit dem wärmenden Blick sind dunkle Schatten. »Merci, mon amour.« – »Das Leben ist schön, Curd.«

Nach drei Tagen geht's in den Keller zum *gymnasium*: Rad fahren, jeden Tag zehn Minuten. Ob du willst oder nicht. Mein Gott, hat sich das alles verändert, seit ich vor dreißig Jahren zuletzt in einem Krankenhaus war. Nach zehn Tagen kommt De-Bakey abends zur Visite und verabschiedet sich. »Du kannst übermorgen fahren. Kannst alles tun. Arbeiten, jeden Sport treiben, nur nicht gegen starke Wellen im Meer schwimmen, bis die Narbe unterm Schlüsselbein ganz verheilt ist!« – »Keine Sorge, Schwimmen besorgt ein Double.« Ein paar ruhige Tage in Acapulco bei Teddy Staufer, dann geht's nach Hollywood.

Eine kleine Rolle, was Drehtage und körperliche Arbeit anbelangt. Aber der germanische Koloß, der normannische Schrank steht plötzlich auf tönernen Füßen. Ich habe Textangst, höre mir zu bei der Aufnahme, mein unsichtbarer Freund läßt sich vernehmen: ›Du schaffst es nicht. Sie beobachten dich, sie warten nur darauf, daß du stolperst, stotterst, damit sie dich auslachen und das Märchen vom Deutschen, der auszog, die Welt zu erobern, zu den Akten legen können, ganz zuunterst, ins Fach, wo Manuskripte unter der Rubrik ›unbrauchbar‹ abgelegt werden...‹

Am Ende der zweiten Woche kommt der Schock, die Panik. Ich zerre Simone mitten in der Nacht aus dem Bett, in den Fahrstuhl, zum Keller. Da steht der weiße Cadillac-Convertible. Die Pillen, die roten gegen die Durchblutungsstörungen, die blau-weißen zur Anregung der Hirntätigkeit im kleinen Necessaire mit dem Waschzeug. Das Rauchen habe ich längst aufgegeben; in der Neujahrsnacht, mit einem Schwur. Bis zu dem Tag, an dem Sybille, meine fesche Sekretärin, in Enzesfeld mit einer brennenden Zigarette ins Zimmer stürzte, als sie mich am Telefon schreien hörte, weil du in dem verdammten Jeep... Wir fahren die ganze Nacht. Gegen Morgen sind wir auf dem Highway nach Las Vegas und schnell sticht die Sonne über der Sandwüste Nevadas. Das Licht, dieses verdammte weiße Licht! Es kommt von allen Seiten, auch von unten, vom glitzernden Asphalt. – »Simone. Fahr du... Ich sehe nichts mehr, nur tanzende Flecken. Die roten Pillen, schnell...« Simone drückt auf den Knopf für die Hydraulik. Das Verdeck klappt zu. Schatten, Ruhe vor der brüllenden Sonne. »Wirst du mir Schlaftabletten geben, Simone, wenn ich wie Oswald in den ›Gespenstern‹ ›Mutter, gib mir die Sonne‹ rufe?« – »Sois tranquille, du bist gesund, der Kreislauf muß sich nur an den ›Bypass‹ – den Umweg – gewöhnen. Die Neurologen in Houston haben mir angedeutet, daß etwas Ähnliches eintreten kann...«

Diese Wärme in den Augen, diese konzentrierte Kraft, wenn sie mir die Stirn massiert. »Ach Simone, ich möchte in deinen Armen sterben, wie der König von Dänemark.« – Im ›Sands Hotel‹ probieren wir, ob der König von Dänemark überhaupt Chancen hätte, in den Armen einer Geliebten zu sterben, der Jürgens mit den dänischen Vorfahren. Simones Schoß ist feucht und weich. Zärtlichkeit ersetzt den Rausch. »La vie est belle, hein?« – »Ja, aber früher hast du gesagt: ›On est bien, hein‹?« – »On est bien, Curd. Schlaf! Du mußt dich ausruhen.«

Die Arbeit hilft, wenn auch die Angst bleibt. Sie nistet sich ein, im Studio, im Hotel. Selbst beim alten Freund Hubertus, als ich mit aller Energie eine Tournee mit »Richter in eigener Sache« beginne, kaum daß der Film in Hollywood abgedreht ist. Eine

kleine Zungenlähmung – »Mangeldurchblutung« nennen es die Ärzte –, mitten in einem endlosen Monolog. Sie geht vorbei, das Publikum hat nichts gemerkt. Vorhang, Applaus.
»Laß uns zu Haus bleiben, hier in Vence auf der Rosenfarm. Du hast Geld genug. Du brauchst nichts mehr zu beweisen, Curd.«
Die Tournee durch Deutschland ist gut gelaufen. Die Theater waren ausverkauft, die Presse freundlich.
»Für den Nachsommer, für Philemon und Baukis ist noch Zeit, Simone. Das Leben ist die beste Gelegenheit, sich die Welt anzuschauen, hat Peter Altenberg gesagt. Wir dürfen sie nicht versäumen. Meine Ungeduld, mein Fernweh, meine Sehnsucht nach dem Unbekannten sind wieder da – ›und mahnen mich laut wie Ehrenschulden‹, sagt Don Carlos. Kambodscha, Angkor Wat, Pnom Penh, Siem-Rap, das Land der Khmer. Auf den Spuren Malraux' wandeln und dafür fürstlich bezahlt werden. Mit Peter O'Toole, James Mason, der schönen Daliah Lavi wieder arbeiten. Immerhin: Joseph Conrad als Vorlage für ›Lord Jim‹. Nein, mon amour, eine Sekunde vor der Narkose im Operationstheater, als die Säulenschenkel der jungen schwarzen Studentin über mir in der Zuschauerkuppel mich lockten, als führten sie direkt in den Himmel, da wußte ich, mein Weg ist noch nicht zu Ende, meine Neugierde noch nicht gestillt. Wenn ich jetzt aufhöre, wenn der Wind, mein geliebter Wind, mir nicht mehr um die Ohren wehen soll, wird die Stille, die folgt, meinen Herzschlag, das Rauschen des Blutes wie mit einem riesigen Lautsprecher verstärken, daß ich nichts anderes mehr hören kann, und die Angst mich erstickt. Pack die Koffer, mon amour...«
Die Blutzufuhr zum Cortex ist durch DeBakeys Umgehungsstraße wiederhergestellt, und die zwölf Billionen Neuronen, verbunden durch doppelt so viele Kontrapunkte, Synapsen genannt, erregen den elektrischen Impuls wieder ordnungsgemäß, um es der chemischen Substanz Acetylcholin zu ermöglichen, in der vorgeschriebenen Geschwindigkeit von einer vierzehntausendstel Sekunde von Synapse zu Synapse zu wandern, so daß nüchternes, klares Denken möglich ist. Ich hab' mir das notiert in einem Schulheft, aus dem ein Tagebuch über diese Zeit wurde.

Auf die Gefahr, daß der Fluß der Erzählung ein wenig zu breit gerät, lese ich dir daraus vor, Mathilda...

Angkor Wat am 13. Januar.

Der Produktionsleiter, der uns am Flugplatz von Pnom Penh abholte, bestätigte die Abmachung, daß wir in den längeren Drehpausen im Land umherreisen dürften; ein Jeep stehe zur Verfügung. Gleich am zweiten Tag haben wir den gegen einen Citroën 2 CV eingetauscht, weil die kambodschanischen Monteure ihn besser kennen, der kleine flinke Motor luftgekühlt ist und so weniger Probleme bringt, wenn wir, wie beschlossen, fern von den Hauptstraßen das Land, den Mekong und das Meer bei Sihanoukville bereisen wollen. Das Verdeck wird ganz zurückgerollt, die Türen ausgehängt, ein aluminiumbeschlagener Schrankkoffer statt der Rücksitze verstaut. Beim Chinesen im Dorf Siem-Rap erstehen wir zwei Aluminium-Liegestühle. Er verlangt 900 Rial dafür. Bei diesem tüchtigen Geschäftsmann kann ich nur 70 Rial herunterhandeln; er meint, er habe in Saigon selbst 400 pro Stück dafür bezahlt. Natürlich trägt seine Frau die Stühle zum Auto, nicht er. Ich kaufe noch holländischen Pfeifentabak und dieses Heft. Ein Pfeifchen in Ehren, denke ich, ist wohl erlaubt. Vielleicht kann man die mitgebrachten Pfeifen auch mal für eine Kugel Opium verwenden.

Blauroter Sonnenuntergang auf dem Rückweg ins Hotel. Zuerst im Rückspiegel, dann, als wir durch das Osttor in den heiligen Bezirk einbiegen, direkt vor uns ein purpurner Horizont. Jetzt wird es plötzlich kühl und nach der Dusche friert Simone. Sie haßt die Aircondition, welche von der Columbia in dem eigens neben der ›Auberge des Temples‹ für den Film erbauten Trakt voll Stolz und ›savoir vivre‹ eingebaut wurde. Doch ich bringe es nicht übers Herz, sie ganz abzustellen. Morgen beginnt eine anstrengende Drehwoche. Die erste ist immer die anstrengendste, wenn man den Regisseur, den Stab, das Team noch nicht kennt, nicht eingespielt ist. – Dann, nach dem zwanzigsten, sind wir laut Drehplan frei und wollen los, auf ›Expedition‹. Die Vorräte, der Schlafsack, die Medikamente sind schon im Koffer. Und

dort bleiben sie auch zusammen mit den Liegestühlen, als wir am nächsten Morgen um neun die zweihundert Meter zum Aufnahmeplatz fahren. Wir fahren, denn das Thermometer zeigt bereits 35 Grad, und ich will nicht schon schwitzend ins Kostüm steigen. Denn vom ersten Innenhof ist es noch ein gutes Stück zu Fuß zum Aufnahmeplatz. Ich gehe langsam und gemächlich, so wie die Schlange aus Sandstein, die den Weg säumt, wohl kriechen würde, wenn sie aus Fleisch und Blut wäre.
Der Tempel, den wir umschreiten, liegt noch im Schatten. Simone läuft flink die steile, ausgewaschene Treppe hinauf, kommt atemlos zurück. »Er ist noch schöner geworden in den vier Jahren, seit wir zum erstenmal hier waren!« Das ergeht uns oft so: Eine Sehenswürdigkeit – ob die Akropolis, die Cheopspyramide, der Louvre oder die Mayatempel von Chichen Itza – wird erst beim zweiten Besuch überwältigend. Das muß mit meinem Charakter, meiner Neugierde zusammenhängen. Der erste Gang ist getrieben vom Alles-sehen-Wollen. Ihm fehlt die Ruhe der ›Beschaulichkeit‹ im wahren Sinne des Wortes. Damals rasten wir rastlos, zitternd und schwitzend von Tempel zu Tempel, von versteckten Pfaden zu den Säulenalleen des pestkranken Königs. Heute, da wir wissen, der ganze heilige Bezirk gehört uns für Monate, schreiten wir, ahmen wir die Bewegungen der steinernen Krieger und der wollüstig lächelnden Tänzerinnen nach. Jetzt fällt erst richtig auf, wie genial Malraux und seine Leute ausgegraben haben, indem sie die feisten Wurzeln der riesigen Fromagier-Bäume, welche die Tempel erstickt hatten, wie selbständige Kunstwerke hier und dort stehen ließen und so den Eindruck von der Brutalität des plötzlichen Untergangs dieser Kultur noch unterstrichen. Ich bin zu dem Schluß gekommen – doch hüte ich mich, ihn im Kreis von Experten kundzutun –, daß die zusätzliche Dimension, welche eine nicht restaurierte Ausgrabung vermittelt, einen erhöhten, phantasieanregenden, ja manchmal nostalgischen Anstoß gibt. Wäre das Kolosseum rundum restauriert, klebten an seinem Sockel nicht die kleinen Fiats wie Eidechsen in der Sonne, empfände ich wahrscheinlich weniger Ehrfurcht, Bewunderung und Lust, dabeigewesen zu

sein. So gibt das mitten zwischen den Tempeln aufgebaute Filmdorf Lord Jims den Denkanstoß, die Bewegung der steinernen Gestalten sinnlich nachzuvollziehen. So hilft der zweite Besuch durch die Konfrontation mit der Gegenwart dem Eindringen ins Mystische des Déjà-vu, *öffnet die Tür zum Betreten des Bauplatzes, aus dem die Gebäude unserer ewigen, unsterblichen Seele stammen.*

17. Januar. Nach Drehschluß versammeln sich die Schauspieler im Patio des alten Teils der ›Auberge Royale‹. Sie sitzen herum, trinken Ricard, britische Höflichkeit und Unnahbarkeit regieren. Man beobachtet sich durch dunkle Sonnenbrillen, und auch das nur aus den Augenwinkeln, beim Umblättern der frisch eingeflogenen ›Times‹. Noch hat die Phase des kumpelhaften Zusammenlebens nicht begonnen, noch war keine Gelegenheit, den persönlichen Eitelkeiten, den heimlichen Sonderansprüchen, dem See-what-a-simple-guy-I-am freien Lauf zu lassen. Sie schimpfen noch gern auf das der französischen Küche nachempfundene Essen, den Service, die Faulheit der eingeborenen Assistenten und Dolmetscher, um sich selbst Mut zu machen.

Noch hat keiner mit einer großen Scene die Boxoffice-Hierarchie legitimieren oder enttäuschen können. Ist diese Zeit der Spannungen, des Lampenfiebers nach der ersten Drehwoche vorüber, macht sich befreite Lässigkeit breit, Gruppen bilden sich, das obligatorische ›I-am-a-fan-of-yours‹, geht in forcierte Herzlichkeit über, entweder, weil Erwartungen erfüllt, oder weil sie enttäuscht wurden. Das Resultat ist dasselbe, denn ›we have to stick together at this lousy end of the world‹. Die dritte Phase beginnt mit Besäufnissen und endet mit selbstmitleidigem Heimweh, Krawallen, nervösen Auseinandersetzungen mit dem Unterton von »Was-schert-mich-das-alles-ich-bin-bald-daheim-und-alles-beginnt-aufs-neue.« In hundertdreißig Filmen ist der Ablauf mehr oder weniger der gleiche gewesen. Was nicht hindert, daß man die Zeit genießt und sie herbeisehnt, wenn sie mal ausbleibt, weil du durch das Theater blockiert bist, oder Nur-Studio-Filme machst. Manchmal entstehen auch Freundschaften fürs Leben und natürlich Liebesgeschichten mit Konsequenzen, angeheizt durch die romantische Kulisse, den Zauber der Nachtaufnahmen, in denen man wie von ungefähr näher zusammenrückt. Am Abend vor unserer Reise ins Innere des Landes lädt Prinz Sihanouk zu einem Ballett vor den Ruinen. Eine Gala zu Ehren der Außenminister der blockfreien Länder, die er in Pnom Penh versammelt hat. Noch ist der Krieg auf Vietnam beschränkt, noch braucht er sein Land nicht bei Nacht und Nebel zu verlassen, um in Peking Schutz und Hilfe zu suchen. Die Scheinwerfer sind auf den Treppensockel gerichtet, doch ihr Licht wird von Millionen fetter Käfer verdunkelt, riesigen Maikäfern vergleichbar. Sie fallen zu Dutzenden in die Gläser, die, mit Whisky oder Champagner gefüllt, von einer Armee weißlivrierter Diener herumgereicht werden. Sie klatschen in die Dekolletés der festlich gekleideten Damen der Minister. Sie fliegen blindwütig auf das Smokinghemd und rutschen, vom Handschlag getroffen, unter das Jackett und hinterlassen eine grüne, tranige Spur. »Wie wollt ihr denn morgen mit den Nachtscenen beginnen? Ihr könnt doch bei dieser Invasion nichts beleuchten?« frage ich den englischen Kameramann Freddy Young, viermaligen Oscar-Preisträger, mit dem ich seit dem Bergman-Film befreundet bin. »Der chinesische Architekt meint, am 21. verschwänden sie. So steht es in seinem Kalender.« – »Das weiß er, das wissen wir, aber wissen es diese Millionen Monster?« – »Wir werden sehen. Wir müssen es versuchen. James hat ein stop-date, und wir müssen ihn abdrehen.« – James Mason war in der Tat für die bevorstehende Nachtsequenz eigens aus London angeflogen und machte ein besorgtes Gesicht. »Those bastards drive me mad.« Sagt es und haut sich ein Ungetüm aus dem Bart, daß es mir zitternd auf die Lackschuhe kriecht, bevor ich es zerquetsche. Der Prinz kommt mit Gefolge, begrüßt uns leutselig auf französisch, nimmt Platz. Zwei Offiziere erledigen mit schnellem Griff das halbe Dutzend Käfer, indem sie das seidenbestickte Kissen einfach umdrehen und der Prinz strahlend mit seinem Hintern die Tiere zermalmt, daß die grüne Sauce zu beiden Seiten des Throns heruntertropft. Das Ballett beginnt. Ich habe nicht viel davon gesehen, ich war zu sehr beschäftigt, mir Ohrfeigen zu geben, um die schwarzen

Bomber zu verscheuchen, und am Ende hielt ich mir mit vor dem Gesicht verschränkten Armen auch noch die Ohren zu. Denn das Geräusch, das die nackten Füße der Tänzerinnen verursachten, als sie zum Rhythmus der lieblichen Musik auf das hölzerne Podest vor dem Tempel tanzten, verfolgte mich bis in den Schlaf und Simone genehmigt die Aircondition in voller Stärke, weil die kalte Luft die Käfer abhält, durch die Türritzen zu kriechen. Der Produktionsleiter bittet uns, doch noch einen Tag zu bleiben, falls der chinesische Kalender sich irren sollte. Am nächsten Abend läßt Freddy Young Punkt neun seine Zehntausend-Watt-Kohlescheinwerfer einschalten. Ein paar Nachtfalter flattern ins Licht, aber kein einziger Käfer! Es ist der 21. Januar. Morgens steigen wir in unseren wohlausgerüsteten Deux-Chevaux und zockeln los. Zuerst in die Berge zu den Kautschukplantagen, dann hinunter zum Mekong, und kommen am vierten Tag bei Sihanoukville ans Meer. Ich bin erholt und befreit: Die Sehstörungen, das pelzige Gefühl am Kinn, die kleinen Zungenlähmungen treten nur noch selten auf, so wie DeBakey es vorausgesagt hatte…
Hier endet der Teil des Tagebuches über Kambodscha.

Es tut gut, wieder zu Haus auf der Rosenfarm zu sein. Sie ist gewaltig gewachsen. Dort, wo die Hütte des Bauern stand, steht jetzt ein Gästehaus, unten bei den Ställen ist das Haus für Gilberts Eltern dazugekommen. Es sind fleißige Leute. Gilberts Vater betreut die Landwirtschaft, preßt den Wein. Ein leichter Roter, den man, so wie Bauern es tun, eiskalt trinkt. Die Olivenbäume werden abgeerntet und spenden unser eigenes Öl. Simone stochert in einem kleinen Gemüsegarten herum; am liebsten hockt sie sich unter dem Wasserhahn ins Gras und ißt die jungen Zwiebeln gleich an Ort und Stelle, oder die Artischocken, die so schön blühen, daß man sich fast nicht traut, sie zu essen.
Gilbert hat mit seiner Frau ein eigenes Haus am Eingang des Anwesens erhalten. Oben im Wäldchen bei der Sauna ist ein zweiter, kleinerer Swimmingpool dazugekommen, von dem aus man im Mai die Kirschen pflücken kann, ohne aus dem Wasser steigen

zu müssen. Eine große Bibliothek ist entstanden, ein eigener Bau für sie errichtet. Der Besitz lebt, atmet, alles ist in Bereitschaft, uns aufzunehmen, damit wir uns der Dinge um uns herum, der freundlichen Atmosphäre erfreuen sollen. Aber mehr und mehr wird das Anwesen zum Abladeplatz von zusammengetragenen Erinnerungsstücken aus der ganzen Welt. Vitrinen für die Präkolumbianer, Etageren für die afrikanischen Masken, die Plastiken aus Kappadokien und Urgüp, die Teppiche aus Amman, die Krüge aus dem jordanischen Petra werden in eigens geschaffene Nischen in die Mauern eingelassen. Im Dachboden türmen sich leere Koffer, nur erstanden, um die gierig erhandelten (und oft gefälschten) Souvenirs verpacken zu können. Die Plätze der Welt werden auf der Landkarte mit Stecknadeln abgesteckt wie auf einer Generalstabskarte. Aber das Heim des Kriegers bleibt verwaist. »Marc kann meine, Anni, die neue Gouvernante, kann deine Koffer packen, wenn du keine Lust hast, es zu tun, Simone.« – »Ich nehme nichts mehr mit außer Bluejeans, ich hasse es, mit dem ganzen Krempel zu reisen. Was ich brauche, kaufe ich an Ort und Stelle.« – »Okay, Simone, aber bei dem nächsten Film in Teheran werden wir sicher bei Hof eingeladen. Da wollen die Leute bestimmt Roben aus Paris sehen und nicht Fetzen aus den Boutiquen von Persepolis oder Schiraz.« – »Ich habe es satt, mich nur für fremde Leute anzufummeln. Ich will endlich das tragen und tun, was mir Spaß macht.« – »Und was macht dir Spaß?« – »Ein einfaches behagliches Leben. Ein Leben für uns, ohne Hummeln im Hintern. Das Leben, von dem du immer sprichst, ist zu einer ›Wildente‹, zu einer Lebenslüge geworden. Dein ›Nachsommer‹ ist da, wann willst du ihn leben, wenn nicht jetzt. Willst du warten, bis wir so müde sind vom Reisen, vom Welterobern, vom Sich-bestätigen-Müssen, daß wir die Schätze, die wir zusammengetragen, die Bücher, die du nicht gelesen hast, die Bäume, die du gepflanzt, die Häuser, die du gebaut hast, nicht mehr genießen können? Du hattest mir versprochen, wir verbringen je eine Jahreszeit in einem unserer Häuser. Den Frühling in Vence, den Herbst in Wien, den Winter in Gstaad. Jetzt ist das Haus auf den Bahamas für den Sommer dazugekommen.

Aber wir leben in Hotels in Hongkong, Angkor, Hollywood, jetzt in Teheran. Wann soll denn die Heimkehr dieses rastlosen Peer Gynt beginnen? Ich werde jetzt anfangen, Solvejg zu sein und daheim auf dich warten.« – »Du würdest dich bald langweilen. Die Hummeln in meinem Hintern fliegen auch in deine Bluejeans.« – »Nein, deine besitzsammelnden Freunde, die von einer Weltumsegelung kommen und nichts erzählen, nichts anderes vorzuweisen haben als ein Album schlecht belichteter Fotos oder Amateurfilme, die nur heruntergekurbelt werden, damit sie mit dem Schah von Persien oder Prinzessin Grace zu bewundern sind, die langweilen mich. Die Träume, die du früher erzähltest, die Geschichten, die du erfandest, vermisse ich. Die Abende ohne Personal, mit selbstgekochter Fischsuppe, die Juninächte, in denen wir nicht schlafen konnten, weil die Nachtigallen im Wäldchen so laut sangen. Die langen Morgen, an denen man das Kissen im Gras der Sonne nachzieht, um die Eidechsen auf den heißen Steinen zu beobachten. Die Nachmittage, der Tee unter dem Quittenbaum. Selbst, wenn du da bist, muß ich heute zwölf verschiedene Telefonnummern wählen, um dich im Haus zu finden. – Wozu hattest du die lustige Idee des ›Déjeuner-promenade‹, wo jeder Gang an einem anderen Platz mit anderer Aussicht serviert wurde, wenn nur dicke Produzenten kommen oder schwarzgefärbte Starlets, die dich sowieso anöden, wenn du ihren blonden, unrasierten Schoß siehst, sobald sie sich nackt im Swimmingpool produzieren.« – »Setz nur hinzu, wozu die Sexbadewanne vor dem Kamin, wenn die Falltüren kaum mehr geöffnet werden, um beim Baden vor den flackernden Feuern Liebe zu machen...« – »Ja«, sagt Simone nachdenklich. »Ja. Das auch...«
Anni packt Simones Koffer vorbildlich. Aber Marc hat die Perücke vergessen, die ich jetzt beim Filmen trage. In Teheran können sie Teppiche knüpfen, aber keine Toupets aus feinstem Haartüll. So spiele ich ohne und fühle mich mit schütterem Haar erwachsen und würdig. Doch die Hofschranzen des Schahs nehmen die mutig zur Schau gestellte Würde recht respektlos zur Kenntnis. Der Außenminister, der Zeremonienmeister schicken

ungeniert hundert rote Rosen und teure Seidenschals. Auf den verschnörkelten Kärtchen steht nur: ›Für Simone‹, nichts weiter. Nicht einmal: Mrs. Jürgens. Nein, nur: Für Simone. Nach Drehschluß wird man einfach abkommandiert, zu endlosen Cocktails, zu Kaviarsoupers. Der Schah finanziert den Film zum größten Teil. Wir Gaukler – Elke Sommer, Stuart Whitman, Bob Mitchum Junior, Simone und ich – werden als Garnierung für die Partys der neureichen Clique bei Hof herumgereicht. Die schwüle Atmosphäre, durch Slow-motion-Musik der Geigen und Gitarren angeheizt, macht Simone nervös. Sie ist verwirrt und unruhig, wenn sie erhitzt und durstig nach nicht enden wollenden Tänzen aus dem Clinch mit irgendeinem Minister an unseren Tisch zurückkehrt, und bald reist sie ab. Weihnachten in Wien vorbereiten, sagt sie, und Sylvester in Gstaad.
An drehfreien Wochenenden miete ich ein Auto und fahre zu den Sehenswürdigkeiten nach Persepolis, Schiraz und ans Kaspische Meer. Die Ruinen, die Schatzkammern, selbst die faszinierenden Vorträge der persischen Troubadoure und Märchenerzähler, denen ich abends bei Kaffee und Wasserpfeife lausche, haben keinen Glanz. Ich fühle mich einsam und schutzlos, sehne mich wehmütig nach Simones kleinen frechen Kommentaren, nach dem Streicheln ihrer großen starken Bauernhände. Ich möchte meinen Kopf in ihrem Schoß vergraben und schlafen. Wenn ich im Tagebuch dieser Wochen blättere, lugt hinter jeder Betrachtung, jeder Ruine, die ich besichtige, das traurige Auge des Selbstmitleids hervor wie der Kopf des persischen Pfaus, dem man die Flügel gekappt hat, damit er sich nicht mehr aufblähen kann, um mit seinem Imponiergehabe sein Revier zu beeindrukken. Ich weiß jetzt, das kleine Glück, nach dem sie sich insgeheim immer sehnt, *le foyer*, bevölkert mit Familie und Nachbarn, schreienden kleinen Rotznasen, so wie die Jugendfreundin Martine sie inzwischen hat, werde ich Simone nie bieten können – weder die behagliche Ruhe, noch den Rausch der ersten Jahre. Aber noch glaube ich zu fühlen, daß sie zu mir hält, alles tun wird, um aus unserem Haus nicht eine Fassade zu machen, hinter der die Wohnung wie eine ausgebrannte Ruine vermodert. Bei

aller Trauer, mit der ich die Wolken betrachte, die sich am Himmel zusammenballen, will ich noch immer nicht zurück ins Haus, um vor dem Gewitter Schutz zu suchen. Im Haus ist Platz für drei: Simone, mich und meine ewige Geliebte, meinen Beruf. Da muß man ruhig mal im Regen stehen bleiben können, wenn es blitzt und donnert. Vielleicht denke ich so in meiner Arroganz, Eitelkeit und Einfalt, weil ich die große, die zerstörende Geliebte noch nicht kennengelernt habe. Weil das Glück mit Simone sanft ist wie ihre Augen, zärtlich wie ihre Gedanken, vernünftig wie ihre französischen Vorväter.

Doch alle Wege führen nach Rom, heißt es. Dort packt Simone keine goldenen Souvenirs von Bulgari oder Hippie-Bilder von der Spanischen Treppe in die Koffer, als wir nach einem Film abreisen, sondern den Bazillus erwachender Begierde. Nachholbedarf für vergessene Komplimente, Liebkosungen, Umarmungen, wie sie auf den Strohmatten der algerischen Dörfer stattfinden, wo die Dunkelheit schwarz ist, kein grüblerisches Nordlicht Zweifel, nimmersatte Phantasie und quälerisches Fernweh in die sonnenschwitzenden Hütten eindringen läßt. Ich beobachte wie ein Arzt die Symptome, die von der Bedrohung unserer Ehe künden, und beschließe eine Therapie, die, wie ich meine, allen dreien Heilung bringen kann: ein Theater in Paris! Im Paris der jungen Schauspielschülerin Simone Bicheron, im Paris der gescheiten Leute, mit denen sie in ihrer Muttersprache diskutieren, Stücke aussuchen, endlich an meinem Beruf teilhaben kann, daß aus der lästigen Geliebten, die unseren ›Club‹ stört, ein Kind wird, das einem Verantwortung aufgibt, Freude und Kummer. In New York finden wir ein geeignetes Eröffnungsstück. Nicht zu intellektuell, ein Reißer mit Anspruch.

Das Theater findet sich leicht. Das Ensemble besteht aus Freunden oder begabtem Nachwuchs. Simone ist Feuer und Flamme, der dickschenklige Advokat in Rom scheint vergessen.

Der Finanzier ist der Gatte einer Lieblingsfreundin Simones. Doch das Publikum des »Hébertot« will lachen, will kein beladenes Psychodrama. Trotz hervorragender Aufführung kommen die ›Passagiere‹ nicht. »Simone, hilf mir, schnell ein zweites

Stück zu finden, gib unser Kind nicht auf, weil es die Masern hat.« – »Okay. Ich fahre zwei Tage nach Rom. Bin Montag wieder da. Dann sehen wir uns eine Probe mit Michel Piccoli an. Wenn es gut ist, was er macht, können wir sein Stück in vierzehn Tagen herausbringen.« – »So. Du fährst nach Rom. Wozu mache ich denn das ganze Theater hier, sage lukrative Filme ab und schinde mich vierzehn Stunden am Tag, um dem Kind das Laufen beizubringen?« – »Ich fahre, weil ich keine Geister in unserem ›Club‹ haben will. Wenn ich zurückkomme, bin ich sie los. Wenn du mich dann noch willst, fangen wir neu an.« – »Okay, mon amour. Ich will versuchen, klug und vernünftig zu sein. Fahr sofort. Heute ist Freitag. Wenn du Montagabend nicht zurück bist, lösen wir den ›Club‹ auf. Ich vertrage leider keine männlichen Mitglieder. Der Gast kriegt Spielerlaubnis fürs Wochenende, sonst nichts.«

Als sie weg ist, bin ich noch stolz auf meinen barschen, patriarchalischen Ton, meine Großzügigkeit. Die kleine Wohnung an den Champs-Elysées ist am Wochenende still wie ein Grab. Das Haus hat kaum Wohnungen, nur Büros von Filmgesellschaften, Agenturen, Vorführräume. Das italienische Konzert für Flöte und Streicher klingt wie in Watte gepackt. »Madame Claude, haben Sie ein schönes, attraktives Mädchen für mich, mit dem man auch ausgehen kann?« – »Cher Ami, es ist Samstagabend. Wir sind ausgebucht. Es ist *Salon des arts ménagers*, da kommen die Hotelbesitzer aus der Provinz zu Hunderten. Ich kann Ihnen nur Komparserie bieten, keine ›Vedette‹, die Ihnen angemessen wäre. Aber Sonntagabend ist Gloria frei, sie hat in Hamburg Ärger gehabt und trifft morgen ein.« – »Gut. Sie soll nach der Vorstellung ins ›Hébertot‹ kommen. Bonne nuit, Claude.«

Die Bracque-Ausstellung im Petit Palais ist überfüllt. Ich dachte, ganz Paris wäre bei der Haushaltsmesse, und ich könnte in Ruhe durch die kühlen Säle wandern. Aber wahrscheinlich haben die Hotelbesitzer aus der Provinz doch ihre Damen mitgebracht, denn statt meinen geliebten Bracque anzuschauen muß ich schwitzenden Damen Autogramme geben. Da lege ich mich bis zur Nachmittagsvorstellung lieber im Theater aufs Ohr. Ins

Theater gehen die Provinzler jedenfalls nicht. Die Vorstellung ist halb leer, trotz klingender Namen: Jean Servais, Raimond Gerome. Und mein Name fettgedruckt als künstlerischer Leiter. – Nach der Vorstellung kommt Michèle, die Masseuse. »Kannst ruhig durchmassieren, Michèle, keine Hemmungen!« – Dann, beim Schminken, geht die Tür auf. Simone steckt den Kopf herein. »Ich konnte nicht. Ich gehöre zu dir.« Wir weinen beide. Der sentimentale glückliche Gaukler, das Mädchen aus Algerien, das ausgezogen war, das Abenteuer zu suchen. Wir essen zu dritt nach der Vorstellung. Als ich vom Verbeugen zurückkomme (ich spiele als Direktor eine winzige Rolle, die vornehme Zurückhaltung hat sich nicht ausgezahlt, die ›Passagiere‹ sind enttäuscht), sitzt Simone in der Garderobe und spricht mit Gloria deutsch. Ich mache Simone Zeichen, das Mädchen hinauszukomplimentieren, aber sie winkt lachend ab. »Ist doch gämüttlick, wenn Gloria mitkommt.«
»Simone, unser Kind hat die Masern noch nicht überstanden. Das Stück mit Piccoli geht sogar noch schlechter als das vorige. Wir machen noch einen Versuch, wenn's dann nicht läuft, gebe ich auf. Das Defizit beginnt ein Vermögen zu kosten, und meine mächtige Feindin unterstützt nach Leibeskräften die Blockade. Noch ein paar Wochen, dann steige ich aus.« – »Roberto ist in Paris. Er wohnt im ›Claridge‹.« (Das ›Claridge‹ ist so nah bei der Wohnung, daß manchmal, an windstillen Tagen, die Küchendünste bis hinauf zu den Fenstern im fünften Stock steigen) – »Dann hau' ich ab. Noch heute nacht.« Simone sagt nichts. Ich packe ein Köfferchen. Suche mit pathetischen Gesten nach Hemden, Wäsche. – »Brauchst du keinen Anzug?« – »Nein, ich fahre nach Wien. Das wird mir guttun. Deutsch sprechen«, füge ich in Erinnerung an die Zeit, da Simone mir riet, zurückzugehen nach Wien, um wieder deutsch zu sprechen, maliziös hinzu.
Als der Rolls aus der Tiefgarage in der Rue Ponthieu vis-à-vis vom Hintereingang unserer Wohnung rollt, den wir den ›Nuttenausgang‹ nennen, küßt sie mich auf die Wangen: »Je t'aime, Curd. Es ist wie eine Krankheit. Es wird vorübergehen, ich werde gesund und mit dir in Vence auf der Rosenfarm am Bau-

erntisch aus Schliersee sitzen. Wir kommen zur Ruhe. Beide.« – »Inzwischen fällt es mir aber noch schwer, die Rolle des gehörnten Ehemanns zu spielen, ma petite. In der Welt Adalbert Stifters ist für diese Art der Gleichberechtigung kein Platz. Adieu.«
Unterwegs gabele ich ein Hippie-Mädchen auf. Sie sieht sauber aus und sagt, sie schreibe Gedichte. Engländerin. Kurzbeinig mit Flaschenbrüsten. – »Rezitier mir ein Gedicht!« – Sie denkt eine Weile nach. Der Rolls singt durch die Pappelalleen im Anmarsch zur Grenze, nach Straßburg. – *»The days depart and pass laden somehow like processional camels across the desert of one's solitude... Die Tage vergehen und ziehen beladen vorüber wie eine Prozession von Kamelen durch die Wüste deiner Einsamkeit.«* – »Das ist schön, das ist sehr schön und paßt zu meiner Stimmung. Du bist begabt, mein Kind.« – »Ich weiß nicht, ob ich begabt bin, aber ich wußte, daß es zu deiner Stimmung paßt. Ich habe gelogen, es ist von Henry James, nicht von mir. Ich habe es auswendig gelernt, als ich zum erstenmal Autostop machte.« – »Würdest du deinem Freund verzeihen, wenn er dich betrügt?« – »Natürlich.« – »Und er dir?« – »Of course. Wenn ich erkläre, daß das Leder in deinem Auto nach Bondstreet duftet, Radio Luxemburg ›Michèle‹ mit den Beatles spielt, und du ein einsamer Strolch bist, dessen Schwanz einen Orgasmus braucht, dann würde er es verstehen und wir würden darüber lachen.« – »Wie heißt du?« – »Patricia«, sagt sie und lächelt, als wollte sie sich entschuldigen. – »Wo willst du hin, Pat?« – »Nach München. In Amsterdam hat man mir erzählt, dort ist es lustig während des Karnevals und in Schweebing gibt's *pubs*, wo man rauchen kann...« – »In Schwabing heißt das.« – »Whatever you say.« – »Sag noch einmal den Satz von Henry James.« – *»The days depart and pass...«* – »*... like processional camels across the desert of one's solitude.«* – Es hätte ein Satz aus deinem Film mit Richard Burton sein können.« – »Warum hast du mir nicht gesagt, daß du weißt, wer ich bin?« – »Weil ich wollte, daß du mich mitnimmst. Wenn ich ein ›Fan‹ von dir wäre, hättest du mich vor der Grenze abgesetzt.« – »Du bist ein kluges Mädchen, Pat.« –

69 »Im Zweifel für den Angeklagten« (»Clarence Darrow«), Ein-Personen-Stück, Regie Professor Willy Schmidt, Komödie am Kurfürstendamm, Berlin, Dezember 1975.

70 Sechzigster Geburtstag mit Uschi Glas, Bernhard Wicki und Geburtstagsgeschenk Papagei »Pepper«.

71 Mit meinem irischen Wolfshund »Rasputin« im Garten des neuen Hauses in St-Paul-de-Vence.

In München verschaffe ich ihr bei meinem Freund Volkhardt im ›Bayerischen Hof‹ ein Appartement mit einer runden Badewanne, trotz des Faschings. Da schwimmen ihre Flaschenbrüste herum, bis ich weiterreise. »Good bye, Patricia, have fun!« – »Good bye, Curd, take it easy!...«
Bei der Nummer in Paris meldet sich der automatische Anrufbeantworter: »Wenn Sie Monsieur Curd Jürgens sprechen wollen, wählen Sie Wien, Autriche... Wenn Sie Simone Jürgens sprechen wollen, wählen Sie Rom, Italien, Nr....«
»Simone, ich verkaufe das Haus am Franziskanerplatz. Adi Vogel, der Salzbaron, kauft es für einen stolzen Preis!« – »Verkauf es, Curd, aber bleib deinem Wien treu. Behalt ein *pied-à-terre.*« – »Hab ich schon, bei meinem Freund Pantz im Rothschildpark in Enzesfeld!« – »Willst du, daß ich komme, um die Koffer zu packen?« – »Nein, Simone, das macht Marc. Have fun in Rome!«
... *The days depart and pass laden somehow like processional camels across the desert of one's solitude.*
Marc kommt, bewerkstelligt den Umzug, fährt mich im Rolls ins Schloß, wenn Partys sind. Ich brauche Schutz bei meinem Marsch durch die Wüste meiner Einsamkeit.

18.

»Sie spielen nicht ›Backgammon‹ wie all die anderen, Curd?« Das Diner im Schloß war kurz, denn alle wollen das neue Spiel, das Modespiel der Saison erlernen, ausprobieren. – »Nein, ich spiele Schach wie ein altmodischer Trottel und finde keine Partner.« – »Setzen Sie sich zu mir.«
Ich will sie nicht anschauen.
Ihre Schönheit tut weh, das schmale dunkle Gesicht, die Orchideenhände, die das Glas umfassen, der lange braune Hals, die schwarzen melancholischen Augen, der spartanisch-schwarze Knoten im Nacken, der die hohe runde Stirn freiläßt, frei für Gedanken, für unbezähmbare Phantasie. »Wie heißen Sie?« – »Elisabeth.«
In der Nacht, nach dem Fest gehe ich zu Fuß den Weg vom Schloß heim ins neue kleine Häuschen am Parkrand. Die Luft im Auto drohte mich zu ersticken, der Geruch des Leders weckte Erinnerungen, die mir den Hals würgen, daß ich Brechreiz verspüre. Raus aus dem Wagen. Tief atmen. Ich huste. Du hast, ohne es zu merken, geraucht, als du dem Mädchen deine wirkungsvollen Standardanekdoten erzählt hast. Was ist denn los mit dir? Du zitterst ja am ganzen Körper. Die Haut brennt unter den Augen. Löst sich das Stück Dacron von seiner Nahtstelle an der Subclavia-Arterie? Ich fürchte, ich muß mich übergeben. Der Blutdruck! DeBakey hat mich gewarnt vor zu hohem Blutdruck. Eine Arterie platzt im Hirn. Da kann man keinen ›Bypass‹ mehr machen. Schon gar nicht in Wien. Und erst recht nicht hier in Enzesfeld. Sie werden dich am Morgen im Park finden. Tot

oder als Gemüse mit geplatzten Adern. Denk an nichts. Links, rechts, marschiere!
Rasputin sollte jetzt da sein. Der junge irische Wolfshund, den ich in London gekauft habe, acht Wochen alt. Gurke ist tot, Radio eines Abends im Oktober nicht mehr zurückgekommen von seinen Ausflügen zu den Schäfereien auf dem Hochplateau hinter der Rosenfarm. Gilbert fand seinen Kadaver verwest im Wald. Die Schäfer legen im Herbst vergiftete Fleischstücke gegen die Füchse aus. Da hab' ich kurzentschlossen Rasputin erstanden. Manchmal werde ich das Gefühl nicht los, mit den schönen schwarzen Dobermännern ist das Refugium unserer Ehe nicht mehr bewacht.
Simone war unendlich traurig, als sie von dem Tod der Hunde hörte. Von Gurkes Tod erfuhren wir per Telegramm in Persien, von dem Radios in Rom. Simone legte den Telefonhörer zurück, er verfehlte die Gabel, fiel auf den Boden, machte tut-tut-tut, Simone sah ihn an, als wäre es der sterbende Hund, dann tropften Tränen auf den Hörer und sie wischte ihn ab, als streichelte sie dem sterbenden Tier über das Fell. Gestern rief Anni an. Anis, die Hündin, habe sich in den letzten Tagen im Zwinger dicht neben der Hütte eine Grube ausgescharrt. Am Morgen hätten sie sie tot drin ausgestreckt gefunden. Anni meint, es wäre Selbstmord. Einsamkeit und Eifersucht. Denn Rasputin mit seinem täppischen Ungestüm hatte die Herrschaft im Haus übernommen, die zarte Hündin bei jeder Begegnung fast zu Tode gebissen. Ganz ohne britisches Fair-Play hat er nicht von ihr abgelassen, selbst wenn sie mit weiblicher Demutsgeste seine Überlegenheit anerkannte. Da habe man sie in den Zwinger sperren müssen und Rasputin die Bewachung des Reviers überlassen. Nun stehe die Zwingertür offen, sagt Anni, und Rasputin räkele sich triumphierend vor der Hütte in der Sonne... Das war gestern.
Gestern? Ich habe den Eindruck, es sind Wochen vergangen, seit dem Anruf. Stunden, seit ich dem Mädchen zum Abschied in der Schloßhalle einen zarten, vorsichtigen Kuß auf die Wangen drückte. Damit vergibt man sich nichts, heutzutage küßt jeder

jede beim Verabschieden auf die Wange. Eine Mode, die Brigitte Bardot in Saint-Tropez kreiert hat, und die Touristen aus der ganzen Welt, die das Fischerdorf bereisen, in dem »Und immer lockt das Weib« spielte, beeilen sich, das uralte östliche Verabschiedungsritual voll Inbrunst zu kopieren...
Aber die Stelle unter den Augen, dort, wo ihre Lippen vorüberhuschten, als ich die kleinen Küsse auf ihre Wangen drückte, die brennt noch immer wie Feuer. Zu Hause nehme ich eine Flasche Wasser mit ins Schlafzimmer. Seit vielen Jahren zum erstenmal kein Whisky-Soda auf dem Nachttisch. Das Mädchen trinkt keinen Tropfen Alkohol. Nur Wasser und Kaffee. Vielleicht habe irgendein indianischer Vorfahre vom Amazonas ihr diese Abneigung als Schutz gegen die weißen Eroberer vererbt, hat sie lachend erzählt.
Der nächtliche Marsch durch den Park, die ungewohnte Abstinenz vom *nightcap* machen mich munter. Ich wandere im Haus umher. Ich habe einen Apparat gekauft, um den Blutdruck zu messen. Verdammt hoch. Thermometer: 38,7! Das nennt man Fieber. Na schön, vielleicht bahnt sich eine Grippe an. Ö-3 spielt bis vier Uhr früh. Heiß und laut, zum Tanzen. Ich hätte lieber das Programm von elf bis zwölf: »Musik zum Träumen!« Oder ein kühles Bad. Auf der Badezimmerseite, nach Osten, wird es bald hell. Ganz ohne *nightcap* geht die Chose nicht. Ein Bier aus dem schönen silbernen Krug aus London. Dabei würde ich gern tanzen. Aber ›slow‹. Ich darf das Radio nicht ausschalten. Es ist so still, ich höre mein Blut rauschen und den Herzschlag im rechten Ohr, wenn ich liege. Jetzt ist es vier. Ö-3 hat Ruh.
Das Golfwägelchen hat einen Scheinwerfer. Katzen huschen vorbei nach stechendem grünem Blick ins Licht. Hinterm Schloß, wo es zum Golfplatz geht, schlafen ein paar Pferde auf der Koppel. Sie wälzen sich, stehen auf und kommen schlaftrunken an den Zaun getrabt. Käuzchen schreien aus der Lichtung, die ein fahler Mond bescheint. Der Weg hinauf ist stockdunkel. Die Tannen stehen so dicht beieinander, daß der Mond nicht durchkommt. Bis zum Clubhaus sind es drei Kilometer. Das Wägelchen tuckert nicht schneller als höchstens zwanzig. Schön

ist die Nacht. Eine Nacht für Hexen. Die schütten eine farblose Flüssigkeit ins Rotweinglas, wenn du mal wegschaust, und dann platzen dir die Arterien. Da nutzt kein DeBakey. Vielleicht war die Schwarze mit den unendlich langen Beinen oben in der Kuppel über dem Operationstheater auch Brasilianerin. Hat vielleicht die Woodoo-Geister durch die Glasfenster geschickt, als DeBakey die Blutzufuhr zum Hirn unterbrach. Ich würde sie gern wiedersehen. Vielleicht ist sie gar nicht so groß, wenn sie neben mir steht. Das ›Mädchen‹ ist höchstens 1,68. Ohne Stökkel, auf winzigen Füßen. Als wir vom Essen aufstanden, hüpften ihre schmalen spitzen Brüste eine Sekundenewigkeit aus dem Dekolleté wie das Taubenpaar im Meiereihof des Schlosses, wo jetzt das Beisel eröffnet ist und man sie gut beobachten kann, wenn sie zitternd aus ihrem Schlag lugen, bevor sie zum Flug ansetzen. Quatsch! Ich will weder die Kuppeldame wiedersehen, noch das verwöhnte Botschaftertöchterchen. Lesen und Gespräche mit klugen Leuten führen. Nicht über das Theater, sondern über Physik, Kybernetik, Umweltforschung, Politik.

Als das Wägelchen endlich am Clubhaus über den Kies rollt, dämmert es ganz gehörig. Mich friert. Ich habe Schüttelfrost. Bewegung machen. Ein paar Abschläge auf den nebligen ›Fairway‹ feuern. Ich komme mir vor wie auf der Pirsch, den Driver über den Schultern. Bald ist es Zeit, auf den Spielhahn zu gehen. Das sollte man mal wieder machen: Um drei Uhr morgens auf den Anstand, eine Feldflasche Slibowitz in der Gesäßtasche, wo jetzt die Golfbälle verstaut sind. Den Tanz der Auerhähne beobachten statt wie ein Trottel morgens um fünf Golfbälle ins schlafende ›Rough‹ zu jagen. Genug. Nach Hause. Schlafen. Arbeiten. Abends gemütlicher Stammtisch bei Haeussermann, so wie vor dreißig Jahren beim Eiermann, als ich die Nase über die alten Hundekomödianten rümpfte, die sich beim Erzählen alter Theaterschnurren die ausgepißten Hoden wärmten. Keine Weiber. Vor allem keine dunklen fünfundzwanzigjährigen Mädchen mehr.

Im Schloßhof brennt kein Licht. Es ist der feuchte Morgen, der sich auf die Lungen legt, Angst macht. Auf dem Steuerrad des

Rolls schimmert ein Zettel. »Wenn Sie mehr über Woodoo mit Macumbas wissen wollen, führen Sie mich Samstag aus. E.«... Simone, kleiner Engel aus Algerien, hilf mir, ich krieg' den Rolls nicht um die Kurve, das Licht schmerzt, es kommt von allen Seiten, die Sonne geht heute morgen über dem Asphalt auf wie damals in Las Vegas!

Ich bin gleich am Steuerrad sitzen geblieben und losgefahren. Hab' die Zündung vom Golfwagen nicht einmal ausgeschaltet. Die Batterie wird morgen leer sein... Schlaf, ohnmächtiger, beglückender Schlaf, obwohl die Sonne direkt ins Bett schießt... Brasilianerinnen gehen nie in die Sonne und werden doch dunkelhäutig geboren. Brenn mir auf die Haut, Sonne, brenn mir ein Loch in den Bauch!

Ich weiß, Mathilda, du bist nicht eifersüchtig, schon gar nicht auf die Vergangenheit. Trotzdem empfinde ich eine gewisse Scheu, von diesem – ich finde kein passendes Wort – Elementarereignis zu berichten, als überschritte ich damit die Grenze des Erlaubten.

Nach zwei Wochen, verflogen wie im Rausch, starrte ich nach dem Gespräch minutenlang auf den Telefonhörer – denselben, aus dem drei Jahre später die Nachricht von deinem Unfall wie ein Keulenschlag mein Leben zerstörte –, nachdem sie mir wie eine Vertraute per ›Du‹ Ort und Zeit des ersten Rendezvous mitteilte, trafen wir uns in Venedig. »Geben Sie gut acht auf meine Tochter, seien Sie behutsam. Sie ist zart, aber ich will ihrem Glück nicht im Wege stehen«, hatte die Botschafterin gesagt. Nenn es Rausch, Betäubung, Hexerei, Krankheit, Droge – etwas in mir war aufgebrochen, hatte Türen zu bisher nie gekannten Räumen aufgestoßen, in denen ich mich mühelos bewegte und wie im Traum auf silbernen Schwingen durch eine paradiesische Landschaft zu schweben vermeinte.

Mein bisheriges Leben kam mir schal und eintönig vor. Ich konnte es nicht fassen, daß ich über fünfzig Jahre meines Lebens gebraucht hatte, um endlich Bekanntschaft mit dem Glück zu schließen, dem atemlosen, schwerelosen, dröhnenden Glück, das du empfinden mußt, wenn du in der Rakete zum Mond ge-

schossen wirst. Auch mein unsichtbarer Wegbegleiter war verstummt. Ohne Skrupel, ja, taktlos geradezu bestand ich bei der Bestellung auf demselben Fürstenappartement im Hotel ›Baur-Grünwald‹, das für mich so viele glückliche Erinnerungen an Simone barg. Es kam mir vor, als wollte ich erst jetzt, nachträglich, den göttlichen Segen für mein vergangenes Leben einholen.
In der ersten Nacht lagen wir zitternd auf dem riesigen Himmelbett, hielten uns umschlungen, lauschten den Rufen der Gondolieri auf dem Canale Grande. Ich kam mir vor wie der Gymnasiast vor Susus Haustür. Und meine Männlichkeit versagte – versagte wie in Ohnmacht vor der Kraft ihrer Phantasie, vor ihrer Fähigkeit, die Träume zu berühren, anzufassen. Sartres Novelle von den fliegenden Statuen wollte mir nicht aus dem Sinn, die Geschichte des jungen Mädchens, das erst glücklich wird, wenn sie, wie ihr irrsinniger Geliebter, jene Statuen auf sich zufliegen sieht, die sein Leben zur Hölle machen. Ich rief Simone an: »Überlaß mir Vence für den Sommer. Ich weiß noch nicht, ob es ein schreckliches Erwachen geben wird. Sie ist fünfundzwanzig, ich bin mehr als doppelt so alt. Wir haben eine Verabredung getroffen. Wir bleiben zusammen bis Mittwoch. Aber wir wissen nicht, wann dieser Mittwoch sein wird, nächsten Monat, nächstes Jahr oder an dem Mittwoch, an dem ich sterbe.« – »Ça va, Curd, ich fahr' zu Freunden in die Provence. Roberto sehe ich nicht mehr. Mein kleiner Fieberanfall ist verflogen. Jetzt bist du dran. Ich warte auf dich. Que le petit Jésus te protège...«
In der Botschaft wird ein ernstes Gespräch geführt. Dann gebe ich ein Fest. Feierliches Diner für achtzig Personen. Zwei Tafeln nebeneinander. Das Mädchen präsidiert an der einen, ich an der anderen, die Botschafterin neben mir. Alle wissen, ich bin noch verheiratet, und doch werden Toasts auf das Brautpaar ausgebracht. Am nächsten Tag fliegen wir nach Vence. Marc ist mit der Kammerzofe des Mädchens im Rolls vorgefahren. Hunderte von Journalisten haben das Fest fotografiert und verfolgen uns auf Schritt und Tritt. Die Titelseiten der Boulevard-Presse, das Fernsehen berichten. Als die Kameraleute am Flugplatz von Nizza den Wagen umringen, fällt das Mädchen in Ohnmacht. –

»Est-elle enceinte? – Ist sie schwanger?« – »Nein, ihr macht ihr nur Angst, sie ist so zart...« Um das Dekor zu wahren, habe ich das Haus voller Gäste geladen, pro forma ein Appartement in der ›Colombe d'or‹ gemietet. Vormittags begleitet sie mich zum Golf oder hört mich ab, wenn ich den Text für den »Hauptmann von Köpenick« auf französisch büffele. Sie spricht acht Sprachen: englisch, französisch, spanisch, portugiesisch (nein: brasilianisch, die weichste, erotischste Sprache der Welt!), deutsch, schwedisch, hebräisch, finnisch und schreibt Gedichte in vier davon. Wehmütige, melancholische Gedichte, geheimnisvoll und verträumt. Ich selber schreibe Sonette, während ich an schwülen Sommernachmittagen ihren Schlaf bewache. Ich zeige mich stolz in Monte Carlo, in Cannes. Freunde aus aller Welt bevölkern das Haus. Ich lese in den Zeitungen, daß Frank Sinatra nach Monte Carlo gekommen ist, während in den Vereinigten Staaten Mafia-Hearings abgehalten werden. Ich lade ihn ein. Nach dem Diner steht er auf, sein ›Gorilla‹, der Italiener aus Nevada, der ihn auf Schritt und Tritt bewacht, hat das Mikrofon eingeschaltet, und Frankieboy singt das Lied, das auch für ihn einmal große Bedeutung hatte: *Elisabeth*. – Wir sind beide am 13. Dezember 1915 geboren.
Nein, Henry James, tausendmal nein! Die Tage vergehen und ziehen vorüber wie eine Prozession von Kamelen, aber sie wandern nicht mehr durch die Wüste meiner Einsamkeit, sondern durch den berauschenden Dschungel meines Glücks. Nur manchmal, wenn der Morgen graut und die Sonne beim Col de Vence majestätisch vorfährt wie zu einem Fest, ist mir, als wäre es eine Fata Morgana, denn ich kann es oft nicht fassen, was mir geschieht.
»Do you still love me, Curd?« Ihr dunkler schmaler Kopf wirkt winzig auf meiner massigen Brust. »You made me discover what love means, you adorable bitch!«
Manchmal erzählt sie. Schnell und atemlos. Es flirrt und summt aus ihrer Kehle, so wie ein kleiner Schwarm Kolibris, wenn sie am Strand hier auf der Insel über dem Jacaranda-Busch in der Luft stillstehen. Dann erzählt sie von daheim, von Rio und der

Insel Garuja. Von der Schule. Wie die schwarze ›Nanny‹, die sie aufzog, Puppen für sie nähte und der wütenden Schülerin erlaubte, Nadeln in das Herz der Puppe zu stechen, wenn der Lehrer sie bestraft hatte. Von geheimen Messen erzählt sie in entlegenen Dörfern am Amazonas, wo sie als Vierzehnjährige lebte, während ihre Eltern irgendwo auf der Welt in diplomatischer Mission waren, und sie auf ungesattelten Pferden die Hazienda ihres Onkels verließ, sich verirrte, tagelang im Dschungel von Bananen und Nüssen lebte. Einmal wacht sie gegen Morgen mit einem Schrei auf, sitzt erschrocken am Bettrand und starrt auf die Terrasse, wo die Dämmerung die Schatten bewegt. »Sie kommen von allen Seiten. Wir können nicht mehr entkommen...« Es gehört zu unserem Spiel, keine Fragen zu stellen. Ich schaue angestrengt aus dem Fenster, dann trage ich sie ins Bett zurück: »Komm, wir verstecken uns unter der Bettdecke. Da entdecken sie uns nicht.« Schon schläft sie wieder wie ein Kind. Ich habe nie erfahren, ob diese plötzlichen Visionen Überbleibsel aus Traum, halberwachten Gedanken oder einfach Lust am Fabulieren waren, Spaß am Schockieren, Übermaß an Phantasie oder einfach Ausdruck einer momentanen Langeweile. Oft kam es vor, daß sie während eines Tête-à-Tête geschraubte Reden führte. Wenn ich verlegen ins Glas guckte, konnte es passieren, daß sie entrüstet ausrief: »Hey, Red Butler, so antworte doch, wir sitzen auf der Terrasse. Du bist Clark Gable, ich Vivian Leigh, wir leben ›Vom Winde verweht‹.« – Oder ich erwarte sie vor dem Clubhaus, im Hotel: »Ich heiße Katja, Majestät, mein Zar. Die Troika ist vorgefahren!«
Der Produzent vom »Hauptmann von Köpenick« bittet nach Paris zu einer Leseprobe auf der Bühne mit allen Kollegen. Ich kann als einziger die Rolle schon auswendig und ratsche zerstreut den Text herunter. Hinterher, beim Mittagessen im ›Maxims‹, sagt er: »Das ist ja gar kein Lustspiel, in dem man sich über deutschen Kadavergehorsam und preußische Vergötterung der Uniformen lustig macht und schief lacht. Nur über meine Leiche wird das aufgeführt...« – »Ja, aber hast du denn das Stück nicht gekannt?« – »Nein, aber man hat mir davon erzählt. Zum Lesen

hab' ich keine Zeit.« – Ich lache ihm schallend ins Gesicht und umarme Elisabeth: »Hast du gehört? Keine Proben in Paris. Ich bin frei! Wir fahren nach Puerto Rico. Ich habe das Angebot des Präsidenten der Jury zur Miss-World-Wahl zum Glück noch nicht abgesagt. Und auf dem Rückweg bleiben wir in Mexiko. Bis Mittwoch...«
»Imagination« heißt das Lied auf dem Plattenspieler. Wir leben doppelt, neben unserm Miteinander noch ein zusätzliches, erfundenes Leben. Es ergibt ein Zwischenreich aus Poesie und Drama, in dem sogar das Leid einen ersehnten Platz erhält und oft zum Lustspiel, zur Komödie um-inscenziert wird. Doch manchmal sitzt der Dschungel um die sanfte toskanische Landschaft wie ein fressender Waldbrand, und du vermeinst den Schrei der Papageien zu hören, den Sprung des Jaguars aus dem Dickicht zu erspähen. Dann fließen die Gedanken und Träume aus der Landschaft unserer Phantasie in die Hände, Glieder, Körper und löschen den Brand, als flösse ein Sturzbach mitten aus dem kühlen Raum mit den chinesischen Paravents, in dem das Mädchen untergebracht ist.
»Simone, ich räume das Feld. Du kannst zurück nach Vence. Wir fliegen nach Puerto Rico!« – »Wann kommst du zurück?« – Früher fiel es so leicht, immer die Wahrheit zu sagen, wohl weil ich sie nicht kannte. Jetzt würgt sie im Hals: »Ich weiß nicht, Simone. Irgendwann muß Mittwoch sein. Es kann nicht ewig dauern, denn... verzeih... es ist zu schön!« – »Bon voyage, Curd.« – »Bon retour, Simone, und hab Geduld...«
Im Hotel in San Juan – wo die Miss-World-Wahl stattfinden soll – ist vor kurzem eine Bombe geworfen worden. Polizisten mit Maschinengewehren stehen in den Gängen und begleiten dich bis ins Schlafzimmer. Du mußt deutlich sichtbare Legitimierungen tragen, sonst lassen sie dich nicht durch den Sperrgürtel zwischen Meer, Park und Golfplatz. Das Komitee besteht auf ›Non-Fraternisation‹ mit den Kandidatinnen. Doch mußt du Interviews an langen Tischen halten, um Intelligenz, Artikulation und Background zu prüfen. Sechzig Mädchen aus aller Welt kommen in die erste Vorwahl, davon zwölf in die engste, die

›live‹ über zwanzig US-Stationen gesendet wird. Jedes Jury-Mitglied wird aufgerufen und muß drei Kandidatinnen bekanntgeben. Elisabeth hat dafür gesorgt, daß ich bei der Presse und den Kollegen die brasilianische Miss über den grünen Klee lobe. Am liebsten hätte ich Elisabeth selbst vorgeschlagen; sie ist die Schönste der Welt. Aber so begnüge ich mich, die unscheinbare Sexbombe aus Recife zu protegieren, um Elisabeths glühenden Patriotismus zu befriedigen. Doch da meldet sich plötzlich mein unsichtbarer Wegbegleiter wieder. Ich hatte schon geglaubt, er wäre für alle Zeiten verschwunden: ›Sei ehrlich, wähl die Schönste und laß dich nicht bestechen, du feiger, verlogener Heuchler!‹ So stehe ich auf, halte meine Rede und proklamiere zur Überraschung der Presse- und Fernsehleute, die ihre Kameras schon auf die Miss Brasilien gerichtet haben: »Miss Australia as Number one!«

Ich vermeine die funkelnden Augen Elisabeths über dem Rotlicht der Fernsehkameras zu spüren. Doch die Entscheidung ist gefallen. Miss Australia wird ›Miss World‹.

»Du hast mein Land verraten«, faucht sie mich an. – »Meine Geliebte, die Australierin ist die schönste, die anmutigste und... zivilisierteste...« – »Ich werde eine Puppe für sie nähen und ihr Nadeln ins Herz stechen.« – »Sei nicht töricht. Und außerdem wirkt dein alberner Aberglaube zum Glück nicht.« – »Doch«, beharrt sie und ihr Blick wandert träumerisch ins Weite, »*zum Glück* wirkt er.« Sie betont das ›zum Glück‹, als würde es den Weg weisen. »Und«, fügt sie in ihrem feinsten King's English hinzu, »everything happens in your imagination. – Alles, was geschieht, geschieht in deiner Phantasie...!«

Am nächsten Morgen läutet das Telefon. Von weither kommt Simones Stimme. »Ich bin auf den Bahamas und fliege in einer Stunde nach Puerto Rico. Ich komme zu euch. Ich habe keine Angst vor ihr und ihrer Macumba...« – »Komm, wenn du es für richtig hältst. Aber Elisabeth wirst du nicht sehen. Ich werde am Flugplatz sein.«

Ich habe später oft über diese Begegnung nachgedacht, ihr Ergebnis mit Freunden diskutiert. Hubertus, mein ältester Freund,

meint, es sei ein Kurzschluß gewesen. Hacker, der Seelenarzt, sagt, die Vernunft habe gesiegt. Haeussermann, Freund und Gönner, lächelte weise: »Sie wollten mal wieder nach Haus!«
Da steht sie. Groß und schmal. In der Flughafenbar finden wir einen versteckten Platz. Sie raucht dicke Gauloise, trinkt Gin-Tonic. »Ich will nur wissen, ob du zurückkommst. Wenn du nein sagst, d'accord. Ich werde ein neues Leben beginnen. Aber laß mich nicht mehr warten. Ich fühle die Nadeln Elisabeths, aber sie treffen nicht ins Herz...«
Plötzlich weint sie. Ihre Tränen rinnen ins Gin-Tonic-Glas. (Ich denke an Lulu, an den Bahnhof von Leutkirch, an Judith während der nächtlichen Fahrt nach Rom. Und ich denke: ›Mein Gott, wie oft hast du das im Film gespielt!‹) »Weine nicht, Simone. Ich kann es nicht ertragen.« – »Du hast mit deinem In-die-Zukunft-Denken mein Leben vergiftet, mit deinem ›Nachsommer‹ meine Träume geformt. Jetzt schau mir ins Auge und verscheuche sie...«
Hier beginnt meine Schuld. Bis zu diesem Augenblick hatte ich mich nicht schuldig gefühlt. Vielleicht hatte ich es mir zu leicht gemacht, zu bequem, zu fest an die Unzerbrechlichkeit unseres ›Clubs‹ geglaubt. Hatte ihr die Falten gezeigt, die man niemanden sehen lassen soll. Hatte, um das ›Verweile doch‹ zu halten, den Respekt vor dem Dritten im Bunde, dem Beruf, schwinden sehen, ohne ihn zu erneuern, mit ihm zu kämpfen, so wie damals zu Beginn in der Garderobe der UFA die Vision des jungen Kaisers Franz Joseph mit dem jungen Schauspieler gerungen hatte, der die Welt erobern wollte. Der herrliche Kampf war zu einem bloßen Job geworden, und Simone hatte es gespürt und ihrerseits nun angefangen, den Respekt vor mir zu verlieren. Bis sie eines Tages die Antennen wieder ausfuhr, sie in den Wind richtete, um neue Sender zu empfangen. Nur wußte sie nicht, daß mir das gemütliche Glück zu wenig ist, daß es mich resigniert macht und Ausschau halten läßt nach dem, was mir erst jetzt wie ein Sturm geschehen war.
Doch die Tränen, die Beschwörung unseres ›Nachsommers‹ überwältigen mich. Ich nehme einen großen Schluck, bestelle

neue Drinks, umarme, küsse sie behutsam und sage: »Es ist gut, daß du gekommen bist. Ich wußte nicht, daß ich dir noch soviel bedeute, nach allem, was geschehen ist. Gib mir noch drei Wochen. Dann werde auch ich von meiner Krankheit geheilt sein. Dann beginnt unser ›Nachsommer‹. Ich verspreche es dir. Ich schwöre es. Aber weine nicht mehr, ich flehe dich an...«

Ein Pan-Am-Airbus fliegt um siebzehn Uhr nach Nassau. »Yes, Sir, we have space for Mrs. Jürgens.« – »Ich bring' dich zum *Gate*. Jetzt geh und wasch dir das Gesicht. Wenn du vom Pinkeln kommst, lache! Alles wird gut. Stifter kennt keine Macumbas und kein Woodoo...«

Es ist getan. Ein anständiger Mensch hat zu seiner Pflicht und Verantwortung zurückgefunden. Er hat das kleine faule Glück gewählt. *So macht Gewissen Feige aus uns allen.* Nun beginnt der Konformismus, die Lüge. Bald wird die Feigheit sich einnisten, Fett ansetzen. Der Rausch wird aus Whisky bestehen, nicht mehr aus atemlosen Blicken, Umarmungen. Nie mehr werden fröhliche Gespenster im Morgengrauen am Swimmingpool sitzen und sich mit einem Kuß vertreiben lassen.

Du meinst, Mathilda, die Zeit der Sternstunden sei vorbei gewesen? – Ja, die Sterne versteckten sich. Zwei Jahre bedeckte sich der Himmel über Vence, Gstaad, Paris und Wien, bis mich der Verstand, die Erinnerung, die Freude am Leben verlassen hatten wie die Tischgesellschaft im »Jedermann«, wenn Freund Hein erscheint.

Die Rollen vertauschen sich von selbst. Schon im Taxi auf der Rückfahrt zum Hotel schreit mein unsichtbarer Begleiter mir ins Ohr: ›Du schaffst es nicht. Du mußt ihr gleich die Wahrheit sagen, wenn du auch nur einen Funken Anstand im Leib hast. Reiß dich zusammen, du fängst gleich an zu heulen, doch die Tränen, die aus deinem ausgebrannten Krater rollen, sind Steine, hart wie Lava...‹

Sie fragt nicht. »Warum fragst du nicht, Elisabeth?« – »Du wirst es mir schon sagen.« – »Sie hat eingewilligt.« – »Du meinst, unsere Zahnbürsten werden nachts in einem Glas schlafen dürfen? Auch wenn du deine immer falschherum reinstellst? Borsten nach unten?« – »Jawohl, du drollige Hexe. Morgen fliegen wir nach Chicago zu deiner Schwester.« – »Ich habe mit meiner Nanny gesprochen. Sie hat dir verziehen, daß du nicht die Miss Brasilia gewählt hast.« – »Du hast doch gesagt, sie ist vor Jahren gestorben.« – »Eben. Deshalb brauchte ich nicht den unfreundlichen Nigger vom Overseas-Service zu bemühen. Sie hat dich am Flugplatz beobachtet.« – »Na und? War sie mit mir zufrieden?« – »Sie meint, du stinkst nach Gin und Tonic!« Das stimmt. Das vertreibt die Geister und das Bild von der schmalen, erwachsenen Simone, die, als sie weinte, aussah wie ein Kind, dem man das Spielzeug ›Leben‹ weggenommen hatte... Heute, fünfundzwanzig Jahre später, sollte ich »Stella« spielen! Heute wüßte ich, wie man sich fühlt, wenn man zwei Frauen liebt... Ich habe dir erzählt, Mathilda, damals, vor vielen Nächten, als ich dir meinen Einzug in Wien berichtete, 1938, wie die Fahrt über die Prinz-Eugen-Straße plötzlich die Narben der kaum verheilten Wunde aufriß, als ich dir beschrieb, wie mir zumute war, wenn Marc mich im Rolls-Royce vor der Botschaft absetzte. Nun sind wir angelangt an diesem Punkt der Reise, an dem ich Elisabeth wie ein mühsam verschnürtes Paket vor dem Portal abgebe, sie feige und verlogen mit einem Judaskuß verabschiede.

Die Taxe, die uns vom Flugplatz Schwechat in die Stadt bringt, ist leer und ausgeräumt wie ein unnützer Lieferwagen, der seine Ware am Bestimmungsort abgesetzt hat. »Fahrn ma nach Enzesfeld, Herr Jürgens?« fragt mich der Chauffeur wie einen alten Freund. »Nein, ins ›Sacher‹.« Morgen ist Sonntag, ist der 3. August, die Frist ist abgelaufen. Simone erwartet mich im ›Gruebhus‹ in Gstaad. »Gibt's heut' noch ein Flugzeug nach Zürich, Herr Portier?« – »Nein, Herr Burgschauspieler, morgen früh um zehn. Darf ich zwei Plätze reservieren?« – »Danke, nur einen.« Im Zimmer nehme ich dann das Hotelbriefpapier und schreibe:

»Meine ewige einzige Geliebte, Du, die Du mich gelehrt hast, daß das Leben ein Traum sein kann, aus dem man nicht erwachen sollte, ich verlasse Dich. Ich weiß, Du hast geahnt, daß unsere bunten Zahnbürsten nicht lange in einem Glas zusammen schlafen werden. Ich folge meinem Gewissen, das mich feige macht. Ich kehre zu Simone zurück. Ich treffe sie in Gstaad, im einzigen Haus, das Du nicht kennst... doch ich weiß, die hölzernen Wände des Chalets dort werden ächzen und stöhnen unter der Last meiner Gedanken an das verlorene, große, atemberaubende Glück, das ich durch Dich kennengelernt habe. Unser Leben, von Mittwoch zu Mittwoch, hat nicht einmal ein Jahr gewährt. Simone hat über zehn Jahre auf ein Heim, ›un foyer‹, Kinder und einen Sommer gewartet, der tröstlich und beruhigt in den Herbst führt, den wir mit Zärtlichkeit und Vertrauen, gegenseitiger Achtung und Geborgenheit herbeigesehnt haben. Seit ich als Junge auszog, die Welt zu erobern, geistert wie ein Irrlicht, wie eine Fata Morgana das Bild der Bank vor dem Rosenhaus in meinem Hirn herum und hat mir Mut, Tollkühnheit, Kraft und Hoffnung verschafft, das geliebte Leben zu umarmen. Ich habe dieses Bild in Simone versenkt, als sie einundzwanzig war – fünf Jahre jünger als Du – wie den Samen für ein Kind, das ich ihr nicht geben konnte. Das darf ich nicht zerstören. Peer Gynt kehrt endlich dorthin heim, wo Solvejg wartet...«

Als das von ›Avis‹ gemietete Auto vor dem ›Gruebhus‹ hält, kommt Simone vom Feldweg her die Wiese herauf. »Hast du telefoniert? Ich war im Dorf. In der Kirche, und hab' gebetet, daß du kommst.«
Wahrhaftig, wir sitzen am großen Bauerntisch, nah' bei der Wiese, wo die Glocken der weidenden Kühe musizieren wie das Geläute von San Marco zur Vesper, das Gebimmel der Kapelle von St-Jean-Cap-Ferrat zur Morgenmesse, das Gebrumme der Klosterkirche Saint-Antoine in Feucherolles, das Abendläuten in Schliersee. Wir essen ›Raclette‹ mit duftendem Bauernbrot und trinken würzigen ›Aigle‹. Des Teufels General stiert mit wäßrig-blauen Augen zu den glitzernden Segelfliegern hoch oben in der dünnen Luft, der Schinderhannes singt vom ›Lumpenhund‹, der polnische Oberst bramarbasiert von der Kerze, die in der Kathedrale seines Herzens brennt, Professor Unrat

ordnet fein säuberlich den Tisch für die frischen Himbeeren zum Nachtisch, Galilei betrachtet fasziniert die aufgehenden Sterne, Sigmund Freud beobachtet teilnahmsvoll das leise Zucken um Simones Mundwinkel... »Sind die Helden endlich müde, mon amour?« – »On est enfin bien, hein!« – »Zu preisen komm' ich, nicht zu klagen...« – »Laura, blas deine Kerze aus«... Das Holz der Wände knackt im Dunkeln.
Am Morgen liegt ein Telegramm auf dem Frühstückstisch. Vier Wörter, in der krakligen Schrift der Postbeamtin vom Dorf: »Tu m'as tué – Du hast mich getötet.« Es ist so kalt im großen Wohnraum. Ich mache Feuer im Kamin. Das blaue Telegrammpapier schwelt und will nicht brennen. Die Flammen lecken drumherum. – *The days depart and pass laden somehow like processional camels across the desert of my solitude.*
»Olàlà, Curd, nimm dich nicht so ernst. Courage! Das Leben ist doch so schön!« – »Es ist die Gesundheit, Simone. Ich bin so müde. Ich habe das Gefühl, die Arterien sind wieder verstopft. Das Blut bringt nicht genügend Sauerstoff ins Hirn!« – »Bla-bla, du hast eine kleine Depression. Une dépression nerveuse, monsieur Freud. Wir haben beide viel durchgemacht in letzter Zeit. Wir müssen behutsam anfangen, wie Rekonvaleszenten.« – »Die Presseleute stürmen das Haus und zwingen dich zum Wiederkäuen des längst geschluckten Klees vom Sommer. Hau die Kanüle in das Hirn und laß das Gas ab!« – »Geheimnisse nicht etwas in meinen Zustand hinein. Ich habe *fade-outs*, vergesse, wo ich bin, verschlafe den Tag. Ich fühl' mich wie teilnahmsloses Gemüse.« – »Dann zieh endlich die Nadeln aus deiner albernen Macumbapuppe. Wie lange willst du denn noch voll Selbstmitleid dein Leben betrachten wie einen Mißerfolg in einem Schmierentheater? Tu etwas. Für dich und mich!« – »Dann muß ich in meinem Beruf arbeiten. Es nutzt nichts, daß du mir Bücher mit leeren Seiten binden läßt, damit ich mich hinsetze und schreibe. Das ist auch so eine ›Wildente‹, eine Lebenslüge. Ich kann nicht schreiben, habe es nie gelernt. Es war ein Wunschtraum, der immer auftauchte, wenn der Schauspieler versagte.« – »Gut. Dann arbeite lieber, als hier herumzusitzen und Trübsal

zu blasen.« – »Okay. Dann machen wir die Fernsehserie in Athen.« – »Mir ist alles recht. Koffer packen. Hotels. Nur nicht mehr mit Gespenstern leben!«

»Occupation« heißt die Fernsehserie, die ein griechischer Produzent machen will. Vielleicht wird Griechenland mir guttun. Wie sagt Iphigenie? *Das Land der Griechen mit der Seele suchend.* Die Koffer sind gepackt, da läutet das Telefon. Ein Ferngespräch aus Kalifornien. »Sind Sie sprechbereit? Es ruft Professor Hacker aus Los Angeles.« – »Hallo, Friedl!« – »Hallo, Jürgens, wie geht's?« – »Danke, nicht so gut. Wann kommen Sie nach Europa, ich glaube, ich muß dringend mit Ihnen reden.« – »Ich auch. Betty ist hier bei mir in der Klinik.« – »Betty?« – »Ja. Elisabeth, wie Sie immer so hochtrabend sagen.« – »Wie kommt denn die zu Ihnen?« – »Sie war in Chicago bei ihrer Schwester. Sie hat Wien fluchtartig verlassen, nachdem Sie sie wie ein Bündel schmutziger Wäsche zu Hause abgegeben haben. Sie hat einen Selbstmordversuch gemacht... Wenn Sie so schreien, verstehe ich überhaupt nichts. Alles halb so wild. Wahrscheinlich gut vorbereitet. Die Schwester fand meine Telefonnummer auf dem Nachttisch. Demutsgeste und Imponiergehabe, alles in einem krausen Hirn...« – »Ich komme. Ich fliege heute nacht!« – »Um Gottes willen, machen S' kan Blödsinn. Die Gefahr ist vorüber. Sie kann morgen aus der Klinik. Die Schwester ist da und deren Mann, dieser unsympathische Konsul aus Chicago, die nehmen sie mit nach Haus...« – »Warum rufen Sie mich dann überhaupt an?« – Pause. Ich denke, die Verbindung ist unterbrochen. Dann kommt seine Stimme, von weither, mit Echo: »Ich habe es ihr versprochen. Es gehört zur Therapie. Jetzt seien Sie vernünftig, und geben S' ihr a Ruah!«...

Es ist alles so verwirrend, Mathilda. Ich weiß nicht mehr, was mit mir los ist. Bin ich von Gstaad nach Rom, von Rom nach Chicago?... Oder von Vence? Habe ich wirklich in diesem fürchterlichen Hotelzimmer in Chicago gesessen und Elisabeth geküßt? Hat sie mir wirklich gesagt, sie wolle mich nie mehr sehen, würde aber mit mir leben bis zum Tode? Hat sie mir damals die Idee ins Hirn gebrannt, daß man mit dem Menschen, den man

einmal erwählt hat, in Gedanken, in Wachträumen leben muß, über die Barrieren der Realität hinaus, ohne sich zu berühren? Hat sie deinen Tod beschworen, bevor ich dich überhaupt kennenlernte? Um sich zu rächen, damit sie ihr Leben, befreit von mir, neu beginnen konnte? Hat sie dein süßes Gesicht, Mathilda, das im Flugzeug über mir schwebte, als ich schlaftrunken erwachte, zu mir beordert wie einen Zombie? Die Ärzte, die Neurologen und die Psychiater hier meinen, es sei eine tiefe Depression, die meine Sinne verwirre. Sie verordnen Infusionen, intravenöse Tropfeinläufe, sie geben mir Medikamente, die mir schmerzhafte Alpträume verursachen. Ich steige aus Flugzeugen und weiß nicht, wo ich ankomme. – Allerdings, Simone ist da. Die erkenne ich, sie ist nun mein Weggenosse, denn der unsichtbare ist längst verstummt. Er hat sich aus dem Staube gemacht, wie der Teufel vor dem Domplatz, wenn Jedermann Vergebung erhält... *Hat Elisabeth dich umgebracht, damit ich nie mehr zur Ruhe komme? Hat sie die Puppe im Jeep versteckt? Um Simone zu töten?* – »Simone, wo sind wir? Ich habe geschlafen und geträumt...« – »Beruhige dich, cherie, wir sind in Athen im ›Hilton‹. Der nette griechische Doktor hat dir eine lange intravenöse Infusion gemacht. Du kannst jetzt aufstehen und wir gehen gemütlich essen...«
Es tut gut, Mariechen Schell wiederzusehen. Wir waren beide einen langen Weg nebeneinander hergegangen. »Der Engel mit der Posaune« hieß der Film, in dem ich dem kaum zwanzigjährigen Seelchen begegnete. Karl Hartl hatte die unbekannte junge Anfängerin aus der Schweiz geholt und ihr neben Paula Wessely, Oscar Werner, der *tête brulée* des Burgtheaters, Hans Holt, Attila Hörbiger, mir und einer Auslese Wiener Schauspieler eine Chance gegeben, die sie mit ungeheurem Einsatz, Talent, Charme und nicht zuletzt einer so persönlichen Ausstrahlung nutzte, daß sie in kürzester Zeit ›die Schell‹ wurde, so wie auch du sie kennst, Mathilda. Über ihre Phantasie, ihren Mut, ihre Konzentrationsfähigkeit hinaus, das magische Tryptichon, ›Talent‹ genannt, bewunderte ich immer ihre Charakterisierungsfähigkeit, ja ihren Mut zur Charge in des Theaters edelster Bedeu-

tung, ihren Fleiß und – ihre gute Laune! Sie hatte den Ausschlag gegeben, daß ich die primitiv gemachte, holprig und verblasen geschriebene Geschichte, die sich während der deutschen Besatzungszeit in Griechenland abspielte, überhaupt in Erwägung zog. Unfähig, mich zu konzentrieren, von ohnmachtsähnlichem Schlafbedürfnis befallen, stolperte ich zitternd wie ein Greis durch die windstille Ruhe nach dem Sturm. Beschäftigungstherapie erschien mir der einzige Ausweg zur Genesung. Aber trotz Mariechens erfrischender Nähe – sie war unverändert seit den großen Erfolgen, die wir gemeinsam erlebt hatten, seit den »Ratten«, seit dem »Schinderhannes«, wo sie als meine Partnerin Ehrengast der Hochzeitstafel gewesen war – verbessert sich mein Zustand nicht. Die primitiven Produktionsmethoden, die Konzeptionslosigkeit des Regisseurs erhöhen meine Lethargie, meine Langeweile, meine Unfähigkeit, mich für irgend etwas zu interessieren. Simone leidet darunter, sie verbirgt ihre Enttäuschung, so gut es geht, begleitet meinen Dämmerschlaf während der Aufnahmen, der stumpfen Abende in Touristenkneipen bei klebrigem ›Retsina‹. Sie lacht nicht mehr. Auch ihr Leben wird zur Last, zur Pflicht. Einmal sagt sie: »Dein Regisseur gefällt mir.« Ich habe Mühe, mich an sein Gesicht zu erinnern. In dem Augenblick, in dem ich meine Uniform – selbstverständlich eine deutsche Generalsuniform – ausziehe, versinkt der Arbeitstag mit seinen Menschen in nebelhaften, klebrigen Schatten. Ich höre die Tonkulisse, die unverständliche Sprache, die stampfende Musik wie von einem fernen Jahrmarktskarussell vom Tag herüber in die Dämmerung wehen und bin froh, entronnen zu sein, nicht mehr dabei sein zu müssen.
Und doch gibt es wache Augenblicke, Stunden voll Vertrauen in die Zukunft, in denen ich weiß, es geht vorüber, klare Tage, Abende, an denen der Wind den Staub im Hirn wegputzen wird. »Hab Geduld, Simone. Ich bin sicher, die Angst wird wiederkommen. Und wenn *die* da ist, dann mobilisiert sie Adrenalin und Selbsterhaltungstrieb.«
Teilnahmslos beobachte ich, wie die Symptome des Verfalls sich mehren. Jetzt sind die Augen in Mitleidenschaft gezogen. Ich

schlage auf zwei Golfbälle, wenn ich mich an freien Vormittagen zwinge, Golf zu spielen. Die Unterschrift bei Autogrammen, auf deren Leserlichkeit ich immer so viel Wert legte, wird zur krausen Hieroglyphe. Endlich ist es soweit. Abgedreht. Simone: die Koffer. Simone: Lies die Rechnung und bezahle. Simone: Frag, ob der Wagen wartet. – Danke, Simone. Wir fahren nach Wien. Dort ist Hacker und vertraute Freunde. Professor Polzer und der kühle Schloßpark von Enzesfeld. Nein, es zieht mich nicht an den Ort der Tat. Es zieht mich an den Ort der Jugend. Ich war doch noch so jung vor wenigen Monaten...
»Die Befunde der Neurologen, der Kardiologen, das Enzephalogramm, die cardiovasculären Untersuchungen sind nicht ungünstig. Man erlebt es immer wieder, daß schwere Depressionen organische Schäden verursachen.« Professor Tschabitzer von der Klapsmühle am Rosenhügel erinnert mich in Ton und scheinheiliger Freundlichkeit an die wohlbekannten Zivilisten von der Polizei aus lang versunkener Zeit. – »Reden S' mit mir über Betty. Es wird Sie erleichtern«, sagt Hacker, als wir allein sind. – »Wie geht es ihr?« – »Gut. Sie faselt noch viel von Ihnen. Ich hab' ihr empfohlen, schnell zu heiraten. Sie hat da so an jungen Laffen...« – »Ich will nicht, daß sie einen jungen Laffen heiratet, zum Donnerwetter. Ich fühle mich verantwortlich. Sie soll einen netten jungen Mann heiraten, Kinder kriegen!« – »Na, vielleicht ist er ganz nett. Und das mit dem Kinderkriegen wird er schon schaffen.« – »Das klingt schon besser, alter Miesmacher.« – »Weiter so, mein Freund, da schält sich schon wieder die gesunde Aggressivität heraus. Sind schon auf dem Weg zur Besserung, Herr Burgschauspieler!« – »Lecken S' mich am Arsch!« – »Bravo! Das hör ich gern.«
Aber auch das gute Gespräch, Haeussermanns Stammtisch, der kühle Park in Enzesfeld bringen nicht die ersehnte Linderung. Wir reisen, um Tapeten zu wechseln: Paris, Vence, Gstaad. Simone bleibt länger in Paris. Sie sagt, sie will in einem alten Schloß bei Chartres einen Töpferkursus belegen.
Es ist Winter geworden. Das Haus in Gstaad ist voll: Ariane, Elga, Guy, Louis, Kathrin und Margie, die ich den ›schönen

Massai‹ nenne. Margies langer schmaler Schädel, der Schwanenhals, die dunkle Hautfarbe, die feinen langen Glieder, die großen, kräftigen Hände und Füße erinnern mich an die edlen Krieger aus Kenia, und seit langem verehre ich sie. Wir sitzen nachts am Boden vor dem Kamin in großem Kreis und trinken ganz gehörig. Ist es die wärmende Nähe Margies, wenn sie »Scheiße« sagt und Berliner Jugenderinnerungen weckt? Sind es die vertrauten alten Freunde, ist es die lustige Unterhaltung, die gedämpfte Musik? Jedenfalls fühle ich mich befreit an diesem Abend und trinke viel. Es wird spät, gegen vier Uhr früh, als wir zu Bett gehen, die Fenster weit öffnen. Die kalte klare Schneeluft strömt herein. Ich schaue Simone in die Augen, umarme sie zaghaft, sie lächelt unendlich freundlich, ich lösche das Licht. »Bonne nuit, mon amour.« – »Dort bien, Curd!« Es rauscht noch im Kopf, aber ich schlafe seit langer Zeit zum erstenmal wieder ein mit dem Gefühl, daß die kalte schneidende Nachtluft (wie ein Staubsauger) die bösen Dämpfe aus dem Hirn zieht.
Plötzlich erwache ich: »Simone, Simone, hörst du mich?« – »Oui, Curd.« – »Es wird so kalt da rechts, bei den Nieren. Ich kann nicht aufstehen. Bitte, mach das Fenster zu.« Simone knipst Licht an, geht zum Fenster, schließt es. »Simone, die rechte Seite ist so pelzig, die Niere rechts ist so kalt wie ein Stein... die Zunge... ich kann nur lallen... ruf den Arzt...« Der Arzt kommt schnell, der rührende Doktor Sollberger, der sich täglich zwölf Stunden damit plagt, den Leichtsinn der Skifahrer mit Gips und Schienen zu reparieren. Er tastet mich ab, fragt, gibt mir Wasser, das ich nicht schlucken kann. Ich habe Hunger und Simone steckt mir Kuchenstückchen in den Mund, die mich husten machen. Sollberger geht in mein Büro, um zu telefonieren. Als er zurückkommt, sagt er: »Der Hubschrauber der Bergwacht bringt Sie nach Zürich. Er kann auf dem Dach des Kantonspitals landen.«...
Der Sonnenaufgang über den Diablerets, die Rotoren wirbeln über den Baumwipfeln, schrecken die Krähen auf, schütteln goldenen Schnee von den Tannen. Dann steigt der Hubschrauber und Simone stützt mich im Genick, daß ich die erwachenden

Täler sehen kann. »Wird das der Tod?« murmele ich. »Gott, wird das schön! Simone, ich weiß nicht, ob ich je wieder gesund werde, aber mein Herz und meine Seele sind geheilt. Du bist wieder so nah wie damals am Tortuosoway, als auch die Sonne aufging und durch die spanischen Jalousien blinzelte. Lieber Gott, wie danke ich dir, daß die Welt so schön sein kann. Wir fliegen mit der Sonne und dem Wind in den Himmel. Nur schade, daß du mich nicht verstehen kannst. Jetzt ist die Sprachlähmung vollständig. Du verstehst mich? Du drückst mich an dein Herz. Du streichelst meinen Nacken. Ich möchte stundenlang so fliegen über die Täler, die Schluchten, die Gehöfte, den glitzernden Schnee... Ich möche dein Gesicht sehen. Weinst du, oder sind das Flocken von deinem Pelz?...« Ein blendender Pilot. Wie er sanft auf dem Dach aufsetzt, als stellte er einen kleinen Schemel aufs Parkett. Die Bahre holpert mehr als der Hubschrauber.

Der Krähenbühl sieht heute so freundlich aus. Nicht so barsch und arrogant, wie ich ihn in Erinnerung habe. Brrxbrrllbrrx... Die Buchstaben schlagen Purzelbaum, die Injektion hat das Sprachzentrum aufgewirbelt, die Artikulation schießt durcheinander wie Lerchen nach einem Flintenschuß ins Feld. Nun parieren sie wieder, die Buchstaben, die Silben, die Wörter, marschieren in der Reihenfolge, in der ich sie rufe, gehorsam wie Soldaten in Reih und Glied.

»Simone?« – »Ja, ich bin da.« – »Sind alle weg?« – »Ja, du kannst dich bewegen, es ist keine Gefahr mehr. Der Motor ist wieder angesprungen!« Sie lächelt, gibt mir die Hand. Ich lege meine fest in ihre, den Zeigefinger ausgestreckt, so wie die Ärzte es tun, wenn sie beim Handgeben den Puls fühlen. Ich weiß nicht, wie lange wir so stillhalten: eine Ewigkeit. Manchmal dringt von weither der Lärm der Straßenbahn von der Rämistraße herüber...

»Ich muß dir etwas sagen, Curd. Ich habe lange mit mir gekämpft, all die Tage, seit wir in Gstaad sind. Aber jetzt im Hubschrauber, wo ich fürchten mußte, daß du...« – »...sag's nur: daß du stirbst, sag's nur, mon amour...« – »Ja. Ich habe den...

deinen Regisseur aus Athen wiedergesehen. Und ich fürchte, ich werde es noch öfter tun!«
Ich bin ganz ruhig, denke ich. Es war so schön im Hubschrauber, so beschaulich, wie es auf der Bank vor dem Rosenhaus nie sein kann. ›Über allen Wipfeln ist Ruh.‹ »Merkwürdig, im Hubschrauber wollte ich dir sagen, daß Ruhe bei mir eingezogen ist und meine zärtliche, unverbrüchliche Liebe zu dir langsam zurückkehrt, behutsam auf leisen Sohlen.« – »Ich weiß, ich habe es verstanden und ich habe es schon heute nacht gespürt, als du mir Gute Nacht sagtest.« – »Was wirst du tun?« – »Er will nach London. Versuchen, einen Film auf die Beine zu stellen. Ich denke, ich werde hinfahren, wenn es dir besser geht.« – »Gut. Laß mich jetzt allein.«

Du mußt noch stillsitzen, Mathilda. Dort in deinem Stuhl beim Fenster. Wie wäre es, wenn du dich auszögest und mich nackt anhörtest für das, was ich jetzt noch zu erzählen habe. Es täte mir gut, deine nackten Brüste im Mondlicht zu betrachten, den fahlen Mondstrahl auf deinen runden Schoß fallen zu sehen, damit ich nicht vergesse, daß ich ein Mann bin, avec une bite et des couilles!
Es wird noch ein Jahr dauern, bis ich endlich, erlöst und geborgen, den tiefen Knoten in deinem braunen Nacken lösen darf. Noch ein Jahr! Noch Monate, bis ich in meiner Verzweiflung nach Los Angeles fliege, um mich in Hackers Nervenklinik zu verkriechen, weil ich langsam anfange, Simone und all denen zu glauben, die mir unaufhörlich einreden, organisch sei ich gesund, nur die schwere nervöse Depression müsse geheilt werden. Obwohl mein unsichtbarer hämischer Wächter mir oft genug zuraunt: ›Begreifst du denn noch immer nicht? Wenn du krank bist, weil du die Trennung von Elisabeth nicht verwindest, braucht deine ehrenwerte Gattin kein schlechtes Gewissen zu haben, wenn sie in den Armen ihres Griechen liegt. Doch wenn sich herausstellen sollte, daß es ein organischer Rückfall ist wie damals in Houston, dann würden ihr die Selbstvorwürfe, dich zu verlassen, nach allem, was du aufgegeben hast, um deinen

dummen Nachsommer zu retten, wahrscheinlich den Spaß verderben.«
Ich sitze im ›Beverly Hills Hotel‹. Den Aufenthalt in Hollywood, die Behandlung in der Hacker-Klinik finanziert ein Werbefilm für eine amerikanische Industriefirma, die in der Wüste Arizonas eine Stadt aus der Erde stampft: Lake Havasu City. Dazu will sie deutsche ›Kolonisten‹ werben. Die Gage ist gemessen am Arbeitsaufwand stattlich, und ich begebe mich nicht in die Gefahr, in meinem Zustand, mit meiner täglich zunehmenden Unsicherheit, meinen ohnmachtähnlichen ›Blackouts‹, aus denen ich erwache, ohne zu wissen, wo ich bin und was ich an dem Ort des Erwachens tue, an einer kostspieligen Produktion mitzuwirken, was mir ernstlich schaden könnte. Denn ohne Arbeit, ohne Engagement darfst du in Hollywood nicht auftauchen.
Am Nebentisch in der gemütlichen Halle des ›Beverly Hills Hotels‹ sitzt eine Gruppe ernsthaft diskutierender Geschäftsleute. Plötzlich höre ich, wie ein bebrillter Herr im korrekten, hier recht ungewöhnlichen Zweireiher sagt: »Dr. Michael DeBakey kommt heute abend. Er hält einen Vortrag und versucht, Geld für seine Forschungen aufzutreiben...« Ich springe so schnell auf, daß ich über Julie Andrews aufregend hingestreckte Beine stolpere und in meiner Tattrigkeit fast hinfalle... »What happened, Curd?« – »I'm sorry, Julie, aber ich muß unbedingt etwas feststellen...« – »Herr Portier, stimmt's, daß Dr. DeBakey morgen hier ist?« – »Yes, sir, he is due in tonight.« Ich kritzle einen Zettel: »Dear Mike, wenn du einen Moment Zeit für mich hast, ruf mich bitte bei meiner Schwester an: Pacific Palisades, Nummer...«
Um zehn klingelt bei meiner Schwester das Telefon. »Curd, komme sofort. Ich habe nur eine halbe Stunde. Mein Terminplan ist voll...« Die rührende Schwester Jeanette übernimmt es, Hakker aufzutreiben und ihn ins ›Beverly Hills‹ zu beordern. Herbert, mein Schwager, den die stoische Ruhe des alten Rennfahrers nie verläßt, kurvt mich über den Highway zum Sunset ins ›Beverly Hills‹. Denn Autofahren traue ich mich nicht mehr. Die Augen versagen, ich weiß von einer Straße zur anderen oft nicht,

wo ich bin... Da steht er hochaufgerichtet in der Halle und diskutiert mit bebrillten Herren... »Michael, sie behaupten, ich bin nicht mehr ganz richtig. Es geschehen furchtbare Dinge, ich kann nicht mehr schlafen und richtig denken, mich nicht mehr konzentrieren. Ich möchte immerzu nur heulen und sterben. Kannst du mir helfen?«

Plötzlich höre ich nicht mehr das Rauschen in der Hotelhalle, sehe ich nicht mehr das geschäftige Gelaufe der Kellner in ihren weißen Jacken. Wir stehen in der kleinen Nische vor der Treppe, er streicht mit seinen riesigen Fingern an meinem Hals herunter. (Er hat die größten Hände, die ich je gesehen habe, und als ich mir einmal erlaubte zu bemerken, daß ein Chirurg so riesige Hände haben könne, sei doch ungewöhnlich, antwortete er: »Weißt du, Curd, es gibt eine Theorie, nach der der Verstand des Menschen aus dem Tastsinn entwickelt wurde. Vielleicht bin ich der letzte lebende Beweis für diese Theorie.«) Die Mittelfinger beider Hände saugen sich an meiner Halsschlagader fest wie die Horchgeräte, die die Pulse am Himmel absuchen. Dann sagt er und lächelt über die dicken Brillengläser: »Komm morgen nach Houston. Wir machen eine Angiographie.« – »Aber die Leute in Europa, die Neurologen, Tschabitzer, Krähenbühl, alle sagen, eine neuerliche Angiographie sei zu gefährlich. Außerdem nütze sie nichts. Da gäbe es keinen Eingriff...« – DeBakey lacht schallend: »Das sind sicher alles freundliche, nette Leute. Ich habe dreitausend solcher Operationen hinter mir und kann für den Ausgang garantieren.« – »Dann haben die in Wien und Zürich gewußt, daß es keine psychische Erkrankung ist?« – »Die Psychiater müssen sich auf die Befunde der Spezialisten verlassen können. Die trifft keine Schuld.« – Er winkt Hacker zu sich, der während der Untersuchung diskret in der Lobby wartet. »Unser Freund hat eine Carotisstenose. Durch die Mangeldurchblutung erleben wir oft diese depressiven Begleiterscheinungen, die Sie diagnostiziert haben. Das wird sich ändern. Ich will ihn bald mal auf der Bühne sehen.« – »Im Sommer soll ich in Salzburg den ›Jedermann‹ spielen. Wäre das denkbar?« – Er überlegt einen Augenblick, dann lächelt er und sagt: »It is a Must!«

Und wieder schreibe ich ein Testament. Mein Schwager, der Sheriff, unterschreibt als Zeuge.
Wieder werde ich im weißen Rolls-Royce vom Flugplatz abgeholt. DeBakey sagt: »Ich habe gerade ein Filmteam hier. Erlaubst du, daß wir deine Operation filmen?« – »Es ist mir eine Ehre, Michael. Du bist des lieben Gottes Regisseur!« Wieder steht der freundliche Anästhesist aus Chile an meinem Bett in Houston. Viele Menschen erleben eine Operation, einen Krankenhausaufenthalt allein, ohne einen Partner, der aus Pflicht, vielleicht aus Liebe, Verbundenheit den schweren Gang mit dir teilt, dich abliefert, auf dich wartet. Es gibt viele, die genauso allein sind wie ich. Merkwürdig, das tröstet. Natürlich, wenn du allein bist in der Intensivstation, niemanden hast, der neben dir sitzt, wenn die dicke Röhre, welche sie dir zwischen die Stimmbänder in den Hals geschoben haben, nach dem Aufwachen aus der Narkose nicht herausgenommen wird, nur weil sie dein verzweifeltes Klopfen auf die Matratze nicht hören. Natürlich fehlt der tröstliche Mittler, der dir alle Wünsche von den Augen abliest, aber gleichzeitig spürt der verwöhnte Filmstar, daß ihm recht geschieht, vielleicht büßt er einige seiner Sünden. Denn als Simone am dritten Tag kommt – Hacker hat sie irgendwo in Athen aufgestöbert –, ist der Patient wie ausgewechselt. Die Sprachhemmung, die durch das Auseinanderzerren der Halsmuskeln bei der Schornsteinfegerarbeit des Ausputzens der Halsschlagader entstanden ist, beschäftigt ihn weit mehr als seine Umwelt: Die wirkliche Geliebte, der Beruf, hat wieder ihren rechtmäßigen Platz eingenommen.

Es würde dich langweilen, Mathilda, dir von den nicht enden wollenden Kittversuchen zu erzählen, die bei Simone und mir die Zeit der Rekonvaleszenz nur behinderten, nicht beschleunigten. Die glitzernde österreichische Vase Adalbert Stifters, in der wie ein Windlicht unser Nachsommer geflackert und geleuchtet hat, ist zerbrochen, und so sehr wir uns auch bemühen, das Glas verschmilzt an seinen Klebestellen nicht mehr.
Die Freundschaft bleibt. Ich habe dir erzählt, daß sie der einzige

Mensch war, den ich um Beistand bat, als du so plötzlich fort warst. Wohl hat Simone in bester Absicht Versuche unternommen, zurückzukehren ins alte Leben, wohl habe ich versucht, trotz Hacker und wider bessere Einsicht, Elisabeth noch einmal zur Rückkehr zu bewegen – die Saiten der Geige, die so verlokkend zu unseren Träumen spielte, waren gerissen. Eine Zeitlang, später, während ich in London den Bismarck spielte, versuchten wir noch einmal einen Neuanfang. Das Resultat war unwürdig, denn wenn wir die Nächte nicht mit gegenseitigen Vorwürfen und nostalgischen Erinnerungsfeuern anheizten, langweilten wir uns. Wir froren nicht einmal, wenn das Feuer ausging.

Das Gewissen macht wohl Feige aus uns allen, mag sein, aber jedenfalls macht es nicht weise! Denn bald stellen sie sich wieder ein, die Kommilitonen einer schlagenden Verbindung, die man aufgelöst wähnt: die Neugierde, die schillerndste aller Huren, die Sehnsucht, die unfaßbarste aller Gespielinnen, das Fernweh, der ewig lockende Troll, und der Rausch, der mit dem Seil, mit dem er aus dem tiefen Brunnen das erquickende Getränk heraufzieht, den Vorhang aufgehen läßt: Auftritt!...

Als ich dich traf, Mathilda, da wehte wohl noch der Schirokko manchmal pfälzische Weisen aus Lulus Heimat, wie die vom Schinderhannes, dem Lumpenhund – Wiener Heurigenlieder aus Judiths Welt: ›Es wird a Wein sein und wir wer'n nimmer sein‹, – ungarische Zigeunerlieder, wie Eva sie sang – algerische Pied-Noir-Märsche: ›La Meilleur façon de marcher‹ – und brasilianische Sambas mit dem ewigen Refrain ›Saudade‹ an mein Ohr. Doch Stifters Traum von der Bank vorm Rosenhaus und vom Nachsommer flocht sich nicht mehr in meine Gedanken, weder bei Tag, wenn ich die Eidechsen verfolge, die sich auf dem heißen Stein sonnen, noch in der Nacht, wenn im Juni die Nachtigallen Mozart imitieren.

»Was liebst du noch, Curd Gustaf Andreas Gottlieb Jürgen Jürgens?« – »Das fragst *du*, Mathilda, nachdem du tausend Nächte bei mir gewesen bist? – Dich liebe ich, deine steilen Brüste, die so keck aufs Meer schauen, deinen feuchten Schoß, der mich an das Moos im Münchner Wald erinnert, deine Lebensgier, mit der du alles umarmt hast, die Welt und meinen Körper, die Gedanken und die Träume. Deine klaren spitzen ›Ja‹ und deine schnellentschlossenen ›Nein‹.« – »Das ist nicht alles.«

Vielleicht. Vielleicht liebe ich die Italienerinnen, die ›auguri‹ wünschen, die Franzosen, wenn sie ›Ce qu'on est bien‹ rufen, die Engländer mit ihrem ›Take it easy‹, die Amerikaner, wenn sie dröhnen: ›Relax!‹, die Brasilianerinnen, wenn sie ›ole-que-tal‹ winken, die Araber, wenn sie ›insch-allah‹ beten, die Juden, wenn sie ›Chuzpe‹ rufen, die Deutschen, wenn sie ›Scheiße‹ sagen!

»Zieh dir was an, Mathilda, in wenigen Minuten geht die Sonne auf, et le vent se lève – der Wind hebt an. Marc wird gleich erscheinen. Er soll uns einen Kaffee machen, heiß und stark, wie in Alexandria. Sobald die Beechcraft von der Bahamas-Air die Schleife überm Haus zieht, muß er zum Flugplatz, einen Gast abholen.« – »Ein Mädchen?« – »Ja. Sie sagt oft ›Scheiße‹...«

Da kommt die Beechcraft, schießt vom Osten her aus der blutigen Sonne. Jetzt setzt sie an zur Begrüßungsschleife. Marc hat verschlafen. Ich gehe schnell ihn wecken...

»Mathilda, wo bist du? Ziehst du dir was Besonderes an? Bleib im weiten weißen Bademantel, wie in Vence, wenn wir von Monte nach Hause kamen und du wie Undine aus dem Pool stiegst, nach dem Bad... Man hört das Flugzeug nicht mehr. Es muß gelandet sein. Wo bist du, Mathilda?... Der Jeep ist fort, Marc hat es wohl gerade noch geschafft... Mathilda!... Mathilda...«

Das Haus ist leer.

STATT EINES NACHWORTS

Warum ich »... und kein bißchen weise« einen autobiographischen Roman nenne? Weil am Tage, an dem ich begann, auf meinem Kalenderblatt stand: »Wer seine Memoiren schreibt, hat etwas zu verheimlichen. – Kurt Tucholsky.« Und weil ich versuchen wollte, mir selber auf die Spur zu kommen. Die Wahrheit ist ein Fernglas, dessen Randunschärfen Lügen sind.

Begonnen am 25. 1. 75 auf Great Harbour Cay, Bahamas, beendet am 14. 6. 76 im ›Clos-St-Antoine‹, Feucherolles bei Paris.

Bildnachweis

Die Zahlen verweisen auf Bildnummern

Associated Press, Frankfurt: 47, 69
Klaus Collignon, München: 49
Columbia Pictures Corporation: 59
J. Pierre Darlo: 34
Deutsche Presse-Agentur, München: 41, 44, 46, 54, 55, 58, 70
Deutsches Institut für Filmkunde, Wiesbaden-Biebrich, Schloß: 27, 31, 32, 33, 36
Hans Dietrich & Co., Wien: 11, 12, 13
Karl Ewald, München: 43
France-Dimanche, Paris: 1
Hanns Hubmann, Ambach: 20, 22, 37, 38, 65, 67, 68, 71
J. E. Kovacs, München: 23
Emil Perauer, Arles: 51, 52, 53, 56
Rudolf Pittner, Wien: 21
Real/Europa/Gabriele: 48
Ullstein Bilderdienst, Berlin: 7
Bruno Völkel, Wien: 15, 18
Alle anderen Fotos dieses Bandes stammen aus Privatbesitz und aus dem Archiv des Autors.